山东社会科学院◎编纂

山东半岛蓝色经济区战略研究

张华◎主编　郑贵斌 王志东◎副主编

中国社会科学出版社

图书在版编目(CIP)数据

山东半岛蓝色经济区战略研究 / 张华主编 . —北京：中国社会
科学出版社，2016.12

ISBN 978-7-5161-9723-3

Ⅰ.①山…　Ⅱ.①张…　Ⅲ.①山东半岛—沿海经济—经济发展
战略—研究　Ⅳ.①F127.52

中国版本图书馆 CIP 数据核字(2016)第 322084 号

出 版 人	赵剑英
责任编辑	朱华彬
责任校对	张爱华
责任印制	张雪娇

出　　　版	中国社会科学出版社
社　　　址	北京鼓楼西大街甲 158 号
邮　　　编	100720
网　　　址	http://www.csspw.cn
发 行 部	010 - 84083685
门 市 部	010 - 84029450
经　　　销	新华书店及其他书店

印刷装订	环球东方（北京）印务有限公司
版　　　次	2016 年 12 月第 1 版
印　　　次	2016 年 12 月第 1 次印刷

开　　　本	710 × 1000　1/16
印　　　张	33.75
插　　　页	2
字　　　数	553 千字
定　　　价	138.00 元

凡购买中国社会科学出版社图书，如有质量问题请与本社营销中心联系调换
电话：010 - 84083683

《山东社会科学院文库》
出版说明

　　党的十八大以来，以习近平同志为核心的党中央，从推动科学民主依法决策、推进国家治理体系和治理能力现代化、增强国家软实力的战略高度，对中国智库发展进行顶层设计，为中国特色新型智库建设提供了重要指导和基本遵循。2014 年 11 月，中办、国办印发《关于加强中国特色新型智库建设的意见》，标志着我国新型智库建设进入了加快发展的新阶段。2015 年 2 月，在中共山东省委、山东省人民政府的正确领导和大力支持下，山东社会科学院认真学习借鉴中国社会科学院改革的经验，大胆探索实施"社会科学创新工程"，在科研体制机制、人事管理、科研经费管理等方面大胆改革创新，相继实施了一系列重大创新措施，为建设山东特色新型智库勇探新路，并取得了明显成效，成为全国社科院系统率先全面实施哲学社会科学创新工程的地方社科院。2016 年 5 月，习近平总书记在哲学社会科学工作座谈会上发表重要讲话。讲话深刻阐明哲学社会科学的历史地位和时代价值，突出强调坚持马克思主义在我国哲学社会科学领域的指导地位，对加快构建中国特色哲学社会科学作出重大部署，是新形势下繁荣发展我国哲学社会科学事业的纲领性文献。山东社会科学院以深入学习贯彻习近平总书记在哲学社会科学工作座谈会上的重要讲话精神为契机，继续大力推进哲学社会科学创新工程，努力建设马克思主义研究宣传的"思想理论高地"，省委、省政府的重要"思想库"和"智囊团"，山东省哲学社会科学的高端学术殿堂，山东省情综合数据库和研究评价中心，服务经济文化强省建设的创新型团队，为繁荣发展哲学社会科学、建设山东特色新型智库，努力做出更大的贡献。

　　《山东社会科学院文库》（以下简称《文库》）是山东社会科学院"创

新工程"重大项目，是山东社会科学院着力打造的《当代齐鲁文库》的重要组成部分。该《文库》收录的是我院建院以来荣获山东省优秀社会科学成果一等奖及以上的科研成果。第二批出版的《文库》收录了丁少敏、王志东、卢新德、乔力、刘大可、曲永义、孙祚民、庄维民、许锦英、宋士昌、张卫国、李少群、张华、秦庆武、韩民青、程湘清、路遇等全国知名专家的研究专著 18 部，获奖文集 1 部。这些成果涉猎科学社会主义、文学、历史、哲学、经济学、人口学等领域，以马克思主义世界观、方法论为指导，深入研究哲学社会科学领域的基础理论问题，积极探索建设中国特色社会主义的重大理论和现实问题，为推动哲学社会科学繁荣发展发挥了重要作用。这些成果皆为作者经过长期的学术积累而打造的精品力作，充分体现了哲学社会科学研究的使命担当，展现了潜心治学、勇于创新的优良学风。这种使命担当、严谨的科研态度和科研作风值得我们认真学习和发扬，这是我院深入推进创新工程和新型智库建设的不竭动力。

实践没有止境，理论创新也没有止境。我们要突破前人，后人也必然会突破我们。《文库》收录的成果，也将因时代的变化、实践的发展、理论的创新，不断得到修正、丰富、完善，但它们对当时经济社会发展的推动作用，将同这些文字一起被人们铭记。《山东社会科学院文库》出版的原则是尊重原著的历史价值，内容不作大幅修订，因而，大家在《文库》中所看到的是那个时代专家们潜心探索研究的原汁原味的成果。

《山东社会科学院文库》是一个动态的开放的系统，在出版第一批、第二批的基础上，我们还会陆续推出第三批、第四批等后续成果……《文库》的出版在编委会的直接领导下进行，得到了作者及其亲属们的大力支持，也得到了院相关研究单位同志们的大力支持。同时，中国社会科学出版社的领导高度重视，给予大力支持帮助，尤其是责任编辑冯春凤主任为此付出了艰辛努力，在此一并表示最诚挚的谢意。

本书出版的组织、联络等事宜，由山东社会科学院科研组织处负责。因水平所限，出版工作难免会有不足乃至失误之处，恳请读者及有关专家学者批评指正。

《山东社会科学院文库》编委会

2016 年 11 月 16 日

目　　录

序　言 ……………………………………………………………（ 1 ）

第一章　山东半岛蓝色经济区规划建设的根本指导方针 …………（ 1 ）

　　一　胡锦涛总书记讲话的战略依据与重大战略意义 …………（ 1 ）

　　二　胡锦涛总书记讲话的丰富内涵和基本要求 ………………（ 3 ）

　　三　山东区域发展战略与规划的重大创新 ……………………（ 5 ）

第二章　山东半岛蓝色经济区发展的机遇与挑战 …………………（ 8 ）

　　一　山东半岛蓝色经济区概念的内涵与外延 …………………（ 8 ）

　　二　山东半岛蓝色经济区发展面临的机遇 …………………（ 10 ）

　　三　山东半岛蓝色经济区发展面临的挑战 …………………（ 15 ）

第三章　山东半岛蓝色经济区的战略定位与发展目标 ……………（ 22 ）

　　一　山东半岛蓝色经济区的战略定位 ………………………（ 22 ）

　　二　山东半岛蓝色经济区的发展目标 ………………………（ 26 ）

第四章　山东半岛蓝色经济区的空间概念与总体布局 ……………（ 34 ）

　　一　山东半岛蓝色经济区的空间概念 ………………………（ 34 ）

　　二　山东半岛蓝色经济区的总体布局 ………………………（ 34 ）

第五章　山东半岛蓝色经济区海陆统筹建设的思想与方法

　　　　路径 …………………………………………………………（ 42 ）

　　一　海洋产业、陆域产业和海陆统筹建设的概念与内涵 …（ 42 ）

　　二　海陆统筹建设的意义 ……………………………………（ 44 ）

　　三　山东半岛蓝色经济区海陆统筹建设的思想原则 ………（ 44 ）

　　四　山东半岛蓝色经济区海陆统筹的方法路径 ……………（ 47 ）

第六章　山东半岛蓝色经济区产业结构优化升级与竞争力

　　　　提升 …………………………………………………………（ 49 ）

　一　山东半岛蓝色经济区产业发展现状分析 …………………（49）

　二　山东半岛蓝色经济区产业发展存在的主要问题 …………（51）

　三　产业结构优化升级与竞争力提升的基本思路 ……………（53）

　四　培植壮大海洋优势产业，抢占海洋经济发展制高点 ……（55）

　五　加强海陆产业统筹，构建临海现代产业体系 ……………（60）

　六　加快产业结构优化升级与竞争力提升的对策措施 ………（63）

第七章　山东半岛蓝色经济区优势产业选择与培育 …………（68）

　一　优势产业选择的理论基础 …………………………………（68）

　二　优势产业选择的计量方法 …………………………………（69）

　三　山东半岛蓝色经济区的优势产业选择与培育 ……………（72）

第八章　山东半岛蓝色经济区海洋经济发展的重大思路 ……（84）

　一　山东半岛蓝色经济区海洋经济发展的总体思路 …………（84）

　二　山东半岛蓝色经济区海洋经济发展的指导原则 …………（85）

　三　山东半岛蓝色经济区海洋经济发展目标 …………………（86）

　四　发展海洋经济建设是山东半岛蓝色经济区的主要任务 …（87）

第九章　深化对外开放，扩大与日本、韩国的合作交流 ……（91）

　一　加强与日韩合作交流的重要作用 …………………………（91）

　二　山东半岛与日韩的合作交流现状 …………………………（93）

　三　山东半岛蓝色经济区与日韩合作交流的主要对策 ………（103）

第十章　科学开发海洋资源，打造海洋经济鲜明特色 ………（114）

　一　山东半岛蓝色经济区海洋资源科学开发的新思路 ………（115）

　二　山东半岛蓝色经济区海洋资源科学开发要多策并举 ……（117）

　三　山东半岛打造海洋经济特色要扬长补短 …………………（126）

第十一章　发挥港口带动作用，促进临港经济发展 …………（130）

　一　港口发展与临港经济 ………………………………………（130）

　二　港口与临港经济发展概况 …………………………………（134）

　三　港口发展定位与临港产业发展设想 ………………………（138）

　四　促进临港经济发展的对策 …………………………………（144）

第十二章　以创新为动力，提升经济园区发展水平 …………（148）

　一　经济园区建设对于打造山东半岛蓝色经济区的重大

　　　作用 ………………………………………………………（148）

二　山东半岛蓝色经济区园区建设发展现状及特点 ·············（149）

三　山东半岛蓝色经济区园区建设中存在的问题 ·············（157）

四　山东半岛蓝色经济区园区建设创新突破发展的对策 ·······（162）

第十三章　山东半岛蓝色经济区对内陆腹地的辐射带动作用 ·····（175）

一　山东半岛蓝色经济区的辐射范围 ·····················（175）

二　提升山东半岛蓝色经济区对内陆腹地辐射带动作用的

措施 ···（178）

第十四章　推动文化产业融合发展，提升蓝色经济区文化软

实力 ···（185）

一　海洋文化资源拓展山东半岛蓝色经济区的发展空间 ·······（185）

二　海洋文化资源开发顺应山东半岛蓝色经济区可持续发

展的要求 ···（189）

三　海洋文化产业是山东半岛蓝色经济区产业结构升级的

必然选择 ···（191）

四　推动山东半岛蓝色经济区文化产业发展的主要思路 ·······（192）

五　重点发展山东半岛蓝色经济区的优势海洋文化行业 ·······（195）

六　全面强化海洋文化对山东半岛蓝色经济区发展的精神

引领作用 ···（203）

第十五章　山东半岛蓝色经济区城乡统筹发展 ···············（206）

一　城乡统筹发展的内涵 ·······························（206）

二　山东半岛蓝色经济区实现城乡统筹发展的意义 ···········（208）

三　山东半岛蓝色经济区实现城乡统筹发展的基础条件和

制约因素 ···（211）

四　山东半岛蓝色经济区实现城乡统筹发展的对策与建议 ·····（216）

五　国内外城乡统筹发展的经验借鉴 ·····················（222）

第十六章　山东半岛蓝色经济区建设的支撑条件与保障措施 ·····（227）

一　加快蓝色经济区基础设施建设，强化发展支撑 ···········（227）

二　加快构建科学技术创新体系，强化科技人才支撑 ·········（229）

三　建设全方位开放型经济体系，强化市场支撑 ·············（232）

四　加大投入力度，增强发展后劲 ·······················（234）

五　改善投资环境，促进政府职能转变 ···················（236）

六　完善海洋法制建设，加强海域使用管理 ……………（239）

七　健全管理体制，完善规划体系 ……………………（240）

八　加强组织领导，增强海洋意识 ……………………（242）

第十七章　山东半岛蓝色经济区生态环境建设与可持续发展
　　　　　能力 ………………………………………………（245）

一　以生态环保为前提，推动山东半岛蓝色经济区可持续
　　发展 ……………………………………………………（245）

二　山东半岛蓝色经济区生态环境建设与可持续发展现状
　　分析 ……………………………………………………（247）

三　以生态文明建设为核心，提升山东半岛蓝色经济区可
　　持续发展能力 …………………………………………（257）

第十八章　山东半岛蓝色经济区科技创新与人力资源能力
　　　　　建设 ………………………………………………（266）

一　提升科技创新能力是做强山东半岛蓝色经济区的战略
　　基点 ……………………………………………………（266）

二　提升"四大能力"，构筑山东半岛蓝色经济区科技创
　　新能力高地 ……………………………………………（269）

三　紧紧围绕科技创新，加强山东半岛蓝色经济区人力资
　　源能力建设 ……………………………………………（280）

四　建立市场导向的科技创新机制和体制，提升海洋科技
　　竞争力 …………………………………………………（285）

第十九章　国内外海洋经济区建设发展的经验借鉴 ………（290）

一　国际海洋开发政策 ……………………………………（290）

二　国内海洋经济发展对策 ………………………………（307）

三　临海经济区发展政策 …………………………………（322）

第二十章　山东半岛蓝色经济区战略研究专题报告 ………（344）

专题报告之一：学习贯彻胡锦涛总书记在我省考察工作时
　　关于打造山东半岛蓝色经济区讲话的情况报告 ……（344）

专题报告之二：山东13类海洋产业的基础、优势、发展潜
　　力分析及发展重点 ……………………………………（349）

专题报告之三：山东海洋产业现状、问题与发展对策报告 ……（352）

专题报告之四：我国临海经济区发展经验及对山东半岛蓝

　　色经济区建设的启示 ……………………………………（484）

专题报告之五：创新思路，创新战略，创新举措，高效打

　　造山东半岛蓝色经济区 …………………………………（487）

专题报告之六：加快山东半岛蓝色经济区建设重大问题的

　　思考 ………………………………………………………（492）

专题报告之七：打造山东半岛蓝色经济区的科技基础与存

　　在的问题 …………………………………………………（502）

专题报告之八：关于促进山东海洋产业优化升级的建议 ………（505）

参考文献 ………………………………………………………（512）

后　记 …………………………………………………………（521）

序　言

为了更好地贯彻落实胡锦涛总书记视察山东做出的关于"要大力发展海洋经济，科学开发海洋资源，培育海洋优势产业，打造山东半岛蓝色经济区"的重大战略部署，按照省委、省政府的指导意见要求，山东社会科学院精心组织科研力量，联合攻关，开展了较为全面、深入的战略规划研究。

我院 2009 年 5 月向山东省委提交了《学习贯彻胡锦涛总书记关于打造山东半岛蓝色经济区重要指示情况的报告》，姜异康书记对这个报告作了重要批示，指示送省委、省政府有关部门负责人参阅。王敏秘书长也作了批示。山东省委办公厅 2009 年第 3 期《参阅件》全文印发了这一报告。在这个报告中，我院汇报了成立课题组加强对山东半岛蓝色经济区战略研究的工作设想。我院在蓝色经济战略研究方面有一定的基础和优势，我院海洋经济研究所是全国成立最早的海洋经济研究机构，参加了"908"等全国重大的海洋资源调查项目，"海上山东"战略就是我院与省科技厅海洋处等部门共同研究提出的。6 月 4 日，姜异康书记主持召开座谈会，就加快山东半岛蓝色经济区建设听取了我院的专题汇报。

这次我院成立的战略研究课题组是我院历史上最大的课题组，涉及 9 个研究所、12 个学科，共 24 人，多数是既有理论功底又擅长搞应用研究的"省情"专家。

在研究方法上，我们主要采用了概念规划的形式，主要有两点考虑：一是搞好山东半岛蓝色经济区规划的需要。无论哪个部门搞规划，首先都需要搞清楚山东半岛蓝色经济区的概念、定位、重点等基本问题。从时间序列看，概念规划可以看作是实体规划的前期规划；从内容上看，概念规划可以看作是实体规划的前期研究。概念规划主要是就方向性、战略性的重大问题进行深入探讨，与实体规划相比，更富灵活性和弹性，也就更有利于发挥思维张力。二是搞概念规划更符合社科院的实际情况。社科院的研究人员思维比较开阔，但对实际情况的把握却不如政府部门。也就是说，搞概念规划是社科院发挥自身优势、克服自身不足，扬长避短，研究山东半岛蓝色经济区发展战略的一种形式。

在近两个月的研究过程中，我院共向省委、省政府提交了7个专题报告和1个概念规划文本，这些成果引起了省委、省政府领导的重视。其中对山东13类海洋产业的分析材料，根据省领导的指示，已送山东半岛蓝色经济区领导小组成员和省直各部门参阅。

本书是在山东半岛蓝色经济区概念规划研究的基础上，又进行了更加深入、系统的研究，增加了部分内容和绘制了相关图表，研究内容更加丰富充实，充分体现了我院专家对山东半岛蓝色经济区规划建设一系列重大问题的认识。

一　关于山东半岛蓝色经济区战略与多年来山东区域经济发展战略的关系

山东半岛蓝色经济区战略是多年来山东区域经济发展战略的整合与升华。从资源禀赋看，山东以海洋经济为特色的"蓝色资源"特征明显；从港口情况看，高密度大港口群是山东经济"涉海"的凭借；从产业状况看，山东以海洋产业为特色的"蓝色产业"优势突出；从对外经济看，山东与隔海相望的日韩合作潜力巨大；从区位条件看，山东以中西部最便捷的出海口为依托，在全国发挥龙头带动作用。山东经济的基础和进一步发展的抓手都与"蓝色经济"有关，正如姜异康书记在山东半岛蓝色经济区建设工作会议上所说的那样，"山东发展的巨大优势在海洋，深厚潜力在海洋"，所以说，抓住了蓝色经济就抓住了山东经济的根本。蓝色经济战略是在整合海洋经济战略、一体两翼战略、东中西和南北中等区域战略基础上的升华，表明对山东区域经济发展战略的认识又达到了一个新的高度。也就是说，山东半岛蓝色经济区战略的占位更高，但它不是凭空产生的，是有历史渊源的，这也要求我们在做规划时搞好与"省会城市群"、"半岛城市群"、"突破菏泽"等区域经济发展战略的衔接。

二　关于对山东半岛蓝色经济区战略定位的认识

战略定位决定着山东半岛蓝色经济区的发展方向，是我们首先应当搞清楚的问题。山东省委、省政府关于打造山东半岛蓝色经济区的指导意见提出了 8 项定位，我院的战略研究在此基础上，提出了 11 项定位：

1. 欧亚大陆桥东方桥头堡群。
2. 连接长三角经济区与东北老工业基地的枢纽。
3. 环渤海经济圈的南翼隆起带。
4. 中国与日韩合作的门户。
5. 环黄海经济圈的中国主体部分。
6. 东北亚国际航运主枢纽。
7. 优势海洋产业和高端制造业产业聚集区。
8. 中国海洋科技、教育中心。
9. 宜居城市群。
10. 蓝色文明和滨海休闲度假引领示范区。
11. 制度创新示范区。

这些定位有的反映了我省已经具有的优势，如欧亚大陆桥东方桥头堡群，这个优势很明显，南边的连云港、北边的天津港都比不了，我们拥有的是优良港湾，天津港、连云港是泥质港湾，每年清淤的任务很重、费用很高；有的具备了一定的优势，但优势还不明显，如胶东半岛制造业基地，经过多年的建设已初具规模，山东半岛蓝色经济区要发挥龙头带动作用，需要其经济技术水平与区外形成较大的位势差，我们的目标是要打造先进制造业基地、高端制造业基地，因此，这种优势还需要进一步打造；有的是我省目前尚不具备的优势，需要在未来着力打造，如制度创新示范区，山东半岛蓝色经济区除了在经济技术水平上要与区外形成较大位势差外，还要求在制度上成为区外学习借鉴的榜样。对这些定位分一下类，可以看出前六项是与区位有关的定位，后四项是与产业有关的定位，最后一项是与制度有关的定位。区位定位多，说明我省的区位优势很明显；产业定位多，说明我省的产业发展具有一定的基础。我院的定位多一些，是为了把研究视野放得更宽一些，也为各部门、各市提供更大的选择范围。

三 关于山东半岛蓝色经济区的总体布局

山东省委、省政府关于打造山东半岛蓝色经济区的指导意见和姜异康书记在山东半岛蓝色经济区建设工作会议上的讲话都提出了"一区三带"的总体布局。战略研究在此基础上又提出了"两个极化节点"、"两个海陆统筹示范区"、"四个中心"、"五个物流区"的布局设想。"两个极化节点"指中国海洋科技城和济南区域金融中心。"两个海陆统筹示范区"指胶济铁路沿线、海陆统筹示范区和鲁南经济带海陆统筹示范区。"四个中心"指中国海洋高端制造业中心、中国海洋高科技研发中心、东北亚国际航运中心、中国蓝色文明旅游中心。"五个物流区"指港口群物流区、鲁中物流区、鲁南物流区、鲁西南物流区、鲁北物流区。

四 关于山东半岛蓝色经济区的辐射带动作用

辐射带动作用是山东半岛蓝色经济区的重要功能。这是因为：一是山东半岛蓝色经济区要大发展，必须和腹地互动；二是山东半岛蓝色经济区要进入国家战略，要求其在全国发挥较大的辐射带动作用。关于辐射路径，我们的战略研究认为主要有两个，一个是东西向，一个是南北向，两个方向上以东西向为主，在东西向上又以向西的方向为主，因为在这个方向上有蓝色经济区的广阔腹地。关于辐射范围，战略研究提出了四个层次：第一层次是除沿海七市以外的其他山东中西部地区；第二层次包括苏北地区、安徽北部、河南东部、河北南部等山东周边省份地区；第三层次包括陇海线两侧的山西、陕西、甘肃、宁夏、新疆地区以及东北地区；第四层次指通疆达海的任何地区，包括中亚地区、欧洲、环太平洋经济圈的其他国家和地区。第一、第二层次是直接腹地，第三、第四层次是间接腹地。就搞实体规划而言，重点是直接腹地。

五　关于对山东 13 类海洋产业的分析情况

这个战略研究分析是全景式的、格局式的。首先，分析了在山东省省内生产总值（简称 GDP）和海洋产业中所占比重大的产业，指出海洋渔业是我省第一大海洋产业，约占 40% 的份额；滨海旅游业是我省第二大海洋产业，约占 30% 的份额，在全省旅游业中，其比重也超过 50%；港口与海洋运输业是我省第三大海洋产业，约占 10% 的份额；海洋化工业在全省化工业中的比重超过 50%。其次，分析了在全国海洋产业中具有优势的海洋产业，指出大港数量、海水养殖产量、海洋捕捞量、远洋渔业产量、海洋生物医药业规模、海水淡化装置数量均居全国第一；海洋盐业规模居亚洲第一；合成纯碱、固体氯化钙产量居全球第一。再次，分析了发展潜力大的海洋产业，指出海洋生物医药业因得益于山东海洋科技力量领先而具有技术竞争优势；海洋船舶制造业因得益于拥有众多优良港湾而具有区位优势；海洋化工业因得益于优良的卤水资源而具有成本优势，在潍坊北部，从盐场到化工企业生产线的吨原盐运输成本是 8 元，而唐山的化工企业，经过几次倒运，运输成本就上升到 150 元。最后，确定了海洋产业的发展重点，指出经济总量大、发展潜力大且具有优势的海洋产业是当前发展重点的重点，如海洋化工业、港口产业、滨海旅游业；经济总量大，但发展潜力和优势只居其一的海洋产业是当前的一般发展重点，如海洋渔业、海洋盐业；发展潜力大，也具有优势，但经济总量还不大的海洋产业是中长期发展重点，如海洋生物医药业、海洋船舶配套产业、海水淡化产业、海洋工程业等，对这些产业应将其作为发展方向，重点培育。

六　关于山东半岛蓝色经济区的优势和
下一步应该采取的重大举措

一是拥有欧亚大陆桥桥头堡群是最大的区位优势。下一步，应加强与中西部省市政府、开发区、大企业的合作，构建"大通关"联合格局。要叫响"服务于中部崛起"、"服务于西部大开发"、"做中西部最便捷出海口"的口号，通过港企合作、港港合作、港城合作、港区合作、区区合作等多种合作方式,在中西部地区建造大量的"无水港"、"旱码头",以此增强蓝色经济区的辐射带动作用。在这方面,日照港做了很多探索,取得了很大的成绩,青岛港也在开始做。

二是拥有黄河流域唯一一个保税港区是最大的政策优势。青岛保税港区可为中西部企业节省大量的资金成本。下一步,要借青岛保税港区刚刚封关运营的有利时机,吸引中西部大企业到青岛保税港区设立进出口贸易和物流企业。日照保税物流园区的情形与此类似。

三是拥有中国海洋科学城是最大的科技优势。下一步,要加快发展海洋生物医药业、海洋软件业、海洋科学仪器等海洋科技产业,打造海洋科技高地。

四是地处中日韩合作前沿是最大的对外开放优势。下一步,要利用山东与日本山口县是友好省县、与韩国京畿道是友好省道的有利因素,率先开展山东与日韩地方政府的次区域合作,以形成更大的对外开放平台。

七 关于对山东半岛蓝色经济区文化发展战略的认识

文化发展战略是山东半岛蓝色经济区发展战略中非常重要的内容。我院作为省委、省政府的智库,多次参与省文化发展规划的编制,在文化发展战略研究方面具有优势。

一是文化发展首先涉及文化产业。滨海旅游业是文化产业的重要组成部分,滨海旅游业在全省海洋产业中占30%的份额,在全省旅游业中所占比例超过50%。如何进一步发展滨海旅游业,战略研究提出两点设想:(1)发挥黄河三角洲原生态优势,打造国际知名的生态旅游项目,在黄河口建设全球温室气体排放最低的度假社区,并争取获得联合国环境规划署的命名,使其成为全球民间环保论坛的举办地、全球游客生态体验地、著名温带休闲度假地。(2)发挥鲁北化工生态工业园的物质综合利用水平、排放水平已经优于丹麦卡伦堡生态工业园的优势,进一步把其打造成全球排放水平最低的生态工业园,使其成为全球、全国循环经济示范基地、节能减排教育基地。鲁北化工公司的大片土地已划入贝壳堤自然保护区,既要发展,又要保护,搞全球排放最低工业园的要求变得更加迫切。这两项措施将极大地促进滨海旅游业的发展。

　　二是发展文化产业要与打造胶东半岛沿海高端产业带相结合，使其成为提升制造业层次的重要手段。2008 年，我院提出发展动漫产业要与制造业相结合，省委常委、宣传部部长李群作了重要批示，这已成为我省发展文化产业的一项重要原则。还有一个就是工业设计产业，工业设计产业对提升制造业层次的作用非常大。2009 中国（深圳）国际文化产业博览会专门设置了工业设计展区。战略研究认为应把发展工业设计产业作为打造胶东半岛沿海高端产业带的重要举措。

　　三是要把文化作为建设山东半岛蓝色经济区的领先力量。胡锦涛总书记曾指示我省要把建设社会主义核心价值体系与山东底蕴深厚的历史文化结合起来。省委工作会议上姜异康书记强调要顺应经济文化一体化的趋势，把文化作为新时期发展的领先力量。2009 年 6 月，在大众日报社与我院等单位联合举办的蓝色经济区高端论坛上，李群部长又强调经济文化化、文化经济化已成为一种趋势，强调经济与文化的融合。如何把经济和文化融合起来，怎样让文化成为山东半岛蓝色经济区建设的领先力量，是我们应着力研究的一个重大课题。

　　我省以及各市、各部门正在编制山东半岛蓝色经济区总体规划和专项规划，期望我院这个战略研究成果能在山东半岛蓝色经济区总体规划和专项规划的编制过程中起到一定的启发作用，能够为山东半岛蓝色经济区建设提供智力支持。

　　是为序。

山东社会科学院党委书记、院长　张华
2009 年 9 月 18 日

第一章　山东半岛蓝色经济区规划建设的根本指导方针

胡锦涛总书记视察我省，要求"要大力发展海洋经济，科学开发海洋资源，培育海洋优势产业，打造山东半岛蓝色经济区"，省委书记姜异康、省长姜大明分别就落实胡锦涛总书记重要指示在省委九届七次全委会上作重要讲话。一个全面论述海洋经济的大战略和打造蓝色经济区的部署进入党、国家和省委领导重大的决策。实施科学的战略指导，制定科学的发展规划，打造一流的山东半岛蓝色经济区，必须以胡锦涛总书记提出的战略思路和要求为思想理论和实践指导。

一　胡锦涛总书记讲话的战略依据与重大战略意义

胡锦涛总书记的讲话高屋建瓴，具有深刻的思想性和现实针对性，体现了领导人的远见卓识和亲切关怀。在省委大力实施海洋经济重点带动战略的基础上，将大力发展海洋经济的决策与战略指导上升到国家领导人的决策，标志着我省经济文化强省建设进入了一个新的发展阶段。这是具有里程碑意义的大事，对于山东发展的关键时期培育山东发展新优势和强力引擎，开创发展新局面，具有重大战略指导意义。

山东在全国的发展中占有重要位置，中央领导对山东发展寄予厚望，山东各级领导干部和人民群众的责任重大。在经济全球化和区域经济一体化并存发展的条件下，在世界金融危机深刻地影响着各地发展的严峻形势下，山东省的发展面临着三大问题：一是要提出一个科学的发展思路，引领山东发展。在新的形势下，如何把握沿海经济发展的大趋势，利用资源禀赋发展优势经济，如何以科学的目标定位来引领推动山东发展，是山东发展新阶段必须作出的选择。二是寻找一个战略定位，构筑一个发展支点。山东是沿海省份，沿海是我省的战略优势和战略利益的立足点。海洋经济优势在全国具有重要地位，特色鲜明，包括兼具海陆、连接南北的区位优势，海洋科技力量雄厚的科技优势，资源富集的优势，产业基础扎实的优势，还具有开放特别是对日韩合作的优势，"海上山东"建设已经具有实践基础。发挥资源禀赋、区位独特与文化制度的优势，拓展发展空间、增创新优势，打造发展特色和优势区域，是我省的重大战略任务，也是战略突破的重点指向。三是寻找符合国家利益的发展点，改变山东是国家战略盲区的状况。从全局和长远性视角来观察，山东必须寻求新的发展方式和发展空间。山东一直是国家战略的盲区，这种状态必须改变。在我国东部沿海率先发展区域已经基本实现全线发展的形势下，依据经济全球化和区域经济一体化以及区域发展布局的调整可能，填补国家战略空白应提上议事日程。

胡锦涛总书记和省委全面发展海洋经济的战略指导和打造半岛蓝色经济区的战略部署，是针对上述现实需求，依据科学发展观的要求，依据国际国内沿海开放开发的大势。山东作为沿海大省的优势省情以及国家战略布局可能的调整等情势，在"十二五"规划制定前期适时提出来的，非常重要，非常及时，科学解答了上述三大问题，其战略意义重大。

一是以科学发展视野为山东谋划了发展新思路。总书记视察我省提出的要求，目光深邃，是从本质上对发展这一主题和未来大局的正确把握和逻辑选择，体现了山东经济又好又快发展的现实需要，是在当前应对金融危机条件下，破解发展难题，进行经济结构调整，赢得发展新优势，开创发展新局面的重大战略部署。

二是从全局出发为我省在全国经济布局中的走向提出了新定位。山东半岛作为海陆复合的地缘经济，已经成为山东与环太平洋国家和地区产业对接、经济互补的重要中心。胡锦涛总书记提出的打造半岛蓝色经济区的重大战略目标是站在全国大局角度为山东发展谋划了新定位构想。

三是从战略高度为山东跨越发展指明了新方向。总书记的要求，从沿海发展中寻求符合国家利益的发展点，必将促进山东经济的更好更快发展。总书记讲话立意高远，为山东的战略发展规划了未来，指明了方向。

努力创造新的发展优势，争取国家政策的支持，成为山东发展的必由之路，是增强山东在全局中的地位的重大战略机遇，必将对山东的未来发展产生重大而深远的影响。

二　胡锦涛总书记讲话的丰富内涵和基本要求

对胡锦涛总书记的讲话要求，要在理论与实践意义上求得科学认识。就理论来看，这是中央领导关于发展海洋经济的最全面、最系统的论述，是发展海洋经济战略指导的最新认识成果。它系统回答了什么是科学的海洋经济、怎样发展海洋经济的重大问题。就实践来看，这是山东发展海洋经济的重大战略指导方针和清晰思路。胡锦涛总书记的讲话要求，全面系统，有高度，有深度，内涵丰富，思想深刻，一定要好好学习，科学把握其精神实质。

（一）全面发展蓝色经济是我省发展的重大战略任务

胡锦涛总书记的讲话，全面、系统、整体地提出了发展海洋经济的总要求。在科技进步和知识经济的助推下，海洋新兴产业发展很快，海洋经济成为增长最快、动力最强、潜力最大、活力最盛的新兴经济。海洋经济是山东经济新一轮发展的最重要的增长点之一。海洋经济具有三重性，是海洋资源、海洋产业、海洋区域构成的三位一体综合性经济。海洋是资源聚合体，遵循历史发展的阶段及其规律，海洋开发三位一体、海陆统筹、集成创新是海洋资源开发与经济发展的客观规律交叉集成综合作用的结果，体现了海洋经济的全面、协调与可持续发展。发展海洋经济，就是要科学开发利用海洋资源，培植发展海洋优势产业，实现产业集聚，建设发达的蓝色经济区。蓝色经济就是统筹海洋经济、涉海经济、沿海经济与海外经济的发展，就是资源互补、产业互动、布局互联。由蓝色经济具有科技、经济与社会三重价值的特点所决定，要求海洋资源整合，发展产业，实现海陆统筹，开放发展；要求海洋资源优势必须转化为产业优势，通过产业集聚和扩散，带动内陆发展。可见，胡锦涛总书记的讲话论述了全面、整体发展蓝色经济的重大战略任务。

（二） 打造蓝色经济区是我省发展的重大战略目标

蓝色经济区或沿海经济区是发展海洋经济的重大生产力布局，已成为沿海战略规划的重点内容。山东作为海陆复合的沿海省份，应该有海陆结合的大空间战略。海洋开发是山东的最大省情和特色文化。山东半岛蓝色经济区聚集了全省的主要优势资源和先进生产力，是带动全省经济超常规、高速度、跨越式发展的"龙头"区域，是全省发展水平最高、潜力最大、活力最强的强势区域。近几年海洋对国民经济的支撑作用日益增强，海洋产业的发展及其带动的沿海经济发展对全省的产业升级和区域协调以及可持续发展产生的极其深远的影响是有目共睹的。海陆一体的海洋经济是山东发展的最大优势，已经成为区域协调发展的重要支撑。以海洋产业和沿海城市为龙头，把山东半岛建成经济发达、社会繁荣、生活富裕、环境优美的蓝色产业聚集带，有利于全省以及全国经济的科学和谐发展。从全球和全国的海洋定位来谋划山东发展，把蓝色经济区的建设列入全省战略目标，其实质是利用沿海优势，整合海洋资源，发展海洋产业，联动全省经济，提升国家综合实力。这一战略目标是宏伟而科学的目标。

（三） 实施蓝色经济集成创新是跨越发展的必由之路

胡锦涛总书记对科学开发海洋资源，培育海洋优势产业，打造山东半岛蓝色经济区的殷切希望，不仅全面，而且明确具体，"科学开发"、培育"打造"等要求，非常重要，揭示了落实工作的切入点。随着高新技术产业化和经济全球化的进展，海洋经济在经历了以直接开发海洋资源为主的产业发展阶段以后，跨入了激烈国际竞争背景下以高新技术为支撑的海陆一体的，以经济发展、社会进步、生态环境不断改善为基本内容的系统整体协调发展的创新发展阶段。海洋经济要有一个全面、快速、持续的发展，必须积极调整发展方式，强调海洋经济创新发展的合力和动态协调以及可持续。遵循历史发展的阶段及其规律，紧紧抓住发展海洋经济的历史机遇，必须积极落实，科学务实，走海洋经济集成创新提高集成绩效之路。要在资源开发和产业发展上，努力提高显示度和影响力，力争不断提高海洋经济综合竞争能力和可持续发展能力，走出一条能反映海洋经济发展的最经济、最持续与最大社会福利的集成最优目标的具有山东特色的创新发展道路。

总之，胡锦涛总书记从战略高度揭示了发展海洋经济的新要求、大战略、大思路。这是一个全面、系统、深刻的全新大战略，针对性很强，是党和国家以及领导人对山东工作的亲切关怀和殷切期望，是对山东下一步科学发展作出的重大部署和工作指向。好好学习，深刻理解，科学把握讲话精神，是做好规划的思想基础。

三　山东区域发展战略与规划的重大创新

蓝色经济区建设这一山东区域发展的新的重要构想、全新战略和重大举措，将蓝色经济提到了前所未有的高度，为各地发展蓝色经济指明了方向，标志着山东省经济文化强省建设进入了一个新的发展阶段。当前国际金融危机的影响使我省发展的任务更为艰巨。发展蓝色经济的新战略、新部署，对山东发展实施突破、转变发展方式、实现新跨越有重大指导意义，这是当前山东区域发展战略与规划的重大创新。

全面发展海洋经济上升到国家决策，机遇前所未有。大力发展海洋经济，加快推进蓝色经济区建设，是摆在全省干部群众面前的重大战略任务，是集中力量实施发展突破的重大时机。建议紧紧抓住胡锦涛总书记对山东发展提出殷切希望的重大机遇，加深学习和理解，凝心聚力，既要在达成共识上下功夫，又要出台科学的规划，实施行之有效的海洋经济重点战略的宏观指导，在工作推动上见实效。

（一）强化蓝色经济意识：蓝色经济区规划的灵魂

实施发展海洋经济的大战略和打造蓝色经济区，需要解放思想，更新观念。开发海洋，发展沿海，联动全省，打造特色，具有必然性、可行性，一定要有共识。在规划中，要跳出山东看山东、跳出陆地看海洋、跳出海洋看世界。要有海洋意识和海洋定位。海洋意识要有新突破：突破海洋自然观，树立海洋经济观；突破谈海必渔观，树立大海洋产业观；突破陆海分治观，树立海陆一体观；突破海洋单项战略观，树立海洋集成战略观；不仅要有经济和文化强省观，还要有海洋经济文化强省观；不仅要有陆地文明观，还要有开拓进取的蓝色文明观，以进一步通过规划，提高发展蓝色经济重要性、紧迫性的认识，增强机遇意识和创新意识。

（二）提升打造水平：制定战略规划的基本要求

山东是沿海大省、陆海复合区域和重要对外开放区，必须把山东放在经济全球化的大趋势下，放在全国开放发展的大格局中，放在党和国家对山东发展的总体部署和要求中来思考和谋划。我省具有的发展海洋经济的独特区位、科技、资源与产业优势，"海上山东"跨世纪工程和海洋经济战略的实施，已具有实践基础。要发挥沿海众多港口的作用，形成三千里黄金海岸经济带，构筑新的经济板块，促进生态区、科教区、经济区、城市区、旅游休闲区发展，把海岸带经济培育成新一轮发展的亮点，以发挥沿海优势，打造坚实的东北亚经济圈层中心，使山东沿海成为环境优美、经济发达、社会和谐的具有崭新形象的临海经济带和沿海经济区。战略规划安排上重点从海洋资源、科技教育、新兴产业、生态环境、集成管理方面全面规划，寻求亮点，互动融合，实现沿海"板块再造"和"集成创新"，扩大海洋经济运作空间，形成全省经济大联动的局面。规划中要特别注意经济区建设的一般要求和特殊要求，努力张扬山东半岛具有的资源优势与面向日韩的合作潜力等个性特色，提高规划的新颖性和影响力，打造独占优势和鲜明特色，将蓝色经济区建设成为蓝色产业优势突出、经济持续发展、文化更加繁荣、综合竞争力不断增强、人民群众安居乐业的国家战略重点区域，为全国发展大局作出更大贡献。

（三）务实创新：完善发展规划和实施工作指导的根本

我省应当抢抓机遇，着眼全局，统筹规划，实施正确、科学的战略指导，对新阶段的海洋经济发展作出部署，把蓝色经济区建设推向一个更高的层次和更新的阶段，使之真正成为发展沿海、联动全省、服务全国的强力引擎。要创造性地贯彻落实山东省委、省政府关于打造山东半岛蓝色经济区的指导意见，扩展领导小组的职能与工作范围，健全联动体制与协调推进机制，创新发展策略。建议建立涉海部门联席会议，增强各部门的协调性，强化对海洋经济重大决策、重大工程项目的协调及政策措施的督促落实。积极探索由社会、企业特别是专家参与的科学决策、咨询、评价机制，改变传统的海陆分治、产业壁垒，确立系统整体的科学发展理念，调动涉海各部门和全省各行各业的积极性，形成海洋开发与产业发展的合力。要进一步加强调查研究，深化对蓝色经济区的认识。通过对山东海洋自然资源、科技教育资源、交通运输条件和对外开放的综合开发与利用，把海洋经济当作重要的经济增长点来抓，以求经济发展有实质性突破，争取海洋经济对国民经济发展的贡献率逐年增大，争取国家的更大支持。要珍惜国际产业转移的历史性机遇，更有效地拓展环渤海、环黄海经济联系，融接长三角和京津冀，发挥通达海外的经济要冲作用，广泛集聚经济势能，激活生产力，推动山东经济由单项突破逐步向整体优化发展，保证山东省委、省政府一系列重大举措的实施，努力实现我省经济的创新发展和跨越提升，不辜负胡锦涛总书记对山东发展的期望和重托。

第二章　山东半岛蓝色经济区
发展的机遇与挑战

　　打造山东半岛蓝色经济区，首先需要明确蓝色经济的概念，这也是进一步探讨山东半岛蓝色经济区的战略定位与发展目标、山东半岛蓝色经济区的空间概念与总体布局等一系列问题的理论前提。而充分认识现阶段山东半岛蓝色经济区发展面临的机遇和挑战，则是科学确立山东半岛蓝色经济区的战略定位与发展目标、山东半岛蓝色经济区的空间概念与总体布局等的实践基础。

一　山东半岛蓝色经济区概念的内涵与外延

　　蓝色经济区是一个崭新的经济区概念。根据胡锦涛总书记 2009 年 4 月来山东考察时所作的打造山东半岛蓝色经济区的讲话内容；全国各地都在按照科学发展观的要求，努力实现经济社会又好又快发展，为应对国际金融危机挑战，努力实现保增长、扩内需、调结构、保民生、保稳定，利用危机带来的"倒逼机制"加快实现经济发展方式转变的时代背景；山东正按照科学发展观要求加快经济文化强省建设，努力实现由经济总量大省向经济强省转变、由文化资源大省向文化强省转变、由人口大省向人力资源强省转变，在新起点上实现富民强省新跨越的省情，特别是针对山东自 20 世纪 90 年代提出建设"海上山东"以来发展海洋经济，近年来尝试海陆统筹促进整个经济社会又好又快发展的实际，蓝色经济区概念的内涵与外延应当作如下考虑：

(一) 蓝色经济区概念的内涵

蓝色经济区是以海洋经济为显著特征，以科学利用海洋资源为根本途径，以现代海洋产业为主导，相关产业协调发展，通过海陆统筹、资源整合、协作竞争以增强国际竞争力的新型特色海洋经济区。

山东社会科学院有关专家在海洋经济、海陆统筹和海洋经济集成战略研究方面进行了大量开拓性研究，为逐步形成"蓝色经济区"概念的"山东学派"奠定了坚实基础。最有代表性的观点认为：海洋经济是海洋资源经济、产业经济与区位经济的三位一体的综合体，是综合经济；相应地，就要制定海陆统筹的集成发展战略，进而实现海陆经济一体化发展。[①] 21 世纪中国海洋经济的可持续发展，必须协调经济、资源和环境三者共存发展；要逐步发展具有不同特点的港口城市集群和海洋产业群。[②]

(二) 蓝色经济区概念的外延

在经济区划上，是特定的陆域及其临近海域经济空间的总和；在产业领域上，涉及海洋产业、临海产业、涉海产业、海外产业；在海陆统筹范围上，包括海陆资源、产业、经济统筹；在发展内容上，是海陆经济、政治、社会、文化、生态的全面发展。

需要进一步分析一下上述海洋产业、临海产业、涉海产业、海外产业的具体含义。实际上这四个产业领域有内在联系，在外延上作此区分是迄今为止鲜见的理论尝试。

——海洋产业，是指直接以海洋资源开发利用为基础的经济，如海洋畜牧业、海洋种植业、海产品加工制造业、海上旅游业、海上交通业等。

——临海产业，是指靠近海洋的陆域经济，如沿海陆域旅游、沿海陆域房地产、沿海陆域餐饮、沿海陆域仓储、沿海陆域物流业、临港产业等。

——涉海产业，是指除海洋产业、临海产业以外的远海陆域产业，如

---

① 郑贵斌：《海洋经济集成战略》，人民出版社 2008 年版，第 13—15 页。
② 蒋铁民：《海洋经济探索与实践》，海洋出版社 2008 年版，第 357—358 页。

在远海陆地生产经营，需要出海的农副产品、矿藏产品、出口加工、仓储产品、旅游等陆地通关产业。

——海外产业，是指跨国出境在海外发展的产业，如海外投资（建厂、建基地、建仓储、建码头）形成的实体产业、海外服务外包和劳务产业、海外中介和贸易业等。①

二　山东半岛蓝色经济区发展面临的机遇

山东是有条件率先基本实现现代化的中国沿海较发达省份，是当今中国经济总量大省，2008 年成为中国（不包括香港特别行政区、澳门特别行政区和台湾省，以下同）三个 GDP 达到 3 万亿元人民币的省份之一。山东半岛城市群已经成为当今中国十大城市群之一，综合实力排在长三角城市群、珠三角城市群、京津唐城市群三大城市群之后，其他六个城市群之前，被认为是当今中国最有发展潜力的新兴城市群之一。当今世界的主题是和平、发展、合作，而在当今中国走科学发展道路的时代背景下，在当今山东经济步入工业化中后期、城镇化加速期、信息化融合期、市场化完善期、国际化拓展期，整个发展正处于加快推进经济文化强省建设，努力实现富民强省新跨越的崭新阶段上，山东面临着经济社会发展的重大战略机遇。特别是，胡锦涛总书记 2009 年 4 月来山东考察时所作的打造山东蓝色经济区的讲话，为山东率先科学发展带来了更加难得的重大战略机遇。

（一）蓝色文明的崛起机遇

进入 21 世纪，适应国内外发展形势的变化，山东省出台了一系列促进经济社会又好又快发展的重大战略。从 2003 年的"突破菏泽"战略到 2004 年的"三个突破"战略，即"东部突破烟台，中部突破济南，西部突破菏泽"战略，再到 2007 年的"一体两翼"发展战略，即从东部沿海

---

①　这一按照自海洋到陆地的空间梯度所作的区分是相对的，如港口产业既可以理解为海洋产业，又可以理解为临海产业。这里区分的根本用意是要体现海陆统筹、综合集成的蓝色经济本质，以有别于把海陆发展分开考虑的传统海洋经济发展观，有别于把海洋经济与蓝色经济等同的局限或狭义思维。

沿胶济铁路向西到省会济南周围这一主体、黄河三角洲及周边这一北翼、鲁南经济带这一南翼发展战略；从 20 世纪末提出的建设"海上山东"和黄河三角洲开发两大跨世纪工程，到进入 21 世纪后相继提出发挥青岛"龙头作用"、胶东半岛制造业基地、山东半岛城市群、济南省会城市群经济圈、黄河三角洲高效生态经济区、鲁南经济带战略规划，逐步促成了区域发展格局由"点"到"线"再到"面"的深刻变化，逐步实现了由"东中西"到"北中南"的全面变化。但是，在这些战略构思中，始终没有凸显以统筹海洋与陆地资源、产业、经济，以整合陆地与海洋两大发展空间，以海洋生态文明和可持续发展为本质的蓝色文明统摄陆地与海洋作为一个整体的经济、政治、社会、文化、生态协调发展的特征。胡锦涛总书记关于打造山东半岛蓝色经济区的讲话，指明了海洋经济科学发展的基本任务、正确道路和本质要求；不仅如此，又站在时代的高度和国家发展战略的高度在对发展海洋经济的科学阐释的基础上，提出了打造山东半岛蓝色经济区的目标要求。这其中蕴含了海陆资源、产业、经济统筹，海陆两大发展空间整合，以海洋生态文明和可持续发展为本质的蓝色文明统摄陆海经济、政治、社会、文化、生态的内容。胡锦涛总书记关于打造山东半岛蓝色经济区的讲话是山东半岛蓝色文明崛起的重大战略机遇。

（二）科学发展的环境机遇

在山东，以人为本，全面、协调、可持续的发展理念越来越深入人心；率先科学发展越来越成为全省人民创新、创造、创业的共同追求。深入学习和实践科学发展观以来，山东经济面对金融危机带来的各种困难和挑战，逆势前行，总量以高于全国平均水平的速度增长，始终保持平稳较快增长的基本面不变；结构利用危机造成的"倒逼机制"换代升级；节能降耗减排成绩显著；努力加大"三农"投入，扩大内需。通过城乡统筹建立农民增收的长效机制，制定区域经济协调发展战略，缩小东西、南北发展差距；强化民生优先理念，加快社会保障制度改革，努力扩大就业，提高城乡居民最低生活保障标准，使人民群众的生活水平不断提高。

（三）中央关怀的政治机遇

长期以来，党中央、国务院对山东发展高度重视，寄予殷切期望。十七大以来，中共中央总书记、国家主席、中央军委主席胡锦涛，中共中央政治局常委、十一届全国人大常委会委员长吴邦国，中共中央政治局常委、国务院总理温家宝等党和国家主要领导人相继到山东考察讲话或到全国"两会"山东代表团审议发言，对山东发展作出重要指示。胡锦涛总书记、温家宝总理多次到青岛、济南等山东半岛城市群重要城市，海尔、青岛港、中国重汽等山东省知名企业以及有关社区考察。2008 年 3 月 9日，中共中央总书记、国家主席、中央军委主席胡锦涛在参加十一届全国人大一次会议山东代表团审议时作了重要发言，强调了三个关系山东发展全局的问题：一是要加快转变经济发展方式；二是要坚持走中国特色农业现代化道路；三是要积极推进社会主义核心价值体系建设。2009 年 4 月，胡锦涛总书记来山东考察时再作重要讲话，提出打造山东半岛蓝色经济区。2009 年元旦、6 月，温家宝总理在半年时间里两次到山东考察，先后要求我们要坚定信心，通过科技创新化危为机，应对金融危机挑战；在应对国际金融危机的关键时期不能松劲，努力保增长、保民生。2009 年 3月下旬，由国家发改委副主任杜鹰率领的国家部委联合调研组一行，来山东就已经列入国家"十一五"规划的黄河三角洲高效生态经济区规划建设进行联合调研。这说明党中央、国务院对黄河三角洲开发高度重视，也标志着黄河三角洲开发建设已在国家战略层面上展开。

（四）经济地理的重组机遇

我们把后金融危机时期定义为金融危机后期加上金融危机过去以后的一段时期。这段时间内，经济总量增长异常波动，经济结构超常剧烈变动，经济格局迅速重组，经济运行不确定性增加，宏观调控能力备受考验。后金融危机时期，考虑到协作型竞争会避免"两败俱伤"以及可能收到"1 + 1 > 2"的系统效果，进而能够加快提升国际竞争力的迫切需要，不同经济区域之间的一体化发展，如跨行政区域的产业集群化、城市群化、大城市化、全方位战略合作的经济圈（片、区）的形成将加速，进而城乡统筹和整个城市化加速。后金融危机时期全国经济发展格局的这一崭新变化，将可能给山东半岛发展蓝色经济区创新经济地理带来一系列由各种比较优势形成的机遇。

关于经济区域间协作型竞争的概念，是国内学术界在借鉴国外有关大公司间的"协作型竞争"理论或者关于企业间的"竞合"理论的基础上逐步形成的。二者的实质都是从"正和但可变游戏"的视角对现代企业间的竞争进行很好的理论解释。正如"协作型竞争"理论的提出者所认为的，对多数全球性企业来说，完全损人利己的竞争时代已经结束。很多公司日渐明白，为了竞争必须协作。最好把协作视为技能、机会和资本的转让与套利。在全球市场上，经理们只有乐于与自己大不相同的公司分享所有权，并向这些公司学习，才能最大限度地扩大技能和机会的价值。[①]

关于经济区域间协作型竞争会避免"两败俱伤"以及可能收到"1 + 1 > 2"的系统效果的结论，还可以找到更多的理论依据。根据迈克尔·波特（Michael E. Porter）的竞争优势理论，保罗·克鲁格曼（Paul Krugman）的空间经济学理论，产业集群化（industrial clusters）、空间集中化（spatial concentration）、区域经济一体化（integration of regional economy）等紧密相关的经济过程，会产生"溢出效应"，因而使规模效益递增，或曰产生"1 + 1 > 2"的系统效果。

通过协作型竞争实现区域经济一体化发展，并进而促进经济地理优化重组的良好绩效，近年来在世界范围内得到了充分的实证检验。"从1970年到2000年，一个普通的区域性贸易协定的成员资格与13.6%—15.3%的增长溢出效应相联系，因此，地区贸易伙伴的平均增长率每增加1%，就会给国内增长带来0.14%的额外的'增长奖励'。随之而来的，是1.14%—1.18%的地区收益率，地区一体化使促进国内增长政策的效果提高了14%—18%。""在欧洲和东亚等地区一体化程度最高的地区，过去几十年增长外溢的利益更是震撼人心。1970年至2000年期间，这些国家的平均增长溢出率在15.3%—17.0%之间徘徊。这促进了生活水平缓慢而平稳的趋同，经合组织最富裕国家和最贫穷国家的贫富差距每年降低1.59%—1.85%。同时，旨在促进增长的国内政策的效果也增加了18.1%—20%。"[②]国内学术界对珠江三角洲、长江三角洲以及环渤海地区通过协作型竞争实现区域经济一体化发展的良好绩效，也做了许多有价

---

① 乔尔·布利克（Joel Bleek）、戴维·厄恩斯特（David Ernst）：《协作型竞争：全球市场的战略联营与收购》，中国大百科全书出版社1998年版，第1—11页。

② 世界银行：《2009年世界发展报告：重塑世界经济地理》，清华大学出版社2009年版，第102页。

值的实证检验。①

1. 后发优势带来的机遇

相对于沿海发达省份苏、沪、浙、粤、京、津、辽等而言，山东经济发展进入工业化中后期的时间较晚。规律使然，一个国家或地区进入工业化中后期以后，城市化将加速。因而，山东的城市化加速期将比上述省份长。在同一发展时期，城市的成长性、可塑性更强，城市化的内在动力更大，城市现代化的参照标准理应更高。

2. 区位优势带来的机遇

山东北接环渤海经济圈，南连长三角地区，西伸黄河中下游广阔腹地，东临日韩等东北亚国家和地区。与长三角城市群、珠三角城市群、京津唐城市群这当今中国十大城市群前三甲比较，山东半岛城市群是新兴城市群，而且处于一省行政区划之内，成长性强，产业独成体系，经济相对独立，还有极大的腹地发展空间。

3. 交通优势带来的机遇

山东省是当今中国东部沿海地区贯通内陆东西南北和海内外的重要交通枢纽。陆地交通十分发达，高速公路里程位居全国前列，完全建成以后的"四纵四横"铁路网密集覆盖山东半岛，胶济高速铁路、京沪高速铁路山东段等均从境内多个城市穿过。海岸线漫长曲折，在全国独一无二。深水大港数量之多、功能之完备、吞吐能力之强、集疏效率之高，全国很少省份能与之比肩。海洋科技人才资源全国第一。现代海洋装备设施全国一流。现代海上交通已成体系。空港比较发达，济南、青岛等国际机场设施比较发达，通往重要国家和地区的国际航线均已开辟，现代空港体系初具规模，航空运输能力和竞争力不断提升。

4. 经济优势带来的机遇

山东经济发展已经步入工业化中后期。工业化进程已经完成了一大半，已是全国三个 GDP 迈上 3 万亿元人民币台阶的省份之一。根据国际经验，这一时期也将是产业结构换代升级的加速期，经济总量平稳较快增

---

① 参见朱文辉《走向竞合——珠三角与长三角经济发展比较》，清华大学出版社 2003 年版；刘志彪、郑江淮等：《长三角经济增长的新引擎》，中国人民大学出版社 2007 年版；周立群《创新、整合与协调：京津冀区域经济发展前沿报告》，经济科学出版社 2007 年版。

长的态势将持续较长一段时间，而且会比进入工业化中后期早的前述几个沿海发达省份持续时间长。山东作为全国经济总量前三甲的大省，地位因而难以动摇。山东经济发展已经步入城镇化加速期。城镇化水平已经接近50%，而规律使然，城市化还将加速，山东半岛城市群成长性因而很强。山东经济发展已经步入信息化融合期。我们面临的已经不是简单的信息化带动工业化的问题，而是如何促进工业与信息产业互相融合，使二者互相提供发展空间，互相创造市场需求，产生崭新融合型产业门类的问题。山东经济发展已经步入市场化完善期。包括企业、市场、中介、政府、社会保障体系、法制体系等在内的省区社会主义市场经济体系将会更加完善、有序、开放、统一，经济科学发展的体制机制障碍将会逐步扫清，市场机制配置和调节资源的作用将会发挥得越来越完善，山东经济发展将会越来越充满活力。山东经济发展已经步入国际化拓展期。在全方位开放格局已经形成的基础上，对外开放将会不断向纵深发展，对外开放的质量和水平将会不断提高。山东正在加快经济文化强省建设，实现省九次党代会提出的富民强省新跨越的目标要求指日可待。

三 山东半岛蓝色经济区发展面临的挑战

面对新的发展环境，步入发展新阶段，站在新的发展起点上，进行新的发展谋略，我们认为山东半岛蓝色经济区发展还面临着长期积累迄今尚未彻底解决的发展难题，以及国际金融危机所带来的一系列挑战。这些挑战主要包括：

（一）后金融危机时期备受板块"挤压"的挑战

后金融危机时期全国区域经济发展格局的崭新变化之一，就是区域经济发展的强、弱势板块结构的重组或曰区域经济发展的"重新洗牌"。为应对金融危机，通过协作型竞争提升国际竞争力，加上中央出台措施鼓励积极拓展新的发展空间，培植新的经济增长地带，全国地区经济一体化步伐加快，势必出现若干新的区域经济发展的强势板块。如2009年6月10日，国务院常务会议讨论并原则通过《江苏沿海地区发展规划》；7月1日，国务院常务会议讨论并原则通过《辽宁沿海经济带发展规划》，这一切标志着山东南边的江苏、北边的辽宁沿海经济发展战略已经上升到国家层面，这些新兴经济发展板块将迅速强势崛起。2009年5月4日，国务院常务会议讨论并原则通过《关于支持福建省加快建设海峡西岸经济区的若干意见》，这标志着福建省海峡西岸经济发展板块将迅速强势崛起。山东西边黄河中上游地区的中原城市群板块、新兴的关中—天水经济发展板块（2009年6月25日，国家发改委已发布《关中—天水经济区发展规划》，这标志着该区域经济板块的发展也已经上升到国家战略的层面），山东西南部的武汉城市群板块、新兴的川渝陕"西三角经济区"板块发展战略，都会因国家中部崛起、西部大开发战略的彻底落实以及国际金融危机的"倒逼机制"而迅速强势崛起。这一切崭新变化使山东经济板块所面临的"挤压"作用更加明显：一方面，原来直接受到长三角、环渤海两大中国区域经济发展强势板块的南、北"挤压"，现在因这些区域新兴强势板块的迅速崛起，以及通过这些区域传导而至的其他新兴强势板块的间接"挤压"而使山东受到的"挤压"强度增大；另一方面，又开始受到东、西坐标方向上的区域经济发展板块的强势"挤压"。

（二）"大而不强"制约着又好又快发展的挑战

山东是经济总量大省，也是人口大省，人均经济总量水平明显低于苏、沪、浙、粤、京、津等同样有条件率先现代化的中国沿海发达省份。山东省城乡居民人均收入水平明显低于上述发达省份。地方财政收入远远满足不了公共财政支出的需要，人均可支配财力也远远低于上述发达省份。经济结构的现代化水平较低，综合竞争实力还很不强。

从人均经济总量水平看，据统计并按当年价格计算，2007年山东省人均GDP为27807元，分别比江苏、上海、浙江、广东、北京和天津少6121元、38560元、9604元、5344元、30397元和18315元（见表2—1）。

从城乡居民人均收入水平看，据统计并按当年价格计算，2007年山东省城镇居民人均可支配收入为14265元，分别比江苏、上海、浙江、广东、北京和天津少2113元、9358元、6309元、3434元、7724元和2092元（见表2—1）；农民人均纯收入为4985元，分别比江苏、上海、浙江、广东、北京和天津少1576元、5160元、3280元、639元、4455元和2025元（见表2—1）。

表 2—1　2007 年鲁、苏、沪、浙、粤、京、津主要人均经济指标比较　单位：元

| | 人均 GDP | 城乡居民人均收入 | | 人均地方财政收入 |
		城镇居民人均可支配收入	农民人均纯收入	
鲁	27807	14265	4985	3577
苏	33928	16378	6561	5870
沪	66367	23623	10145	22330
浙	37411	20574	8265	6520
粤	33151	17699	5624	5897
京	58204	21989	9440	18281
津	46122	16357	7010	9694

注：表中人均地方财政收入是按统计年鉴中给出的构成地方财政收入的各项目相加后除以年底总人口数计算出来的。

资料来源：中华人民共和国国家统计局：《2008 年中国统计年鉴》，中国统计出版社，第 52、88、265、341 页。

从人均可支配财力看，据统计并按当年价格计算，2007 年山东省人均地方财政收入为 3577 元，分别比江苏、上海、浙江、广东、北京和天津少 2293 元、18753 元、2943 元、2320 元、14704 元和 6117 元（见表 2—1）。

从经济结构的现代化水平看，尽管多年来山东省三次产业结构已合规律地演进了很多，甚至 2001—2007 年以结构变化指数 θ 衡量的演进速度比江苏、上海、浙江、广东还快，但迄今为止三次产业增加值结构依然呈现二三一型，即第二次产业的增加值在 GDP 中的百分比居首，第三次产业增加值百分比位居第二，第一次产业增加值百分比排第三位，特别是第三次产业的增加值比重过低，2007 年在 GDP 中的比重只有 33.4%，分别比江苏、上海、浙江、广东、北京和天津低 4.0 个、19.2 个、7.3 个、9.9 个、38.7 个和 7.1 个百分点（见表 2—2）。与此同时，以偏差—份额分析方法计算出的、反映 2001—2007 年产业结构对经济增长贡献程度的指标分量值山东为 32.29，也比江苏（32.87）、上海（44.42）、浙江（34.81）、广东（33.12）、北京（50.03）、天津（40.32）低（见表 2—3）。

综合比较山东与珠江三角洲、长江三角洲和环渤海地区主要发达省市江苏、上海、浙江、广东、北京和天津的人均经济总量水平、人均城乡居

民收入水平、人均地方财政收入水平以及经济结构的现代化水平，可以认为，现阶段山东的综合竞争实力还很不强。

表 2—2　　　　　　2001—2007 年鲁、苏、沪、浙、粤、京、津

三次产业结构变化指数比较

	三次产业增加值结构									
	S_{i0}			S_{it}			$\sum S_{i0}\,S_i t$	$\sum S_{i0}^2$	$\sum S_{it}^2$	θ
	$i=1$	$i=2$	$i=3$	$i=1$	$i=2$	$i=3$				
鲁	14.4	49.3	36.3	9.7	56.9	33.4	4157.27	3955.54	4447.26	0.13
苏	11.4	51.6	37.0	7.1	55.6	37.4	4333.70	4161.52	4540.53	0.08
沪	1.7	47.6	50.7	0.8	46.6	52.6	4886.34	4839.14	4938.96	0.03
浙	10.3	51.3	38.4	5.3	54	40.7	4387.67	4212.34	4600.58	0.08
粤	9.4	50.2	40.4	5.5	51.3	43.3	4374.78	4237.89	4536.83	0.07
京	3.3	36.2	60.5	1.1	26.8	72.1	5335.84	4981.58	5917.86	0.19
津	4.3	49.2	46.6	2.2	57.3	40.5	4715.92	4610.69	4928.38	0.15

注：价值量均按当年价格计算；产业结构变化指数定义如下：

$$\theta = \arccos \sum S_{i0} S_{it} / \left(\sum S_{i0}^2 \sum S_{it}^2 \right)^{1/2}$$

式中，θ 为结构变化指数，S_{it}、S_{i0} 为报告期的 i 部门增加值占 GDP 的比重。当两个不同时期的所有产业部门的比重都无任何变化时，即 $S_{it} = S_{i0}$，指标值 $\theta = 0$；一般情况下，$0 < \theta < 90$，结构变化越大，θ 越大。

资料来源：中华人民共和国国家统计局：《2008 年中国统计年鉴》，第 52 页，中国统计出版社。

国家统计局：http://www.stats.gow.cn/tisj/mdsj.

表 2—3　　　2001—2007 年鲁、苏、沪、浙、粤、京、津 GDP 增长的

产业结构和竞争力因素贡献份额比较

指标 ＼ 比较对象		鲁	苏	沪	浙	粤	京	津
R_0（%）		11.9	11.9	11.9	11.9	11.9	11.9	11.9
Y_{ij}（亿）	$i=1$	1359.49	1082.43	85.50	695.15	1004.92	93.80	78.55
	$i=2$	4654.51	4907.46	2355.53	3459.75	3991.97	1030.60	904.64
	$i=3$	3424.31	3459.75	2509.81	2593.25	2922.23	1721.97	856.91

续表

指标 \ 比较对象		鲁	苏	沪	浙	粤	京	津
R_0（%）		11.9	11.9	11.9	11.9	11.9	11.9	11.9
$R_0 Y_{ij}$（亿）	$i=1$	16177.93	12880.92	1017.45	8272.29	11958.55	1116.22	934.75
	$i=2$	55388.67	58398.77	28030.81	41171.03	47504.44	12264.14	10765.22
	$i=3$	40749.29	41171.03	29866.74	30859.68	34774.54	20491.44	10197.23
R_{i0}	$i=1$	3.7	3.7	3.7	3.7	3.7	3.7	3.7
	$i=2$	13.4	13.4	13.4	13.4	13.4	13.4	13.4
	$i=3$	13.5	13.5	13.5	13.5	13.5	13.5	13.5
$(R_{i0} - R_0) Y_{ij}$（亿）	$i=1$	-11147.82	-8875.93	-701.10	-5700.23	-8240.34	-769.16	-644.11
	$i=2$	6981.77	7361.19	3533.30	5189.63	5987.96	1545.90	1356.96
	$i=3$	65198.86	65873.64	47786.78	49375.48	55639.26	32786.31	16315.57
R_{ij}（亿）	$i=1$	4	3.1	2	2.3	3.2	2.2	1.4
	$i=2$	15.8	15.5	11.5	15.5	17	12.7	16.5
	$i=3$	14.7	16.2	17.1	15.4	13.4	13.8	14.3
$(R_{ij} - R_{i0}) Y_{ij}$（亿）	$i=1$	407.85	-649.46	-145.35	-973.21	-502.46	-140.70	-180.67
	$i=2$	11170.82	10305.67	-4475.51	7265.48	14371.09	-721.42	2804.38
	$i=3$	4109.17	9341.33	9035.32	4927.18	-292.22	516.59	685.53
$\sum \Delta Y_{ij}$		352.63	189036.54	195807.15	113948.43	140387.30	161200.81	67089.32
$\sum R_{i0} Y_{ij} / \sum \Delta Y_{ij}$（%）		60.11	59.48	57.71	59.79	59.96	55.75	56.78

续表

比较对象 指标	鲁	苏	沪	浙	粤	京	津
$\sum (R_{i0} - R_0) Y_{ij} / \sum \Delta Y_{ij}$（%）	32.29	32.87	44.42	34.81	33.12	50.03	40.32
$\sum (R_{ij} - R_{i0}) Y_{ij} / \sum \Delta Y_{ij}$（%）	8.30	9.70	3.87	7.99	8.42	-0.52	7.84

注：增长率按可比价格计算；偏离—份额分析的模型如下：

$$\Delta Y_{ij} = R_0 Y_{ij} + (R_{i0} - R_0) Y_{ij} + (R_{ij} - R_{i0}) Y_{ij}$$

式中，ΔY_{ij} 为 j 省或直辖市第 i 个部门的增加额，Y_{ij} 为省或直辖市第 i 个部门的基期增加值，R_{ij} 为 j 省或直辖市第 i 个部门的增长率，R_{i0}、R_0 分别为全国第 i 个部门的增加值和全国 GDP 的增长率；第一部分 $R_0 Y_{ij}$ 是该部门按全国 GDP 增长速度增长而应有的增长额，即全国增长效应；第二部分 $(R_{i0} - R_0) Y_{ij}$ 是部门混合效应，即 j 省或直辖市第 i 个部门增加值增长偏离全国第 i 个部门平均增长的部分，反映地区产业结构对地区经济增长的作用；第三部分 $(R_{ij} - R_{i0}) Y_{ij}$ 是该部门增长额分解的剩余部门，反映省或直辖市区位条件或地区竞争力对地区经济增长的作用。

资料来源：中华人民共和国国家统计局：《2008 年中国统计年鉴》，中国统计出版社，第 40、52 页。

国家统计局：http://www.stats.gov.cn/tjsj/ndsj.

（三）转变经济发展方式任务很重的挑战

这可以从经济结构、节能降耗减排、自主创新能力和经济增长方式四个方面加以说明。第一，山东经济结构不合理的问题远未根本解决。三次产业中，服务业增加值和就业比重过低；社会资本结构中，国有或国有控股资本比重过高，民营经济不够发达；经济发展布局中，区域经济、城乡经济发展都很不平衡；收入分配中，发达与不发达地区，城乡、行业个人收入之间悬殊差别的问题依然很突出。第二，节能减排的任务异常艰巨。尽管已经采取了强有力的措施并收到了超出全国平均水平的绩效，但节能降耗减排任务之艰巨也全国鲜见。高耗材、高耗能、高污染的重化工业比重大，规模以上工业产值居全国前列，而规模以上工业企业又大多涉足重化行业。第三，自主创新能力不足。高端人才比较缺乏，自主创新的体制机制环境亟待优化。第四，经济增长方式转变任务十分艰巨。作为一个尚处于工业化中后期的经济总量大省、人口大省，外向度比较高的沿海较发达省份，经济增长长期靠投资、出口拉动的惯性很大。

（四）依传统农耕文明生存发展惯性的挑战

山东是黄河文明的发祥地，受传统农耕文化影响至深，封闭保守，缺乏开放意识；山东是儒家文化发祥地，求稳、企安、怠变、不思进取的传统惯性很大。由黄河文明和儒家文化共同决定的山东重农抑商、守成封闭、缺乏张力的传统农耕文明传统，与重商务效、开放宽容、张力十足的蓝色文明形成鲜明对比。山东各地广大干群刚刚了解山东半岛蓝色经济区的概念，对其内涵和外延的认识还有一个由浅至深、由片面到系统的过程；海陆统筹的发展理念也刚刚认识，丰富多彩的海陆统筹发展实践则刚刚起步；依传统农耕文明传统生存的惯性尚未消失，山东广大民众按蓝色文明生存和发展的社会实践也才刚刚开始。山东全省广大干群对于打造山东半岛蓝色经济区重大战略意义的认识还刚刚开始。我们对打造山东半岛蓝色经济区的深入研究和科学规划则还有许多工作要做。

第三章　山东半岛蓝色经济区的
战略定位与发展目标

打造山东半岛蓝色经济区，必须在综合考虑时代背景、国际环境和中国国情，山东自身省情、发展现状、发展阶段和发展态势，与周边地区发展的紧密联系、发展分工和协作竞争，在全国发展中的经济区位、功能定位和战略责任等的基础上，科学合理且又切实可行地确立应有的战略定位与发展目标，这也是把打造山东半岛蓝色经济区付诸实践的基本构思。

一　山东半岛蓝色经济区的战略定位

基于对蓝色经济区这一崭新经济区概念的认识，对现阶段山东半岛发展所面临的机遇与挑战的认识，以及综合考虑构成山东半岛蓝色经济区的各种影响因素，我们对山东半岛蓝色经济区的战略定位如下：

（一）面向东北亚全方位参与国际合作与竞争的前沿

东北亚地区包括中国、蒙古、俄罗斯、朝鲜、韩国、日本六国，总面积近900万平方千米，总人口约3亿人，占世界经济总量的1/5。东北亚经济圈是东亚经济圈的主体，而后者是继北美经济圈、欧盟经济圈之后的世界第三大经济圈，是一个政治经济制度多样化、互补性强、合作空间大、极富特色并在快速成长的经济圈。特别是，中日韩产业的高速发展和贸易的增长在很大程度上影响着世界经济增长的大格局，这预示着东北亚将成为21世纪世界最具发展活力的地区之一。山东在东北亚地区经贸合作中占有极为重要的地位。山东半岛位于环黄海西岸，与日韩隔海相望，是中国距日韩最近的区域，在东北亚经济圈中起着中国与日韩进行中日韩经贸合作和文化交流的结合部、先行区和主通道的作用。将山东半岛蓝色经济区打造成面向东北亚参与国际竞争与合作的前沿，将进一步深化中日韩战略合作关系，促进经济紧密联系、互相联动、互利共赢，加快中国参与经济全球化进程，为国家发展战略的实施注入新的强大动力。

1. 产业合作与竞争前沿

在科学界定山东在东北亚地区区域发展大格局中的产业定位的前提下，通过制定协作型竞争战略，加强与日韩等东北亚国家和地区在产业发展中的分工、协作与专业化。尝试在沿海七市，特别是青烟威三市，建立与日韩合资合作的跨国高端制造业基地和现代物流等现代服务业基地。在此前提下，承接以高端产业为崭新特征的当代国际产业转移，大力发展高端制造业、高新技术产业和现代服务业，提升产业国际竞争力。注重与世界500强跨国公司的战略合作，积极融入全球产业分工体系；注重境内外大企业集团的合资合作，加快产业对接和产业聚集；注重境内外中小企业间的合资合作，形成专业化加工配套群体，延长产业链条，打造"专、精、特、优"产业发展格局。山东半岛蓝色经济区的建设，更加注重海洋高端制造业、海洋高科技研发和海洋现代服务业的相互分工与合作，大力发展海洋高端产业集群，构建富有山东和东北亚特色、具有国际竞争力的现代海洋产业体系。

2. 基础设施合作前沿

综合规划和建设山东半岛蓝色经济区现代综合交通网络，增强铁路、公路、港口、航空的配套通行能力，形成青岛、烟台、威海城市一小时通勤圈；增加青岛、济南空港的国际航线，实现与日本、韩国的一日生活圈；完善青岛、烟台、日照主枢纽港的配套设施，推动全省港口资源最优整合，最终形成以青岛港为核心、各港口集群发展的东北亚国际航运中心。另外，韩国距离山东最近的仁川及平泽港正在扩建港口，建设经济自由区，也使上述优势变得更加现实，使山东半岛蓝色经济区成为日韩通往欧亚的最便捷的海陆结合通道。

3. 跨境规制合作前沿

通过境内技术标准和商业程序的互相认可协议，促进资本、劳动力和中间投入品的跨国界自由流动，消除国家运输过严管制以提高货运和物流效率等，为跨国界生产网络提供前提。以规范制度和政策做保障，建立山东与东北亚地区政府、中介机构、企业多层次、多渠道推进经贸合作的长效机制，包括构建非官方、高层次、开放式、地缘性、有影响力的经贸对话与合作交流平台，开展多种方式的东北亚合作论坛。完善市场经济体制和运行机制，推进边境管理制度和政策创新，创造优越的制度环境，使山东半岛蓝色经济区成为最具亲和力与发展潜能的地区之一。

（二）黄河流域出海大通道的强力经济引擎

世界发展历史表明，经济发达的地区多分布在大江、大河附近。黄河流域面积广阔，资源丰富，人口众多。沿黄河流域九省区陆域总面积359.43万平方千米，占全国的37%。2008年底区域人口已达到40910.35万人，占全国的31%；GDP达到31072.1亿元，占全国的10%。但经济发展相对滞后于长江、珠江流域，尚无上升到国家层面的东中西一体化的空间发展战略，一个重要原因就是未能发挥海洋优势，打造出海大通道，实行海陆统筹、海洋带动、协调发展，致使流域内各省区对外经济、文化的交流合作不够活跃，制约了经济发展。山东是黄河流域经济带唯一的也是最便捷的出海口，黄河文明、生态文明和海洋文明在此相互汇聚和融合。通过大港口、大物流、大交通、大能源、大文明，将山东半岛蓝色经济区打造成黄河流域的龙头和出海大通道的强力经济引擎，带动山东西部及整个黄河流域的经济大发展。

1. 大港口、大物流

山东沿海现有一类开放港口24处，港口密度居全国之首，其中作为龙头的青岛港是中国沿海五大港口之一。同时，山东港口还是黄河流域诸省区通往大海直线距离最近的地方，整合山东半岛蓝色经济区的港口资源，打通山东港口与西部诸省区之间的连接干道，建设以青岛港为龙头的山东沿海港口群，成为服务于黄河流域诸省区的大港口和物流中心，将对山东甚至内陆省市的经济发展起到重要的推动作用。

2. 大能源

重化工业向沿海地区转移，成为国内外产业结构战略调整的新趋势。

黄河流域是国家煤炭、石油、天然气能源基地，又是新疆和俄罗斯、中亚各国石油、天然气进入内地和沿海的通道。山东半岛蓝色经济区的建立将成为黄河流域煤炭、钢铁、石化、电力等能源的主要对外运输通道，中国沿海对外贸易基地和临海能源经济区。

3. 大交通

通过西起伊宁、拉萨，东至青岛、日照的两条高速铁路干线和多条高速公路，将西部大开发、中部崛起、东部率先发展贯穿在一起，为黄河流域各省区打开东出大海的门户，为整个流域经济的开放架起桥梁，成为中国新的经济增长极与增长轴，以此增强对全国经济的辐射带动能力。

4. 大文明

黄河文明是中华文明的发祥地，造就了沿黄流域人们忠诚守信、艰苦创业、不屈不挠、顾全大局的优秀品质。海洋文明是中国文化走向世界的通道，造就了沿海地区人们果敢、开放、包容的优秀品质、合作与讲效率。生态文明是人类走可持续生存和发展道路的崭新认识和社会实践活动。黄河三角洲高效生态经济区发展已经上升到国家战略层面，标志着生态文明建设高地将在黄河与太平洋交汇处崛起。山东半岛蓝色经济区建设将把以上三种具有各自特征的人类文明融合于一体，形成一种具有地域特征的崭新的蓝色"大文明"。

（三）东部沿海产业发展高地

改革开放以来，东部沿海地区是我国区域经济发展的前沿和先行区，一直保持着高速增长的态势。但近年来却饱受土地、能源和成本上升等带来的困扰，加之全球金融危机的冲击，京津冀、长三角、珠三角"三大"经济区发展遭遇瓶颈，亟须调整。加上当前后金融危机期的到来，全国区域经济发展格局出现崭新变化，区域经济发展面临"重新洗牌"。为应对金融危机，中央出台措施鼓励积极拓展新的发展空间，培植新的经济增长点，通过协作型竞争提升国际竞争力，全国地区经济一体化步伐加快。在"三大"经济区的基础上，从北到南又形成了辽宁沿海经济带、山东半岛、江苏沿海经济区、海峡西岸经济区和广西北部湾新的"五小"特色区域经济板块，"三大五小"区域格局的建立，标志着中国新一轮的区域发展与改革进入更深的阶段，中国沿海经济新一轮战略部署基本完成，这为进一步发展以现代海洋优势产业为主导、凸显现代海洋经济特征、海陆统筹集成战略框架下的沿海地区现代产业体系奠定了坚实的基础。

作为环渤海经济圈的三大组成部分之一，以及新一轮东部沿海区域发展的重要引擎，山东半岛蓝色经济区建立以后，其发展潜力和空间巨大，在区位、资源、产业、经济、科技比较优势等方面，将有别于环渤海东部沿海地区上述板块。打造山东半岛蓝色经济区，将提升山东半岛在环渤海经济圈以及整个东部沿海地区中的地位，使山东半岛成为崛起于环渤海南部以及整个东部沿海地区的崭新经济增长极和产业发展高地，在增强向周边腹地的集聚和辐射作用的同时，与辽宁沿海经济带和天津滨海新区形成优势互补、良性互动的环渤海区域发展新格局，为东部沿海经济开放区的对接整合、联动共赢奠定基础。

（四）联结东北老工业基地与长江三角洲地区的枢纽

东北老工业基地和长江三角洲经济区均是纳入国家发展战略的重要区域经济板块。东北老工业基地具有综合工业体系、装备制造优势、科教优势及人力资源、基础设施、农产品资源、优良的生态环境和对东北亚开放的区位优势，可与长三角发展优势互补，实现区域间的融合互动、合作共赢和一体化发展。中国规划中的铁路"五纵五横"，其中东部沿海一线的"一纵"，山东处于中枢地带，具有天然的区位优势。鲁辽海上火车轮渡的开通以及谋划中的渤海海峡南桥北隧的开通，将使鲁辽跨海连成一体，"日照—仪征"输油管线项目也将于近期获得批复，直通中石化长江输油管道，将日照港口腹地扩展到长江中上游地区。山东半岛作为南北的枢纽，充分利用其区位优势，既连接南北，又在海洋产业、涉海产业、临海产业上错位发展，必将成为海洋产业的优势区域，成为中国东部沿海新的投资密集区。

二　山东半岛蓝色经济区的发展目标

争取经过10年或更长一段时间，建设"一极、两区、四中心"，即中国首个以蓝色文明统摄和海洋经济为显著特征的崭新区域经济增长极，中国海陆统筹发展示范区、中日韩自由贸易先行区，中国海洋高端制造业中心、中国海洋高科技研发中心、东北亚国际航运中心、中国蓝色文明和特色海洋文化旅游中心。

（一）一极：在全国发挥以蓝色文明统摄和现代海洋经济为显著特征的区域经济发展引领功能

1. 山东半岛蓝色经济区是中国首个以蓝色文明统摄的崭新区域经济增长极

（1）山东半岛蓝色经济区建设必须走科学发展之路。胡锦涛总书记视察山东时所作的打造山东半岛蓝色经济区的讲话，是在全国深入贯彻落实科学发展观，走又好又快发展道路的背景下所作的，贯穿了科学发展海洋经济的指导思想。特别是，胡锦涛总书记的这一讲话蕴含着以蓝色文明统摄山东半岛蓝色经济区建设的深刻含义，这就是：以统筹海洋与陆地资源、产业、经济，以整合陆地与海洋两大发展空间，以海洋生态文明和可持续发展为本质的蓝色文明统摄陆地与海洋作为一个整体的经济、政治、社会、文化、生态协调发展。

（2）山东半岛蓝色经济区根植山东半岛的独特沃土。山东半岛位于黄河与太平洋的交汇处，山东半岛蓝色经济区建设将把以沿黄流域人们忠诚守信、艰苦创业、不屈不挠、顾全大局为特征的黄河文明，以沿海地区人们果敢、开放、包容、合作、讲效率为特征的海洋文明，以人类走可持续生存和发展道路为特征的大河三角洲（黄河三角洲）高效生态经济文明这三种具有各自特征的人类文明融合于一体，形成一种具有独特地域特征的崭新的蓝色"大文明"。

2. 山东半岛蓝色经济区是中国首个以现代海洋经济为显著特征的崭新区域经济增长极

山东半岛蓝色经济区是海洋资源驱动、海洋产业创新和海洋经济区空间重构"三位一体"的区域综合集成创新增长极。纵观中国区域经济发展格局，沿海地区从北到南区域的发展规划理念仍然是陆、海板块相对分离的产业发展规划和空间布局，海洋经济仅仅作为规划的一个相对独立的部分。山东半岛蓝色经济区将通过海洋开发集成创新战略展开，以海洋水体资源、海洋产业与海洋经济区"三位一体"的综合经济为显著特征，实现海陆统筹、资源整合、协作竞争的现代海洋产业体系和空间规划，是中国第一个以海洋经济为显著特征进行合理规划的增长极。

（1）充分发挥要素禀赋优势，实现山东半岛蓝色经济区海洋资源驱动增长。山东海洋资源得天独厚，区位优势明显。山东大陆海岸线长达3121.9千米，占全国的1/6，有500平方米以上海岛326个，海岛岸线683.2千米，其海岸线长度与陆域面积之比系数为2.428，远高于全国海岸线系数0.188，居全国前列。国家海洋信息中心选择滩涂、浅海、港址、盐田、旅游和砂矿六种资源对沿海各省市进行丰度指数评价，山东位居第一，其海洋资源丰度指数排序是盐田、港址、旅游、滩涂、浅海、砂矿，海洋资源综合优势显著。

（2）优化产业结构，构建现代海洋产业体系，实现山东半岛蓝色经济区海洋产业创新驱动。目前，山东海洋产业已发展到渔业、油气、盐业、造船、运输、旅游、化工、药物、海水利用、电力等20余个产业，其中，海洋渔业、海洋盐业、海洋工程建筑业、海洋生物医药业均位居全国首位。2008年山东海洋生产总值5346.25亿元，比上年增长20.6%，占省GDP的17.2%，占全国海洋生产总值的18%，居全国第2位（第1位广东5825亿元）。全省海洋生产总值中，第一次产业384.09亿元，第二次产业2629.06亿元，第三次产业2332.29亿元，分别比上年增长2.9%、26.2%和18.2%，三次产业比例为7.2∶49.2∶43.6。但在国际新一轮产业分工大背景下，各国竞相发展高新技术产业和现代服务业，山东应借打造山东半岛蓝色经济区为契机，增强自主创新能力，优化海洋产业结构，着力打造以海洋高端制造业和现代海洋服务业为主导的战略优势产业，发展特色突出、布局合理、协调发展的优势海洋产业集群，构建现代海洋产业体系。

（3）通过重构海洋经济区实现山东半岛蓝色经济区空间集聚驱动。山东半岛蓝色经济区要本着保护优先、科学开发、环境友好、生态文明的原则，巩固提升传统海洋产业区，着力培育新兴优势海洋产业区，形成山东半岛蓝色经济区、沿海高效生态产业带、沿海高端产业带、鲁南临港产业带"一区三带"的新空间集聚区。

通过以上三方面驱动，将使山东半岛蓝色经济区成为中国首个以海洋经济为显著特征的崭新区域经济增长极。

（二）两区：在全国发挥海陆统筹发展示范功能和中日韩自由贸易先行功能

1. 中国海陆统筹发展示范区

山东半岛作为一个相对独立的区域单元，在区域战略的布局和实施上是比较合理、切实可行和能够逐步推进的。山东区域经济发展先后经历了从重点扶持菏泽到东部突破烟台、中部突破济南、南部突破菏泽"三个突破"，从胶东半岛制造业基地、山东半岛城市群、济南省会城市群经济圈、鲁南经济带、黄河三角洲高效生态经济区再到"一体两翼"的点、线、面状战略。每一次战略的实施都带动了区域经济的增长和空间的拓展，在缩小山东区域经济差距和实现区域经济协调可持续发展方面具有一定的借鉴和示范作用。在经济全球化背景下，在中国经济转型期以及当前后金融危机期，全国各地纷纷进行刺激经济增长和发展的区域经济的战略创新以及区域经济格局再造，山东也应顺势进行区域战略优化调整，在原来点、线、面区域发展格局的基础上从陆地转向海洋，通过陆海统筹创新经济地理，其理念具有示范带动作用；对山东原有的区域经济格局进行再升华，打造山东半岛蓝色经济区，寻求崭新的经济增长点，使山东区域经济发展格局的点、线、面上升到立体空间，其空间发展战略的演进模式具有示范带动作用；把海洋经济纳入国民经济全局统筹考虑，与"一体两翼"有机结合，做到陆海统筹，相互促进，实现经济、社会、人口、自然与环境的和谐统一，其发展结果具有示范带动作用。山东，作为中国的经典缩影，其发展通过国家蓝色发展战略的制定与实施发挥带头和示范作用。山东半岛蓝色经济区作为中国海陆统筹发展示范区，科学合理。

2. 中日韩自由贸易区先行区

顺应经济全球化和国际区域经济一体化的大趋势，建立中日韩自由贸易区，是减少区域内关税和非关税壁垒，降低贸易成本，优化投资环境，促进经济可持续发展的重大战略举措。山东半岛地处泛黄海经济圈和东北亚经济圈的重要地带，区位优势明显，经济外向度较高，人力资源丰富，物流环境优越，与日韩经贸往来历史悠久，且取得显著成效，是中国与日韩构建自由贸易区的优势区域。青岛前湾保税港区近期封关运营，日照保税区也在积极争取建设，作为山东省及沿黄河流域的保税港区，实现了

"境内关外"的自由贸易功能，奠定了保税港区向中日韩自由贸易区先行区转型的基础。山东半岛蓝色经济区的建立把山东半岛沿海七市纳入中日韩自由贸易区先行区，将进一步扩大中日韩自由贸易区先行区的范围，通过研究、探索、试验相关重大开放政策，引领中国对外开放跨入一个新的历史阶段。

（三）四中心：在全国发挥高端海洋产业中心和特色现代海洋服务业中心功能

1. 中国海洋高端制造业中心

中国海洋高端制造业中心，有其发展的必然性和必要性，发展中国具有独占优势和达到国际先进水平的海洋高端制造业，是山东半岛蓝色经济区现代海洋产业体系构建的重要组成部分，也将为胶东半岛高端制造业基地的建设提供坚实的产业基础，最终实现山东经济又好又快发展。

一是大力发展高端制造业，是由山东经济所处的发展阶段所决定。当前，世界各国竞相以先进制造业和现代服务业为主导产业，中国顺应世界发展趋势，也向产业价值链的高端转型。山东目前正处于工业化中后期、经济高速增长期，这个阶段的重要特征是重化工业比重提高，二产的三产化尤其是生产性服务业发展趋势明显，产业的科技含量比重加大，产业结构呈现出高级化、重型化特点。山东所处的经济发展阶段需要以大力发展高端、先进制造业为基础。

二是大力发展海洋高端制造业，是后金融危机时期构建山东半岛蓝色经济区现代海洋产业体系的必然选择。2008 年全球金融危机，世界为之震荡。全球金融危机将倒逼经济发展模式和产业结构发生重大转变，金融危机下的传统产业突围，转身产业链条高端是必然选择。以海洋经济为显著特征的开放型、集成创新型的山东半岛蓝色经济区的建立，为后金融危机时期现代海洋产业体系的构建提供了难得的机遇。加速海洋产业升级步伐，大力发展海洋高端制造业和现代海洋服务业，使之从"微笑曲线"的低端向高端迈进，是今后海洋产业发展的重点所在。

三是大力发展海洋高端制造业，将为胶东半岛高端制造业基地提供坚实的产业基础。2003 年以青岛、烟台、威海为主的胶东半岛制造业基地规划实施，经过几年的发展，该区现在已经成为山东经济发展水平最高、产业基础最好、区域带动能力最强的核心区域。截至 2008 年上半年，青岛、烟台、威海三市实现生产总值 4667.9 亿元，占山东半岛城市群生产总值的 47.41%，全省生产总值的 31.68%；实现规模以上工业增加值 2481.1 亿元，占山东半岛城市群的 46.32%，全省的 30.23%。其中青岛、烟台、威海三市的装备制造业、高新技术产业、服务业分别占到全省的 47%、43.3% 和 34.6%，规模以上企业的科技人员占全省的 30.2%。这说明胶东半岛具备了培植高端产业的基础和条件。同时，海洋产业是胶东半岛三市产业的重点和支柱。2006 年，青岛、烟台、威海三市主要海洋产业实现总产值 3002.6 亿元，占三市生产总值的 64.4%。可见，加快胶东半岛制造业产业升级，大力发展海洋高端制造业，将是今后胶东半岛制造业基地的关键。

在现有海洋制造业的基础上，通过自主创新和引进、消化吸收再创新，用 10 年或更长一段时间，把山东半岛打造成在全国具有独占优势和达到国际先进水平的中国海洋高端制造业中心，将高端制造业建成山东半岛第一大优势产业。产业层面，在海洋装备、海洋精密仪器制造、海洋生物医药、海洋精细化工等领域各推出至少 5 个年产值过 100 亿元的高端海洋制造业产品；企业层面，培植至少 5 个主业突出、核心竞争力强、带动能力强的年产值过 500 亿元的大型海洋高端制造业集团。

2. 中国海洋高科技研发中心

山东是全国海洋科技力量的富集区，是国家海洋科技创新的重要基地，具有集成、吸收国内外海洋知识，培育、创新海洋优势产业发展的潜质和基础。拥有海洋科研、教学机构 55 所，包括中科院海洋研究所、中科院烟台海岸带可持续发展研究所、中国海洋大学、国家海洋局第一海洋研究所、中国水产科学研究院黄海水产研究所、青岛海洋地质研究所等国内一流的科研、教学机构。拥有 1 万多名海洋科技人员，占全国同类人员的 40% 多，其中院士 22 名，博士生导师 300 多名，博士点 52 个，硕士点 133 个，另有近 2000 位具有高级职称的海洋科技工作者。拥有 24 家省部级重点实验室，9 处海洋科学观测站台，20 多艘海洋科学考察船，涉及大型科学数据库 11 个，种质资源库 5 个。国家安排的 10 个 "973" 海洋项目，山东承担了 9 项。另外，还承担了 500 多项 "863" 计划和国家自然科学基金海洋项目，取得了一系列具有原创性和处于国际前沿研究水平的成果。以生化工程、酶工程、细胞工程为基础的海洋药物研制一直保持国内领先地位。开发了可生物降解环保型新材料、纳米多功能塑料、光生态膜、新型海洋酶等一大批具有自主知识产权的成果。科技在山东海洋产业中的贡献率达50%以上，科技创新成为拉动海洋产业升级和提高经济效益的强力助推器。

山东半岛蓝色经济区是以青岛海洋城为首的一种科技力量带动下的经济区，通过强化山东海洋科技优势，集聚海洋科技攻关力量，用10年或更长一段时间，基本形成引领国内海洋基础研究和应用研究方向，并具有国际先进水平的高科技研发中心。优化海洋高科技研发队伍结构，从总体上偏重生物型转向生物、制造业并重型；海洋领域自主创新能力实现较大突破，在海洋石油深潜钻井平台、海上风电开发与海洋生物资源养护兼容、海上人工垃圾岛建设等方面掌握核心设计技术，研发出规模化海水淡化实用新技术，最终形成独具特色的中国海洋高科技研发中心。

3. 东北亚国际航运中心

山东沿海港口群地处亚太经济圈西环带和环黄渤海经济圈的重要部位，北有京津唐，南接长江三角洲经济区，西与山西等能源基地和大西北相通，区位优势十分突出。港口群岸线资源丰富，港湾水深条件好，气候环境适宜，建港条件优越，港口腹地广阔，货源丰富，集疏运体系发达。随着经济的快速发展，山东沿海港口吞吐量迅速增长，港口群规模不断扩大，各港口在能源、原材料、外贸物资运输中发挥了不可替代的作用，已初步形成了以青岛、烟台、日照、威海、龙口为主的港口群体，为东北亚国际航运中心的形成提供了良好的区位和港口优势。

因此，要加大资源整合和产业优化升级，用10年或更长一段时间，基本建成航运资源高度集聚、航运服务功能健全、航运市场环境优良、现代物流服务高效、具有全球航运资源配置能力的东北亚国际航运中心。基本形成以青岛港为龙头，以日照、烟台港为两翼，以山东沿海港口群为基础的，分工合理，合作紧密的东北亚国际航运枢纽港；基本形成具有多种运输方式一体化特征的现代港口综合运输体系；基本形成服务优质、功能完备的现代航运服务体系和优质的国际航运服务管理，最终形成地位举足轻重的东北亚国际航运中心。

4. 中国蓝色文明和特色海洋文化旅游中心

山东半岛蓝色经济区将打造融黄河文明、海洋文明、生态文明于一体的蓝色"大文明"。这是一种具有崭新地域文化特征的大文明，它同时包含沿黄河流域人们忠诚守信、艰苦创业、不屈不挠、顾全大局，山东沿海地区人们果敢、开放、包容、合作、讲效率，崛起在黄河与太平洋交汇处的高度发达的生态文明这三种特征。这种崭新的人类蓝色文明，必将吸引来自海内外的广大游客，在中国形成一个崭新的以蓝色文明为特殊地域文化特征的国际海洋旅游中心。

山东半岛海洋文化与旅游资源历史积淀深厚，灿烂密集，富具蓝色文明基质的地域特色，且像一般文化旅游资源一样，具有可重复开发利用、低耗无污染、增值性强、附加值高的产业经济特性。要重点以在全国具有独特优势的山东海洋旅游资源为依托，不断丰富海洋文化旅游产品集群，大力建设滨海旅游度假连绵带、国际海滨旅游目的地；充分发挥山东半岛丰富的海洋文化资源优势，突出海洋文化特色，按照工业体系组织产业化生产，向社会提供丰富的文化产品和服务，满足人民群众日益增长的精神文化生活需求的同时，培育蓝色经济区新的产业发展优势，实现新一轮的结构性增长和可持续发展目标。特别是要努力建设中国海洋文化创意产业高地、海洋高端文化产业聚集区、海洋文化体制改革先行区、国际海洋文化城市群、蓝色文明与滨海休闲度假旅游的引领示范区、参与国际文化竞争的崭新增长极，推动全省文化大发展、大繁荣，为建设经济文化强省、服务全国发展大局作出更大贡献。

第四章　山东半岛蓝色经济区的空间概念与总体布局

打造山东半岛蓝色经济区，必须把山东半岛蓝色经济区的战略定位与发展目标这一根本构思具体落实到空间规划中，而且还要对这一空间规划在功能上进一步细分以形成可供操作的经济发展定位及其空间布局。以下就是我们对山东半岛蓝色经济区空间范围与经济总体布局的初步构思。

一　山东半岛蓝色经济区的空间概念

山东半岛蓝色经济区的空间范围可以分为核心功能区和紧密关联区两部分。核心功能区为青岛、烟台、威海、日照、潍坊、东营、滨州、济南、临沂、淄博、泰安、莱芜12市的陆域及其中沿海七市海域，其他为紧密关联区（见图4—1）。核心区往海一侧有约14万平方千米的海域，往内一侧有山东五市的紧密关联区域以及冀东南、豫东、皖北、苏北等延伸腹地。这是一个海陆统筹的有中心、有外围的广阔区域，有利于调动各市的积极性，实现产业对接、发展沿海、联动全省、沟通周围的目标愿望。

二　山东半岛蓝色经济区的总体布局

山东半岛蓝色经济区要本着保护优先、科学开发、海陆统筹、产业集聚的原则，围绕核心功能区，打造沿海高效生态产业带、沿海高端产业带和鲁南临港产业带三个特色优势产业带，培育中国海洋科技城、济南区域金融中心两个极化节点，通过山东半岛现代物流区相互联动，带动、辐射

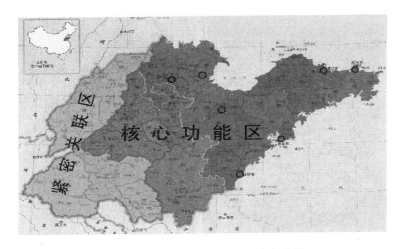

图4—1　山东半岛蓝色经济区空间范围

胶济铁路沿线海陆统筹示范区和鲁南经济带海陆统筹示范区，最终使山东半岛成为一个完整、融合、崭新的国际海洋经济示范区（见图4—2）。

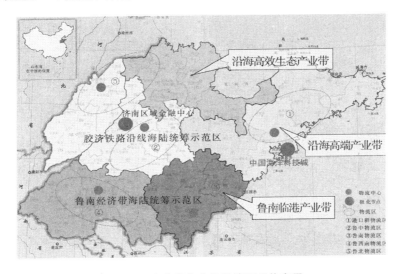

图4—2　山东半岛蓝色经济区总体布局

（一）沿海高效生态产业带、沿海高端产业带和鲁南临港产业带三个特色优势产业带

1. 沿海高效生态产业带

黄河三角洲地区的独特地理环境预示其成为山东半岛蓝色经济区相对

独立的板块。黄河三角洲有着丰富的自然资源、独特的生态环境、优越的
地理位置和巨大的开发潜力，是又一亟待开发的资源宝地。国家把黄河三
角洲列为高效生态经济区，作为海洋经济发展的重要区域，该区要以发展
高效生态经济和绿色产业为主导方向，实行保护性开发，走可持续发展的
路子。发挥黄河三角洲地区土地、海域后备资源丰富的优势，以资源高效
利用和改善生态环境为主导，大力发展高效生态、循环经济、精细加工优
势产业。发展高效生态农业，建成一批大型现代海洋牧场和生态畜牧业养
殖基地，大力发展生态渔业、绿色种植业和节水农业；发展高效生态制造
业，充分利用园区空间，加快发展高新技术产业、高端装备制造业和精细
海洋化工产业，努力实现其集群化发展；发展高效生态服务业，大力发展
现代临港物流业和生态旅游业。

2. 沿海高端产业带

沿海高端产业带是在原胶东半岛制造业基地的基础上，按照海陆统筹
的原则，对胶东半岛制造业基地进行的更加科学、合理的资源整合、产业
创新融合和空间重构。在青岛、烟台、威海三市的基础上，加上潍坊市，
构成了当前的沿海高端产业带。

在胶东半岛，以青岛为龙头，以烟台、潍坊、威海为骨干，充分发挥
区位优势明显、资源禀赋优越、港口体系完备、产业基础好、经济外向度
高、发展潜力大等比较优势，充分利用高端产业聚集区空间，以建设现代
海洋产业体系为目标，大力实施高端高质高效产业发展战略，积极承接国
际产业转移，全力发展高科技含量、高附加值、高成长性的高端产业
集群。

3. 鲁南临港产业带

充分发挥日照港深水大港、腹地广阔的优势，加快鲁南临港产业发
展。以做大做强日照精品钢基地为重点，集中培植钢铁、电力、汽车、石
化、木浆造纸、加工装配工业等运量大、外向型和港口依赖度高的临海工
业；充分发挥旅游资源优势，促进滨海旅游业更大发展，积极发展海洋文
化产业；以日照保税物流园区扩容升级为重点，加强立体疏港交通体系建
设，密切港口与腹地之间的交通联系，着力贯通出海通道，加快发展港口
物流业，把鲁南临港产业区建设成为我国东部沿海重要的临海产业基地和
区域性国际航运物流中心。

（二）中国海洋科技城、济南区域金融中心两个极化节点

1. 中国海洋科技城

山东半岛蓝色经济区的建立给中国海洋科技城带来前所未有的机遇和契机。

首先，大城市是带动区域发展的理想选择。城市发展历史和研究表明，大城市具有其他城市无法复制的强大的集聚、辐射、带动、创新和应变能力，能极大地带动周边区域的发展。纵观中国各大城市发展特点，大城市定位明确，功能生态演化强，城市形象佳，从北到南，以北京、上海、深圳为经济龙头的大城市带动着京津冀、长江三角洲和珠江三角洲的发展。北京是中国政治文化中心，上海已奠定国际金融中心的坚实基础，深圳已成为中国名副其实的制造创新中心。山东作为中国的经济和人口大省，也应该走大城市带动区域发展的路径。而把青岛打造成中国海洋科技城，就是要培育像北京、上海和深圳这样强大的、城市定位明确的龙头城市，使其足以带动山东全省科学发展、率先发展、和谐发展。

其次，山东现实省情需要打造一个强有力的龙头城市。山东城市多而不大、均而不强，不仅缺乏大城市集聚、带动和辐射周围地区的能力，而且也缺乏大城市所应有的应对国际发展趋势变化、中国经济转型和抵御金融危机的能力。这是导致经济大而不强、抗风险能力还不够强的重要原因。青岛理应成为带动山东强势发展的龙头，但因迄今为止尚未成为有特色的大城市，故而在全省发展大格局中呈现出龙头昂首不前的尴尬局面，在很大程度上制约着山东经济的快速发展。

最后，山东半岛打造中国海洋科技城的比较优势明显。山东海洋科技优势得天独厚，是全国海洋科技力量的"富集区"。科技在山东海洋产业中的贡献率达50%以上，科技创新成为拉动海洋产业升级和提高经济效益的强力助推器，且青岛市所占份额又占绝对领先地位。科技资源为山东打造中国海洋科技城提供了坚实的基础，这是中国其他任何一个地方都无法比拟的。

打造中国海洋科技城要着力建设海洋科研及成果转化基地、海洋高等教育及培训基地、海洋科技产业示范基地以及海洋科技产业信息交流中心；重点发展海洋生物和海洋药物、海洋水产业、海洋精细化工、临港产业、滨海旅游等海洋产业,用科技创新城市,使城市充满创新与活力。

2. 济南区域金融中心

将济南打造为山东半岛蓝色经济区的区域金融中心,有其理论和现实上的可行性。

首先,济南区位优势突出。济南作为山东的省会城市,东接山东半岛城市群,北连京津冀,南邻长三角,西靠沿黄腹地,地处环渤海经济圈,特别是随着京沪高速铁路的建设,济南将成为多个经济区域重叠交叉地带,也是山东半岛蓝色经济区的地理中心(见图4—3),区位的重要性是山东其他城市无可比拟的。

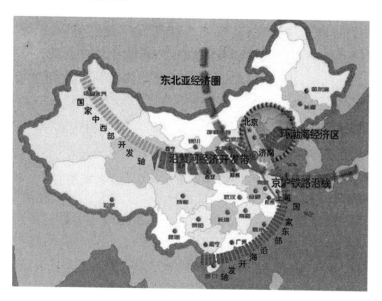

图4—3 济南在全国的定位

其次,济南金融和经济发展基础好。金融业是现代服务业乃至整个经济的主要支撑。济南已成为跨省域金融监管中心,在鲁、冀、皖、豫四省中,济南是金融业务总量最大、金融机构数量和种类最多、服务功能最强的城市。目前,济南除驻有"一行三局"等金融管理部门外,还驻有大部分金融机构山东区域的总部,总部经济优势显著。在全国副省级城市中,除了南京和杭州以外,济南是拥有全国性股份制商业银行最多的城市。济南现代服务业水平和金融业发展水平均高于青岛。2008年济南市金融机构各项存、贷款余额分别为5036.8亿元、4116.7亿元;青岛市金融机构各项存、贷款余额分别为4896.29亿元、4067.60亿元。可见济南市具备发展区域金融中心的金融和经济基础。总之，济南作为区域金融中心的辐射带动作用和雏形已初步显现。

立足济南都市圈，服务山东，辐射环渤海区域南翼，具有国际竞争力的济南区域金融中心的建立，将对山东半岛蓝色经济区的建设提供强有力的投融资平台。打造济南区域金融中心应该做到：加快打造济南金融商务中心区，形成以魏家庄金融商务圈为核心，经四路、经七路为轴线的"一圈两线"布局，逐步将该区域建设成为金融商务中心区，同时在奥体文博片区规划启动东部金融商务区，在京沪高铁西客站片区规划西部金融商务区。大力发展产业金融，以区域内发展成熟并在全国具有突出优势的产业集群或企业公司为母体，将恒丰银行发展成为具有较强竞争力优势的全国性金融机构，提高全省产业优势、金融优势的整体合力；以区域内前景良好的中小企业金融机构联合体为母体，进一步推动成立跨区域分支机构，加快金融产业化，打造济南市的金融集群品牌。细化延伸区域金融衍生产品市场，促进金融市场层次多元化，大力延伸全省金融业务链条，增强济南金融中心与上海、北京、深圳等金融中心的对接，形成相对稳定、紧密的金融辐射范围。加强济南金融生态环境建设，形成济南"金融洼地"效应。实施综合配套设施，支持金融机构发展。

（三）山东半岛现代物流区

山东半岛现代物流区的建设将为山东半岛蓝色经济区提供流通支持。后金融危机时期是中国物流业发展的重要时期，挑战与机遇并存。近期，国家和山东省为拉动内需采取了一系列扶持政策，国务院把物流业列入调整和振兴的十大产业，出台了《物流业调整和振兴规划》。其中，把以青岛为中心的山东半岛物流区域作为全国重点发展的九大物流区域之一，规划建设的十大物流通道有六条与山东密切相关，济南、青岛被列为全国性物流节点城市。山东物流区位优势十分明显，将在全国物流业发展中发挥重要的作用。

为实现山东半岛蓝色经济区各区域之间相互联动，重点打造五大物流区域，建设两个全国性物流节点城市、6个省级节点城市、9个地区性节点城市、28个县级节点城市。一是五大物流区域。以青岛为核心的港口群物流区域，重点发展外向型物流和辐射型物流，为胶东半岛制造业基地和国际、国内贸易发展服务；以济南为核心的鲁中物流区域，着重发展陆路综合物流、城市配送物流及中转物流，形成辐射全国的物流中转基地；以临沂为核心、日照为重点的鲁南商贸物流区域，临沂重点发展商贸物流，努力发展成为连接南北商贸流通的区域枢纽和通道，日照重点发展矿石、煤炭等大宗物资港口物流，实现港口向内地、内地向港口物资快速疏运；以德州为核心的鲁北物流区域，大力发展中转物流、农产品物流及专业物流；以济宁为核心的鲁西南物流区域，利用京杭运河水运成本较低的优势，大力发展内河水运物流和公铁水联运物流，建设和完善以煤炭、矿石、石膏等大宗物资为主的转运型物流中心。二是两个国家级物流节点城市。济南发挥省会城市和在全国物流网络中交通地理位置的优势，形成连接南北、辐射东西、承接国家物流通道功能、多种交通运输方式交汇的陆路中转物流中心城市，建设商贸、机电、汽车、建材为主的国家级物流园区。青岛以建设国际、国内重点港口城市和东北亚航运中心为目标，发挥以青岛港为龙头的港口群带动作用，建设成国际、国内重点航线和港口的物流节点城市，形成服务全国、服务山东，多式联运结合的国家级物流节点城市。

（四）胶济铁路沿线海陆统筹示范区和鲁南经济带海陆统筹示范区两个海陆统筹示范区

按照海陆统筹的原则，山东半岛蓝色经济区是以 12 市为核心功能区、山东其他市为紧密关联区的海陆统筹临海经济区。故胶济铁路沿线海陆统筹示范区和鲁南经济带海陆统筹示范区是山东半岛蓝色经济区的重要组成部分，实现了内陆终点城市向海陆节点城市的转变。

这两个示范区是对山东区域经济板块空间资源的再整合，是实现城乡统筹的良好路径。山东半岛蓝色经济区的建立将海洋经济和陆地经济通过资源互补、产业互动、布局互联，促进以海洋为纽带的横向经济联合，通过推进海陆交通、产业等一体化进程，实现空间资源的再整合。在沿海城市，重点发展临海产业，使之成为海陆一体、产业一体化发展的物质纽带。通过临海产业，一方面把海洋资源的优势由海域向陆域转移和扩展，把海上生产同陆上加工、经营、贸易、服务结合起来，拓宽海洋资源的开发范围；另一方面促使陆域资源的开发利用及内陆的经济力量向沿海地区集中，扩大海岸带地区经济容量，把陆域经济、技术和设备运用到海洋资源开发中，合理利用海洋空间，发挥沿海区位优势。通过这两种运动，使这两个区域在整合陆海资源、产业、经济，统筹海洋、沿海、涉海、海外经济发展，实现陆海经济、政治、社会、文化、生态协调发展方面，走在全国的前面。

打造胶济铁路沿线海陆统筹示范区、鲁南经济带海陆统筹示范区，要做到：

首先，加快推动胶济铁路两侧产业聚集带建设。打破胶济铁路沿线内陆城市的空间格局，以济南为核心，包括泰安、莱芜、德州等地区，以滨州、东营、潍坊为出海口，将沿海城市作为内陆城市的港口，重新构建现代产业体系；加快培育中心城市，构建规模布局合理的城镇体系，不断增强城镇的聚集辐射功能，推动生产要素向城镇聚集；着力提高国际化水平，重点吸引跨国公司投资、建立研发中心、扩大自主知识产权和高附加值产品出口，鼓励优势企业到国外发展；坚持走新型工业化道路，充分发挥资源等优势，规划建设规模大、科技含量高、产业链条长的大项目，培植主导产业；坚持市场推动和政府引导相结合，促进生产要素合理流动，推动产业协作，实现优势互补，提高一体化水平。

其次，鲁南经济带在建立以临沂为主要中心城市的同时，积极发挥日照港的带动作用，以大项目带动优势资源，全力构建临港产业和高端产业体系，辐射带动鲁南经济带加速崛起。加快完善鲁南经济带基础设施建设，以港口和沿桥铁路建设为重点，优化布局，建设现代综合运输体系；加快产业结构优化和布局，深化产业分工与协作，逐步形成布局合理、错位发展、关联紧密的区域产业体系。建设以京杭运河为依托的沿河产业带和日兖菏铁路沿线产业带；沿新亚欧大陆桥建设以日照、临沂为主体的桥头堡经济区，以济宁、枣庄为主体的陆桥运交汇经济区和以菏泽为主体的陆桥京九交汇经济区；加快能源和煤化工、优质农产品加工、建材、商贸物流四大基地建设；加快构建科学合理的城镇体系，完善城镇功能定位，优化发展布局，构建特色鲜明、功能互补、配套发展的城镇发展新体系，提高城市化水平；加快发展文化旅游业，打响孔子文化、运河文化和红色文化"三大文化品牌"，提升文化产业的整体实力和竞争力。

第五章　山东半岛蓝色经济区海陆统筹建设的思想与方法路径

在山东半岛蓝色经济区建设中，要兼顾"海"与"陆"两个方面。在海洋领域层面上，发展海洋经济必须统筹兼顾陆域即沿海区域社会经济状况；从国家层面讲，制定国家大政方针时，应把"海陆统筹"作为一项基本原则，在谋划蓝色经济区发展战略时统筹安排海洋与陆域产业的发展，让"蓝色国土"及其资源在国民经济和社会发展中发挥更大作用。

一　海洋产业、陆域产业和海陆统筹建设的概念与内涵

根据生产对象及其空间区位特征，可以将广义的产业划分为海洋产业和陆域产业两大部分。

（一）海洋产业与陆域产业

1. 海洋产业

海洋产业是指开发、利用和保护海洋所进行的生产和服务活动，包括海洋渔业、海洋油气业、海洋矿业、海洋盐业、海洋化工业、海洋生物医药业、海洋电力业、海水利用业、海洋船舶工业、海洋工程建筑业、海洋交通运输业、滨海旅游业等主要海洋产业，以及海洋科研教育管理服务业。海洋产业活动可以从海面延伸至水体、海底；在水平方向上，海洋产业活动可以布局在远海、近海、海岸带、海岛、沿海地区。

2. 陆域产业

陆域产业则是指以陆域资源为主要开发对象、以陆域空间作为产业活动载体的各个产业部门的总称。

3. 临海产业

临海产业是与海洋产业密切相关又相互区别的一个概念，临海产业消耗的核心资源并非海洋资源，但是部分地利用了一些海洋资源和空间，所以它并不是独立于海洋产业和陆域产业两大系统之外的，而是陆域产业中布局于海岸带地区并与海洋产业密切相关的产业类型。

（二）海陆统筹

1. 海陆统筹的概念

"海陆统筹"是指在区域社会经济发展过程中，综合考虑海、陆资源与环境特点，系统优化海陆的经济功能、生态功能和社会功能，以海、陆两方面协调为基础进行区域发展规划、计划的编制及执行工作，以便充分发挥海陆互动、联动作用，从而促进区域社会经济发展。

2. 海陆统筹的内涵

"海陆统筹"是一种在沿海区域经济发展中的指导思想和原则，是一种战略思维，它将海洋与沿海陆域两大系统的资源利用、经济发展、环境保护、生态安全和区域政策统一筹划，统一实施。

"海陆统筹"就是要树立正确的海陆整体发展战略思想观，正确处理海洋开发与陆地开发的关系，加强海陆之间的联系和相互作用。海陆统筹协调发展，是指根据海、陆两大地域的内在联系，运用系统论和协同论的思想，通过统一规划、联动开发、产业组接和综合管理，把海洋与陆地的社会经济与文化、环境生态与保护统筹考虑，实现区域科学发展、和谐发展。海洋开发既要以陆地为后方，又要积极地为内陆发展服务，把海洋资源开发与陆域资源开发、海洋产业发展与陆上其他产业发展有机联系起来，促进海陆统筹建设，实现海陆经济统筹协调发展。在海陆统筹建设中要充分考虑沿海地区资源地域分布的不均衡性、空间组合的差异性、资源结构的异质性和区域经济社会发展的不平衡性，必须按照劳动地域分工和产业地域分工的要求，合理配置生产力，才能最大限度地获得协作生产力和空间结构效益。落实到山东半岛蓝色经济区建设上来，就是经济区的经济建设和海洋资源开发活动不能全面铺开，不能一哄而上，而要根据区域内的实力，逐次推进。

二　海陆统筹建设的意义

单纯的海洋资源开发对国民经济的贡献是有限的。随着海洋开发的深入，海陆关系越来越密切，海陆资源的互补性、产业的互动性、经济的关联性进一步增强。一方面，海洋资源的深度和广度开发，需要有强大的陆地经济做支撑，海洋经济发展中的制约因素，只有在与陆地经济的互补、互助中才能逐步消除；另一方面，陆域经济发展战略优势的提升和战略空间的拓展，必须依托海洋优势的发挥和蓝色国土的开发。只有坚持海陆统筹开发，逐步提高海洋经济的地位和作用，才能更好地发展沿海地区经济。

在海陆统筹建设中，应明确海洋经济对整个蓝色经济区的带动作用，但并不意味着海洋经济对 GDP 的贡献必须要达到某个比重。这是因为海洋经济的产业门类少、体量小，占国民经济的比重低，每提高一个百分点都需要付出很大的努力。世界上一些海洋经济发达的国家和地区，如日本，海洋经济占 GDP 的比重一直没有超过 12%，韩国和我国台湾地区甚至不超过 10%。山东省的"海上山东"建设也是如此，1991—1997 年间，山东海洋产业增加值虽有明显提高，但占全省 GDP 的比重基本徘徊在 5.5% 左右，2001 年提高到 6.0%，2006 年为 6.3%，且不同年份之间时有起伏。因此，蓝色经济区海陆统筹建设中，对海洋经济看重的是质而不是量。

三　山东半岛蓝色经济区海陆统筹建设的思想原则

山东半岛蓝色经济区建设不是标新立异，而是建立在山东省历次发展战略的基础之上的。海陆统筹建设也不能仅仅追求海洋产业产值的增加和比重的增大，而是要致力于发挥海洋资源与产业的优势，带动区域经济整体发展。

（一）实现沿海地区与内陆地区的统筹建设

山东半岛蓝色经济区海陆统筹发展从根本上说是通过山东沿海地区与

内陆腹地的海陆产业联动发展实现区内经济地域系统的全面整合,加快能源流、物质流、人流和信息流等要素的流动,突破行政单元、产业部门、企业行业等的分割和限制,促使区域经济持续快速发展,最终实现山东省对我国沿黄流域区域经济的带动。

(二) 实现海洋经济、沿海经济、涉海经济与海外经济的统筹建设

山东省是我国的经济强省,也是海洋大省,海岸线长度、海域面积等资源条件都位居沿海省市前列。海陆兼备的资源特点要求山东半岛蓝色经济区的发展必须重视海洋资源的开发利用。20世纪90年代初,山东省委、省政府作出了科技兴海、建设"海上山东"的跨世纪战略抉择,并把它与黄河三角洲开发并列为两大跨世纪工程。战略实施10多年来,"海上山东"建设成就斐然,令人瞩目,"海上山东"建设已成为全国"科技兴海"的策源地和示范样板。2008年主要海洋产业实现总产出4415.3亿元,比上年增长20.1%。海洋渔业、滨海旅游和海洋油气等产业稳定增长,分别实现产出1629.4亿元、1092.9亿元和118.7亿元,分别增长14.1%、18.3%和51.0%。海洋船舶工业快速发展,实现产出309.6亿元,增长54.6%。海洋资源开发稳定增长,海洋石油、原盐和烧碱产量分别达到232.2万吨、2180万吨和360万吨,分别增长2.7%、5.2%和9.7%。山东省海洋渔业增加值占全国海洋渔业增加值的33.8%,继续保持全国首位。山东省海洋生物医药业增加值占全国海洋生物医药业增加值的37.6%,位居全国首位。2000年以来,海洋产业增加值年均增长19.5%,高于全省经济增长率6个百分点。在海洋经济高速增长的同时,山东省海洋产业门类逐渐丰富,产业结构趋于合理。在90年代初期,山东的海洋经济主要以海洋生物资源开发利用为主,渔业产值占据山东海洋经济的半壁江山,经过"海上山东"和"科技兴海"等战略的有效实施和产业结构的优化调整,海洋渔业的支柱地位有所下降,海洋第二、三产业得到了较快发展,港口运输、滨海旅游等产业的年均增长率都在20%以上,海洋船舶制造业近年来也异军突起,发展迅猛。青岛、威海等山东沿海城市纷纷提出了"以港兴市"、"旅游兴市"等发展思路,并着力打造临港工业区、旅游产业带、海洋高科技产业园等海洋经济园区,最大限度地发挥海洋经济的带动作用。目前，山东海洋产业结构正逐步优化，同时，工厂化养殖、海水淡化、滨海核电站、风力发电等新兴海洋产业在一些沿海地市也得到了很好的发展，并形成了一些产业聚集区。可以说，蓝色经济区实施海陆统筹发展战略的时机已经成熟。

在蓝色经济区建设中，要发挥市场配置资源的基础性作用，大力调整和改造传统海洋产业，积极培育新兴海洋产业，努力发展海洋矿产开发、海洋化工、海洋旅游、临港工业、临港物流等海洋产业和海洋相关产业，特别要抓住山东省邻近日韩的区位优势，对接日韩产业和技术，推动产业结构的全面优化和升级。加快发展对海洋经济有带动作用的高技术产业，实现海洋经济结构的优化，深化海洋资源综合开发利用。遵循地区比较优势，调整主要海洋产业布局，重点建设一批海洋产业区和海洋项目，逐步形成功能清晰、各具特色、优势明显的海洋产业带和块状海洋经济区，提高海洋经济发展的质量和效益。重点发展具有高技术含量和高附加值的临海工业，深化海洋空间综合利用，建设海陆统筹的临海产业基地。以大项目为载体，以大企业集团建设为重心，提高沿海土地的产出率，带动山东临海产业的集群发展。

（三）实现"蓝色经济区"与"胶东半岛制造业基地"、"山东半岛城市群建设"等区域发展战略的统筹建设

胶东半岛是我省经济最发达的地区，具备加速发展的条件。2003 年 7 月，山东省出台了《关于加快胶东半岛制造业基地建设的意见》，提出要抓住伴随着经济全球化进程的加快，发达国家劳动和资源密集型制造业正迅速向发展中国家转移的机遇，把胶东半岛建设成为面向日韩及欧美的加工制造业基地，打造胶东半岛品牌，提高胶东半岛产业整体素质与综合竞争力，增强对中西部地区的辐射力和带动力，促进区域经济协调发展。这一战略标志着以青岛、烟台、威海三市为主体的胶东半岛制造业基地建设正式启动。通过发挥骨干企业作用，突出结构调整主线，依靠科技进步，培植壮大制造业产业群，促进制造业升级换代，使胶东半岛成为产业先进、科技发达、环境优良、文明富强的半岛经济区。

2007 年，山东省政府批准了《山东半岛城市群总体规划》，将发展重点集中于济南、青岛、烟台、淄博、威海、潍坊、东营、日照等 8 个城市构成的城市地域空间组合。这一地区面积近 7.4 万平方千米，人口 4244 万，矿产资源丰富，工业基础雄厚，2006 年 GDP 总量为 14484.52 万元，约占全省总量的 2/3。根据规划，山东半岛城市群将致力于成为黄河流域的经济中心和龙头带动区域，与京津冀、辽中南地区共同构筑中国经济发展的重要增长极。

"胶东半岛制造业基地"、"山东半岛城市群"等区域发展战略的相继实施，加快了山东沿海地区经济的发展和各种基础设施的建设，为山东海陆统筹建设战略的实施奠定了坚实基础。按照山东省规划，山东半岛城市群将重点发展十大产业集群，其中包括以纯碱、溴系列产品和海洋生物化工为主要内容的海洋化工产业集群和以船用钢板、系列柴油机、锅炉、锚链、五金、仪表等配套产业为支撑的造船产业集群。此外，根据规划，胶东半岛制造业基地将重点发展汽车及零部件、造船及零部件、纺织服装、食品加工、电子通信、石油化工等六大产业，这些传统制造业的大发展必将为港口运输业提供丰富的货源，也加大了对海洋石油和天然气、滨海电站等海洋基础产业的产品需求。随着胶东半岛制造业基地的建成，山东海陆产业之间的产品交流将日渐增多。

根据铁路系统的建设规划，到 2015 年，山东省铁路将形成以济南、青岛为中心的半岛城市群"一小时生活圈"，货物运输能力也将大幅度提高。为促进胶东半岛制造业基地的建设，青岛、烟台、威海三市也出台了一些促进措施，如加快基础设施建设、打破行政区划限制、营造良好的交通物流体系等。这些举措客观上将为海陆统筹战略的顺利实施提供保障。因此，蓝色经济区海陆统筹建设战略必须紧密结合"胶东半岛制造业基地"、"山东半岛城市群建设"等现有的区域发展规划，把蓝色经济的发展融入沿海区域发展的大背景中。

四　山东半岛蓝色经济区海陆统筹的方法路径

对于我国这样一个处于工业化中期的国家来说，海陆统筹建设宜采取非均衡的空间战略。在产业层面，非均衡发展就是要确定主导产业，在海陆统筹建设过程中将有限的资源和资金向这些产业进行倾斜，使之成为区域经济的增长极。

（一）选择海陆统筹建设中的主导产业

山东半岛蓝色经济区海陆统筹建设中的主导产业选择要充分考虑海洋经济对陆域经济的带动作用和陆域经济对海洋经济的促进作用，选择那些带动能力强、关联度较大的产业。海洋主导产业要定位于资源条件较好、产业关联度高并且对海岸带区域经济贡献较大的产业部门；陆域主导产业要重点发展对海洋开发支撑作用较强、产业感应度系数和影响力系数都较大的产业。陆域第二产业与山东省海洋产业的关系最为密切，第二产业中的制造业部门为海洋开发提供了必要的设备，又是一些资源利用型海洋产业的下游产业。

（二）山东半岛蓝色经济区海陆统筹建设中的空间结构布局

海陆统筹的空间结构是主导产业在空间上的具体体现，也是海岸带区域的产业布局模式。合理的空间结构能够有效地发挥区域经济组织功能，促进产业聚集区的形成和发展，加速海陆统筹的建设进程。

蓝色经济区海陆统筹的空间结构重组的重点在于培育具有区域意义的增长极和增长轴带，同时对全省、全国其他地区产生辐射和带动作用。具体来说，就是要采取点轴发展模式，一方面，在海岸带地区实行重点开发，形成几个实力强劲的增长点，带动区域经济的发展。海陆统筹建设中的增长点不仅具有带动区域经济发展和整合相关产业的功能，还必须是海陆经济联系的结合点。山东半岛蓝色经济区海陆统筹建设的增长点主要有两种：一是港口；二是海洋重点产业基地。另一方面，加强基础设施建设，形成发展轴，发挥轴线的辐射和带动作用。

第六章 山东半岛蓝色经济区产业结构 优化升级与竞争力提升

产业结构优化升级是指一个国家或地区的产业结构向合理化和高度化方向不断发展演进的过程。加快产业结构升级、提升产业竞争力是实现山东半岛蓝色经济区建设目标的关键环节和重要举措。

一 山东半岛蓝色经济区产业发展现状分析

改革开放以来，山东半岛蓝色经济区各市在加快经济发展的同时，积极推进产业结构调整和技术创新，产业结构不断优化，产业竞争力明显增强。2008 年，作为山东半岛蓝色经济区前沿的沿海七市实现地区生产总值 16205.11 亿元，占全省生产总值的 52.2%；其中，第一、二、三产业增加值分别为 1188.44 亿元、9634.31 亿元、5382.36 亿元，三次产业的比例为 7.3∶59.5∶33.2。

（一）完整的产业体系初步形成

山东半岛蓝色经济区是全国重要的油料、水果、蔬菜和海产品等农产品生产加工基地，农业产业化水平较高；初步建立起以交通运输设备、装备制造、电子信息及家电、化学工业、纺织服装、食品工业为支柱的工业产业体系；现代物流、旅游、房地产等新兴服务业发展加快，服务业内部结构不断优化。

（二）工业对经济的支撑和带动作用显著

工业特别是制造业，成为拉动经济增长的主导力量。2008 年，沿海七市规模以上工业实现增加值 9078.05 亿元，占全省规模以上工业增加值的 54.3%，占七市地区生产总值的 56.0%。各市在工业结构调整中，注重培育壮大新兴产业，用高新技术改造传统产业，基本形成了体现各市特色优势的支柱产业。如青岛市形成了家电电子、汽车造船、装备制造、纺织服装、海洋生物制药、新材料等一批优势行业，2008 年制造业实现增加值突破 2000 亿元，占 GDP 的比重已达 45%，制造业对经济增长的贡献率上升到 50% 以上。

(三) 以电子信息、生物技术、新材料为主的高新技术产业快速发展

近年来，山东半岛蓝色经济区各市以高新技术开发区为依托，大力发展以电子信息、生物技术、新材料为主的高新技术产业，高新技术产业发展取得很大进展。2008 年，青岛、烟台、威海、潍坊四市高新技术产业产值分别达到 3758.78 亿元、3146.47 亿元、1434.18 亿元、1526.95 亿元，占其规模以上工业产值的比重分别为 46.31%、39.4%、31.9%、28.1%。

(四) 海洋经济和临港经济发展迅速

目前，山东已形成了集海洋渔业、海洋盐业和盐化工业、海洋交通运输业、海洋油气开采业、滨海旅游及海洋科研教育等服务于一体的门类较为齐全的海洋产业体系。其中，海洋渔业、盐业和盐化工业、海洋港口运输业、海洋科研教育等在全国具有举足轻重的地位，海洋经济总量多年来位居全国前列。根据国家海洋局海洋生产总值初步核算结果显示，2008 年，山东省海洋生产总值 5346.25 亿元，居全国第二位，占全省 GDP 的 17.2%，占全国海洋生产总值的 18%，海洋渔业、海洋盐业、海洋生物医药业、海洋工程建筑业等的增加值均位居全国前列。海洋产业结构逐步优化，发展的质量效益明显提高。以海洋渔业为主体的第一产业比重降低，工业制造业比重不断提高，以高科技产业为支撑的海洋新兴产业不断壮大，2008 年山东海洋经济三次产业结构比例达到 7.2∶49.2∶43.6。生态海洋建设扎实推进，2008 年，新建海洋特别保护区 7 个，各类海洋保护区达到 20 个，保护区总面积达 115 万公顷。

沿海七市大力发展临港经济，在加强港口建设、大力发展临港工业的

同时，积极培育港口物流和临港服务业，临港工业和临港物流呈现出强劲发展势头。如烟台市加大石化、船舶、核电设备、精品钢材铝材等临港工业项目建设，重点推进万华石化工业园、山东核电设备制造等项目，临港制造业规模快速提升；日照市大力实施"港口立市"、"以港兴市"战略，冶金、机械、食品、浆纸、化工等临港产业蓬勃发展，临港经济占全市生产总值的比重达到40%以上。

（五）大企业、大项目和大品牌的作用日益突出

山东半岛蓝色经济区各市在产业结构调整过程中，十分重视大企业、大项目和大品牌的引领和带动作用，促进了产业集群的形成、名牌产品的培育和产业竞争力的提升。以青岛市为例，2008年全市有66家企业销售收入超过10亿元，14家超过50亿元，5家企业超过100亿元；全市拥有68个中国名牌、38件中国驰名商标，居全国城市前列。

（六）技术创新能力不断增强

山东半岛蓝色经济区各市十分重视科技创新在产业结构调整中的重要作用，切实加大科技创新的投入，积极加强科技公共服务平台和企业技术中心建设，促进了技术创新能力的提高。到2008年底，青岛市制造业拥有170家市级以上企业技术中心，包括12家国家级企业技术中心，40家省级技术中心，海尔集团名列全国企业技术中心建设评价榜首；烟台市拥有市级以上企业技术中心达到121家，其中国家级9家，省级35家；威海市建立市级以上技术开发中心103家，其中国家级6家，省级31家，市级66家；潍坊市建立企业研发中心483家，拥有福田雷沃重工、晨鸣、海化、亚星、潍柴等5家国家级企业工程中心、技术中心，省级中心71家，博士后工作站13家。

二　山东半岛蓝色经济区产业发展存在的主要问题

经过多年的调整，山东半岛蓝色经济区产业结构正逐步向合理化、高层次、高度化转变，但仍存在诸多矛盾和问题，主要体现在以下几个方面：

（一）产业结构不合理，产业层次偏低

产业结构的合理性深刻影响到产业竞争力的强弱。山东半岛蓝色经济区产业结构不合理，主要表现在传统产业比重高，第三产业发展相对滞后。服务业特别是生产性服务业发展明显滞后，2008 年沿海七市中第三产业增加值占 GDP 的比重只有青岛市高于 40%，且只有青岛、日照两市高于全省 33.4% 的平均水平。在工业内部结构中，传统产业仍占主导地位，而电子信息、生物技术与制药、新材料等高新技术产业产值占全部工业总产值的比重偏低，2008 年沿海七市中高新技术产业产值占其规模以上工业产值的比重超过 30% 的只有青岛、烟台、威海三市，明显低于长三角、珠三角的水平；传统产业以资源初加工为主，产业链比较短，大多处于产业链低端，高附加值、高技术含量产品少。

海洋经济以海洋渔业、港口及海洋交通运输业、滨海旅游业、海洋盐业和盐化工业等传统海洋产业为主体，海洋新兴产业规模较小，海洋船舶工业、海洋油气业、海洋砂矿开采业、海洋工程建筑业等重工业型海洋产业和海水利用业、海洋生物医药业、海上风力发电、深海产业等海洋高新技术产业在海洋经济生产总值中的比重还比较低。以海洋船舶工业为例，2008 年全国造船完工量为 2881 万载重吨，占全球的 30%，山东在全国排第 5 位，但总量只有 108 万载重吨，而排前 4 位的江苏、上海、浙江、辽宁却分别高达 889 万载重吨、650 万载重吨、522 万载重吨、385 万载重吨。

（二）产业集群化发展程度偏低，园区集约化程度不高

近年来，山东半岛蓝色经济区各市按照"大项目—产业链—产业群"的发展方向，以各类产业园区为载体，积极培育特色产业集群，产业集群培育取得了初步成效。以胶东半岛制造业基地为例，初步形成了家用电器制造业、装备制造业、海洋产业、纺织服装业、农产品加工业等五大产业集群。但是，与长三角、珠三角地区相比，山东沿海七市存在产业集群发育不充分、园区集约化程度不高等问题。一是产业配套率低。苏州开发区 IT 产品配套率可达到 85% 以上，产品零部件在其周边 1 平方千米范围内 50 分钟就可配齐。在上海浦东开发区，仅中芯国际一家企业就聚集了国

内外 82 家配套企业。东莞的 IT 生产形成了"美国市场—中国台湾接单—东莞制造—中国香港出货"的产业链，使东莞成为中国台式计算机及零部件最大的生产基地。而胶东半岛地区的汽车、家电等产业配套率大约在 10%—30% 左右，且主要以简单加工、组装为主，关键技术和关键零部件仍主要依赖进口或从南方购进。在船舶工业配套率方面，目前，日本的造船配套率高达 98%，韩国为 90%，江浙为 40%，而山东只有 20%。二是园区集约化程度不高。一些工业园区，占地面积大，投入产出低，单位面积产出偏低，集约化程度不高。

（三）整体技术创新能力较弱

目前山东半岛蓝色经济区整体科技水平不高，自主创新能力不强，核心技术少，对外技术依存度比较大，明显制约着产业结构升级和产业国际竞争力的提高。以企业为主体、产学研相结合的自主创新体系尚不完善，多数企业制造能力强，研发设计能力弱。企业重视设备引进，对技术消化吸收再创新少，自主创新更少，拥有自主知识产权和自主品牌的企业和产品少，制约着产业竞争力的提升。海洋科技人才结构不合理，大部分研究人员从事海洋公益性和基础性研究，科研开发型人才特别是科技企业领军型人物少。

（四）各市之间产业结构同构问题突出

山东半岛蓝色经济区各市在产业发展上缺乏协调与合作，产业同构问题比较突出。不仅是传统工业，高新技术产业、生产性服务业的选项也明显趋同。特别是在港口建设、发展临港经济方面，各市都把石油化工、交通运输设备等作为发展重点，造成重复建设和产业分散布局。如青岛、烟台、威海都把交通运输设备制造业列为主导产业，把汽车和船舶制造确定为发展重点。产业结构的趋同，影响了各市之间的分工协作，造成恶性竞争，阻碍了区域经济分工体系的形成和整体经济的健康发展。

三　产业结构优化升级与竞争力提升的基本思路

在国内区域经济一体化进程不断加快以及我国对外开放范围和领域不

断扩大的新形势下,山东半岛蓝色经济区的产业发展既面临着新的机遇,又面临严峻的挑战。加快山东半岛蓝色经济区产业结构升级与竞争力提升,是增创发展新优势、应对日趋激烈的国内外市场竞争的需要,是科学合理地利用海陆资源、实现可持续发展的需要,是更好地引领和辐射带动全省经济发展的客观要求。

应充分发挥山东半岛蓝色经济区的港口优势、区位优势、产业基础优势,以加快发展海洋经济和临海经济为重点,以转变经济发展方式为根本导向,以自主创新和改革开放为动力,以海陆统筹为根本途径,坚持海洋产业与陆域产业统筹发展,第一、二、三次产业协调发展,沿海地区与内陆地区联动发展,加快经济发展模式从投资驱动、资源依赖为主向创新驱动为主的转变,大力推进产业向高端化、集群化、品牌化、生态化方向发展,着力构建科技含量高、附加值高、发展潜力大、成长性强的现代蓝色产业体系,促进产业竞争力的全面提升。

具体来说,加快山东半岛蓝色经济区产业结构升级与竞争力提升应突出把握好以下几个方面:

(一) 着力培育海洋优势产业,抢占海洋经济发展制高点

山东半岛是我国最大的半岛,海岸线长,海域面积大,海洋资源丰富,海洋科技力量强,海洋产业基础好。在蓝色经济区建设中,要突出发展海洋产业,改造提升传统海洋产业,积极发展海洋新兴产业,把海洋资源优势转化为海洋经济优势,打造一批具有一定规模和较强竞争力的海洋产业集群,抢占海洋经济发展的制高点,提升山东海洋经济整体竞争力。

(二) 坚持海洋产业与陆域产业、沿海地区与内陆地区统筹发展

统筹海陆产业发展,把海洋和陆地作为一个整体来规划,把海洋产业与临海产业、涉海产业作为一个系统工程来推进。统筹沿海地区与内陆地区发展,加快山东沿海和内陆之间能源流、物质流、人流和信息流等要素的流动,把适宜临海发展的产业向沿海布局,同时,发挥海洋产业门类丰富、关联产业多、对区域经济发展带动能力强的优势,引导海洋产业和涉海产业链条向内陆腹地延伸。通过海洋经济、沿海经济的大发展,带动内陆腹地的大开发、大开放。

（三）切实增强自主创新能力

把提高自主创新能力作为促进山东半岛蓝色经济区产业结构优化升级和竞争力提升的关键环节来抓，充分发挥各地特别是沿海地区的科技资源优势，进一步完善以企业为主体、产学研相结合的科技创新体系，加快关键领域和核心技术的创新突破，促进产业发展层次和竞争力的提升。

（四）深化对外开放促发展

发挥山东半岛蓝色经济区对外开放的基础优势和区位优势，抓住全球产业结构新一轮调整的有利机遇，进一步拓展对外开放的广度与深度，推进国际经济合作向更宽领域、更大规模、更高层次拓展，提高承接国际产业转移的层次和水平，为产业结构优化升级和竞争力提升提供外源动力。

（五）推进区域一体化发展

山东半岛蓝色经济区作为一个跨地区的新型经济功能区，产业发展必须强调局部与整体的协调，坚持统一规划、合理布局，提升重大生产力布局一体化水平。要打破行政区划限制，建立各市之间产业互补配套、生产要素自由流动的发展机制，加强各市之间的产业分工与协作，促进各市优势互补、合理分工、错位发展，形成发展合力，以提高区域整体竞争力。

（六）坚持可持续发展

山东半岛蓝色经济区是经济、人口集聚的重点开发区域，由于海陆过渡性的自然特性，又是环境敏感区和环境脆弱区。山东半岛蓝色经济区产业发展，必须坚持生态优先，走可持续发展之路。要按照建设资源节约型、环境友好型社会的要求，加快转变经济发展方式，建立与资源环境承载能力相适应的产业体系。积极发展循环经济，加强资源节约和环境保护，促进经济、资源和环境协调发展。

四　培植壮大海洋优势产业,抢占海洋经济发展制高点

虽然近年来山东省海洋经济发展迅速，海洋产业竞争力也在不断增

强，但与国内先进省市、发达国家相比仍存在着明显差距。2007 年，天津、海南、上海和福建 4 省市海洋生产总值占地区生产总值的比重超过 20%，山东为 17.8%；海南、天津、福建、广东和上海 5 省市主要海洋产业增加值占本地区生产总值的比重在 10% 以上，山东低于 10%；平均每千米海岸线的海洋生产总值，上海达到 25.08 亿元，居我国 11 个沿海地区之首，天津为 10.46 亿元，居第二，而山东的单位海岸线海洋经济密度远远落后于上海和天津。

发展海洋经济，拓展生存和发展空间，抢占经济发展的制高点，已成为世界各国经济发展的重要趋势。从国内看，沿海兄弟省市纷纷把目光瞄准海洋，相继提出了各自的海洋经济发展战略。谁能抓住发展海洋经济这一机遇，谁就能在国内外竞争中赢得主动。山东作为我国的海洋经济大省之一，应进一步发挥山东半岛蓝色经济区的海洋资源优势，把海洋经济作为全省经济最大的增长点来加以培植，加快海洋经济结构优化调整，改造提升传统海洋产业，大力发展海洋新兴产业和海洋高新技术产业，把山东的海洋优势产业做大做强，抢占海洋产业发展制高点，加快向海洋经济强省的目标迈进。

（一）改造提升海洋传统优势产业

海洋渔业、海洋化工业、海洋交通运输业、滨海旅游业是山东省海洋经济的四大传统优势产业。应着力加快四大传统优势产业的改造提升，实现发展质量和效益的显著提高。

1. 转变渔业发展方式，发展生态高效品牌渔业

海洋渔业是目前山东省海洋经济中规模最大的优势产业，2008 年全省海洋渔业增加值为 749 亿元，居全国首位，占全国海洋渔业增加值的 33.8%。山东省海洋渔业特别是养殖业发展基础良好，资源、区位优势突出，发展潜力巨大，前景广阔。无论从资源利用还是从市场需求来看，海洋渔业都是山东海洋经济发展的重要支柱产业。

应以建设山东半岛现代渔业经济区为目标，深化渔业结构调整，积极转变渔业发展方式，发展生态高效品牌渔业，实现由数量型向质量效益型的转变，努力构建以水产健康养殖业为重点，合理的捕捞业、先进的加工业、繁荣的流通业、新兴的休闲渔业相协调的现代渔业产业体系。加快实施渔业资源修复行动计划，努力恢复近海渔业资源；坚持优势主导品种和特色品种相结合，推动优势水产品区域化、规模化、标准化养殖，建设一批健康养殖示范基地；加快国家级、省级良种场和区域引种中心建设，培植全国重要的水产苗种基地；积极发展远洋渔业，集中培育一批经济实力强、装备水平高、带动能力大的远洋渔业龙头企业；大力发展海产品精深加工，提高水产品附加值，努力打造全国一流的水产品加工出口基地。

2. 进一步完善港口功能，加快海洋交通运输业发展

海洋交通运输业的发展，不仅对于交通运输结构和海洋产业结构的优化意义重大，而且有利于带动和促进造船、钢铁、机械、电子等产业的发展。改革开放以来，山东海洋交通运输业快速发展，沿海港口吞吐量持续稳步上升。2008 年，全省沿海港口完成货物吞吐量达到 6.58 亿吨，同比增长 14.32%。其中，集装箱吞吐量完成 1321.49 万标准箱，外贸吞吐量完成 3.69 亿吨。

应进一步加强港口建设和海上运输能力建设，完善现代海洋运输体系，加快山东海洋交通运输业发展。加强港口建设和港口资源整合，形成大中小港口相结合、层次分明、功能明确的沿海港口群，完善集装箱、矿石、煤炭和原油四大运输系统，进一步提升山东沿海港口的吞吐能力；加强大型海洋运输企业培育，壮大海上运输能力；密切港口与腹地之间的交通联系，积极推进水陆联运、河海联运；加快发展远洋运输，努力打造以青岛港为龙头，以日照、烟台港为两翼，以半岛港口群为基础的东北亚国际航运中心。

3. 推动海洋化工产业向精细化方向发展

我省盐和地下卤水资源丰富，是海洋盐业大省，为海洋化工产业的发展提供了有利条件。应依托山东海化、鲁北化工、青岛海湾等骨干企业，加快技术改造和产品升级，在提升氯碱、纯碱产品竞争力的基础上，重点发展医药中间体、染料中间体、感光材料、溴系阻燃剂等溴系列产品，培育壮大盐化工、溴系列、苦卤化工系列、精细化工系列四大产业链和产业集群，力争把我省建设成为全国重要的海洋化工生产基地。

4. 促进滨海旅游业加快发展

近年来，滨海旅游业是我省海洋产业中发展最快的产业之一。应充分发掘和利用山东沿海丰富的景观资源和海洋文化资源，以打造"中国著

名、世界知名的海滨旅游度假胜地"为目标，进一步完善滨海城市旅游规划，加大对沿海及海上旅游资源的整合力度，加强各市之间的联合与协作，大力开发沿海城市旅游观光、滨海休闲度假、工业旅游、原生态湿地旅游、海岛观光、邮轮与游艇旅游等旅游产品，全面推动国家级旅游度假区建设，把山东半岛打造成为中国著名、世界知名的海滨旅游度假胜地。

（二）加快发展海洋新兴产业和海洋高新技术产业

目前，海洋新兴产业和海洋高新技术产业在海洋经济总量中所占比重不高，但代表着海洋经济发展的方向，是海洋经济发展的潜力所在。应充分发挥山东的海洋科技优势，加快海洋装备制造、海洋工程建筑、海洋生物医药、海洋新材料、海洋新能源、海水综合利用、海洋生态环保产业等领域的深度开发与成果转化进程，开发一批具有自主知识产权的核心技术，集中培育一批具有高成长性的海洋新兴产业和海洋高新技术产业，使之尽快形成规模优势和竞争优势，成为山东海洋经济发展的新的产业增长点。

1. 海洋装备制造业

海洋装备制造业主要包括船舶、集装箱、海洋石油平台设备、港口装卸设备、海洋工程施工设备、海洋精密仪器等。随着海洋开发程度的不断提高，海洋装备制造业对海洋经济发展的支撑作用日益突出，上海、天津、广东等省份都把海洋装备制造业确定为重点发展的海洋新兴产业之一。近年来，山东省海洋船舶工业和以海洋石油钻井装备为代表的海洋工程装备制造业发展迅速，特别是海洋工程装备制造业在全国处于领先地位。应以具有比较优势和开发潜力的总装造船和船舶零部件制造、深潜石油钻井平台、海洋工程施工设备、海洋精密仪器、海洋通信设备等为重点，着力提高自主化、高端化、集成化发展水平，积极承接日韩等国海洋装备制造业转移，将海洋装备制造业打造成山东新的战略优势产业。

2. 海洋工程建筑业

随着我国沿海各地区海洋经济的深入发展，重点海洋工程项目不断增多，海洋工程建筑业发展前景十分广阔。要加快提升山东海洋工程建筑业的工程设计能力和施工能力，围绕港口建造、海湾大桥、海底隧道、重要海上平台、大洋光缆敷设等工程，加强具有高技术装备和高技术含量的大型海洋工程施工与养护企业培育，在服务省内海洋工程建设的同时，大力开拓省外国外海洋工程建筑市场，把海洋工程建筑业培育成为新的海洋产业增长点。

3. 海洋生物医药产业

2008年，山东省海洋生物医药业实现增加值21.8亿元，占全国海洋生物医药业增加值的37.6%，位居全国首位。要发挥我省海洋科技力量雄厚的优势，积极开展海洋生物活性物质筛选技术，加强海洋微生物资源的研究开发，力争在发现海洋生物活性物质、特殊功效基因组等方面实现新的突破。加强具有自主知识产权的海洋生物制品的研究开发和产业化，促进海洋生物医药产业走上规模化、基地化、品牌化发展轨道，把山东半岛蓝色经济区建成国内一流、国际先进的海洋生物工程产业基地。

4. 海洋新材料产业

加快海藻纤维、甲壳质纤维等在医疗卫生、印染纺织和日用化工领域的推广应用，加强新兴海洋功能涂料的产业化开发，特别是防腐蚀与防附着的各类新型功能涂料的研发与生产，研制开发深海探测、钻井平台、深潜设备、特种船舶制造等所需的特种海洋材料。依托山东半岛地区现有的海洋新材料科技优势和产业基础，加强资源整合和技术集成，加快提升海洋新材料产业规模和水平，打造海洋新材料产业基地。

5. 海洋新能源产业

利用山东半岛丰富的风力资源优势，积极发展海岸风电与海上风电。在半岛北部及东部沿海的东营、滨州、烟台、威海以及青岛等沿海地区建立大型风电场，加快山东风电产业发展。加强潮汐能、海浪能和海流能的研究开发，以及海水源空调、海水源热泵等的产业化开发。关注天然气水合物资源的开发，积极储备技术和进行前期开发研究，争取早日实现商业化开发。重视海洋生物质能开发，争取在利用废弃海藻资源开发生物柴油、燃料乙醇方面实现突破。

6. 海水综合利用业

把发展海水综合利用作为战略性的接续产业加以培植。加强海水直接利用和海水淡化技术的开发，降低海水利用成本，扩大海水利用规模，逐步使海水成为工业和生活用水的重要水源。积极扩大海水直接利用领域，在沿海具备条件的电力、化工等行业，逐步实现冷却用水由海水代替。加强海水淡化技术产业化攻关，提高海水淡化的规模和效率，为海水淡化在沿海、海岛城乡居民生活和产业发展中的大规模应用创造条件。

五　加强海陆产业统筹，构建临海现代产业体系

树立海陆一体化发展的战略思维，加强海陆产业统筹，做大做强临海临港产业，构建第一、二、三次产业协调发展、竞争优势突出的临海现代产业体系。

（一）打造临海先进制造业基地

充分发挥山东半岛地区的港口优势、科技优势、区位优势、开放优势，合理布局和发展临港重化工业，加快发展高新技术产业，积极利用高新技术和先进适用技术改造提升传统优势产业，构建以先进制造业为主体的临海工业产业休系。

1. 建设全国一流的临港工业基地

临港工业基地是海陆交错的过渡性区域，是海洋产业和陆域产业实现统筹发展的集聚地。要按照新型工业化道路的要求和以大港口吸引大项目、以大项目促进大发展的思路，依托半岛港口群和港口城市，以石油化工、钢铁、汽车、木浆造纸、加工装配工业等运量大、外向型和港口依赖度高的产业为重点，集中培植一批发展潜力大、带动能力强的主导产业，发展一批主业突出、核心竞争力强的骨干企业，形成一批市场占有率高、特色鲜明的知名品牌，建设全国一流的临港工业基地。

2. 加快装备制造业和高新技术产业发展

依托山东半岛地区的国家级和省级高新技术开发区，加快发展电子信息、生物医药、新材料、新能源等具有先导作用和高附加值的高新技术产业，形成一批具有技术密集、资本密集和高经济效益等特征的高新技术产业基地，提升高新技术产业的规模和比重。大力振兴装备制造业，以数控机床、工程机械、电工电器等为重点，促进装备制造业向制造集约化、设备成套化、服务网络化方向发展，培育一批具有国际竞争力的装备制造业大企业、大集团和产业集群。

3. 运用高新技术改造传统工业，促进传统工业产业向产业链高端环节延伸

积极运用高新技术和先进适用技术改造传统工业，以提升信息化水平、升级技术、降低消耗、综合利用资源为目标，提高产品研发和精深加工能力，促使传统制造业向产业链高端环节延伸，增强传统产业的竞争力。

（二）加快现代服务业发展，把生产性服务业培育成为新的经济增长点

目前，山东半岛蓝色经济区服务业发展相对滞后，服务业增加值占生产总值的比重低，行业结构不合理；缺少服务业大企业、大集团，发展载体不强；服务业投资相对较少，发展速度不快。应把大力发展服务业摆在更加突出重要的地位，作为调整产业结构的重要突破口，大力发展生产性服务业，规范提升传统服务业，全面提高服务业发展水平。

1. 着力发展生产性服务业

大力发展金融保险、现代物流、科技与信息、商务服务等生产性服务业，实现生产性服务业发展的大突破。依托中心城区、重要交通枢纽、工业园区，加快生产性服务业聚集区或基地建设，促进生产性服务业的集聚发展。抓好服务外包基地建设，加快培育一批具备国际资质的服务外包企业，积极承接国际服务外包业务。突出抓好临港物流业发展。以青岛、烟台、威海、日照等沿海港口为核心，加强立体疏港交通体系建设，着力构建海陆相连的临港物流网络。发挥保税区、出口加工区和对外开放口岸的物流平台作用，重点强化其国际中转、国际配送、国际采购和国际转口贸易四大功能，突出抓好青岛保税港区建设，促进港航、仓储和物流产业的联动发展。

2. 促进生产性服务业与制造业的互动互融、共同发展

服务业与制造业融合发展是现代产业演进的客观规律，已成为全球经济发展新的趋势之一。制造业的转型实质就是要从加工制造环节向研发和营销两端拓展延伸，这两端就是生产性服务业。要积极推动制造业从加工制造环节向研发和营销两端拓展延伸，发展为制造业配套服务的产品研发、工业设计、产品分销、售后服务、技术培训、品牌推广等专业化服

务，形成生产性服务业发展与制造业调整升级的良性互动。

3. 积极承接国际生产性服务业转移

近年来，随着经济全球化和制造业在国际上的加速转移，发达国家在输出制造业的同时，连带输出了对制造业具有较强依附和跟随特征的生产性服务业，使得生产性服务业明显加快了跨区域和跨境流动的频度和力度。目前，以金融、保险、软件、研发为代表的生产性服务贸易逐渐成为发达国家对外直接投资的重要领域。山东沿海七市应抓住国际生产性服务业转移的有利机遇，通过引进国外先进的生产性服务业，增强生产性服务业的实力。

4. 加快传统服务业改造提升和居民生活服务业发展

对商贸业、交通运输业、餐饮业等传统服务业进行改造提升，围绕满足城乡居民服务需求，大力发展旅游休闲、房地产、家居物业、家政服务、文化娱乐、健康保健、教育培训等消费服务业。

（三）大力发展现代农业，全面提高农业综合效益和农产品市场竞争力

农业的作用不仅体现在经济功能上，更重要的是生态功能、服务功能。山东半岛蓝色经济区各市应充分发挥农业资源丰富的优势，按照高产、优质、高效、生态、安全的要求，加快农业科技创新，推进农业结构优化升级和农业发展方式转变，建立现代农业产业体系。以优质粮油生产、绿色蔬菜、林果种植、海水养殖为重点，推进优势农产品向优势区域集中，建设特色农产品生产加工基地，促进特色农产品规模化发展，打造绿色农产品品牌，着力提高农业产业化、标准化、国际化水平，努力形成区域化布局、专业化生产、产业化经营的现代农业发展新格局，全面提高农业综合效益和农产品竞争力。

1. 促进特色农产品规模化发展，提高农业综合效益

实施优势产业优先发展战略，推进优势农产品向优势区域集中，建设特色农产品生产加工基地，促进特色农产品规模化发展，打造绿色农产品品牌。

2. 提高农业产业化、市场化水平

加大对龙头企业的支持力度，壮大一批产业关联度大、技术装备水平

高、带动能力强的农业龙头企业，形成粮油、畜牧、蔬菜、林果、水产品等深加工系列，带动规模农户和基地的发展。

3. 提高农业标准化生产水平

围绕提升农产品整体竞争力，健全与国际接轨的农产品质量标准、质量检测和质量认证体系，建立农产品质量可追溯制度，规范出口农产品示范区建设，培植农产品出口新优势。

六　加快产业结构优化升级与竞争力提升的对策措施

在体制、机制、技术、政策等方面加大创新力度，为山东半岛蓝色经济区产业结构优化升级与竞争力提升提供动力和保障。

（一）实施自主创新主导战略和品牌带动战略

1. 实施自主创新主导战略

发挥山东半岛蓝色经济区科技力量雄厚的优势，积极实施自主创新主导战略，加强自主知识产权技术开发，使科技创新成为拉动产业升级和提高经济效益的强力助推器。进一步完善以企业为主体、市场为导向、产学研相结合的区域科技创新体系，推进企业研发机构和研发平台建设，促进产学研合作，大力提高自主创新能力，加强自主知识产权技术开发，推动专利技术的发明、应用和产业化，为产业结构优化升级提供科技支撑，加快形成以科技进步和创新为基础的竞争新优势。

2. 实施品牌带动战略

品牌，是商品质量的保证，服务品质的保障，身份地位的象征。推进自主品牌体系的培育与发展，打造一批叫得响的区域名牌产品，对于提高产品附加值、促进产业结构优化升级和提升区域整体竞争力具有重要意义。实施品牌带动战略，就是要推动企业向品牌和自主创新要利润、要发展。要引导工业企业增强品牌意识，积极开展品牌创建和商标注册，培育名牌产品。加大名牌推介力度，以名牌产品为依托，提升产业、企业和产品在国内外的知名度，增强市场竞争力。充分发挥山东半岛蓝色经济区中国名牌、中国驰名商标等知名品牌众多的优势，推动生产要素向名牌产品和优势企业流动，通过品牌企业聚集效应，培育形成区域品牌。

（二）以大企业、大项目和工业园区为载体，推动产业集群化发展

产业集群化发展，有利于提高资源配置效率，促进产业技术创新，推动产业可持续发展，对于增强产业竞争力具有重要意义。

山东半岛蓝色经济区应以国家级和省级工业园区及各类特色产业基地为依托，着力加快产业集群的培育与发展。一是要充分发挥行业龙头企业在产业集群发展中的主导作用。利用山东半岛蓝色经济区大型龙头企业众多的优势，以龙头企业为核心，以产业链为纽带，促进关联企业、关联产业向龙头企业周边集聚，培育产业链上下游配套、大中小企业协同发展的产业集群，提高集约发展水平。鼓励龙头企业将一些配套件及特定的工艺分离出来，形成一批专业化配套企业，积极支持中小企业进入龙头企业的供应网络，建立最终产品与零部件厂商的战略联盟。二是加强与国家大企业、大集团和国际跨国公司的战略合作。积极引进国家大企业、大集团和国际跨国公司的大型投资项目，按照"大项目—产业链—产业群"的发展方向，加快产业集群的形成和发展。三是提升省级以上工业园区的产业集群载体功能。以增强产业综合配套能力为重点，加快产业和产品结构调整和优化升级，围绕主导产业引进项目，围绕集群发展做好配套，延伸产业链条，实现产业集群化发展。

建议研究与论证的重大工程一览表

1. 国家海洋科技产业化示范基地工程

2. 山东近海农牧化建设工程

3. 莱州湾淡水湖工程

4. 建设海岛城市工程

5. 海岛资源综合开发试验工程

6. 海洋食品及保健品系列研究开发工程

7. 青岛保税港区封关运营带动内陆发展工程

8. 打造海洋产业集聚与产业链工程

9. 青岛红岛新城与潍坊滨海新城建设

10. 沿海港口资源整合工程

11. 打造蓝色文明示范工程

12. 山东半岛宜居城市群规划建设

13. 胶州湾与渤海湾游艇与邮轮基地建设

14. 国家级海洋药物基地建设

15. 莱州湾地下卤水综合利用工程

16. 胶东沿海城际高铁建设

17. 海洋新能源开发建设

18. 沿海开发区、园区提升工程

19. 烟台至大连跨海通道工程

20. 中韩海底隧道工程

21. 海洋造船基地建设

22. 高端海洋文化产业集聚区工程

23. 国家级海洋公园与海洋自然保护区管理和建设

24. 黄河入海流路整治工程

25. 沿海岸高速公路铁路联网对接工程

26. 沿海核电站建设

27. 胶东半岛海水淡化工程

28. 打造著名国际海洋旅游中心

29. 海洋人才培养工程

30. 港口及枢纽城市物流园区建设

31. 胶莱人工海河开发工程

32. 沿海重点开发区域城乡统筹试点工程

（三）深化对外开放，提高开放型经济发展水平

抓住国际资本加速向我国东部沿海区域转移的有利机遇，提高利用外资的规模和水平，借助国际资本促发展。要根据山东半岛蓝色经济区产业结构优化升级的需求，突出产业链招商，提高产业综合配套水平、产业技术水平和产品档次，提升产业关联度，增强产业竞争力。特别是要充分利用山东半岛与日本、韩国一衣带水的地缘优势，加大对日、韩的招商引资力度，力争在引进规模大、带动性强、技术水平高、影响长远的关键项目上有新的突破，推动产业结构升级。

优化出口产品结构，加大对机电产品和高新技术产品出口的支持力度，扩大机电产品和高新技术产品出口规模，使对外贸易成为拉动山东半岛蓝色经济区产业结构优化升级的重要动力。

（四）打破行政区划限制，加快区域一体化进程

只有打破行政区划限制，统筹发展规划，加强资源整合，促进生产要素自由流动，才能真正形成整体合力，实现山东半岛蓝色经济区产业发展的新跨越。

1. 搞好区域发展规划，明确各市的发展定位

对山东半岛蓝色经济区的产业发展与布局及基础设施建设等方面进行统一规划，根据各市的资源特点和比较优势，明确各市的发展定位。

2. 构筑统一的生产要素市场，促进生产要素在区域内的自由流动

虽然山东半岛蓝色经济区各市在市场体系建设方面已取得显著成效，但市场体系的地区分割问题仍相当突出，生产要素跨行政区流动仍受到诸多限制。生产要素自由流动是区域经济一体化的前提条件，山东半岛蓝色经济区各市应尽快在商贸流通、资本市场、技术市场、劳动力市场、产权交易市场等方面打破地域限制，实现资源共享。

3. 加强各市之间的产业分工与协作

深化区域内的产业分工，形成优势互补、资源共享、既竞争又合作的产业分工与合作体系。各市之间的产业分工与协作，应根据各类产业的不同特点，采取不同的分工与协作方式：一是重视产业细分，实行错位发展。一个产业一般包含若干种类的产品，各市可在同一产业内选择不同的产品种类作为发展重点。二是以产业链为纽带，开展产业配套协作。在重化工业阶段，由于产业迂回化程度增加，主体产业与配套产业互依互存的特点相当显著。围绕区域的主导产业进行相关产业配套，是区域内各市间进行产业分工与合作的重要方式。目前，山东半岛蓝色经济区各市之间尚缺乏比较紧密的产业链联系，区域内产业配套程度不足，不仅导致现有企业当地采购率低，而且对引进外资产生不利影响。因此，应切实加强各市之间以产业链为纽带的分工与合作，尽快提高产业配套程度和能力。三是联手开发资源，实现共同受益。以旅游业为例，山东半岛蓝色经济区旅游资源丰富，各市的旅游资源各具特色，但是靠各市单打独斗，难以产生更大成效；只有各市之间加强合作、相互配合，统一规划旅游业发展，联手

开发旅游资源，旅游业才能真正兴旺起来。

（五）进一步深化经济体制改革

通过进一步深化经济体制改革，突破制约产业结构升级和产业竞争力提升的体制性障碍。第一，要为民营经济发展创造良好的发展环境。拓宽民营经济发展空间，加大对民营经济发展的支持力度，增强民营经济发展活力，使民营经济在山东半岛蓝色经济区产业结构升级和产业竞争力提升中发挥重要作用。第二，要进一步完善促进产业结构优化升级的政策体系。通过适当的产业政策、财政税收政策、土地政策、金融政策，促进山东半岛蓝色经济区产业结构升级和产业竞争力的提升。

第七章 山东半岛蓝色经济区
优势产业选择与培育

战略优势产业应是能够充分发挥区域比较优势、科技含量高、关联效应强、产业贡献率大和发展后劲充足的产业。合理选择和培育战略优势产业，是优化产业结构、加快推进山东半岛蓝色经济区建设的需要，是推动山东经济文化强省建设的需要。

一 优势产业选择的理论基础

优势产业选择的理论基础是产业分工理论。最早系统提出分工理论的是亚当·斯密，他阐述了劳动分工对经济增长和发展的作用。马克思的劳动地域分工理论、李嘉图的比较优势贸易理论、赫克歇尔—俄林的生产要素禀赋理论、古典及新古典区位论、克鲁格曼的新贸易理论、波特的竞争优势理论、产业集群理论等，都进一步阐述、发展了产业分工理论。

产业空间分工是产业分工在地域上的投影，强调不同地域的产业分工发展及相互关系。根据产业集群理论，合理的产业空间分工有利于集约利用资源、增强产业竞争力，并在地域上表现为产业地方化。产业空间分工和专业化是经济空间地域结构的关键性要素，既引导了空间体系职能结构的演变，又是空间格局的重要体现。

区域选择优势产业发展符合区域整体利益。由于各个区域之间存在着经济发展条件和基础方面的差异，因此，在资源和要素不能完全、自由流动的情况下，为满足各自生产、生活方面的多种需求，提高经济效益，各个区域在经济交往中就必然要按照比较利益的原则，选择和发展具有优势的产业。由此，形成了地区的专业化生产和区域分工。区域分工的意义在于，能够使各区域充分发挥资源、要素、区位等方面的优势，进行专业化生产；合理利用资源，推动生产技术的提高和创新，提高产品质量和管理水平；有利于提高各区域的经济效益和国民经济发展的总体效益。

选择优势产业发展具有现实可能。首先，不同地区可能具有不同的优势产业。赫克歇尔—俄林的要素禀赋论认为，由于生产要素的供给不同，即两国的要素禀赋不同以及不同产品在生产过程中所使用的要素比例不同（要素密集程度不同），使同种商品的生产成本不同，也造成商品价格的绝对差异。克鲁格曼等新经济地理学学者认为，历史原因、偶然因素以及规模效应也是地区专业化生产的原因。其次，地区的生产要素和发展条件具有动态性，即随着生产力的提高、科技和教育的发展，生产要素的数量、质量和结构相应发生变化。当代技术革命已改变了要素的内涵，促进了人力资本、技术创新、信息资本等无形要素和有形要素的相融合，赋予生产要素以全新的内涵。因此，特定区域根据历史背景和现实条件，选择优势产业发展，调整发展方向，以增进区域整体福利具有可能性。

二　优势产业选择的计量方法

总结现有的优势产业测度计量方法，主要包括以下几种：

（一）区位商方法

有很多指标可以刻画地域间的分工程度，最常用的是"区位商"测度方法。

区位商，也叫专业化率，是长期以来得到广泛应用的衡量地区专业化的重要指标。它是某地区某产业占全区该产业的比重与该地区整个工业占全区工业的比重之比。计算公式为：

$$Qik = Lik \ / \ Sik$$

其中，Qik 是 i 地区 k 产业的区位商，Lik 是 i 地区 k 产业的就业或产值在 i 地区总就业或总产值中所占的份额，Sik 是整个区域产业 k 的就业或产值在区域总就业或总产值中所占的份额。一般认为，区位商大于1，表明该部门的产品除区内消费外，还可以向外输出，属于专业化部门；区位商小于1，表明该部门的产品不能满足区内需要，需要从区外调入，属于非专业化部门；区位商等于 1，则表明该部门产品供需平衡。

（二）因子分析方法

因子分析是通过选择一个或多个指标反映产业发展总体态势的方法，是用少量信息替代原始大量罗列性数据的评价方式，以解决多因素、多准则的决策问题。

其一般流程是根据理论分析选择主要指标、确定指标权重以及集成定量评价。其中的核心是确定权重，一般通过德尔菲法、模糊数学方法、主成分分析等现代数学方法进行确定，以最大限度地减少人为因素的影响。

（三）投入产出分析方法

在现代经济社会中，任何一种产业的生产活动通过产业之间的相互联结的波及效果，必然影响和受影响于其他产业的生产活动。根据统计部门发布的地区投入产出表，计算"感应度系数"和"影响力系数"，综合确定地区优势产业部门。

感应度亦称"感应力"或者"灵敏度"，表示某一产业受其他产业影响的程度大小，反映的是在一定的经济技术条件下，国民经济的各个部门对某一个产业部门产品的需求与依赖程度，也反映了该部门在整个国民经济产业链中所居的地位。感应度水平高的部门，表明其他部门对它的依赖程度高，因而能制约其他经济部门的发展。因此，感应度系数从一定角度，反映了某一产业部门对国民经济可持续发展和保证整个产业结构升级所起的作用的大小。

不同产业的感应力大小不尽相同，当各部门平均增加一个单位最终产品时，某一部门由此所受到的需求感应程度就称作感应度系数。其数学计算方式是该产业里昂惕夫逆矩阵横行系数均值与全部产业里昂惕夫逆矩阵横行均值的平均值之比。当感应度系数大于 1 时，表示该部门所受到的感应程度高于全社会平均感应水平（即各部门所产生的感应程度的平均值）；当感应度系数等于 1 时，表示该部门所受到的感应程度等于全社会平均感应水平；当感应度系数小于 1 时，表示该部门所受到的感应程度低于全社会平均感应水平。感应度系数越大，表示该部门对其他部门的推动作用越大。

与此类似，一个产业影响其他产业的程度叫影响力，亦即某产业的生产发生变化时对为其提供直接或间接投入品的产业部门发生相应影响的能力。影响力系数是指当国民经济某一部门增加一个单位最终产品时对国民经济各部门所产生的生产需求波及程度，反映了该部门对所有部门所产生的生产需求波及相对水平。其数学计算方式是该产业里昂惕夫逆矩阵纵列系数均值与全部产业里昂惕夫逆矩阵纵列均值的平均值之比。当影响力系数大于 1 时，表示该部门生产对其他部门生产的波及影响程度超过社会平均影响力水平（即各部门所产生的波及影响的平均值）；当影响力系数等于 1 时，表示该部门对其他部门所产生的波及影响程度等于全社会平均影响水平；当影响力系数小于 1 时，表示该部门对其他部门所产生的波及影响程度低于全社会平均影响水平。

影响力系数的高低从一定程度上反映了某一个产业部门的发展对国民经济可能产生的带动作用的大小。增加对影响力系数高的产业部门的投资，会引起对各个产业部门需求量的增加，从而推动整个国民经济的发展。必须注意的是影响力系数反映的是各个产业部门之间的经济技术联系，它只代表了某个部门对国民经济拉动作用大小的可能性，而并非充分性。因此，还必须结合该部门的规模、经济效益及发展潜力等因素综合分析其对国民经济发展的推动作用。

（四）区域产品盈余指数

上述三种方法各有侧重，均是应用较广、相对较为常见的分析方法，但也各有其缺点。区位商方法没有考虑到区域的自身消费问题以及地区消费结构的异质性因素，与实际情况不相符合。因子分析方法的权重确定仍难以克服主观性因素的干扰。而投入产出分析方法对数据精度要求较高，并且对动态和优化的计划与规划问题仍无能为力。为此，人们积极探索新的度量方法，区域产品盈余指数就是其中之一。

区域产品盈余指数借鉴了货物和服务销售中心地的中心性度量方法。在中心地的中心性度量问题上，Preston 继承了克里斯泰勒的基本思想，提供了计算中心性的另外一种方法。其计算模型为：

$$C = N - L;$$
$$L = MF\alpha;$$

其中，C 为中心性，N 为中心地的零售和服务业总量，L 为中心地自身消费的零售和服务量，F 为中心地家庭户数，M 为家庭平均收入，α 为家庭平均收入 M 中用于零售和服务消费的比例。

借鉴这种思想构建新的区域优势产业度量指数，即用区域商品的盈余量衡量产业发展的优势程度。如果特定区域某种产品的盈余量越大，则该区域这种产品的优势越大，培育潜力越大。根据这种思路，构建用产值数据衡量的区域商品盈余量指数（S）如下：

$$S_i = M_i - C_i;$$

$$S = \sum_{i=1}^{n} S_i;$$

式中，S_i 为 i 产业的产品本地盈余量，M_i 为 i 产业的产品本地生产量，C_i 为 i 产业的产品本地消费量。如果用人口数据计算，可用下式进行转换：

$$M_i = E_i f_i;$$

$$C_i = P_i W_i \alpha;$$

式中，E_i 为 i 产业的就业人数，f_i 为 i 产业的劳动生产率，P_i 为本地人口规模，W_i 为本地人均消费水平，α 为单位消耗能力所消耗的 i 产品数。构造这一指标的基本依据是考虑到不同区域消费水平和消费结构的异质性，而某地某一行业、部门产品的本地消耗量与其人口多少及人均消费水平成正比，故需将这些因素考虑在内。

在 Preston 的公式中，没有将区域内的所有城市作为一个整体，并不谋求区域内所有城市的整体性。因此，从一定程度上讲，Preston 放松了区位商强调区域封闭性的暗含假设，这也是这一指数的优点之一。

三　山东半岛蓝色经济区的优势产业选择与培育

优势产业选择需要重点考虑以下几个方面：一是区域经济发展的比较优势；二是产业科技含量和技术水平；三是产业链条的长短和产业关联效应的大小；四是产业贡献率、产业发展前景与潜力。结合区位商、产业关联度等数量分析方法，综合考虑山东半岛蓝色经济区产业发展的现状、比较优势和未来发展潜力，山东半岛蓝色经济区应着力培育十大战略优势产业，即高端装备制造业、新能源产业、港口物流航运等生产性服务业、电子信息产业、新材料产业、海洋石化产业、生物医药产业、现代海洋渔业、海洋文化旅游业、生态环保产业。

（一）高端装备制造业

装备制造业是为国民经济发展以及国家安全提供技术装备的战略性产业，也是关系国计民生的基础性产业。发展装备制造业，对于促进产业结构调整、推进科技创新和产业升级、增强核心竞争力具有重要意义。

山东半岛地区是我省装备制造业发展的重点区域，目前初步形成了包括重大技术装备、高新技术产业装备、基础装备、一般机械装备在内的装备制造业生产体系。结合现有产业基础和发展前景分析，山东半岛蓝色经济区高端装备制造业发展应突出船舶制造、汽车及零部件、海洋工程装备制造三大重点。

1. 船舶制造产业

船舶制造业是开发利用海洋资源的基础，是发展海洋经济的先行产业。从20世纪90年代开始，随着世界经济和海运业的恢复和发展，世界贸易发展迅速，船舶的需求量和建造量因此迅速增加。近年来，全球船舶产业发展呈现出四大特点，即造船技术日趋现代化，船型趋向"一大"（吨位大）、"二高"（高技术含量、高附加值）、"三新"（新技术、新工艺、新船型），船舶制造企业加快重组，船舶制造业快速向我国东部沿海地区转移。

山东半岛地区船舶工业已有良好发展基础，已经形成青岛、烟台、威海"三大造修船基地"和青岛、烟台、威海三市经济技术开发区及即墨、蓬莱、荣成六大船舶工业聚集区。应依托青岛、烟台、威海三大造修船中心，加强与世界造船大企业的合资合作，着力发展现代化总装造船，加快发展大型集装箱船、海洋工程船、散货船、特种船、游艇，加强船用发电机、柴油机、电子设备、锚链及船用钢板等配套零部件和原材料的研发、生产，延伸、拉长产业链，形成以总装造船为核心的产业集群。加快推进船舶制造企业的兼并重组，提高产业集中度，引导中小企业积极参与大船厂的配套生产，推动船舶产业集群向"大规模、高层次"方向发展。加强船舶研发设计平台建设，大力推进企业技术创新与技术改造，建立起以设计为先导、总装造船为核心、配套产业为支撑的现代造船产业体系。

2. 汽车产业

汽车产业是国民经济重要的支柱产业，产业链长，关联度高，就业面广，消费拉动大，在促进工业经济增长、带动相关行业发展、增加就业和拉动内需等方面发挥着越来越重要的作用。目前，山东半岛蓝色经济区汽车产业已具备良好的发展基础，如青岛的中重型载货车、专用车及配件，潍坊的柴油机及配件，日照的低速载货车，烟台以通用东岳汽车为龙头的汽车产业。

应着力培育以大企业集团为核心、先进零部件配套企业聚集的产业集群，加快形成整车与原材料同步推进、整车与零部件协调配套、龙头企业与配套加工企业共同发展的现代汽车产业体系。突破关键技术，加强整车生产能力建设，着力建设烟台经济轿车、青岛中高档轿车和微型乘用车、威海越野车、潍坊中轻卡车、济南重型车等整车生产中心。加快汽车零部件产业发展，提高零部件行业工艺装备水平和产品质量标准，推动传统优势零部件企业实现产品结构升级。

要着力抓好汽车产业培育政策的落实。第一，抓住当前国际金融危机和汽车工业结构调整的机遇，加强宏观调控和政策导向，坚持以产权为纽带，以产品为主线，以规模经济为目的，推进企业兼并重组。第二，支持符合产品结构调整的重点项目建设，特别是新能源汽车研发、车用发动机升级、先进变速器研发及产业化、关键零部件技术研发及产业化。第三，加大财税信贷支持力度，对我省重点企业和重点建设项目在信贷资金和担保上给予有力支持，促进汽车工业平稳较快发展。第四，按照国家税法及税收政策的有关规定，利用税收杠杆支持汽车生产企业技术创新。

3. 海洋工程装备制造业

海洋工程是指以开发、利用、保护、恢复海洋资源为目的，并且工程主体位于海岸线向海一侧的新建、改建、扩建工程，可分为海岸工程、近岸工程（又称离岸工程）和深海工程三大类。随着各类海洋工程的广泛开展，海洋工程装备的需求量快速增长，海洋工程装备制造业的发展前景十分广阔。

山东半岛蓝色经济区应以海洋调查、海水综合利用、海洋能源开发、海水养殖与捕捞的相关设备制造为重点，坚持自主开发、技术引进相结合，着力提高自主创新能力，在海洋勘探设备、海水淡化设备、风力发电装备、集约化养殖设备、海洋油气勘探设备的开发和生产上实现大的突破，将海洋工程装备制造产业打造成山东新的优势产业。

（二）新能源产业

能源是国民经济和社会发展的血液，任何一个国家或地区在其发展过程中均需以能源消费为条件。在常规能源日趋短缺的大背景下，新能源产业已成为各国新的竞争热点。

山东半岛地区风能、潮汐能、太阳能、温差能、生物质能等资源丰富，布局核能的条件也十分理想，发展新能源的潜力巨大。通过大力发展核电、风电、太阳能、生物质能等新能源产业，并带动相关装备制造业发展，推动形成新能源的产业链条，将产生无可估量的经济社会效益。应加快推进海洋核电项目建设，尽快启动荣成核电项目建设和其他沿海核电项目的规划论证，以满足沿海地区电力需求。充分利用山东半岛的风力资源优势，积极发展海岸风电与海上风电，在半岛北部及东部沿海的东营、滨州、烟台、威海以及青岛等沿海地区建立大型风电场，加快山东风电产业发展。结合已形成的太阳能生产规模和技术优势，全力打造国家级太阳能热利用产业基地和应用示范基地。利用山东半岛地区海洋和陆地生物质能资源丰富的优势，积极发展生物柴油、生物乙醇等替代能源。

（三）港口物流航运等生产性服务业

1. 海洋运输业和港口物流业

山东半岛蓝色经济区港口优势突出，区位优势明显，综合交通运输体系发达，发展海洋运输业和港口物流业的条件优越。半岛港口群通过海上通道，国内与东部沿海各港口连接，国际上与韩国、日本、朝鲜及东北亚各国沿海港口连接，是我国东部沿海与世界航运周转的港群基地之一，物流辐射面大，发展腹地广阔，在全国海洋运输物流业发展中具有重要地位和作用。

山东半岛蓝色经济区应着力构建以青岛为龙头、以山东半岛港口群为主体的现代化港口体系，确立东北亚地区重要国际航运中心地位。适应区域经济一体化和经济全球化的大趋势，在加快港口建设的同时，着力壮大海上运输能力，近海运输与远洋运输并举，突出发展远洋和集装箱运输，努力扩大远洋运输市场份额。

以沿海港口为核心，加强立体疏港交通体系建设，密切港口与腹地之间的交通联系，着力构建海陆相连的临港物流网络。在重要港湾规划建设一批现代物流园区，重点建设青岛、烟台、威海、日照四大临港物流中心。依托重要交通枢纽和城市中心城区，规划建设一批现代物流园区和基地，促进港口物流与陆地物流互动发展。

2. 金融保险业

改革开放以来，随着经济的快速发展，山东半岛地区金融保险业获得了长足进步，金融资产总量快速增长，金融保险业成为增长最快的服务业产业之一，已基本形成了以信托、银行、保险、证券为四大支柱，以其他非银行金融业为补充的金融服务业体系。

山东半岛蓝色经济区金融保险业的布局应遵循集中发展的原则，在济南、青岛规划建设金融机构集聚区，加快引进金融机构法人总部、地区总部和结算中心，建成国内重要的区域性金融中心。加强金融资源整合。整合各地金融资源，在城市商业银行、农村信用社、信托投资公司等地方金融机构不断发展的基础上，以资产为纽带组建大型金融集团。发展非银行金融机构。加快发展证券公司、财务公司、融资租赁公司、基金管理公司等非银行金融机构，大力发展产业投资基金和风险投资业，稳步推进期货市场发展，规范发展典当业，建立和完善区域性产权市场，努力培植新的融资体系。大力发展保险业。整合、规范发展各类保险企业、担保公司、企业财务公司以及其他中小金融机构，不断丰富服务品种，积极发展网上保险等新的服务方式，拓展大众保险市场。

3. 进出口贸易业

进出口贸易在促进区域经济发展的过程中发挥着重要作用，主要体现在：第一，通过国际贸易调节地区短缺产品的市场供给量，满足消费者的需求，为国内企业提供市场，在一定程度上缓解了市场供求的矛盾，为企业发展提供外部动力。第二，通过国际贸易，采取国际劳务贸易、资本转移、土地租赁、技术贸易等方式，最大限度地利用全球资源，扩大生产规模，提高生产效率，加速经济发展。第三，强化技术学习，提高生产技术水平，优化国内产业结构，使国内的产业结构逐步协调和完善，促使整个国民经济协调发展。第四，国际贸易的扩大，特别是劳动密集型产品出口的增长，将为国内提供更多的就业机会，间接增进国民福利。第五，促进进出口贸易相关产业的发展，形成专业从事进出口贸易的产业部门。

山东半岛蓝色经济区作为我省参与全球竞争与合作的战略前沿，应利用在东北亚地区的地缘优势，大力发展进出口贸易业。充分发挥青岛前湾保税港区、日照保税物流中心能够大大降低企业运营成本的优势，吸引广大中西部地区大企业到青岛保税港区、日照保税物流中心投资兴办进出口贸易企业，同时积极发展为中小企业代理进出口业务的贸易企业。

（四）电子信息产业

1. 电子信息产品制造业

进一步优化完善以青岛为龙头、胶东半岛和济南都市圈为基地、沿胶济铁路线铺开并向两翼拓展的电子信息产品制造业发展格局。以电子信息产业基地和国家级、省级电子信息产业园为依托，促进电子信息产品制造业聚集发展。巩固计算机及外部设备、移动通信终端及网络设备、信息家电等产业优势，着力发展高性能服务器、大容量存储系统、第三代移动通信和下一代互联网设备、新型平板电视与激光电视等特色产品，大力发展集成电路制造、新型电子材料、新型电子元器件等核心基础产业，培育一批重点骨干企业和知名品牌，提高产业核心竞争能力，实现电子信息产品制造业发展的新突破。

2. 软件业

软件产业是具有广阔前景的新兴产业之一。作为一种"无污染、微能耗、高就业"的产业，软件产业不但能大幅度提高国家整体经济运行效率，而且自身也能形成庞大规模，拉升国民经济指数。随着信息技术的发展，软件产业将会成为衡量一个国家综合国力的标志之一。因此，软件产业是一个国家提高国家竞争力的重要途径，也是参与全球化竞争所必须占领的战略制高点。

从全国看，我国目前的软件市场正处在扩张和飞跃阶段，行业的前景比较看好。从支撑 IT 市场规模和增长速度的因素看，不仅有消费者需求的上升和企业不断增长的需求作为拉动力，同时也有技术升级的驱动因素在里面，即 IT 行业可以通过创新，自己创造需求。中国目前套装软件的占比为 11% 左右，远低于全球平均的 21% 和美国的 27%，服务有更大的差距。国际金融危机和中国经济发展的减速，给中国的 IT 产业也带来负面影响，但仍有诸多市场机会可以挖掘，中国 IT 市场整体规模依然可观。IDC 预计，2009 年中国 IT 市场规模将达到 712 亿美元，2007—2012 年的年复合增长率将达到 10.6%，是全球的 2.3 倍、美国的 3.8 倍，市场潜力巨大。

山东半岛蓝色经济区软件业的发展，应以软件技术产业化、软件企业规模化为方向，强化核心技术创新，着力提高国产基础软件自主创新能力，加强国产操作系统、数据库管理系统、中间件、信息安全软件以及基于国产基础软件的应用软件的开发和推广应用。以齐鲁软件园为龙头，以青岛软件园、烟台东方软件园、威海软件园为基础，建设具有较强国际影响力的软件出口加工基地。

（五）新材料产业

新材料是指那些新出现或已在发展中的、具有传统材料所不具备的优异性能和特殊功能的材料。新材料与传统材料之间并没有截然的分界，新材料是在传统材料基础上发展而成，传统材料经过组成、结构、设计和工艺上的改进从而提高材料性能或出现新的性能都可发展成为新材料。新材料作为高新技术产业的基础和先导，应用范围极其广泛，它同信息技术、生物技术一起成为 21 世纪最重要和最具发展潜力的领域。

新材料技术是现代产业的发展基础与先导，其发展方向是高性能化、智能化、功能复合化及绿色化。随着全球制造业向中国转移的不断加强和我国制造业的高速成长，对与之相配套的新材料的需求快速增长，故新材料产业具有广阔的市场发展空间。

结合产业发展对新材料的需求，山东半岛蓝色经济区应加强新材料技术及产品的研究与开发，重点发展电子信息功能材料、环境友好型高性能材料、功能纤维新材料、特种金属材料、新型复合材料、清洁能源新材料等，着力打造国内重要的新材料研发与生产基地。依托龙头企业，促进产业集聚，加快青岛纳米新材料、淄博工程陶瓷材料、烟台和潍坊电子新材料等生产基地建设。

（六）海洋石化产业

1. 石油化工

石油化工是重要的能源和原材料工业，山东半岛地区石油资源丰富，是我国重要的石油化工生产基地。半岛地区石化产业整体分布呈以东营为中心，向周围辐射扩散的态势，以东营、青岛、滨州等城市最为突出，集中了50%以上的企业和85%以上的资产。其中，东营市主要以原油和天然气开采部门为主，并伴生一些相关的为油气开采提供服务的产业。滨州、青岛则主要以油气加工业为主，提供油气开采与加工服务的企业主要集中在青岛市。

根据世界石油化工发展趋势，应把"大型化、集中化、一体化"作为山东半岛蓝色经济区石油化工产业发展的方向，在加快青岛1000万吨大炼油项目建设的同时，在沿海区域规划建设新的千万吨炼油项目，把山东沿海地区建成国家重要的石油化工基地。以大企业、大项目为依托，重点培育青岛、东营和淄博三大石化产业集群。依托淄博、青岛、潍坊、东营、滨州等市的骨干石化企业，延伸、拉长石化产业链条，培育从炼油到合成材料、有机原料、精细化学品的产业链条和优势产品系列，形成上下游产品配套、精细化工产品门类齐全、产业集中度高的石油化工产业发展格局。

2. 海洋化工

山东半岛地区是全国最大的海盐生产基地和重要的盐化工生产基地，已形成纯碱、氯碱和以卤水为原料生产溴化物的盐化工工业体系。海洋化工产业主要集中在潍坊、青岛和滨州，三地的海洋化工产业占山东海洋化工的近80%，是山东省海洋化工生产的主要地区。海藻类化工产品也属于海洋化工产品的一种。山东省海藻类化工产品生产企业主要分布在日照、威海等地，日照山东洁晶集团的褐藻酸钠产品产量达到每年4819吨。

结合雄厚的资源基础，半岛蓝色经济区可形成在全国具有重要影响力的海洋化工产业聚集区。应充分发挥山东在原盐、纯碱、烧碱、溴素领域的国内领先地位和莱州湾沿岸的卤水资源优势，推动以卤水资源深度开发为代表的盐化工产业发展。依托山东海化、鲁北化工、青岛海湾等骨干企业，加快技术改造和产品升级，提高产品附加值，扩大"两碱"生产规模，提高生产水平。加快发展海藻化工。拉长海藻化工产业链，推动海藻化工产品由碘、胶、醇三大产品逐渐向海藻纤维、海藻多糖、海藻农药、海藻肥料等新品种发展。

（七）生物医药产业

生物产业是指将现代生物技术和生命科学应用于生产以及应用于经济社会各相关领域，为社会提供商品和服务的总称。生物产业已成为一些发达国家和地区新的经济增长点及主导产业。山东半岛地区生物资源丰富，近年来，农业生物、医药生物、海洋生物等产业已形成一定规模和特色，具备了持续发展的良好基础，在农林生物、生物医药、生物制造、海洋生物等领域的一大批高技术成果实现了产业化，生物产业快速健康发展，规模迅速扩大。

要进一步加快生物技术研发，增强产业规模实力，把山东半岛地区建设成为技术先进、产业密集、特色明显、国际化程度较高的全国重要的生物产业集聚地。依托青岛国家生物产业基地和济南国家生物工程与新医药产业基地，围绕生物技术在农业、医药、轻工与食品等领域的应用，实现产业关键技术和重要产品研制的新突破，加快具有自主知识产权的生物技术成果的产业化，促进生物产业规模化发展。

突出加快海洋生物产业发展。发挥山东在海洋生物技术产业领域的技术、人才优势，以海洋生物医药、生物农业、生物能源、生物制造和生物环保产业为重点，大力发展现代海洋生物产业。加快海洋生物医药、海洋功能食品、海洋生化制品等领域的深度开发和成果转化，加强海洋生物活性物质提取技术开发，为海洋加工工业和生物功能材料产业的发展提供生物资源；加强新型海洋药物和脑营养物系列产品，以及抗衰老、增强免疫力的保健型、功能型海洋食品和生态化妆品的产业化开发。

（八）现代海洋渔业

加快转变海洋渔业发展方式，发展生态高效品牌渔业。加快实施渔业资源修复行动计划，努力恢复近海渔业资源，养护、修复和提升渔业生态系统，增强渔业生产力，重建沿海"黄金渔场"。加快国家级、省级良种场和区域引种中心建设，建设全国重要的水产苗种基地。坚持优势主导品种和特色品种相结合，推动优势水产品区域化、规模化、标准化养殖，建设一批健康养殖示范基地。积极发展远洋渔业，集中培育一批经济实力强、装备水平高、带动能力大的远洋渔业龙头企业。加快发展休闲渔业，培植景观渔业、都市渔业等新的经济增长点。大力发展海产品精深加工，提高水产品附加值，努力打造全国一流的水产品加工出口基地。

发展远洋渔业。远洋渔业应以大洋性捕捞为重点，以过洋性捕捞为补充，规模化经营，产业化发展，打造一支现代化的远洋捕捞船队，不断提高远洋渔业在捕捞业中的地位和比重。首先需做好项目考察、评估、论证、信息传递等入渔前期工作，为企业提供准确可靠的决策依据，提高项目的成功率。其次要加强远洋渔业生产人员和管理人员的培训，为远洋渔业的长远发展储备人才和技术。最后是要搞好配套体系建设，建立以渔港码头和冷库加工厂为依托的固定作业基地，以大型冷藏运输船为依托的流动作业基地，切实做好远洋捕捞的物资供给、冷藏加工和渔货销售，以此逐步向海水养殖、渔船修造、渔具生产、冷藏加工等延伸发展，形成捕、养、加综合发展，产、供、销体系配套的一条龙产业化经营格局，增强抵御风险的能力。

推广名优水产品养殖。按照市场配置资源的主导性作用，主攻具有主产地优势和比较优势的海参、鲍鱼、海胆、名贵鱼类等品种的规模化养殖，努力构筑一条优势水产品养殖产业带。积极引进繁养国内外各类适宜的新品种，打造出特色品种优势和市场竞争优势，保持海水养殖业长久的生命力，并逐步成为全国重要海珍品养殖基地。

（九）海洋文化旅游产业

1. *海洋旅游业*

山东省海岸线漫长，沿海风光秀丽，气候宜人，适于旅游业的发展。实施建设"海上山东"战略以来，沿海旅游业已经成为海洋经济的支柱产业之一，2008年山东滨海旅游业实现产出1092.9亿元。随着人们生活水平的提高，旅游消费需求也在不断变化，促使旅游产品不断创新，滨海旅游资源的开发层次和范围不断提升，逐渐从观光旅游过渡到度假、休闲、生态旅游。特别是近年来随着人们对海洋认识的提高，海洋环保意识的加强，以参观海洋自然保护区、海岸带地质公园、海洋馆等为内容的海洋生态旅游，因其环保型的开发利用方式而日益受到人们的推崇。海洋文化游，体验渔家民俗、品尝海洋美食、欢度海洋文化节庆等成为时尚。以提供疗养院、休养院等保健设施为内容的海洋度假、休闲、康疗旅游近年也越来越受欢迎，成为旅游淡季经营的主要业务之一。此外，以帆船、游艇、沙滩排球、潜水等体育运动为主题的海洋运动娱乐旅游也逐渐成为滨海地区提供的旅游服务之一。

应依托半岛地区优越的旅游发展条件，充分利用山东半岛沿海丰富的景观资源和海洋文化资源，以打造"中国著名、世界知名的海滨旅游度假胜地"为目标，进一步完善滨海城市旅游规划，加大对沿海岸线以及海上旅游资源的整合力度，大力开发沿海城市旅游观光、滨海休闲度假、工业旅游、生态湿地旅游、高尔夫温泉、海岛观光、邮轮与游艇旅游等旅游产品，以青岛仰口、烟台海阳、威海天鹅湖和日照太阳城旅游度假区开发等优先示范项目为带动，全面推动国家级旅游度假区建设，把山东半岛打造成为国际知名的海滨旅游度假胜地和蓝色文明旅游中心。加强青岛、烟台、威海、日照等地的旅游专用码头建设，建设一批特色鲜明、知名度高、影响力大的海洋旅游精品工程，实现山东滨海旅游向海洋旅游的转型。

2. 海洋文化产业

如果说在以第一、第二产业为主导的社会中，人们注重的是物质消费，那么在以第三产业为主导的社会中，人们重视的将是知识、文化艺术和体育的消费。在全球经济一体化和高科技、数字化的时代，努力达到精神需求与物质需求的平衡，已成为人类社会生存和发展的迫切需要，同时也必将拓展经济发展的空间。文化产业是一个具有广阔发展前景的新兴产业，将成为社会经济发展的巨大动力。半岛蓝色经济区文化资源丰富，近年来文化产业发展迅速，增加值已经占到全省的3/4。

应充分发挥山东半岛地区文化资源丰富、经济发达的优势，突出海洋文化特色，彰显创意、时尚等现代元素，做大做优文化创意产业园区，大力发展海洋文化旅游、会展博览、动漫游戏、数字出版、数字传输、文化装备制造、文化创意等新兴产业，加强大型文化产业集团培育和各类文化产业基地建设，鼓励民营企业文化发展，壮大文化产业规模，提升文化产业层次，推出一批有影响、有特色的文化品牌项目，打造青岛烟台国家动漫基地、威海影视创意基地、日照世界帆船赛基地，扩大青岛国际海洋节、潍坊国际风筝会、孔子国际文化节的影响，重点推出大型实景海洋文化演艺精品项目，提高齐鲁文化在全国文化发展中的影响力，使海洋文化产业成为山东半岛蓝色经济区经济发展的新亮点，打造国家海洋文化创意产业高地，开辟山东半岛蓝色经济区发展的新空间。

（十）生态环保产业

生态环保产业是国民经济结构中以防治环境污染、改善生态环境、保护自然资源为目的所形成的生态经济活动。生态环保产业的发展重点包括：一是围绕清洁生产和资源循环利用发展循环经济；二是污染防治与生态保护；三是环境监测仪器和技术；四是环境服务业。

生态环保产业是战略性先导产业，发展前景广阔，潜力巨大。应围绕先进节能环保设备制造、资源综合利用、环境服务等领域，加大技术开发力度，把生态环保产业培育成山东半岛蓝色经济区的战略优势产业。环保设备制造，重点开发废水处理及循环利用技术与装备、烟气脱硫技术与装备、城市垃圾资源化利用和处理处置技术与装备、工业固体废物处置技术与装备、资源综合利用技术与装备、生态环境保护技术与装备、污染防治装备控制仪器和在线环境监测设备；资源综合利用，大力发展"三废"综合利用、废旧物资回收利用和循环经济，积极发展废旧机械和零部件、废旧家电再制造产业；环境服务，重点发展技术咨询、工程咨询、信息服务、人才培训等环保中介服务。顺应我国沿海经济和海洋开发快速发展的大趋势，大力开展与海洋环境保护和污染防治相关的环境监测仪器、环保设备、环保产品及技术的开发。

第八章 山东半岛蓝色经济区海洋经济发展的重大思路

海洋经济是打造山东半岛蓝色经济区的基础、特色和优势。山东省委、省政府高度重视海洋经济，全省海洋经济保持了平稳较快发展。目前，山东海洋产业已发展到渔业、油气、盐业、造船、运输、旅游、化工、药物、海水利用、电力等 20 余个产业，其中，海洋渔业、海洋盐业、海洋工程建筑业、海洋生物医药业均位居全国首位。2008 年山东省海洋生产总值 5346.25 亿元，比上年增长 20.6%，占全省 GDP 的 17.2%，占全国海洋生产总值的 18%，居全国第 2 位（第 1 位广东 5825 亿元）。海洋经济已成为我省经济发展的重要增长极，大力发展海洋经济对于山东半岛蓝色经济区的建设有十分重要的意义。

一 山东半岛蓝色经济区海洋经济发展的总体思路

以科学发展观统领海洋经济发展全局，牢固树立海洋经济既是海洋资源经济又是产业经济和区域经济的观念，用科学的集成的战略来指导各产业和各沿海地区的海洋经济活动。以规划为先导，以科技进步和体制创新为动力，努力促进海洋第一、二、三产业发展相协调，海洋经济与陆地经济发展相协调，海洋资源开发与保护相协调，海洋国内开发与国际合作相协调；构筑规模大、素质高、竞争力强的现代海洋经济体系；实现海洋经济增长方式转变，不断提高我省的海洋经济综合实力和竞争力，努力把我省建设成区域布局合理、产业结构优化、生态环境良好的海洋经济强省，使海洋经济对国民经济发展的贡献率逐年增大，为建设山东半岛蓝色经济区发挥主导带动作用，构建山东半岛蓝色经济区新的战略支撑，凸显山东作为沿海大省在全国海洋经济发展格局中应有的地位和作用。

二 山东半岛蓝色经济区海洋经济发展的指导原则

（一） 发挥优势提升核心竞争力原则

要充分发挥我省区位条件好、海洋资源丰富、海洋科技力量量强、产业基础雄厚的优势，构建有特色的海洋经济体系，建设我国海洋科技教育中心，形成一批海洋优势产业或优势产业集聚区，提升山东海洋经济整体竞争力。

（二） 坚持统筹协调优化整合的原则

把海洋经济纳入山东半岛蓝色经济区全局统筹考虑，与半岛城市群、胶东半岛制造业基地、生态省建设和黄河三角洲高效生态经济区开发相结合，打破行政区划和行政隶属关系的制约，推动港口、旅游和科技资源的优化整合，促进海洋优势资源有效开发利用。做到陆海统筹，资源互补、产业互动、布局互联，相互促进，协调发展。

（三） 以实现海洋的可持续发展为目标原则

按照建设资源节约型、环境友好型社会的要求，加快转变经济增长方式，发展循环经济，保护生态环境。坚持开发利用和保护治理并重的方针，确保海洋经济发展建立在良性循环的生态系统和海洋资源可持续利用的基础之上，海洋经济发展与资源环境承载能力相适应，增强海洋经济可持续发展能力。实现海洋资源与海洋经济、海洋环境的协调发展，并留给后代一个良好的海洋资源生态环境。

（四） 坚持科技兴海创新发展的原则

充分发挥我省海洋科技力量雄厚和科技资源丰富的优势，加大对海洋科技的投入，提高我省海洋科技的自主创新能力。重点发展海洋开发实用技术，有选择地发展海洋高新技术，加强重大海洋基础研究并力争实现新的突破。积极探索符合市场经济规律要求的海洋科技、海洋教育与海洋经济有效结合的体制与机制，加快人才培养、科技攻关和成果转化，依靠科技和人才，促进海洋开发由粗放型向集约型转变，提升海洋经济的创新发展能力。

（五）坚持依法治海的原则

健全海洋法规体系，提高海洋法制意识，优化执法环境，积极推进海洋综合执法，强化执法监督，把海洋开发和管理纳入法制化轨道。

（六）坚持总量提升和结构优化相结合的原则

优先发展海洋高科技产业，积极培育新兴海洋产业，改造提升传统海洋产业，积极培植新的战略增长点，努力提高产品质量和竞争力，形成具有山东特色的海洋经济发展格局，提高海洋经济发展的质量和效益，推动山东半岛蓝色经济区产业结构的全面优化和升级。

三　山东半岛蓝色经济区海洋经济发展目标

（一）海洋经济规模明显扩大

海洋经济增长高于全省经济增长 5 个百分点以上，成为全省经济新的增长点。到 2010 年，海洋产业增加值达到 5000 亿元，占全省 GDP 的比重达到 18% 以上。继续保持在全国沿海省份中的领先地位，核心竞争力显著增强，海洋优势产业基本形成，基本达到海洋经济强省建设目标。到 2020 年，海洋产业增加值达到 10000 亿元，全面建成海洋经济强省，海洋产业成为国民经济的重要支柱。

（二）核心竞争能力明显增强

科技进步对海洋经济增长的贡献率大幅提高，海洋经济整体素质显著增强。到 2010 年，海洋科技自主创新能力、主要海洋资源的开发利用能力、海洋产业技术装备水平和海洋管理水平达到国内领先水平，第二、三产业所占比重达到 85%，在山东初步建成国家海洋科技创新重要基地。2020 年在山东全面建成国家海洋科技教育中心和海洋优势产业集聚区。

（三）区域带动能力明显增强

陆海之间资源互补、产业互动、布局互联的局面基本形成，经济关联更加紧密。到 2010 年，全省海港吞吐能力达到 6 亿吨，成为全省乃至黄河中下游广大地区的对外开放平台、重要物资集散基地和产业承接与聚集基地。

（四）可持续发展能力明显增强

到 2010 年，沿海城市附近海域和重要海湾整治取得明显成效，主要污染物排海量比 2005 年减少 15%，海洋污染得到有效控制，全省 45% 的近海海域达到海洋功能区水质标准，海洋环境质量明显改善；逐步实现重点入海河口、湿地及滩涂资源的有效保护和可持续利用，海洋生态建设取得显著进展；全方位、立体化的海洋环境和灾害预报系统初步建成。到 2020 年，海洋生态环境显著改观，90% 的近岸海域水质达到国家一、二类标准，海洋经济与海洋资源、海洋环境的关系更为协调。

四　发展海洋经济建设是山东半岛蓝色经济区的主要任务

（一）坚持统筹规划和协调有序发展海洋经济

规划是龙头，是基础，也是管理、开发海洋的基本依据。要在充分调研的基础上，制定好海洋经济发展总体规划和涉海行业及重点产业发展规划，并注重海洋经济发展总体规划与沿海产业带规划、土地利用总体规划、城市总体规划的紧密衔接。根据发展海洋经济和保护海洋环境的需要，尽快做好《山东省海洋功能区划》的修编工作，科学合理地安排用海布局。在海洋经济发展总体规划的框架内，要严格执行《中华人民共和国海域使用管理法》和《中华人民共和国海洋环境保护法》及其配套的法律法规，加强对涉海项目的审批和管理，实现海域的依法使用、有偿使用、科学使用、合理使用，促使海洋各产业协调健康发展。

（二）做大做强海洋主导产业，优化海洋经济结构

一是转变经济增长方式，重点发展海洋传统优势产业；二是加快海洋

科技成果的转化，突出发展海洋高新技术产业；三是调整现有海洋产业结构，实现传统优势产业和新兴产业的结合。加快发展海洋交通运输和临港工业、船舶工业、海洋石油和化工业、滨海旅游业。重点发展现代海水养殖及精深加工、海洋药物与生物制品、海洋精细化工、海水综合利用、海洋新材料、海洋工程、海洋仪器装备制造、海洋矿产开采业。积极培育海洋环保、海洋新能源等战略产业。

（三）优化区域布局，打造山东半岛蓝色经济区

重点加快黄河三角洲高效生态经济区，沿莱州湾、沿胶州湾、沿荣成湾综合经济区，青岛、烟台、威海、日照四大临港经济区和海岛经济区的开发建设。沿莱州湾地区要加快发展养殖业和水产品的精深加工及盐化工业；沿胶州湾地区要重点发展临港工业、旅游业和生态健康养殖业；沿荣成湾地区要重点发展船舶制造业、现代渔业、海洋生物产业等。海岛经济区，要坚持生态保护优先的原则，重点发展海岛旅游业和海珍品养殖业。要加强公共服务基础设施建设。规划建设一批国家级中心渔港和国家一级渔港，加快各级水产品质量检测中心和病害防治中心建设，抓好省级海洋防灾减灾中心建设，加强海洋气象工作，健全风暴潮、赤潮等海洋灾害的预警预报系统，提高预警预报准确率。打造六个特色示范区：黄河三角洲高效生态经济区、长山列岛科技综合示范区、莱州湾畔沿海卤水化工示范区、荣成湾海洋水产技术密集区、胶州湾海水综合利用区、日照海洋生物资源综合开发区。

（四）大力实施"科技兴海"战略，提高海洋经济核心竞争力

加大投入，加快完善海洋科技创新体系，推进自主创新，优化配置科技力量，加强人才队伍建设。建立科技促进海洋经济发展的长效机制，加快海洋科技成果产业化步伐，依靠高新技术和先进适用技术改造提升传统海洋产业，发展新兴海洋产业，提高科技对海洋经济发展的贡献率，使科技进步成为推动海洋经济发展的强大引擎。围绕经济社会发展需要，组织实施一批高新技术产业化示范工程，加快培育一批具有良好成长前景的海洋高新技术企业，着力突破一批产业化关键技术，切实推进科技成果产业化。

（五）　加大海洋资源和环境保护力度

加快海洋资源开发利用的法制化建设，保证海洋法律法规、配套的规章制度内容科学、结构合理，同时理顺海洋管理体制，加大行政执法力度。全面推进海洋管理依法行政工作，建立健全海洋管理行政复议、听证制度、政务公开制度等，以推进海洋管理行政执法责任制建设，强化海洋行政监督。加强海洋污染防治、海洋生态保护和岸线资源保护，以海洋功能区划为依据，合理利用海洋资源，加强生态环境建设，增强防灾、减灾能力，促进海洋经济与社会、环境协调发展。要加强典型海洋生态系保护，规划建设一批水生野生动物保护区和海洋自然保护区，维护海洋物种多样性。建立近海主要渔业资源捕捞总量控制制度，保护和涵养近海渔业资源，实施近海渔业资源修复行动计划，促进近海海洋牧场建设。对生态功能保护区、自然保护区、生态环境脆弱区和黄河入海口，严格限制各类开发建设活动。按照谁开发谁保护、谁受益谁补偿的原则，加快建立生态补偿机制。组织实施胶州湾、莱州湾生态整治示范项目建设工程，开展入海排污口全面检查整顿。

（六）　加强基础设施建设，增强支撑保障能力

突出推进港口、立体疏港交通体系、港口腹地、海水综合利用和海洋新型能源、公共服务基础设施等建设。通过公共基础设施增进地区之间的经济联系，在合作共赢中打造山东半岛蓝色经济区。

（七）　加强组织领导和海洋综合管理水平

加快海洋经济发展，建设海洋经济强省，打造山东半岛蓝色经济区，是一项事关全局、功在千秋的系统工程。要加强组织协调，努力形成齐抓共管的工作格局；推进管理体制机制创新，不断增强发展海洋经济的动力和活力；抓好重大项目建设，加快带动海洋经济发展；实施依法治海，加强海洋综合管理，实现海洋资源的集约、有序、高效利用。认真贯彻落实海域使用管理、海洋环境保护和渔业、盐业等资源管理的法律法规，完善海洋功能区划制度、海域权属管理制度、海域有偿使用制度、污染控制排放制度，加大对港湾等重点区域的综合管理，严格控制填海、围海等改变

海域属性的海洋工程建设项目，严禁乱开、乱建盐田。尽快制定海洋倾废管理、海洋石油勘探开发环保管理。海洋自然保护区和岸线资源使用管理等地方性法规，为海洋经济发展提供法制保障。加强对海岛的开发管理，尽快完成海域勘界工作。继续完善海洋执法体系，加强海洋与渔业执法队伍建设，加大海洋法规普及宣传力度，搞好海洋执法人员培训，运用先进技术加强执法手段建设，积极推进海洋综合执法，加强法制监督，全面提高执法综合素质和水平。

第九章 深化对外开放，扩大与 日本、韩国的合作交流

　　顺应经济全球化和区域经济一体化深入发展趋势，积极参与东北亚经济合作，是当前我国对外开放的重点和亮点。山东毗邻黄海和渤海，与日本、韩国（以下简称日韩）隔海相望，在泛黄海经济圈和东北亚经济圈次区域合作中处于重要位置。改革开放以来，山东与日韩的经贸合作取得长足发展，在中日韩经贸合作中有着地位重要，这是山东对外开放的最大优势。据统计，2008 年，山东与日韩进出口额达 438.6 亿美元，占全省进出口总额的 28%。其中，韩国为山东第一大贸易伙伴，日本为第四大贸易伙伴。截至 2008 年底，日韩对山东实际投资额达 310 亿美元，占山东实际使用外资总额的 36.7%，其中，韩国对山东实际投资额达 248 亿美元，占韩国对中国实际投资总额的 59.3%。2002—2007 年韩国连续 6 年为山东第一大投资来源国（地区）。2008 年韩国为山东第二大投资来源国（地区），日本为第三大投资来源国（地区）。在建设山东半岛蓝色经济区中突出与日韩的合作交流，正是基于发挥山东独特开放优势的战略选择。

一　加强与日韩合作交流的重要作用

　　蓝色经济是开放型经济，加强与日韩的合作交流，对于山东半岛蓝色经济区充分发挥独特的开放优势，积极参与国际经济技术合作与竞争，建设全方位开放型经济体系具有重要的作用。

（一）加强与日韩的合作交流有利于山东半岛蓝色经济区面向东北亚全方位参与国际合作与竞争

当前，包括日本、韩国、朝鲜、蒙古、俄罗斯远东地区和中国的东北以及环渤海地区在内的东北亚经济圈，其经济总量占全球的 20%，预计到 2015 年前后有望超过 30%，将成为全球最具竞争力的地区。山东半岛蓝色经济区处于东北亚经济圈关键地带，拥有得天独厚的区位优势、资源优势和产业优势，与东北亚国家保持良好的经贸关系，是中国参与东北亚经济合作的重要阵地。从总体情况看，日本、韩国在山东半岛蓝色经济区的国际合作交流中居主体地位。加强与日韩的合作交流，将有利于山东半岛蓝色经济区充分利用区位优势、资源优势和产业优势，进一步以日韩为重点，在更大规模、更广领域和更高层次上参与东北亚的合作与竞争。

（二）加强与日韩的合作交流有利于将山东半岛蓝色经济区建设成为我国对外开放的重要门户

山东半岛蓝色经济区是我国面向日韩开放的门户、前沿和"桥头堡"。加强与日韩的合作交流，既是打造山东半岛蓝色经济区的客观需要，也是我国整体开放战略的必然要求。从实际情况看，山东半岛蓝色经济区作为中国与日韩合作的重要基地，区位优势明显，战略地位突出，开发潜力巨大，发展势头迅猛。加强与日韩的全方位对接、开放合作，不仅对打造山东半岛蓝色经济区有重要意义，而且对推动中日韩经济的深度合作，促进泛黄海经济圈的开放发展，将发挥极为重要的作用。

（三）加强与日韩的合作交流有利于在山东半岛蓝色经济区形成新的开放热点和经济增长极

进一步加强与日韩的合作交流，特别是吸收日韩大型跨国公司投资于山东半岛蓝色经济区的临港产业、涉海产业、海洋产业及其他优势产业，将有利于加快其国际化进程，形成一批中日韩产业集聚区和合作区。并且，通过大力引进、消化、吸收、创新日韩的先进技术和关键设备，将有利于推进山东半岛蓝色经济区的技术国际化进程，提升其技术装备水平，形成一批具有区域特色、核心竞争力强、辐射带动力大的技术创新基地。

同时，通过积极构建中日韩自由贸易区先行区，将有利于山东半岛蓝色经济区培植对外开放新的增长点。

二　山东半岛与日韩的合作交流现状

改革开放以来，山东与日韩在政治、经济、文化、科技、教育等方面的合作交流取得显著成绩。限于资料，本文仅就山东与日韩的经贸合作现状作简要分析。山东作为中国的经济大省和对外开放大省，与日韩两国在自然资源、劳动力供给、产业结构、贸易市场等方面存在较强的互补性，其经贸合作具有很大发展潜力。多年来，山东坚持把党中央关于扩大对外开放的精神与山东的省情实际紧密结合起来，审时度势，抢抓机遇，科学谋划，始终高度重视与日韩的经贸合作，采取了一系列重大战略措施，取得了明显的成效，产生了广泛的影响。

（一）山东吸收日韩投资总体呈扩大态势

多年来，山东着力把握日韩投资的趋势和特点，积极应对各种困难和挑战，把吸收日韩投资作为发展开放型经济的一项极为重要的任务，收到显著效果。

1. 日本在山东投资不断发展

从总体情况看，日本在山东投资大体分为四个阶段。（1）起步阶段（1980—1990）。这一时期，在山东投资的日本企业主要是一些中小企业，投资额较小，投资领域集中于劳动密集型的加工制造业。据统计，1988—1990 年，山东批准日商投资项目 78 个，合同日资额 0.60 亿美元，实际使用日资额 0.28 亿美元。（2）发展阶段（1991—1995）。这一时期，日本对山东的投资逐年增长，特别是 1992 年邓小平南方谈话之后，随着我国对外开放政策的不断完善，日商投资项目数、合同日资额和实际使用日资额均大幅增加。1995 年达到阶段性高峰，当年山东批准日商投资项目达 247 个，合同日资额 5.09 亿美元，实际使用日资额 3.26 亿美元。（3）下滑阶段（1996—1999）。这一时期，由于受日本经济长期萧条和东南亚金融危机以及中国调整部分外资政策等因素的影响，日本在山东的投资一度跌入低谷。1999 年，山东批准日商投资项目 156 个，合同日资额 1.49 亿美元，实际使用日资额 1.41 亿美元，仅分别相当于 1995 年的 63.2%、29.3%、43.3%。
（4）较快阶段（2000—2008）。自 2000 年开始，尤其是 2001 年中国加入
WTO 后，随着中国投资领域的不断拓宽，日本在山东的投资呈现较快发展
势头。据统计，2000—2008 年，山东批准日商投资项目 2848 个，合同日资
额 72.36 亿美元，实际使用日资额 46.66 亿美元，分别占改革开放以来山东
累计批准日商投资项目总数、合同日资总额、实际使用日资总额的
63.63%、78.65%、75.27%。特别需要提及的是，2005 年山东批准日商投
资项目 470 个，合同日资额 20.83 亿美元，实际使用日资额 6.81 亿美元，
三项指标均创历史新高。2005 年日本成为山东第四大外资来源国（地区）。
近几年，由于受我国利用外资政策调整、人民币升值、出口退税下调、两
税并轨、日本加速向其他发展中国家转移产业，特别是受国际金融危机等
因素的影响，日本在山东投资增速放缓。2006 年、2007 年、2008 年连续 3
年日本在山东投资出现下降，但同期日资项目的平均规模（实际使用日资
额）较以往有大幅增加（见表 9—1）。

据统计，截至 2008 年底，山东累计批准日商投资项目 4476 个，合
同日资额 92 亿美元，实际使用日资额 62 亿美元，分别占全省累计批准
外商投资项目总数、合同外资总额、实际使用外资总额的 7.59%、
5.92%、7.3%。日本继港澳、韩国之后，成为山东第三大外资来源国
（地区）。日本世界 500 强企业中，三井物产、伊藤忠商事、三菱商事、
丸红株式会社、住友商事、丰田通商、日立、松下电器、三菱电机、三
菱重工、日本电装、富士电机、三洋电机、NEC、东丽、双日、神户制
钢小松、川崎重工、旭硝子等 42 家著名企业均在山东设有投资项目。
在日本对山东投资项目中，第一产业和第三产业的项目偏少，第二产业
所占比重较大。在第二产业中，日本投资主要集中于食品、纺织、机
械、化工、电子等领域。

表 9—1　　　　　　日本在山东投资情况（1988—2008）　　　　单位：万美元

年度	投资项目数（个）	合同外资额	实际使用外资额
1988	22	2182	381
1989	25	1257	1389
1990	31	2551	1057

续表

年度	投资项目数（个）	合同外资额	实际使用外资额
1991	49	4156	1899
1992	186	27244	6533
1993	349	23072	12683
1994	257	23516	12683
1995	257	23516	19066
1996	167	31394	28532
1997	130	11684	15595
1998	124	9827	16616
1999	156	14947	14071
2000	250	27644	33382
2001	265	46114	34305
2002	370	77373	49465
2003	443	73316	46133
2004	455	117801	56157
2005	470	208257	68063
2006	312	105639	70275
2007	178	30595	68612
2008	105	36868	40164

资料来源：山东省统计局：《山东统计年鉴》，中国统计出版社 1989—2009 年版。

2. 韩国在山东投资起步迟、增长快

韩国在山东投资始于 1988 年，至今已有 29 年之久。从实际情况看，韩国比其他国家至少晚 10 年来山东投资，但其发展之快，却是少见的。纵观韩国在山东投资的历程，主要分为四个阶段。（1）初步发展阶段（1988—1991）。1988 年，韩国在山东投资兴办 3 家企业，合同韩资额为 416 万美元。截至 1991 年底，山东批准韩商投资项目 97 个，合同韩资额 0.79 亿美元。主要是食品、水产品加工、假发、玩具、电子元器件、服装加工等小型劳动密集型项目。（2）较快发展阶段（1992—1996）。1992 年 8 月 24 日，中韩两国正式建交，为韩国在山东投资奠定了良好基础。

1992 年，山东批准韩商投资项目 185 个，合同韩资额 1. 32 亿美元，实际使用韩资额 0. 60 亿美元，韩国为山东第四大投资来源国（地区）。1996年，山东批准韩商投资项目 534 个，合同韩资额 15. 59 亿美元，实际使用韩资额 4. 84 亿美元，韩国为山东第二大投资来源国（地区）。（3）受金融危机影响阶段（1997—1999）。从 1997 年下半年开始，在东南亚金融风暴的影响下，韩国也爆发了严重的金融危机，致使其整体经济发展受挫，严重影响了韩国在山东投资的发展。1997 年，山东批准合同韩资额 3. 22 亿美元，比 1996 年下降了 79. 4%。1998 年，山东批准合同韩资额仅 2. 93 亿美元，比 1997 年又下降了 9%，降到了中韩建交以来的最低水平。（4）快速发展阶段（2000—2008）。进入 21 世纪，山东与韩国的经贸合作进入了高速增长时期。同样，韩国在山东的投资也进入了快速发展阶段。据统计，2000—2008 年，山东批准韩商投资项目 1. 63 万个，合同韩资额 386. 76 亿美元，实际使用韩资额 215. 25 亿美元，分别占山东累计批准韩商投资项目总数、合同韩资总额、实际使用韩资总额的 82. 74%、89. 53%、86. 79%。其中，2002—2007 年韩国连续 6 年为山东第一大投资来源国（地区）。由于受韩国对外投资政策变化、我国利用外资政策调整和国际金融危机等因素的影响，2006—2008 年期间韩国在山东投资规模有较大幅度下降，但韩资项目的平均规模（实际使用韩资额）较已往也有大幅增加，表明韩资项目的质量明显提高（见表 9—2）。

表 9—2　　　　　韩国在山东投资情况（1989—2008）　　　　单位：万美元

年度	投资项目数（个）	合同外资额	实际使用外资额
1989	5	590	357
1990	12	2207	785
1991	77	4751	1573
1992	185	13248	6028
1993	439	64469	13765
1994	481	52702	28504
1995	509	65905	39996
1996	534	155916	48428
1997	491	32184	77292

续表

年度	投资项目数（个）	合同外资额	实际使用外资额
1998	342	29306	59086
1999	593	45551	52794
2000	1012	97754	56744
2001	1251	186715	88426
2002	1792	370058	155713
2003	2431	456486	283958
2004	2885	821136	359194
2005	3320	1138566	338538
2006	1755	484242	371372
2007	1225	213967	372069
2008	593	98674	126483

资料来源：山东省统计局：《山东统计年鉴》，中国统计出版社 1990—2009 年版。

据统计，截至 2008 年底，山东累计批准韩商投资项目 1.97 万个，合同韩资额 432 亿美元，实际使用韩资额 248 亿美元，分别占全省累计批准外商投资项目总数、合同外资总额、实际使用外资总额的 33.43%、27.81%、29.38%。2008 年，韩国继港澳之后，成为山东第二大投资来源国（地区）。韩国前 30 位的大企业集团大都来山东投资，其中包括韩国电力、三星、LG、现代、SK、GS、韩进、乐天、POSCO、锦湖、希杰、斗山、晓星、大宇等。从总体上看，韩国在山东投资的行业虽分布广泛，但主要集中在制造业。主要投资行业为：IT 及通信设备、通用设备、专用设备、化学原料及化工制品、纺织业等。

（二）山东与日韩贸易持续增长

从现实情况看，日本、韩国既是山东重要的投资合作伙伴，也是山东重要的贸易合作伙伴。改革开放以来，山东不断加大与日韩贸易合作的力度，取得了显著成效。

1. 山东与日本的贸易发展较快

从总体情况看，山东与日本的贸易主要具有以下特点。（1）山东与日本贸易的规模不断扩大。据统计，1997 年，山东与日本的贸易额为 39.65 亿美元，2000 年为 59.65 亿美元，2004 年达 102.91 亿美元，2008 年达 184.37 亿美元，年均增长 15%，其中，山东对日本的出口从 1997 年的 30.37 亿美元增至 2008 年的 121.96 亿美元，年均增长 13.5%，而同期山东自日本的进口从 9.29 亿美元增至 62.41 亿美元，年均增长 18.9%。2008 年，日本为山东第四大进出口市场。（2）山东与日本贸易的互补性较强。总的来看，山东对日本出口的主要是劳动密集型和部分资本密集型产品，主要包括服装、水产品、纺织品、煤炭、蔬菜、电器及电子产品、箱包及设备、塑料制品、运输工具、冻鸡、花生仁、水果等。山东自日本进口的主要是信息技术产品、机械设备等资本和技术密集型产品，主要包括机械及设备、电器及电子产品、高技术产品、钢材、有机化学品、仪器仪表、化学纤维短纤、金属制品等。（3）山东对日本的出口大于进口。从近十多年的情况看，山东对日本的出口逐年增加，占贸易总额的比重多达 70% 以上，其中 1999 年达 75.8%。1997 年山东的贸易顺差为 21.08 亿美元，1999 年为 23.27 亿美元，2004 年达 41.96 亿美元，2008 年达 59.55 亿美元。（4）山东与日本的贸易摩擦增多。近几年来，随着全球经济增速放缓，国际贸易保护主义进一步升温，日本针对我国产品的贸易摩擦不断增多，也使山东与日本的贸易合作受到一定影响。例如，2006 年 5 月，日本实施的"肯定列表制度"，涵盖了肉类、水产品、蔬菜、水果等农产品，仅在 2006 年 5 月 29 日—6 月 28 日期间，就使山东对日本的蔬菜制品出口额减少 22%，水产品出口额减少 5.5%（见表 9—3）。

表 9—3　　　　山东与日本贸易情况（1997—2008）　　　单位：万美元

年度	进出口总额	出口总额	进口总额
1997	396506	303652	92854
1998	405228	299525	105703
1999	450928	341801	109127
2000	596486	436272	160213
2001	694720	519357	175363

年度	进出口总额	出口总额	进口总额
2002	736828	5317168	199660
2003	889477	612331	277145
2004	1029068	724336	304732
2005	1161154	848233	312920
2006	1279338	932929	346409
2007	1515746	1031630	484116
2008	1843690	1219606	624085

资料来源：山东省统计局：《山东统计年鉴》，中国统计出版社 1998—2009 年版。

2. 山东与韩国的贸易增长迅速

1988 年以后，特别是中韩建交以来，山东与韩国的贸易增长迅速。具体来说，主要有以下特点：（1）山东与韩国的贸易额增长迅速。据统计，1997 年山东与韩国的贸易额 43.96 亿美元，2000 年为 56.65 亿美元，2004 年达 126.17 亿美元，2008 年达 254.27 亿美元，年均增长 17.3%。其中，山东对韩国的出口从 1997 年的 18.30 亿美元增至 2008 年的 131.30 亿美元，年均增长 19.6%，而同期山东自韩国的进口从 25.66 亿美元增至 122.97 亿美元，年均增长 15.3%。2008 年韩国为山东第一大进出口市场。（2）山东与韩国的贸易结构体现了不同的比较优势。从总体情况看，山东对韩国出口的产品主要是电器及电子产品、汽车零部件、服装、纺织品、水产品、运输工具、机械设备、钢材、蔬菜、鞋类、箱包等。山东自韩国进口的产品主要是汽车零部件、电器及电子产品、机械设备、钢材、塑料原料、针织物、长短纤维、生皮及皮革、有机化学品、矿物燃料、金属制品等。（3）山东自韩国的进口大于出口。从近 10 多年的情况看，除个别年度外，山东自韩国的进口不断增加，占贸易额的比重大多为 60% 左右。1997 年山东对韩国的贸易逆差为 7.35 亿美元，1999 年为 10.93 亿美元，2005 年为最高，达 26.29 亿美元（见表 9—4）。

表9—4　　　　　　山东与韩国贸易情况（1997—2008）　　　　单位:万美元

年度	进出口总额	出口总额	进口总额
1997	439600	183043	256557
1998	35676	124103	226573
1999	425001	157868	267133
2000	566511	227208	339303
2001	614885	258542	356343
2002	741636	327339	414297
2003	963907	417532	546375
2004	1261672	553227	708445
2005	157048	656054	918993
2006	1910220	87336	1036859
2007	2168660	1020556	1148104
2008	2542685	1312956	1229729

资料来源：山东省统计局：《山东统计年鉴》，中国统计出版社1998—2009年版。

（三）山东对日韩投资和承包工程有较大进展

改革开放以来，随着山东经济的快速增长和企业实力的不断增强，特别是对外开放的日益扩大，山东积极实施"走出去"战略，对日韩投资和承包工程取得较大成效。

1. 山东对日韩投资取得初步成效

日本、韩国不仅是山东吸收外资的重要来源地，也是山东境外投资的重要目的地。据统计，2005年山东核准对日本协议投资总额77.59万美元（中方投资69.59万美元）；2006年为103万美元（中方投资103.00万美元）；2007年为1059.50万美元（中方投资901.88万美元）；2008年为236.84万美元（中方投资226.84万美元）（见表9—5）。截至2008年底，山东累计核准对日本投资项目105个，协议投资总额3246.33万美元，其中中方协议投资总额为2543.94万美元。同时，山东对韩国的投资也有一定进展。据统计，2005年山东核准对韩国协议投资总额915.50万美元（中方投资913.00万美元），2006年为466.70万美元（中方投资

422.70 万美元），2007 年为 842.60 万美元（中方投资 635.60 万美元），2008 年为 1725.10 万美元（中方投资 1070.10 万美元）（见表 9—6）。截至 2008 年底，山东累计核准对韩国投资项目 151 个，协议投资总额 5288.23 万美元，其中中方协议投资总额为 3768.63 万美元。

表 9—5　　　　山东对日本投资情况（2005—2008）　　　　单位：万美元

年度	投资项目（个）	协议投资总额	中方协议投资额
2005	9	77.59	69.59
2006	15	103.00	103.00
2007	20	1059.50	901.88
2008	15	236.84	226.84

资料来源：山东省对外贸易经济合作厅：《山东对外经济贸易年鉴》，2006—2009 年版。

表 9—6　　　　山东对韩国投资情况（2005—2008）　　　　单位：万美元

年度	投资项目（个）	协议投资总额	中方协议投资额
2005	23	915.50	913.00
2006	25	466.70	422.70
2007	29	842.60	635.60
2008	29	1725.10	1070.10

资料来源：山东省对外贸易经济合作厅：《山东对外经济贸易年鉴》，2006—2009 年版。

2. 山东对日韩承包工程取得较大进展

在对外开放中，山东十分重视对日韩的承包工程，取得了较大成效。据统计，1998 年，山东完成对日本承包工程营业额 0.37 亿美元，2002 年为 1.17 亿美元，2004 年为 2.08 亿美元，2006 年为 4.20 亿美元，2008 年达 5.20 亿美元，年均增长 28%。据统计，1998—2008 年，山东累计对日本签订承包工程合同额 29.79 亿美元，完成营业额 24.62 亿美元（见表 9—7）。同时，山东对韩国承包工程也有较大进展。据统计，1998 年，山东完成对韩国承包工程营业额 0.34 亿美元，2002 年为 0.58 亿美元，2004 年为 0.99 亿美元，2007 年为 1.14 亿美元，2008 年为 0.86 亿美元，其中 1998—2007 年年均增长 14.3%。据统计，1998—2008 年，山东累计对韩国签订承包工程合同额 8.07 亿美元，完成营业额 8.86 亿美元（见表 9—8）。

表 9—7　　　　　山东对日本承包工程情况（1998—2008）　　　单位：万美元

年度	新签合同额	完成营业额
1998	5077	3749
1999	7415	4441
2000	8169	6866
2001	12483	8609
2002	13639	11669
2003	21080	15920
2004	27138	20829
2005	41525	30943
2006	49982	41951
2007	55608	49227
2008	55817	52045

资料来源：山东省对外贸易经济合作厅：《山东对外经济贸易年鉴》，2009 年版。

表 9—8　　　　　山东对韩国承包工程情况（1998—2008）　　　单位：万美元

年度	新签合同额	完成营业额
1998	3160	3411
1999	5455	5181
2000	6543	7458
2001	7944	6602
2002	8074	5791
2003	8890	8830
2004	8855	9940
2005	10038	10361

续表

年度	新签合同额	完成营业额
2006	11016	11354
2007	6841	11351
2008	3843	8603

资料来源：山东省对外贸易经济合作厅：《山东对外经济贸易年鉴》，2009年版。

从上述情况看，改革开放以来，山东与日韩经贸合作取得了令人瞩目的成就，为加快推进经济文化强省建设作出重大贡献。但从总体情况看，山东与日韩经贸合作仍存在一些问题和薄弱环节。一是吸收日韩投资的质量有待提高，高新技术产业、先进制造业、节能环保产业、现代服务业和现代农业大项目少，日韩投资对推进山东产业结构调整的作用发挥不够。二是对日韩贸易结构不合理，出口低端产品和资源性产品多，高科技含量和高附加值的商品少。三是对日韩投资和承包工程总体上处于起步阶段，其竞争实力有待提高，发展模式需要创新。四是与日韩合作的区位优势尚未得到充分发挥，与日韩经济的全面、深度对接不够等。这些问题不同程度地制约了山东与日韩经贸合作的质量和水平，也不利于山东半岛蓝色经济区的建设，必须采取切实有效的措施加以解决。

三 山东半岛蓝色经济区与日韩合作交流的主要对策

在经济全球化和区域经济一体化进程不断加快的新形势下，扩大山东半岛蓝色经济区与日韩的合作交流，应重点采取以下对策。

（一）构建中日韩自由贸易区先行区

20世纪90年代以来，中日韩三国之间的贸易迅速增长，增速高于全球贸易，区域内贸易规模不断扩大，互为重要的贸易伙伴。随着中日韩贸易合作规模的不断扩大，合作领域的日益拓宽，适时建立中日韩自由贸易区逐渐提上议事日程。2001年3月29—30日，中国、日本、韩国三国学者在韩国汉城召开的题为"关于中韩日三国经济合作和环黄海次区域建立自由贸易区网络"的国际学术研讨会上，提出了建立中日韩自由贸易区的设想。2002 年 11 月 4 日，中国时任总理朱镕基在柬埔寨金边举行的中日韩领导人会晤中，向日韩两国提出建立中日韩自由贸易区的构想。2003 年 10 月 6 日，在印度尼西亚巴厘岛召开的中日韩领导人第五次会晤期间，中日韩三国领导人共同签署了《中日韩推进三方合作联合宣言》。中日韩三国同意在包括经济贸易、文化、人员交流、政治与安全等在内的14 个领域加强合作以及建立三方委员会等，确立了三国合作的框架、原则和方向，这标志着中日韩自由贸易区构想走上了政府推动的轨道。同时，中日韩三国就自由贸易区问题进行联合研究，取得了积极成果。2006 年 10 月 19 日，中日韩三国在第五届中日韩商务论坛上发表共同声明，表示将尽早建立中日韩自由贸易区，促进三国经济协同发展。近年来，在中日战略互惠关系、中韩战略合作伙伴关系、日韩成熟伙伴关系不断发展和深化的同时，2008 年 12 月 23 日，中日韩三国领导人在日本福冈签署了《中日韩三国伙伴关系联合声明》、《中日韩合作行动计划》和《中日韩国际金融和经济问题的联合声明》等，其中提出三国将于 2009 年继续深入研究中日韩自由贸易区问题，这标志着中日韩合作进入了新的发展阶段，也必将对中日韩自由贸易区的建立产生积极的影响。由于中日韩间的政治、经济关系非常复杂，因此建立中日韩自由贸易区是一个渐进的过程，在中日韩三国间相邻近地区开展次区域合作，构建中日韩自由贸易区先行区，是一个重要的战略选择。

　　山东半岛蓝色经济区地处泛黄海经济圈和东北亚经济圈的重要地带，区位优势明显，产业基础雄厚，市场腹地广阔，开放程度较高，人力资源丰富，物流环境优越，与日韩经贸往来历史悠久，且取得显著成效，是中国与日韩构建自由贸易区的优势区域。特别需要提及的是，2008 年 9 月 7 日国务院批准设立的青岛前湾保税港区，已于 2009 年 9 月 1 日通过国家十一部委联合验收，正式封关运营。它是我国唯一按照国家"功能整合、政策叠加"要求，以保税区、保税物流园区整合邻近港口转型升级形成的保税港区。它也是目前我国开放层次最高、政策最优惠、功能最齐全、手续最简便的海关特殊监管区域之一，实现了"境内关外"的自由贸易区功能，奠定了向中日韩自由贸易区先行区转型的基础。2009 年 9 月 7 日，国务院又批准设立烟台保税港区，这是全国第一家以出口加工区和临近港口整合转型升级形成的保税港区。根据规划，烟台保税港区将在最短时间内实现封关运营。山东半岛蓝色经济区应抓住中日韩拟建立自由贸易区的历史机遇，借鉴国际自由贸易区建设的成功经验，充分利用中日韩"泛黄海经济技术交流会议"中方秘书处设在山东的有利条件，发挥山东在三方投资协议谈判和三国自由贸易区联合研究中的积极作用，依托青岛前湾保税港区、烟台保税港区，并整合青岛、烟台、威海、日照等经济技术开发区和相关出口加工区，按照"境内关外，全面放开；物流主导，综合配套；区港结合，协调发展；统一领导，属地管理"的目标模式，积极争取国家有关部门在青岛、烟台、威海、日照等市辟建中日韩自由贸易区先行区。努力在区域监管、区域功能、行政管理、发展地域、政策法规等五个方面实现新突破，实现货物流通自由、资金流通自由、人员进出自由。率先在物流、贸易、金融、旅游等方面开展紧密合作，形成以物流为主导的中日韩自由贸易区雏形，为加快建立中日韩自由贸易区积累经验、奠定坚实基础。

（二）构筑山东与日韩陆海空交通网络

加快建立和完善山东与日韩陆海空交通网络，提升对日韩开放合作整体功能，是打造山东半岛蓝色经济区迫切需要解决的重要问题。

1. 建立和完善与日韩的空中通道

济南、青岛、烟台、威海、潍坊、东营等机场，要在已有规划建设的基础上，搞好各项服务配套设施建设，进一步形成山东半岛航空港体系。努力开辟更多的日韩航线，特别是直航日本的东京、大阪、名古屋、福冈和韩国的首尔、釜山等的航线，增加航班密度。同时，加强与日韩航空公司的合作与交流，吸引日韩航空公司在山东设立分支机构。

2. 扩大中韩陆海汽车直达运输

充分利用山东半岛地理位置得天独厚、港航基础设施优良、中韩滚装客货班轮运输经验丰富的有利条件，按照中韩两国签订的《物流领域合作谅解备忘录》的要求，进一步推动青岛、烟台、威海、日照等港口与韩国仁川、釜山、平泽等港口开展中韩陆海汽车直达运输，为山东与韩国物流合作搭建平台。

3. 建设中韩海上火车轮渡

针对我国和韩国有关研究机构及专家提出建设中韩海上火车轮渡设

想，引起中韩两国有关部门重视的实际，要充分发挥威海、烟台与韩国的仁川是建设中韩海上火车轮渡理想之地的优势，进一步加强与韩国仁川的合作，争取尽快开通威海、烟台与韩国仁川的火车轮渡，打通与韩国的快捷物流通道。

4. 积极论证建设中韩海底隧道

围绕韩国有关专家提出的连接韩国西海岸和山东半岛的"中韩海底隧道三套方案"（韩国仁川—中国威海隧道、韩国平泽—中国威海隧道、韩国群山—中国威海隧道，韩国有关专家认为，韩国平泽—中国威海之间是最佳路线），要积极组织有关部门和专家参加研究论证，推进中韩海底隧道项目实施，逐步形成山东与韩国的海陆大通道。

5. 建立山东与日韩港口战略联盟

港口战略联盟是促进港口之间合作交流的一种有效形式，有利于提升港口的国际竞争力。青岛、烟台、威海、日照等港口应进一步加强与韩国的仁川、釜山、平泽和日本的大阪、下关、福冈、横滨等港口的合作，共同规划港口和航运体系，共同开发国际航线，共同建设港口与物流信息平台等。

（三）建立中日韩产业合作区

山东半岛蓝色经济区是我国重要的制造业基地，与日韩产业互补性较强，有利于形成与日韩优势互补、配套协作的产业合作区。

1. 加强高新技术产业合作

根据日韩的信息技术、生物工程、新材料、新能源及海洋资源开发等高新技术领域的发展处于世界重要地位的实际，要大力引进日韩的相关企业，实现资本、技术、营销、管理等方面的全面合作。推进济南、青岛、烟台、威海、潍坊、淄博、东营、日照等高新技术产业开发区与日韩科技工业园区的对接，建立与日韩高新技术产业合作平台。

2. 加强先进制造业合作

积极推进与日韩在汽车、电子、造船、机械装备、化工等产业的合作，形成产业链延伸和升级。同时，进一步加大与日韩制造业研发合作的力度，建立中日韩制造业合作示范园区，打造与日韩制造业合作平台。

3. 加强节能环保产业合作

抓住中日韩加大未来五年节能环保合作力度的有利条件，积极与日韩开展建设循环型城市、建立环保示范园区和开发可再生能源、新能源（重点是太阳能、风能、生物质能、地热能）等方面的合作。同时，进一步加强与日韩环保部门和研究机构的技术交流与合作，引进其新工艺、新技术、新设备，打造与日韩环保产业合作平台。

4. 加强现代服务业合作

重点加强与日韩开展软件外包、流程外包和动漫产品制作等方面的合作，共同建立日语、韩语的外包平台；加强与日韩银行、保险、证券等金融机构的合作交流，吸引更多的日韩银行、保险、证券等金融机构在山东半岛蓝色经济区设立分支机构，建立现代金融服务体系和金融创新基地；加强与日韩在现代物流和旅游等方面的合作，从而建立与日韩现代服务业合作平台。

5. 加强现代农业合作

重点在山东半岛蓝色经济区设立中日韩有机农产品种植、加工示范园区，建设高优农业产业合作带、蓝色产业合作带和绿色产业合作带等，打造与日韩农业合作平台。

（四）加强山东与日韩的物流合作

从实际情况看，日韩的物流业发达，不仅具有良好的物流基础设施和完善的物流体系，而且形成了独特的管理经验和行之有效的方法。与日韩相比，山东的物流业尚处于起步阶段，整体水平不高，难以适应现代化建设的要求。因此，十分需要加强与日韩的物流合作。当务之急，应重点采取以下措施：

1. 扩大海港和空港物流合作

山东与韩国隔海相望，与日本一衣带水。因此，开展山东与日韩的海港和空港物流合作大有作为。一是开展港口建设合作。近几年来，山东的港口有了较大发展，但仍不适应现代化建设的需要。山东应积极吸引日韩的知名航运公司和物流企业，以合资、合作、BOT、TOT 等方式，到山东投资建港、经营码头、开辟航线以及建立国际物流园区。二是开展大陆桥运输合作。充分利用山东日照港作为新欧亚大陆桥"桥头堡"的优势，吸引日韩的物流企业,联合开展新欧亚大陆桥运输(如开展港口中转、储运、货物联运和代理业务等)。三是开展远洋运输船队合作。山东与日韩可以充分发挥远洋运输条件较好的优势,合资、合作组建大型远洋船队,积极开展远洋运输业务,努力扩大远洋运输市场份额。四是开展空港物流合作。济南、青岛、烟台、威海等重要机场,应积极吸引日韩的空港物流企业,合作建设空港物流园区。同时,合作引进大型货运飞机,开辟国际国内货运航线,形成东亚地区重要的空港物流分拨中心。

2. 发展大型物流企业集团合作

日韩有不少大型物流企业集团,它们对促进物流业的发展起到了重要作用。近几年来,山东的物流企业集团虽有较大发展,但与日韩相比仍有较大差距。因此,山东与日韩合作发展大型物流企业集团的潜力很大。一是合资、合作发展大型物流企业集团。日韩的大型物流企业,具有资金、人才、先进的物流技术和较强的运作能力、市场开拓能力以及完善的国际网络等优势。而山东具有仓储成本和劳动力成本低、仓储能力强、资源丰富等有利条件。山东应积极与日韩的大型物流企业,以合资、合作或建立战略联盟等方式,组建大型物流企业集团。合作发展物流配送、连锁经营、特许经营、电子商务、商务代理、邮政物流等新型物流业态,做大做强现代物流业。二是鼓励外商独资发展大型物流企业集团。山东应积极制定相关政策措施,吸引日韩大型物流企业在山东设立区域总部,以及独资设立面向全球市场的采购、中转、分拨、配送等大型物流企业集团,从而进一步提高山东物流业的现代化和国际化水平。除此之外,山东应积极引导有实力、有比较优势的企业,以独资、合资、合作等方式,到日韩建立大型物流企业集团,以加速实现国内外物流市场的一体化。

3. 加强基础性物流合作

现代物流是跨国境、跨行业、跨部门的复合性产业,客观上要求其基础性工作必须与国际接轨。日韩在发展物流业中注重做好基础性工作,并积累了丰富的经验。山东由于物流业起步较晚,相关基础性工作较为薄弱,十分需要加强与日韩的合作。一是加强物流标准化合作。主要是合作推进物流设施、物流设备、物流工具、电子文本等方面的标准化,从而使山东尽快形成协调统一的现代物流技术标准化体系。二是加强建立物流统计指标体系的合作。重点合作完善相关统计制度,探索山东建立适应现代物流发展需要的统计指标体系。三是加强物流信息化合作。通过合作建设公共的网络信息平台，促进山东企业特别是物流企业利用互联网等实现资源共享、数据共用、信息互通。四是加强现代物流人才培养合作。主要是通过合作办学、资质认定，对山东物流企业从业人员进行岗前培训、在职培训等，努力造就一大批精通和熟悉现代物流的人才。

4. 加强发展物流业政策措施的交流

山东与日韩应通过定期联合举办"物流发展论坛"以及各种物流专题的研讨会、报告会、交流会等方式，加强发展物流业政策措施的交流。从政府层面讲，相互间应重点交流各自的现代物流发展规划，特别是物流基础设施与物流网点、物流设备与工具、物流环境、物流产业化、物流国际化、物流信息化、物流标准化、物流协作化、物流方式组合化等方面的相关法律法规、重大政策措施等。从企业层面讲，相互间应重点交流引入现代物流理念，抓好企业内部流程改造和资源整合，提高自身物流管理水平的措施；企业将自身物流需求的全部或部分外包给第三方物流企业的措施；企业间进行物流合作，建立供应链管理伙伴关系的措施；企业通过建立以订单为中心的物流管理信息系统，创造适合自身需求的物流模式，并积极向社会物流拓展的措施等。

（五）着力推进山东与日韩的旅游合作

日韩不仅旅游资源丰富，而且具有雄厚的资金、技术以及管理经验和高素质的人才。山东旅游资源十分丰富，文物古迹众多，山川风光秀丽，构成了独特的旅游风景，加强山东与日韩的旅游合作大有作为。

1. 构筑长期旅游合作关系

山东与日韩的旅游部门应遵循"平等互利、优势互补、市场互动、共同发展"的原则，进一步加大合作力度。充分利用各自的区位优势、资源优势、经济优势、服务优势，建立长期旅游合作关系，从而提升各自的旅游核心竞争力，形成特色明显、潜力巨大、知名度高、吸引力强的旅游品牌。

2. 开拓旅游市场合作

山东与日韩的旅游部门应合作制订旅游市场促销规划和年度计划，联合促销，共推旅游品牌。并且，相互间互为市场、互送客源，利用国际国内旅游交易会及重大节庆活动互相推介。在各自的重要报刊、广播电台、电视台、网站等，精心策划制作宣传对方的旅游节目。根据各自的旅游资源特点，联手打造和推介相互间特色旅游产品和精品旅游线路。同时，联手开拓第三国旅游市场，打造面向全世界的系列化、精品化、特色化的旅游产品。

3. 开展旅游投资合作

山东与日韩的旅游部门应建立广泛联系，并积极创造条件，与其信誉好、资本雄厚、经营实力强的旅行社开展合资、合作，设立中外合资、合作或外商独资的旅行社。山东也应积极鼓励有实力、有比较优势的旅游企业，到日韩开办旅行社和其他旅游经营项目。并且，山东应积极吸引日韩的企业，以 BOT、TOT 等融资方式，参与山东旅游区（点）、旅游基础设施和旅游配套设施的建设。同时，山东应进一步创新旅游招商引资方式，积极采用网上招商、媒体招商、委托招商、会议招商、以商招商、代理招商、中介招商、人文招商等方式，积极吸引日韩的旅游企业，合作开发农业与生态旅游、修学旅游、高尔夫旅游、保健康体旅游、森林旅游、体育旅游、民俗旅游、会展旅游、工业旅游、节庆旅游、探险旅游、海上旅游等，以促进山东旅游产品的升级换代和区域布局调整。

4. 旅游商品开发合作

山东与日韩的旅游部门应联合建立旅游商品开发基地，大力开发具有地方特色的旅游工艺品和纪念品。同时，联合规划建设旅游商品专业批发市场、旅游商品集散中心，以及共同举办旅游商品展示会、优秀旅游商品博览会等。

5. 旅游信息合作

旅游信息的交流与合作，是开展旅游合作的重要基础。山东与日韩的旅游部门应积极创造条件，建立相互间旅游企业信息合作交流平台，促进旅游企业间的友好合作。加快实现相互间旅游网站的互动链接，共享旅游资源。同时，建立相互间旅游质量管理信息交流机制、接受旅游投诉和应急事件处理热线电话以及重大旅游事件的通报制度等。

（六）扩大山东与日韩的文化、教育、科技合作交流

全方位、多层次扩大与日韩的合作交流，努力营造良好的合作氛围，是建设山东半岛蓝色经济区的重要任务之一。

1. 广泛开展与日韩的文化合作交流

山东与日韩同属儒家文化圈，开展文化合作交流有得天独厚的优势。应进一步拓展与日韩在影视制作、新闻出版、文化艺术、演出展览、文化会展、广告宣传、创意设计、动漫游戏、数字媒体等文化产业的合作交流。积极建设中日韩文化产业园区和中日韩文化产业合作带。同时，依托山东国际文化产业博览会、国际孔子文化节和韩国仁川华侨城、济州岛徐福公园、韩国孔子学院以及日本孔子学院等，促进与日韩更广泛的文化合作交流。

2. 加大与日韩教育合作交流的力度

要进一步扩大与日韩在教育改革、教育理论、教育经验、教育国际化以及教师互派、学生互换、学术交流、科研创新等方面的合作，并引进日韩先进的教育科技成果和优质教育资源，提高中外合作办学水平。

3. 着力推进与日韩的科技合作交流

要鼓励相关高等院校、科研机构、企业积极参与日韩的科技合作交流，支持科技人员尤其是中青年科技专家赴日韩深造。着力引进日韩的先进技术，提高山东的自主研发能力、消化吸收再创新能力和集成创新能力，形成以企业为主体的技术创新体系和科技成果转化体系。同时，在山东设立与日韩科技合作的研究基金，支持和鼓励日韩企业在山东设立研发中心，合作建立实验室、中试基地，结成不同形式的战略联盟和技术共同体。

（七）加大山东半岛蓝色经济区在日韩宣传的力度

要全方位、多层面地加大山东半岛蓝色经济区在日韩的宣传力度，扩大共识认同，为打造山东半岛蓝色经济区构筑良好的舆论环境。

1. 加强对山东半岛蓝色经济区的整体推介

要积极组织有关部门、专家加强对山东半岛蓝色经济区在日韩整体推介的策划和设计，统一制作高水平的推介材料。同时，有针对性地邀请日韩主流媒体（如重要报刊、广播电台、电视台及商业网站、大企业网站等）来山东半岛蓝色经济区采访，根据日韩了解和掌握信息的习惯，制作介绍山东半岛蓝色经济区相关产业、行业及重点企业的专题片、广告。

利用其宣传渠道，全方位展示山东半岛蓝色经济区的良好形象，打造品牌，提高在日韩的整体知名度、影响力和竞争力。

2. 建立山东半岛蓝色经济区网站

通过汉、韩、日三种语言突出向日韩宣传山东半岛蓝色经济区的整体优势、投资环境优势、产业优势、市场潜力、投资和贸易政策、相关法律法规，推介招商、贸易项目，并及时跟踪反馈的信息。同时，与日韩专业权威网站互动链接，以进一步扩大山东半岛蓝色经济区在日韩的影响。

3. 抓好山东与日韩经贸合作典型的宣传

截至 2008 年底，山东累计批准日韩投资企业 2.42 万家，其中相当部分已由建设期进入运营期，并取得了较好的经济效益。对日韩企业来说，一个成功企业的经验会增强它们对山东的投资信心，一个成功的企业就是一份极好的宣传品。因此，山东应切实重视对日韩投资企业典型的宣传。根据日韩投资企业的经营状况以及对当地经济社会发展的影响等，在全省各市、各行业广泛开展"百家日韩优秀投资企业"和"优秀日韩工业园区"活动，进一步增强日韩与山东半岛蓝色经济区合作的信心，并充分发挥其与山东半岛蓝色经济区合作的示范、带动和辐射作用。

4. 创办山东半岛蓝色经济区国际论坛

通过构建非官方、高层次、开放式的有影响的经贸对话与合作平台，邀请日韩及国内富有权威和影响的政界要人、经济界和企业界人士及知名专家参加，共同研讨山东半岛蓝色经济区建设的重大问题，从而扩大山东半岛蓝色经济区的国内外影响。

5. 积极做好日韩驻华使领馆及其大企业驻华办事机构工作

多年来，日韩在我国设立了大使馆及若干总领事馆，同时日韩一些大企业也在我国设立了办事机构，这是日韩获取信息的一个重要途径。所以，经常邀请日韩驻华使领馆及其大企业驻华办事机构考察山东半岛蓝色经济区的发展状况，特别是投资环境及重要合作项目等，让他们把山东半岛蓝色经济区介绍给日韩企业，将会极大地提高宣传效果。

（八）完善山东与日韩合作交流的机制

为了使山东与日韩合作交流的目标及各项措施能够顺利实施，必须构建权威、高效、务实的推进机制。

1. 进一步明确合作交流的原则

当前及今后一个时期，要推进山东与日韩的合作交流，必须重点遵循以下五条原则：一是平等互利的原则。开展山东与日韩合作交流，必须根据各自的需求和可能，充分考虑各方的利益，在平等协商、互惠共赢的基础上求得一致，从而充分调动各方合作交流的积极性、主动性和创造性。二是优势互补的原则。山东与日韩在资源禀赋、产业结构、劳动力资源、市场状况等方面各有所长，彼此可以扬长避短，优势互补。只有这样，才能实现相互间生产要素的合理流动和资源的优化配置。三是市场主导的原则。山东与日韩的合作交流必须按照"市场运作、政府推动"的方式进行，充分发挥市场机制在相互间资源配置中的基础性作用。其企业作为合作主体，依法自主决策经营。其政府主要是创造良好发展环境，引导合作交流的方向。四是循序渐进的原则。在山东与日韩的合作交流中，要确定彼此间进一步合作交流的重点领域和优先顺序，从条件较好、相对容易的领域做起，逐步拓展到其他领域。五是注重实效的原则。一切经济活动的根本目的都是为了以尽可能少的投入获取尽可能多的效益。山东与日韩的合作交流必须从实际需要和可能的条件出发，尽量选择有比较优势的领域进行合作，力求以最小的投入取得最大的经济效益和社会效益。

2. 建立组织协调机制

推进山东与日韩合作交流，离不开相互间政府的引导作用。一是加强山东与日韩相关政府部门之间的联系，建立相互间行政长官定期或不定期会晤工作机制。对关乎相互间合作交流的重大事宜进行磋商，解决存在的重要问题，推进合作交流的快速、健康发展。二是山东与日韩应分别成立相互间合作交流委员会，该委员会应设立若干推进合作小组，如高新技术产业、先进制造业、节能环保、物流、旅游等方面的合作推进组。各推进合作小组由各自政府部门官员、企业家、专家学者组成，定期召开会议，以确保合作项目的顺利实施。

3. 建立企业联合机制

从实际情况看，企业是山东与日韩合作交流的主体。山东应通过多种方式，积极设立与日韩合作交流企业联谊会，吸收已经或准备与日韩进行合作交流的企业参加，以交流经验，沟通信息，开阔眼界，培养人才，促进合作交流的深入发展。

第十章　科学开发海洋资源,打造海洋经济鲜明特色

　　山东省有着丰富的海洋资源,全省海岸线长度达 3121.9 千米,占全国的 1/6,500 平方米以上的海岛 326 个,海岛岸线 683.2 千米,其海岸线长度与陆域面积系数比为 2.4,远高于全国海岸线系数,居全国前列。山东沿海浅海海域年初级生产力为 1100 万吨有机碳（干重）,适合多种鱼类和水生生物的生长繁殖,具有经济价值的各类生物资源有 400 多种。山东海岸 2/3 以上为山地基岩港湾式海岸,水深坡陡,建港条件优越,是我国长江口以北深水大港预选港址最多的岸段,其中水深 10 米可建深水泊位的港址有 51 处,10 万—20 万吨级港址有 23 处。山东是我国主要的海盐产区之一。适宜晒盐土地 2740 平方千米,占全国的 32.6%,居全国首位。还有得天独厚的地下卤水资源,总净储量约 74 亿立方米,含盐量高达 6.46 亿吨。山东沿海有 101 种矿产,其中探明储量的 53 种,有 9 种居全国前三位。东营、滨州黄河三角洲地区的油气资源储量丰富,渤海沿岸石油预测地质储量 30 亿—35 亿吨,探明储量 2.29 亿吨,天然气探明地质储量为 110 亿立方米,龙口煤田是我国发现的第一座滨海煤田,探明储量 11.8 亿吨。青岛、日照、烟台港口基础设施完善,还有青岛、烟台、威海、潍坊等一批滨海旅游城市,海洋的区位和战略地位以及资源优势十分明显。优越的地理位置和广阔的海洋蓝色国土,为半岛蓝色经济区的建设,提供了坚实的资源和能源基础。

　　规划建设山东半岛蓝色经济区,要科学开发海洋资源,着力打造海洋经济的鲜明特色。要坚持依法、科学、适度、有序的原则,遵循开发利用与环境保护并重的指导思想,因地制宜,合理开发海洋资源。

一　山东半岛蓝色经济区海洋资源科学开发的新思路

（一）开发与保护并举，在保护中提升开发质量

随着沿海地区经济的快速发展和海洋资源开发力度的加大，对海洋环境保护的压力将会越来越大。因此，在大力开发利用海洋资源的同时，必须重视对海洋环境的保护，促进海洋资源开发利用的持续发展。在开发与保护海洋资源方面，主管部门要通过海洋资源的价值核算和评价，对海洋资源实行有偿使用，利用价格体系调节海洋资源的供求关系，尽可能保证海洋资源的持续利用。在保护海洋环境方面，要集中控制陆地上污染物的排放，强化盐田废水、海水养殖池废水、石油开采、拆船和海洋运输过程中废物排放的治理，维护海洋的生态平衡和资源的长期利用。逐步实施重点海域污染物排海总量控制制度。改善近岸海域环境质量，重点治理和保护河口、海湾和城市四周海域，继续保持未污染海域环境质量。加强入海江河的水环境治理，减少入海污染物。加快沿海大中城市、江河沿岸城市生活污水、垃圾处理和工业废水处理设施建设，提高污水处理率、垃圾处理率和脱磷、脱氮效率。限期整治和关闭污染严重的入海排污口、废物倾倒区。妥善处理生活垃圾和工业废渣，严格限制重金属、有毒物质和难降解污染物排放。临海企业要逐步推行全过程清洁生产。加强海上污染源治理，提高船舶和港口防污设备的配备率，做到达标排放。海上石油生产及运输设施要配备防油污设备和器材，减少突发性污染事故。实施谁污染谁治理的环境问责制度，优化海洋环境保护的法治化进程，实现山东半岛蓝色经济区建设中海洋资源的可持续开发利用。

（二）加大科技创新力度，提高资源开发能力和利用率

海洋资源的开发，与科技进步密不可分。人类开发海洋从最早的"舟楫之便"到当今全面利用海洋资源，其开发利用能力每一次的提升都是科学技术的发展使然。海洋资源的开发利用相对陆地资源而言，难度和风险更大，综合性更强，对科学技术的依靠性也会更大。海洋资源从调查、观测、勘探、开发利用到治理的各阶段，都是科学和技术运行过程的结果。要不断采用先进的科学技术，实施科技创新，提高海洋资源开发和

科学治理的总体技术水平、规模和效益。以科技创新推动山东海洋资源开发向循环利用的趋势转变，建立开放式、联合式的科技创新机制，形成科技产业链条，突破技术瓶颈，延伸海洋产业，提高海洋资源的开发能力和利用效率。一方面，提高对已开发资源的利用质量，比如发展水产品深加工业、海洋生物制药业，提高矿物冶炼、利用等级等；另一方面，对未开发的海洋资源要加快研究步伐，提高开发、开采能力，比如大洋矿藏的勘探与开采、深海资源的开发与利用等。最后，还要注重产业间的联合开发技术，如对海水进行淡化的开发利用，将海水淡化和生产海盐相结合等，以提高资源利用率和能源贡献率，加快资源利用产业化的发展步伐。同时，完善管理科学、制度、体制等"软技术"。科学的管理、合理的规划、完善的制度，才能使科学技术落到实处，发挥力量，全面提高资源的开发利用能力。

（三）统筹规划，提高海洋资源开发利用经济效益和社会效益

海洋资源特别是深海矿产资源的开发比较复杂，开发难度大，成本高，所以必须由国家和相关部门统筹规划，合理布局。包括普查、重点勘探、研究开发和利用等各个环节，必须根据资源的性质和用途、资源的分布状况和储量等，确定统一的开发战略、规划和步骤，避免浪费资源和破坏生态环境，按照海洋资源开发的客观要求和规律办事。在海洋资源研究开发中，不仅要重视矿产资源的研究开发，同时要重视对海洋渔业和水产业的开发利用。对海洋中的可再生资源即生物资源，应根据经济和社会发展的需要，进行合理的开发和利用；同时要根据海洋生物资源繁殖的要求和特点，进行有计划有步骤的养殖和保护。要把开发利用和养殖业相结合，形成一种不断发展壮大的海洋生物资源循环开发模式。对不可再生的海洋资源的开发利用，应实行陆地资源开发与海洋资源开发相结合模式，实行优势互补。认识和掌握海洋资源结构和经济结构，对于社会和资源的投资建设和开发利用，对于国民经济的全面协调和可持续发展，都是十分重要的。提高海洋资源开发利用的经济效益和社会效益，以适应经济社会可持续发展的需要。今后对海洋和陆地资源的开发，应根据海洋和陆地资源储藏量的状况和社会需要，进行适当的规划和部署，研究确定不同的开发重点和布局，以利于促进经济协调和可持续发展。

(四) 优化海洋资源开发环境,依法开发海洋资源

海洋资源的开发利用与管理,必须走法治化的道路。近 20 年来,国家先后公布实施了《中华人民共和国海洋环境保护法》等法律法规 20 余项,山东省也颁布了《山东省海洋环境保护条例》、《山东省海洋渔业安全生产管理法规》、《山东省海洋专项渔业资源品种管理办法》等,为加强海洋资源开发与综合治理打下了基础。但也应该看到,随着海洋经济的发展,有些法律法规显得滞后。应根据海洋经济的发展,制定新的海洋法律,同时还要结合国家海洋法律法规,加快与国际法接轨,扩大海洋立法方面的国际合作与交流,尽快完善我省海洋资源开发与治理的法律体系。此外,应加强海上执法队伍建设。加大投资,组建一支适合山东省情的、现代化的、综合一体化的执法队伍,增强执法合力,提高执法效率,优化海洋资源开发与治理的法治化机制,真正做到依法治海,确保半岛蓝色经济区建设的顺利进行。

(五) 加强合作,走优势互补共同发展之路

在全球化时代的今天,任何一个国家或地区的封闭,都意味着落后。山东半岛蓝色经济区建设中的海洋资源开发与利用,要实施走出去的战略,加强与兄弟省份间的交流合作,优势互补,共同开发,实现双赢的局面。同时也要加大国际合作的力度,引进国外先进生产、管理经验,实现资源的科学开发。但要注意的是,国际合作要始终将国家的权益放在第一位,对于有争议地区的资源和公海资源,要以国际法规为指导,"搁置争议,共同开发",这并不意味着要放弃部分资源来寻求合作,恰恰相反,应争取利用一切合法的手段,维护我国应得权益,决不能为了某一地区的发展和开发而牺牲国家的利益。

二 山东半岛蓝色经济区海洋资源科学开发要多策并举

改革开放至今,山东省委、省政府一直重视海洋资源的开发,将海洋经济作为山东经济发展的特色和亮点来抓。20 世纪 90 年代,山东省委、省政府提出了"开发半壁江山、建设海上山东"的战略构想,制定并实

施了"海上山东"开发建设规划，有力地促进了我省海洋经济的发展。2008 年，全省海洋生产总值 5346.25 亿元，比上年增长 20.6%，占全省GDP 的 17.2%，占全国海洋生产总值的 18%，居全国第 2 位。主要海洋产业实现总产出 4415.3 亿元，增加值 2096.6 亿元，分别比上年增长20.1% 和 21.4%。科学开发海洋资源与保护生态环境，是山东省海洋经济飞速发展的基础，是建设山东半岛蓝色经济区、实现海洋经济长久稳定的可持续发展的前提条件。

海洋资源主要包括海洋生物资源、海洋矿产资源、海洋能源、海洋空间资源以及海水资源五大种类。各种类由于其自身的属性不同，开发和利用模式也不尽相同，必须结合各类海洋资源的属性特点，按照依法、科学、适度、有序的原则，开发与保护并重，灵活运用各种科技手段和管理模式，才能实现海洋资源的科学开发。

（一）海洋生物资源的科学开发

海洋生物资源主要是指海洋水产资源。山东近海温度适宜，自然条件优越，因而成为大量底层鱼、虾类混栖的重要渔场，海域生物资源种类多，资源量相对丰富，具有经济价值的各类资源生物有 600 多种，其中较重要的经济鱼类 30 多种，经济贝类 30 多种，经济虾蟹类 20 多种，经济藻类 50 余种。全省海洋捕捞产量一度居全国首位。山东沿海水产资源经过近几十年的开发，目前面临着渔业资源衰退、近海环境污染严重等困境。当前，山东省渔业水产资源的开发进入了一个重要的战略转折期，必须明确开发潜力和动力，深化改革，加快创新，才能实现渔业水产资源的科学开发。

1. 渔业资源开发以养护为主，开展"栽培渔业"，实现资源管理型开发

山东渔业资源开发在种质和环境方面面临的压力不容忽视，但是为了长久、省力、稳定地开发利用渔业资源，根本的还是要保护近海渔业养护区内的资源，尽快实现渔业从"采捕型"到"资源管理型"的转变。这就要求要把增殖渔业作为一个方向性产业来抓，按照海洋功能区划要求，搞好规划，合理布局，扩大增殖品种和规模。在巩固中国对虾、日本对虾、海蜇、乌贼四大品种放流增殖的基础上，鼓励扶持发展地方优质品种

的增殖放流，积极探索魁蚶、梭子蟹、牙鲆等品种的放流增殖实验。要创新投入机制，全面实施人工渔礁建设，在渤海、黄海海域选择适宜海区建设人工渔礁，形成具备一定规模的"增殖型渔礁"、"休闲垂钓渔礁"、"海珍品渔礁"等，营造鱼、虾、贝藻等海洋生物适宜的栖息生长环境，采取放流、底播等养护措施，人工增殖资源。全面推广贝、藻间养和立体式养殖，营造"海底森林"、"海洋牧场"，改善海域生态环境。

2. 拓宽资源开发空间，以灵活多变的形式开展远洋渔业

在近海资源和环境未取得根本性好转之前，开展远洋渔业，争取更多的资源开发利用空间，合理开发利用公海资源，既充分开发利用国际渔业资源，又为保护自身的资源提供了时间和空间，保证了在资源养护期间渔业的发展，是目前山东省快速发展渔业的首要选择。但是，在联合国的评估中，世界60%的渔场资源已利用过度，加上全省现有大马力远洋渔船不多，更缺乏专业的捕捞船只，如金枪鱼围网船等，而且建造这些船只投入太高，在这种态势下，大力发展远洋渔业难度较大。但随着经济的发展，开展远洋渔业的形式也日益多变。比如重点扶持一批远洋捕捞骨干企业，集中人力、财力形成尖刀企业，提高远洋企业的竞争力和抵御风险能力；走出去和其他国家合资，进行同时经营，即利用冷冻收购船或冷冻加工船到秘鲁、智利等国家海域收购渔获物，在船上进行粗加工或运回国内再进行精细加工上市，或者利用欠发达国家的劳动力，鼓励远洋骨干企业在国外建立生产、运销配套的渔业基地，收购当地渔获物再加工上市等。采取这些灵活多变的方式，既充分开发利用国际渔业资源，又为保护自身的资源提供了时间和空间，保证了在资源养护期间渔业的发展，这也是许多发达国家最常用的渔业资源开发策略。

3. 提升科技含量，提高海洋生物资源开发效率

现代社会已进入信息时代，海洋生物资源的开发，除了提高自身素质外，还要注意引进和吸收国内外海洋渔业科技成果。在引进过程中，切忌生搬硬套，要灵活运用，不仅要引进和吸收国外先进的科学技术，还要向其他兄弟省份学习各种先进技术和经验，扬长避短。建立省级海洋渔业工程重点实验室和区域性试验基地，承接国家和省重大项目的相关区域性试验、推广任务，促进省内各级海洋渔业工程重点实验室的科技成果转化、示范工作以及从事国内外重大渔业科技成果的引进、开发和技术推广。加

快科技创新的同时，还要加快科技的转化，特别是在养殖产业中，要以海水养殖企业为主体，以高等院校、科研机构为依托，高起点、高水平建设海洋渔业工程基地，应用基因工程技术、良种选育技术、工厂化育苗技术、设施养殖技术以及网络信息系统、专家决策支持系统，推广名优水产品种和科学养殖技术，提高山东半岛蓝色经济区建设中的海洋技术创新能力和科技成果转化率。

4. 海洋生物资源今后的开发利用方向

严格实行捕捞许可证和禁渔期制度，保护和恢复渔业资源和环境；制定相关政策措施，引导渔民向海水养殖、水产品精深加工、休闲渔业和非渔产业转移；发展远洋渔业，开辟新的作业海域和新的捕捞资源；加强海洋渔业整体规划布局，调整海洋捕捞和海水养殖结构，重点发展远洋渔业和海珍品养殖，实现海珍品的规模化、集约化和生态化养殖；规范养殖生产，提高海水养殖的科技含量，利用基因工程等高新技术手段提升海水养殖的竞争力；推动海洋生物技术的应用，加强海洋水产品精深加工产业的发展和海洋保健食品、功能食品的开发力度。

（二）海洋矿产资源的科学开发

海洋矿产资源包括海滨、浅海、深海、大洋盆地和大洋中脊底部的各类矿产资源。山东半岛现已发现各类矿产 144 种，已探明储量的矿产 75 种，其中能源矿产 7 种、金属矿产 24 种、非金属矿产 42 种、水汽矿产 2 种；已发现但尚未探明储量的矿产 69 种，其中 20 种已开采利用。探明储量的矿产地 1483 处，平均每万平方千米 94 处，为全国平均值的 4.2 倍。探明矿石总量约 900 亿吨。渤海沿岸石油预测地质储量 30 亿—35 亿吨，探明储量 2.29 亿吨，天然气探明地质储量为 110 亿立方米。山东半岛蓝色经济区建设中海洋矿产资源开发的指导思想应是认真贯彻党的十五届五中全会和中央、全省人口资源环境座谈会精神，以促进经济发展为出发点，以维护与巩固矿业秩序为基础，以调整产业结构、优化矿产资源配置为主线，以保护与合理利用矿产资源为目的，推动矿业体制改革，转变资源开发管理方式，为山东海洋经济的可持续发展和蓝色经济区的建设作出新贡献。

1. 创新地质勘查工作，扩大后备资源储量

加强公益性地质调查工作，激活商业性勘察的投融资体制。运用矿产资源补偿费、矿业权使用费和采矿权价款，建立地质勘查基金，集中运用这些资金加强区域地质、区域矿产、环境地质等公益性地质调查工作。对找矿前景好、经济价值大的矿产应加大资金的有效投入，以查明远景，圈定靶区，为商业性矿产勘察提供可靠的基础地质资料。建立宏观调控与市场机制相结合的投融资体系，鼓励企业通过上市发行股票和债券等形式多方筹集资金，允许企业从税前收入中扣除所有地质勘查的投资，建立矿山企业勘察补偿机制，拓宽投融资渠道，推进地质资料的社会化服务，营造国际跨国公司和省外企业参与探矿的外部环境，为山东省矿业和国民经济可持续发展提供后备资源储量。

2. 制定激励政策，切实提高资源利用水平

通过对山东省"十五"以来国民经济发展速度、产业结构、工业内部结构的变动趋势和居民生活用矿水平的变化及全省矿产资源消费的增长趋势等统计数据的归纳分析，参照不同经济发展时期消费系数的变化特点，采用多种方法预测今后10—15年的资源需求，制定省内、省外、国外矿产供应政策。在深入矿山企业调研的基础上，制定切实可行的、在经济上激励矿山企业提高资源利用率的政策，建立起企业自觉自愿、政府引导监管的提高资源利用水平的新机制。加大科技投入，加强对贫矿、难采难选及伴共生矿综合利用的技术研究，提高综合利用率。加强建材矿产的深加工研究，提高产品档次和市场竞争力。大力发展煤化工，推进煤液化、气化技术的开发和应用，生产洁净能源；加强高硫煤脱硫技术的研究与推广，以充分利用这些资源。

3. 强化动态监管，整顿矿产开采秩序，遏制破坏、浪费资源的势头

健全县、乡资源管理机构，提高管理人员素质，加大对矿山企业监督检查力度，杜绝乱采滥挖等破坏、浪费资源的行为。运用法律、经济、行政和技术手段，以治乱为基础，以治散为措施，以治本为目的，严厉打击各种违法采矿行为，提高矿山生产规模，实现资源节约集约利用。强化矿产勘察、开发和储量的动态监管，完善动用储量申报和报销矿产储量审批制度，科学编制资源整合和矿业权设置方案，科学合理地确定拟设采矿权和矿区范围及需要关闭、整改、整合的矿山名单。实行矿产资源补偿费征

收与储量消耗挂钩，改变从价计征、征收管理不到位和计征依据监管弱的局面，从经济机制上遏制浪费资源的势头。对采矿破坏的地质环境，严格按照"谁破坏，谁治理"的原则进行修复，并出台矿山地质环境治理保证金制度，完善环境规划体系。

4. 对内加强资产管理人员的培训，对外扩大国际交流合作

要加强资产管理人员的培训工作，建立资产运营能力分析机制，做好资产运营分析工作。聘请熟悉国内外油田资产管理的中介机构，结合油田实际建立一套科学合理的资产经营考核机制。进一步减少无效资产，降低低效资产，优化资产结构，精干资产存量，不断提高资产使用效益。利用先进管理技术，引进国内外科学的油气资产管理经验。以优化增量、盘活存量、提高质量、降低总量为原则，确保国有资产的保值与增值。通过加强油气资产管理水平、提高油气资产的利用率来增加企业经济效益，从而提高企业在国内市场及国外市场上的竞争力。同时，为了保障我国经济发展，避免受制于人，必须降低原油进口集中度，扩大国际交流与合作，拓宽原油进口的渠道，提高原油进口来源的多元化程度。

（三）海洋能源的科学开发

海洋能源的开发，目前主要的开发模式是利用海洋能进行发电。由于海洋能研发、生产投资成本高，短时间内难有明显经济效益，因此，在沿海大多数地区海洋能源开发仍处于起步阶段。不过，随着油价的高涨与环保意识的增强，国家现在已非常重视海洋能的开发与利用。2007年海洋电力业全年实现增加值5亿元，比上年增长17%。山东半岛海洋电力以海洋风力发电为主；对于潮汐能的开发技术比较成熟，已进入技术经济评价和工程规划阶段；波浪能与潮流能的利用处于示范阶段；海水温差能的利用正在进行工程性研究；海洋盐度差能的利用，仅处于原理研究阶段。由于海洋能巨大的储量和环保的特性，随着科技的进步，海洋能必将成为今后生产和生活的主要能源来源之一。

1. 继续加大海洋风能的开发，加快海洋风电发展步伐

山东沿海海洋风力发电场经过多年的建设，已初具规模，这也标志着山东省海洋风能利用产业已经走向规模化的发展道路。但山东沿海海洋风力发电场，多由近岸陆上或岛上风电机组组成，并且陆上风机总数逐渐趋

于饱和，拓展海上风力发电空间，建设山东海上风力发电场，成为未来山东海洋风能电业发展的重点。但是，山东省沿海尚无海上风电建设经验，并且在全国海上风能资源评估利用和海上风电场建设也刚刚起步。因此，山东半岛蓝色经济区海上风电场的建设，必须通过结合国家科技攻关项目，对海上风电有关技术进行专题研究，逐步建立海上风电的技术标准体系，形成拥有自主知识产权的海上风电机组设计和制造技术，为海上风电的规模化发展创造条件。

2. 稳步推进潮汐发电业的发展，形成山东海洋电力业的第二龙头

山东省早在 1970 年起，就在威海市乳山先后建起了金港潮汐发电站和白沙口潮汐发电站，尽管前者目前已经报废，但白沙口潮汐发电站作为我国当时最大的潮汐电站，现仍在运行，并居全国第 2 位。山东潮汐发电业的发展，应利用现有两座潮汐电站的建设经验，不断提高技术，选取潮汐站址，建立更多、更大的潮汐电站，逐渐稳步发展潮汐发电业，使其成为山东半岛蓝色经济区建设中海洋电力业的第二龙头。

3. 利用海岸优势，实现波浪能、海浪能等其他海洋能利用技术的突破

除了海洋风能和潮汐能，山东省对其他海洋能源的开发利用也正进行得如火如荼。面对储量巨大、开发环保的海洋能，随着山东省蓝色经济区建设的稳步推进和科技的不断进步，山东省海洋能源的开发，必将为山东海洋经济的再次腾飞贡献力量。为此，山东省要充分利用海岸优势，实现波浪能利用、海浪发电的突破。除了海洋风能、潮汐能、波浪能外，海流、海水温差和海水盐差等都蕴含着巨大的能量。随着技术的不断发展，这些能量都将逐步被开发利用，形成完整的海洋能源开发体系。

（四）海洋空间资源的科学开发

海洋空间资源是指由海上、海中、海底组成的可供人类生产利用、生存发展的空间资源。海洋空间资源的利用领域包括交通运输空间、海上生产空间、海底通信、电力输送空间和供人类生活娱乐的空间。人类开发利用海洋空间资源，已从传统的交通运输扩展到工业生产、通信、电力输送、储藏、科学文化、生活娱乐等诸多领域。山东半岛蓝色经济区建设中的海洋空间资源开发与利用主要集中在港口运输、海洋工程以及围海造地

等方面。海洋空间资源的开发利用要以海洋经济发展为导向，以改善人们生存环境和促进人们生活水平提高为目标，以海洋工程技术为支撑，以港口建设、海上城市、海底隧道、海上乐园、海上工厂建设为主要任务，以提高海洋空间资源综合利用效率为核心，加强海域综合管理，注重环境保护，加快海洋空间资源的开发与利用。

1. 合理制定半岛海洋空间资源开发利用总体规划，加强统筹管理

制定出台山东半岛蓝色经济区建设海洋空间资源开发利用总体规划，明确开发利用的目标、方向和重点，并使之与海洋经济发展规划、海洋渔业发展规划、海洋环境保护规划相衔接和协调。加强海洋空间资源开发的统筹管理，促进海洋空间资源合理有序开发与利用，确保资源利用效率最大化、环境效益最大化。

2. 建立健全促进海洋空间资源开发利用的政策法规

通过立法的形式，制定促进海洋空间资源开发的相关政策法规，形成相对完善的政策法规体系。制定优惠政策，在税收、人才、财政补贴、海域使用等方面给予优惠和便利，鼓励和扶持企业和个人合理开发利用海洋空间资源。制定海洋空间资源开发利用条例，对海洋空间开发利用进行规范和管理。

3. 实施环境保护战略，加大海洋环境保护力度

在海洋空间资源开发过程中，必须加强环境保护，使资源开发与环境保护相得益彰。所有海洋空间工程都要进行环境评估，不符合条件的项目坚决不能上马。对于已上马且对环境造成污染的，要坚决取缔或整改，使之达到环评标准。通过加大环境保护力度，使人与自然实现和谐共处。

（五）海水资源的科学开发

近年来，海水综合利用业越来越受到国家的重视。地球上的水资源总量，淡水仅占 2.5%，海水占 97.5%。海水利用是解决水资源危机的重要措施之一。海水利用主要有三个方面：一是海水代替淡水直接作为工业用水和生活杂用水，用量最大的是做工业冷却用水，其次还可用在洗涤、除尘、冲灰、冲渣、化盐制碱、印染等；二是海水经淡化后，提供高质淡水，供高压锅炉用，淡化水经矿化做饮用水；三是海水综合利用，即提取化工原料等。广阔的海域为山东半岛蓝色经济区建设中的海水资源利用提

供了很大的空间，加强对海水资源的开发利用，大力发展以海水淡化、海水冷却、海水冲厕为代表的海水利用技术，是解决沿海和苦咸水地区淡水危机和资源短缺问题的重要措施。海水利用——以海水替代淡水、向大海要淡水，也将成为解决山东沿海地区淡水资源短缺的主要途径，是实现国民经济可持续战略的重要保证。海水资源的开发也将成为半岛蓝色经济区建设中的一个重要组成部分。

1. 降低海水淡化成本，提高海水淡化利用率

目前，山东沿海地区利用先进的海水淡化技术解决水资源短缺问题已走在了全国前列，设备装置总量和技术水平也居全国前列。但是，海水淡化的建设和运行成本仍然过高，如何降低海水淡化成本，提高海水淡化利用率，推动山东海水淡化产业发展步伐，仍是当前面临的主要问题。首先，海水淡化产业要逐步由"政府引导"向"市场化运作"过渡，完善海水资源开发利用市场机制，设立专项资金予以扶持，增强企业采用新技术的动力和信心，降低经济运行风险。其次，启动海水利用技术的研发和产业化运作，加快自主知识产权的关键技术的开发，规范相关产业的运行技术，降低海水淡化成本。最后，实施海水资源开发战略，针对沿海地区工业及生活用水需求，采用国内外先进技术，建立万吨级和 10 万吨级示范工程，积累工程经验，逐步在沿海地区（烟台、威海、青岛）建设"国家海水利用示范城市"和"国家级海水资源开发利用综合示范区"，从而更有效地推动山东半岛蓝色经济区建设中海水利用产业的健康发展。

2. 大力发展水电联产、热膜联产等海水淡化技术的集成

联产集成系统可分两大类：一类是联产淡水、制盐用浓缩海水、冷量、热量，四种产品的比例分配可以通过制冷热泵装置的蒸发温度和冷凝温度进行调整，满足不同单位的需求；另一类是以夏季高效产冷、冬季高效产热，为城市及养殖场进行冷热供应为主要目的。两类系统需采用不同的构建方法。水电联产主要是指海水淡化水和电力联产联供。海水淡化成本在很大程度上取决于消耗电力和蒸汽的成本，水电联产可以利用电厂的蒸汽和电力为海水淡化装置提供动力，从而实现能源高效利用，降低海水淡化成本。国外大部分海水淡化厂都是和发电厂建在一起的，是目前大型海水淡化工程的主要建设模式。热膜联产主要是采用热法和膜法海水淡化相联合的方式，满足不同用水需求，降低海水淡化成本。山东省是能源大

省，沿海地区利用联产集成技术一方面可以充分利用能源来降低海水淡化成本；另一方面也可以满足不同的海水淡化需求，提高海水淡化产业的覆盖率和规模。

3. 加强海水资源开发与产业发展的集合

山东沿海海水资源开发利用正处于技术迅速成长、需要规模示范和催化培育产业形成的关键时期。然而，目前山东省对海水资源开发利用的投入主要为科研领域，对示范工程的资金投入不足，而科研机构与产业界的结合又不够紧密。一方面要加大对海水利用示范工程、产业基地的建设和投入，对海水利用业进行统筹规划和宏观指导，进行政策激励和规范指导，促进海水利用产业化进程；另一方面要加大产学研的结合，提高海水利用业技术成果的推广和转化，做到不仅在技术上领先，也要在产业上领先。

三　山东半岛打造海洋经济特色要扬长补短

（一）优越的地理区位优势

山东是全国的沿海大省和港航大省，北临渤海，东临黄海，拥有丰富的港口资源和良好的建港条件。现有港口密度居全国之首，青岛港吞吐量完成 2.6 亿吨，日照港吞吐量完成 1.3 亿吨，烟台港吞吐量突破 1 亿吨，山东省已成为全国唯一一个拥有 3 个亿吨以上大港的省份。山东港口规模大，设施完善，是我国中西部地区重要的海上门户。作为龙头的青岛港年吞吐量居全球第 10 位，年集装箱吞吐量居全球第 7 位。诸港口与黄河流域多数省份的直线距离最短，在陇海线及其后连的兰新线，以及西起伊宁、拉萨，东至青岛、日照的两条高速铁路干线的支撑下，诸港口成为黄河流域最便捷的出海口。拥有欧亚大陆桥东方桥头堡群，成为中西部地区最重要的出海口，是最大的区位优势。

（二）突出的政策优势

山东省政府日前出台了《关于促进海洋产业加快发展的指导意见》，将通过实施三大安全工程、建设六大海洋科技产业开发示范区和发展九大海洋产业等政策措施，加快海洋产业调整振兴和结构优化，推动海洋新兴产业发展，把山东建设成为海洋经济强省。山东拥有青岛前湾保税港区、日照保税物流中心，还拥有 12 家国家级开发区和 61 家省级开发区，各类开发区的密度很高，享受的政策普遍优于中西部地区的开发区。青岛保税港区是全国唯一一个按"功能整合、政策叠加"要求，整合保税区、保税物流园区、港口转型升级形成的保税港区，其开放度最高，政策最优惠，功能最齐全，实现了"境内关外"的自由贸易区功能。拥有黄河流域唯一一个保税港区是最大的政策优势。

（三）明显的投资区位优势

山东半岛蓝色经济区地处东部沿海，各类开发区密度高，是制造业投资的沃土。青岛前湾保税港区、日照保税物流中心能够大大降低企业的运营成本，中西部地区企业要享受保税港区、保税物流中心的优惠政策，需要在区内注册企业或由区内企业代理，保税港区、保税物流中心正式封关运作后，将成为中西部地区企业投资贸易、物流项目的聚集地。环黄海经济圈中国主体部分、东北亚国际航运主枢纽、欧亚大陆桥东方桥头堡群的战略定位，还使其成为全球跨国公司投资的重要区位。

（四）具有一定基础的产业优势

2008 年，山东实现海洋生产总值为 5346.25 亿元，比上年增长 20.6%，占全国海洋生产总值的比重达 18%，居全国第 2 位。山东海洋经济增长主要集中在海洋运输业、海洋矿砂和油气业、海水养殖业三大产业。据《山东省委、省政府关于打造山东半岛蓝色经济区的指导意见》，山东在 13 个海洋产业大类中确定重点培植海洋生物、海洋装备制造、海洋能源矿产、现代海洋渔业、海洋交通运输物流、海洋文化旅游、海洋工程建筑、海洋生态环保等八大优势产业，以雄厚的产业发展基础，打造蓝色经济区建设的海洋经济先行产业。同时，胶东半岛高端制造业聚集区建设取得了进展，2008 年青岛、烟台、威海三市的装备制造业和高新技术产业分别占到全省的 47%、43.3%。形成了一批海洋产业优势产业，海洋渔业占全省海洋产业的比重达 40%，滨海旅游业占全省旅游业的比重超过 50%，海洋化工占全省化工产业的比重超过 50%，海洋盐业产量居亚洲第一，海洋生物医药业在全国领先。

（五） 领先全国的海洋科技教育优势

山东省拥有中科院海洋研究所、中科院海岸带可持续发展研究所、中国海洋大学、国家海洋局第一海洋研究所、中国水产科学研究院黄海水产研究所和国土资源部海洋地质研究所等国内一流的科研、教学机构，成为开发海洋资源、促进山东半岛蓝色经济区建设的重要科技创新平台。拥有海洋科技、教育机构 55 所，省部级重点实验室 24 个，海洋科技人员 1 万多人，占全国的 40%，其中院士 22 人。在国家安排的 10 个 "973" 海洋项目中占了 9 个。海洋科技基础设施和海洋科技平台建设国内领先，海洋生物技术、海水养殖技术达到国际先进水平。海洋科技在海洋产业中的贡献率超过 50%。

（六） 先行的中日韩合作优势

山东半岛蓝色经济区的经济技术水平高于辽中南地区和苏北地区，是环黄海经济圈的中国主体部分。与韩国的直线距离最近，就区域而言，与日本的距离也最近，是中国与日韩合作的门户。日韩直接投资占山东实际利用外资的 35.3%，日韩分别为山东第四、第一大贸易伙伴。在中日韩联合开展 "中日韩自由贸易区研究" 的大背景下，山东已经具备了与日韩地方政府率先开展次区域合作的条件。山东与韩国邻近区域的京畿道是友好省道关系，与日本邻近区域的山口县是友好省县关系，省道、省县之间已经建立起合作机制。中日韩 "泛黄海经济技术交流会议" 中方秘书处也设在山东。韩国正在酝酿建设平泽至威海的海底隧道，日韩之间也要建设海底隧道，这些项目一旦实施，中日韩合作前沿的优势将更加巩固。

（七） 山东半岛蓝色经济区存在的不足

多年来，山东经济自成体系，体内循环特征明显，表明其辐射带动作用较弱，区位优势没有很好地发挥出来。保税港区、保税物流中心的推广力度不够，青岛本地企业对其优惠政策都不是很了解，更不用说广大中西部地区的企业了。重要投资区位的优势发挥不够，还没有成为大科技项目、高科技项目、外资项目的聚集地，还没有吸引到像韩国仁川经济自由区那样百亿美元以上的大项目。中日韩合作优势发挥不足，还没有在地方政府之间的次区域合作上取得突破。海洋科技资源整合不够，海洋科技优势还没有转化为海洋产业优势。体制机制创新不足，政府管理职能还不适应信息化社会"快速反应"的要求，金融体系还没有形成对投融资的强大支撑。

第十一章 发挥港口带动作用，促进临港经济发展

一 港口发展与临港经济

港口与临港经济是一种双生共存的关系，港口不仅是集聚和扩散生产要素的枢纽，更是带动区域经济发展的强劲"引擎"。港口的发展催生了运输、仓储、加工、贸易、金融、信息等产业链效应。要运用区域系统创新理论指导港口发展实践，正确处理港口发展与产业发展的关系，以港口的更好发展为产业发展提供依托，以港口的合理布局为城市建设创造空间，以工业的快速发展为港口提供更多的货源保障，以城市建设的水平提高为港口集聚更多的人流物流。

（一）港口的带动与辐射功能

随着经济一体化和全球化进程的加快，越来越多的生产经营活动和资源配置在全球范围内进行，全球性贸易与运输链正在逐步形成。由于国际贸易的90%以上通过海运完成，港口不仅成为国际海陆间物流通道的重要枢纽和节点，而且也是国际贸易的服务中心和综合物流分拨配送和加工中心，不但负责储存、分拣、理货、配货、分发、倒装、分装、装卸、加工与送货等，还负责整个供应链的信息工作，港口作为生产要素的最佳结合点有利于吸引产业在港口周边布局，有利于推动区域经济发展，汇集人流、物流和信息流，成为区域产业和商务中心。现代港口正在由运输中心向综合物流中心转变。港口在现代物流链中具有的这种性质和作用，使得港口的发展方向必然是一个兼备水、公路、铁、空、管道多式联运，集运输、仓储、加工、分拨、信息为一体的由多个

兼营或专营的物流企业分工合作、有机结合构成的服务整体。而且随着21世纪经济全球化和区域化进程的加速，港口面临着提供增值服务和拓展功能的新历史使命。港口作为国际运输的枢纽接口和国际经贸的支撑平台，其参与经济腹地的资源要素配置、综合物流配送的作用正在凸现。具有海陆两大辐射面的港口，不仅已成为连接世界性和区域性生产贸易和消费的中心纽带，而且开始成为主动策划和积极参与上述经济活动的操作基地。换言之，就世界范围的主要现代港口而言，其总体上的发展阶段已开始由"第三代港口"向更高、更新层次的"第四代港口"过渡。

港口对区域经济具有乘数效应。由于港口行业自身的特点，其经营活动的前后向联系强度很大。在直接产业、关联产业和港口大工业的基础上，进一步吸引其他产业的聚集。港口的集成功能得到发挥、扩大和升级，形成日益广阔的经济辐射面。由于港口的作用，有效提高了各种资源的流动性，降低了周转成本，形成了港口城市的区位优势，乘数效应发挥作用。在此基础上，通过新兴工业、新的建设活动，扩大服务业，扩大公共部门等，优化城市投资结构。促使要素向高回报产业流动，调整产业结构，形成规模效应，有效带动优势产业增长，这种增长再通过乘数效应拉动城市及周边地区的经济发展。

港口经济发展的乘数效应表现在两个方面，一是表现在港口本身的乘数效应；二是表现在港口区域经济的乘数效应。港口产业不仅解决了大量的就业问题，创造了一定的国民收入，而且带动了为港口建设提供原材料和港口机械的行业的发展，为这些行业创造了就业机会，带来了经济效益，这些行业又会带来为其提供原材料、机械、服务等其他行业的发展。港口运输业需要金融、邮电、通信、餐饮等行业提供服务，从而带动了第三产业的发展。沿海港口城市是先进产业最先登陆的地区，无论是依靠雄厚的资金发展起来的资金密集型还是知识技术密集型产业，都会逐渐在港口城市形成支柱产业。这些产业的发展会带动一系列为它们服务的行业的发展。资金密集型产业和知识技术密集型产业的发展需要原材料或半成品的大进大出，又促进了贸易和运输的发展。这些先进产业科技含量较高，促进了高新科技的传播和人员素质的提高。这些产业会聚集大量人口，使沿海港口城市的社会规模越来越大。

（二）港口与临港经济发展联动

在注意到港口对其所在区域拉动作用的同时，临港经济区对港口的发展也具有重要意义。当前，世界上主要港口的临港经济主要呈现出三大发展趋势：

一是临港产业国际化。20世纪90年代经济与贸易的全球化、集装箱运输的出现深刻改变了港口的性质，要求港口提供更加高效、安全、便捷的货物运输。在学术界，港口与临港产业的关系也进行了进一步的修正：第一，强调的重点已经转向港口联系、全球网络空间交互作用；第二，从全球交通运输体系的空间结构中对港口涉及的产业范围进行考察。随着全球经济一体化的进程，港口经济外向型、开放性的特点，决定了临港工业未来的发展必将逐渐与国际接轨，无论是产业集群导向还是临港工业发展配套的软环境建设，都要遵循国际化的标准和市场化的原则，这是临港工业发展的一个大的趋势。

二是临港产业多元化。临港工业在经济全球一体化的浪潮中，逐步进行着产业升级和功能扩大，而且随着港口在集装箱、物流等方面服务功能的提升，传统的以重工业为代表的临港工业发展模式已逐渐向产业多元化方向转变。港口直接产业包括以港口装卸运输功能为主的装卸主业。港口共生产业包括与港口装卸主业有着紧密联系的海运业、集疏运业、仓储业等。港口依存产业指凭借港口综合条件而形成的石化、钢铁、电力等大型加工业以及船舶修造、粮油加工、木材加工、水产加工等制造业和加工业。港口关联产业指与港口直接产业、共生产业、依存产业相关的金融、保险、商贸、娱乐等服务业。

三是港城互动化。随着临港工业规模、范围的扩大，作为港口城市经济发展的主要载体，其发展就要打破原有的"临港"概念，从城市经济发展的总体角度上看待临港工业的发展，结合城市规划建设制定临港工业发展规划，"城以港兴、港城联动"的发展趋势越来越明显。港口由于其独特的地理位置和各种功能，因此对区域行业发展还具有诱入、产生和凝聚作用，从而在更大的范围和空间上促进和带动了区域经济的发展。港口在整个发展过程中占有非常重要的地位，已经成为沿海经济发展的重要的增长点。

（三）港口在蓝色经济区建设中的作用意义

所有经济区域的运动发展实质上就是经济区域作为有机整体本身的演进过程，这种过程必须是循序渐进的，是一个连续的由低级向高级发展的过程。港口——经济区域系统有其运动方向、运动形式和内容等方面的自身特点，其运动发展是以其特有的整体内部结构和动态联系、对外联系等有序化和高级化来体现的。总的来说，港口是山东半岛蓝色经济区发展的杠杆和动力。

1. 物质基础方面

首先，港口促使经济区的形成和规模的扩大。港口的形成和对外贸易的扩大是经济区形成与发展的先行条件，通过海路交通网络，港口在世界范围内吸纳和聚集各种生产要素，并直接参与国际分工和国际贸易。与非港口地区相比，临近港口地区优越的交通区位和大范围大规模的集散功能，拓展了市场，也促进了运输规模经济和集聚效益的实现，引起企业、产业以及人口纷纷向港口聚集，使临港经济区的用地规模快速扩展以及经济区经济总量快速扩大。其次，港口的位置规定了经济区的外部形态的扩展方向，经济条件始终是区域发展的根本性决定因素。经济的发展促使人口的增加和区域内基础设施建设扩展，作为经济区对外联系的主要交通方式，港口与经济区外物形态的变迁形影不离，对区域内部空间的组合起着主导作用：港口条件决定了港口城市的外部轮廓，港口城市的扩展必须通过港口位置迁移、规模扩展来实现。由于较高的经济性，河道水系沿岸交通便捷的地方最先成为中心区，临港经济区沿轴的发展可获得最佳的建设效益。最后，港口作为经济区的重要组成部分，起着连接水路运输、客货集散等纽带作用，在整个经济区内部空间组合中也占有主导地位。社会经济的发展会使得原来的港口位置和规模与经济区的发展不相适应，这时城市的扩展以及形态的演化就要通过港口的位置迁移和规模扩展来实现。

2. 社会文化方面

港口因素是经济区社会文化环境形成和改善的催化剂。港口经济及相关产业的发展，推动了港口经济区社会的发展。首先，港口及其相关产业的发展为经济区内的公共事业和财政收入提供了资金来源，港口及其相关产业创造的税收为交通、环境、水电等基础设施的建设提供了资金。同时，公共文化设施和市政文化设施如学校、图书馆也逐步健全，使现实的经济收益得以积淀。其次，作为重要的基础设施，港口能聚集诸多生产要素，带来新的投资、新的产业和新的贸易，从而为经济区创造了大量的就业机会，有利于社会安定。最后，港口开发提升了城市投资环境，促生了城市特色社会文化。港口的长期发展塑造了与其区位特征密不可分的独特的人文环境。

二 港口与临港经济发展概况

一切事物的发生、发展、变化都取决于特定的时间、地点和条件。通过分析港口与临港经济的发展历程，用发展的观点去观察、分析来龙去脉，可以把握其发展的线索，揭示其变化的规律。

（一）港口与临港经济发展概述

山东沿海港口群地处亚太经济圈西环带和黄渤海经济圈的重要部位，北有京津唐，南接长江三角洲经济发展区，西与山西等能源基地和大西北相通，区位优势十分突出。港口群岸线资源丰富，港湾水深条件好，气候环境适宜，建港条件优越，港口腹地广阔，货源丰富，集疏运体系发达。随着经济的快速发展，山东沿海港口吞吐量迅速增长，港口群规模不断扩大，各港口在能源、原材料、外贸物资运输中发挥了不可替代的作用，已初步形成了青岛、烟台、威海、日照为主的港口群体。

至 2007 年底，全省共有沿海港口 24 个，万吨级以上泊位 146 个，总吞吐能力达到 3.28 亿吨，沿海港口年货物吞吐量 5.8 亿吨，与 150 个国家和地区建立了同行贸易关系。青岛港完成货物吞吐量 22415.3 万吨，集装箱吞吐量 770.2 万 TEU；烟台港完成货物吞吐量 8128 万吨，集装箱吞吐量 104.9 万 TEU；日照港完成货物吞吐量 11007 万吨，集装箱吞吐量 25.3 万 TEU；三大主要港口共完成全省货物吞吐量的 84%，如表 11—1 所示。

表 11—1　　　　　2006 年山东沿海主要港口基础设施建设情况及货物吞吐量

港口名称	码头泊位个数	万吨级泊位	装卸机械（台）	库场面积（平方米）	货物吞吐量（万吨）	集装箱（万 TEU）
全省合计	322	136	—	—	47006	950
青岛港	60	42	935	6162757	22415.3	770.2
烟台港	53	25	601	1450632	8128	104.9
日照港	31	27	616	2977107	11007	25.3

　　截至 2007 年 12 月 25 日，山东沿海港口吞吐量达到 5.8 亿吨，其中集装箱吞吐量达 1130 万标准箱。青岛港吞吐量完成 2.6 亿吨，日照港吞吐量完成 1.3 亿吨，烟台港吞吐量突破 1 亿吨，山东省已成为全国唯一一个拥有 3 个亿吨以上大港的省份。

　　在港口的经济带动方面，山东省沿海港口的经济腹地覆盖了山东及沿黄河流域 7 省，广阔的腹地内经济发展较快，进出口贸易稳定增长。依托腹地经济的快速发展，山东沿海港口吞吐量迅速增长，港口发展前景广阔。目前，山东沿海已初步形成了大、中、小港口相结合的港口布局。但是，除青岛、日照、烟台三个大港外，其他港口规模均较小，有一半以上的港口吞吐能力在 100 万吨以下，且港口腹地交叉，造成重复建设和港口资源的浪费，并且加剧了与长三角港口群和日韩港口间的竞争。

（二）主要港口与临港经济区分布

　　山东省主要港口包括青岛港、日照港、烟台港、威海港。

1. 青岛港

　　青岛港作为山东沿海港口群的核心，接近国际主航道，处在东北亚地区中心位置，是国内第一个国际集装箱中转港。"十五"期间，青岛港货物吞吐量年均递增 2000 万吨。2007 年，货物吞吐量达到 2.65 亿吨，比上年增长 18.1%；集装箱吞吐量为 946.2 万 TEU，居全国第 3 位，比 2006 年增长 23%。集装箱、铁矿石、原油、煤炭是青岛港的四大货种。拥有全国最大的集装箱码头、原油码头、铁矿码头和国际一流的煤炭码头、散粮接卸码头，大陆港口规模最大的 EDI 信息中心，全国港口唯一的国家级技术中心和唯一的博士后科研工作站，培植起全国沿海港口唯一的煤、油、矿、箱四大货种均突破 2000 万吨的现代化大港，实现产值 118.2 亿元。

在临港工业区的建设方面，海尔、海信、澳柯玛三大名牌家电企业都在黄岛建立核心生产基地和研发中心，朗讯等众多知名家电电子企业进驻或增资，电子家电基地已经建成；汽车、集装箱和造船业显示出蓬勃的发展潜力。开发区把汽车制造业作为支柱产业，形成产业链，建设以颐中为中心的汽车生产基地；中集、马士基等企业把集装箱制造基地转至黄岛或者投资建设新厂，使黄岛成为中国最大的集装箱制造基地；位于西海岸的北船重工项目也已经启动，其目标是我国最大的修造船基地之一；青岛港与中石化的大型炼油项目，拉开了石油化工基地建设的序幕；此外，一批知名高科技企业集聚到开发区投资，新材料基地正在启动。

2. 日照港

日照港是中国沿海十大港口之一和第二大煤炭码头，是国家重点建设的主枢纽港，年吞吐能力达 2900 多万吨。2007 年日照港完成货物吞吐量 13063 万吨，同比增长 19%，在全国沿海港口排名中继续保持第九位。集装箱吞吐量完成 43 万标准箱，同比增长 34%。全港实现利税 2.57 亿元。同时，港口外贸比重达到 73%，有 8 个货种同比增幅超过 20%。在全国沿海港口分货类吞吐排序中，金属矿石居第 2 位，煤炭居第 4 位，镍矿、粮食、木片、水泥均居第 1 位。

日照港把冶金、化工、木制品加工、粮油加工、浆纸、能源、建材作为重点临港工业。"十五"期间，开工建设临港工业 57 个，完成投资 100.5 亿元，大宇水泥、华能日照电厂、森博浆纸、日照钢厂、新良油脂、凌云海制糖、源丰沥青、岚桥木业等一批大项目相继建成投产，宝钢球团、济钢和莱钢钢铁基地、岚桥沥青、现代华人家具、金鹰浆纸、和林浆纸、超超临界电厂、华能日照电厂等项目正在建设或将要建设，临港工业初具规模。2005 年，临港工业实现销售收入 273 亿元，占规模以上工业销售收入的 52%，已成为拉动全市经济快速发展的主导力量。

3. 烟台港

烟台港地处山东半岛东部黄渤海交汇处，与东北重工业基地隔海相望，与韩国、日本的经济交往也有明显的地理优势。烟台港是我国沿海运输的主枢纽港，是同江至三亚沿海南北大通道的重要节点，在全国综合运输网络中居于重要位置。烟台港腹地经济发达，尤其是外向型经济发展迅速，公路、铁路运输便利，与天津、大连、韩国釜山有定期客轮、航班往来，与世界上 70 多个国家的 100 多个港口建立了贸易联系。近年来，烟台港国际班轮运输业务发展迅速，尤其是中韩国际旅客运量和集装箱运量增长迅速，现已开通 10 余条国际集装箱班轮航线，可承接、中转世界各地适箱货物，其中烟台至大连旅客运输、汽车轮渡是国内沿海最繁忙的航线之一。至 2006 年底，烟台港三个主要港区共拥有码头泊位 83 个，其中万吨级以上泊位 36 个，货物仓库堆场面积 216 万平方米，装卸机械 807台。2007 年，烟台港货物吞吐量首次突破 1 亿吨，达到 1.009 亿吨，比上年增长 61.2%；集装箱吞吐量达到 124.9 万 TEU，其中，内贸占69.3%，外贸仅占 27.8%。

烟台港临港工业开展得相对较早，其中新加坡康益谷物（益海大豆加工）和美国嘉吉化肥是烟台港临港工业开展的龙头项目，无论是在为港口创收效益方面，还是在拉动港口吞吐量增长方面，都起到了积极有效的作用。从目前这两家企业和港口的合作模式上看，基本符合国外港口发展临港工业初期的基本特征，即港口以土地、库场等基础资源出资与工业企业合作，港口不涉及企业的运作经营，而只是围绕港口的主营业务为企业提供一些相关的装卸、货代业务。

4. 威海港

威海港为区域性中心港，现有泊位 12 个，其中万吨级以上深水泊位4 个，可停靠 3 万吨级以下船舶。配备了 GPS 卫星定位仪，可全天候通航。港口设施和机械设备齐全，形成了完善的客货装卸运输服务体系。现辖新老两个港区：老港区坐落于市区中心，占地面积 20 万平方米，泊位5 个，其中万吨级泊位 1 个，主要承担国内、国际客运和车辆滚装业务；新港区位于威海市经济技术开发区，占地面积 24705 万平方米，港区内有泊位 7 个，其中万吨级通用泊位 3 个，主要承担散杂货和集装箱装卸业务。总投资 2.18 亿元的三期工程中规模为 3 万吨级和 5 万吨级的两个泊位正在兴建，工程竣工后将大大增加新港的货运吞吐能力。威海港现有仓库两座，新老港各一座。老港区仓库面积 3200 平方米，可堆存各种货物 20000 立方米，新港区仓库面积 4000 平方米，可堆存各种货物 40000立方米。拥有各类堆场近 15 万平方米，其中新老港区各有一集装箱专用场站，面积合计为 26000 平方米。威海港现有较大型装卸设备 80 余台（套），其中门式起重机 5 台，最大起重能力 40 吨，轮胎式起重机 13 台，最大起重能力 16 吨，40 吨汽车起重机 1 台，轮式装载机 12 台，可满足各类船舶装卸货物的需要。港作船舶 3 艘，总吨位 2070 吨。其中拖轮 1 艘，功率为 584 千瓦，驳船 22 艘，2000 多吨位。

威海临港工业园总用地 3485 公顷，其中道路、绿地约 676 公顷；未利用建设用地约 1645 公顷，其中港口用地 512 公顷、工业用地 484 公顷、物流用地 392 公顷。已建和在建的企业有 44 家，总占地面积 487.19 公顷，集中在船舶及配件加工制造、港口仓储物流方面。船舶及配件类项目主要有：三进船业、新船重工、东海船业、新泰源船业、釜一防火板材、东港船舶配件等；港口仓储物流业项目主要有：威海新港、富海华液体化工、国际客运站、外运集装箱仓库、威洋石油仓储等。

三 港口发展定位与临港产业发展设想

港口资源的独占性和资源使用的垄断性使得对港口资源的合理科学利用显得尤为重要。认清港口的自身定位，明确未来的发展方向，是蓝色经济区港口发展中的首要环节。

（一）重点港口定位与布局设想

从宏观的发展阶段分析，世界港口的发展大体经历了三代。第一代港口功能定位为纯粹的"运输中心"，主要作为海运的必经通道提供船舶停靠、海运货物的装卸、转运和仓储等；第二代港口功能定位为"运输中心＋服务中心"，除了提供货物的装卸仓储等，还增加了工业和商业活动，使港口具有了货物的增值功能；第三代港口功能定位为"国际物流中心"，除了在国际贸易中继续保持强大集散功能并进一步提高集散效率之外，还具有集有形商品、技术、资本、信息为一体的物流功能。山东省各港口由于发展的时间和基础差别较大，因此具有较强的个体差异。其中青岛港正处于由第一代港口向第二代港口过渡的阶段，装卸、转运和仓储的业务收入比重开始下降，临港工业区的产业聚集现象十分明显，并开始向高新技术产业转化，下一步应着重提升临港工业区内企业的培养，以产品为依托逐步拓展港口的航线覆盖，强化其后勤保障和处理能力。由于青岛港发展较早，是山东沿海港口群的核心，货物吞吐量大，交通网络发达、覆盖面广，并且腹地经济实力较强，开放度高，是未来发展的重点。但由于近年来发展较快，港口生产处于超负荷运转的状态，总吞吐量和集装箱吞吐量均超过设计能力的 50% 以上。烟台港、日照港和威海港均处于港口发展的第一阶段，彼此差距不大，均以初级产品的装卸、仓储为主要业务，下一步应重点发展港区内的优势产业，拓展港口的货物增值功能。烟台港今后的发展定位应结合自身的优势，以港埠服务业为主业，发展与港埠业相关联的物流服务业和临港工业，以便互有保障，相互促进。威海港应定位于青岛港重要的集装箱喂给港，是环渤海湾主要的集装箱支线港和喂给港之一，重点发展大宗散货运输、集装箱运输、客滚运输和中韩海上轮渡建设。此外，烟台港与威海港在与日韩的国际贸易上具有一定的区位优势，但在青岛港的码头作业能力提升后，可能会受到冲击，因此，应着重于港口城市经济基础的发展，重点培育科技含量高的临港产业，促进临港工业区的产业升级和集群化发展。日照港主要以装卸煤炭、铁矿石、粮食、液体化工及油品等初级产品货种为主，作为青岛港的支线港，具有十分重要的意义。

由于各个港口之间存在着发展阶段和实力基础上的差距，因此不可能做到均衡发展，共同发展。而是应该依据目前的国内外经济大环境，优化合理配置资源，有步骤、分阶段地完成各港口的进化发展。

（二）临港产业区布局规划

临港产业区的发展，首先是与港口作业区的建设，随着港口货物集散能力的不断提升，港口区域形成了增长极，可不断发展港口的作业能力和服务能力，形成集群的核心区域。之后通过工商业的集聚逐步成长壮大，成为集群的主要区域。其后由集群的核心不断向外辐射，使得港口产业集群扩大自己的影响范围。

依托于青岛新港区的建设，青岛临港经济的中心也逐步西移，遵循近、中、远期梯次开发利用，大、中、小相结合的原则。前湾、海西湾、沧口水道四方段、小港及中港部分区域、黄岛港区、灵山湾、浮山湾将是近中期港口改扩建和开发的重点，鳌山湾、琅玡湾、棋子湾等将是中远期开发的重点。区内产业布局与青岛发展港口经济和建设重工业基地及出口加工区的需要相对接，充分体现青岛"三大经济"（临港经济、海洋经济、旅游经济）、"四大产业基地"（石油化工、家电电子、汽车造船、新型材料）特色。家电电子产业、汽车制造产业应逐步加强与研发机构及腹地经济的联系，充分拉动内需。石油化工、新型材料和修造船产业则应充分利用烟台港、日照港作为初级产品喂给港的优势，进一步优化节约成本，发挥规模经济效应。同时要重点发展保税区的建设，并向保税港区转型。由于竞争加剧，原有的政策优势已经消失，因此，建设保税港区有利于进一步加快山东省及沿黄流域各省国际物流业的发展、有利于加快山东半岛制造业基地建设，促进全省产业结构升级，同时，保税港区建设可以帮助青岛港与青岛各保税区实现共赢发展，把青岛港建设成为东北亚国际枢纽港，推动山东半岛地区建设区域性金融中心。根据保税港区的特点，政府部门应超前规划，提前做好区港统一规划建设、港务管理体系建设，并留足未来发展空间。

日照港的临港工业建设时间不长，基础仍然比较薄弱。因此，日照市在发展港口经济的过程中，应积极转换发展战略，发挥自身比较优势，建设大港口，构筑大园区，兴办大工业，发展大物流，充分利用日照市区位、交通、资源、基础条件较好等比较优势，建立以港口为龙头的现代大交通、物流、临港工业和综合服务体系，推进临港地带的产业集聚和企业集群，从而形成独特的发展优势。

烟台港目前的产业结构基本上属于以港埠业为主的低三元结构，产业发展的任务要重于产业调整的任务。港口港埠业经过近几个五年计划的快速发展已经达到一定规模，但主要货类还没有达到经济规模，大多货类正处在发展规模经济的关键时刻，市场占有率还不稳定。扩大规模、完善货类结构仍是港口工作的重中之重。临港工业和物流服务业还处于起步阶段，还需要一段发展过程，需要经过一定的业务积累，达到一定规模，进行业务的分离整合，形成完全自主发展的产业。通过结构调整使港口结构合理化，通过产业发展实现规模经济，使港口结构高度化，提高劳动生产率，实现技术进步，提高经济效益。将港埠业、临港工业和物流服务业作为港口发展的主线，利用三个产业之间构成的港口产业结构的主链，带动产业的支链发展。对三个主导产业之外的其他行业应本着放开搞活、自主发展精神使其独立发展。

威海港口的快速发展在一定程度上促进了临港经济的发展，初步形成了以出口产品制造、水产品加工、船舶修造和能源生产为特色的临港产业发展模式，培育了一批重要的经济园区和龙头企业。应充分发挥威海市优越的港口优势和区位优势，加快港口规划建设，积极发展以港口资源和港口相关优势为依托的产业集群，努力实现港口与临港工业、临港物流业、临港商贸业的协调发展。

（三）临港产业发展重点领域

蓝色经济区港口群临港产业资源整合应按照抓大放小、先易后难、分阶段实现的原则，最终形成南部以青岛港为核心、联合日照港，北部以烟台港为核心、联合威海港的两个大的港口联合体。依托山东沿海港口的群体优势，充分发挥岸线资源优势和区位优势，通过规划、资产重组、市场监管等手段，有序整合资源，使港口、产业与各相关要素资源的联系更加紧密，配置更加优化合理，实现沿海岸线资源的集约化利用及区域内港口功能的合理定位，形成合理的集装箱、煤炭、原油、铁矿石运输布局；建成层次分明、结构合理、功能完善、设施齐全、信息通畅、高效协调的产业集群。

1. 青岛临港经济区

青岛临港经济要想取得产业发展，建议以家电电子产业、临港重工业产业和新材料产业为主。

家电电子产业群是青岛市发展最早、规模最大也是在全国影响力最大的产业集群，基础较好。2005 年起青岛规模以上家电企业就有 80 多家，家电产业集群实现工业总产值 540 亿元，占全市 6 大产业集群工业总产值的近 1/3，历经 20 多年的发展，青岛家电产业培育出了海尔、海信、澳柯玛这样国内一流、世界知名的家电电子品牌，已经形成了一定的品牌效应。此外，家电电子产业的发展产生了巨大的聚集效应，吸引了众多国内外电子巨头如爱默生、三洋、三菱重工、LG、TCL 等公司来青岛投资建厂，具有较强的发展势头。

临港重工业产业群主要由石油化工产业群、修造船产业群、钢铁产业群、海洋精细化工产业群和汽车产业群组成。其中，石油化工产业以总投资 100 亿元的一期工程、年原油加工能力 1000 万吨的中石化大炼油项目为龙头；修造船产业群以总投资 74 亿元的世界级海湾造修船基地项目为龙头；海洋化工产业应围绕盐卤资源、溴资源和海洋生物资源的开发，通过大力发展和集中布局纯碱深度加工产业及医药中间体、染料中间体、感光材料等溴深度加工产业，形成以纯碱、溴系列产品和海洋生物化工为主要内容的产业，由海洋工程基地以及相关配套产业链企业组成；钢铁产业集群由浦项不锈钢项目与宝钢钢材配送、邯钢、莱钢、海威斯帝尔重钢等项目组成。

新材料产业是青岛临港经济区中的新型产业，发展势头迅猛，产业产值从几十亿元一跃增至 400 亿元，在新材料产业涉及的有机高分子材料、无机非金属材料、特种金属材料、复合材料、新型生物材料、能源环境材料 6 个领域中，青岛市新材料产业主要集中在有机高分子、无机非金属和特种金属材料领域，这三大领域占新材料产业产值的 92.5%，其中有机高分子材料占 72.97%，在新材料产业中占主导地位。

2. 烟台临港经济区

烟台临港经济区的产业发展，建议以废钢加工、建材加工和啤酒加工为主。由于我国的废钢资源紧缺、废钢供应短缺状况十年内不会缓和，因此建立烟台港废钢加工基地，对于港口和钢铁厂都具有很高的经济和社会效益，对于烟台港临港工业的未来发展也具有重要的战略意义。中国是世界上建材制品的生产大国，也是一个消费大国，目前国产建材无论在质量上还是在数量上都无法满足日益增长的社会需求，所以在相当长的一段时间内将持续大量进口建材。另外，建材加工也具有初始投资和占地规模相对较小、项目投产启动快等符合烟台港临港工业发展现阶段状况要求的特点。烟台市及整个山东省本身就是酒类加工生产的重要基地，拥有像烟台朝日啤酒、张裕葡萄酒和青岛啤酒等著名的酒类品牌，年生产能力大，在国内外市场上都具有较高的需求量。此外，这些酒类生产企业所需的大麦等原材料大都需要进口，而进口大麦正是烟台港主要的粮食货种之一，有较为成熟的货物港口操作经验，并且港口与周边的许多啤酒厂、麦芽厂有良好的业务往来关系。

3. 日照临港经济区

日照临港经济区应重点发展以钢铁工业为主导的沿海工业。首先，日照港作为能源输出港和矿石中转港，西煤东运，为建设大型钢铁厂提供了燃料；从国外进口矿石，解决了原料问题；其他辅助材料则可就地取得。其次，日照港陆域宽广，后方可供开发区域约 70 平方千米，且地质条件良好，有利于建设重型厂房。最后，日照市是蓝色经济区乃至华北地区少有的富水区，水资源丰富（年降水量达 900 毫米），可满足工业用水需求；日照市作为沿海城市，环境容量大，自净能力强，不易造成严重的环境污染。应尽快促成规划中的钢铁大厂的建设，围绕港口，以钢铁工业为主导产业，同时发展电力、机械加工、造船等临海工业，支持第二产业中与煤炭、矿石、集装箱、石化、水泥、粮食、木材、钢铁、焦炭、氧化铝等对港口依托性强的相关产业的发展，努力壮大支柱产业规模，加速优势产业的扩张，促进港口与工业的互动。此外，还应该加快发展第三产业，特别是与港口产业关联度高的产业，如仓储、运输、物流、金融、保险、代理、信息和口岸等相关服务产业和一些外向型产业部门如加工、贸易等。同时，要加快金融产业的发展，为日照港口建设及经济发展提供资金保障。

4. 威海临港经济区

结合腹地经济的特点、未来发展趋势和已有的运输生产实践，建议威海临港经济区重点发展以造船业、水产品深加工和新能源产业为主的临港经济产业集群。造船业应重点实施"3711"工程，即充分利用皂北湾、俚岛湾、石岛湾的海域资源优势，通过政府引导、政策扶持、自身发展和对外招商等形式，建成 3 个年造船 100 万载重吨以上的造修船业聚集区和制造基地。水产品加工业要进一步加快产品结构调整，提升档次，创立品牌，做大规模。拓展和延伸水产品精深加工的内涵，积极发展海洋生物医药和海洋生化加工业，开发适应市场需求的高端海洋生物制品，逐步把威海建设成为经济区内重要的水产品加工贸易基地、海洋生物医药和海洋生化产品开发生产基地。新型能源产业应充分利用当地沿海港湾众多、岸线资源丰富、建港条件得天独厚的优势，大力发展需要大型港口支撑的清洁火力发电和核能发电项目。

（四）区域港口协作与竞争

蓝色经济区港口核心竞争实力的差距较为明显，青岛港仍然具有经济区中心港口的地位，尤其在区位因素方面优势明显，而烟台港与日照港的实力差距不大。经济区内海岸线港口资源丰富，港口众多，但由于各港口基本条件差别不大，加之政策上的引导，使得港口的最优发展模式趋于相同，这样实际上又造成了横向上的冲突，不能做到协调发展；重复建设、无序竞争、恶性竞争、效率低下的现象十分严重。港口群内这种无序竞争，无论是对港口的个体发展还是对港口群的整体发展，都是不利因素。同时，天津滨海新区大型项目的启动，使得在长期的竞争博弈中形成的鼎立格局不再稳定，各港口的发展和地位受到了一定威胁。面对政策上的倾斜，经济区港口面临着内部压力和外部竞争的双重威胁，因此需要全盘考虑作为港口集群来发展，建立相互协调、功能互补的港口集群；同时集群中的各个港口又要有自己的独特优势，建立自己的核心竞争力，这样才能在集群中发挥作用。通过建立一个有序发展、良性竞争的港口群，一方面，以核心竞争力为突破口，错位经营，实现港口群内部的和谐发展；另一方面，通过相互协作，形成合力，共同应对外部的竞争压力。这种模式一旦形成，将大幅提高经济区港口整体的竞争优势，对各个港口城市的发展也必将起到极大的推动作用。

港口只有具有吸引社会资源的能力才能完成港口业务经营，港口业务的经营能力同时也影响港口吸引社会资源的能力。因此，在未来的发展过程中，各大中小港口之间应建立合理的比例、合理的分工与联系，组建以大型港口为中心港、以中小港为卫星港的结构网络，这是一项重要的发展对策。在大致相同的区域内，各港都争当枢纽港，违反规模经济原则。应当以确定的大港为核心，进行航线调整与统一布局，周围的中小港积极为大港进行协作配套，支持枢纽港的形成与发展，这有利于港口群的整体发展。若各港口各自为政，自我发展，港口的竞争力均有限，可能都成为周边国家和地区港口的支线港、喂给港。只有加强港口群的协同发展，才能发挥出整体竞争力。

四 促进临港经济发展的对策

从经济区内各港口的发展现状来看，各个港口的基础实力和发展水平差异性较大，除青岛港进入了第二代港口的初级阶段，具有了形成规模的临港工业区、产业集群和商务服务外，其余港口均处于第一代港口的阶段，由于港口具有强大的物资吸纳能力，不同职能的各类资源相互结合就产生出各种类型的临港产业。随着港口吞吐能力的发展，聚集物资的能力进一步增强，但由于港区内的发展空间有限，加之资源容量扩大导致处理资源所需的生产力要素也逐渐复杂化，因此，临港产业必然会向腹地扩张，而港口则会进一步强化其物资集散功能的核心地位，并衍生出金融、保险等商业来进一步加快资源的流动速度以适应港口不断扩张的物资吸纳能力。从以上的分析可以看出，港口与腹地及临港产业具有极为紧密的联系，并且关联的模式和形态具有阶段性的特征，但基本的一点是，腹地作为港口经济的战略后方，其处理资源的能力（包括效率、速度、水平等）必须与港口的资源吸纳能力相适应。

　　通过审视经济区内各港口目前所处的形势可以发现：北面有天津港、大连港，将来还有曹妃甸；南面有连云港和上海。这些港口已经与大量的腹地建立了紧密的联系，留给经济区港口利用的腹地空间已经不大，并且在这不大的腹地空间中，各个港口之间还互相重叠交叉。因此，这种腹地相对狭小的客观条件可能无法支持港口的快速、大规模发展，再加上经济区各港口本身发展不均衡，这些限制条件共同导致了经济区港口不可能实现同时、同步发展，而只能采取分阶段、有重点、逐步发展的模式。这是我们从宏观角度分析所得出的结论。从微观具体实施的层面考虑，这种发展模式依然有很大的问题。如果我们为顾全整体利益而放弃局部利益，由于港口企业的行为必须遵循市场经济的客观规律，而市场经济最显著的特点就是竞争，加之港口还承担了国有资源管理和投资还本付息的责任，企业负担过重，放弃利益就意味着放弃生存发展的空间。因此，如何协调非重点港口的发展是下一步考虑的重点。

　　在处理重点发展港口和非重点发展港口的关系和利益分配的问题上，目前有两种方法值得我们借鉴。第一种方法是通过政府制定完善的法律法规和监督机制，政府仅规范企业的行为而不干涉其行为，建立起一个公平、公正的竞争平台，让企业在这个平台上实现优胜劣汰，这种做法的好处是，通过自然竞争的方式生存下来的企业具有较强的生命力和抗风险能力；缺点是时间过长，并且可能导致暂时的市场混乱和资源浪费。第二种方法是从体制上突破现有的由地方控股管理的模式，将港口企业整合起来，由一个具有独立行为能力的集团和公司统一管理。这种做法的优点是可以使外部效应内部化，从而弱化由于利益分配问题而造成的矛盾，同时整合港口资源，形成合力，效果大于个体相加的总和，但问题同样明显，由于发展过于依赖制度，企业很有可能出现体制僵化，从而降低竞争能力。

（一）政府在港口发展中的作用不可替代

当前，世界各国港口竞争日趋激烈，中国周边港口都在不断改善其经营管理以提高竞争力，中国只有加强管理，改革港口管理中的弊端，提高港口效率，提高港口企业的经营管理水平，才能在竞争中占据优势。港口管理市场化，不是完全不要政府参与，实行政企分开，经营性业务市场化，在改革方式的选择上可结合具体国情酌情选定。

在某种程度上，经济腹地的发展程度决定了港口的业务规模，在完善港口管理体制过程中，政府应考虑法律上、经济上和区位上的可行性，并在法律上修改与变革的同时，考虑到港口与腹地、港口与城市的关系问题。政府仍应对港口进行长期监督与协调，通过战略规划、制度安排来加以指导和约束，并提供必要的公共服务。

为防止出现无序竞争及垄断而造成价格混乱，港口管理局应做好行业信息的收集、资料统计工作及进行适当的市场监督和调控。发现问题要及时解决，争取建立公平、公正、竞争有序的港口经营市场。同时建立和完善港口行业协会，一方面为政府制定宏观决策做好前期准备；另一方面起到协调本行业矛盾的作用。

（二）必须实现港口现代化

港口现代化是指对港口基础设施建设进行的现代化改造。通过改造，使港口配套设施完善，并拥有电子数据交换系统和自动化导航系统，使港口管理设备和操作手段高度自动化。港口现代化还包括通畅快捷的海关服务，以确保港口货物的及时发送，同时具备完善的水陆交通运输网，使得货物在最短的时间内便可以到达目的地。具体包括日常工作信息化、业务活动自由化、控制财务风险。

（三）充分发挥港口作为物流节点的作用

充分利用并发挥自身自然地理、经济区位优势，科学规划港口及周边，创造条件吸引制造、加工物流等各类企业到港区落户，充分发挥港口作为整个物流链中一个关键点的功能，带动区域经济发展和繁荣。发挥港口在物流节点中的作用，尽快完善集疏运系统。通晓物流技术及管理的专业化人才是港口物流业发展的关键。通过设立培训中心，加强与拥有物流技术的国内外公司、高等院校及科研机构的合作，通过这些合作培养自己的物流专业人才，从而提高港口物流中心建设的速度和质量。

第十二章 以创新为动力,提升
经济园区发展水平

打造山东半岛蓝色经济区,是顺应国内外发展大势、落实党和国家重大决策、抢占发展制高点、增创发展新优势的重大战略选择。在打造山东半岛蓝色经济区的进程中,经济园区建设无疑是其中重要的一环。实现园区建设的创新突破发展,对于打造山东半岛蓝色经济区具有重要的意义。

一 经济园区建设对于打造山东
半岛蓝色经济区的重大作用

经济园区目前已经成为各地先进产业的集聚区、对外开放的示范区、科技创新的先导区和现代化的新城区。对于山东半岛蓝色经济区来说,园区同样是带动区域发展的增长极和各种政策的载体,园区建设对于打造山东半岛蓝色经济区具有重要的推动作用。

(一)经济园区是山东半岛蓝色经济区发展的重要增长极

作为区域经济发展的增长极,园区在自身快速发展的同时,对区域发展也产生了巨大的带动作用。其中,园区自身的发展通过极化效用来实现,而带动区域发展通过扩散效应来实现。山东半岛蓝色经济区的发展同样需要园区这一增长极发挥作用,通过各种要素资源在开发区内的集聚,推动园区的迅速发展,进而带动整个蓝色经济区实现更高水平、更高质量的发展。

（二）经济园区是山东半岛蓝色经济区对外开放的重要载体

山东半岛蓝色经济区必然是一个开放的新型经济区，在利用外资、进出口贸易、国际经济技术合作等方面应该走在全省的前列，这就需要充分发挥经济园区作为对外开放载体的作用。在建设山东半岛蓝色经济区的进程中，要在加大投入的同时借助国外资本的力量，通过吸引外资以及国外先进的技术来推进蓝色经济区的发展，而开发区本身就是外资的集聚区，因此其对蓝色经济区的建设影响巨大。

（三）经济园区是山东半岛蓝色经济区高新技术产业的重要支撑

山东半岛蓝色经济区的定位是以海洋优势产业为主导，包括临港制造、绿色能源、生物医药、物流旅游等多种相关产业协调发展的综合临海经济区，其显著特点就是高度重视高新技术和科技创新，着力打造高技术含量、高附加值、高成长性的高端产业集群，而各类经济园区，特别是高新技术产业开发区，必然成为蓝色经济区高新技术产业的重要支撑。

（四）经济园区是山东半岛蓝色经济区产业结构调整的重要基地

山东半岛蓝色经济区作为我省提升综合竞争力的战略选择，无疑肩负着全省产业结构调整的重任。而无论从国外还是从国内来看，经济园区的建设和发展都为企业创造了良好的发展条件，并能有效推进区内产业集群的发展，提高产业的规模效应和整体发展水平，进而推动产业结构的调整和优化，提高经济发展的整体质量和效益。

二 山东半岛蓝色经济区园区建设发展现状及特点

经过20多年的艰苦创业，经济园区已经发展成为蓝色经济区内发展速度最快、经营成本最低、产业层次最高、集约程度最强的经济板块，成为蓝色经济区对外开放的主阵地、承接国内外产业转移的主要载体、促进区域经济发展的龙头和主要力量。

（一）基本现状

目前，山东省共有省级以上开发区 174 家，其中有 3 家国家级经济技术开发区，5 家国家级高新技术产业开发区，1 家保税港区，6 家出口加工区，145 家省级经济技术开发区，14 家省级高新技术产业开发区。截至 2008 年，全省开发区累计建成面积 1470 平方千米，注册企业 81959 家，资本 18450 亿元，直接从业人员 500 多万人。2008 年，在占全省 9‰的土地上，开发区批准入区项目 11457 个，引进项目总投资 11276 亿元；实际利用外资额 90.2 亿美元，占全省的 54.9%；进出口 1374 亿美元，占全省的 86.9%；完成规模以上工业企业增加值 8873 亿元，税收总收入 2791 亿元，分别增长 38.9% 和 36.7%。① 开发区已经成为山东利用外资、扩大出口的主要力量和各地经济发展的增长点（见表 12—1 和表 12—2）。

表 12—1　　　　　　山东省开发区 2008 年主要经济指标

类别 指标	经济开发区			高新技术开发区		
	合 计	国家级	省 级	合 计	国家级	省 级
批准入区项目（个）	9647	1956	7691	1810	824	986
合同引进项目总投资（万元）	92051453	7517757	84533696	20710024	11730689	8979335
合同利用外资额（万美元）	1113897	263196	850701	511710	225522	286188
实际利用外资额（万美元）	737982	205336	532646	164029	66583	97446
注册企业数（个）	53738	17573	36165	28221	14979	13242
高新技术企业数（个）	3015	331	2684	1525	640	885
外商投资企业数（个）	6890	2065	4825	1904	791	1113
注册企业资本合计（万元）	56041358	15191923	40849435	16016436	8569369	7447067

---

① 资料来源：根据《山东统计年鉴（2009）》计算得出。

类别 指标	经济开发区			高新技术开发区		
	合 计	国家级	省 级	合 计	国家级	省 级
地方财政预算内收入（万元）	5486605	965712	4520893	2127857	1445871	681986
规模以上工业企业数（个）	12088	987	11101	2910	1142	1768
规模以上工业总产值（万元）	252293508	45918492	206375016	65344668	38586618	26758050
高新技术企业产值（万元）	91434892	29294618	62140274	41153527	27660679	13492848
规模以上工业增加值（万元）	69835693	11219791	58615902	18901589	10373107	8528482
高新技术企业增加值（万元）	26864559	7560822	19303737	11965506	7674933	4290573
规模以上工业利税额（万元）	20871363	3294836	17576527	7039636	3493700	3545936
全社会固定资产投资（万元）	55733831	5644238	50089593	12406731	4267565	8139166
进口额（万美元）	6310452	2405701	3904751	655662	334671	320991
出口额（万美元）	5419465	2845515	2573950	1362721	930674	432047

资料来源：《山东统计年鉴（2009）》。

表 12—2　　　　山东省国家级开发区 2008 年主要经济指标

开发区名称	批准入区项目（个）	合同引进项目总投资（万元）	实际利用外资额（万美元）	注册企业数（个）	工业增加值（万元）	进出口总额（万美元）
青岛经济技术开发区	1254	6126700	125000	9216	4602795	1303498
烟台经济技术开发区	200	543990	55450	5627	5051012	2351787

续表

开发区名称	批准入区项目（个）	合同引进项目总投资（万元）	实际利用外资额（万美元）	注册企业数（个）	工业增加值（万元）	进出口总额（万美元）
威海经济技术开发区	116	415727	11861	2115	849900	280818
青岛保税区	354	124890	1544	361	249343	315619
济南出口加工区	9	112680	1055	30	13751	12454
青岛出口加工区	9	58700	4697	72	96339	56632
烟台出口加工区	10	125970	4971	105		859424
威海出口加工区	4	9100	758	47	36954	70984
济南高新技术产业开发区	167	1746988	12090	3891	1938452	206852
青岛高新技术产业开发区	17	496286	7000	840	1524000	254000
淄博高新技术产业开发区	130	1011328	10198	3744	2570308	189054
潍坊高新技术产业开发区	312	7655707	26024	3268	1694823	96269
威海高新技术产业开发区	198	820380	11271	3236	2005677	519170

资料来源：《山东统计年鉴（2009）》。

（二）主要特点

山东半岛蓝色经济区开发区在发展过程中较好地发挥了对外开放先行区、高新技术产业集聚区、城市化建设样板区、区域协调发展先导区的作用，为经济社会发展作出了突出贡献。概括起来，开发区建设呈现以下几个特点：

1. 突出招商引资

开发区依托自身产业、环境、区位等比较优势，以高新技术产业、先进制造业、节能环保产业和现代服务业为招商重点，有针对性地实施产业链招商，不断加大项目引进力度。截至 2008 年底，开发区累计引进外商投资项目 15000 多个，实际利用外资 568 亿美元。其中，总投资 1000 万美元以上的外商投资项目近 5000 个，占全省的 80% 以上；世界 500 强跨国公司投资项目 206 个，占全省的 78%（详见表 12—3 和表 12—4）。日照开发区亚太森博浆纸项目，总投资 113 亿元，是山东最大的外资项目；青岛开发区丽东化工项目，总投资 6 亿美元，是山东一次性投资最大的外资项目；烟台开发区引进了 43 个世界 500 强投资项目，设立了山东最大的外资研发机构富泰康研发中心和首家跨国公司研发机构 LG 手机研发中心，并与通用东岳汽车一起成为产值超百亿的支柱企业。美国信必优集团、益昂通讯公司在威海开发区设立了服务外包国际产业园；日立空调、新都理光等一批跨国公司在青岛开发区加快了投资步伐，带动了临港工业和配套的现代物流业发展。2008 年，日本神户制钢、双日，美国爱默生、固特异，韩国三星，台湾鸿海等 9 家世界 500 强企业在开发区投资、增资。①

表 12—3　　　　　世界 500 强在开发区企业产业分布情况

产业	投资企业数（个）	占总数（%）
机械装备	42	20.4
家电电子	39	18.9
生物医药	14	6.8
化学化工	26	12.6
纺织服装	23	11.2
冶金建材	16	7.8
农产品加工	19	9.2
服务业	21	10.2
其他	6	2.9

资料来源：山东省商务厅：《山东省开发区与跨国公司战略性合作的情况及对策建议》。

表 12—4　　　　　世界 500 强在开发区投资来源国分布情况

国别	世界 500 强企业（家）	占总数（%）	投资企业数（个）	占总数（%）
合计	102	100	206	100
日本	18	17.6	52	25.2

---

①　资料来源：《2009 年山东对外经济贸易年鉴》。

续表

国别	世界 500 强企业（家）	占总数（%）	投资企业数（个）	占总数（%）
韩国	11	10.8	53	25.7
欧洲	36	35.3	48	23.3
美国	23	22.5	35	17.0
其他	14	13.7	18	8.7

资料来源：山东省商务厅：《山东省开发区与跨国公司战略性合作的情况及对策建议》。

2. 注重科技创新

开发区以科技创新为切入点，实施外源带动、内源支撑和科技强区战略，推动了结构升级。一是创新体系日益完善。目前共建有各种类型的孵化器 50 余家，其中国家级创业服务中心 17 家，国家级留学人员创业园 2 家，孵化场地面积达到 201 万平方米，在孵企业 1888 家，累计毕业企业已达 1532 家。国家级工程技术研究中心 2 家，引进大院大所共建省级以上重点实验室 63 家，建设国际微电子技术研发中心、朗讯研发中心、宋健科研中心等各类研究机构 200 多家。二是企业创新能力显著增强。开发区以项目实施为纽带，坚持骨干企业、高等院校、科研单位联合共建的模式，在区内建设了省级以上企业工程技术研究中心 110 多家，博士后工作站 47 家，重点骨干企业都建立了自己的研发机构。到 2008 年底，开发区内经认定的省级以上高新技术企业 4540 家，实现总产值 13258 亿元，增加值 3883 亿元，分别占开发区总额的 41.7% 和 43.8%。如威海高新区的威高集团与中科院等单位合作建立了 5 个研发机构，与 16 名院士建立了长期合作关系，为企业持续发展提供了技术支撑。三是集群创新能力显现。许多开发区通过项目合作和市场引导，相关企业自发联合，组建了创新联盟。济南高新区已经形成了软件合作国际联盟、电力软件企业联盟、交通软件企业联盟和通信企业联盟，带动了相关行业和下游企业的创新发展。淄博高新区围绕国家陶瓷新材料基地建设，整合山东理工大学、齐鲁化工研究院、工陶院、硅盐院的科技资源，组建了国家陶瓷工程技术研究中心，重点培育了 21 家新材料骨干企业。

3. 坚持集约用地

截至 2007 年底，全省开发区国家批准公告用地面积共 86785.55 公顷，建成区面积 68283.44 公顷，建筑物占地总面积 25447.08 公顷，总建筑面积 42018 万平方米，生产性用地面积 46401.6 公顷。2007 年全省开发区单位面积投资强度 1901.78 万元/公顷，单位面积产出率 838.44 万元/公顷，平均建筑密度 0.29，综合容积率 0.41。一是严把源头关。在用地报批前认真审查项目用地的投资实力、投资强度、投资规模、产业要求和长远效益等各项条件，从源头上防止土地资源无序开发。如烟台莱山经济开发区明确规定所有进区项目的投资强度必须达到 200 万元/亩，进区企业单体项目容积率至少要达到 0.8。二是盘活存量用地。核查、清理闲置土地和空闲土地，如烟台莱山经济开发区建立健全了存量建设用地档案；加大土地整合力度，深化挖潜，如招远开发区对 35 个村中的 11 个村实施旧村改造，累计腾出旧村用地 1200 亩；腾笼换鸟，促使区内企业产业升级、优化投资结构，如莱芜开发区通过"腾笼换鸟"等方式已收回 7 宗、262 亩低效闲置土地，全部安置了新项目。三是科学规划布局。结合开发区自身发展优势及产业发展方向，通过制定开发区土地利用规划，优化规划布局，坚持产业分区，对现有资源和产业优势进行整合，充分发挥规划对项目引进的控制引导作用，促进园区合理布局，集约用地。如文登经济开发区严格按照土地规划管理的有关规定，结合文登市的总体规划，制定了开发区的土地利用规划和建设规划，同时还制定出工业、生活、公园绿地等分区的详细规划。

4. 发展循环经济

开发区高度重视环境保护和生态建设，开展了 ISO 14000 环评认证、循环经济试点和生态工业园区的创建工作，较好地体现了经济发展、社会进步以及人与自然的和谐统一。一是编制实施循环经济发展规划。2003年，日照开发区编制了《日照经济技术开发区生态工业园规划》，制订了生态工业园规划实施方案，全区固费综合利用率达到了 90%。烟台开发区 2004 年编制了《烟台经济技术开发区生态工业园建设规划》，重点进行了开发区生态产业系统设计，指导产业结构升级和产业链条的搭建。二是构建循环经济产品共生体系。积极引导企业通过引进新工艺、新技术，使资源在企业内部实现重复利用，实现局部产业链的纵向闭合发展。建立完善的信息交换平台，以共生企业群为主体，将不同企业及企业内部不同的生产部门连接起来，促进生产工艺纵横向耦合和能量互补，使上游企业的产品或废弃物成为下游企业的物质原材料，形成企业间的工业代谢和共生关系。三是构建废物代谢体系。在现有产业群的规模和基础上，制定企业清洁化生产标准和相应配套政策，引导企业采用清洁生产工艺。通过ISO 14000 环境管理体系认证。搞好补链产业和项目建设，实现废物无害化处理和综合应用。烟台开发区汽车、精密电子等企业产生的各种不合格产品和废旧包装物，由专业化、社会化、企业化运营的绿环再生资源公司进行加工再生产，实现产值 2.2 亿元，成为汽车和电子信息产业废物的"加工中转站"。

5. 强化城乡联动

开发区充分利用国际资金、市场机制，不断加大基础设施投入，走出了一条推进城市现代化、乡村城市化、城乡一体化建设的路子。一是推动了城市建设。截至 2007 年底，园区累计基础设施投资 2412 亿元，建成区人均道路 19.2 平方米，绿地面积 13.8 平方米，绿化覆盖率38%，自来水、燃气、集中供热普及率均达到 80% 以上，一批污水、垃圾处理厂建成运营。国家级和部分省级园区建立学校、医院、宾馆等公共服务设施，拓展了城市空间，完善了基础功能，加快了人口聚集。二是增加了就业岗位。随着企业进驻和投产，开发区为劳动者提供了大量工作岗位，缓解了就业压力，大批农民成为产业工人。2007 年末，开发区从业人员达到 494 万人，当年净增就业岗位 30 万个，占全省城镇新增就业人数的 27.2%。三是拓宽了收入渠道。随着产业链条的延伸、科技含量的提高、经营成本的降低，企业和职工经营性净收入、财产性收入、转移性收入明显增速。招远开发区实施改造的 11 个自然村，昔日 1 万多村民变成了市民，人均收入提高了 3 倍。四是实现了园区和城市的联动发展。园区工业化建设提高了城市基础设施投入效益，推动了城市产业支撑的形成。同时，园区利用城市水、电、路等基础设施齐全的优势，以项目带开发，以开发促发展，聚集了各种生产、生活要素，弥补了建设资金的不足。①

---

① 资料来源：山东省充分发挥园区经济优势课题组：《山东省充分发挥园区经济优势课题研究报告》。

三 山东半岛蓝色经济区园区建设中存在的问题

尽管山东半岛蓝色经济区内的经济园区已经取得了很大的成绩，但是在新形势下也出现了一些制约其持续发展、集约发展的问题，与蓝色经济区的发展要求不相适应，主要表现在体制机制、自主创新、土地利用和产业结构等方面。

（一）体制机制缺乏活力

开发区取得的成绩，主要得益于"小政府、大社会"的管理体制和"精简、统一、效能"的运行机制。但是，近年来许多开发区反映，管理体制、运行机制正在弱化，有可能成为制约开发区又好又快发展的最大瓶颈。[①]

1. 管理体制不顺

开发区管理体制与省政府《关于进一步搞好园区建设加快经济发展的意见》中的规定出现了很大的偏差。根据山东省商务厅对 145 家省级经济技术开发区的调研结果，原批准设立的 63 家省级开发区中，15 家开发区管委会与乡镇政府实行了政区合一，48 家设立了独立管委会，其中 21 家没有自行设置内部机构的权力，工作机构由上级单位或部门委派，管委会内部机构设置基本与所在地政府雷同，开发区承担了许多不必要的社会职能，管理成本提高，其开发功能、经济功能和创新功能淹没在繁杂的行政和社会事务中。新核准设立的 82 家开发区中，15 家园区合并到中心乡镇，乡镇党委书记兼任开发区管委会主任，主要领导精力淹没在乡镇工作中；9 家没有设立开发正式管理机构，开发建设工作仅有 3—5 人临时代理。从 145 省级开发区的调查问卷中反映出，103 家没有内部中层干部任免权，111 家没有自主用人调配权，需要的管理人员只能由当地人事部门调配。

2. 职能权限不到位

在调查的 145 家省级经济开发区中，128 家开发区没有企业工商注册

---

① 资料来源：山东省商务厅：《山东省开发管理体制和运行机制现状调研报告》。

登记职能，133 家开发区不能办理项目环境评价手续，115 家开发区不能办理土地征用和规划手续。许多应下放给开发区的权限至今没有到位，如有限责任公司审批权、注册地址在开发区的外商投资企业审批权、机电产品进口审批权、建设工程招标管理权、房屋产属证书发放权、区域环境评价等，90% 以上的省级经济开发区需要报所在地有关部门审批或转报。还有许多权限存在到位不彻底的问题，突出表现为中间环节多，审批效率低，如固定资产投资计划审批权，粮食、棉花、植物油、矿砂等原材料的进口许可证发放权，总投资 5000 万美元以上外商投资企业审批权等，仍需要经过有关部门审查后转报省里，特别是设在县市区的省级开发区，需要经过县、市两级政府部门审查。

3. 发展后劲不足

在调查的 145 家省级开发区中，在财政体制管理方面，92 家开发区没有设立财政体系或职能上收，尽管许多已经进入"收获"时期，但是区内财政收入全额上缴，基础设施和公共设施建设投资、管理人员工资、办公经费等完全由所在地政府安排。在其余设立财政体系的 53 家开发区中，只有 39 家开发区成立了资产运营机构，采取企业化、市场化运作模式，利用区内资源，通过自筹资金进行区内基础设施和公共设施建设。在管理人员收入分配方面，所有开发区都没有自行制定工资标准的职能，管理人员的工资按照当地人事部门核定的标准发放，只有极少数开发区建立了管委会主任资金奖励制度。这种分配机制长期下去，肯定会对工作效率、服务质量等带来负面效应，可能成为制约开发区又好又快发展的阻力。

（二）自主创新能力有待提高

通过几年来的建设与发展，各类开发区特别是高新区已逐渐成为我省经济发展最快、运行质量最好的重要产业基地，也成为当地经济发展的重要支撑。但是，同国内先进高新区相比，我省高新区的创新能力和自主创新工作还存在一定差距。[①]

---

① 资料来源：山东省科技厅：《加强高新区自主创新调研报告》。

1. 在创新人才引进和培养上还有差距

为了增强园区发展后劲和潜力，辽宁、江苏等高新区都在注重招商引资的同时加强了招商引智。大连设立了软件中高级人才奖励基金，三年发放7100万元，全市22所高校全部设立了IT专业，专门成立了5所软件学院，市政府规定对IT专业人才的引进和落户不加任何限制。苏州工业园近几年陆续规划建设了国家信息产业基地等9大国家级创新基地，建成了10大公共技术服务平台，目前已引进各类研发机构116家，特别是独墅湖高教区引进了清华、上海交大等16家国内知名大学的研究生院进区发展，建设了7家国家级重点实验室，多名院士和学科带头人在区内从事研发。相比之下，山东省高新区创新人才严重不足，研发人员只占9.9%，比国家级高新区平均水平低7个百分点。各高新区在建设创新载体、引进人才方面力度还不够大，高水平创新人才缺乏的现状没有根本改变。

2. 创新能力与先进高新区相比依然滞后

近年来外省各高新区高度重视自主创新能力的提升。苏州工业园通过独墅湖高教区等创新载体的建设，一举改变了苏州没有高水平大学和研究机构的现状，初步形成了自主创新的人才体系和架构，为园区持续健康发展奠定了坚实基础，近两年专利申请实现连年翻番，发明专利占专利申请总量的比重达到57%。山东省高新区尽管近年来在碳纤维、离子膜、电视机芯片、网络安全等一些重大关键技术上取得了很大突破，但有利于自主创新的体制机制还没有完全建立，点上的突破并不能保证面上的持续创新和发展，高新区发明专利占专利申请总数的比重只有28%，自主创新能力有待于进一步提高，在自主创新体系建设方面还需要很好地向先进省市借鉴学习。

3. 对自主创新的投入有待加强

辽宁、江苏各开发区都不同程度地建立了支持自主创新的多元化投融资机制，苏州工业园科技三项经费连续三年实现翻番增长，研发投入占比达到3.4%，引进各类创投机构达到52家，创投资金规模超过160亿元，形成了较为完整的风险投资、产业投资、融资担保资金扶持体系。山东省尽管对开发区的创新投入也非常重视，但由于财力等各方面原因，科技投入明显不足，全省创业投资机构只有13家，资金规模20亿元，还赶不上一个苏州工业园。

(三) 土地规划利用有待完善

开发区作为山东省各地经济社会发展的载体和重点区域，近年来在节约集约用地理念的大力宣传下，土地利用情况总体上是良好的，但仍旧存在一些突出问题制约着开发区"集群发展、优势突出、布局合理、用地集约"用地机制的形成。[①]

1. 开发区土地粗放利用现象仍旧存在

一是仍旧存在一定数量的土地闲置荒芜现象。由于部分开发区成立较早，前期部分招商引资项目因生产工艺落后、融资困难等问题，出现一定闲置土地现象，与当前集约节约用地的政策要求存在差距。目前，全省开发区闲置、空闲低效土地面积为 3351.05 公顷，占开发区总面积的 4%。二是土地利用率较低。2007 年全省开发区单位面积投资强度为 19.02 亿元/平方千米（江苏省 2006 年开发区每平方千米土地投资强度达到了 20.6 亿元），单位面积产出率 838.44 万元/公顷，平均建筑密度 0.29%，综合容积率 0.41。另外，按照《山东省建设用地集约利用控制标准》的规定，目前山东省有 50% 的国家级开发区、70% 的省级开发区达不到规定标准，个别开发区投资强度甚至不足 5 亿元/平方千米。苏州、上海、昆山、天津等国家级开发区土地投资强度分别达到 875 万元/亩、750 万元/亩、463 万元/亩和 380 万元/亩，大大超过我省国家级开发区的发展水平。三是土地铺张浪费现象严重。部分开发区起步时由于招商引资的压力，有些入区项目规划不尽合理，普遍存在重平面扩张、轻空间利用现象，容积率、建筑密度较低，多为一层厂房；企业行政办公、生活设施、绿化区占地比例偏高，有些企业甚至达到总生产性用地的 40%，造成开发区保有土地可供发展空间十分狭小。

2. 开发区规模偏小导致发展空间受限

根据山东省国土资源厅对开发区的调研情况，区内基本无地可用、用地潜力不足是各地开发区反映最为普遍的问题，开发区实际控制面积远高于国家公告规划面积是普遍存在的事实。根据调研了解，山东省开发区用地潜力不足主要表现在：一是多数开发区用地规模在国家批准公告用地范

---

① 资料来源：山东省国土资源厅：《山东省园区土地集约利用和规划调整调研报告》。

围内已接近饱和，空闲、批而未供面积所剩无几。从山东省开发区土地利用数据来看，全省开发区土地面积使用率已达 78% 以上，部分开发区土地使用面积甚至超过 90%，规划用地范围内土地使用空间十分狭小，如滨州市开发区目前累计建成区面积 3378.52 公顷，占开发区批准面积的 91.56%，园区内部空闲土地所剩无几，随着各县区招商引资力度加大，土地供给十分趋紧。二是开发区内剩余不多的土地中多数是农用地甚至是基本农田，按照现有土地利用总体规划要求无法利用。三是有些剩余土地位置偏僻或条件不好，影响利用。四是部分待盘活存量土地受政策制约，不能有效盘活。

　　3. 开发区发展受到当前土地利用总体规划的制约

　　山东省目前开发区土地审批的依据是 1996 年批准的市县级土地利用总体规划，由于时间间隔较长，造成土地利用总体规划远远不能适应现在园区经济发展的用地需要，个别园区没有提前预留建设用地，项目用地只能逐项目单个申报。通过调整土地利用规划、涉农土地征收、补偿工作等环节，办理周期长，运作难度大，直接影响了项目落户的积极性，严重制约园区经济发展。目前开发区用地管理正处于老规划不适应、新规划未实施的阶段，加上每年平均只有 100—200 亩的用地指标，园区用地常常陷入有规划没指标或是有指标没规划的两难境地。

（四）产业结构需要进一步调整

　　长期以来，蓝色经济区内许多开发区在项目引进上对产业集群链没有足够的重视，企业之间关联度很小，较难形成相互分工与协作体系，开发区的优势尚未显现。同时，各开发区产业特色不够鲜明，产业结构趋于雷同。

　　1. 产业集聚效应差

　　开发区在建设初期，往往以税收、土地、水电等优惠政策以及区位优势吸引企业入区，形成空间聚集。这种以政府行政行为而不是以其内在的机制和产业关联为基础形成的聚集，企业生存缺乏根植性。一些开发区往往不进行产业定位就开始招商引资，加之建设初期存在引进项目的"饥渴症"和一些政策允诺，造成许多低档次的企业趁机而入，产业不相关的企业在区内聚集，许多企业都是封闭的小而全的生产系统，严重影响了产业集聚效应的发挥。

2. 企业自我衍生能力弱

开发区内多数企业是通过"政策性诱致"从外部植入的，还没有建立起能够有效实现引进吸收、消化、再创新的体制机制，国有企业存在体制上的障碍，缺乏自主创新动力，民营企业多数不具备与跨国公司进行高新技术合作的能力，外资企业属于外商独资的比重越来越大，没有与国外先进技术直接学习对接的中方载体，即使是中外合资企业，中方的吸收消化能力也有限，先进技术溢出效应不理想。另外，由于没有明确的主导产业定位和长远发展的科学规划，各开发区之间缺乏协调互动，形成了明显的产业同构现象，造成开发区内部和开发区之间的自相竞争和资源浪费，直接影响了开发区的整体效益和发展后劲。

3. 产业特色不够鲜明，集群化程度不高

如沈阳的装备制造业、大连的软件外包和软件人才培训产业、苏州的动漫产业和创意产业、江宁的光伏产业等，都成为了自己的"名片产业"。产业特色使开发区形象更加鲜明，产业集聚使产业的集群发展和创新能力更加突出。与之相比，山东省开发区产业特色普遍不够鲜明，尽管也形成了像济南高新区的软件产业、济宁和禹城的生物产业、淄博的新材料产业、烟台的汽车零部件制造业等一系列产业特色，但在产业集聚程度、创新能力、产业规模和市场影响力上还有很大差距。

四　山东半岛蓝色经济区园区建设创新突破发展的对策

在新的发展阶段，在打造山东半岛蓝色经济区的进程中，经济园区应该认真总结经验，积极创新，努力实现突破发展，为打造山东半岛蓝色经济区提供更加强大的推动力。

（一）推进体制机制创新，激发园区发展活力

打造山东半岛蓝色经济区，必须弘扬改革创新精神，大胆探索，注重运用改革的措施解决实践中的问题，对于蓝色经济区内的开发区尤其应当如此。开发区不同于一般行政区，其特殊作用要求必须建立管理规范、运

作灵活的体制机制，而开发区最大的优势就是体制机制上的优势。要在全力打造山东半岛蓝色经济区的新形势下实现创新突破发展，必须坚定不移地推进体制改革与机制创新，以改革促发展，以创新求提高。

1. 改革开发区管理体制

国内一些先进开发区是行政区与园区的有机结合体，在整合园区和行政区职能、最大限度地发挥各方优势、实现共同利益联合发展等方面，为我们提供了值得借鉴的模式。应加快《山东省经济开发区条例》立法进度，尽早颁布实施，明确开发区管理机构的法律地位、执法资格、行政职能、管理权限。鉴于蓝色经济区内大多数省级开发区设在县（市、区）的实际状况，可继续在有条件的省级开发区实行行政区和开发区合一的管理体制，推行"辖乡镇"的管理模式，党工委、管委会自行设置内部机构，调配管理人员，精简非经济类部门和人员，特别是在乡镇和中层干部任免、财政、税收等方面，由开发区全权负责。省政府会同有关部门督察《关于进一步搞好园区建设加快经济发展的意见》的贯彻落实情况，解决开发区职能权限不到位的问题，把应当到位的职能赋予开发区，建立一级财政体系和管委会主任奖励基金制度，管委会自行制定工资标准，调动管理人员积极性。

2. 创新开发区投入机制

积极打造开发区新的投融资平台，着力优选并包装一批开发建设项目，广泛招引战略合作伙伴，多渠道融入社会资本和民间资本。鼓励支持各类投资主体参与开发区基础设施建设，吸纳有实力的企业在划定区域独立开发建设和招商引资。坚持"政府引导、市场运作"的原则，成立开发区投资公司，尽快形成良性资产运作。加快推进企业发行债券，夯实持续开发的资金基础。争取整合资源上市，让开发区在资本运作中以土地经营积聚资金、银行贷款盘活资金、优化环境吸引资金、科学调控用好资金，让有限资金发挥最大的效益。

3. 完善开发区评价机制

在经济技术开发区方面，进一步完善现有的《省级经济开发区综合评价体系》，坚持每年对省级开发区进行考核，并将考核结果作为加分项目纳入各地市发展综合考核体系。在考评指标上，按照科学发展和集约发展的要求，设置体现开发区发展水平的重点指标。在考评方法上，将各开发区的发展水平放在全省开发区中进行考评，实行进位奖励、退位处罚机制，并进行重点提升和帮扶。在激励措施上，对发展领先的开发区予以表彰，对开发区的主要负责人予以重奖，最大限度地发挥开发区创优争先的积极性。在高新区方面，按照科技部颁布的《国家高新技术产业开发区评价指标》，结合山东省实际，主要围绕高新技术产业规模、自主创新能力、创新创业氛围、实现创新价值的能力、支撑区域创新发展的能力、可持续发展能力和国际化水平等方面，研究制定"山东省创新型园区考核评价指标体系和实施办法"，建立动态管理制度，每年对高新区创建创新型园区情况进行评价分析。

（二）推进产业发展创新，促进园区产业集聚

山东省产业发展特别是与蓝色经济相关产业的发展已有一定基础，有些产业的发展走在了全国前面，但与建设蓝色经济区的要求相比，还需要在规模上扩大、结构上优化、效益上提高，切实增强竞争能力。要形成产业发展的竞争优势，必须大力推动产业集聚发展，着力发挥各种载体的带动作用，而开发区就是产业集群发展的重要载体之一。开发区特别是沿海开发区应以开发临海、涉海特色产业为重点，大力发展产业集群，加快促进产业集聚。

1. 培植特色专业园区

山东省近两年在部分省级开发区内先后设立了 30 家"区中园"，包括 11 个韩国工业园、8 个日本工业园、4 个欧洲工业园等，这些"区中园"累计建成区面积 17.25 平方千米，累计完成固定资产总投资 87.5 亿元，引进项目总投资 157 亿元，实现进出口 11 亿美元，外商实际投资 19.1 亿美元，成为产业集聚的重要载体和平台。今后应在巩固和发展现有特色专业园区的基础上，选择部分有潜力的开发区，进一步设立开发区国别、产业等特色"区中园"，促进主导产业发展，提高产业聚集度，形成外资集聚区；沿海开发区重点培育海洋生物、海洋装备制造、海洋能源矿产、海洋工程建筑等符合蓝色经济区发展规划的海洋优势产业特色产业园。同时，对部分产业发展定位不准确、产业集聚效果不理想的"区中园"进行整改。紧紧抓住国际产业发展的动向和目标国（地区）产业转移的趋势，善于寻找结合点，把握合作机遇，为"区中园"的发展指明

方向、铺好道路。"区中园"的产业发展要与开发区和蓝色经济区的产业发展规划相衔接，对区域经济发展起到"画龙点睛"的作用，促进蓝色经济区的科学发展、和谐发展。要加强对"区中园"发展情况的调研，选择部分发展较好的"区中园"，认真总结经验加以推广。

2. 吸引跨国投资项目

截至 2007 年底，共有 102 家世界 500 强公司在我省开发区投资，累计投资项目 206 个，分别占全省的 78% 和 60%。跨国公司投资绝大部分集中在国家级开发区和东部部分省级开发区，投资方式以合资为主，独资化趋势有所增强，日韩 500 强企业进入较多，欧美企业投资开始增多。应该充分利用大型跨国公司对开发区形成产业集群的促进作用，发挥山东省政府驻境外代表处信息量大、联系客户多、熟悉跨国公司投资动向的优势，在蓝色经济区内选择部分开发区与其建立长期利益合作机制，合作吸引跨国公司投资。根据蓝色经济区以及开发区的产业发展规划重点，有针对性地选择一批跨国公司作为战略合作伙伴，吸引跨国公司在开发区设立研发中心、运营中心、采购中心、结算中心和地区总部，努力把跨国公司的单个项目投资升级为产业集群投资。

3. 加强品牌集群建设

开发区要实现产业集聚和转型升级，必须重视品牌集群建设，让品牌集群成为领跑开发区发展的力量。要完善品牌自主培育机制，谋求品牌的内在质量与外在质量的协调统一，促进单个品牌的汇聚和集中，不断扩张品牌的整体影响力。要完善品牌引入机制，营造良好的地域环境和人文环境，吸引外来品牌进入并植根开发区，形成外来品牌与内生品牌的融合。要优化品牌管理机制，重点抓好品牌竞争秩序的规范、品牌评价体系的优化、品牌保护与风险防范举措的设置，创造有利于各类品牌竞相产生、品牌集群蓬勃发展的良好外部环境。大力实施品牌带动战略，提升产业集群内企业品牌意识，推动生产要素向名牌产品和优势企业流动，通过品牌企业聚集效应，培养形成区域品牌。鼓励企业建立综合品牌，引导企业开展企业形象和品牌标志的策划与宣传活动，促进名牌产品企业多层次、全方位地联合协作，实现共享，实现由产品名牌向区域性品牌的转变。

（三）推进招商引资创新，增强园区发展动力

招商引资是促进开发区发展最重要的手段，也是实现半岛蓝色经济区快速发展的重要途径。半岛蓝色经济区要充分利用外资和民间资本的作用，实现自身的又好又快发展。开发区要把招商引资与优化产业结构、推进国有企业改革、发展高新技术和民营经济融合起来，不断增添动力和激发活力。

1. 大力发展产业招商

根据蓝色经济区确立的产业发展方向和山东省产业结构调整的要求，在开发区高新技术产业、先进制造业、节能降耗、环境保护、现代服务业等领域实行招商责任制，并把产业招商作为一个长效机制确立下来；针对"两国两地"和欧美等重点资本输出国投资趋向，筛选确定园区产业招商项目、成熟型基金股权项目和供水、供气、污水处理等基础设施项目，开展专业招商、产业链招商，争取一批重大项目落地；以区内国有企业和民营大企业为目标，以长三角、珠三角等地区为重点，吸引更多国内资本投资开发区；把服务外包作为招商引资的重要增长点，以济南、青岛两地开发区为中心，打造承接国际服务外包省会聚集区和沿海聚集带，着力引进一批世界级服务外包企业入驻。

2. 逐步推进中介招商

由中介招商公司负责项目推介洽谈并收取合理的中介费用，以市场机制应对市场变化，有利于灵活、迅速地解决问题，提高办事效率。各开发区要大力发展和联络投资咨询公司、金融机构、会计师事务所、律师事务所等招商中介机构，有能力的开发区可以与世界知名的咨询公司取得联系，建立委托代理招商关系，巩固社会化的、中介化的招商网络；中介招商机构可以由有实力的国有企业出资做小股东，吸引民间资本介入做大股东，开发区亦可作价入股。充分利用网络技术和手段，以山东省贸促会正在积极开展的"网上洽谈会"为基础，大力开展并积极推广网上招商，扩大网上招商的范围，提高网上招商的频率，使网上招商成为山东省招商引资的一个重要渠道。

3. 着力改善投资环境

目前，招商引资的竞争已经由过去政策优势的竞争，转变为投资环境的竞争。要将创建政策透明、行政规范、营商便利、公平竞争的投资环境作为提升开发区引资竞争力的重要手段。要加大对开发区基础设施和公共设施的投资力度，不断提高硬环境的配套能力。同时，把打造一流的投资服务环境作为一项长期的战略性措施来抓，形成长效机制；把项目服务中心建设成为优质、一流的"办事大厅"；建立投资投诉中心，坚决打击损害投资发展环境的不法行为和个人；尝试建立开发区软环境评价体系，定期对投资环境进行监测和评价。山东省贸促会要继续发挥山东省外商投诉中心、山东调解中心、中国贸易仲裁委员会山东办事处三位一体法律服务网络的作用，围绕园区企业需求，不断拓展法律服务领域，开展各种形式的法律服务。

（四）推进集约用地创新，提高园区产出效益

国家对土地供给和使用的严格把关是大势所趋，开发区作为蓝色经济区发展的重要推动力量，应当在土地集约利用上率先垂范，走出一条集约化发展新路子。必须对现有土地"精耕细作"，把集约利用土地和产业结构调整结合起来，用有限的土地资源谋求更高的产业能级和经济效益，提高集约化发展水平。

1. 完善园区发展规划

国土资源部《全国土地利用总体规划纲要（2006—2020）》已经通过国务院审核正式印发实施，山东省土地利用总体规划也已上报国土资源部等待审核通过，全省各市、县土地利用总体规划修编工作即将组织开展。在新一轮土地利用总体规划修编中，要制定开发区土地开发利用整体规划。在土地利用计划指标安排上向半岛蓝色经济区倾斜，优先保证蓝色经济区重点工程用地，优先保证其鼓励发展的项目用地，优先保证其高科技项目用地，优先保证其利用外资重点项目用地。相关部门对蓝色经济区内开发区用地状况进行评估，根据投入产出强度进行分类，按照先行试点、逐步推进的原则，对部分投入产出水平高、确需调整规划的开发区先行修编，重新界定范围；对已没有发展空间的开发区进行局部修编；对批准范围内存在的基本农田，优先安排调整指标。

2. 提高用地综合质量

盘活挖潜存量土地，积极探索新形势下盘活存量土地、提高土地容积率和投资强度的新模式、新举措。强化投资强度指标控制，在引进企业时，严格把关，优先把土地提供给单位面积投资多、产出高的企业，严格控制用地多、污染大的项目；鼓励企业增资扩股，扩大经济规模，从而保证企业在不扩大用地面积的情况下，加大单位面积土地上的资本投入，不断提升土地利用效益；充分运用经济手段，发挥土地税收机制，调动现有企业的集约节约用地积极性，促使企业自觉建设多层厂房，集约用地；加大低效用地调整力度，在法律框架内破解回购劣势企业的土地难题，为开发区产业集群发展、结构优化升级赢得土地空间。积极鼓励开发区"零"增地发展，引导和鼓励企业利用地上和地下空间，建立多层厂房和地下生活生产设施；鼓励农村建设用地整理，把盘活存量土地与区内旧村改造、建设社会主义新农村结合起来，拓展开发区项目建设空间。

3. 制定用地激励措施

对开发区内盘活的存量土地和农村改造腾出的集体建设用地，其土地使用权收益除上缴国家部分外，全部留在开发区，主要用于农民补偿和建设；用地指标向开发区倾斜，超大项目建设用地由省里统一安排指标；构建空间尺度、用地类型、时间动态三位一体的土地集约利用评价体系，对开发区集约用地情况进行评价，对其中的先进开发区予以表扬和奖励，对集约用地落后开发区进行重点帮扶。同时加强监督，尽快设立相应的土地管理机构，明确开发区内土地管理体制和监督机制，实现开发区内土地利用统一管理，坚决制止违反规划批地和超规划用地，对不符合土地利用规划、计划的项目，不批准立项，不批准用地，把住农用地转用和土地征用审批关口，落实土地用途管理制度，规范土地使用权转让市场。

（五）推进功能园区创新，放大特殊功能作用

山东省目前共有 6 家出口加工区、1 家保税港区，共 7 家海关特殊监管区域。2008 年实际利用外资 1.15 亿美元，进出口总额 100 亿美元，在山东省对外开放、区域发展中发挥了重要作用，但与上海、江苏相比，还有相当差距。为了适应蓝色经济区的发展需求，应该放大海关特殊监管区域的功能作用，带动区域经济的发展。①

1. 推动出口加工区健康有序发展

当前，海关总署正在研究制定《出口加工区的准入退出标准》，这迫使山东省出口加工区尽快采取措施，做优做强。济南出口加工区应发挥好

① 资料来源：山东省商务厅：《山东省出口加工区赴上海、江苏调研报告》。

区位优势，利用交通枢纽的优势，充分利用空港、铁路、高速公路的便利条件，以物流优势为突破口，发展对物流速度要求高的 IT 产业及其配套产业；青岛出口加工区和青岛西海岸加工区应利用好港口优势，重点发展制造业及国际分拨、国际配送等产业；烟台出口加工区（A 区）应以区港联动为突破口，尽早向国务院申报保税港区的政策，使港口和出口加工区形成 1＋1 大于 2 的效果，烟台出口加工区（B 区）要重点为富士康在烟台的生产基地配套，发展电子信息配套产业；威海出口加工区应发挥对韩桥头堡的作用，重点面向韩资大企业招商，加快韩国电子信息产业向威海转移的步伐；潍坊出口加工区要瞄准台资企业和农产品深加工项目，发挥当地农产品生产基地和举办鲁台经贸洽谈会的优势滚动发展。

2. 加强产业配套区建设

山东省 6 家出口加工区除青岛出口加工区有近 30 平方千米的配套区外，其他出口加工区均无产业配套区，所有出口加工区都没有相应的商业配套功能。各出口加工区要根据区内发展规划和产业定位，按照区内企业发展的要求，充分考虑到区内用工规模以及企业物流规模，对区外产业配套区、满足区内用工需求商贸服务区以及公用物流平台建设进行科学规划。通过商业综合服务区为区内工作人员提供完善的生活服务，解决区内工作人员生活中的具体问题。同时，通过公共物流平台建设，为企业提高物流效率，降低生产成本。可以借鉴苏州综合保税区和昆山出口加工区的做法，成立国有资产运作公司，通过全资或控股的形式，参与出口加工区的运作，通过市场化运作取得效益，提高出口加工区的自我生存能力，也使国有资产保值升值。

3. 加快青岛前湾保税港区建设

青岛前湾保税港区（一期）2009 年 9 月 1 日正式通过国家验收并封关运营，各种优势逐步显现。应继续加大对保税港区的建设力度，早日实现其全面封关运营。一是仿效上海和江苏省的做法，建立海关特殊监管区域联席会议制度，通过海关特殊监管区域联席会议指导青岛整合与保税港区有关的职能部门，明确职责分工，制定相关保障措施和管理办法，为保税港区建设打好基础；二是加快保税专业市场建设，发挥保税功能的优势，完善保税专业市场功能，明确市场定位和发展目标，发展特色商贸物流、生产性物流、进出口物流，把保税港区打造成蓝色经济区的进出口商品贸易中心；三是重点发展先进制造业，把保税区、保税物流园区、保税港区的优势结合起来，重点打造先进制造业，延长家电、电子产品的产业链，引进研发机构，推动蓝色经济区内各类海关特殊监管区域发挥更加重要的作用。

（六）推进科技创新，提升园区核心竞争力

科技创新不仅是提升山东半岛蓝色经济区竞争力的重要任务，也是开发区又好又快发展的不竭动力。要提升开发区乃至整个蓝色经济区的国际竞争力，必须加强科技创新，走自主创新发展的路子。要充分发挥各开发区特别是沿海开发区的海洋科技资源优势，加强创新能力建设，完善科技创新体系。

1. 加强科技创新主体培育

重点培育一批骨干企业，促进其加强科研队伍和科研平台建设，提高企业新产品开发和引进消化新技术的能力，使其具备申报国家级重点高新技术企业的资质和条件。新认定一批高新技术企业和民营科技企业，着力在镇、街道扶植培育一批新的科技型企业，建立起高新技术企业的梯队培育模式，增强科技产业的后备梯队力量。在土地指标、项目申请经费投入、科技三项经费投入等方面有重点地向科技型中小企业倾斜，培植科技创新的新生力量；在加大财政对创新创业支持力度的同时，探索吸引民间资本的途径和方法，建立扶持科技型中小企业发展的"种子基金"，重点支持源头创新、行业和企业研发、成果转化和中介服务三类平台建设。培育创新型优势特色产业集群，根据不同领域高新技术的发展趋势，立足于蓝色经济区及开发区的特色和优势产业，加强政策引导，促进产业聚集，构建公共技术服务平台，实现特色产业上、中、下游的配套衔接，建设特色产业基地和专业化的创新创业园。

2. 推进科技创新载体建设

强化创新源头建设，按照技术创新和产业发展的需求，注重引进国内外大专院校、科研单位和跨国公司研发机构，构建知识和技术创新的源头和平台。以企业为主体深化产学研合作，培育发展不同类型的企业重点实验室、工程技术研究中心，大力发展知识、技术服务型的中介机构，形成研究、开发、产业化一体化的创新链条。积极办好科技园区，吸引两院院

士、知名专家和学者等高级人才入驻，由高端人才和高校资源及时为开发区产业发展注入动力和活力。吸引跨国公司地区总部和研发中心、物流中心、结算中心、培训中心落户；利用已经投资的核心项目积极申报、深入创建国家级产业基地、省级特色产业园区。按照山东省《大力推进高新区二次创业建设创新型园区实施意见》的要求，启动开发区建设创新型科技园区试点工作，在政策、资金、计划和工作指导上给予倾斜，争取蓝色经济区内更多开发区进入国家创新型科技园区建设试点。

3. 优化科技创新发展环境

按照《建设创新型科技园区行动方案》的要求，加快推进创新型园区建设，实现以创新为驱动的经济发展方式的转变。实施专利、标准、人才三大战略，建立技术标准、知识产权管理服务机构和信息化服务平台，制定适合园区特点的知识产权形成和保护制度，提高园区实现知识价值的能力。建立以政府投入为引导、企业投入为主体、吸引社会投资的新型投融资机制，落实有关支持高新技术产业发展的担保、贴息、发行企业债券和税收优惠等扶持政策。加强创业服务中心等各类孵化器建设，重点围绕公共技术平台建设、投融资、技术咨询、商业策划等方面提高服务水平；加快专业孵化器和中外合办孵化器建设；贴近不同开发区的功能定位与主导产业，重点设立高技术创业投资基金和风险投资基金，完善项目经理责任制，完善一站式服务；发挥开发区体制改革先行区优势，加快科技产权改革，让科技人员获得相应的科技股权。

（七）推进生态建设创新，保障园区可持续发展

生态建设是山东半岛蓝色经济区战略的题中应有之义，半岛蓝色经济区本身就应该是一个生态经济区。胡锦涛总书记指出："要加快转变经济增长方式，将循环经济的发展理念贯穿到区域经济发展、城乡建设和产品生产中，使资源得到最有效的利用。开发区作为经济社会的先导区，理应在生态建设和循环经济发展方面走在前列，积极探索具有自身特色的可持续发展之路。"①

---

① 资料来源：山东省商务厅：《山东省开发区循环经济发展情况报告》。

1. 加大生态工业园建设力度

加快生态工业园区建设步伐，积极发挥环保、商务、科技等部门的作用，尽快在蓝色经济区范围形成一批优秀的生态工业示范园区，发挥辐射带动作用，扩大生态工业示范园区的影响力。开发区要结合新一轮土地规划修编，根据自身实际，按循环经济模式编制专项规划，将"功能分区"、"项目分类"、"清洁能源"等国际先进的生态环保理念融入规划中。积极研究和建立入园企业链接关系，合理规划园区内的资源流和能源流，整合园区各种要素，建立园区产业代谢和共生关系，围绕核心资源发展相关产业，形成资源循环利用的产业链。协调有关部门，争取对生态工业示范园区加强政策扶持力度，帮助园区拓宽融资渠道，在政策上对生态工业园区建设工作中的关键项目予以重点支持。相关部门应制定省级生态工业园管理办法，加快推进生态工业园创建工作。争取青岛高新技术产业开发区和烟台、日照经济技术开发区尽快通过国家级生态工业园验收。

2. 积极开展循环经济试点

相关部门继续开展循环经济试点，编制实施循环经济发展规划，制定企业清洁化生产标准和相应配套政策，引导企业采用清洁生产工艺；加大耦合力度，构建循环经济产品共生体系，大力推进企业内部资源链纵向闭合，积极推动企业间的横向耦合；大力培育环保节能产业，推动替代能源和节能材料的推广应用，加大对环保节能制造项目招商引资力度，提升环保节能产业整体档次和水平；按照循环经济模式规划、建设和改造开发区，建成一批循环经济产业示范园区。开发区要把循环经济发展放到重要议事日程，设立发展循环经济专门工作机构；建议设立开发区循环经济发展专项基金，重点支持循环经济开展比较成功的开发区，对在节能降耗及环境污染预防治理方面有突出贡献的企业及新技术给予一定的奖励，调动广大中小企业的积极性和主动性。

3. 加强环保基础性工作

重点推动抓好开发区内污水处理厂及其配套管网、集中供热、供气以及园区绿化等环保基础设施建设；全面推行 ISO 系列贯标认证工作，严格执行国家环保产业政策。坚持环保"一票否决"制度，坚持从污染预防、总量控制入手，强化环保前置审批，推行绿色招商，对资源消耗高、环境风险大的项目禁止入区投资，从源头上控制资源与环境问题的产生。企业是循环经济的实施主体和得益者，应强化企业主体责任，强化重点企业节能减排管理，坚持"谁污染、谁治理"，落实目标责任，强化管理措施，自觉节能减排。引导企业之间通过协调合作，构筑产品和废物加工链，形成低消耗、高产出、少排污、可循环的合作发展机制，实现企业间资源的循环利用与园区内废物的零排放。

（八）推进联动合作创新，实现园区协调发展

由于历史、区位、政策等方面的原因，山东省开发区发展极不平衡。东部开发区起步较早，发展水平较高，发展空间近于饱和，而大部分西部开发区还处于起步阶段，但发展空间大。同时，各开发区由于缺乏协调沟通，导致产业结构趋同，恶性竞争时有发生。因此，各开发区之间进行联动合作、优势互补是实现协调发展的必然途径，也是半岛蓝色经济区实现快速发展的必然要求。①

1. 营造合作的良好环境

开发区联动合作，应以互利共赢、共同提高为宗旨，在思想观念、信息人才、规划建设、产业合作、体制机制等方面实现对接。设立联动合作推动工作三级协调机构：第一级，建立由山东省有关部门和单位参加的联动合作工作领导小组，及时研究情况，制定有关政策，协调解决问题，总结推广联动合作成功经验和做法；第二级，由对口合作开发区所在市有关部门组成双边工作委员会，落实联动合作领导小组确定的任务，跟踪了解对口开发区联动合作进展情况；第三级，对口合作开发区双方各设立一个办事机构，做好有关政策措施、合作框架协议的跟踪落实和对口衔接服务工作。

2. 建立人才合理流动体系

对口合作开发区之间采用互派人员到对方挂职锻炼的方式，相互学习借鉴，积极探索创新工作方法、管理理念和招商服务理念，为联动合作打好人才基础。根据半岛蓝色经济区以及开发区自身产业结构调整和技术升级的需要，制订和实施紧缺人才引进计划，做好人才引进工作，重点引进支柱产业、基础产业、新兴产业和重点项目所急需的各类紧缺的专业人才

---

① 资料来源：山东省商务厅：《关于山东省开发区东西联动合作发展的思考》。

和高层次人才。加大对劳动力技能教育和岗前实用技能培训的扶持力度，有关高、中等职业技术院校，根据企业对人才的需求，调整专业结构和课程设置，实行"订单式"培养，为联动合作的开发区提供技能人才。

3. 出台扶持政策和措施

学习借鉴江苏省南北挂钩共建苏北开发区的经验和做法，山东省有关部门应对联动合作的开发区在用地指标、耕地补充、金融信贷、企业用水用电等方面出台相关政策和措施，给予联动合作开发区重点支持。支持东部先进开发区成立投资公司，与落后开发区合作，在落后开发区内划出一定区域，共同开发建设"区中园"。"区中园"内新增税收省、市、县留成部分，全部以财政补贴形式留给"区中园"，用于"区中园"滚动发展。同时，采取以奖代补的方式，每年在财政预算中安排一定数额的资金，用于开发区共建"区中园"内的基础设施建设及奖励。

第十三章 山东半岛蓝色经济区对内陆 腹地的辐射带动作用

经济区的辐射带动作用与其区位优势的发挥程度、经济技术发展水平和制度建设的状况有关。山东半岛蓝色经济区的辐射带动作用取决于该区的区域定位和实际建设进程。如果区位优势发挥得好，实现了更高的占位；经济技术发展快，与区外形成了较大的位势差；制度创新搞得好，成为区外学习借鉴的榜样，其辐射带动作用就大，辐射范围就广；反之亦然。

一 山东半岛蓝色经济区的辐射范围

山东半岛蓝色经济区的区域定位反映了该区在全球、在东北亚、在全国所扮演的角色，其扮演的角色作为一个战略层面的因素，影响着该区辐射作用的强弱和辐射范围的大小。

(一) 山东半岛蓝色经济区的区域定位

(1) 欧亚大陆桥东方桥头堡群。

(2) 连接长三角经济区与东北老工业基地的枢纽。

(3) 环渤海经济圈的南翼隆起带。

(4) 中国与日韩合作的门户。

(5) 环黄海经济圈的中国主体部分。

(6) 东北亚国际航运主枢纽。

(7) 优势海洋产业和高端制造业产业聚集区。

(8) 中国海洋科技、教育中心。

（9）宜居城市群。

（10）蓝色文明和滨海休闲度假引领示范区。

（11）制度创新示范区。

从以上定位看，前六项是与区位有关的定位，（7）、（8）、（9）、（10）四项是与产业有关的定位，最后一项是与制度有关的定位。这11项定位中的大多数定位反映了山东半岛蓝色经济区已经具备的优势，6项与区位有关的定位和产业定位中的"优势海洋产业和高端制造业产业聚集区"、"中国海洋科技、教育中心"、"宜居城市群"就属于这样的情况。当然，其中一些优势还不是很突出，需要进一步打造。产业定位中的"蓝色文明和滨海休闲度假引领示范区"只是具备了一定的基础，离目标要求还有很大的距离，还不能算是优势。与制度有关的定位的优势还不存在，是未来要积极努力打造的。

从总体情况看，山东半岛蓝色经济区目前的主要优势是区位优势，也有一定的产业优势，制度优势还是空白。该区对内陆腹地辐射带动作用的大小，取决于这些优势的大小。增强对内陆腹地的辐射带动作用，需要大力发挥区位优势，努力培育产业优势，积极创造制度优势。

（二）山东半岛蓝色经济区的辐射路径

山东半岛蓝色经济区的定位是双向定位，一个是东西向，一个是南北向，其辐射路径主要在这两个方向上。

1. 东西向的辐射路径

东西向的辐射主要是沿胶济铁路及后连的陇海线辐射。首先辐射的是山东除沿海七市以外的其他中西部地区；进而是安徽北部、河南东部、河北南部的山东周边省份；再向西是陇海线两侧的山西、陕西、甘肃、宁夏、新疆等广大中西部地区，出了新疆阿拉山口，还可以到达中亚、欧洲地区。

东西向的辐射也包括沿着海路向东的辐射。向东面向中日韩联合形成的环黄海经济圈，面向韩国西海岸城市群和日本北九州城市群形成的跨海、跨国城市走廊；再向外，可以到达环太平洋经济圈的其他国家和地区。同类研究没有提及向东的辐射问题，把该区的辐射看成是由向西的陇海线和向南向北的海岸线形成的"T"字形形态，这是不全面的。该区的辐射应当是向东、向西、向南、向北的"十"字形形态。把向东的辐射包含进来，意味着该区的辐射是全方位的，可以到达世界上任何一个地区，这是山东半岛蓝色经济区整合全球资源的需要。日照港等港口从澳大利亚、巴西进口铁矿石供山东及中西部地区的钢铁企业使用，也表明这种定位是符合实际的。当然，向西的辐射是主要的，向东的辐射是次要的，因为山东半岛蓝色经济区是西向广大中西部地区的出海口，西向广大中西部地区是该区的广阔腹地。

2. 南北向的辐射路径

南北向指沿海岸线的辐射。向南面向苏北地区，面向长三角地区；再向南到福建、江西和珠三角地区。向北与京津冀、辽中南地区相连。

就东西向、南北向这两个大的方向而言，东西向的辐射是主要的，南北向的辐射是次要的，原因也是东西向中的西向有山东半岛蓝色经济区的广阔腹地。

（三）山东半岛蓝色经济区的辐射范围

综合考虑两个方向上的辐射，可把山东半岛蓝色经济区的辐射范围分为四个层次。

第一层次是山东除沿海七市以外的其他中西部地区。

第二层次包括苏北地区、安徽北部、河南东部、河北南部的山东周边省份。

第三层次包括陇海线两侧的山西、陕西、甘肃、宁夏、新疆地区以及东北地区。

第四个层次指通疆达海的任何地区，包括中亚地区、欧洲地区、环太平洋经济圈的其他国家和地区。

空间距离衰减原理表明，经济区的辐射力随空间的增大而减小，山东半岛蓝色经济区的辐射带动作用随着第一、第二、第三、第四层次的扩展依次减弱。对第一层次的辐射作用最大，这一层次不仅是山东半岛蓝色经济区的直接腹地，还与该区同属一个行政区，省政府已经确定了陆海统筹的发展思路，第一层次的区域有望与该区实现一体化发展。其次是第二层次，苏北地区、安徽北部、河南东部、河北南部历来与山东半岛蓝色经济区有较多的经济联系，也可看作是该区的直接腹地。第三层次与山东半岛蓝色经济区也有经济联系，它将是该区和日韩货物从陆路到达中亚、欧洲的最重要通道。2006 年 4 月，山东社科院代表团访问韩国时，韩国学者介绍了韩国货物通往欧洲的三条商路，一是通过吉林省进入俄罗斯；二是通过轮渡进入连云港，再通过陇海线经乌鲁木齐进入中亚、欧洲；三是通过轮渡进入山东半岛，再进入陇海线。第一条路线需要 40 天的时间，第二、三条路线需要 8 天。吉林路线由于速度慢而不具优势。韩国正在规划在其平泽港与山东半岛的威海市所属的荣成市之间建设海底隧道，日韩之间也要建设海底隧道，第三条路线也就成为最优选择。第四层次的中亚地区、欧洲地区、环太平洋经济圈的其他国家和地区与山东半岛蓝色经济区的联系也会逐渐增多。第三层次、第四层次可看作该区的间接腹地。

二　提升山东半岛蓝色经济区对内陆腹地辐射带动作用的措施

山东半岛蓝色经济区的内陆腹地主要指其直接腹地，也就是该区辐射范围的第一、第二层次，即山东除沿海七市以外的其他中西部地区和苏北地区、安徽北部、河南东部、河北南部等山东周边地区；有的情形下，也包括山西、陕西、甘肃、宁夏、新疆等间接腹地。

经济区的辐射带动作用反映了经济区的建设水平。一个经济区的辐射带动作用大，说明该经济区的建设达到了较高的水平；辐射带动作用小，说明该经济区处在较低的层次上。山东半岛蓝色经济区的建设要取得好的效果，需要其具有较大的辐射带动作用，这也是山东作为东部沿海经济大省，提升其在全国发展大局中地位的需要。

提升山东半岛蓝色经济区对内陆腹地的辐射带动作用，主要是扬长补短，进一步做大优势，做强特色，使优势更优、特色更特，同时弥补不足、接长短板，创造新优势。

（一）发挥欧亚大陆桥桥头堡群最大的区位优势，加强与中西部省市政府、开发区、大企业的合作，构建“大通关”联合格局

经济发展离不开各类资源，资源在全球的分布不均衡，需要通过运输

来进行协调，海运具有运量大、成本低的特点，全球 90% 以上的贸易通过海上运输完成。内陆腹地本身没有出海口，其货物要"涉海"，就要与作为海上货物运输与陆上货物运输结合点的港口合作。山东半岛蓝色经济区的港口与内陆腹地合作，成为该区与内陆腹地互动发展的重要途径。合作方式主要有以下几种。

1. 港企合作

指港口与内陆腹地的企业进行合作。日照港与澳大利亚力拓矿业公司合作，在日照港建设中国北方铁矿石分拨中心，使日照港与中西部地区的钢铁企业建立起了密切的联系。目前，日照港已经与包括河南安阳钢铁集团、鹤壁煤业集团、济源钢铁集团、新疆八一钢铁公司等在内的 130 多家中西部大中型企业建立起了合作关系，为这些企业进口原料和出口产品提供服务。日照港要继续扩大与内陆腹地企业的合作，结合苏北无原油上岸、长江沿海又有大量炼油厂需要原油的状况，打造以原油运输为核心的石油运输体系，服务于日照—江苏仪征、日照—东明的输油管线和石化项目；要抢抓晋中南煤炭外运通道出海口选定日照港、山西钢铁业快速发展以及日照钢铁精品基地建设的机遇，强化以铁矿石、煤炭为核心的大宗干散货物运输体系。其他几个大港也要开展与内陆腹地企业的合作，而且还要与内陆腹地的大企业合办港口专用泊位，使这种合作步入长期化、固定化。

2. 港城合作

指港口与内陆腹地的城市进行合作。日照港与太原市合作，在两地海关检疫检验部门建立起了铁海直通合作机制，与河南省、陕西省、新疆维吾尔自治区也建立起了合作关系。这等于是在广大中西部地区建立起了一批"无水港"、"旱码头"，延伸了日照港的服务功能。这种港口与内陆腹地城市合作的方式能够进一步增强山东半岛蓝色经济区的辐射带动作用。下一步要继续强化这种合作方式，叫响"山东半岛蓝色经济区港口是中西部地区最快捷的出海口"、"服务于中部崛起、西部大开发"等口号。延伸港口的服务功能，在内陆腹地建设一批"无水港网络"，形成"大通关"区域联合格局。在合作过程中，山东半岛蓝色经济区的城市还要助其港口一臂之力，把"港城合作"扩大到"城城合作"，并在港口设立内陆腹地的专用港，如"河南港"、"山西港"、"新疆港"等。这会进一步扩大内陆腹地的涉海意识，扩大其涉海业务，在促进内陆腹地发展的同时，也为山东半岛蓝色经济区的发展提供了强大支撑。

3. 港区合作

指港口与内陆腹地的各类经济开发区、出口加工区、保税区、保税物流园区、高新技术开发区合作。港口具有港口物流功能优势，与内陆腹地的各类开发区合作，通过各类园区、海港、空港、铁路之间的多方式、多层面联动，能够实现多个子系统整体协同发展，这对带动内陆腹地发展和促进港口发展都具有十分重大的意义。下一步，这应当是一个合作重点。更重要的是还要把"港区合作"扩大到"港区区合作"，新增加的"区"指山东半岛蓝色经济区的各类开发区，这些开发区地处东部沿海，享受的政策一般优于内陆腹地的各类开发区，"港区区合作"能够实现政策叠加，使内陆腹地的各类开发区享受到山东半岛蓝色经济区所属开发区优于自己的政策。这样，辐射带动内陆腹地发展的力度就大了，搞好了，能在与内陆腹地互动发展上取得大的突破。

4. 港港合作

指港口之间的合作。日照港与青岛港的合作是"港港合作"的典范。青岛港具有集装箱运输的优势，原先鲁南地区甚至日照本地企业都是把集装箱通过陆路运往青岛港后转运世界各地。日青集装箱码头投入运营后，这些企业的货物可以从日照港通过海路运至青岛港，这样一个集装箱的运输成本就下降了100元。日照港、青岛港实现了双赢，更重要的是降低了内陆腹地企业的运输成本，扩大了企业货物的运输量，增强了港口的辐射能力。山东半岛蓝色经济区几大港口的腹地是相同的，如果港口之间无序竞争，将严重损害山东半岛蓝色经济区的辐射带动作用。各港要根据各自的优势进行分工协作，错位竞争，共同发展。

（二）发挥黄河流域唯一保税港区最大的政策优势，吸引中西部大企业投资进出口贸易企业、物流企业

青岛保税港区、日照保税物流园区能够为企业的出口业务及时退税、进口业务延迟缴纳关税，节省大量的运营成本。中西部大企业要享受这些优惠政策，就要到区内投资进出口贸易企业、物流企业，或者由区内企业代理。由于代理费用较高，大企业一般选择自己投资企业。借青岛保税港区、日照保税物流园区即将封关运营的有利时机，搞好业务推介工作，将能够吸引一大批中西部大企业来此投资进出口贸易和物流企业。

（三）发挥中国海洋科学城最大的科技优势，打造世界海洋科技高地

山东半岛蓝色经济区的海洋科技机构之间缺少联系，且基础研究项目多于应用研究项目，导致海洋科技优势没有转化为海洋高科技产业优势。建议省政府设立海洋高科技产业基金，通过对海洋高科技项目进行招标的方式，整合海洋科技力量，促使其把科研重点转到高科技产业项目上来，力争海洋生物医药业、海洋软件业、海洋科学仪器产业取得突破性发展。

（四）发挥地处中日韩合作前沿最大的对外开放优势，率先开展中日韩地方政府的次区域合作

目前，受不利政治因素影响，中日韩自由贸易区谈判短期难以取得实质性进展。地方政府的合作较少受政治因素的影响，山东应率先开展与日韩邻近地区的次区域合作。充分发挥山东与韩国京畿道是友好省道、与日本山口县是友好省县、中日韩"泛黄海经济技术交流会议"中方秘书处也设在山东的优势，率先开展山东与京畿道、山口县的次区域合作，以形成更大的对外开放平台。

（五）发挥重要投资区位的优势，创新招商手段，吸引跨国公司来此投资

山东半岛蓝色经济区要发挥大的辐射带动作用，要求其经济技术水平与区外形成较大的位势差。这就要重点发展高端产业。该区的高端产业已经具备了较好的基础，如青岛四方机车车辆股份公司的高速列车生产基地、潍柴动力的高性能柴油发动机项目、中海油青岛项目、中石油青岛基地、青岛武船重工项目、蓬莱巨涛项目等。但建设高端产业聚集区完全靠山东的力量积累发展是不行的。山东的产业结构与江苏相比至少落后了5年，时不我待的竞争态势也不允许这样做。出路在于整合全球资源。韩国仁川经济自由区可以吸引到单个项目几百亿美元的外资项目，山东半岛蓝色经济区为什么不能？该区的区位优势明显，是环黄海经济圈中国主体部分、东北亚国际航运主枢纽、与日韩合作的门户、欧亚大陆桥东方桥头堡群，这表明该区是全球跨国公司投资的重要区位。只要措施得当，在实践上通过价值链招商、供应链招商等手段在吸引外资项目上取得突破，完全可以吸引一大批大科技项目、高科技项目、外资项目等高端产业项目。在整合全球资源方面，海尔和潍柴动力已有成功经验。海尔在电动机技术方面是与全球技术水平最高的日本三洋公司合作，在流程再造方面是与全球最先进的 IBM 合作，这造就了海尔的国际竞争力。潍柴动力在发动机技术方面是与全球最先进的德国博世公司合作，使其产品达到了欧Ⅳ、欧Ⅴ的排放标准。建议省政府组织一批国际招商专家与山东的大企业一起，逐个分析包括全球 500 强在内的跨国公司的布局战略，根据它们的全球布局战略、东北亚布局战略、中国布局战略的需要，邀请它们来山东投资或与山东企业合作。这种符合经济规律的双赢做法能够收到很好的效果。

（六）发挥黄河三角洲原生态优势和生态工业基础好的优势，打造国际知名生态旅游项目和生态工业园

黄河三角洲是滨海旅游业最重要的增长点，其主要特征是新、奇、野、特，其突出特点是原生态，这为把其打造成国际旅游目的地提供了很大的空间。

一是在黄河口建设全球独一无二的原生态国际旅游度假区。该度假区在建设过程中使用绿色建筑材料，不使用或少使用像钢材、水泥这样在生产过程中和运输过程中产生大量温室气体的建筑材料，更不使用有污染的建筑材料；在运输过程中不使用化石能源，使用太阳能、生物能、风能等清洁能源；为游客提供的食物全部是不使用化肥、农药的有机食品。争取联合国环境规划署将这个度假区命名为"全球温室气体排放最低的社区"。这将使其成为全球环保人士的朝圣地、全球民间环保论坛的举办地、全球游客原生态体验地、国外驻华使馆人员和跨国公司驻华办事处人员的度假地。

二是依托鲁北化工生态工业园，建设世界最高水平的生态工业园。目前，鲁北化工生态工业园的物质综合利用水平、排放水平都已经优于著名的丹麦卡伦堡生态工业园。这样黄河三角洲又成为全国、全球循环经济示范基地、节能减排教育基地，将极大地促进滨海旅游业的发展。

（七）发挥山东半岛蓝色经济区的多重定位优势，大力发展总部经济

总部的经济职能天然地涉及跨省的相当大的区域，它本身就是辐射源。发展总部经济有利于增强山东半岛蓝色经济区的辐射带动作用。

山东半岛蓝色经济区的多重定位优势，决定了该区很适合发展总部经济，要结合这种优势，有针对性地邀请一批跨国公司和国内大企业在该区设立东亚总部、中国总部、黄河流域总部、北方总部等。

（八）邀请日韩的金融机构参与，组建股份制黄海银行

该行是为建设山东半岛蓝色经济区提供金融服务的机构。在此基础上，力争形成东北亚国际金融中心。

（九）推广海尔整合全球人才资源做法，引进一大批境外高端人才

去年以来，海尔实行了"1＋1＋N"的用人制度，第一个"1"是海尔关键技术岗位上的原有负责人，第二个"1"是海尔从全球范围内聘请的顶尖级人才，这样可以保证海尔的每一项创新活动都有全球顶尖级人才参与。这一措施大大提升了海尔的国际竞争力。这一做法适合山东半岛蓝色经济区的所有大企业，推广这一做法，将为打造山东半岛蓝色经济区提供高端人才支撑。

（十）搞好制度创新，使其成为区外学习借鉴的榜样

一个经济区的辐射力，除了取决于区位优势的发挥程度和在经济技术水平上与区外形成的位势差外，还要求区内的制度创新走在前面，成为区外学习借鉴的榜样。

目前，山东半岛蓝色经济区在制度建设方面不具优势，这成为制约该区发挥辐射带动作用的重要因素。制度建设包括很多方面的内容，提高政府效能是重要内容之一。该区不可能实行像深圳那样"行政权三分"的大刀阔斧式改革，但也要在提高政府效能上采取大的动作。

当今世界早已进入信息化社会了，各类管理组织尤其是企业管理组织，早已经扁平化了，可是政府管理组织几十年没有发生大的变化。现在一个新产品的生命周期可能只有一个月的时间，而政府部门对一些事项的审批却需要几个月的时间。政府管理职能不适应信息化社会的需要，主要表现在两个方面，一是管理层次太多，省级政府难以掌握基层组织的真实情况，基层组织难以与省级政府进行沟通，决策效率、决策执行效率都很低；二是在政府部门之间形成了一堵一堵的墙，割裂了经济活动的内在联系。

对政府职能进行改革的方法是对政府职能进行"流程再造"。流程指一个经济主体为完成某一目标而进行的一系列相关活动的有序集合。例如，外商在中国投资企业需要与外经贸局、工商局、环保局、发改委、安全局、质监局等多个部门打交道，如果这些部门都根据自己的工作节奏进行审批，审批工作将是串行作业，其间还要经过多次迂回，效率非常低，可能需要几个月的时间；如果打破部门之间的墙，把这些部门按流程组织起来，多个部门可以并行作业，各部门都为尽快使项目落地负责，而不是为自己的上级部门负责，效率将大大提高，可能只需要几天的时间。"快速响应"是信息化社会制胜的法宝。建议山东半岛蓝色经济区工作推进协调小组按重大项目的推进要求，把省、市、县政府和省、市、县的有关管理部门按流程组织起来，以减少管理层次和打破部门之间的墙，提高工作效率。

第十四章　推动文化产业融合发展,提升
蓝色经济区文化软实力

　　21 世纪是文化产业的时代,蓝色海洋文化产业在山东半岛蓝色经济区的建设中发挥着特殊作用。一方面,文化产业代表了未来产业发展的重要趋势,开拓了山东半岛蓝色经济区的资源利用空间,推动山东半岛蓝色经济区经济文化的一体化融合发展;另一方面,博大精深、开放创新的蓝色海洋文明为山东半岛蓝色经济区发展提供了精神动力、智力支持和价值引领。

一　海洋文化资源拓展山东半岛蓝色经济区的发展空间

　　西方著名经济学家 M. Porter 提出,经济发展一般要经过要素驱动阶段、投资驱动阶段、创新驱动阶段和财富驱动阶段四个阶段。要素驱动阶段,经济发展的主要驱动力来自于廉价的劳动力、土地、矿产等资源;投资驱动阶段,以大规模投资和大规模生产来驱动经济发展;创新驱动阶段,以技术创新为经济发展的主要驱动力;财富驱动阶段,追求人的个性的全面发展,追求文学艺术、体育保健、休闲旅游等生活享受,成为经济发展的新的主动力。当前,国际国内经济发展的形势表明,世界经济发展正处在技术创新阶段和财富驱动阶段的临界点上,意味着第三产业将进一步分化,文化产业大发展的繁荣时代已经到来。

(一)　蓝色海洋文化的内涵与特征

　　海洋文化是指人类源于海洋而创造的文化,是相对于大陆文化的一种文化现象。广义上海洋文化是人类在认识、把握、开发、利用海洋的社会

实践过程中形成的精神成果和物质成果的总和，包括一切涉海活动的物质文明与精神文明成果。狭义上是人类有关海洋的意识、观念、思想、科学、技术、文学、艺术、生活方式等与海洋互动关系的文化现象反映，是一种集海洋自然属性与海洋社会属性共相融汇的文化结晶。

涉海性是海洋文化的自然特征，开放性、包容性和开拓性是它的文化价值特征。

（二）海洋文化资源拓展了蓝色经济区的发展空间

山东半岛蓝色经济区海洋文化源远流长，崇商重利，深具开放进取性，在发展中不断吸收现代文明的成果，是山东当代先进文化的重要体现。

1. 海洋文化为山东半岛蓝色经济区发展提供资源利用空间

展望全球和国内，一个国家或区域发展的竞争，已经从农业资源与产品的竞争，转到工业资源与产品的竞争，再到文化资源与产品的竞争，这是经济发展中资源利用、生产成本、效率和效益的必然选择，也是当今时代世界经济发展的重要特征。

山东半岛蓝色经济区矿产资源丰富，农业经济发达，工业经济基础雄厚，产业体系基本完善，综合配套水平较高，是我国东部最发达的经济区域之一，已经进入到工业化中后期阶段。但是依赖传统资源发展模式的刚性制约和环境保护的压力愈来愈成为传统工业发展模式不可逾越的瓶颈。在继农、牧、副产品和工业产品的竞争发展之后，进入文化产品的竞争阶段，已经成为整个世界经济发展的必然趋势。

山东半岛是海洋大省，海洋文化历史悠久，灿烂辉煌，是中华民族海岱文化的重要发祥地，也是"海上丝绸之路"的海上起点之一。距今6500年的长岛县大黑山岛北庄古人类遗址，代表了最早的中国海洋文明发展成就，也是山东海洋文化的重要渊源。山东半岛的齐文化集中体现了最早的中国海洋文明发展成就，创造了一个鼎盛的海洋文化繁荣期，呈现出以革新性、开放性和包容性为内核的海洋文化特征。

自古以来，山东半岛的经济发展，因地制宜，因时变革，依据沿海地理优势，重视海洋资源开发，传承、弘扬海洋文化，直接推动了现代蓝色文明的产生。山东半岛开放包容的气质和开拓进取的精神集中表现在对海洋的探索和利用上。隋唐时期开辟的北、东、南三条航路，使山东的对外联系拓展到了亚洲海岸，宋元时期海上交通网络不断发展，明清时期官民共举开拓航线。畅通无阻的航道，搭建起了与外界联系的桥梁，表达了与外界交流的愿望，体现了海洋文化的开拓性。

山东半岛自古便有兴"鱼盐之利"、"舟楫之便"的传统，浓厚的商业气息契合了现代市场经济要求，蓝色海洋文化的商贸意味比较浓厚，一直以海洋商贸著称于世。沿海林立的港口为内陆地区发达的农业和手工业提供了商贸活动充足的场所条件，商品流通业由社会再生产中的末端行为上升为先导行业。蓝色海洋文化促进了人们商贸意识的形成和对商业地位的重视，山东半岛成为山东外向程度最高、经济最活跃、市场最发达的地区。

山东半岛海洋文化资源丰富多彩，类型多样，旅游资源、非物质文化遗产资源、文物资源品位高、密集度高，成为我国沿海地区蓝色文明与海洋文化的重要发源地和发达地区。特别是海洋文化资源历史积淀深厚，具有可重复开发利用、增值性强、低耗无污染的特点。以产业为手段充分发展文化经济，以海洋文化为资源按照工业体系组织产业化生产，向社会提供丰富的文化产品和服务，满足人民群众日益增长的精神文化生活需求的同时，培育新的产业发展优势，实现新一轮的结构性增长和可持续发展目标，已经成为山东半岛蓝色经济区未来经济发展的必然趋势。

在新的历史发展时期，蓝色海洋文化资源为山东半岛蓝色经济区的发展开拓了新的资源利用空间，为建设经济文化强省，实现科学发展、和谐发展、率先发展、又好又快发展奠定了坚实基础。

2. 山东半岛蓝色经济区的文化产业发展空间

文化产业是从现代服务业中分离出来的新兴产业，是涵盖国民经济多行业、跨部门、宽领域的交叉集群型产业，在内容和形式上表现得复杂而多样，应该在山东半岛蓝色经济区的产业结构和产业发展中具有重要战略地位。

（1）文化产业的门类

按照联合国教科文组织的定义，文化产业是"按照工业标准进行生产、再生产、存储以及分配文化产品和服务的一系列活动"。按照国家统计局制定的《文化及相关产业分类》（2004），"文化产业是指为社会公众提供文化、娱乐产品和服务的活动，以及与这些活动有关联的活动的集合"。

按照文化产业的流程分类，其结构和范围主要包括：

国家统计局的《文化及相关产业分类》（2004）把文化产业分为核心层、外围层和相关层，共包括 9 个大类、24 个中类、80 个小类（见图 14—1 和表 14—1）。

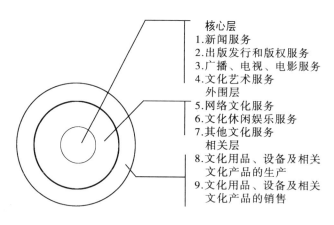

图 14—1   **文化及相关产业分类**

表 14—1   **国际标准产业分类**   （第三版，部分）

国际标准产业分类（第三版）	文化内容发源	书籍、音乐、报刊和其他相关资料的出版、软件咨询和供应、广告业、摄影活动、广播电视、戏剧艺术、音乐和其他艺术活动
	文化产业制造	电子元件制造、电子广播发射器和电话机装置的制造、电视广播接收器、磁带、录像机装备和附件的制造、光学仪器和摄影仪器的制造、乐器的制造
	文化内容的复制和传播	印刷业、录制媒体的再生产、电影和录像的制造与发行、电影放映
	文化交流	其他娱乐业、图书馆和档案活动、博物馆活动、历史遗迹和建筑物的保护

(2) 文化产业对经济增长的贡献率不断提高

山东省文化产业的快速发展对全省经济增长的贡献率和拉动力呈现逐年增大趋势。2006 年全省文化产业实现增加值 604.4 亿元，占 GDP 的 2.74%；按可比价格计算，比上年增长 13.3%，对经济增长的贡献率为 2.5%，拉动经济增长 0.3 个百分点。2007 年全省文化产业实现增加值 714 亿元，占 GDP 的 2.75%；按可比价格计算，比上年增长 15.5%，对经济增长的贡献率为 3%，拉动经济增长 0.4 个百分点。2008 年全省文化产业实现增加值 857.9 亿元，占 GDP 的 2.76%；按可比价格计算，比上年增长 13.1%，对经济增长的贡献率为 3.0%，拉动经济增长 0.36 个百分点。

从全国各省市的文化产业发展规模来看，发展速度亦呈现加快的趋势，具有巨大的增长空间。广东文化产业规模总量居全国之首。2008 年全省文化产业增加值为 2720 亿元，比上年增长 13.8%，连续 5 年名列各省市之首，占全国的比重超过 1/4。文化产业已成为广东一个重要产业门类和国民经济新增长点，连续 5 年年均增长率为 14.6%。广东已经初步形成较完整的产业体系，包括新闻出版业、广电服务业、文化娱乐业、会展业、广告业、旅游业、电子信息业、文化产品和设备制造业等。2008 年，江苏文化产业增加值为 800 亿元，比上年增长 36.2%，占 GDP 的比重由 2004 年的 1.72% 提升至 2.6%，连续 3 年保持近 30% 的增速。2007 年，浙江文化产业增加值为 595.93 亿元，比上年增长 18.8%，占 GDP 的比重为 3.2%。文化产业成为云南省新的经济增长点，正发展成为继烟草、有色金属、旅游等五大产业之后又一个新兴支柱产业，并创造了引人注目的"云南现象"，有力推进了云南省文化的大繁荣、大发展。2008 年，全省文化及相关产业增加值由上年的 262.9 亿元增加到 300 亿元，增长 14.1%，占全省 GDP 总量的 5.8%。

二　海洋文化资源开发顺应山东半岛蓝色经济区可持续发展的要求

(一)　海洋文化资源开发具有不可比拟的优势

传统的经济增长方式主要依靠大量的土地、工业资源消耗和资本的投人来实现产值与利润增长，深受资源的刚性制约，更带来一系列的环境问题，如空气污染、水系污染、臭氧层破坏、物种减少等。山东未来经济的可持续发展必须依赖开发可以再生、不会造成污染的生产资源，从而转变经济增长模式，优化产业结构，发展壮大内源性经济。

海洋文化资源是一种活的资源，不但可以反复使用，而且会在使用过程中不断积累和增值，是更为宝贵而且可以反复利用而不枯竭的资源。人类精神文化需求的无限弹性与文化资源开发的无限弹性，使得文化经济可以突破传统经济的资源、环境压力所带来的发展极限，使经济的可持续发展变为可能。海洋文化资源的开发和利用，减轻了经济发展对自然资源的利用和掠夺，减少了污染排放对环境构成的压力，一定程度上解除了资源、环境对经济发展的制约。

正因为如此，全球最著名的思想库之一——罗马俱乐部主席佩恰依在谈论"增长的极限"时指出，"未来的发展只能是文化的创造"。

（二）海洋文化产业是更具可持续发展能力的经济类型

海洋文化经济因其本身的创新性、文化性而具有较高的附加值、较高的投入产出比和经济效益。海洋文化要素以其文化内涵、文化构思、文化形象、文化象征、文化创意的方式渗透融入文化产品之中，极大地提高了海洋文化产品的附加价值。

文化含量已经成为物质产品价值的重要构成要素，尤其在当今文化内涵广泛融入包括物质生产在内的一切人类活动的时代，文化因素已变为产品品质的决定性力量。文化经济不仅打破了人类的资源依赖和经济的物化形态，还创造出文化资源无限利用、循环利用的经济形态，具有非损耗性和高增值性特征，保证了海洋文化经济持续发展的可能。

（三）海洋文化产业满足了人类不断提高的精神需求层次

工业革命和技术革命极大地提高了生产力水平，不断为人类强化着物质基础，同时使人类不断追求精神生活的富足。在当代社会，大众消费呈现出由实用功能型消费向文化审美型消费转变的明显趋势，人们购买商品不仅仅是为了满足物质需求，更是满足一种文化审美需求、一种精神享受的需要。海洋文化经济通过不断扩大的精神文化产品生产和文化性服务提供，满足了人民群众日益增长的精神文化生活需求。

三　海洋文化产业是山东半岛蓝色经济
区产业结构升级的必然选择

（一）海洋文化产业促进了经济发展模式的转变

海洋文化经济的发展促进社会经济发展从原来粗放的劳动资本密集型向集约化的技术密集型，再到文化导向型的转变。

文化经济既强调经济发展的数量和规模，又注重经济发展的质量和效益；既强调经济发展的外延，又注重经济发展的内涵；既强调经济发展的物质层面，又注重经济发展的文化品位。文化经济的基础是高速发展变化的高新技术和雄厚的物质基础，文化经济的动力和源泉是体现经济发展内涵的文化精神，主要靠信息、知识、智力等文化因素来推动经济的增长。文化要素将超越土地、人力、资本和自然资源等生产要素而成为新的经济增长动力与源泉。从山东省的情况来看，文化产业的快速发展对全省经济增长的贡献率和拉动力呈现逐年增大趋势（见图14—2）。

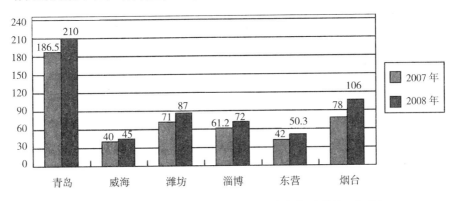

图14—2　山东省部分市文化产业增加值变化（单位：亿元）

（二）海洋文化是构成现代产业升级发展的重要因素

现代经济结构发展的一个显著特征就是由过去的刚性结构逐步向柔性结构转化，即从主要生产重、厚、长、大的重型化硬件产品，向高效、智能、知识化、信息化的软件化产业结构过渡。

文化经济是以无形、智能化的知识、艺术和精神服务活动为主要特征的软产业。在现代商品生产中，文化因素在经济发展中通过提高知识、文化、艺术等无形的软投入，增加现代商品中的文化附加值，降低资源、能源、资金等有形的硬投入，从而软化经济基础，优化经济结构，增强经济的可持续发展能力。

（三）文化与经济的一体化是当今世界经济发展的重要趋势

文化的经济化，是指文化进入市场，进行产业化生产，文化中渗透经济的、商品的要素，将文化的产业属性和商品属性解放出来，使文化进入当代经济发展的整体机制之中，文化产业成为整个国民经济的支柱产业。

经济的文化化，是指文化、科学技术、信息乃至心理的要素在现代经济发展中越来越具有重要作用。文化经济的形成使文化不再仅仅是社会经济发展的精神动力和智力支持，文化在经济社会发展过程中的导向、调适、保障功能越来越重要，正在成为经济社会发展的战略资源和强大生产力，已作为一个独立的经济成分和产业升级标志，成为经济现代化的重要组成部分，成为山东半岛蓝色经济区综合竞争力的重要组成部分。

四　推动山东半岛蓝色经济区文化产业发展的主要思路

（一）总体发展思路

充分发挥山东半岛丰富的海洋文化资源优势和产业基础优势，以沿海七市为前沿核心区，突出蓝色文明和海洋文化特色，努力建设我国高端文化产业聚集区、创意文化产业高地、文化体制改革先行区、国际海滨旅游目的地、参与国际文化竞争的重要增长极，推动文化大发展大繁荣，为建设经济文化强省、服务全国发展大局作出贡献，成为新时期国家文化产业发展的重点示范区。

（二）主要对策措施

1. 创新观念，切实增强海洋文化的发展活力

山东半岛因海而生，自古就受到海洋文化的滋养，具有明显的海洋文化特色。山东半岛蓝色经济区应从区域发展战略的高度，根据历史发展的自然景观、人文景观、区域经济环境等特质，通过系统分析、科学论证、

战略决策，树立建设海洋城市群、海洋文化名城的观念，力争用 10 年的时间，将山东半岛建成以中外海洋文化交流的窗口、现代海洋文化人才荟萃的中心、海洋文化艺术精品的基地、海洋文化产品交易的市场为主要内涵的国际海洋文化中心。

2. 科学编制文化产业规划，重点突出海洋文化特色

尽快制定山东半岛蓝色经济区文化产业发展规划，规划应弱化行政区划概念，突出"山东半岛蓝色经济区"的概念。通过规划，阐述海洋文明在半岛蓝色经济区发展中的作用，明确半岛蓝色经济区的文化产业发展目标、产业布局、各地的分工和定位，并合理纳入各地方发展规划，使海洋文化产业成为山东半岛蓝色经济区发展的一个新的增长点。

3. 充分利用高新技术推动文化产业行业结构优化

积极采用数字、网络等高新技术和现代生产方式，改造传统的文化创作、生产和传播模式，提高文化产品和服务的科技含量，延伸服务领域，拓展服务内容。大力发展文化创意、文化博览、动漫游戏、数字传输等新兴产业，推动传统媒体与互联网、移动通信的互动融合，促进文化产业与教育、信息、体育、旅游等相关产业联动发展。提升研发能力，积极开发具有自主知识产权的核心技术，努力抢占文化科技竞争的制高点，推进山东半岛蓝色经济区文化产业升级。

4. 促进蓝色经济区文化企业多种方式的合作发展

开展跨地域合作，突破管理体制限制，实现小成本大发展，互利共赢。在销售环节，可以实现销售渠道共享。在生产环节，可以通过协议进行联合采购，降低采购费用。在资本环节，可以共同出资或互相参股建立跨地区文化企业，解决文化产业资金缺乏难题。在宣传环节，可以地域整体形象出现，共同负担广告费用。建立半岛报业联盟，实现报社之间信息资源和销售渠道的共享。

5. 整合半岛蓝色经济区文化产业园区、基地资源

山东半岛蓝色经济区内各种文化产业园区林立，文化产业基地名目繁多，应对有限的资源进行优化配置，集中使用，在半岛蓝色经济区重点打造几个位置优越、设施完善、竞争力强的大型文化产业园区，成为文化企业的孵化器和发展平台。

6. 培育统一、开放的半岛蓝色经济区文化市场体系

促进山东半岛蓝色经济区内的文化市场整合，集中优质资源重点打造一批规模巨大、设施完善、在全国有影响力的特色文化产品市场和要素市场。半岛蓝色经济区的文化要素市场发展相对缓慢，资本、技术、人才仍然是文化企业发展的主要瓶颈。在政策支持下，尽快建立起完善的文化要素市场，促进文化要素的自由流动和优化配置，是山东半岛蓝色经济区产业融合发展、快速做强的重要保证。

7. 实施文化产业大集团带动战略

文化产业大集团是融资投资的行业主体、技术创新的主要来源、文化产业大项目的承担者、产业发展的引领者、产业标准的制定者、产业集群的孕育者，对文化产业发展具有强大的引领带动作用。要进一步巩固山东半岛蓝色经济区原有文化产业集团的优势地位，对于文化产业相关层的海尔、海信、晨鸣纸业、青岛印刷厂等行业"领头羊"，通过优惠政策扶持和优化发展环境，使之进一步做大做强，打造成国际文化产业旗舰。

8. 实施文化产业大项目带动战略

积极实施重大项目带动发展的措施，形成集聚发展、规模发展的良好局面，进一步提升山东半岛蓝色经济区文化产业发展质量。通过放宽准入、简化审批手续吸引社会力量参与重大文化产业项目建设，着力促进北京电影学院青岛创意媒体学院、蓬莱山东文化产业学院、青岛开发区唐岛湾游艇会、青岛北大创意科技园区、日照奥林匹克水上公园、潍坊文化创意园区、沿海温泉海水开发、恐龙谷地质公园建设、青岛国际游轮基地建设、沿海旅游港口码头工程等一大批重点文化产业项目的招商引资和施工建设，促进文化生产要素集聚，实现山东半岛蓝色经济区文化产业走上规模化发展的道路。

9. 推动半岛蓝色经济区文化体制改革实践先行

山东半岛蓝色经济区作为文化经济发展的实验区和先行区，要切实增强深化文化体制改革的责任感、使命感，进一步深化新闻、出版、文艺院团新解放思想、转变观念，以海洋文化的创新改革意识，增强改革发展的自觉性、主动性和创造性，积极推动文化体制改革取得实质性进展，促进半岛蓝色经济区文化产业的发展，为全国文化体制改革创造新的经验。创新文化管理体制，转变行政职能，实现由单纯行政手段管理向综合运用行

政、经济、法律等手段转变，创造良好的市场环境。探索公益性文化社会办、经营性文化市场化的新路子。探索经营性文化单位体制改革新途径，推进除党报外的其他非时政类报刊进行整体转企，积累有益经验，进一步深化新闻、出版、文艺院团文化体制改革。

10. 探索公益性文化事业单位发展新思路

推动公益性文化事业单位脱离与文化主管部门的行政隶属关系，实现人事、财政与运营的相对独立。创新服务方式，加大政府对公共文化的投入力度，推行公共博物馆、纪念馆、美术馆、科技馆、图书馆免费开放，扩大先进文化产品的影响力与辐射力。

五　重点发展山东半岛蓝色经济区的优势海洋文化行业

（一）文化旅游业

山东半岛蓝色经济区旅游资源丰富，类型多样，海、岛、岸、山、城融为一体，文化底蕴丰厚，形成了集古代东夷文化、莒文化、齐文化、蓬莱神仙文化、秦汉东巡文化、宗教文化、胶东民俗文化与近代西方文化等多元文化为一体的山东海洋文化，并由此构筑了一系列具有较高品位的自然和人文旅游景观。目前，山东半岛蓝色经济区文化旅游已形成了一些特色鲜明、功能完善、设施配套的历史文化景区和旅游线路，如以潍坊市区为中心，以风筝、杨家埠木版年画、民俗风情为主体的齐鲁民俗旅游区，以青岛、威海、烟台、日照海洋文化为特色的黄金海岸旅游区等。黄金海岸是山东省传统两大精品旅游线路之一，山东省现有的 16 个旅游度假区中，有 13 个位于黄金海岸线上。今后山东半岛蓝色经济区文化旅游的发展，必须遵循现代旅游业发展规律，深入挖掘旅游资源，重新设计定位。一是把握重点，凸显滨海旅游产业特色。重点打造滨海休闲旅游产品集群，建设高标准滨海度假酒店群，建设滨海旅游度假连绵带，发展海上游艇、游轮旅游和海岛旅游。二是优化环境，加快交通等基础设施建设。加大航班密度，加快旅游机场建设，发展完善高速高铁，着力推进海上航线和港口码头建设。三是强化支撑，加强旅游重点项目建设。加大投入，提升滨海旅游业的档次和水平，优化投资结构；鼓励各类所有制的企业投资旅游业；突出地方特色，打造差异化的旅游产品。四是借势发展，实现滨海旅游与其他产业互动共融。五是增创优势，促进旅游与文化、生态完美结合。充分发挥旅游业作为文化载体的功能作用，把滨海旅游和齐鲁优秀文化结合起来，把文化旅游作为一个整体概念进行形象塑造和对外宣传。

（二）节庆会展业

会展业在拓展市场、引导消费、传播文化、树立城市形象等方面发挥着越来越重要的作用。山东半岛蓝色经济区会展业发展迅速，基础设施比较完善。山东省已有会展场馆 35 个，除济宁、泰安和聊城外，各市都建设了会展中心，如青岛国际会展中心、威海国际展览中心、潍坊富华国际展览中心、烟台国际博览中心、淄博国际会展中心等。会展活动初现品牌效应，中国国际消费电子博览会、中日韩产业交流会、中国（寿光）国际蔬菜科技博览会、APEC 中小企业技术交流暨展览会、中国国际航海博览会、中国林产品交易会、鲁台经贸洽谈会暨海峡两岸制造业博览会、中国（淄博）国际陶瓷博览会、烟台国际果蔬食品博览会等，影响力越来越大，吸引了越来越多的中外企业参展。大型节庆活动快速升级，青岛国际啤酒节、潍坊国际风筝节等已经成为国际知名度较高的节庆活动，中国威海国际人居节、烟台国际葡萄酒节等节庆活动也已经成为国内较有影响的节庆活动。山东半岛蓝色经济区会展业仍然存在许多问题，诸如核心竞争力不突出，举办展会的层次不高，经营管理和营销竞争乏力，市场化运作能力弱，场馆利用效率低等。进一步提升会展业的竞争力水平是促进山东半岛蓝色经济区会展业发展的主要方向。一是增加新科技的使用，提高办展效率和展会吸引力；二是拓展会展业务的新领域，注重对新经济的介绍；三是加快会展资源整合，加快会展中心城市培育；四是重点培育优势会展项目，发展大型会展集团，加强国际合作，形成蓝色经济区会展品牌；五是完善会展业行业协会建设，发挥其服务功能；六是努力提高会展机构整体素质，培育具有国际竞争力的会展企业，发挥蓝色经济区各地市的整体优势，联合举办，互相参与支持，共同对外宣传，共享信息资源，最终实现互利共赢。

（三）动漫游戏业

动漫游戏产业是新兴文化产业门类，代表了文化产业的未来发展趋势，市场前景广阔。自 2000 年文化产业概念由地方实践进入中央文件以后，我国文化产业主管部门文化部（含国家文物局）、国家新闻出版总署、国家广播电影电视总局陆续认定命名一批文化产业基地，全国兴起基地建设热潮。基地建设重点从网络游戏研发生产向动漫创意产业方面扩展，形成了基地建设"产、学、研"一体化发展。山东省的三家分别是被国家新闻出版总署授予"国家动漫产业发展基地"的济南齐鲁动漫游戏产业基地，位于青岛慧谷（市南）软件园的"国家动漫创意产业基地"和烟台市芝罘区的"烟台国家动漫产业发展基地"。山东半岛蓝色经济区动漫游戏产业虽然起步时间不长，但发展迅速，已经形成了一定基础。集约化建设成效明显，产业基地和园区成为动漫游戏产业发展的依托。青岛市加大项目培育与引进力度，努力建设集动漫、网络游戏与创意文化产业于一体的集聚区，先后建成青岛软件园和青岛创业园，已有多家动漫企业进驻，青岛市目前共有各类软件开发、网络游戏和动漫企业 450 余家，从业人员 1.6 万余人，2007 年全市动漫、网络游戏及相关衍生品共实现销售收入约 8.5 亿元，产业优势比较明显。烟台市芝罘区国家动漫产业基地凭借完善的基础设施和优惠政策，已成功吸引几十家动漫游戏制作企业，形成了一定的集群优势，截至 2007 年 12 月，烟台已注册的网络动漫及相关配套企业达 320 多家，影视动漫年制作能力超过 4000 分钟，年制作费用投入在 1 亿元以上，创作了《伊索寓言》、《晶莹小子》等优秀作品。山东半岛蓝色经济区动漫游戏产业已经具备了发展的良好外部环境，未来的发展主要依靠企业自身修炼内功，坚持集群化和国际化两大发展战略，抓住品牌和人才两大关键因素。首先，推动动漫企业构筑完整产业链。动漫游戏产业利润主要来自衍生产品，引导动漫企业在打造原创品牌形象的基础上，开发图书期刊、音像制品、儿童玩具、少儿时装、学生文具、日用商品、娱乐设施、游艺场所等相关衍生产业；其次，坚持走集群化道路，提高产业园区建设质量。重点搞好周边地区的绿化环境、服务环境和文化环境建设，要合理规划、科学布局，防止盲目跟风，避免重复建设；再次，实施国际化战略，充分利用区位优势。日、韩与山东邻近，联系密切，动漫产业先进。充分利用大型节庆、会展、赛事的带动作用，提升山东半岛蓝色经济区动漫产业的影响力。积极推动动漫企业走出去，扩大双边合作。最后，加快动漫游戏人才的培养。尽快完善动漫游戏人才的培育、流动和激励机制，充分调动网络文化企业、科研院所、行业协会、职业教育、职业培训等单位和机构的积极性，形成网络文化产业技术人才培育体系，重点培养复合型、创新型、技能型和操作型人才。

（四）新闻出版业

山东半岛蓝色经济区要以体制改革为动力，快速推动新闻出版业发展。青岛新闻网所属经营部分转企成立青岛新闻网络传播有限公司，青岛出版社教育出版中心转企成立青岛教育出版传媒有限公司。青岛新华书店集团有限责任公司进行了二次改制，建立了现代企业制度。青岛人民印刷厂全面改制，成立了青岛人民印刷股份有限公司，于 2007 年 8 月 8 日在美国纳斯达克创业板成功上市，成为山东省第一家登陆美国资本市场的上市文化企业。烟台日报传媒集团在改制中积极探索，形成了"两种体制"、"三种机制"的模式，成为体制改革的典型。体制改革激发了活力，新闻出版实力快速增长。烟台日报传媒集团现拥有八报三刊六网一社 18 个媒体、15 家控股公司、2 家参股公司，2007 年总资产 2.45 亿元，总收入 2.82 亿元。2007 年青岛日报报业集团总收入 4.04 亿元，青岛新华书店集团公司图书销售额达到 7.6 亿元。新闻出版业在跨行业、跨地域、跨所有制的多元化经营中不断突破创新。2007 年 7 月 12 日，青岛、日照、潍坊、威海、烟台、淄博六市报社代表，正式签署协议，成立山东半岛报业联盟，创办《今日胶东》专刊，成为山东半岛发行量最大的平面媒体。未来山东半岛蓝色经济区新闻出版业竞争力的提升，要以体制改革为突破口，依靠龙头企业带动，依靠科技提升，完善市场体系，推进管理体制改革。报社应坚持整体转制，建立完整意义上的现代企业制度，管理体制由内部行政控制转向外部法律监管。要以市场为导向，以资本和业务为纽带，通过优势企业进行跨行业、跨地区扩张兼并、强强联合，建成一批拥有自主知识产权和创新能力、主业突出、核心竞争能力强的大型新闻出版集团，带动新闻出版业竞争力的提升。要以政府为主导，通过政策支持，多方融资，打造以青岛为龙头的山东半岛包装装潢印刷基地。树立创新理念，以内容创新为根本，迎接信息时代的挑战，利用信息技术的成果，发展新的业态形式和盈利模式。

（五）民俗文化产业

山东半岛蓝色经济区在长期的历史进程中，形成了以齐文化为发展源头，以潍坊、淄博为核心圈层，辐射全省、丰富多彩的民俗文化。潍坊风筝、寒亭杨家埠木版年画、昌乐蓝宝石、唐吾乐器、临朐奇石、临朐红丝石砚、高密剪纸、扑灰年画、泥塑、东李红纸等已经成为文化产品品牌；淄博陶瓷琉璃、仿古蹴鞠、淄砚、鼻烟壶内画、刻瓷、周村丝绸、草编、手工地毯等具有浓郁地方特色的文化艺术产品和五音戏、聊斋俚曲、孟姜女传说、牛郎织女传说等非物质文化遗产声名远播；日照市农民画、黑陶等民间工艺享誉中外，龙舞、旱船舞等民间舞蹈形式活泼，满江红、渔民号子等民间音乐古朴抒情，吕剧、茂腔等传统戏剧深受欢迎。目前这些内容丰富但分布散乱、实力弱小的民俗文化资源，需要大力挖掘、整合与提炼，形成具有相当规模的产业体系和知名的产业品牌。一是加强蓝色经济区民俗文化资源的研究与挖掘。进一步丰富民俗文化产品内涵的深度，开发形成具有蓝色经济区民俗文化特色的民间艺术系列产品。二是加大对民间民俗产品的扶持力度。文化部门要加强和引导对非物质文化遗产的普查保护和市场开发，建立非物质文化遗产档案和数据库，鼓励和支持非物质文化遗产项目的展览和演示活动，加强对优秀传统文化典籍、技艺的推介、演示和讲授。三是重点打造蓝色经济区非物质文化遗产著名文化产品品牌。以文化创意为基础，以蓝色经济区丰富的非物质文化遗产为基本资源，结合时尚流行文化元素，创造丰富多彩的具有自主知识产权和文化特色的内容产品，形成在国内外影响广泛的"齐鲁蓝色风"新民俗文化潮流。利用数字化技术，对历史悠久、具有鲜明地方特色的蓝色经济区非物质文化遗产项目，进行市场开发、策划包装、宣传营销，促进优秀传统文化资源的产业化经营。四是积极推动蓝色经济区古玩书画和工艺品市场建设，打造青岛文化街、潍坊书画市场、淄博陶瓷琉璃市场等区域文化市场流通中心，促进民俗文化产品的流通。五是鼓励社会资本兴办古玩书画和工艺美术产品生产企业，通过规模化、集约化方式，整合生产要素，扩大生产能力，打造龙头产品，形成辐射全国、面向海外的蓝色经济区民俗工艺品生产基地。

（六）文化演艺业

山东半岛蓝色经济区在文化产业的发展中，一直重视演艺产业的培育，形成了《蔚蓝青岛》、《仙境蓬莱·和之魂》、《梦海》、《梦海精粹》、《梦乐园》、《印象日照》、《大河长歌》、《国色天香》等一批体现地方文化特色的优秀演艺剧目。但这些演艺节目普遍存在着形式单调、市场化程度低、社会影响力小、经营不佳、效益不高等问题。针对这些问题，应进一步从以下几方面进行改革与整合。一是加快艺术院团体制改革。推进一般艺术院团的转企改制，建立现代企业制度，完善法人治理结构，使其成为自主经营、自负盈亏、自我发展的市场主体；不断深化事业体制院团的劳动、人事、分配和管理制度等内部机制改革，强化经营意识，增强发展活力，提高公共文化服务能力和水平。二是创新文化领域投融资体制。鼓励文艺院团通过项目合作、项目融资等多种方式吸纳社会资本，打造演艺品牌。吸引企业、个人和外资等投资演艺业，形成合作、股份、民营、中外合资等多形式、多渠道、多层次共同发展演艺业的格局。三是促进演艺业与相关产业的融合发展。推动文化演艺业与旅游业的结合，把旅游作为演艺娱乐的重要平台，根据游客的不同需求，进行市场细分，创作推出题材多样、规模多样、品牌多样的精品剧目。推动文艺院团与旅行社、旅游景点在票务营销、市场推广、品牌运营方面进行深度合作，打造实景类、景区综合类、巡演类、剧院类等新旅游演艺业态。积极发展庆典演出，注重挖掘本土资源，根据庆典活动的规模、性质，打造主题鲜明、特色突出、不同观众都能欣赏的演艺节目。四是创新演出渠道模式。组建艺术院团、演出中介、演出场所和演艺公司自愿加盟，对演出项目统一编排、统一营销、统一巡演、统一开发，按照市场需求定制、配置演艺节目的演艺联盟；探索通过收购、承包、兼并、重组等各种方法，促进演出场所连锁经营的院线制；依托全省主要新闻网站和商业网站，开设演艺新闻、娱乐资讯、在线售票、项目招商、交流合作等栏目，及时发布演艺信息，提供相关资源和合作商机国内部分著名旅游演艺项目，搭建信息共享平台（见表14—2）。

表 14—2　　　　　　　　　国内部分著名旅游演艺项目

主要指标	刘三姐	丽水金沙	时空之旅	禅宗少林	梦海
期间（年）	3	6	2	0.7	3
场次（场）	约1000	约4100	700	116	400
收入（亿元）	1.8	2.2	0.3	0.02	基本盈利
观众（万人）	194	240	65	17	3

（七）文化创意产业

文化创意产业包括文化产业中的内容产业部分（书报刊、影视节目、演艺剧目、动漫游戏、艺术品等的生产创作活动）和其他创意产业部分（工业产品、流程设计，建筑工程设计，软件设计等），将在增强自主创新能力、产业结构调整优化、建设节约型社会中占据主导地位。山东半岛蓝色经济区在发展文化创意产业中具有巨大优势，目前已经形成了青岛创意100产业园、芝罘区文化创意产业园、潍坊西街68创意产业园等文化创意产业园区，培育了动漫游戏、数字影视等新兴创意产业业态，形成了海尔、达尼画家村等知名创意企业，吸引聚集了大批优秀高端创意产业人才，并且有着广阔的消费市场。今后需要进一步加大规划和扶持力度，把山东半岛蓝色经济区打造成文化创意产业集聚区和全国高地。一是做大做强创意市场主体。推动国有创意企业快速完成改制工作，实行跨地区、跨行业、跨所有制的兼并重组，成长为大型创意产业集团。鼓励社会资本积极进入创意产业，参与国有企业的重组改造，推动创意产业的繁荣发展。建立文化科技创新体系。二是充分发挥高等院校和科研院所的作用，培养文化创意人才，创新文化创意理论，多出文化创意科研成果，建立起以企业为主体、市场为导向、产学研相结合的文化科技创新体系，带动企业走自主创新的道路，实现由"山东制造"向"山东创造"的转变。三是搭建创意产业支撑平台。规划建设一批创意产业集聚区，促进创意产业分工协作体系的建立。创建互联网创意信息资源共享平台，促进信息的交流与共享。建立创意人才储备库，为创意产业发展提供智力支持和人力资源保障。四是加强扶持力度。由政府部门牵头组织青少年创意大赛、广告创意设计大赛、国际动漫艺术节、国际创意设计大会等节会活动。实施"创意山东行动计划",出台针对创意产业发展的优惠政策。完善创意产业知识产权保护体系,严厉打击各类侵犯创意产业自主知识产权的行为,促进市场健康发展。

(八)文化制造业

文化制造业是指文化用品、设备及相关文化产品的生产与销售,主要包括乐器、玩具、游艺器材及娱乐用品、机制纸及纸板、手工纸、信息化学品、照相机及器材、印刷专用设备、广播电视设备、电影机械、家用视听设备、复印和胶印设备及工艺美术品、摄影扩印服务等。这些行业虽然处于文化产业的相关层,但增加值却占到文化产业全部增加值的一半。山东半岛蓝色经济区作为东北亚制造业基地,也是我国文化制造业中心。青岛文化产品出口三年累计达到 124 亿多元,其中青岛世正乐器有限公司钢琴出口量连续三年位居全国第一。"海尔"、"海信"作为家用视听设备制造品牌,在中国甚至在全世界都享有很高的声誉。目前山东半岛蓝色经济区文化制造业面临的最大困难是金融危机的冲击。从统计数据看,金融危机对山东文化产品的出口影响较大。2008 年 1—10 月,山东省体育、文化和娱乐服务出口规模仅有 1069 万美元,同比下降 59.4%。山东省文化出口产品较大的门类主要是游戏机、工艺美术品、乐器、圣诞礼品、图书、音像制品等,其中烟台鸿富锦、青岛三美是出口规模较大的大型游戏机生产和出口企业,目前产品的出口数量已经出现锐减。全省工艺美术品制造(减少 9900 万元)、玩具制造(减少 2000 万元)、照相机及器材制造(减少 2000 万元)、复印和胶印设备制造(减少 1400 万元)等行业出现明显效益减少。必须采取有力措施,摆脱金融危机的影响,实现文化制造业的平稳增长。首先,积极开拓农村市场,扩大内需。其次,在产业链的打造上,制造商要着重与经销商建立价值共生的关系,上下游产业链形成一个生态体系。再次,加强自主品牌的建设,不断提高核心竞争力和抗风险能力。最后,加强行业公共服务平台的建设,进一步完成行业的规划、技术的公关和交流等,努力提高行业的公共服务能力,为行业健康发展提供支撑。

六 全面强化海洋文化对山东半岛蓝色
经济区发展的精神引领作用

放眼世界历史，西方强国的兴起，无一不是通过海洋走向辉煌与成功。世界各国强弱的更替，虽然有着各种各样的原因，但有一条普遍规律，就是一个具有海洋意识的民族才能走向强国之路。当前，世界各国在海洋经济、科技、资源、海权力量等领域的竞争，实质上是海洋文化的竞争。不同的海洋思维、海洋意识、海洋观念等海洋文化因素，决定着竞争的最终成败。

（一）海洋文化为提高蓝色经济区核心竞争力提供不竭动力

我国已经进入区域化竞争的大潮中，一方面，表现为资金、人才和市场的竞争；另一方面，独具特色的文化是一个地区在综合竞争中巨大的优势和不竭动力。海洋文化代表了一种先进的文化意识，经济的发展需要文化提供精神动力、智力支持和价值引导。树立正确的海洋发展意识，不断创新海洋经济理论，在半岛蓝色经济区的发展中，始终贯彻"海陆统筹"、"陆海联动"、"集成创新"的基本发展思路，始终坚持"科技为先导，发展与保护并重"的原则，不断推动"文化经济一体化"的理念实践，最大限度地提高海洋资源的使用效率和海洋经济效益。加快海洋经济发展，就必须建设海洋文化，使海洋经济能够在海洋文化的大背景下，促进一体化融合发展，在丰富民族传统文化、培育民族探索精神、促进改革开放等方面都发挥出重要作用，成为推动山东半岛蓝色经济区经济社会发展的重要着力点。

（二）海洋文化为蓝色经济区发展提供精神动力

蓝色海洋文化的开放包容、创新开拓的进取精神，对山东实施对外开放、建设海洋强省的战略部署具有重要的促进作用。要充分弘扬蓝色海洋文明中的开拓进取精神，促进创新意识及创新能力的提高，实现产业结构的升级和经济增长方式的转变。以"创新、创业、创造"的精神和活力，着力构建竞争力强的产业支撑体系和更加合理的经济发展布局。充分发扬蓝色海洋文明开放包容的精神，以世界性的眼光，以兼容并蓄的博大胸怀，大力引进资金、技术和智力资源，积极培育外向型企业，走向国际舞台，利用国际资源，开拓国际市场，在国际竞争中发展壮大。充分利用蓝色海洋文化丰富多彩的艺术形式，表现山东海洋经济发展的辉煌过去和美好未来，激发人们打造半岛蓝色经济区、建设富饶家园的巨大热情。

（三）海洋文化为蓝色经济区发展提供智力支持

现代海洋经济理论认为，海洋经济作为海洋资源经济、海洋产业经济、海洋区域经济三位一体的综合性经济，正以强大的扩张力，向陆海统筹以及社会、经济、文化三维坐标扩展突破，正在成为全球经济发展新的增长点。海洋理论的不断进步，指出了海洋资源利用和海洋产业发展的规律，为山东半岛蓝色经济区的发展指明了方向。海洋经济和区域经济竞争研究的不断深入，为山东半岛蓝色经济区资源整合、产业布局与优化、培育核心竞争力、市场竞争战略的选择提供了理论保证。

（四）海洋文化为蓝色经济区发展提供技术支持

科技是海洋经济发展的第一推动力，科技进步与创新，能够促进海洋传统产业升级，带动海洋产业结构和布局的优化，不断提高蓝色经济区海洋经济的整体素质和竞争能力。海洋信息化进程将促进海洋开发管理和经济发展的现代化。向海洋要生存发展空间、要食物、要能源、要资源，都要通过现代海洋高新技术的发展来实现。加大对海洋教育与科研力量的投入，促进海洋科技成果的转化，推动海洋研发、生产资源的整合，是山东半岛蓝色经济区建设的必然选择。

（五）海洋文化为蓝色经济区发展提供人才支撑

人才是海洋竞争决胜的关键。我国最精锐的海洋科研教学机构都坐落在山东，山东是全国海洋科技力量的主力阵容，不仅为山东海洋事业的发展提供了大量的专业技术人才，而且为山东乃至全国的海洋经济发展提供了有力的智力支持。充分发挥青岛等地国家海洋研发基地的优势，形成各级财政共同投入的机制，建立科学合理的人才培育、引进、流动体制，打造高端人才、综合人才、专业人才相结合，老、中、青人才队伍优化的海洋人才体系，为山东半岛蓝色经济区的加快发展建立雄厚的人力资源储备库。

（六）海洋文化为蓝色经济区发展提供创意源泉

现代经济的发展正进入体验时代，商品的文化因素越来越受到消费者的重视，体验价值逐渐超过使用价值，产品的品牌力量不断增长。山东半岛蓝色文明以其丰富、独特、深邃的文化内涵，创新包容的精神特质，必将为海洋经济的发展提供不竭的创意源泉，促进商品文化内涵的提升和形式创新的加快，提高市场竞争力。

山东的对外开放是从沿海开始的，山东的富强是从沿海开始的，山东的现代化建设也是从沿海开始的。山东半岛以丰富多彩的海洋文化活动为支撑，加强了对外的交流与合作，扩大了山东的知名度，吸引了大量的资金、人才、技术以及信息向沿海地区聚集，加快了生产方式和生产力结构的转变，极大地改变了山东地区生产力发展的结构布局，促进了先进生产力的发展。

山东省委、省政府打造山东半岛蓝色经济区的重大决策，把"海陆统筹"、"海陆一体化"、"陆海联动"作为发展海洋区域经济的基本思路，坚持"科技为先导，发展与保护并重"的原则，以海洋经济引领地区经济的发展，把海洋经济定位为经济新的增长点。海洋文化作为一种先进的生产力，在山东半岛蓝色经济区战略中的地位和作用将日益显现。

第十五章 山东半岛蓝色经济区
城乡统筹发展

胡锦涛总书记在山东考察时指出："要大力发展海洋经济，科学开发海洋资源，培育海洋优势产业，打造山东半岛蓝色经济区。"这为山东省启动新一轮的经济发展战略拉开了序幕。山东半岛蓝色经济区是山东省经济发展的龙头区域，地理区位优越，自然资源丰富，经济基础厚实，有理由、有条件、有能力发展成为全省乃至全国的"经济高地"，打造成为"海陆统筹、城乡统筹、区域统筹、产业统筹"四位一体的新型特色海洋经济区。改革开放以来，我国的城乡差距并没有伴随着经济的快速发展而缩小，反而出现了持续扩大的趋势，山东省亦是如此。当前，城乡发展速度仍在拉大，如何缩小城乡差距，尽快实现城乡一体化是摆在我们面前亟须解决的难题。山东半岛蓝色经济区的建设为山东省缩小城乡差距，实现城乡统筹发展带来了重大机遇。

一 城乡统筹发展的内涵

城乡统筹发展是实现经济社会整体进步的一个有效途径，是一个国家和地区在生产力水平和城市化水平发展到一定程度的必然选择，是解决我国"三农"问题的根本出路。山东半岛蓝色经济区这一概念的提出，为山东省启动新一轮的经济发展战略拉开了序幕，也为该地区实现城乡统筹发展带来了重大机遇。城乡统筹发展是一项复杂的系统工程，涉及经济社会发展的方方面面，如何在山东半岛蓝色经济区率先实现城乡统筹发展，值得我们继续深入研究。

城乡统筹发展，是相对于城乡分割的"二元经济社会结构"而言的，它要求把农村经济与社会发展纳入整个国民经济与社会发展全局之中进行通盘筹划、综合考虑，以城乡经济社会一体化发展为最终目标，统筹城乡物质文明、政治文明、精神文明和生态环境建设，统筹解决城市和农村经济社会发展中出现的各种问题，打破城乡界限，优化资源配置，实现共同繁荣。

城乡统筹发展的实质是给城乡居民平等的发展机会，通过城乡布局规划、政策调整、国民收入分配等手段，促进城乡各种资源要素的合理流动和优化配置，不断增强城市对农村的带动作用和农村对城市的促进作用，缩小城乡差距、工农差距和地区差距，使城乡经济社会实现均衡、持续、协调发展，促进城乡分割的传统"二元经济社会结构"向城乡一体化的现代"一元经济社会结构"转变。一句话，城乡统筹发展，就是让城里有的农村也有，让城里人过的好生活农民也一样能享受，农村和城市齐步前进。

城乡统筹发展包括三个方面的内涵：一是城乡互为依托。城乡是一个有机整体，城市要为农村的发展提供服务，农村要为城市的发展提供支持，二者相辅相成，相互促进。城乡统筹发展，要打破过去的城乡界限，按照社会化大生产和市场经济的运行规律，相互开放，相互依托，相互促进，努力向城乡空间、人口、经济和社会发展一体化方向迈进。二是城乡协调发展。这里的协调有两方面的含义，一方面是指城乡经济社会在动态发展过程中各个层面所表现出来的相对均衡状态，这种相对均衡状态集中体现在城乡都能从自身条件出发，充分发挥各自优势，相互取长补短，合理分工，共同发展。这是统筹城乡发展的一个重要目标；另一方面是指政府和社会为实现城乡发展的相对均衡所进行的调节、引导。通过调节和引导，促进城乡经济社会各个层面、各个环节有序、高效运行，最终达到城乡相互适应、相互促进、共同进步的目的。三是城乡进行融合。城乡融合是指城市与乡村之间十分密切、非常协调、相互渗透、融为一体的新型关系。城乡融合包括多方面的内容和要求，从总体上说，是指在城乡之间的一切领域即社会、经济、文化科学技术、生态环境等方面进行融合。城乡融合，体现了城乡发展的最佳状态，标志着新型城乡关系进入了崭新、完善阶段。城乡统筹发展，就是要努力实现城乡融合，这既是城乡统筹发展的一个根本任务，也是我们所追求的目标所在。

二　山东半岛蓝色经济区实现城乡统筹发展的意义

近年来，山东半岛蓝色经济区发展速度较快，主要经济指标都位居全省前列，但城乡差距并没有随着经济的快速发展而缩小，反而呈现拉大趋势。目前，山东省正着力打造新型特色海洋经济区，如何缩小城乡差距、实现城乡统筹发展是一个无法回避的现实问题。山东半岛蓝色经济区是山东省的龙头区域，在全省经济格局中占有重要地位，对全省经济发展具有较强的带动作用和示范作用，也是全省有望率先实现城乡统筹发展、实现城乡一体化的区域，因此，对山东半岛蓝色经济区如何率先实现城乡统筹发展进行研究，不仅具有重要的理论意义，还具有重要的现实意义。

（一）城乡统筹发展是贯彻落实科学发展观的客观要求

我国的城乡差距问题由来已久，这是由我国长期以来城乡分割的二元结构造成的。改革开放初期，城乡差距并不大，但伴随着经济的快速发展，城乡差距逐渐拉大，这里面既包括公共设施和基础设施等有形的方面，也包括收入、教育、医疗、社会福利等无形的方面。早在 2003 年，党的十六届三中全会就提出了统筹城乡发展的要求，这是改变过去我国城乡二元结构的重大突破，为缩小城乡差距、实现城乡一体化带来了重要转机。科学发展观的提出进一步为城乡统筹发展指明了道路。科学发展观是一种新的发展观念，强调全面、协调、可持续发展，强调必须坚持城乡统筹，实现城乡一体化，实现城乡共同富裕。我们要实现城乡统筹，就必须改变现存的城乡二元结构，建立城乡良性互动机制，实现城乡融合、共同发展。目前，全国上下正在积极开展深入学习实践科学发展观活动，我们争取在山东半岛蓝色经济区率先实现城乡统筹发展，既符合广大人民群众的根本利益，又体现了科学发展观的客观要求。

（二）城乡统筹发展是促进国民经济持续快速发展的必然选择

持续、快速、健康的经济发展需要有一个完善、合理的产业体系，需要不断培育新的经济增长点，需要有稳定、健康的消费市场，而要做到这些，就必须解决好经济增长过程中的种种不协调问题，特别是城乡之间发展的不协调，否则经济发展就难以为继。在我国，农民收入低且增长缓慢，再加上农村社会保障不健全，导致农村居民消费能力较低，农村消费市场尚未完全发育，这是制约我国经济发展的一大瓶颈。发达国家在人均国内生产总值达到 3000 美元以后才出现买方市场，而我国的人均 GDP 不到 900 美元就出现了工农业产品的低水平过剩。这种状况不仅制约内需的扩大，而且不利于提高工业质量和经济效益，影响产业结构优化升级。目前，国际金融危机的影响仍未消除，农民就业难、农民收入低仍是一大社会问题，如何扩大农村内需是我们建设新型蓝色经济区亟须解决的难题。为此，我们要更新观念、改变思路、创新发展模式，争取在山东半岛蓝色经济区率先实现城乡统筹发展，率先实现城乡一体化，只有这样，才能把农村变成城市、把农民变成市民，才能不断提高农民的收入能力和消费能力，才能从根本上拓展农村市场、突破消费梗阻、扩大农村内需，才能为国民经济持续、快速、健康发展提供长久动力。

（三）城乡统筹发展是解决"三农"问题的根本出路

农业、农村和农民问题是党中央、国务院近几年十分关心的问题，从 2004 年起，中央已连续六年发布关于"三农"问题的一号文件，可见中央对"三农"工作的重视，对解决"三农"问题的决心。党的十一届三中全会以来，我国改革首先在农村取得突破。经过三十余年的改革与发展，我国农村面貌发生了深刻变化，农民生活水平有了较大提高，但与城市相比，农村还十分落后。农业效益低，农村基础设施和公共设施不完善，农民权益得不到保障是我国目前"三农"问题的真实写照。要从根本上解决"三农"问题，就必须统筹城乡社会经济发展，必须跳出就农业论农业、就农村论农村、就农民论农民的传统思维模式，站在战略和全局的高度提出解决"三农"问题的新思路，从根本上解决"三农"问题。这已经不是单纯的支农、惠农问题，而是城乡统筹发展的问题，是城乡一体化的问题。统筹发展，并不是平均发展，而是根据不同时期、不同情况，抓住主要矛盾，选择重点，加以倾斜和解决。统筹城乡经济社会发展，应该做到温家宝同志提出的要求："在制订国民经济发展计划、确定国民收入分配格局、研究重大经济政策的时候，把解决好农业、农村和农民问题放在优先位置，加大对农业的支持和保护，发挥城市对农村的带动作用，使城市和农村相互促进、协调发展，实现全体人民的共同富裕。"

（四）城乡统筹发展是实现经济区战略定位的有力保障

山东半岛蓝色经济区有较高的战略定位和发展目标，是面向东北亚参与国际竞争与合作的前沿，是黄河流域出海大通道的经济引擎，是我国东部沿海海洋优势产业的发展高地，是联结东北老工业基地与长江三角洲地区的投资热点区，是我国蓝色文明与滨海休闲度假旅游的引领示范区。山东半岛蓝色经济区将被打造成中国区域经济发展的崭新增长极，这就要求该区域的整体发展水平必须有很大提升。作为蓝色经济区的核心功能区，12 个地市的城市发展水平并不低，尤其是青岛、济南、淄博、烟台等几个大城市，目前山东半岛城市群已成为全国第四大城市群，但这一区域的农村发展相对滞后，从而影响了整体发展水平。经过多年的发展和积累，该区域也有许多优势，经济发展速度快，农业基础好，农业发展各具特色，农民素质相对较高。因此，要抓住蓝色经济区建设这一重要战略机遇，加大对该区域的农业和农村投入，加快对农民工的培训转移，以城带乡、以工促农，加快推进该地区的农村发展，争取率先在该区域实现城乡一体化，为该区域的战略定位提供有力保障。

（五）城乡统筹发展是建设现代蓝色经济区的重要内容

山东半岛蓝色经济区建设包括众多方面，其中最重要的是要实现两个统筹，一是海陆统筹；二是城乡统筹。海陆统筹是要把"海上山东"和"陆上山东"有机地结合起来，实现海陆一体。城乡统筹是要把城市和乡村有机地结合起来，实现城乡一体。在新的战略规划中，蓝色经济区的主导产业是装备制造业，包括船舶制造业、汽车产业、海洋工程装备制造业等；优势产业是海洋产业，包括海洋渔业、海洋化工业、海洋交通运输业等；重点培育的新兴产业是新能源产业、生物技术产业、电子信息产业、滨海旅游业等。从表面上看，这些产业都没有涉及农业，但无论是主导产业、优势产业，还是重点培育的新兴产业，都与农业、农村、农民息息相关。因为农业是基础，可以满足人们的基本生活需求；农村有广阔的地域，可以为蓝色经济区的建设提供发展空间；农民是最朴实的劳动者，可以为蓝色经济区的建设提供充足动力。因此，在建设蓝色经济区时，一定要以科学发展观为指导，充分考虑农民利益，把城乡统筹发展作为建设现代蓝色经济区的重要内容。

三　山东半岛蓝色经济区实现城乡统筹发展的基础条件和制约因素

山东半岛蓝色经济区地处沿海，区位优越，交通便利，资源丰富，是山东省经济最为发达的区域，也是山东省农村发展水平最高的区域，这一区域有望率先实现城乡统筹发展，率先实现城乡一体化。但是，我们要清醒地认识到，这一区域要率先实现城乡统筹发展，率先实现城乡一体化，也并非易事，还有许多制约因素亟待解决。

（一）基础条件

1. 经济基础较好，发展速度较快

山东半岛蓝色经济区是山东省改革开放的前沿地区，经济基础较好，发展速度较快（见表15—1）。2008年，山东半岛蓝色经济区所属的12个地市 GDP 为 25466.63 亿元，占全省 GDP 的 81.96%，人均 GDP 为 40227.19 元，是全省人均 GDP 的 1.22 倍，是全国人均 GDP 的 1.77 倍。2008年，山东半岛蓝色经济区的发展速度（GDP 增长速度）为 13.2%，是全省的 1.09 倍，是全国的 1.47 倍。由此可见，山东半岛蓝色经济区无论是人均经济总量还是发展速度都远远高于全国和全省的平均水平，这为该地区率先实现城乡统筹发展，率先实现城乡一体化奠定了坚实的基础条件。

表 15—1　　　　　2008 年山东半岛蓝色经济区与全省/

全国主要经济数据对比

指　标 区　域	GDP 总量 （亿元）	所占比例（%）	人均 GDP （元）	所占比例（倍数）	发展速度（%）	所占比例（倍数）
山东半岛蓝色经济区	25466.63	100	40227.19	1	13.2	1
山东省	31072.06	81.96	32994.90	1.22	12.1	1.09

指　标 区　域	GDP 总量 （亿元）	所占比 例（％）	人均 GDP （元）	所占比例 （倍数）	发展速 度（％）	所占比例 （倍数）
全　国	300670.00	8.47	22674.92	1.77	9.0	1.47

注：所占比例为山东半岛蓝色经济区所占全省/全国的比例，发展速度为 GDP 的增长速度。

资料来源：《2009 年山东统计年鉴》、《2009 年中国统计年鉴》，有些数据经计算获得。

　2. 农村发展水平相对较高，农业发展具有显著特色

　与全省和全国平均水平相比，山东半岛蓝色经济区农村发展水平相对较高（见表15—2）。2008 年末，该地区有农村人口 3509 万人，占全省总人口的 59.88%，农业增加值为 1870.6 亿元，占全省农业增加值的62.3%。2008 年，山东半岛蓝色经济区的农民纯收入为 5619 元，是全省农民人均纯收入的 1.13 倍，是全国农民人均纯收入的 1.18 倍。由此可见，该地区的农村发展水平明显高于全省和全国的平均水平。

　另外，山东半岛蓝色经济区的农业发展还具有一些显著特征。一是优质特色名牌农产品众多。据统计，该地区拥有全国地理标志名牌农产品 20 多种，拥有"烟台苹果"、"寿光蔬菜"、"潍县萝卜"、"沾化冬枣"、"日照绿茶"等多个全国驰名商标。2008 年，该地区的无公害产品、绿色食品、有机产品以及其他优质产品基地多达 530 万亩，年产值近 120 亿元。二是农产品加工业发达。该地区农业产业化起步较早，是国内率先实施农业产业化经营战略的地方，农业龙头企业多，辐射带动能力强。到 2008 年底，该地区有规模以上农业龙头企业 4853 个，其中国家级重点龙头企业 45 个，省级重点龙头企业 312 个。农业龙头企业已成为延长农业生产链条、提高农业附加值、促进农民增收的重要载体。三是农业的外向度比较高。山东半岛地区对外贸易有着悠久的历史和良好基础，一大批各具特色的农产品加工出口企业，带动了一大批标准化的农产品出口生产基地，促进了全省的农产品出口。四是农民的组织化程度较高。该地区是我省最早建立农民专业合作组织的地区，到2008 年底，该地区各类农民专业合作组织已超过 1.5 万个，有效促进了该地区的农业发展。

表 15—2　　　　　　　　　2008 年山东半岛蓝色经济区与全省/
全国主要农村发展指标对比

指　标 区　域	农村总人 口（万人）	所占比 例（%）	农业增加 值（亿元）	发展速 度（%）	农民纯收 入（元）	所占比例 （倍数）
山东半岛蓝色 经济区	3509	100	1870.60	6.2	5619	1
山东省	5860	59.88	3002.65	5.9	4985	1.13
全　国	73140	4.79	34000.00	5.5	4761	1.18

注：所占比例为山东半岛蓝色经济区所占全省/全国的比例，发展速度为农业增加值的增长速度。

资料来源：《2009 年山东统计年鉴》、《2009 年中国统计年鉴》，有些数据经计算获得。

3. 交通便利，城乡联系紧密

山东的交通条件好在全国是非常有名的，一方面，是因为山东高速公路通车里程已突破 4000 千米，省会与各市之间已实现高速直达，80%的县（市、区）通达高速公路，二级以上公路里程连续多年位居全国第一。山东境内还有京沪、京九、胶济、兖石等多条铁路通过，铁路交通十分方便；另一方面，山东的县乡公路、村级公路建设也走在了全国前列。近年来，山东大力实施村村通公路工程。截至 2008 年底，全省累计改造农村公路 10 万千米，全省行政村通公路率达到 95%，基本实现村村通公路。除了村村通公路工程，山东还大力实施"村村通客车工程"、"汽车下乡"工程，到 2008 年底，全省基本实现村村通客车，农用车的数量突破 50 万辆，位居全国第一。与全省相比，山东半岛蓝色经济区的交通条件更为优越，因为该地区除了便利的公路、铁路交通以外，还拥有青岛、烟台、日照、威海等多个港口，有发展海洋运输得天独厚的自然条件。目前，便利的交通正逐渐缩小城与城、城与乡之间的空间距离，许多城市都在规划"一日生活圈"，使得城与城、城与乡之间的联系更为紧密。

4. 城市分布密集，辐射带动作用强

山东半岛蓝色经济区有地级城市 12 个，县级城市 55 个，市辖区 39

个，每万平方千米的县级单位城市多达 8.5 个。该地区不仅城市分布密集，而且城市的辐射带动作用强，主要表现在以下几个方面：一是城市规模较大。青岛、济南是山东省的两个特大城市，人口都超过了 200 万，烟台、淄博等是人口过百万的大城市，其他地级城市的人口大都超过了 50 万，这些地级城市是区域发展的中心，对周边的县、市、区有较强的辐射带动作用。二是半岛城市群发展初具规模。近年来，随着胶济南线、日东、沿海等高速公路的建设以及 "动车组" 的开通，山东半岛城市间联系更加紧密，城市群一体化水平明显加快。目前，山东半岛城市群已成为全国第四大城市群。三是县级城市发展势头迅猛。2008 年，山东有 26 个县进入全国百强县，其中 23 个在半岛蓝色经济区，山东县域经济前 10 名的县，有 8 个属于半岛蓝色经济区。在众多的城市中，县城与乡村联系最为紧密，随着县城规模的不断扩大以及各类开发区的建设，许多乡村逐渐变成了县城的一部分。此外，山东半岛蓝色经济区的大部分乡村都有公交与县城相连，县城对乡村的辐射带动作用明显增强。

（二）制约因素

1. 城乡差距较大，发展速度仍在拉大

山东半岛蓝色经济区的情况和全国一致，城乡差距没有随着经济的快速发展而缩小，而是在持续扩大。以青岛市的城乡收入差距为例，改革开放初期城乡差距为 1.67∶1，而 2008 年的城乡差距为 2.56∶1，尽管与全国的 3.31∶1 相比尚有距离，但收入差距仍属过大。2008 年青岛城市居民收入增长 17%，而农村居民收入增长仅为 14%，这些数据表明城乡差距仍在拉大。我国城乡差距的根本原因是长期以来形成的城乡二元结构，各地政府对城市的投入远远高于农村。另外，农业是传统产业和弱质产业，本身缺乏创造财富的能力，在工业化和城市化过程中，大量资金、资源、人才等生产要素流入城市，"剥夺了" 农村与城市平等发展的机会。如何缩小城乡差距，如何在保持城市快速发展的同时，大力提高农村地区的发展速度，是我们实现蓝色经济区城乡统筹发展的一大难题。

2. 人口素质较低，农村劳动力转移比较困难

山东半岛蓝色经济区农村人口多，农村劳动力转移比较困难。其核心功能区的 12 个地市，有农村人口 3509 万人，占全省农村人口的 59.88%。

农村劳动力文化素质低，职业培训少，劳动技能差，是制约其向外转移的主要因素。从 2008 年底开始，受金融危机影响，国际经济环境不景气，我国的经济发展增速放缓，在很大程度上影响了农民工就业，给农村劳动力转移带来了较大困难。农业作为农村劳动力的"储水池"，虽然可以吸纳大量农民工就业，但其效益是非常低的。农民要想增收致富，就不能仅仅局限于农业，也不能仅仅停留在农村。事实证明，只有合理的劳动力配置才能推动区域经济的快速发展。如何增加就业，如何把农村大量富余劳动力转移出去，如何持续提高农民工收入，如何缩小城乡居民的收入差距，是我们实现蓝色经济区城乡统筹发展的又一难题。

3. 制度性制约因素较突出，城乡发展难以统一

20 世纪 50 年代末，我国开始实施城乡分割的二元体制，这在一定历史时期内促进了我国经济的快速发展。但随着历史的进步、社会的变革，城乡分割的二元体制暴露出越来越多的弊端。目前，要实现城乡统筹发展，还存在许多制度性制约因素：一是户籍制度。过去几十年，我们在户籍制度上附加了太多的福利因素，时至今日，户籍制度虽有弱化，但仍没有实现完全统一。二是土地制度。城市土地属于国有，在出让时会得到较高收益。农村土地属于村集体所有，但随着市场经济的发展，"集体所有"这一概念越来越模糊，农村土地在被征用时，农民权益得不到有效保障。三是价格制度。长期以来，我国城乡价格制度不统一，存在工农产品价格"剪刀差"。目前，国家虽然免除了农业税，对粮食实行最低收购保护价制度，并对种粮农民进行直接补贴，但由于化肥、农药等农资价格过快上涨，国家对农业的补贴间接流失，工农产品不同的定价机制导致农产品价格长期处于劣势，农民得不到实惠。另外，还有就业制度、教育制度、财政制度、医疗制度、养老制度等，都是制约城乡统筹发展的重要因素。

4. 地方政府财力有限，统筹城乡发展的能力不强

与长三角、珠三角相比，我省的经济发展有很大的不同点，经济总量不小，但地方财政收入不多，地方财政收入占 GDP 的比重过低。2008 年，山东半岛蓝色经济区的地方财政收入为 1400.17 亿元，GDP 为 25466.63 亿元，地方财政收入仅占 GDP 的 5.49%，这是因为该地区国有企业所占比重大，民营经济、个体经济不活跃，影响了地方政府的财政收

入，从而制约了地方政府统筹城乡发展的能力。与长三角、珠三角相比，我省的地方政府还有一大特点，那就是行政管理职能较突出，主要表现是对企业干预过多，比较重视大企业的发展。早在党的十四届三中全会上，中央就提出了转变政府职能，打造服务型政府，要求各地各级政府要为经济社会发展营造良好氛围。当今，我们要着力打造山东半岛蓝色经济区，如何盘活民营经济、个体经济，大力发展乡镇企业，增加地方财政收入，如何转变地方政府职能，增强政府的服务意识，如何增强地方政府统筹城乡发展的能力，是我们亟须解决的难题。

四　山东半岛蓝色经济区实现城乡统筹发展的对策与建议

城乡统筹发展应该首先是战略思路上的转变，由城市优先发展走向城乡相对均衡发展，在整合由工业化而加剧的城乡二元结构的过程中加快推进农村发展。而随后应是打破种种制度壁垒，在制度保障的基础上展开合理有效的资源配置。当前及今后一个较长时期，抑制地区发展差距扩大的趋势，逐步缩小城乡居民之间的社会福利水平差距，是构建和谐社会面临的重大任务，也是建设现代蓝色经济区的基本出发点。根据战略规划，到2020年，力争在山东半岛蓝色经济区率先实现城乡统筹发展，率先实现城乡一体化，这既是贯彻落实科学发展观的客观要求，又是从根本上解决"三农"问题的有效途径；既是蓝色经济区建设的重要内容，又是促进蓝色经济区持续快速健康发展的现实需要；既符合广大人民群众的根本利益，又符合我省经济发展的实际状况；既有利于提升区域竞争力，又有利于促进城乡协调发展；既有困难又有机遇，既是目标又是任务。为早日实现这一目标，建议做好以下工作：

（一）以建设现代农业为基础，大力提高蓝色经济区的农业发展水平

现代农业是继原始农业、传统农业之后的一个农业发展新阶段，是以广泛应用现代科学技术、普遍使用现代生产工具、全面实行现代经营管理为本质特征和主要标志的发达农业。其核心是科学化，特征是商品化，方向是集约化，目标是产业化。山东农业仍处于传统农业向现代农业的过渡阶段，发展现代农业，是建设社会主义新农村的重要内容，也是提升农业

发展水平的必由途径。

山东半岛蓝色经济区农业基础较好，2008 年的农业增加值为 1870.60 亿元，占全省农业增加值的 62.3%。统筹城乡发展，农业是基础。该区域位于北半球中纬度沿海地区，雨热同期，光照较好，有发展农业得天独厚的自然条件。从我省乃至全国范围看，该地区的农业有一定优势，但与国内外农业发达地区相比，仍有较大差距。为此，应以建设现代农业为目标，大力提升该地区的农业发展水平：一是大力发展品牌农业。据统计，该区域有无公害产品、绿色食品、有机产品以及其他优质产品基地 500 多万亩，年产值近 120 亿元，拥有"烟台苹果"、"潍县萝卜"、"日照绿茶"等多个全国著名品牌。据测算，品牌农业可以提高农产品 40% 的附加值。今后，着力培育更多的名牌农产品仍是该区域农业发展的一个重点。二是大力发展农业龙头企业，打造山东半岛食品加工业基地。据统计，到 2008 年底，该区域有国家级农业龙头企业 45 个，省级农业龙头企业 312 个，农业龙头企业带动了农业产业化，大大提高了该区域的农业收入。今后，应着力提升农业龙头企业发展水平，引导农业龙头企业向"集群化"方向发展，特别是要把具有滨海特色的农产品加工业作为重点。三是大力发展农民专业合作组织，有效整合小农经济。农民专业合作组织能把分散的农户组织起来，增强农户抵御市场风险的能力，并为农户提供产前、产中、产后服务，在很大程度上弥补了小农经济的不足。今后，加快农民专业合作组织建设也是该区域农业发展的一个重要方向。我们建设现代蓝色经济区，要注重农业这个基础，实现城乡统筹发展要利用好农业这个根本。

（二）以人口转移为重点，加快推进蓝色经济区的城市化进程

事实表明，解决城乡贫富差距问题，实现城乡统筹，最根本的出路就是加快城市化进程，大幅减少农村人口，让更多的农民分享现代城市发展的文明成果。根据人口指标测算，山东半岛蓝色经济区目前的城市化率为48%，按国际惯例，这一区域已经进入了城市化发展的加速阶段。山东半岛蓝色经济区城市较多，但多而不强的问题比较突出，尤其是这一区域缺少首位度高、集聚和辐射能力强的特大城市。为此，我们要重点做好以下四方面的工作，大力提高该区域的城市化水平：一是建设以青岛、济南为龙头的特大城市，争取到 2020 年，把青岛、济南建设成为人口超过 500

万的国际化大都市，并进一步增强这两个城市的区域龙头地位。二是加快
烟台、威海、日照、潍坊、淄博、滨州、东营等中心城市建设，争取到
2020 年，使这些城市成长为人口 100 万至 200 万的大城市，并增强这些
城市的极化作用和辐射带动作用，使这些城市发展成为带动区域经济发展
的中心城市，形成山东半岛大城市连绵带。三是大力发展县域经济，加快
县城建设。县是我国行政区划的基本单位，县域经济在国民经济中具有无
可替代的作用。山东半岛蓝色经济区的县域各有特点，关键是要定准位，
突出特色，走"差异化"发展的路子。通过县域经济的发展，带动县城
规模扩大，并增强县城的极化功能。四是要做好小城镇的规划建设，以社
会主义新农村建设为契机，以村庄合并和村庄搬迁为载体，以人口转移为
重点，大力发展小城镇，大幅减少农村人口，加快推进整个区域的城市化
进程。

（三）以增加就业为目的，大力发展蓝色经济区的新兴服务业

山东半岛蓝色经济区是我省乃至全国重要的装备制造业基地，长期以
来，第二产业所占比重较大。根据调查数据计算，2008 年，山东半岛蓝
色经济区第二产业的产值为 17702.17 亿元，其一、二、三产业比重分别
为 6.93%、48.68%、44.39%，其产业结构为典型的二、三、一结构。
根据山东半岛蓝色经济区的产业定位，未来一个时期该区域仍以先进加工
制造业为主，主要发展海洋化工业、新能源、机械加工业等，力图通过工
业化带动城市化，实现现代化，这一发展策略符合该地区的实际状况。但
是从长期来看，第二产业所占比重过大，不利于该区域的环境保护和生态
建设。我们要在大力发展先进制造业的同时，注重产业的升级改造，通过
大力发展现代服务业，提高第三产业所占比重：一是要围绕港口建设，大
力发展现代物流业；二是要依托科技优势，大力发展新兴海洋科技服务
业，加快青岛海洋科技城建设，将青岛打造成我国的海洋科技基地；三是
要壮大发展新兴服务业，要抓住居民消费结构升级的机遇，大力发展会
展、文化传媒、房地产、信息等市场潜力大的行业，使其成为支撑国民经
济发展的支柱产业；四是要大力发展滨海旅游业，要突出海滨风光、历史
文化和海洋特色，开发符合现代旅游需求的生态旅游、休闲度假、商务会
展、工业参观和文化、探险、游船、渔村、渔业等特色旅游。

（四）以财政投入为保障，尽快建立健全农村的社会保障体系

目前，城乡差距主要体现在两个方面，一是居民的收入消费差距；二是居民的社会保障差距。我们要打造现代蓝色经济区，实现城乡统筹发展，就要在大力提高农民收入消费水平的同时，加大对农村社会保障的投入，尽快建立健全农村社会保障体系：一是要继续完善农村新型合作医疗制度，提高"新农合"的筹资水平和补偿比例，把一些大病、难病纳入政府统筹，使农村真正实现"病有所医"；二是要加大农村教育经费投入，在实行义务教育免费之后，严格查处农村中小学利用多种名目变相收费现象，使农村义务教育真正实现"完全免费"；三是要探索建立农村新型养老制度，加大财政投入力度，改变过去个人缴费的"储蓄式"农保，在农村试点新型养老保险制度，走个人、家庭、社会相结合的养老路子，让农村"养老不再难"；四是要加快启动农村新居建设，以前不久省政府出台的《关于推进农村住房建设与危房改造的意见》为指导，以村庄合并与村庄迁移为契机，加快蓝色经济区内的农村住房建设与危房改造，让农民能够"安居乐业"。

（五）以户籍改革为先导，有效推进破除城乡二元结构的综合改革

长期以来，我国形成的城乡分割的二元结构是造成城乡差距的根本原因，尤其是户籍制度，人为地把我国公民分为城市居民和农村居民，并在户籍制度上附加了过多福利功能，这显然是不公平的，也是不合理的。时至今日，我们要实现城乡统筹，就必须改革过去不合理的制度：一是逐步消除二元户籍制，取消农业户口与非农业户口的分类管理办法，按照居民的常住地，将户口统一登记为"居民户口"，剥离附加在户籍制度上的福利功能，实现公民身份平等，另外，我们要放开农民进城的落户条件，鼓励农村人口向城市转移；二是推进城乡教育均衡发展，实现教育公平，大力提高农村义务教育水平，改善农村教师生活条件，大力发展农村职业教育，免除进城务工人员子女的择校费；三是加快推进农村公共设施、基础设施建设，加大对农村的财政投入，实施公平的财政制度，使农村在水、电、暖、气、有线、宽带、公交等方面逐步与城市接轨，并在农村修建文化大院、农家书屋、休闲广场等，让农民共享经济发展的文明成果。

（六）以互利共赢为原则，正确处理土地征用过程中的两个矛盾

蓝色经济区建设需要大量的土地，在征地的过程中有两大矛盾是无法回避的，一是土地征用与耕地保护的矛盾；二是土地征用部门与失地农民的矛盾。要解决前一矛盾，就必须做好土地利用总体规划，严格保护基本农田，按照"先补后占"的原则，根据国家的用地指标进行土地征用，力争做到"占补平衡"。要解决后一矛盾，就必须制定合理的土地征用补偿标准。农村土地属于农村集体所有，但随着市场经济的发展，"农村集体所有"这一概念越来越模糊，以至于很多人把它错误地理解成是"村干部所有"。农民是弱势群体，法律意识淡薄，在土地被征用时，没有话语权，往往被少数村干部代替，更有甚者，少数村干部与土地征用部门或开发商串通一气，侵害广大农民的合法利益。据调查，在我国农民上访事件中，因土地被占得不到合理补偿的占一半以上，失地农民缺乏生活保障已成为一个严重的社会问题。为此，我们一定要以农民的合法利益为根本，合理制定农村土地征用的补偿标准，并探索新的补偿模式：一是用土地换保障，利用集体土地征用的收益，解决失地农民的生活保障、养老保障、医疗保障等；二是用土地换就业，优先安排失地农民到合适的企业就业，免除他们的后顾之忧；三是用土地换住房，为失地农民在城市提供合适的住房，鼓励他们在城里就业。

（七）以建设服务型政府为抓手，不断提高政府的管理水平和执政能力

城乡经济社会的统筹发展，政府应该发挥主导的作用。各级政府应按照立党为公、执政为民的要求，全面、正确地履行经济调节、市场监管、社会管理和公共服务的职能，切实解决在统筹城乡发展中"不到位"或者"缺位"的问题，把握全局，统筹兼顾，协调好各方面的利益，正确处理涉及全局的重大关系，正确处理当前利益和长远利益、局部利益和全局利益的关系，充分调动一切积极因素。要加快政府职能的转变和机构调整，切实做好以下几方面的工作：一是要精简机构，彻底解决机构庞大、人浮于事、效率低下、服务质量差等问题。二是要扎扎实实地落实政策。中央和省里出台的一系列支持农业、促进农民增收的政策措施，要原原本

本地不折不扣地宣传好、落实好。三是要明确各级政府在统筹城乡经济社会发展中的职责分工，以避免职责不清、相互推诿、互为冲突和效率低下。四是继续缩并乡镇和行政村，解决基层政府人员过多、开支庞大问题，并进一步完善村民自治制度，解决不少地区的行政村建制规模小、村干部的职数相对偏多的问题，五是要加强对干部的培训力度，增强领导干部的服务意识和公仆意识。

（八）以生态环保为目标，努力构建"蓝"、"绿"相间的现代经济区

山东半岛蓝色经济区的特色是"蓝色"，"蓝色"是大海的颜色，意味着我们要向大海要资源、要空间、要效益。事实证明，发展必定会产生污染，尤其是在生态脆弱的沿海地区。为此，我们在打造山东半岛蓝色经济区时一定要做好以下工作：一是要科学用海，在对海洋资源进行开发的同时，做好保护工作；二是要改变过去先污染后治理的老路子，严格审查，做好项目的审批工作，对于污染企业一律不准上马；三是要把"绿色GDP"作为衡量干部政绩和企业发展水平的重要标准，增强领导干部和企业的环保意识；四是要在广大农村地区大力发展涉农的"绿色产业"，把"蓝色"和"绿色"有机结合起来。我们建设现代蓝色经济区，一定要立足"高起点"、"高标准"，以科学发展观为指导，科学用海、合理用海，走生态、环保、可持续发展之路，一定要以"资源节约、环境友好"为发展目标，努力构建"蓝"、"绿"相间、城乡一体的现代经济区。

（九）以城乡联动为策略，积极探索城乡一体化发展的新机制

建立科学合理的机制体制是解决城乡差距问题、实现城乡统筹发展的长效之策。我省着力打造山东半岛蓝色经济区，要做好试点工作，积极探索一些符合实际的城乡一体化发展新机制：一是建立以城带乡、城乡联动的发展机制，把经济发展较好的县、市、区与条件落后的乡镇、村庄结成帮扶对子，实行一对一的带动发展；二是构建城乡基本公共服务均等化的供给机制，初次分配重效益，再次分配重公平，要强化政府的分配调节功能，增加对农村公共产品的投入；三是建立城乡一体化的行政管理体制和社会管理体制，按照同一标准配置行政管理人员，在治安、消防、救护等

方面实行城乡统一管理;四是创新农村信贷机制,大力发展村镇银行,培育有互助性质的农村金融合作组织,引导城市商业银行在农村设网建点,为农村经济社会发展提供资金支持;五是建立合理的人才流动机制和用人导向机制,鼓励大学生到农村就业,组织青年干部到基层挂职锻炼,培养有能力的农民走向领导岗位。山东半岛蓝色经济区是我省对外开放的前沿,是我省经济社会发展的先行区,我们要以城乡统筹为目标,力争到2020年,在山东半岛蓝色经济区率先实现城乡一体化。

五 国内外城乡统筹发展的经验借鉴

党的十六届三中全会提出统筹城乡发展之后,全国各地都在积极探索城乡统筹发展的有效途径,在一些地区已经实现了城乡统筹发展,实现了城乡一体化。另外,我们的近邻韩国和日本,在推进城乡统筹发展中也有许多非常好的做法,这些都将为我们在山东半岛蓝色经济区实现城乡统筹发展提供重要的经验借鉴。

(一) 浙江义乌城乡统筹发展的经验

以"兴商建市"发展起来的义乌,不仅创建了世界上最大的小商品市场,实现了城乡生产发展、居民生活宽裕、社会和谐稳定,而且走出了一条以专业市场带动城乡村全面、协调发展的具有浙江特色的城乡统筹发展道路。义乌之所以能够在经济与社会发展过程中坚持城乡统筹发展,主要经验有以下几点:

1. 以科学发展观为指导思想,抓住了城乡统筹问题的实质

发展是第一要务,是一切工作的重中之重。发展的核心是经济发展,只有经济发展了,城乡统筹才有保障。义乌紧紧围绕小商品市场建设和民营中小企业发展来进行城乡统筹,不但抓住了城乡统筹的实质,而且为解决城乡统筹奠定了经济基础。在经济发展中,义乌又较好地解决了小商品市场建设与民营中小企业发展的关系,真正做到了"以商建市"、"贸工联动"的城乡统筹发展。

2. 深化对市场经济的认识,转变政府职能

义乌在城乡统筹上取得的成效,在很大程度上得益于政府对市场经济

认识的深化以及政府职能的转变。具体地说，第一，坚持"以商建市"战略不动摇，持之以恒进行建设。这是城乡统筹能够坚持的根本原因。第二，履行政府职责坚决到位。政府在城乡统筹上较好地履行职责，坚决承担建设责任；在职能履行上，政府到位而不缺位。第三，适应市场经济发展的要求，建设服务型政府。

3. 提高党的执政能力，为城乡统筹提供政治保障

义乌市委在经济社会发展过程中，不断加强党的执政能力建设，并自觉从解放和发展生产力出发，制定重要的发展战略、文件和政策，指导义乌的发展。这些重大发展战略、文件和政策的出台，对推动义乌经济社会发展起到了重要作用。

4. 从制度建设入手，解决城乡统筹的体制和组织保障问题

义乌在经济社会发展过程中，较好地解决了城乡统筹体制和组织保障问题。第一，解决造成城乡分割的体制和政策问题。通过制定《义乌市城乡一体化行动纲要》（以下简称《纲要》），消除造成城乡分割的体制和政策障碍。第二，建立健全了城乡统筹的组织保障体系。为贯彻和执行《纲要》，全市建立了市、乡（镇）和街道两级的一体化行动领导组织机构，负责落实城乡一体化行动工作机制，并把其纳入工作考核。这一组织体系的建设，促使政府自觉执行城乡统筹发展。

5. 建立城市带动农村、工业反哺农业的城乡统筹机制

城乡统筹发展的关键是农村发展。建立城市带动农村、工业反哺农业机制，如通过小商品市场来支持、带动分散在乡村的中小企业发展；实行城乡工作对接，将城市工作延伸到农村，实现城乡工作统筹；实行"多予、少取"政策，减轻农民负担；建立城乡统筹的公共财政体制，为统筹城乡提供必要的物质保障，是义乌城乡统筹发展取得明显成效的一个重要因素。

（二）韩国城乡统筹发展的经验

韩国20世纪70年代以后，较好地实现了城乡统筹协调发展，其中尤其值得我们借鉴的是其新村运动的经验。

1. 改善农村基础设施，增加农民收入

为了增加农民收入，改变农村的落后面貌，韩国从20世纪70年代

起，首先，加大了对农村交通、水利、电力等基础设施的投入，为新农村建设提供了有利的基础设施条件；其次，以良种培育和推广为重点，加大了对农业的科技投入，引导农业产业结构优化调整。同时支持工业化和城市化逐步向农村地区扩散，不断提高农民非农收入比重。

2. 建立和完善农业服务体系

韩国农业服务机构分三级，中央设立农业振兴厅，各道设立农村振兴院，各市设立农村指导所。这三级农业服务机构集科研、推广和培训于一体。韩国的农业服务体系是一个国家财力支撑、三级机构提供服务、农户受益的有效机制。如各市、郡农业指导所均建有培训楼，农户可免费接受各种培训。

3. 培养新型农民，提高农民的组织化程度，让农民成为新村建设的主体

一是韩国中央和地方都设有"研修院"，主要负责培养新村运动的骨干指导员和中坚农民，使他们在建设家乡过程中发挥主导和骨干作用；二是兴建村民会馆，利用会馆举办各种农业技术培训班和交流会，展示各地农村发展计划和蓝图，鼓励农民同心协力、共同改变农村落后面貌；三是大力发展农民协会，20 世纪 70 年代基层农民协会数量发展到 1500 个，农民协会在保障农民权益、促进农业生产和流通等方面发挥了积极作用。

4. 政府出台多项支农政策，为城乡协调发展提供保障

自新村运动启动以来，韩国政府制定了一系列扶持农业和全面发展农村经济、社会、文化、教育的政策措施，仅 1994 年就制定了有关促进农渔村发展的 14 项 40 条政策措施，促使韩国工业反哺农业，城市支持农村。

5. 充分发挥政府的主导作用，建立全民动员机制

新村运动是由当时韩国政府启动的一场由上而下的综合性乡村发展运动，政府是启动者、组织者和主要投资者，整个过程并不是完全依赖于农民自发和社会组织，众多积极因素及一系列有效机制的形成，都来自于政府的行政推动。韩国从中央到地方层层建立了专门机构，负责组织动员工作和协调监督新村建设工作。在政府的政策引导下，致使新村运动由农村扩大到城市、工厂、学校和政府各部门，进而演化成为倡导民族自立、民族自尊、事业报国的国民精神教育运动。

通过以上措施的大力实施，韩国很快扭转了城乡发展失调、城乡差距扩大的失衡状况，开始走上了城乡统筹发展的良性轨道。

（三）日本城乡统筹发展的经验

日本在 20 世纪 50 年代，为适应工业化、城市化不同发展阶段的需要，通过立法，适时调整农业发展政策与农村土地制度，解决与城市化、农地制度改革相关的农民利益保障问题，建立并不断完善了农村社会保障制度，实现了农村从土地保障向现代社会保障制度的转变，促进了城乡的协调发展。

1. 通过完善立法，大力支持农业发展，缩小城乡收入差距

为了摆脱"二战"后的困境，日本在战后初期至 20 世纪 50 年代，采取了"高增长，低福利"的发展战略，加之农业相对生产率下降和农产品需求相对萎缩等因素，导致日本城乡收入差距不断扩大。1955 年城市工薪家庭人均收入为农户人均收入的 1.3 倍，1960 年扩大到 1.5 倍。20 世纪 60 年代以后，日本政府开始重视经济社会全面发展，1961 年制定了《农业基本法》，把缩减工农之间的收入差距作为基本法的目标之一。日本政府还通过一系列立法不断推进农村土地制度改革，充分保障农民利益，大力支持农业发展。日本政府早在 1951 年、1952 年就先后制定和颁布了《土地征用法》与《农地法》，从法律上确立了农民所有制的永久地位，保障了农民土地财产权，使他们能通过土地权利分享城市化发展成果。同时，为保障农民土地权益，对农地流转进行全面管制。

2. 通过建立和完善城乡统筹的社会保障体系，保障城乡社会和谐发展

一是城乡统筹的养老、医疗保障制度的建立，标志着日本的社会保障从职业型向普遍型转变。1959 年颁布、1961 年实施的新《国民健康保险法》，要求全国的农户、个体经营者必须强制加入这一医疗保险。1959 年首次颁布、1961 年实施的《国民养老金法》，开始将原来未纳入公共养老保险制度的广大农民、个体经营者，强制纳入社会养老保险体系中。到20 世纪 60 年代，以农村公共医疗和养老保障为支柱的农村社会保障体系初步建立并开始得到迅速普及。国民皆保险、国民皆年金体制的建立，也是阻止收入差距扩大的重要政策。

二是 1970 年设立农业人养老金制度。参加者的条件是具有一定面积以上农地耕作权的农业人，兼业农民则被鼓励参加其他社会保障。农业人若要获得经营转让养老金，则要将所耕种的农用地经营权转让给农业后继者或第三者。这项制度不仅能起到稳定老年农民收入来源和缩小城乡社会保障差距的作用，而且有利于鼓励老年农民、兼业农民"离农"，有利于扩大农地经营规模。

第十六章　山东半岛蓝色经济区建设的
支撑条件与保障措施

建设山东半岛蓝色经济区，必须充分发挥市场配置资源的基础性作用，同时要制定相应政策措施，创新体制机制，增加政府投入，确保本规划确定的战略目标和各项任务的落实。

一　加快蓝色经济区基础设施建设，强化发展支撑

（一）加强综合交通运输网络与对外通道建设

交通运输网络建设一直是山东交通工作的一大亮点。要把国家的宏观调控作为一次新的机遇，依法办结在建高速公路项目的征地手续，积极争取国家用地指标，拟建的 14 个高速公路项目应全部纳入"十一五"重点公路项目前期工作计划，以便赢得高速公路建设的主动权。积极争取滨州至德州、青州至鲁苏界、荣成至文登、枣庄至临沂、德州至范县、济宁至徐州等高速公路项目前期工作，通过国家不同阶段的审批。加大固定资产投资力度，完成主要国道、省道的技术改造工程，完善高速公路信息管理系统，使全省高速公路信息化管理联网收费里程达到 3000 千米以上。加快干线路网升级改造，使路网结构和布局更加优化，增强路网整体通行能力、抗灾保通能力和应急保障能力。继续健全完善高速公路三级质量保证体系，不断加强建设市场管理和在建项目监督检查，组织开展高速公路建设管理年活动，使工程质量稳步提高。

按照促进蓝色经济区发展的总体目标，要大力推进交通基础设施建设，形成区内各地市之间便捷的交通网络。整合山东港口资源，优化港口功能布局，推进港口分工协作，着力构建以青岛港为龙头，以日照港、烟

台港为两翼，以威海、东营等中小港口为补充的山东海上沿海现代化港口网络体系，打造东北亚国际航运中心。重点突破青岛、日照和烟台三大主力港口的优化布局建设，推动山东半岛国际集装箱中转基地建设，国家重要的煤炭、铁矿石及原油进出口基地建设。加快山东环海铁路及滨海大道建设，重点抓好烟大铁路轮渡、德龙烟铁路、黄日铁路与青烟荣城际铁路建设，形成山东沿海铁路网；以青岛、烟台、威海和日照滨海大道为主体，构建半岛环海大道网络体系。

（二）加强沿海能源基础设施建设

沿海能源建设总的指导思想是：着眼全局，完善沿海能源基础设施建设规划；强化协调，加快推进能源重大基础设施建设；主动作为，做好新农村建设能源基础设施配套工作；突出重点，提升能源基础设施承载能力；把握难点，继续抓好特殊时期能源供应协调工作；抓好典型，大力做好节能工作。

要充分利用优良港口条件，积极利用国际国内两种资源，强化能源保障，优化能源结构。结合沿海煤运港口的建设，合理布局沿海大型煤电，适时推进超临界、超超临界火电建设。进一步完善核电厂址前期工作，加快海阳核电站、荣成核电站建设。推动并完善威海、烟台与青岛沿海的风电场建设，大力发展核能、风能、太阳能、潮汐能、海浪能与生物质能等新型海洋能源。制定沿海三废排放与处理发展规划，加快沿海污水处理厂与垃圾处理场建设，特别是重点工业园区、养殖区与海岛地区。推动胶东半岛调水工程建设与青岛、威海、烟台等地的海水淡化示范工程建设，满足沿海发展对淡水的需求。

（三）加强城乡公共设施建设

改善城市间道路交通条件，加强对外交通与内部道路的衔接。完善城市内道路路网结构，提高路网密度。推进完善青岛、济南、烟台等城市轨道交通发展，提高城市道路标准。进一步健全城市道路、桥梁、供水、供气、防洪、污水和垃圾处理等市政基础设施功能，提高人口承载能力。努力改善乡村交通、饮水安全、人居环境等条件。加强水源与供水工程建设，适时开工建设一批具有防洪、灌溉、供水等功能的综合水利枢纽。合理规划和建设跨区域、跨流域水资源配置工程，确保城乡供水安全。切实解决沿海地市供水问题，适时推进沿海地市敷设海底通信缆线工程建设。

公共基础设施一直以来都是由政府财政支持投资建设，但其越来越不能满足日益发展的社会经济的需要；而且政府在公共基础设施建设中存在诸多如效率低下等弊病，因而政府在公共基础设施提供中的角色迫切需要改变。政府应由过去在公共基础设施建设中的主导角色，变为与私人企业合作提供公共服务中的监督者、指导者以及合作者的角色功能。在这个过程中，政府应对公共基础设施建设的投融资体制进行改革，对管理制度进行创新，以便更好地发挥其监督者、指导者以及合作者的角色功能。在公共基础设施的项目融资中，参与的私人企业一般都是国际大型企业和财团。政府在与他们的谈判与合作中，所遵循的不仅有国内的法律和法规，同时也要遵循国际惯例。政府应该行动起来，在立法制度上有所突破，迅速完善我国的投资法律法规，使其适应这一形势的发展。在公共基础设施的建设中，参与的私人企业不仅可以是国际大型企业和财团，国内的一些有实力的企业也可以参与进来。其他私营经济在新的产业领域和新的市场条件下需要解决自身问题，扮演好自己在公私合作伙伴关系中的角色。虽然实力不断增强，但由于各种条件的限制，许多私营企业在发展过程中还存在一些严重的缺陷，在信用水平、产业组织、企业管理、资本和人力资源等方面还需要进一步提高。同时，在国际投资者共同参与的情况下，国内的私营企业还需要考虑如何按照国际通行原则进行合作。

二　加快构建科学技术创新体系，强化科技人才支撑

（一）加快海洋高新技术成果转化，促进海洋产业从规模扩张型向增强核心竞争力转变

海洋高新技术产业化是新时期科技兴海工作的首要战略任务。为此，一是要根据规划纲要的部署，围绕海洋产业结构升级、高新技术产业竞争能力和发展潜力，坚持自主创新和引进、消化、吸收、再创新相结合，集中力量攻克一批科技成果转化为海洋产业核心竞争力的技术难点，突破一批具有自主知识产权和广阔市场前景的产品，提高海洋高新技术成果转化

率和国产化率，发展海洋高技术产业群。二是加快建立以企业为主体、市场为导向、产学研相结合的技术创新体系。我们要不断为海洋高新技术企业的发展创造良好条件，鼓励企业自主参与海洋科技项目研发和产业化过程，鼓励科研院所围绕海洋产业发展需求开展科研开发活动，鼓励建立各种科技兴海模式，坚定不移地探索出一条适应我国国情的"研发—试验—应用—产业化"科技创新链条完整的海洋高新技术企业发展之路。三是进一步整合全省海洋科技资源，充分发挥海洋科技力量雄厚的独特优势。以中央驻鲁科研院所、省内科研机构为依托，充分发挥各类海洋科技资源的整合作用，在发挥技术市场的联结作用和资源配置作用的同时，通过规划、计划、产业和技术政策、课题招标等方式，打破单位界限，建立国家海洋科学中心和一批国家重点实验室、工程技术中心、高技术示范基地。

（二）加快海洋公益技术创新和应用，促进海洋产业从数量增长型向生态安全和产品质量安全型转变

围绕海岸带和海洋资源可持续利用、海洋开发环境安全保障服务以及海洋生态文明建设，通过海洋公益技术的转化应用，解决海洋经济又好又快发展的公益性、共同性、基础性的问题，加快调整、转变海洋粗放式开发方式，是科技兴海工作必须同时高度重视和大力实施的重要任务。要重点实施海洋产业节能减排、海洋生态环境保护与修复、生态化海洋工程技术、基于生态系统的海洋管理等技术开发与应用推广，不断提高海洋开发、保护和管理水平。大力开展我省的业务化海洋学研究，将科技资源转化为经济资源，将知识价值转化为经济价值，将管理效益转化为经济效益，将生态安全转化为经济安全，为实现科学用海、科学管海提供有力支撑，使海洋生态系统逐步恢复到健康和可持续发展的水平。

与此同时，针对沿海海洋灾害频发区和脆弱区以及海洋油气、工程建设、交通运输、渔业、旅游等日益增长的需求，加大海洋监测、信息、预报技术和相关知识的集成创新与应用，开发各种预报与信息服务系统和精细化产品，提供高效、全面的服务，为海洋产业和沿海经济社会可持续发展以及人民生命安全保驾护航。要进一步加强海洋科技对外交流，加速海洋高技术的引进、消化、吸收和创新，提高我省海洋科技水平。要组织优

势力量，强化优势集成，围绕海水增养殖、海水综合利用、海洋精细化工、船舶制造技术、海洋生物工程、海洋生态技术、海洋病害防治等重点领域研究攻关，突破一批产业化关键技术，搞好技术储备，增强海洋产业竞争力。

（三）加快科技兴海示范工程建设，促进海洋产业从资源依赖型向技术带动型转变

将海洋科技成果转化为现实生产力，并实现科技兴海区域发展目标，必须加强科技兴海平台和示范工程建设。一是要以地方科技转化机构、企业科技开发基地和试验场等为主体，以国家和省（部）级重点实验室、工程中心为依托，建立一批具有辐射带动效应的海洋产业化平台、高技术产业化园区、循环经济示范区，不断扩大海洋技术转化、转移和产业化的能力，延伸和集聚海洋高新产业链；加强海洋科技成果推广中介机构、培训机构、技术推广站的发展，建立海洋科技推广服务体系，尽快形成海洋技术转移网络。二是要在现有的海洋环境监测站和观测站的基础上，重点建设河口、海湾等海洋开发活动区和经济活动区及重大工程区的监测平台，构建适于海洋开发和海洋产业发展的环境安全保障平台，优化海洋经济环境保障服务平台布局，建设科技兴海公共信息服务平台、标准化平台，为提供可靠、及时的服务打下坚实基础。三是要在平台和示范工程建设过程中，通过全社会的共同努力，统筹安排，合理布局，成熟一个建设一个，集中优势建成几个标志性的示范工程和平台，培育优势海洋产业和特色海洋产业，辐射带动海洋相关产业的快速发展。要大力推进海洋科技体制创新和机制创新，建立符合市场经济要求的基础研究、应用研究、成果转化一体化的新型体制，实现知识资本与产业金融资本的有机结合。具备条件的科研院所要进入市场，成为高科技型公司，通过市场机制发展壮大。要大力发展民营科技企业，鼓励科技人员下海经商，以技术入股、成果转让、合作开发等形式，领办企业。

（四）培养与引进相结合，形成山东半岛蓝色经济区的人才高地

建设山东半岛蓝色经济区，需要强有力的人才智力支持。要面向国内外广泛招揽高层次海洋开发科技人才，鼓励科技人员利用各种形式进修培训,加快科技人员的知识更新,进一步提高科技队伍的整体素质。要制定公平竞争、唯才是用的人才政策,营造使人才进得来、留得住的良好环境,充分调动科研人员的积极性。要以人才资源能力建设为核心,建立健全人才培养、引进、使用、评价、激励机制,努力营造人才汇聚、人尽其才、才尽其用的良好局面。适应蓝色经济区建设的要求,大力推进教育资源重组,完善高等教育和职业教育培训体系,进一步加快全省特别是沿海中心城市高等教育的发展,形成集群效应和强有力的科研、人才保障。要围绕产业发展需求,积极调整职业教育专业设置,创新培养模式,着力培养实用型、复合型技术人才,为蓝色经济区建设输送高素质劳动力。健全人才引进机制,采取更为优惠的政策,重点引进高层次人才、高技能人才和紧缺型人才,吸引国内外优秀人才到山东创业发展,鼓励国内知名高校、科研机构在沿海地区建立分校或科研平台,动员科研院所和高等院校的科技力量主动服务企业。进一步形成尊重劳动、尊重人才、尊重知识、尊重创新的良好氛围。通过综合施策,最大限度地调动各方面人才的积极性,努力使山东半岛成为高端人才的聚集地和优质劳动力的富集地带。

三　建设全方位开放型经济体系,强化市场支撑

(一) 健全完善现代市场流通体系

市场经济条件下,生产要素的可流动性以及流动效率决定资源配置的效率和效益,也决定经济系统的活力和市场绩效。改革开放以来,特别是"十五"以来,要素市场的培育和建设力度加大,各类生产要素进入市场,要素的流动性大大提高,资源配置的效果明显改善。

为进一步促进生产要素的流动性,我们必须打破行政区划界限和条块分割,整合流通资源,培育一批现代化流通基地,规范发展各类市场中介,建立海陆相连、空地一体的现代流通网络,建立统一开放、竞争有序的市场流通体系。积极引进现代交易制度和流通方式,努力争取国家主管部门支持,探索建立涉海产品期货交易机制,形成区域商品集散中心和价格形成中心,努力打造具有海洋特色的全国商品重要集散地。建立"虚拟海关",发展"无水码头",使沿海口岸功能向内陆延伸,共享开放平台,促进蓝色经济一体化发展。

（二）积极建设全方位开放型经济体系

蓝色经济是开放型经济，要积极参与国际经济技术合作与竞争，完善内外联动、互利共赢、安全高效的开放型经济体系，努力把山东半岛蓝色经济区建设成为我国对外开放的重要门户。一是要调整利用外资模式，优化利用外资结构。结合国际资本流动的新特点，打造高端制造业的新优势，由招商引资向招商选资转变，由引进中间制造环节向引进销售、研发两端延伸，加速向产业链高端攀升，注重引进技术含量高、占用资源少、节能减排项目和基地型、龙头型项目，引进产业链上下游配套企业。适应服务业领域国际直接投资的迅速发展，积极吸引外资投资服务业，尤其是现代服务业，以更好地服务于制造业的发展。对开发区进行明确的产业特色定位，错位经营，重点吸引跨国公司特别是世界500强企业前来投资，并带动配套产业集群的发展。大力引进技术、管理和人才，着力形成消化、吸收、再创新的合力，使其成为自主创新的重要途径，充分放大引进外资的效应。二是实施"走出去"开放战略，提升国际经济合作的层次。在经济全球化进程中，由参与合作到平等合作，再进一步发展到主导合作，是更高程度地参与国际分工、分享经济全球化利益的重要表现。积极鼓励具有一定实力的企业率先"走出去"，培育跨国公司，增强国际竞争力，充分利用两种资源、两个市场。通过制度创新，为企业境外投资创造宽松环境。完善企业境外投资的管理体制，明确境外投资的发展规划，建立健全法规体系，加大财税、金融支持力度。应使企业境外投资的地区选择、行业发展目标、投资主体和投资方式与蓝色经济区建设的目标相一致。三是大力推进外贸发展方式转变，提高外贸的竞争力。立足以质取胜，着力提高对外贸易的综合效益，从低成本、低价格优势向综合竞争力、核心竞争力优势转变。调整进出口结构，在巩固农产品、燃料、矿物与金属等资源密集产品出口的同时，重点支持自主性高技术产品、机电产品和高附加值产品的出口。增加先进技术、关键设备和国内短缺的资源类产品的进口，促使进出口商品结构不断优化。推动加工贸易产业链向上游研发设计、中游集约发展、下游营销服务延伸，扩大贸易规模，获取参与要素分工带来的贸易利益，提升国际分工地位。积极发展服务贸易，拓展国际工程承包、设计及咨询，有序承接国际服务业转移。有条件的中心城市应大力发展软件外包、现代物流、金融保险、咨询设计等，力争成为区域性乃至世界级的现代服务业聚集中心。四是形成沿海与腹地的良性互动。区位因素是发展开放型经济中的重要因素。开发建设蓝色经济区，应集聚区内地缘优势、港口集群优势、腹地资源优势、对外开放优势、交通网络优势、产业科技优势、城市功能优势与土地资源优势等，最终形成开放型经济的综合优势。蓝色经济区建设是完善全省开放型经济体系的点睛之笔，同时，腹地经济发展也需要更多地借助沿海经济带这个对外开放的"窗口"。沿海与腹地优势互补、互动发展，才能实现双赢。沿海经济带应吸纳腹地及其他地区的资金、技术、人才等资源，形成集聚先进装备制造业和高加工度原材料工业的重要骨干企业和企业集团的临港产业带；腹地则应充分利用沿海港口运输便利、成本低廉等优势，进一步参与到国际分工体系之中，提升自身的国际竞争力。另外，要主动搞好与环渤海地区各省市的合作，加强与长江三角洲、珠江三角洲的交流与协作，探索与周边功能区和内陆腹地之间的联动发展机制，形成优势互补、共同发展的局面。

四 加大投入力度，增强发展后劲

（一）加大政府投入，提高财政支持力度

发挥财政性投资的导向作用，加大政府引导性投入，重点支持保证海洋经济发展的公益性基础设施建设和重点产业开发项目建设。同时，财政投资要避免落入凯恩斯陷阱，从而最终避免财政支出对私人投资的完全"挤出"。建立山东半岛蓝色区发展基金，用于支持加快港口、道路、能源及供水等基础设施建设，以及海洋防灾减灾、资源勘探、环境监测、海洋保护区及海洋科技成果转化平台等公益性项目的发展。充分发挥政府信用，积极吸引国内外资金对海洋开发的投入，并带动社会资金及金融资本的跟进。省级及沿海市、县、区财政要形成对海洋基础设施建设和公益性事业投入的正常增长机制，确保海洋投入的稳定增长。针对重点海洋产业及其重点建设项目，特别是需要大量研发投入的高技术型海洋产业开发项目，进行全面的重点支持。重点支持领域包括船舶制造、海洋装备制造、远洋渔业、现代养殖业、海洋牧场、港口运输、海洋生物医药、海水综合

利用、海洋能源、海洋精细化工等高技术含量、资金密集型海洋产业。除了争取国际金融机构与国家财政资金支持外，省、市各级政府应寻求设立海洋产业发展专项资金，对各自的重点海洋产业领域进行重点支持，加快海洋传统产业的改造和新兴海洋产业的发展进程，早日实现海洋经济的规模化发展。

（二）制定优惠税收政策，引导高端产业发展

在产业税收优惠上，现行税收优惠政策是从鼓励向特定地区投资，到鼓励向基础设施投资，再到鼓励向技术密集型项目投资的演变中的税收优惠，实现了特定地区经济发展、基础设施建设逐渐加强、高新技术产业化的政策目标。针对这种税收优惠的内涵和外延，我们必须制定海洋优先发展产业目录，在符合国家税收政策的前提下，对符合条件的重点行业和海洋开发企业实施税收优惠措施。首先，要减轻优先发展领域海洋中小企业的税收负担，提高企业的自我积累能力；其次，要实施重大项目的税收减免政策，对海洋高技术产业开发项目或国家鼓励优先发展的海洋产业领域项目，可考虑减半征收或免征企业所得税和特产税；最后，要放宽对海洋高新技术企业的税收征收条件，加强对相关企业的税收服务，必征税赋可采取优惠措施，可征可不征的坚决不征，以充分调动企业的积极性。采取各种优惠政策，加大招商引资力度。按照海洋产业发展规划要求，精心选择海洋油气开发、港口码头、跨海大桥、仓储物流、海洋生物制药、海洋能源、海洋新材料、海水综合利用等高端海洋产业领域发展项目，通过财政、税收政策进行重点支持，为海洋高端产业的发展与集聚创造一个良好的政策环境，有效地推动海洋高端产业发展项目的招商引资步伐。

（三）实施金融创新战略，拓展融资渠道

创新投资机制，综合运用国债、担保、贴息、保险等金融工具，带动社会资金投入海洋开发领域，以拓展投融资渠道。对已建成的码头、桥梁等海洋基础设施项目，要盘活存量资产，通过出让经营权、股权等方式吸引社会资金投资。对新的海洋资源开发、基础设施建设项目，实行直接投资、合资、合作、BOT 等多种灵活的投资经营方式，鼓励民间资金和国外资本投资。全力推进银企合作，开辟海洋产业发展专项贷款，对海洋开

发重点项目优先安排、重点扶持。对海域、港口岸线、无居民岛屿等资源的经营性开发实行使用权公开招标、拍卖,创新海域使用权抵押贷款制度,拓宽资金来源。制定优惠政策,实施金融体制与机制创新。设立海洋产业发展基金,以省国有资产投资公司为主体,整合部分财政资金和社会资金,对重大海洋开发项目和重点企业进行战略投资。推动政策性金融机构的建立,完善对海洋高技术产业化项目的支持机制,积极探索科技兴海风险投入机制。鼓励设立创业风险投资引导基金,吸引各种私募与政府投资基金以及国内外各类风险投资基金加入到海洋开发领域,重点对科技型中小企业进行支持,鼓励和引导企业自主创新,实现科技成果的产业化发展。对符合条件的海洋高技术企业,优先支持到深圳中小企业板和即将推出的创业板上市,并鼓励符合上市条件的海洋类高技术企业在境内外上市筹资。优先推荐符合条件的海洋类企业发行公司债券和企业融资券,支持省级以上海洋产业基地内企业联合发行企业债券,以拓展融资渠道,促进海洋高技术企业的健康发展。

五 改善投资环境,促进政府职能转变

改善投资环境是一项长期的工作,优化投资环境永无止境,必须常抓不懈,一以贯之。按照建设蓝色经济区的发展目标,应采取多种行之有效的办法和措施,致力改善投资环境,努力创建规范高效的服务环境、公正公平的市场环境、透明平稳的法制环境和完善完美的生活环境。

(一) 上下联动,齐抓共促,营造改善投资环境的良好氛围

投资环境的改善是一项系统工程,要提高政策、法规等的科学性,提高全民素质,建立一套社会文化创新体系,这是改善投资软环境的根本出路。要深入开展"投资环境整治年行动",重点解决影响项目建设的突出问题。以推行首位负责、限时办结、责任追究等制度为重点,切实提高机关办事效率,落实好重点项目审批代理制和支持性文件"一条龙"办理制,杜绝"三难"行为,切实改进政府服务。以信访举报案件办理为重点,及时查处国家公职人员利用职权吃拿卡要等违纪违规行为,以及借项目建设之机敲竹杠、违法阻挠项目建设的人和事,并对典型案件公开处理

曝光，努力营造良好的建设环境。投资环境整治关乎蓝色经济区经济社会的全面发展，已逐步成为当前全省干部群众的共识。因此绝不能把投资环境整治当作短期行为，而必须要把改善投资环境作为一项长期的系统工程来抓。只有不断优化投资环境，才能在激烈的竞争中吸引更多的资源，谋求更多的发展空间，形成相对的发展优势，为实现蓝色经济区的发展提供有力支撑。

改善投资环境要贯穿蓝色经济区各级政府工作的始终。要形成各级政府主要领导牵头抓，分管领导集中抓，各地和各部门领导主动抓的局面，"动真格、抓落实、见成效"。各地和各部门对改善投资环境的思想认识要实现从缺乏意识到积极主动的转变；为外商和外商投资企业服务要实现从被动服务到主动服务的转变；对机关作风和服务态度的监督，要实现从以往怕被监督到主动要求监督并积极改进的转变。各级新闻媒体应通过发表评论、开展思想讨论、报道典型事例和开辟专栏等形式，大力报道蓝色经济区各地和各部门改善投资环境的先进做法、先进经验和先进典型，形成一定的舆论声势和氛围，充分发挥舆论导向和舆论监督作用。

（二）畅通渠道，依法行政，构建透明平稳的法制环境

按照蓝色经济区的发展目标和建立社会主义市场经济的要求，各级政府应积极改革审批制度，清理法规规章；实行政务公开，建立政务服务中心，阳光办事，依法行政，促进蓝色经济区内各地市办事效率和服务质量的提高。要加大政策法规宣讲和信息服务力度。畅通政策法规信息渠道，把政府信息公开纳入法制化轨道。根据国家和地方政策调整的情况和外商投资企业的需求，采取集中宣讲、巡回宣讲和专题宣讲等形式，定期举办政策法规宣讲会，有关部门宣讲国家和地方的最新政策法规，现场解答外商提出的问题。按照"分级受理、限时处结"的原则，加大调处外商投诉工作力度。对外商投诉积案采取"集中攻坚、网络配合、落实责任、限期办结"的办法，依法进行调处，保持外商投诉零积案，维护外商的合法权益。

法制环境状况是社会发展进步的一个重要标志，也是城市综合竞争力的重要内容。要紧紧围绕蓝色经济区经济建设和社会发展的大局，不断更新观念，改革和加强政法工作。要提高对环境创新的认识，切实增强创建

优良法制环境意识。大力落实社会治安综合治理的各项措施，严厉打击各类严重刑事犯罪活动，确保社会稳定。不断加大经济案件查处力度，积极参与整顿和规范市场经济秩序，保护企业的正当利益，维护市场经济秩序。要经常围绕企业生产、经营活动中的突出治安问题，组织开展企业周边、建筑工地及行业市场的治安整治。要提高办事效率，转变工作作风，在进行审批制度改革和清理完善管理制度时，要向国际通行规则靠拢，做到手续简便、规则公平、程序规范、操作科学、安全有效。要清理收费项目，对缺乏收费依据的要坚决取消，对保留的收费项目要及时公布。要规范和完善执法监督，促进严格公正执法。要开展法制宣传教育，提升法制水平。

（三）落实措施，办好实事，改善外商的生活和文化环境

围绕外商和外商投资企业关心和迫切希望解决的问题，有关部门要高度重视，落实分管领导具体抓，并出台有关政策，提出解决方案，狠抓具体落实。在医疗卫生方面，蓝色经济区要设立几十个定点医疗卫生机构和专门医护窗口，为外资企业外籍人员提供优质的医疗服务；非定点医疗卫生机构为外资企业外籍人员提供医护服务时要安排专人负责，简化工作流程，提供就医便利。对外籍人员设定的医疗收费标准要与当地居民一致。在子女入学方面，各级各类学校对外资企业人员处于义务教育阶段的子女优先安排就近入学；外籍人员子女报考重点高中时，统招生降低录取分数线5—10分，择校生可以降低一个分数段优先录取。外籍人员子女未经中考直接就读各级各类学校的可以参照留学生有关规定给予适当优惠。同时还要根据语言障碍等困难进行及时的课余辅导，在收费标准上与国内学生一致。在安全保卫方面，要指定管区民警负责辖区内外籍人员及家属的人身财产安全保卫工作。要为辖区内外籍人员建立流动档案，形成外籍人员情况沟通联络机制。公安部门要指定一到两名证件代办人员，为外籍人员及家属代办签证、居留许可证等各类证件；公安出入境部门为外籍人员办理各类证件，材料齐全的要在最短时限内办结等。

此外，应采取各种措施，推进外籍人士绿卡申领工作；推出便捷措施，开通绿色通道，为外商投资企业人才招聘和劳动用工提供有效服务。协调各有关部门，解决外商投资企业用电、用水和生产经营过程中的问

题。举办外商投资企业运动会和各类文化活动，为外商投资企业创造相互学习和交流的机会，丰富和发展企业的文化，提升外商投资企业的文化品位。

（四）开展活动，健全制度，建立改善投资环境的长效机制

通过扎实有效地开展活动，进一步加强政府与外商投资企业的相互交流与沟通，进一步增进政府与外商投资企业的相互理解与信任，有效解决一批影响外商投资企业发展的突出问题和实际困难，为改善投资环境发挥积极的作用。蓝色经济区各级政府、各部门与外商投资企业要结成对子，定期深入企业，了解情况，解决问题。通过召开会议和上门征求意见等形式，向外商投资企业发放评议表，对机关和单位进行民主测评，以此来促进机关各项工作。开展投资环境存在问题整改活动。对外商反映的问题进行梳理和责任分解，落实相应责任单位和责任人，提出限期整改意见和解决措施。开展外商投资社会责任先进企业、外商投资优势榜、外商投资环境优秀区域评选活动，以充分调动外商投资企业的经营积极性。

六　完善海洋法制建设，加强海域使用管理

（一）完善地方法律法规体系，实现依法治海

围绕加快海洋开发、强化海洋管理、促进海洋保护的目标，推进相关海洋管理立法工作，加大海洋执法力度，构建适合山东蓝色经济区开发需要的海洋法制环境，提高依法治海水平。进一步完善海洋法律法规体系，重点推进法规空白领域的地方性立法工作，加强配套制度、配套措施、实施细则和工作规程等制度的制定与检查落实。完善海域管理与海洋保护、港口管理、渔业管理、海岸带管理、海洋灾害防治、海岛开发与保护等法规体系建设，形成更加完备的海洋综合管理法律制度，实现依法治海，把海洋资源开发和管理活动真正纳入法制化轨道。按照国家海洋相关法律法规规定，加快研究制定或修订完善《山东省海岸带管理办法》、《山东省岸线、滩涂开发利用管理规定》、《山东省海域使用管理办法》、《山东省海洋环境保护办法》、《山东省无居民海岛保护与利用规定》及《山东省海洋预报和海洋灾害预警报管理办法》等相关海洋管理法规，形成一套

完善的地方涉海管理法律法规体系，以指导各级地方政府的海洋管理。

（二）创新执法协调机制，提高海洋执法水平

建立和完善海洋执法协调体系，创新协调机制。按照统一部署、一体化管理的要求，将隶属于沿海各级海洋与渔业行政主管部门的海洋监察、渔政管理、渔港监督等行政执法机构合并，组建综合的海洋执法机构，形成统一的综合执法体制。明确海洋、港航、环保等涉海主管部门的权责范围，严格按照相关法律法规规定，理顺各涉海管理部门间的职责关系，并建立有效的合作与协调机制，组建共同执法队伍，形成海洋执法合力，定期组织开展海上联合执法，维护海上安全和海洋生产、海洋交通、海域使用管理的良好秩序。同时，还要加强军地共建，维护海防安全。

（三）提升海洋行政执法能力，加强海洋执法队伍与能力建设

建立海上执法协调机制、海上执法信息通报和案件移交制度，开展海上联合执法行动，提高对海上综合案件的处置能力。加快建设乡镇海域管理工作站和村级海域管理协管员制度，将海域管理工作延伸到基层。进一步加强对执法人员的培训和教育，提高海洋执法队伍政治和业务素质。适当提高海洋执法人员待遇，执法人员纳入公务员管理，执法经费列入各级财政预算。大力改善执法手段和设施，购置先进执法设备，建设省、市级海洋执法船、艇和综合码头，全面提升执法水平。严格执行海洋功能区划制度、海域权属管理制度和海域有偿使用制度，依法保护海域使用权人的合法权益，打击违法用海行为。加强海洋行政管理和执法监察队伍建设，运用先进技术和手段，不断提高海域管理和执法水平，促进海域合理、科学、有序开发。

七　健全管理体制,完善规划体系

（一）加强宏观领导，完善规划体系

为更好地推动蓝色经济区建设，协调海洋开发与海域环境保护，推动山东省海洋经济的健康持续发展，应在省蓝色经济区建设工作领导小组的基础上，成立由各职能部门主要领导参与的山东省蓝色经济区开发建设委

员会和由相关领域知名专家组成的政策咨询委员会。开发建设委员会主要
负责海洋开发基本规划制定与实施的相关事务，以及与相关管理机构就海
洋规划与政策实施措施整体协调的事务及其他相关事务；而政策咨询委员
会的主要任务则是按照省委、省政府的统一部署，进行相关政策前期的调
研与评估，并提出基本的政策建议草案，供开发建设委员会审议。增强和
完善省海洋与渔业厅的职能组成，明确其海洋综合管理部门职责，加强其
信息收集、政策制定与实施监管职能，并设立省蓝色经济区开发建设委员
会下属的政策办公室，负责具体事务的实施与协调。

　　加快山东蓝色经济区开发规划的制定步伐，根据新的蓝色经济区开发
导向，进一步修订完善现有的《山东省海洋功能区划》、《山东省海岸带
规划》和《半岛城市群建设规划》，并争取尽快制定发布《山东省蓝色经
济区总体规划》，作为"十二五"海洋经济发展规划及其他相关规划的指
定性文件。同时，围绕蓝色经济区建设规划的制定工作，还要积极进行
《山东省碧海行动计划》、《山东省海洋保护区网络建设规划》、《山东省临
海产业发展规划》、《山东省海岛开发建设规划》以及《山东省新兴海洋
产业发展规划》等相关规划的制定与审议工作，为山东蓝色经济区建设
奠定政策规划基础。

（二）实施海洋综合管理，建立健全管理体制

　　围绕海洋资源的持续开发利用和海洋产业的培育发展，对制约海洋经
济快速发展的重大关键性难题，组织有关单位和企业联合攻关，取得一批
具有自主知识产权的海洋科技成果，大力提升海洋产业的技术水平。引导
和支持有条件的涉海大中型企业建立科技开发中心，开展科技创新，提高
产品的科技含量。支持一批海洋加工重点龙头骨干企业的科技创新活动。
积极扶持省海洋水产研究所育苗中心等一批骨干型海洋科技开发主体，创
新机制，加快海洋科技成果推广和转化步伐，加强科研院所和海洋开发主
体之间的合作，促进海洋科技成果有效转化。加强海洋资源开发利用综合
试验示范基地建设，鼓励和引导科教单位和海洋科技人员进入基地创新创
业，加快成果的示范推广。加强海洋科研机构和创新平台的建设，创造条
件建设省海洋研究院，积极开展海洋科技的国际交流与合作。

　　深化海洋管理体制改革，实施海洋综合管理。明确省海洋与渔业厅的

海洋综合管理职能，规范其他相关职能部门的职责划分，协调管理责任，提高管理效率和水平。充分发挥省蓝色经济区建设委员会的领导作用，进一步完善省、市、县三级海洋主管部门及相关部门的指导、合作与协调机制。建立与蓝色经济区建设相适应的管理体制和跨行政区的海洋开发协调机制，实现对胶州湾、莱州湾等重点海域海洋经济开发与海域环境保护的海陆统筹管理，推动海洋经济与临海陆地经济的整体规划、统一布局，实现重点临海、临港经济区的有序开发。建立跨市、县、区的海洋开发联席会议制度，协调区域内港口建设、临海产业布局、围垦及用海等建设事务。实施资源共享、设施共管、互利互惠的工作机制，加强不同市、县之间的合作与交流。

（三）完善监督与评价体系，实现海洋管理的制度化

进一步完善相关法律法规和政策框架，建立常态的相关规划实施监测与评估机制，明确各部门的监管职责和奖惩标准。强化对重要稀缺资源的监管，完善水域、岸线、滩涂、矿产等海洋自然资源有偿使用制度，逐步建立资源更新的经济补偿机制。修订完善海洋和岸线开发管理制度体系，加强海域使用动态管理，建立有效的跟踪监测制度，定期评估功能区划和围填海区域的功能、利用状况和变化趋势。严格海域使用论证制度，完善海域使用项目审查审核、论证资质审核等行政许可项目的办事程序。严格实行审批用海项目的预审和公示制度，建立适合省情的海域评估制度，规范海域使用权管理，实现海域管理的制度化和标准化。

八　加强组织领导，增强海洋意识

（一）成立山东半岛蓝色经济区建设领导小组，加强组织协调

合理开发利用海洋资源、加快发展海洋经济是建设山东半岛蓝色经济区的重要举措。成立省蓝色经济区建设工作领导小组及其办公室，加强发展战略研究与谋划，制定促进海洋经济发展的相关政策与规定，研究解决海洋经济发展中的重大问题。省直涉海各部门和沿海各市、县要按照规划确定的目标，密切配合，认真落实。大力宣传海洋在发展经济中的作用，不断提高各级领导和群众的海洋经济意识。

　　以省蓝色经济区建设工作领导小组为基础，建立省发展海洋经济联席会议制度，强化联席会议职能，加强对海洋经济重大决策、项目的协调以及政策措施的督促落实。联席会议主席应由省政府常务副省长担任，成员由省有关部门和沿海三市政府主要领导组成，具体工作由省发展改革委会同省海洋局承办。沿海市、县要建立相应的领导机构。省有关部门和沿海地市要积极配合，形成合力。加强政策支持，参照省里出台的加快鲁南经济带、省会都市圈、半岛城市群发展的有关扶持和激励政策，研究制定加快海洋经济发展的政策。

（二）统一思想认识，占领蓝色经济区发展制高点

　　打造山东半岛蓝色经济区，是从全局和战略高度作出的重要部署，充分体现了中央领导对山东发展的亲切关怀和殷切期望。打造山东半岛蓝色经济区，是建设经济文化强省的战略举措，为山东经济社会发展提供了重大历史机遇。我们要紧密联系当今世界海洋经济发展的新趋势，深刻理解蓝色经济区的科学内涵；紧密联系国内区域发展格局的新变化，深刻理解蓝色经济区建设的精神实质；紧密联系我省科学发展、富民强省的新任务，深刻理解蓝色经济区建设的内在要求。打造山东半岛蓝色经济区，是思想观念的重大转变，是发展思路的重大创新，是生产力布局的重大调整，是发展环境的重大完善，是改革开放的重大进展。要以开阔的视野、全球化的眼光、创新的意识，站在全局和战略的高度，进一步深化对打造山东半岛蓝色经济区重要性、紧迫性的认识，切实增强贯彻落实自觉性、坚定性。

　　发展海洋新兴产业是蓝色经济区建设的一项重要内容，对于全面有效地利用海洋资源，提高海洋技术水平和经济效益，促进全省经济持续健康发展具有十分重要的意义。山东省海洋资源丰富，具有高校教育优势，海洋新兴产业发展有着广阔的空间，海洋农牧业、海洋工业、海洋旅游业、海洋科技服务业大有文章可做。要跟踪、了解先进海洋科技和产业的发展趋势，努力解决好产业发展过程中的关键问题，积极引进关键技术、设备和先进管理方法，加强国际海洋技术经济合作，努力提高全省的海洋科技与产业水平及发展能力。各地区、各部门要切实把思想统一到发展高新技术及其产业，占领经济发展制高点，海洋兴省、海洋强省这一大战略上

来，关心支持海洋新兴产业的发展。

（三）调动多方面的力量参与蓝色经济区的开发建设

实施蓝色经济战略是一项系统工程，需要全省上下共同参与，各级各部门共同努力。各地市和各有关部门都要把发展海洋经济摆到突出位置，作为一项重大战略任务来抓。把发展海洋经济纳入沿海各级党委、政府任期目标责任制，进一步细化、量化任务，加强督查考核，保证各项措施的落实。要加强对发展海洋经济的组织协调，强化对海洋经济重大决策、重大项目和政策措施的督促检查。要进一步深化改革，调动全社会的力量投资开发海洋。要实施全方位对外开放政策，积极开展招商引资，加强对外合作。各涉海部门要发挥职能优势，密切配合，形成合力。

第十七章　山东半岛蓝色经济区生态环境
建设与可持续发展能力

在打造山东半岛蓝色经济区过程中，不论是经济发展和布局，资源利用与开发，还是培育优势产业，都必须以生态文明建设为前提，树立生态经济观，按照可持续发展这一基本要求，探索一套生态、循环、高效、可持续的发展新模式。

一　以生态环保为前提，推动山东
半岛蓝色经济区可持续发展

可持续发展的概念是在 20 世纪 70 年代提出来的，经过几十年的研究和探索，世界各国对可持续发展的概念逐渐明确和统一：可持续发展的核心是发展；可持续发展以合理利用自然资源为基础，同环境承载能力相协调，实现人和自然之间的和谐；可持续发展的根本问题是实现生态经济社会总资源的合理分配；可持续发展的目标是建立相互协调的经济系统、社会系统和生态系统；可持续发展的实施强调综合决策、制度创新和公众参与。坚持生态环保和可持续发展，对于打造山东半岛蓝色经济区具有极为重大的意义。

（一）打造山东半岛蓝色经济区的根本保障

随着高新技术产业化和经济全球化的进展，海洋经济在经历了直接开发海洋资源的发展阶段以后，跨入了激烈国际竞争背景下以高新技术为支撑的，海陆一体的，以经济发展、社会进步、生态环境不断改善为基本内容的系统协调发展阶段。胡锦涛总书记在考察山东工作时指出："要大力发展海洋经济,科学开发海洋资源,培育海洋优势产业,打造山东半岛蓝色经济区。"这个指示明确提出科学开发海洋资源的思想,就是要求山东在新的历史条件下,遵循发展规律,走科学发展、和谐发展、率先发展的路子,在全国起到生态建设与经济发展相互促进、共同提高的示范带动作用。因此,贯彻落实总书记指示精神,建设山东半岛海洋生态文明,以科学开发海洋资源与保护生态环境为导向,实现可持续发展,是顺应潮流的选择,是打造山东半岛蓝色经济区的重要内容和根本保障。

(二) 突破资源环境约束,提高区域承载力的客观要求

山东是资源大省,海陆资源丰富,但在经济快速发展的背景下,主要自然资源相对短缺,供需矛盾日益突出。山东省属水资源特贫的地区之一。沿海七市人均耕地远低于世界平均水平,而且耕地数量递减趋势还在继续。山东省是全国森林资源严重缺乏的省份之一,难以发挥生态功能。全省总人口居全国第2位,庞大的人口数量和过高的人口密度对资源环境和经济发展构成了巨大的压力。

资源利用率低,降低了资源环境对经济发展的承载力。山东省综合能源利用率、农业用水有效利用系数、矿产资源总回收率等指标均远低于世界平均水平。山东单位 GDP 的资源消耗强度远高于发达国家。山东省资源短缺且利用率低,决定了必须走生态文明建设与经济建设并重的路子,只有这样,才能提高区域承载力,实现山东半岛蓝色经济区的可持续发展。

(三) 抢占区域经济竞争制高点的战略选择

当前,全国区域经济之间竞争日趋激烈。南部有广西北部湾经济区、福建海西经济区、江苏沿海地区,北部有辽宁沿海经济带、天津滨海新区,西部有"关中—天水经济区"。山东半岛蓝色经济区凭什么脱颖而出,凭的是真正落实科学发展观,从战略上突出"蓝色"。"蓝色"意味着环境优美,意味着资源持续,意味着适宜人居。这些都是区域竞争的制胜因子。生态环境是经济社会发展和人类生存的基础,是社会文明进步的重要标志。保护生态环境就是保护生产力,改善生态环境就是发展生产力。因此,我们应当真正树立生态经济观,放大我们的特色,以"蓝色"

来吸引高端产业、高新技术、高层次人才，形成要素聚集的新型经济区，大力建设生态文明，努力形成节约能源资源和保护生态环境的产业结构、增长方式、消费模式，走经济发展与环境保护统筹协调的新路子。

（四）融入全球可持续发展趋势的新途径

随着经济全球化的不断发展，当代资源和生态环境问题日益突出，向人类提出了严峻的挑战。人类开始对过去的发展模式进行反思，努力改进以往不利于生态环境的做法，力图寻求新的发展途径，国际社会对可持续发展与共同发展的认识不断深化，行动步伐有所加快。"可持续发展"为人类社会确定了新的发展目标模式，很多有关保护海洋生态环境的规定被列入国际公约或者国内政策中。在这种情况下，任何一个国家或区域要增强综合竞争力，都无法回避科技、经济、资源、生态环境同社会的协调与整合，人类世界将进入比拼可持续发展综合竞争力的时代。谁在可持续发展综合竞争力上占据优势，谁便能为自身的生存与发展奠定更为牢靠的基础与保障，创造更大的时空与机遇。因此，在半岛蓝色经济区建设过程中，我们需要把握决定可持续发展综合竞争力的关键，需要清楚自身的地位和处境、优势和不足，需要检验已有的政策措施，同时制定新的竞争和发展战略，以实现可持续发展，实现总体战略目标。

二　山东半岛蓝色经济区生态环境
建设与可持续发展现状分析

随着经济的高速增长及工业化、城市化的发展，传统经济发展模式受到了巨大的挑战和排斥，山东可持续发展面临着巨大的压力与挑战。粗放型的经济增长方式、技术创新能力不足、人口数量庞大、自然资源相对短缺、环境污染严重，已经成为山东区域经济可持续发展的主要制约因素。据中国科学院《2006 中国可持续发展战略报告》公布的全国 31 个省、自治区、直辖市可持续发展能力的排名，山东排在上海、北京、天津、浙江、江苏、广东之后，位列第 7 位；在《2008 中国可持续发展战略报告》（以下简称《2008 报告》）中，山东的这一排名明显落后，排到了十名之外。《2008 报告》对全国及 31 个省、自治区和直辖市的节约型社会建设水平进行了综合评估，山东位居全国第 8 位，并且高于全国平均水平。《2008 报告》称，与 1995 年相比，除北京、上海、山东 3 个省、直辖市外，全国及其他省、自治区、直辖市的环境水平呈现下降态势。这说明山东在节约型社会和生态环境建设上取得了显著的进步，但在提升可持续发展能力方面任务艰巨。

（一）生态环境建设与可持续发展取得明显实效，为山东半岛蓝色经济区可持续发展奠定良好基础

近年来，山东省在发展循环经济、节能减排、生态环保等方面都取得很大成绩，为山东半岛蓝色经济区可持续发展奠定了良好的基础条件。

1. 节能减排成效斐然

随着全国节能减排工作力度的加大，山东节能减排取得了明显成效。能耗指标保持了"十一五"以来的持续下降趋势，2007 年，在国内生产总值同比增长 14.3%，实现经济高速发展的同时，成为全国 7 个超额完成年度节能减排目标的省份之一。2007 年全省万元 GDP 能耗为 1.18 吨标准煤，同比下降 4.54%，化学需氧量（COD）削减 5.04%，二氧化硫削减 7.12%，全面完成了万元 GDP 能耗下降 4.5%、化学需氧量下降 5%、二氧化硫下降 7% 的减排目标，实现了两项主要污染物排放指标双下降。

关停落后产能，节能成果显著。2007 年，全省关停小火电机组 113 台，容量 171.7 万千瓦；淘汰 248 万吨炼铁产能、371 万吨炼钢产能。在此基础上，2008 年前 9 个月又关停小火电 140 万千瓦，淘汰 1000.5 万吨水泥熟料落后产能。重点考核的千户重点用能工业企业主要产品生产实现节能 562.2 万吨标准煤，比上年多节能 228.1 万吨标准煤。在企业 49 项单位产品能耗指标中，下降的占 93.9%。在 1306 个能耗指标数据中，下降的占 90.0%。

治污减排取得明显成效。2007 年，重点废气企业达标排放率提高了 18.3%，重点废水企业达标排放率提高了 45.2%，城镇污水处理厂达标排放率提高了 16.6%。

山东新能源开发稳步发展。太阳能、风能、潮汐能、秸秆都将成为山东新的优势能源。风力发电成为目前除水能外，技术最为成熟、最具大规模开发和商业开发条件的发电方式。目前，全省共有 106 台并网风机，总

装机容量 9.22 万千瓦，已核准的在建风场 9 个，共计安装 1500 千瓦风机 280 台，总装机容量 43.6 万千瓦。

建材行业节约资源、消纳工业废弃物能力突出。山东建材企业充分发挥建材工业在资源节约和综合利用方面的优势，大量消纳、综合利用冶炼矿渣、钢渣、煤矸石、粉煤灰、工业副产石膏，将其作为水泥、墙体材料和新型建材的原料及混合材，利用固体废弃物占全省工业利用固体废弃物总量的 70% 以上。关停和改造实心黏土砖厂 380 余家，新上新型墙材生产线 220 条，新增生产能力 45 亿标块，48 个设市城市规划区建设工程基本实现"禁实"目标。全省建成节能建筑 3600 万平方米，实现节能 280 万吨标煤，节地 4.5 万亩，减排二氧化碳、二氧化硫 749 万吨，行业节能减排成绩显著。

水资源综合利用亮点显现。积极推行阶梯式水价，2007 年城市节水 4 亿立方米，5 个城市被命名为国家节水型城市。

2. 循环经济走在前列

山东省是全国循环经济先进省份，2005 年被列为国家第一批循环经济试点省。近年来，山东省把发展循环经济同节约型社会建设和生态省建设紧密结合起来，采取政府组织、工业先行、典型引路、全面推动的做法，收到了明显的效果。深入开展"点、线、面"循环经济系统试点，突出强调点上的小循环，以企业推行清洁生产、ISO 14000 环境管理体系认证为主，实现企业和单位内部的资源综合利用；"线"上的行业中循环，是在清洁生产的基础上，运用生态经济原理，根据行业间的关联，拉长产业链，使模式中的各个主体形成互补互动、共生共利的有机产业链网；"面"上的大循环，则以"点"、"线"为支撑，以社会区域为单元，以循环经济规划为指导，以系列创建为载体，以建立循环型社会为目标，推进人与自然和谐发展。通过对循环经济层次与方式的不断探索和总结，现已初步形成具有山东特色的"点线面结合、大中小循环"的经济模式。目前，山东已有造纸、纺织印染、酿造、化工等 10 多个行业的 310 多家企业通过了清洁生产审核，50 多个企业、200 多个产品获得环境标志，180 家企业和 8 个开发区（旅游区）通过国家 ISO 14000 环境管理认证，其中 ISO 14000 国家示范区 3 个，国家生态工业示范园区 2 个，省级工业示范园区 19 个。此外，山东还确立了 105 个省级循环经济试点企业和 6 个循环经济试点县。参与循环经济的企业，固体废弃物和废水的排放削减率分别达到 15% 和 27%，企业年经济效益增加率达 5%，获得经济效益 5 亿多元，年总产值较发展循环经济前增长率超过 44%。全省连续三年保持了用水总量的零增长。废水排放量平均削减率达 40%—60%，化学需氧量排放量平均由 2000 年的 1.68 吨标准煤下降到 1.24 吨标准煤。

3. 生态环境得到改善

20 世纪 90 年代以来，山东省切实加强对环保工作的领导。省委、省人大和省政府"三个一把手"亲自抓环保，实施了党政领导干部环境保护工作实绩考核办法和环境污染行政责任追究办法，实行领导干部环境保护目标责任制。大力调整产业结构，淘汰了一大批浪费资源、污染环境的工艺设备，在全国率先关闭了 2 万吨以下草浆生产线和 2 万吨以上 5 万吨以下不能稳定达标的草浆生产线，努力解决结构性污染。淮河流域、南水北调沿线和渤海污染治理取得初步成效。城市环境综合整治成效显著，青岛、烟台、威海等 9 个城市获得环境保护模范城市荣誉称号，是全国拥有模范城市最多的省份。生态保护工作不断加强，建立了一批自然保护区和生态功能保护区，五莲、桓台、栖霞、寿光、莘县、枣庄峄城区等 6 个县（市、区）被命名为国家级生态示范区。山东生态环境建设取得显著成效。

4. 以黄河三角洲高效生态经济区为龙头，可持续发展能力不断增强

山东省积极探索具有山东特点的可持续发展道路，坚决不走先污染、后治理的老路。2006 年省委、省政府确定"以东营市为主战场，着力打造涉及 6 个地市 19 个县（区）的黄河三角洲高效生态经济区"，黄河三角洲各地积极开展规划、建设，高效生态经济区建设不断向前迈进。2008 年发布实施的《黄河三角洲高效生态经济区发展规划》和出台的《关于支持黄河三角洲高效生态经济区又好又快发展的意见》，进一步明确了黄河三角洲开发建设的方向、重点及扶持措施。黄河三角洲各地坚持环境保护优先、基础设施建设适度超前、重点区域率先突破原则，以发展高效生态经济和绿色产业为主导方向，有序地推进黄河三角洲高效生态经济区建设，在基础设施建设、临港产业区建设、产业发展、招商引资等方面取得明显进展。一是基础设施建设取得新突破。港口建设方面，东营港一期扩

建工程 7020 米的引桥工程已经完成，两个 3 万吨级散杂码头主体工程基本完成；滨州港引堤工程已经完成 11 千米；潍坊港 3 个 3 万吨级泊位、10 千米深水航道和两条总长 25 千米防波挡沙堤的万吨级工程 2009 年底可投入运营，届时潍坊港将跨入山东区域性重要港口行列。公路方面，途经青岛、潍坊、东营、滨州的荣乌高速公路山东段于 2008 年 9 月全线贯通，实现了黄河三角洲与胶东半岛、京津冀等经济区的紧密连接。铁路机场方面，黄大铁路已立项，东营永安机场扩建飞行区正在施工，2009 年底将达到 4D 机场验收标准。二是临港产业区建设全面展开。山东省把黄河三角洲北部以四大临港产业区为主体的约 4400 平方千米确定为黄河三角洲高效生态经济区率先突破区域，实行“以港带区、港区联动”，大力发展临港工业、临港物流业和港口经济。目前，潍坊滨海经济开发区在建投资 5000 万元以上的项目有 161 个，其中过亿元的项目 91 个；莱州市的临港工业产业已拥有规模以上工业企业 73 家，2008 年 1—9 月莱州市临港工业产值达到 106 亿元。三是以特色产业集群带动经济又好又快发展。东营市着力打造五个特色明显、功能明确的产业聚集区，即以东营港经济开发区为主体的临港产业聚集区、以黄河三角洲国家级自然保护区为主体的生态旅游区、分布于自然保护区以南、莱州湾以西的高效生态渔业区、以东营经济技术开发区为主的先进制造业和高新技术产业区、由各县区的省级开发区组成的产业调整优化区。其他市也确立了各具特色的产业区。四是招商引资成效明显。黄河三角洲各地在开展高效生态经济区建设的过程中，努力提高对内对外开放水平，积极借助外部资源、生产要素和市场加快经济发展。围绕基础设施建设、产业发展，加大招商引资力度，积极开展面向国内大公司、大集团的招商，加强与国家大企业的战略合作，努力争取大型投资项目；努力扩大利用外资，提高利用外资的规模和水平。

（二）生态环境建设与可持续发展面临的问题

在取得以上成绩的同时，山东可持续发展也面临着巨大的压力与挑战。粗放型的经济增长方式、技术创新能力不足、人口数量庞大、自然资源相对短缺、环境污染严重已经成为山东区域经济可持续发展的主要制约因素。

1. 粗放型的经济增长方式制约了经济增长质量和效益的进一步提高

改革开放以来，山东积极推进经济增长方式转变，取得了明显成效，产业结构逐步升级，不少行业、企业和产品的能耗、物耗水平有了较大幅度的下降。但是，从总体上看，山东的经济增长方式尚未实现根本性转变，技术进步对经济增长的贡献率只有43%，远低于当今发达国家70%以上的平均水平，"高消耗、高污染、低效益"的粗放型经济增长方式仍处于主导地位。主要表现在以下几个方面：

（1）生产要素高投入。山东的经济增长在很大程度上是依靠资金、劳动力和自然资源等生产要素的粗放投入实现的。山东资本形成总额占GDP的比重1995年以来一直保持在45%以上，不仅大大高于美国、德国、法国等发达国家一般20%左右的水平，而且高于全国同期的平均水平。山东单位GDP的资源消耗强度远高于发达国家，目前山东单位GDP的能源、钢材、木材、水泥消耗强度分别是发达国家的2—5倍、2—4倍、5—10倍、10—15倍。改革开放以来，山东能源消费量占全国能源消费量的比重始终在7%以上，2000年以后此比重又持续上升，到2005年攀升到11.2%以上。另外，山东的能耗水平与先进省市相比还比较高（见表17—1），这从一个侧面说明山东省经济发展总体上仍未摆脱"粗放型"增长模式。

表17—1　　　　　　2007年部分省市能源消耗指标　　单位：吨/标准煤/万元

地区	单位地区生产总值能耗	单位工业增加值能耗
山东	1.175	1.89
广东	0.747	0.98
上海	0.833	1.01
江苏	0.853	1.41
浙江	0.828	1.30

注：根据《2008年中国统计年鉴》资料整理。

（2）资源开发程度高，但有效利用率低。改革开放以来，山东自然资源开发利用取得了明显的绩效，主要自然资源的开发利用强度都比较大，对经济社会发展作出了巨大贡献。例如，矿业总产值占全国的

14.69%，居全国第 2 位；年产原油占全国总产量的 18.70%，居全国第 2
位；原煤产量占全国总产量的 9.68%，居全国第 2 位；黄金产量占全国
总产量的 24%，居全国之首；海盐、盐化工生产均居全国首位，海洋水
产品产量自 1989 年起就一直位居全国首位，约占全国总产量的 1/5 以上，
海洋捕捞产量约占全国总量的 20%，仅次于浙江，居全国第 2 位。但由
于产业技术水平落后，山东的资源有效利用率较低，例如，综合能源利用
率不足 35%，比发达国家低 10 个百分点；工业用水重复利用率只有
60%，比发达国家低 20 个百分点；农业用水有效利用系数为 0.45，而发
达国家为 0.7 以上；矿产资源总回收率为 30% 左右，比世界平均水平低
20 个百分点。近海渔业资源捕捞过度，濒临枯竭；海水养殖利用层次低，
产出率不高。全省城市建成区单位面积 GDP 产出不到 300 元/平方米，而
广东省接近 400 元/平方米，上海市高达 650 元/平方米。在资源有效利用
率低下的情况下，随着山东经济的快速发展，资源消耗量呈大幅度增加
趋势。

（3）污染物高排放，环境高污染。资源有效利用率低、资源消耗量
大，必然带来污染物的高排放和环境的高污染。在山东经济总量跃居全国
各省市前茅的同时，二氧化硫、化学需氧量等主要污染物的排放量同样位
居全国前列。2007 年全省二氧化硫排放量、烟尘排放量、工业粉尘排放
量、化学需氧量排放量分别居全国第 1、7、9、4 位。与全国的情况一样，
山东一些污染物的排放量也早已超过了环境容量。

2. 区域技术创新能力有待进一步提高

（1）科技人才特别是高层次科技人才缺乏。全省每万人中有科技活
动人员 28 人，列全国第 9 位，每万人中有科学家、工程师 17.5 人，居全
国第 28 位。两院院士、博士生导师、国家有突出贡献的中青年专家、国
家和省部级重点学科、重点实验室带头人不足 1500 人，占专业技术人员
总数的 0.06%。

（2）全社会科技投入特别是政府科技投入不足，多渠道科技投入机
制有待进一步建立和完善。全省科技风险投资、银行贷款和社会融资等多
渠道的科技投入体系还没有建成。山东省科技投入与先进省市和全国平均
水平相比均有很大差距。研究与开发经费占 GDP 的比重，反映了知识创
新投入水平，根据世界银行的数据，该指标目前中等收入国家为 1.5%，

高收入国家为 2.2%。2007 年，山东省研发投资占 GDP 的比重仅为 1.63%，低于全国平均水平（2.05%），在全国位居第 17 位。

（3）高新技术及产业化步伐缓慢。高新技术产业总产值占全省工业总产值的比重、高技术产品出口额的占工业制成品出口额的比重低，具有自主知识产权的高新技术储备严重不足。

（4）科技创新能力不强，科技与经济脱节的问题有待从根本上解决。全省每年取得的众多科技成果和专利中，真正有重大突破的不多，能够产业化的更少。2007 年，山东省的专利授权量中，最能体现创新能力的发明专利仅占 6%，比全国平均水平低 4 个百分点。

3. 庞大的人口数量对区域经济可持续发展构成了巨大的压力

山东是人口大省，人口基数大，低增长率、高增长量的矛盾十分突出。截至 2007 年底，全省总人口已达 9367 万人，居全国第 2 位；全省人口密度 596 人/平方千米，沿海七市人口密度 517 人/平方千米，均为全国平均水平的 4 倍多。庞大的人口数量和过高的人口密度对资源环境和经济发展构成了巨大的压力。从目前山东育龄妇女的构成看，即使严格执行现行政策，今后一个时期每年新出生人口都在 100 万以上，生死相抵每年净增 50 万人左右。据分析预测，到 2020 年前后山东人口才能实现零增长，因而人口数量压力在较长时间内仍将继续存在，且在未来 20 年内仍将逐渐加重。

4. 主要自然资源相对短缺，供需矛盾日益突出

自然资源是维持经济和社会可持续发展的基础保障，是可持续发展的重要物质基础。随着山东省国民经济的快速发展，资源供给与可持续利用面临严峻的形势，主要自然资源相对短缺，供需矛盾日益突出。

（1）水资源短缺已成为制约可持续发展的主要瓶颈。全省多年平均水资源总量为 303 亿立方米，人均水资源量为 323 立方米，仅占全国平均水平的 1/6，世界平均水平的 1/24，2007 年全省人均水资源量位居全国倒数第 7 位。根据瑞典著名水文学家法肯马克提出的一个国家和地区的贫水定量标准，近年来山东始终处于人均水资源量 1000 立方米的贫水区临界值以内，属水资源特贫的地区之一。将来一段时期山东省用水供需矛盾会日益加剧，据山东省水利厅分析，保证率为 50%、75%、95% 时，2010 年将分别缺水 123 亿、159 亿和 195 亿立方米，缺水率分别为 30%、

39% 和 48%；2030 年分别缺水 212 亿、248 亿和 284 亿立方米，缺水率分别为 43%、50% 和 57%。

山东省一方面缺水；另一方面又存在着破坏水资源、浪费水资源的现象，水资源利用效率低。目前全省农业灌溉水利用系数仅为 0.5 左右，渠道漏水和大水漫灌使一半水白白浪费掉。工业用水重复利用率为 60% 左右，而发达国家为 75%—85%。城市生活用水方面，用水量与国外水平相比明显偏高，存在浪费水的现象。

目前，全省 48 个建制市，普遍存在供水量不足、供水保证程度低和水质差的问题，其中，尤以胶东地区及经济较发达地区的缺水情况最为严重。水资源短缺已成为山东省国民经济和社会发展的瓶颈。

（2）矿产资源短缺，压力越来越大。随着工业化进程的加快，山东省将处于矿产需求增长的最快时期，面临着十分突出的压力。一是矿产资源人均占有量少，供求关系紧张。列入全省矿产储量表的 A + B + C + D 级保有储量人均占有潜在总值仅为 5.19 万元，为全国平均水平的 68%，属于人均占有矿产资源偏少的省份。预计到 2010 年，45 种主要矿产能满足需求的仅有煤、钼、矿盐、石膏、石墨、菱镁矿、石灰岩、膨润土等 8 种，许多大宗矿产短缺已成定局，到 2020 年矿产资源供需矛盾将更加突出。二是主要矿产单个矿床规模偏小，贫矿和难选矿多，尤以金属矿产最为突出。开发利用这些矿产需要更多的投入，生产成本高，经济效益差。三是矿产开发技术水平低。目前山东矿业总体技术水平与发达国家相比落后 15—20 年。四是矿产资源破坏浪费严重，环境问题突出，矿产资源回收率仅为 30%—40%。矿产资源短缺的现状对于实施海陆统筹增加了难度。

（3）耕地面积持续减少，人多地少的矛盾不断加剧。20 世纪 80 年代以来，随着工业化和城市化的发展，山东城镇及工业用地、交通用地日趋增加，大量耕地被占用，耕地资源总量不断减少，人多地少的矛盾日益突出。2004 年，全省耕地面积 754 万公顷，比上年减少 5.31 万公顷；人均耕地面积 0.082 公顷，居全国第 19 位。2007 年沿海七市人均耕地仅 1.07 亩，不到世界平均水平的 40%，而且耕地数量递减趋势还在继续。

改革开放至今，山东省土地资源总量变动不大，但与经济发展密切相关的耕地资源变化明显。伴随着经济的不断增长，山东省耕地资源总量基本呈现逐年下降的趋势，尤其是 20 世纪 80 年代中期以来下降更为明显，经济的增长对耕地资源总量的变化影响较大。从人均耕地面积来看，1978 年以来，伴随着人均 GDP 的不断增长，山东省人均耕地面积总体上呈急剧下降的趋势，由 1978 年的 0.1019 公顷降为 2004 年的 0.082 公顷。

（4）森林总量少，难以发挥生态功能。山东情况与全国情况基本相似，但是山东省是全国森林资源严重缺乏的省份之一，仅有的一点木材资源，其材质与我国东北、西南省份相比，质量较差，可采伐木材资源极少。山东省森林资源总面积为 195248.9 公顷，其中柏树 141.8 公顷，占 0.07%；落叶松 53 公顷，占 0.03%；其他松类 641.4 公顷，占 0.33%；栎类 204.9 公顷，占 0.11%；刺槐 42290.9 公顷，占 21.66%；白杨类 3633.2 公顷，占 1.86%；黑杨类 137455.6 公顷，占 70.4%；泡桐 2591.7 公顷，占 1.33%；竹类 476.8 公顷，占 0.24%；其他 7748.9 公顷，占 3.97%。山东现有森林资源具有中幼林多、成熟林少、林木蓄积量小的特点。山东省森林覆盖率为 18.8%，略高于全国水平。据第四次森林资源连续清查复查，全省林木蓄积量 6122 万立方米，人均有林地面积 0.02 公顷，人均立木蓄积量 0.7 立方米，仅相当于全国平均水平的 18% 和 8%，在全国处于下游水平。

5. 生态破坏、环境污染严重

随着经济的高速增长及工业化、城市化的发展，环境污染愈来愈严重，污染物排放量不断增加，污染范围继续扩大，环境恶化趋势仍在加剧，一些地方的环境污染已经成为制约当地经济发展、影响社会稳定和威胁人民健康的重要因素。

水环境污染严重。全省省控河流除源头河段和部分出境断面外，大部分河段水质超过《地表水环境质量标准》V 类标准。湖泊呈富营养化。地表水系污染严重，水体水质难以达到环境功能区标准要求，并对当地地下水构成污染威胁，局部地区地下水已受到严重污染。近岸海域和湖泊、水库的营养化呈现加重趋势，生态问题严重。

城市大气污染突出。在一定时期内，来自燃煤的二氧化硫烟尘及酸雨污染问题仍将存在，尤其是空气中的飘尘污染问题，对人体健康和大气能见度的影响显著。随着人们生活水平的提高，汽车保有量增长迅速，汽车尾气污染成为越来越严重的问题。机动车排放的一氧化碳和氮氧化物对大城市的空气污染负荷已经分别占到 80% 和 40%，特别是城市主要交通路口和交通干道沿线污染物超标严重。

　　海洋资源开发过程中重用轻养，环境污染与生态破坏严重。山东是海洋大省，辽阔的海域提供了丰富的生物、化工、矿产、动力和旅游资源。"海上山东"建设取得了突出成绩，但开发过程中，重用轻养、掠夺式的经营行为造成了海洋资源质量明显下降、生物种类和数量锐减、生态功能衰退、环境污染严重等突出问题，制约了海洋资源的可持续利用。陆源污染排放对海洋生态造成严重影响，渤海每年接纳陆源污水 28 亿吨，各类污染物 70 多万吨，在海湾底泥中汞和锌的含量超标 100—2000 倍。近岸海域生物多样性降低，传统渔业资源严重衰退。莱州湾生态环境遭到严重破坏，海水呈深黑色，臭气冲天，鱼虾类产卵场呈荒漠化。海洋生态环境问题成为山东半岛经济社会发展的重要制约因素。

三　以生态文明建设为核心，提升山东半岛蓝色经济区可持续发展能力

　　山东半岛蓝色经济区建设，必须以加快实现生态环境保护工作历史性转变为契机，以促进山东半岛蓝色经济区整体环境改善为目标，配合区域经济结构优化和发展方式转变，提高能源资源利用效率，强化生态保护和生态建设力度，全面提高区域可持续发展能力，为山东半岛蓝色经济区发展提供坚实的自然资源和生态安全保障。

（一）坚持可持续发展等重大原则

　　在海洋开发中，行为主体在利润最大化原则的主导下，面对日益稀缺的环境资源，过度开发，牺牲环境质量，这种对海洋资源的无序索取，已经造成了极大危害。生态环境问题成为山东半岛经济社会发展的重要制约因素。要实现山东半岛蓝色经济区生态环境建设与可持续发展能力的提升，必须坚持以下"四大原则"：

　　生态保护与合理开发原则。要优化区域发展模式，以积极推进海洋产业和先进制造业为核心推动产业结构升级，转变发展方式，大力发展循环经济，调整污染治理思路，推动清洁生产和源头防治，坚持节约发展、安

全发展、环境友好发展，以自然资源和生态环境的可持续利用支持经济社会的可持续发展。

容量控制与循环利用原则。在山东半岛蓝色经济区建设中要强调海洋资源、能源、水资源、土地资源、生态资源等对区域人口和经济发展的承载能力，重视海洋资源、环境空气等要素的环境容量，明确区域适宜的产业布局、开发类型和开发强度。同时注重能源资源的循环利用，不断提高能源资源的利用效率。

预防为主和防治结合原则。坚持预防为主的方针，通过经济、社会和法律手段，落实各项监管措施，规范各种经济社会活动，防止造成新的人为生态环境破坏，坚持治理与保护、建设与管理并重，使各项生态环境保护措施与建设工程长期发挥作用。

政府主导与公众参与原则。要明确落实政府保护生态环境的责任，制定相关的法规、标准、政策和规划，发挥政府在重要领域和区域保护建设过程中的主导作用，同时，建立和完善公众参与制度和机制，倡导、鼓励社会公众参与生态环境保护活动。

（二）培育生态文明观，扩大公众参与管理

良好的生态环境是人类生存发展的自然基础，是实现可持续发展的基本条件。由于认识的偏差和海洋不合理的开发利用，山东半岛蓝色经济区环境恶化与资源破坏及衰竭的趋势仍未得到彻底遏制。例如，过度捕捞已给近海渔业造成严重破坏；由于环境污染，生态恶化，赤潮发生频繁，对水产养殖、盐业生产造成严重影响；海岸带不合理开发使其丧失了最具价值的利用功能等。事实表明，人类不能毫无顾忌和无节制地利用资源，必须树立可持续发展的思想，保护好资源和生态环境，合理有序开发，达到永续利用。因此，实施海洋开发过程中，必须强化广大干部群众可持续利用海洋、可持续利用资源的观念，通过宣传教育和知识普及，使之认识到生态环境与资源之间的内在联系，认识到环境与资源承载力的有限性和保护环境与合理利用的重要性，正确处理好环境保护与资源开发、眼前利益与长远利益的关系，提高保护环境的意识和行动的自觉性；动员一切社会舆论和监督力量，加强资源管理和生态环境与资源的保护，并将这一工作贯穿于一切决策、生产和管理活动的全过程。强化可持续利用的观念，必

须辅之以惩处手段，运用法律和惩罚手段，使违者足戒，并达到警示和教育的目的。

山东半岛蓝色经济区生态环境建设与可持续发展能力的提升，必须扩大公众参与管理。保持良好的生态环境是公众的一种社会权益，因此要采取鼓励政策和激励机制，提高公众参与意识。动员一切社会力量参与环境和资源保护。应发展非政府的区域性、行业间和民间环境，扩大公众参与资源开发管理的参政、议政权。政府部门要广纳民意，积极扩展环境民主和权益，包括监督权、知情权、议政权、索赔权等。

（三）建立区域生态承载力特别是海域承载力评估体系

生态承载力强调特定生态系统所提供的资源和环境对人类社会系统良性发展的支持能力，是多种生态要素综合形成的一种自然潜能。与其他能力一样，它可以发展也可以衰退，取决于人类的资源利用方式。一定生态承载力基础上，可以承载的人口和经济总量是可变的，取决于人口与生产力的空间分布、不同土地利用方式之间的优化程度以及产业结构与产业技术水平。因此，生态承载力决定着一个区域经济社会发展的速度和规模，而生态承载力的不断提高是实现可持续发展的必要条件。如果在一定社会福利和经济技术水平条件下，区域的人口和经济规模超出其生态系统所能承载的范围，将会导致生态环境的恶化和资源的枯竭，严重时会引起经济社会的畸形发展甚至倒退。生态承载力评估是区域生态环境规划，是实现区域人口、经济和环境协调发展的科学保障。

海域承载力是指一定时期内，以海洋资源的可持续利用、海洋生态环境的不被破坏为原则，在符合现阶段社会文化准则的物质生活水平下，通过自我维持与自我调节，海洋能够支持人口、经济和环境协调发展的能力或限度。可通过海洋资源供给能力、海洋产业经济功能及海洋环境容量三方面表征。由于一个特定区域可用于经济发展与自然演化过程的低熵物质能量流是一个恒量，因此经济的扩张就意味着自然环境的缩水。海洋产业是依靠海洋资源与环境来提供投入和产出的产业类型，多数建立在对海洋资源的直接开发利用和对海洋环境的依赖基础上，具有很高的空间依赖性、资源竞争性及环境影响性，其发展明显受到特定海域资源环境容量的制约。如果海洋产业盲目发展，一旦超越了海域承载力极限，会影响到原有的海域资源环境容量，最终阻碍海洋产业的长期健康持续发展，因此，维持海洋产业健康持续发展的关键是维持海洋产业发展与海域承载力的均衡协调。

由此，要实现山东半岛蓝色经济区的可持续发展，就应对比研究山东半岛蓝色经济区的自身历史、现状与未来，通过实地调查、统计数据收集，对自然资源特点、土地利用方式、水土气等环境因子状况、经济结构与空间形态、人口增长与分布、乡土文化与公共管理等方面进行综合调研与分析，建立生态资本账目表与环境状况动态监测及预警、预报系统，以了解现实差距，明确薄弱环节，确立开发优势，从而对经济区生态环境建设与经济社会发展阶段做出科学判定，提出自己的发展模式，建立与之相适应的产业结构、人口规模和区域布局方案，构建经济区重要生态系统的健康和风险评价指标体系和模型，建立环境安全和灾害预警系统，为山东半岛蓝色经济区经济发展和环境资源可持续利用提供建议和战略决策依据。

（四）建立健全环境监测体系，加强环境管理

近年来，山东省近岸海域环境质量总体状况尚好，主要以清洁和较清洁海域为主。2008 年，山东海域清洁和较清洁海域面积达到 92%，比上年增加 2%；未达到清洁海域水质的面积，以及严重污染和中度污染海域面积，较 2007 年都有所减少。但是入海排污口及邻近海域的环境质量形势仍然堪忧，98.1% 的监测海上排污口污染物超标排放，海上船舶溢油污染事故时有发生，近岸海域环境质量状况依然严峻。黄河口和莱州湾等生态系统处于亚健康状态，主要表现在近岸海域水体富营养化、营养盐失衡、河口产卵场严重退化和环境改变，主要影响因素是陆源污染物排海、不合理养殖以及生物资源过度开发。因此，要实现半岛蓝色经济区的可持续发展，就必须建立健全山东半岛蓝色经济区环境监督监测网络，实施例行监测和应急监测，定期发布经济区的环境质量公报。

随着海洋运输、海上石油开采及各种海上活动的增加及沿海工业化进程的加快，各类海上油溢、排污事件时有发生，为及时掌握环境动态，实施有效执法和管理，可按照统一领导、分级负责和分部门监测的原则，运用卫星、飞机、海洋资料浮标、调查船及滨海观测站等设施和手段形成山

东海陆环境立体监测系统，采取例行监测和应急监测相结合，对陆域和海域环境进行全方位跟踪监测，及时掌握各种污染物的入海通量及在海域的时空分布特征，并对影响环境的因素做出定性定量分析和综合评价，同时要与国家及邻省海洋污染与灾害监测体系构成有机网络，对环境污染状况做出动态分析和预报。监测的重点范围包括：海上石油开采和海上运输油溢，沿海拆船污染，海域富营养化和赤潮污染，海上倾废，陆源污染物排放等人为破坏。同时，认真实施《渤海碧海行动计划》、《渤海综合整治规划》和《山东省碧海行动计划》，尽快出台《山东省海洋环境保护条例》，加大海洋环境保护工作力度，强化海洋环境的监督和保护。要按照《山东近岸海域环境功能区划》、《山东省海洋功能区划》的要求，实行重点海域排放总量控制制度。

同时要重点防治陆源污染源。海洋环境问题的重要原因之一是沿岸工业化进程中产业技术与能源结构落后，造成大量污染物入海排放。因此必须海陆并重、标本兼治，重点控制陆源污染物转移的数量和速度，特别是限制沿海大中城市、沿河流域工矿企业密集区域企业的排污数量，争取将入海排污量控制在零增长。要运用经济和法律手段，强化以排污收费制度为核心的环境管理。除总量控制外，还要对企业污染物的浓度、种类和对环境影响程度具体界定，分类管理，对超标排放和偷排企业要严格罚处，限期整顿和停产。要从根本上减少企业对海洋环境的污染，还要从源头抓起。要根据建设新型工业化的思想和目标，对占比重很大的传统制造业、重化工、纺织、造纸等高耗能、高污染产业，通过技术创新、工艺改造，提高资源综合利用和循环利用水平，达到减少污染和资源节约的目的。同时，增加投入，完善以城市为重点的环境基础设施，提高对工业污染、城市垃圾的处理净化能力。要重塑产业结构，发展零次和四次产业，努力实现废弃物的再资源化。

（五）提升能源资源利用效率，发展循环经济，建设生态工业园区

要实现山东半岛蓝色经济区的生态环境建设和可持续发展，就要提升能源资源利用效率，加快能源结构调整，大力发展新能源和可再生能源。山东半岛蓝色经济区的海洋能资源丰富，黄海段潮汐能资源较丰富，长山角至胶南市沿岸潮差较大，平均潮差2米以上，有良好的纳潮海湾，建潮汐电站条件优越，潮汐能蕴藏量为4000万千瓦。潮流能资源主要分布于庙岛群岛区的天然水道和半岛南北沿岸。全省沿海波浪能总蕴藏量为411.7万千瓦。山东半岛及附近岛屿为蒙古风和太平洋气流的必经之路，年平均风速为每秒5.4米，是全国风能资源最丰富的地区之一。因此，要优先发展水电、风电、太阳能和潮汐能，加快发展核电，实施海洋可再生能源开发利用。

引导各地树立"绿色GDP"观念，逐步把环境指标和资源指标融入经济考核指标。依托已建和在建的高新技术开发区，促进各地建设生态工业示范园区，形成资源循环的工业链和企业共同发展的产业群。同时，引导各地按工业化管理和市场化运作模式，推进污染集中控制和产业集约化发展。

重点进行改造型和全新型生态工业园区建设。可选择一批现有的工业开发区进行生态结构改造，建立废物交换系统、企业间的闭路循环和生态链，基本实现园区的污染零排放；对准备或正在建设的工业园区，全面按照工业生态学的原理进行规划和设计，积极推进循环经济和生态工业的实践。

另外，要培育和发展具有山东半岛蓝色经济区特色和相当规模的"生态产业群"，积极推进生态效益型农业、生态旅游业的发展。

（六）设立海洋保护区，建立生态工程，保护重点生态系统

保护区的出现是人类面对自身活动引起的环境恶化，自觉采取保护性措施的具体体现。保护区建设作为一种有效的保护途径和管理手段，可以有效地防止对海洋的过度破坏，促进海洋资源的可持续利用。作为大自然的一个缩影，保护区可以恢复和接近自然界的本来面目；可以保护自然环境和自然资源，维护自然生态的动态平衡；可以保持物种的多样性和群体的天然基因库；可以保护珍稀物种和濒危物种，使其免遭灭绝；可以保护种质资源的提供基地和经济建设的物质基础；可以保护特殊有价值的自然人文地理环境，为考证历史、评估现状、预测未来提供研究基地。

世界各国都对海洋保护区建设给予高度重视。以英国为例，2002年英国政府发布的海洋环境报告《警惕我们的海洋》中明确提出了"清洁、健康、安全、高产和具有生物多样性的海洋"的远景目标，同时出台了

海洋环境保护与可持续发展战略，承诺以基于生态系统的方法来协调保护与开发需求，满足社会经济可持续发展需要。英国推动海洋保护区建设的目标是：争取到 2008 年，建立包括海域在内的 65 个海洋特别保育区和 78 个海洋特别保护区；到 2012 年，将英国近海的海洋保护区数量增加到 30 个，以加强对欧洲保护区网络计划的贡献。同时提议建立一种新型的、目的在于保全或恢复海洋生态系统功能及特定历史文化遗产的海洋保护区——海洋保全区。

我国政府也一向十分重视海洋保护区的发展和建设工作。2005 年 10 月在《中共中央关于制定国民经济和社会发展第十一个五年规划的建议》中明确要求："加强自然保护区、重要生态功能区和海岸带的生态保护与管理，有效保护生物多样性，促进自然生态恢复。"在《全国生态保护"十一五"规划》中，也将"深化自然生态保护工作"和"强化区域生态保护监督与管理"作为重点领域。山东省也在建立海洋保护区方面做了大量工作，在沿海区域设立了国家级海洋保护区 4 个，省级海洋保护区 7 个，市级海洋保护区 5 个，对保护海洋资源、促进海洋资源的可持续利用发挥了重要作用（见表 17—2）。

表 17—2　　　　　　山东沿海海洋保护区发展概况

保护区名称	保护级别	面积（平方米）	建立时间（年）	主要保护对象
黄河三角洲自然保护区	国家级	1530	1992	原生性湿地生态系统
无棣贝壳堤岛与湿地自然保护区	国家级	804.8	2006	贝壳堤岛及湿地
沾化海滨湿地自然保护区	市级	1682	1991	海滨湿地、鸟类
长岛鸟类国家自然保护区	国家级	52.5	1988	鹰、隼及候鸟
长岛国家地质公园	国家级	19.6	2005	地质地貌景观
庙岛群岛海豹自然保护区	省级	1731	2001	斑海豹
庙岛群岛海洋自然保护区	省级	52.5	1991	暖温带海岛生态系统
崆峒列岛海洋保护区	省级	76.9	2003	岛礁地貌及种质资源

保护区名称	保护级别	面积(平方米)	建立时间（年）	主要保护对象
千里岩海洋生态系统自然保护区	省级	18.2	2002	岛屿与海洋生态系统
灵山岛自然保护区	省级	32.8	2002	海岛生态系统
大公岛岛屿生态系统自然保护区	省级	16.0	2001	海岛生态系统
即墨海洋生物自然保护区	市级	9.2	1988	海洋经济生物
成山头海洋自然保护区	省级	63.7	2002	海洋生态系统
荣成桑沟湾自然保护区	市级	133.3	1987	海珍品
前三岛海洋自然保护区	市级	412	1992	海洋生物系统
莱州湾近江牡蛎原种自然保护区	市级	8.1	2005	近江牡蛎及其生存环境

下一步，要针对山东半岛蓝色经济区海洋生态环境状况，运用工程、生态、环境技术，有计划、有步骤地开展生态环境的保护治理。加强对重点河口、海域、海湾的综合治理；加强对莱州湾海水入侵的治理和黄河、小清河等河口区域及附近海域污染控制的治理，为鱼类迴游、索饵、增殖提供优良环境。建立沿海防潮坝、闸，加快防潮护岸工程及沿海防护林体系建设。根据资源和环境保护的需要，对某种特有海洋生态系统、珍稀或有特殊保护价值动植物物种主要生存繁衍地以及自然历史遗迹和风景名胜，建立自然保护区，采取特殊保护政策，减少人为因素的不利影响。争取在半岛建立30多处海洋自然保护区和20多处国家级生态示范区，保护面积由现在的46万公顷扩大到150万公顷以上。要全面实施"海底森林"营造工程，在黄渤海岩礁地带营造10万亩以上海底藻类长廊，在黄渤海营造两个大型人工渔礁区，有效改善海洋生态环境质量，营造良好的鱼、虾、贝、藻等海洋生物栖息生长环境。

（七）拓宽生态环保资金渠道，建立多元化投融资体制

半岛蓝色经济区的各级财政要按照事权和财权相结合的原则，将环保建设资金列入预算，并保持每年按一定比例稳定增长，将预算内投入环境

保护方面的资金统筹使用。政府用于环保产业项目的资金要确保到位。进一步加大财政对节能减排的投入力度，建立健全资源有偿使用制度和生态环境补偿机制，贯彻落实和完善鼓励节能减排的税收政策。

要建立起与市场经济相适应的环保投融资体制，实现环保投资主体多元化。要积极开放环保市场，在更大范围内引入"谁投资、谁受益"原则，为企业投资、建设、经营环保产业创造良好的政策环境。利用市场换取资金和技术，鼓励和引导不同经济成分和各类海内外投资主体，以多种形式参与半岛蓝色经济区的建设，吸引社会各类资金投向环保基础设施建设。

（八）制定完善相关政策法规，保障生态环境建设与可持续发展顺利进行

要根据山东半岛蓝色经济区建设不同阶段的要求，定期公布经济区建设的优先领域和优先项目，分类制定不同的投资政策，引导各种生产要素向有利于生态环境建设与可持续发展的方向流动。在全面调查论证的基础上，尽快研究制定一批促进山东半岛蓝色经济区生态环境建设的新的地方性法规。

第十八章 山东半岛蓝色经济区科技创新与人力资源能力建设

山东半岛蓝色经济区概念的提出，为山东省区域经济发展注入了更加丰富的科学发展内涵，同时也进一步拓宽了山东经济全面可持续发展的空间。中共中央、国务院联合下发《关于实施科技规划纲要和加强自主创新能力的决定》中明确要求，将增强自主创新能力作为提升国家竞争力的战略基点来抓，在国家发展层面上确立了自主创新能力在提升区域经济竞争力中的战略地位。如何才能统筹运用好海洋区位，开发好海洋资源，发展好海洋产业，打造好山东半岛蓝色经济区，关键在于如何开发和利用好山东省的人力资源能力，不断提升蓝色经济区的区域科技创新能力。

一 提升科技创新能力是做强山东半岛蓝色经济区的战略基点

面对激烈而复杂的国内外竞争格局，充分利用山东的经济地缘优势，建设大而强的山东半岛蓝色经济区，应当凸显三大区域竞争战略：一是区域核心竞争力战略，二是产业结构升级战略；三是外经外贸战略。三大区域竞争战略的战略基点在于如何提升科技创新能力。

（一）依靠科技创新提升区域核心竞争力

以知识经济为主导的新一轮全球化竞争战略决定了科技要素参与区域竞争的核心地位。山东半岛蓝色经济区的发展面临着周边地缘板块的多层次竞争压力。

一是来自日韩的技术领先竞争压力。东面的日本和韩国作为先于我们成长起来的工业化国家，已经掌握了众多的先进工业化核心技术。过去的一段时间里，山东产业发展水平处在较低的阶段，山东与日韩之间生产要素互补，产业合作优势十分明显，但是随着半岛地区经济实力的不断增强，山东省的技术短板在制约区域竞争力提升中的约束作用日益凸显。日韩两国的技术优势将成为制约山东半岛蓝色经济区进一步崛起的强大发展屏障。

二是来自国内三大板块的低端围堵竞争压力。国内的长三角、珠三角以及京津冀等区域板块的发展带给我们的竞争压力一点也不小于国外。在过去，国内东部三大板块传统的区域竞争战略虽然各有侧重，但是基本都围绕着初级竞争要素做文章。例如，珠三角侧重低成本劳动力无限供给的优势参与全球化竞争，长三角则侧重制造业的规模化膨胀参与国际竞争，而京津冀则侧重能源与矿产的廉价投入优势参与国内外竞争。三大板块的相对错位竞争基本上堵死了山东半岛蓝色经济区靠传统竞争老路实现区域崛起的机会。

综合分析国内外地缘经济板块发展对山东造成的多重竞争威胁，不难找到山东半岛蓝色经济区实现崛起的新通道，那就是依靠技术创新，走跨越式发展的竞争路径，通过技术创新实现与国内东部三大板块的错位竞争，并力求通过技术创新赶超日韩，摆脱技术短板的竞争约束。

（二）依靠科技创新促进产业结构升级

2008 年山东省经济总量居全国第 2 位，但是人均 GDP 排名仅为第 7 位。尽管山东是经济大省，但还不能算经济强省，其产业结构水平以及高新技术产业发展水平都相对滞后。

三次产业结构水平低。山东省 2008 年产业增加值的产业结构为 9.6：57.0：33.4，全国为 11.3：48.6：40.1，江苏为 6.9：55.0：38.1，广东为 5.5：51.5：43.0。比较看来，山东省整个区域的产业结构水平需要继续提高。

高新技术产业发展水平低。2007 年山东省创造高新技术产业增加值954.63 亿元，占全国高新技术产业增加值的 8.2%，同年广东为 24.7%，江苏为 18%。高新技术产业增加值占 GDP 的比重，2007 年山东仅为3.7%，位居第 8 位，被广东、江苏甩在后面，甚至位列四川之后（见图18—1 和图 18—2）。

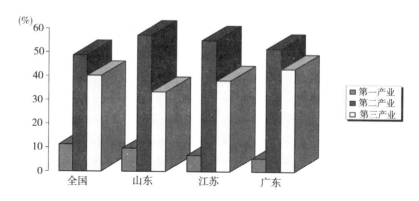

图 18—1　山东省三次产业结构发展水平相对较低

数据来源：国家统计局数据库。

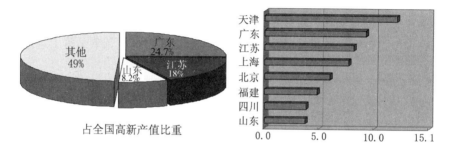

占全国高新产值比重

图 18—2　山东省高新技术产值占全国高新技术产值

的比重和占本省 GDP 比重都相对较低

数据来源：国研网数据中心 2007 年度数据。

　　全省产业结构相对滞后，高新技术产业实力不强，是山东省半岛蓝色经济区建设必须面对的重大产业战略问题，而产业结构升级必须依靠科技创新能力的提升加以带动。

（三）依靠科技创新壮大国际市场竞争力

　　作为沿海开放省份，依靠积极发展国际贸易壮大半岛蓝色经济区域经济实力是必然的战略目标之一。但是山东省现有的国际贸易战略存在三低：一是外贸产业技术含量低；二是外贸产业劳动效率低；三是进出口总值在全国的比重低。

　　外贸产业技术含量低。2007 年统计数据显示，山东省 30 个制造业大类中，有12个大类行业的出口交货值占销售额的比重超出全省制造业平均水平，这12个大类行业分别是通信设备计算机及其他电子设备制造业、文教体育用品制造业、工艺品及其他制造业、皮革毛皮羽毛（绒）及其制品业、纺织服装鞋帽制造业、家具制造业、橡胶制品业、食品制造业、纺织业、农副食品加工业、金属制品业、塑料制品业。而诸如医药、化工、精密仪器制造等高技术含量的制造业外贸依存度较低。

外贸产业劳动效率低。2007年数据显示，上文提到的外贸参与水平较高的12个行业的就业人口占制造业就业的比重超过了50%，但是却仅仅创造了38%的制造业增加值。

外贸进出口总值占全国的比重低。统计数据同时显示，2007年山东省共完成进出口总值1224.7亿元，占全国进出口总值的5.6%，而广东和江苏的这一数字分别为29.2%和16.1%（见图18—3）。

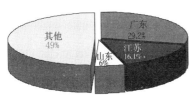
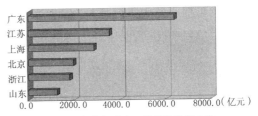

2007年外贸产值占全国外贸总产值比重　　　　　　山东外贸进出口总值排名第6位

图18—3　山东省外贸进出口总值占全国的比重较低

数据来源：国研网数据中心2007年度数据。

进一步增加外贸产业的技术附加值，提高外贸产业的劳动效率，提升外贸产值在全国的比重，是打造半岛蓝色经济区外贸优势的必由之路，而这一切都应源自科技创新能力的不断提高。

二　提升"四大能力"，构筑山东半岛蓝色经济区科技创新能力高地

技术创新能力对于提高产业技术水平和产业竞争力、加速产业结构的调整和优化及促进高新技术成果产业化具有特殊的意义。技术创新涉及产品、工艺、组织和管理、市场等方面的创新，而且产业技术的系统性和相

关性决定了技术创新是一种系统创新，具有综合性和复杂性。技术创新还可以促进相关产业的技术升级，进而实现产业结构的优化和整个技术体系的发展，使产业技术有持续发展的能力，在整体上提升产业竞争力。按照科技生产规律，科技创新能力可以分解为四个方面：基础禀赋能力、发明创造能力、价值实现能力、辐射带动能力。"四大能力"为细致考量半岛蓝色经济区区域自主创新能力水平提供了可量化和可操作的核心指标。

（一）提升科技创新的基础禀赋能力

基础禀赋能力是提升自主创新能力的前提和保障。包括科研机构设置是否完备，科研人才存量是否充实，研发投入是否充足等。

全省科研机构较多，但是规模相对较小。截至 2006 年底，全省共有专门的科技研发机构 244 家，仅次于北京（351 家）。全省研发机构从事科学技术活动的人才共有 1.64 万人，研发机构科技人员平均规模只有 67人/单位，约为全国平均水平的一半（全国 121 人/单位，江苏 172 人/单位）。

科技人才密度低。2007 年全省科技人才密度仅为 35.2 人/万人，位居全国第 10 位，略高于全国平均水平（34.9 人/万人），大大低于浙江（69 人/万人）、江苏（57 人/万人）和广东（48 人/万人）（见图18—4）。

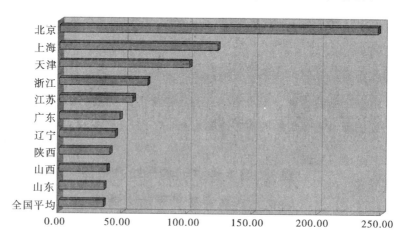

图 18—4 山东省科技人才密度仅相当于全国平均水平（人/万人）

数据来源：国研网数据中心 2007 年度数据。

科技投入水平低。2007 年全省共筹集科技资金 612.1 亿元，人均科技投入为 654 元/人，在全国居第 8 位，高于全国平均水平（592 元/人），但明显低于江苏（1227 元/人）和浙江（1149 元/人）。从政府投入带动科技进步的视角看，山东省科技投入水平更低。2007 年数据显示，山东省政府科技投入强度仅为 54 元/人，不及全国平均水平的一半（全国水平为 131 元/人），位居全国第 22 位，严重落后于江苏（157 元/人）、浙江（121 元/人）等沿海省市。从技术内生进步看，经济产出促进技术进步的能力同样不强。2007 年，山东省研发投资占 GDP 的比重仅为 1.63%，低于全国平均水平（2.05%），在全国位居第 17 位（见表 18—1、表 18—2、图 18—5）。

表 18—1   2007 年全国科技人员区域分布   单位：人

地区	从事科技活动人员	科学家和工程师	研究与开发机构 R&D	科学家和工程师	大中型工业企业	科学家和工程师	高等学校	科学家和工程师
全　国	4543868	3128687	477989	356492	2201557	1401152	542158	459530
东部地区	2754007	1931341	260297	204486	1317252	862855	280816	237283
中部地区	1023675	686432	97269	70697	541240	329801	146616	125293
西部地区	759834	507040	120423	81309	343065	208496	114726	96954
天　津	112650	77371	10070	6494	45044	28486	15549	13284
河　北	136441	96124	10496	7984	73801	51771	15894	13871
江　苏	437923	275555	26381	19075	258684	153566	40053	33603
浙　江	347787	216532	10636	7697	154748	92446	26496	22945
福　建	112758	75787	5406	4143	53610	33554	10479	9018
山　东	330500	228876	16993	13503	209300	133334	26480	22109
河　南	192165	122225	15577	10009	121383	72424	13321	12012
广　东	448946	327712	15811	11714	285076	212553	31860	26383

数据来源：国研网数据中心。

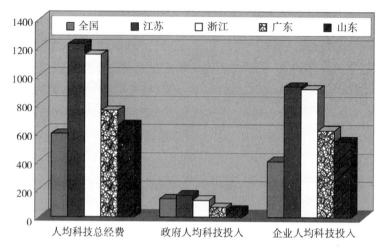

图 18—5   山东省科技投入强度与全国及苏浙粤比较（元/人）

数据来源：国研网数据中心 2007 年度数据。

表 18—2　　　　　　　**2007 年全国各省区人均科技投入强度**　　　　单位：元/人

地　区	人均科技总经费	政府人均科技投入	企业人均科技投入
全　国	592.3	131.1	399.4
北　京	6076.4	2915.1	2297.8
上　海	3020.8	726.3	2077
天　津	2494.5	313.1	1927.9
江　苏	1227	157.3	926.5
浙　江	1149.7	121.2	908.2
广　东	757.6	71.6	617
辽　宁	668.4	154.4	470.6
山　东	653.5	53.9	541.9
陕　西	596.6	325.6	220.1
福　建	551.4	63.1	411.8
山　西	527.4	60	442.4
吉　林	449.1	110.7	300.4
湖　北	405.3	126.1	231.6
四　川	378.8	134.4	206.3

地　区	人均科技总经费	政府人均科技投入	企业人均科技投入
重　庆	374.9	58.7	266.1
黑龙江	346.4	121.7	184.9
安　徽	329.2	65.6	206.3
宁　夏	324	58.8	235.7
甘　肃	276.6	72.3	186.7
河　南	250.9	37.5	187.1
湖　南	250.3	42.4	182.5
青　海	247.9	64.4	167.4
河　北	236.2	46.3	175.9
江　西	209.3	46.4	140
内蒙古	206.1	47.2	141.6
新　疆	173.1	41.7	109.5
云　南	138.9	47.7	77.6
广　西	132.8	30	88.3
海　南	131.9	56.3	67.9
贵　州	103.7	23.5	67.6

数据来源：根据国研网数据和统计年鉴数据整理。

　　分析显示，无论是科研机构规模、科技人才的密度，还是科技投入水平，山东省都不具备明显的科技竞争优势。

（二）提升科技创新的发明创造能力

　　发明创造能力是提升自主创新能力的引擎。发明创造能力可以通过专利授权数量和科技论文收录情况得到具体体现。

　　授权专利数量相对低。2007 年山东省申请授权专利共计 22821 件，不及广东省的一半，占全国总量的比重仅为 7.6%，位列第 5 位，广东、浙江、江苏、上海分列前四位（见图 18—6 和表 18—3）。

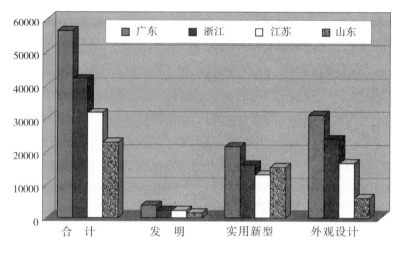

图18—6　山东省授权专利数与苏、浙、粤比较（件）

数据来源：国研网数据中心2007年度数据。

表18—3　　　　2007年国内三种专利申请授权数（按地区分布）　　　　单位：件

地　　区	合　　计	发　　明	实用新型	外观设计
全　　国	301632	31945	148391	121296
东部地区	221160	20898	100260	100002
中部地区	33933	4106	21961	7866
西部地区	28611	3177	14698	10736
广　　东	56451	3714	21636	31101
浙　　江	42069	2213	16180	23748
江　　苏	31770	2220	12944	16606
上　　海	24481	3259	9718	11504
山　　东	22821	1435	15356	6030
北　　京	14954	4824	7364	2766
四　　川	9935	825	4023	5087
辽　　宁	9615	1220	7035	1360
福　　建	7761	336	3323	4102

地　区	合　计	发　明	实用新型	外观设计
河　南	6998	563	4517	1918
湖　北	6616	886	4400	1330
湖　南	5687	735	3438	1514
天　津	5584	1164	3063	1357
河　北	5358	462	3570	1326
重　庆	4994	354	2500	2140
黑龙江	4303	668	3079	556
陕　西	3451	755	2034	662
安　徽	3413	317	2003	1093
吉　林	2855	454	1943	458
云　南	2139	368	1017	754
江　西	2069	176	1316	577
山　西	1992	307	1265	420
广　西	1907	188	1219	500
贵　州	1727	233	1120	374
新　疆	1534	90	1035	409
内蒙古	1313	120	788	405
甘　肃	1025	180	656	189
海　南	296	51	143	102

数据整理：国研网数据中心。

科技发现的国际影响力相对低。2006 年统计数据显示，山东省共有 6512 篇科技论文被国际三大检索机构（SCI、EI、ISTP）检索，占全国总量的 3.8%，位居全国第 9 位，明显落后于江苏（13162 篇）和浙江（10365 篇）（见图 18—7 和表 18—4）。

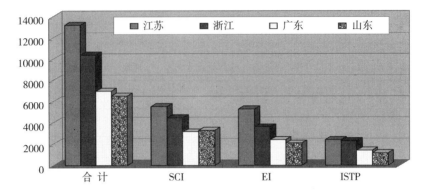

图 18—7　山东省科技论文国际检索数与苏、浙、粤比较（篇）

数据来源：国研网数据中心 2006 年度数据。

表 18—4　　　　　2006 年国外主要检索工具收录我国

科技论文情况（按地区分布）

地　区	篇数（篇）				比重（％）		
	合　计	SCI	EI	ISTP	SCI	EI	ISTP
全　国	171748	71351	64936	35461	41.5	37.8	20.6
北　京	36578	15546	13451	7581	42.5	36.8	20.7
上　海	19133	8361	7479	3293	43.7	39.1	17.2
江　苏	13162	5485	5264	2413	41.7	40	18.3
浙　江	10365	4459	3600	2306	43	34.7	22.2
湖　北	9822	3982	3466	2374	40.5	35.3	24.2
陕　西	8734	2861	3828	2045	32.8	43.8	23.4
辽　宁	8484	3010	3533	1941	35.5	41.6	22.9
广　东	6966	3133	2411	1422	45	34.6	20.4
山　东	6512	3283	2075	1154	50.4	31.9	17.7
黑龙江	6424	1460	2737	2227	22.7	42.6	34.7
四　川	6265	2251	2620	1394	35.9	41.8	22.3
湖　南	6231	2370	2705	1156	38	43.4	18.6
天　津	6112	2506	2562	1044	41	41.9	17.1
安　徽	5411	2606	2134	671	48.2	39.4	12.4

地　区	篇数（篇）				比重（%）		
	合　计	SCI	EI	ISTP	SCI	EI	ISTP
吉　林	5012	2290	1872	850	45.7	37.4	17
福　建	2598	1332	818	448	51.3	31.5	17.2
甘　肃	2501	1365	849	287	54.6	33.9	11.5
河　北	2336	757	672	907	32.4	28.8	38.8
重　庆	2173	823	642	708	37.9	29.5	32.6
河　南	1961	896	625	440	45.7	31.9	22.4
山　西	1401	645	535	221	46	38.2	15.8
云　南	971	618	229	124	63.6	23.6	12.8
江　西	875	401	309	165	45.8	35.3	18.9
广　西	672	319	214	139	47.5	31.8	20.7
贵　州	275	143	92	40	52	33.5	14.5
新　疆	257	145	78	34	56.4	30.4	13.2
内蒙古	213	107	80	26	50.2	37.6	12.2
海　南	75	44	19	12	58.7	25.3	16
青　海	73	50	17	6	68.5	23.3	8.2
宁　夏	57	30	19	8	52.6	33.3	14
西　藏	2		1	1		50	50

数据整理：国研网数据中心。

（三）提升科技创新的价值实现能力

价值实现能力是提升自主创新能力的根本所在。价值实现能力可以通过高新技术企业的发育状况这类指标得到体现。

2007年全省共有国家级高新技术企业1282家，占全国总数的2.64%，占东部总数的3.76%；安排就业40.6万人，占全国总数的6.24%，占东部总数的9.75%；完成全年收入3609亿元，占全国总数的6.57%，占东部总数的9.51%；完成全年技术收入46.7亿元，占全国总数的1.2%，占东部总数的1.64%（见图18—8和表18—5）。

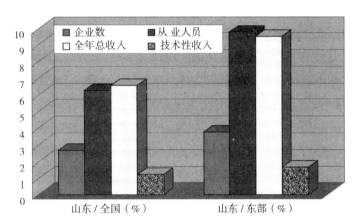

图 18—8   山东省高新企业发育指标占全国及东部的比重

数据来源：国研网数据中心 2007 年度数据。

表 18—5   2007 年各地区国家高新技术产业开发区基本情况

地　区	企业数（个）	从业人员（人）	全年总收入（万元）	技术性收入（万元）	总产值（万元）	年出口额（万美元）
合计	48472	6502370	549251627	38943960	443769460	17281217
东部地区	34066	4163518	379719036	28371757	294442680	15889420
中部地区	6771	1203969	97269269	3746940	90085763	522774
西部地区	7635	1134883	72263322	6825264	59241017	869023
济南	412	84259	7807154	161873	6593457	156336
青岛	119	54974	6071866	57468	5995229	200645
淄博	258	102719	8171420	203598	7692669	104459
潍坊	302	98221	8047851	35049	7275043	107196
威海	191	65884	5994172	8199	5817709	316305
山东小计	1282	406057	36092463	466187	33374107	884941
山东/全国（％）	2.64	6.24	6.57	1.20	7.52	5.12
山东/东部（％）	3.76	9.75	9.51	1.64	11.33	5.57

数据整理：国研网数据中心。

　　从以上各项指标的对比来看，山东省高新技术企业的规模较大，人均

产出水平接近全国平均水平，但是技术收入明显偏低，这说明我省具有自主
知识产权的产业项目较少。今后必须加大工作力度，推动具有自主知识产权
的技术项目进入产业化生产，真正实现区域科技创新价值的自我实现。

（四）提升科技创新的辐射扩散能力

产业化技术辐射扩散是推动区域技术创新的路径。高新技术产业增加
值占地区生产总值的比重是衡量区域科技辐射扩散能力的重要指标。

山东省自主创新的辐射带动能力正在不断增强。从山东省高新技术产
业增加值占全国高新技术产值的比重和占全省地区生产总值的比重等两个
指标来看，都呈现逐年攀升态势。2000 年山东省高新技术产业创造增加
值共计 106.47 亿元，占全国高新技术产业增加值的比重为 3.84%，占全
省 GDP 的比重仅为 1.28%；2007 年这三项指标分别增加为 954.63 亿元、
8.21% 和 3.68%（见图 18—9 和 18—6）。

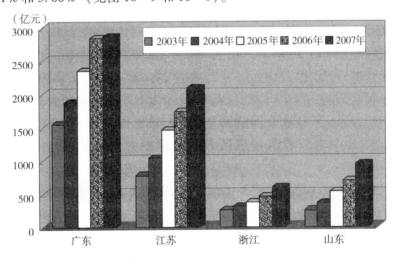

图 18—9 山东省高新产业增加值变动与苏浙粤比较

数据来源：国研网数据中心数据。

表 18—6   **高新技术产业 1995—2007 年增加值（按地区分布）**   单位：亿元

地　区	1995 年	2000 年	2003 年	2004 年	2005 年	2006 年	2007 年
全　国	1080.52	2758.75	5034.02	6341.3	8127.79	10055.51	11620.66
东部地区	798.97	2166.02	4228.04	5433.7	6937.69	8553.93	9575.28

地　区	1995 年	2000 年	2003 年	2004 年	2005 年	2006 年	2007 年
中部地区	136.08	321.03	453.46	492.6	687.54	887.71	1198.76
西部地区	145.48	271.7	352.52	415.1	502.55	613.86	846.63
江　苏	112.43	302	780.86	1032.1	1460.27	1743.09	2093.37
浙　江	48.22	132.06	261.39	314.2	368.38	457.28	596.91
山　东	41.48	106.47	254.34	358.7	533.32	700.46	954.63
广　东	216.99	677.77	1552.11	1880	2353.02	2836.1	2867.3
山东/全国高新产值（%）	3.84	3.86	5.05	5.66	6.56	6.97	8.21
山东/山东GDP（%）	0.84	1.28	2.11	2.39	2.88	3.17	3.68

数据整理：国研网数据中心。

但从地区间横向比较来看，山东省自主创新的辐射扩散能力仍然相对较弱。2007 年山东高新技术产业增加值仅为广东的 1/3，不到江苏的 1/2。

三　紧紧围绕科技创新，加强山东半岛蓝色经济区人力资源能力建设

实现半岛蓝色经济区科技创新，必须重视人力资源能力建设。人力资源能力建设不仅是推动山东从人口大省迈向人力资源强省的重要战略举措，也是提高半岛蓝色经济区科技创新能力的关键措施。为提升半岛蓝色经济区科技创新能力，关键在于依靠"两点一带"，培育"三类人才"，提升人才协作创新能力，即依靠青岛、济南、临海产业带（简称"两点一带"），大力培育海洋科技专门人才、综合型高端人才和高技能产业人才（简称"三类人才"），同时重视强化半岛蓝色经济区区域科技人才协作创新能力。

（一）以青岛海洋科技城为依托，大力培育海洋科技专门人才

建设以海洋经济为特色的半岛蓝色经济区，海洋专门人才培育是关

键。青岛在海洋教育和科技发展方面的领先优势决定了它在培育海洋科技人才中的战略地位。截至 2006 年底，青岛市拥有中国海洋大学、中国科学院青岛海洋研究所、国家海洋局第一海洋研究所等 28 家海洋与教学机构，高级海洋专业技术人才 1293 人，占全国同类人才的 40%。另外，海洋领域的博士、硕士学位授予点也在全国名列前茅。培育海洋科技专门人才，要运用好借力、助力和引力三种力量。

1. 善于借力

要借助国家对海洋科技研发投入的强大平台，培育一批服务于山东半岛蓝色经济区建设的具有全球视野的高端型海洋技术人才。要充分借用国家级高层次海洋人才的领军作用，培育服务山东地方发展的专门海洋科技人才。目前，全国海洋界院士有 36 位，工作在山东的有 18 位，占全国的一半。要充分借助国家海洋项目，在实践中培育和锻炼一大批海洋科技人才。海洋科研方面的"973"项目，从"十五"时期开始设立，到今年为止国家一共立项 17 项；海洋科研方面的"863"项目，迄今为止，设立课题 250 余项；两类项目山东在全国都是遥遥领先的。无论是海洋科技领军人才还是高水平的海洋科技项目，山东省都占据了国家海洋局科技投入的半壁江山，这为我省半岛蓝色经济区建设的海洋科技人才成长提供了很优越的培养平台。

2. 甘于助力

地方政府要加大对海洋技术开发研究的资金和政策投入，加快培养一批高质量的服务于本地化海洋战略的高级海洋技术人才。近年来，青岛市政府陆续举办了中国（青岛）材料科技周、青岛—西安产学研等系列活动，打造高层次的产学研对接平台，在政府的有力推动下，青岛的企业也广泛开展技术创新活动，包括与科研院所开展深层次的产学研合作，组建股份制科技产业实体或结成技术联盟，等等。通过政府的大力推动带动了企业的自发行动，使全市企业的创新能力明显提高，创新人才队伍也随之不断壮大。

3. 营造引力

要充分发挥青岛自身的人文和自然环境魅力，制定切实可行的海洋专门人才引进办法，面向海外吸引一批全球顶尖的海洋高科技人才。要强化海外引智工作，分层次、有重点地吸引和资助活跃在国际前沿的海外优秀学者和外国科学家到山东省访问和工作，以青岛为半岛蓝色经济区的开放引智窗口，吸引和建设国际化的海洋科技创新人才队伍。要鼓励中青年科技人才积极参与国际交流与合作，支持优秀青年科技人才、骨干管理人才和转移转化人才的国际化培养。

（二）充分利用省会城市优质教育资源，大力培育综合型高端人才

半岛蓝色经济区科技创新能力的提高，不但需要专业性较强的人才，更需要基础知识雄厚的综合型高端人才。济南作为省会城市，在培养综合型高端人才方面具有其他省内地市不可比拟的教育资源优势。山东大学、山东师范大学、山东经济学院、山东财政学院、济南大学以及山东省科学院、山东省农业科学院、山东省医学科学院、山东社会科学院等重要教育科研机构都坐落在省会济南，这是综合型高端人才培育的沃土。培育综合型高端人才，要重视扩视野、求合作、强内功。

1. 重视对外交流

要发挥省会的政治文化地缘优势，推动与国内外高校、科研院所的学术交流，善于借助外力搞活科学技术创新，拓宽综合型高端人才的学科视野。要加大省会教育机构对外开放的力度，积极参与国际交流与合作，引进优质教育资源；同时鼓励高校教师、科研人员到国外进行教学交流和研究，注意发挥学校的局部优势，开拓海外教育市场。要实施培养、培训与引进"三管齐下"的人才战略，积极探索设立学历、学位、学分互认及质量认证的制度，实现学生互换、教师互派、学者互访的人才交流体制。要加强科研多边合作，采取多种形式进行国际学术交流，包括跨国设计与组织相关科研课题的共同探讨，出资邀请国外同行参与重大科研项目的协作研究，从学校实际出发，选择优势学科重点扶持，提高国际知名度，争取国际组织或个人设立各级各类科研基金，加强教师、研究人员与国外高校的合作等。要全方位地争取国家、省有关单位以及留学基金委、科技部、外专局等各部委的资金支持，全方位扩大省会教育科研机构国际合作与交流的资金来源。

2. 加强内部合作

要充分发挥各自学科优势，加强科技协作，避免学科建设的重复性投入和简单的低水平竞争，善于挖掘技术发展的新空间，从根本上推动综合

型高端人才培育工作更上一步。湖北省在整合内部教育资源方面做出了有益的探索。湖北省教育厅日前推出的"武汉城市圈中央部属高校与地方高校支持合作计划",为武汉大学和其他地方高校建立了支持合作平台,也搭起了友谊的桥梁。湖北省政府希望以武汉城市圈建设为契机,在武汉大学的支持与合作下,不断拓展与武汉大学的合作领域和合作路径,在师资队伍建设、学科和专业建设、教学和科学研究等方面做些实质性工作,提高湖北省的核心竞争力,进一步促进全省人才培养战略的深度实施。建设山东半岛蓝色经济区,提升山东省人力资源能力,山东省必须出台相关措施,优化省会都市圈高等教育结构,整合高等教育资源,为综合型高端人才的培养和成长奠定基础。

3. 完善激励机制

要制定和落实旨在推动综合型高端人才层出不穷的激励办法,尤其是要重视对青年综合型人才的鼓励和培养,形成人才代际可持续发展的良性格局。一要加大物质激励力度,形成良好的动力,激发高端人才的潜能和创造力。要打破薪酬分配和奖励中的平均主义,建立以绩效为依据的分配制度,员工凭能力竞争上岗,靠贡献领取报酬,形成一个向能力倾斜、向贡献倾斜的分配机制,提高奖励占高端人才收入的比重,更好地体现"收入靠贡献"和"多劳多得"的原则。二要注重精神激励机制作用,以精神因素鼓励高端人才。善于发现和激发高端人才的创新热情,增强高端人才实现自身价值的自豪感、贡献社会的成就感、得到社会承认和尊重的荣誉感。三要注重激励机制与约束机制相结合。要通过合理的激励与约束机制,实行优胜劣汰,提倡竞争上岗,建立能进能出、能上能下的高端人才管理制度,促进人才的有序流动,做到人尽其材,才尽其用。

(三) 以临海产业带为人才孵化器,大力培育高技能产业人才

一定规模的高技能产业人才是提升半岛蓝色经济区科技创新价值实现能力的人力基础。为半岛蓝色经济区建设输送大批量的高技能产业人才,必须遵循人才要素随产业发展而动的产学衔接的人才培养规律。培育高技能产业人才,应充分利用临海产业人才孵化功能,走产学衔接的培养道路。

1. 建立产学合作的对接机制

企业和学校依靠人才的供需环节被结成一个利益相关的链条，产学合作的对接机制建设成为这条利益链条能否高效率运作的关键所在。江西省在探索产学合作机制方面总结出了"九对接"机制：一是产业对接专业，适应地方经济和社会发展需要；二是企业对接育人，改革人才培养模式；三是岗位对接课程，全面优化课程结构；四是车间对接基地，加快校内校外基地建设；五是师傅对接师资，强化"双师型"教师队伍建设；六是用人单位对接评估，创新评价机制；七是生产对接科研，建立技术研究和开发中心；八是工种对接培训，加强企业职工培训；九是厂长对接校长，加强组织建设。

2. 建立产学合作的协调机制

生产部门与技能人才培养部门分属不同的管理机构，这是多年来一直影响技能人才培育的重大体制问题。将高技能人才培养的产学协调职能纳入省人才工作领导小组的职能范围，将有助于这一问题的解决。韩国政府规定企业必须进行职业教育，凡员工在 1000 人以上的企业都要负责进行员工的在职培训，1000 人以下的须按企业职工平均工资的 0.75% 向国家交雇佣保险金。政府还大力推动职业学校与企业密切联系，把产学合作作为职业教育发展的战略措施之一，写入《产业教育振兴法》，使之法制化。这项法律规定，产业要积极协助学生现场实习，职业学校学生现场实习要义务化。成立了由学校、产业界、地方自治团体、民间代表参加的"产学合作教育协议会"，作为民间机构参与计划、指导和协调该地区的"产学合作"。

（四）以山东半岛蓝色经济区为平台，大力提升科技人才协作创新能力

协作创新是科技创新的新途径。半岛蓝色经济区战略的实施为以海洋科技创新为特色的区域协作创新提供了一个崭新的平台。提升半岛蓝色经济区科技人才协作创新能力，既要在人才培养目标上服务于这个平台，又要在人才培养手段上运用好这个平台。

1. 面向半岛蓝色经济区，科学定位"三类人才"培育目标

人才培养目标定位是促进和实现科技人才协作创新的基础性工程。无

论是海洋科技专门人才、综合型高端人才还是高技能产业人才，其发展定
位都要围绕半岛蓝色经济区建设这个战略总方向，形成步调一致的多层次
人才培养战略格局。海洋科技专门人才是半岛蓝色经济建设的"排头
兵"，要紧盯海洋科技的最前沿动向，善于捕捉海洋经济发展的高科技热
点，把握整个半岛蓝色经济区的高新产业主导方向。综合型高端人在半岛
蓝色经济区建设中起着领会、传导、战略指挥与高质量管理的功能，应当
善于领会海洋科技进步的信息，并能与全省乃至全国、全球的宏观经济走
势融通，统筹海洋科技与经济社会协调发展。高技能人才是半岛蓝色经济
区建设的主力军，应当善于运用相对普及的知识技能将海洋科技理论知识
转化为生产力，将海洋科技生长点培育成为海洋产业生长点。

2. 基于半岛蓝色经济区建设平台，整合"三类人才"，实现区域协作
创新

战略规划部门要准确定位"三类人才"各自的技术优势，科学规划
"三类人才"培育方案，有效配置"三类人才"的岗位、产业和空间布
局，建立和完善"三类人才"互动交流机制和利益互动机制，营造互补
发展的人才协作格局，形成技术协作整合放大效应。在培养人才方面，要
发挥沿海地市的海洋产业优势和海洋资源优势，大力培养"用得起、用
得上"的合格适用型技能人才；要发挥青岛的海洋科技优势、国际都市
优势和自然条件优势，积极开展国际交流与合作，培养和引进高端的海洋
科技人才，把山东的海洋科技人才高地做高；要充分运用省会济南的政
治、人文、教育优势，整合周边教育力量，培养多学科、多专业的人才大
军，把蓝色经济区人才高地做宽。在人才评价和使用上，要打破行业、专
业、身份界限，走市场化的人才配置路线，将各级各类人才的效用发挥到
最大，推动区域协作创新，促进半岛蓝色经济健康快速发展。

四　建立市场导向的科技创新机制和体制，提升海洋科技竞争力

科技创新活动归根到底是一种经济活动，必须遵循经济规律和市场法
则；人才、技术、资金等资源只是创新要素，决定要素向哪里聚集、在哪
里发生作用的，是配置资源的市场机制。要通过改革创新，不断破除影响

科技创新的体制性和机制性障碍，建立和完善有利于科技创新的有效环境，把山东半岛蓝色经济区建设成为依靠市场经济规律推动科技创新的国家级示范区。

（一）海洋科技资源与市场应当充分对接

目前山东省的高校、科研院所、企业等上、中、下游独立运作，基础研究、应用研究、产业开发互不融通，无法最大限度地实现优势互补，难以围绕海洋经济发展中的共性、关键性技术和战略性高技术持久协作、系统攻关，最终在国内外形成技术领先优势。全省55所海洋科研、教学机构分别隶属于县、市、省、中央的多个部门，这种体制导致海洋科技资源配置缺少统筹安排，院所之间、科研机构与市场之间相对封闭。从山东省省级科技资源的分布看，91个省属科研院所的布局结构基本是在计划经济体制下形成的，分别隶属于30个厅局部门，各部门隶属的院所数量不一，少则1个，多则10多个。自然科学和工程科学领域的省属科研院所分布于20多个部门，农业科学领域的院所分布于5个部门，医学科学领域的院所也由6个以上部门主管，省属院所中仅科技情报、信息方面的院所就有5家，这些科技信息机构性质基本相同，业务范围虽然各有侧重，但也有相互重复的。部门分割一方面导致科研开发无法实施统一协调和规划，无法突出重点，无法相互协作与相互配合；另一方面部门成为科研单位的代言人，争资源、争资金、争项目的问题长期得不到解决。科技资源浪费，大型仪器设备利用率不高。各院所之间片面追求科研仪器设备"大而全"、"小而全"，都希望人有我有、人无我有，科研设施重复建设，设备重复购置，课题重复立项，造成了有限人力、财力、物力的极大浪费。

要坚持发挥市场机制的首要作用，打破部门、行业界限，实现海洋科技资源跨地区、跨部门、跨行业优化重组，政、产、学、研有机结合，建立开放、流动、竞争、协作的科技运营机制。一要在一部分能够起到科技基础条件平台作用的科研机构建立集中协调机制，使其享有最大限度的自主权，在科研选题、人事安排和行政管理方面都不受政府干预。充分发挥这种新型机制的催化作用，争取培育一批具有自主的、独立的科学研究精神的海洋科研机构。二要去掉科研单位的"婆婆"，斩断其行政依赖。以断奶的方式"逼迫"技术开发类科研机构与企业结成双赢的合作关系，共同寻找科技创新的突破点。通过"政府停止财政拨款—科研单位把科技创新当成生存的唯一途径—创造出符合市场需求的科研成果—进行科技转化—创新获得回报"这样的流程，激发技术开发类科研机构向市场要效益的内在动力。三要在政策上鼓励科研单位联盟，整合形成一批创新能力强的研发集团，主动参与国际海洋科技合作，逐步占领国际海洋科研制高点。在政策上鼓励和支持建立一批类似于山东海洋工程研究院的研发集团，使其"联合舰队"作用得到最大限度的发挥。四要引外智、活内智，充分发挥大学的作用。借鉴深圳虚拟大学园的经验，吸引国内外大学和科研机构来我省建立研究开发机构。制定优惠政策，鼓励山东大学、中国海洋大学等有实力的单位建立大学科技园，发挥著名大学的科技源作用。

（二）建立具有山东半岛蓝色经济区竞争优势的三大创新体系

通过建设科技创新体系，进一步强化市场机制对全社会科技资源的高效配置和综合集成，提高山东半岛蓝色经济区科技持续创新能力和综合竞争力。

1. 构建以高等院校和重点科研机构为主体的知识创新体系

建设10个省级以上高水平的海洋科技重点实验室，形成源头创新网络。

2. 构建以企业为主体的技术创新体系

重点建设、扶持一批省级和国家级工程技术研究中心和创业服务中心，形成由企业技术开发机构、产业集群创新服务平台组成的技术创新网络，强化企业技术创新主体地位。建立国有及控股企业经营者技术创新业绩考核机制，激励外资企业和民营企业建立研发中心。

3. 构建以技术市场、生产力促进中心为主体的科技中介推广体系

组成区域性科技成果转化服务网络，促进科技成果的转化。中小企业已成为我国经济发展中的重要组成部分，并且是吸纳劳动力的主要场所，中小企业由于自身资金、科技能力有限，迫切需要区域技术支撑体系提供相关的服务。因此要把中小企业技术支持体系建设作为区域创新体系建设的重点，如针对产业集群中的地方中小企业，建立相应的技术支持网络，建立以中小企业为主要服务对象的区域技术服务体系等。

（三）建立促进科技自主创新的多元化投入机制

1. 建立和完善财政科技投入的稳定增长机制

研究表明，在经济飞速发展时期，研究与开发经费投入存在一个快速的提升，政府投入对全社会研发经费投入的强度（即研发经费占 GDP 的比例）起着重要的带动和引导作用。当前，加大政府投入在研发经费中的份额，以财政科技投入带动全社会研发经费投入，将是改变我省研发经费投入水平低，推动我省经济增长方式转变的一个好的机遇期。我省必须抓住打造半岛蓝色经济区的有利时机，从增强自主创新能力和核心竞争力出发，大幅度增加财政科技投入，要重视向海洋科技领域倾斜。在经费使用上，主要用于建设公共研发平台，或是对企业研发或技改资金给予贴息贷款等，这些都是企业欢迎、收效显著的方式。要将财政科技投入集中到真正拥有先进技术和自主知识产权的企业身上，以帮助它们在行业关键性技术上尽快取得突破，抢占国际竞争的制高点。财政资金支持企业研发不应受到企业所有制性质的局限。同时，不应只重视高科技产业的自主创新，而忽视以自主创新推动传统产业升级。

2. 落实已有的鼓励科技创新的各项税收优惠政策

在认真研究、最大潜力挖掘现有鼓励科技创新税收优惠政策的同时，积极研究和争取蓝色经济区在这方面的先行先试政策。例如对海洋高新技术企业的企业所得税减征、知识型员工工资计算应纳税所得额准予扣除等优惠政策，以降低海洋科技创新发展的政策成本。

3. 努力拓宽融资渠道，形成以企业投入为主，政府、金融等部门积极支持的多元化科技投入机制

要不断探索创新金融工具、金融产品，切实加大对区域技术创新的投入。建议引入和培育各类产业发展基金、风险投资，设立"半岛蓝色经济区自主创新开发基金"，激活产业自主创新内生动力。鼓励和帮助科技企业到创业板上市融资或发行债券。大力引进外资，在吸引外商直接投资科技企业的同时，积极争取国际金融组织贷款、外国贷款、国际产业基金，为科技创新提供有力的资金保障。通过制定相应的财政政策，鼓励县级以上政府、高新技术产业开发区、经济技术开发区设立风险投资引导资金，通过参股等方式，扶持风险投资机构的设立，风险投资机构可以全额

资产开展投资。降低风险投资机构市场准入门槛。经认定的高新技术风险投资机构可按规定享受高新技术企业的优惠政策和财政专项资金支持。积极引进国际资本和国际大财团到我省设立分支机构，开展风险投资业务和融资担保业务。依托山东产权交易中心，建立非上市股份制高新技术企业股权及风险投资基金交易市场。

（四）加快海洋科技创新和成果转化，促进海洋产业竞争力提升

1. 集中力量攻克一批制约海洋产业核心竞争力的技术难点

围绕海洋产业结构升级、高新技术产业竞争能力和发展潜力提升，坚持自主创新和引进、消化、吸收、再创新相结合，集中力量攻克一批制约海洋产业核心竞争力的技术难点，提高海洋高新技术成果转化率和国产化率，发展海洋高技术产业群。

2. 加快海洋公益技术创新和应用

重点实施海洋产业节能减排、海洋生态环境保护与修复、生态化海洋工程等技术开发与应用推广，不断提高海洋开发、保护和管理水平。大力开展业务化海洋学研究，将科技资源转化为经济资源，将知识价值转化为经济价值，将管理效益转化为经济效益，将生态安全转化为经济安全，为实现科学用海、科学管海提供有力支撑，使海洋生态系统逐步恢复到健康和可持续发展的水平。

3. 加快科技兴海示范工程建设

以地方科技转化机构、企业科技开发基地和试验场等为主体，建立一批具有辐射带动效应的高技术产业化园区、循环经济示范区。加强海洋科技成果推广中介机构、培训机构、技术推广站的发展，建立海洋科技推广服务体系，尽快形成海洋技术转移网络。构建适于海洋开发和海洋产业发展的环境安全保障平台，优化海洋经济环境保障服务平台布局，建设科技兴海公共信息服务平台。集中优势建成几个标志性的示范工程和平台，培育优势海洋产业和特色海洋产业。

第十九章　国内外海洋经济区建设发展的经验借鉴

一　国际海洋开发政策

（一）国际海洋开发政策概述

自 20 世纪 60 年代以来，世界海洋科技的突破以及陆地资源的短缺推动了现代海洋产业的发展，向海洋进军，开发海洋资源成为世界沿海各地的主要政策导向之一，各国相继出台了以海洋权益维护和海洋资源开发为核心的现代海洋开发政策。1960 年，法国总统戴高乐首先提出了向海洋进军的口号，美国也于次年由肯尼迪总统提出了"美国必须开发海洋"的宣言。与此同时，日本、英国、苏联等也相继把海洋开发作为国家战略加以重视，世界海洋开发浪潮开始出现。

1990 年，第 45 届联合国大会做出决议，敦促沿海国家把海洋开发列入国家战略，以推动世界经济发展。1994 年 11 月，《联合国海洋法公约》正式生效后，沿海各国纷纷出台综合性的海洋政策，以加大持续利用和开发海洋资源的力度。如日本相继制定了《海洋高技术产业发展规划》、《日本海洋开发基本构想及推进海洋开发方针政策的长期展望》、《日本海洋开发计划》和《海洋研究开发长期规划》等；澳大利亚联邦政府于 1996 年发布了环境政策宣言《挽救我们的国家遗产》和科技政策宣言《投资明天》，随后，《海洋产业发展战略》、《澳大利亚海洋政策》和《澳大利亚海洋科技政策》等海洋政策也先后出台；韩国政府也先后颁布了《海洋开发基本法》、《国家海洋开发战略》等国家海洋开发基本政策。

进入 21 世纪，国际海洋开发形势发生新的变化，以欧美为代表的西方国家针对当前国际海洋开发态势，开始制定新的海洋开发战略，以维持海洋资源与环境的可持续发展。2001 年，俄罗斯首先出台了新的《国家海洋政策》。随后，《加拿大海洋战略》（2002）、中国《全国海洋经济发展规划纲要》（2003）、葡萄牙《海洋战略行动建议与措施》（2004）、美国《21 世纪海洋蓝图》（2004）、巴西《国家海洋资源政策》（2005）、《欧盟海洋政策》绿皮书（2006）以及《欧盟海洋综合政策》蓝皮书（2007）也相继出台。同时，为了贯彻实施新的海洋政策，美国和加拿大分别于 2004 年和 2005 年颁布了国家《海洋行动计划》。2007 年，日本通过了《海洋政策基本法》，而欧盟则继《欧盟海洋综合政策》蓝皮书后，又相继出台了《海洋产业集聚发展对策》（2007）、《可持续旅游发展议程》（2007）、《近海风能行动计划》（2008）、《海洋与海洋产业研究战略》（2008）、《欧盟拆船战略》（2008）、《海洋空间规划路线图》（2008）以及《海洋运输政策目标与对策》（2009）等多个海洋开发行动对策，初步形成了一个系统的欧盟海洋政策体系。以海洋权益维护、海洋环境保护和海洋资源开发为主体的世界海洋新政策体系逐步形成，积极开拓海洋空间，大力发展海洋经济，成为世界沿海各地经济发展的主要趋势之一。

（二）国际海洋开发政策

1. 美国

美国是世界上主要的海洋强国，其海洋开发活动建立在强大的军事需要与海洋观测基础上，并随着海洋石油的开发而振兴。20 世纪 70 年代，随着美国《海岸带管理法》的出台，美国对其海洋管理体制进行了完善，并实施了一系列的海洋开发促进措施。到了 20 世纪 90 年代，由于缺乏适当的管理引导，美国的一些新兴海洋产业如近海养殖和海洋生物产业处于落后状态，而且海洋与海岸带地区的环境与开发压力持续增长，气候变化等新威胁也正在逼近，迫切需要新的海洋开发政策。2000 年，面对广阔的海洋开发前景以及面临的各种威胁，美国国会通过了国家《海洋法》，并于 2001 年成立了美国海洋政策委员会。2004 年，美国发布了《21 世纪海洋蓝图》，针对美国的海洋开发现状与未来发展，提出了 200 多条有针对性的建议。2004 年 12 月，布什政府推出了美国《海洋行动计划》，提出了美国的基本海洋管制、研究与管理架构。

美国《21 世纪海洋蓝图》提出了未来海洋开发的愿景，即未来美国的海洋与海岸带地区是清洁的、安全的、繁荣的和可持续发展的，在维护生物多样性和关键生态环境的同时，提供显著的经济贡献，以及支撑多种有价值的海洋开发活动，包括水产品生产、能源与矿产开发、游憩、运输与新药物开发等，并提议采用生态系统管理方法，建立新型的、相互协调的国家海洋政策框架体系，以改进决策，为管理者提供有价值的海洋数据与信息，以及提供终身的海洋教育以培养具有强烈海洋意识的公民。为实现上述目标，布什政府推出了美国《海洋行动计划》，提出了具体的海洋开发对策：

（1）加强海洋领导力与协调力。建立新的内阁海洋政策委员会，并成立下属办事机构，包括海洋政策委员会下属的跨机构海洋科学与资源管理整合委员会和海洋资源综合管理委员会，国家科技委员会下属的海洋科技共同委员会和海洋研究顾问团以及国家安全委员会政策协调委员会。支持自发性的区域合作行动，建立各级政府部门之间的合作伙伴关系，包括跨地区的相关部门工作组与区域合作，并实施合作保护法令来推进海洋管护，以及推进地区渔业管理。此外，还包括对所有涉海政府部门的审核与加强，并考虑适当的部门合并计划。

（2）加深对海洋与海岸带的了解。制订海洋研究优先发展计划与实施战略，建立包括海洋综合观测系统在内的全球海洋观测网络，开发并部署最先进的研究与调查平台，建造新的6500米载人深潜器和新型海洋勘探船与调查船等，以及创建国家水质监测网络，协调海洋与海岸带测绘活动，制定新的海洋与人类健康、有害藻爆发等相关立法，并与其他国家分享美国的海洋专业知识。加强各部门与各地之间的海洋教育合作，加强国家海洋与大气局在海洋相关教育与宣传中的权力，扩展美国沿海学习中心网络，并扩大国际海洋基金计划。

（3）加强海洋资源的利用与保护。推动市场化渔业管理工具的应用，实现海洋渔业的可持续发展。实施珊瑚礁地方行动战略，推动珊瑚礁与深海珊瑚的保护。加强对海洋哺乳动物、鲨鱼与海龟的保护。启动国家近海养殖立法，建立养殖污染物排放指南，以推动近海养殖业的发展。改进海洋管理区管理，协调并更好地整合现有的海洋管理区网络，制定国家海洋公园发展战略。加强对外大陆架海洋能源的利用，并支持近海能源开发，以及保护国家海洋遗产，建立海洋遗产宣教体系。

（4）实施海岸带与流域管理。加强海岸带与流域管理，推动地方政府参与海岸带管理，支持对海岸带管理法的修订，并制订有针对性的流域奖励计划，以及建立有害藻爆发预测体系。实施政府湿地保护计划，培育地方性恢复项目，保全并恢复海岸带生态环境。建立强制性的压舱水管理计划，并成立新的入侵种管理顾问委员会，制定新的抵御水生物种入侵的行动，以预防海洋外来入侵种扩散。设定新的海滩细菌标准，加强环保局对风暴潮的管理，出版水质评估手册，以减少海岸带水域污染。通过出台新的法律法规，减少海岸带水体的气源污染。

（5）支持海洋运输业发展。增强海洋运输系统机构间委员会的作用，实施国家货运行动议程，以改进美国的海洋运输系统。对短途海上航运进行评估，降低海上运输业的税收负担，并改进船舶航行效率，减少船舶污染。

（6）推动国际海洋政策与海洋科学发展。一方面要促进国际海洋政策发展。支持政府加入《联合国海洋法公约》，并与其他国家建立合作伙伴计划，共同主持国际珊瑚礁动议；推动更多的国家加入伦敦倾废公约，并强化其实施；支持海洋综合管理方法，减少陆源污染；批准国际船舶污染预防公约，减少海上船舶引擎污染，推动新的国际贸易与海洋政策发展；另一方面要推动国际海洋科学发展。推动大海洋生态系研究，将全球海洋评估计划与全球海洋观测系统结合起来，并确保国际海洋综合钻探计划的领导权。

2. 欧盟

2006 年，欧盟委员会发布了《欧盟海洋政策》绿皮书，提出了欧盟2005—2009 年的战略目标，即在高水平的科学研究和技术革新支撑基础上，以环境可持续的方式，实施推动充满活力的海洋经济全面发展的海洋政策。为了确保上述目标的实现，欧盟委员会发布了《欧盟海洋综合政策》蓝皮书，推出了海洋综合管理工具，其主要技术内容包括确保海洋空间稳定与安全的海洋监控体系、推动可持续发展决策的海洋空间规划以及综合的数据信息网络。同时，为了配合《欧盟海洋综合政策》的实施，欧盟委员会还发布了《欧盟综合海洋政策行动计划》，对欧盟海洋政策进行了细化，列举了一系列的具体行动内容。该行动计划反映了新的海洋事务综合管理方法，覆盖了与可持续发展相关的，从海洋运输到海洋产业竞争力、就业、科学研究以及海洋环境保护领域的广泛内容，有助于欧盟综合海洋政策主要行动领域发展目标的实现。

此后，按照《欧盟海洋综合政策》的实施要求，欧盟又相继出台了《海洋产业集聚发展对策》、《可持续旅游发展议程》、《近海风能行动计划》、《海洋与海洋产业研究战略》、《欧盟拆船战略》、《海洋空间规划路线图》以及《海洋运输政策目标与对策》等多个相关海洋开发配套政策，形成了一个系统的欧盟海洋开发政策体系，全面推动了欧盟海洋事业的发展。

总的来看，欧盟海洋政策的主要内容体现在以下几方面：

（1）海洋综合管理工具的运用。欧盟委员会建议各成员国采用综合管理方法，对海洋空间内的各类经济活动进行统一部署与调控，并建立欧盟海域空间规划系统。要求各国制定综合的海洋政策，并建立国家间的经验交流网络体系，同时，推动海洋综合监测网络建设，建立覆盖全欧盟的海洋观测与数据网络体系，以及制定欧盟空间规划路线图，鼓励与推动各成员国制定海域空间规划。

（2）推动海洋产业可持续发展。通过多产业部门的集聚发展，提升海洋产业的总体水平与竞争力。鼓励海洋产业集群发展，形成区域海洋人才中心，以此推动欧盟海洋产业集群网络体系建设。强力推动海洋运输业的安全与稳定发展，持续支持建立海上快速通道或近海航运网络。欧盟委员会提议建立一个无障碍的欧洲海洋运输空间，并制定一个综合的海洋运输战略。此外，考虑到港口作用的多样性和欧洲物流发展的广泛背景，欧盟委员会将提出新的港口发展政策，并建议减少来自港口船舶的空气污染水平。在船舶制造、维修与海洋装备制造业领域，欧盟将促进相关产业发展，特别是推动中小型企业的发展。

加大对海洋研究与技术的开发投入，确保欧盟在新兴海洋产业，包括海洋生物技术、近海可再生能源、水下技术与装备以及海水养殖领域的国际领先地位。进一步加大对风电项目的投资，提高空间布局规划与国际合作力度，采取更具战略性的、协调的近海开发方式，推动政府、企业及科研机构在近海能源基地和电网规划上的区域合作，充分利用各种平台和工具来推动波罗的海和北海地区的近海风电联网。推动对跨国近海电网的投资，并突出近海相关技术研究，加快欧盟对近海风电及其他海洋可更新能源的开发。

　　海洋渔业管理则要更多地考虑沿海社区的福利、海洋环境以及捕捞与其他活动之间的交互作用。欧盟将采用基于生态系统的渔业管理政策，减少欧盟海域与公海海域的非法捕捞数量，实施基于最大可持续捕捞量的渔业管理模式，为欧洲渔区发展提供了更好的未来，并确保欧洲的水产品安全。同时，在欧盟相关规制框架范围内，鼓励养殖技术的革新与创业，确保符合更高的环境与公共健康标准，以推动环境友好型养殖业的发展。

　　（3）鼓励海洋科技创新。通过制定一个综合的海洋研究战略，确定长期的可持续合作方法与途径。采用多学科综合方法，改进对海洋事务的了解，促进创新与科技成果转化。鼓励对海洋活动、海洋环境、海岸带与海岛影响进行预测、缓解并适应气候变化的研究，支持建立一个欧洲海洋科学伙伴计划，在科研机构、产业与政策制定者之间建立一个协调的对话机制。推动欧盟海洋研究基础设施的整合，建立可持续的数据支持与管理机制。与相关部门和人员合作，采取有效措施加大对海洋技术成果的筛选与评价，并在欧洲范围内推动海洋科技成果的快速转化，重点领域包括气候变化与海洋、人类活动对海岸带与海洋生态系统的影响、资源管理与空间规划的生态系统方法、海洋生物多样性与生物技术、业务海洋学与海洋技术、海洋可更新能源开发等。采取"论坛"方式，将现有的欧盟海洋研究网络与关键合作伙伴及相关产业部门纳入其中，不断地更新研究重点，确定研究差距，并提出战略建议。

　　（4）确保欧盟在国际海洋事务中的领导地位。大力支持国际社会对海洋事务进行综合管理和更有效地开展执法工作，进一步协调欧盟各国在国际舞台上的利益。加强与周边国家的对话，建立共同的海洋政策并共享海域管理经验。优先促进欧盟海洋产业与服务进入国际市场，推进深海科学研究和进行深海资源可持续利用，保护全球海洋生物多样性，提高海上安全性，减少船舶污染，并打击国际水域的非法活动等。为了加强海洋综合管理，欧盟将加强同各伙伴国家在海洋事务方面的对话。欧盟还将与那些同欧盟有着共同海洋边界的邻国一道，共同担负海洋管理责任，提出加强地中海和黑海管理合作的建议。此外，欧盟还将支持保护公海海洋生物多样性，并将拟定有关议定书草案，努力推进建立公海自然保护区。

　　（5）提高沿海居民的生活质量。沿海地区是游客旅游的主要目的地，而海洋又是滨海与海洋旅游的主要决定因素，是推动欧盟沿海地区经济发展的主要催化剂。欧盟将在未来的旅游动议中推动滨海与海洋旅游发展，到 2009 年建立一个海洋产业与沿海地区社会经济数据库，为海洋开发项目与沿海地区的融资服务提供支持。同时制定沿海社区防灾减灾战略，突出沿海地区所面临的各种风险，并推动边远地区及海岛地区的发展。

（6）提升国民海洋意识。欧盟将海洋地图集出版作为一种教育工具和突出海洋共同遗产的手段来提高欧盟各国对欧盟海域的认知，将每年的 5 月 20 日定为欧盟的海洋日，并从 2008 年起作为欧盟的节日进行庆祝。此外，还采取各种措施以推动海洋遗产组织、博物馆与水族馆之间的联系，作为提高大众海洋意识的宣教平台，并通过相关网站公开欧盟所有与海洋事务相关的行动计划信息。

3. 日本

日本是世界上较早制定海洋规划的国家之一，自 20 世纪 60 年代就开始制定相关的海洋规划。1979 年，《日本海洋开发远景规划的基本设想及推进措施》正式发布，对日本海洋开发目标及其总方针进行了全面阐述，其中重点强调了海洋科技开发的必要性，并建议开发与渔业共存的海域综合利用技术和海域控制技术。80 年代，日本又推出《海洋城市计划》和《大洋钻探计划》。到了 90 年代，随着日本海洋开发深度与强度的提升，海洋开发管理中出现的问题也逐渐凸显。为了克服海洋开发中的不利因素，全面推动日本海洋开发的持续健康发展，日本政府开始有针对性地出台了一些专项规划，包括《海洋高技术产业发展规划》、《海上走廊计划》、《天然气水合物研究计划》、《日本海洋开发基本构想及推进海洋开发方针政策的长期展望》、《日本海洋开发计划》、《海洋研究开发长期规划》等，逐步形成了系统的日本海洋政策开发体系。

进入 21 世纪，日本面临着新的资源环境压力和世界经济一体化的双重挑战。为了保持日本在海洋开发与科技领域的领先地位，日本政府开始注重海洋开发的整体协调发展，通过采用新的海洋开发与管理体制突破现有的海洋开发局限，这促使日本政府考虑新的综合性的海洋开发政策，形成新的海洋政策框架体系。2007 年，日本国家议会通过了《海洋政策基本法》，提出了日本海洋开发基本政策，主要内容包括：

（1）大力推动海洋资源开发。政府采取必要措施对渔业资源进行保护与管理，包括对海洋动植物群落生态环境的保全与改善以及提高渔场生产力。建立相关组织机构，推动石油、天然气及其他海洋矿产资源的开发，包括海床及海底锰结核和钴结壳资源。确保海洋运输安全，采取必要措施确保稳定有效的海洋运输，包括确保日本船舶安全、海员的培训与招募，以及作为国际海洋运输网络基础的枢纽港建设等。推动日本专属经济区内的海洋资源开发，确保海洋资源开发的稳定，以及海洋运输的安全与维持海洋秩序等。此外，还要通过企业技术进步、人力资源开发、巩固经营基础并开发新业务等来推动海洋产业发展，增强其国际竞争力。

（2）加强海洋环境保护，推动海洋科技发展。采取必要的海洋调查活动，包括了解海洋状态、预测海洋环境变化的调查，争取建立海洋观测、监测、测量及其他必要的海洋调查系统。加强海洋环境保护，采取措施预防海洋自然灾害。推动海洋科学与技术的研究发展，包括建立海洋科研体系，推动海洋科技研发，培育海洋研究人才，并加强各类海洋研究机构的合作。

（3）实施海洋综合管理。建立由总理牵头、各部部长参加的海洋政策本部，负责制定与实施海洋基本规划，并与相关管理机构就海洋基本规划实施措施进行综合协调，以及与其他相关海洋规划、对策建议与措施的协调事务。实施海岸带综合管理，加强对海岛的保全。保护海岛岸线，确保海上运输安全，建立海洋资源开发基础设施，保护周边海域的自然环境并维护海岛居民基础设施。在国际关系领域，要推动国际合作，采取必要措施推动国际海洋资源开发、海洋环境保护、海洋调查、海洋科技、海上犯罪预防、灾害预防及海上救援等领域的国际合作。此外，还要加强海洋宣教，提高公众的海洋认识，塑造国民的海洋意识。

4. 澳大利亚

1997 年，澳大利亚联邦政府公布了其历史上第一个《海洋产业发展战略》。1998 年，国家《海洋政策》开始实施，确立了基于生态可持续发展和生态系统管理的海洋开发框架，其海洋政策的核心是制定基于大海洋生态系的区域海洋规划。为了实现国家海洋发展目标，澳大利亚联邦政府制订了一系列的行动计划，包括建立由主要联邦部长组成的国家海洋部长联席会议，并由环境与遗产部部长牵头，负责有关区域海洋规划的决策；由相关产业、社区与政府部门组成的国家海洋顾问组以及由区域相关机构与人员组成的区域海洋规划指导委员会，并在澳大利亚环境部设立国家海洋办公室，为海洋政策制定提供技术支持。政府采取的主要行动计划包括启动区域海洋规划，改进对海洋环境的了解（包括环境基线调查、可持续性指标选择以及对产业与游憩活动环境影响的监测与评估），加速海洋保护区建设并改进管理，以及支持国家海洋与河口水质强制标准的制定等。其中，海洋开发领域主要是通过区域海洋规划来增加海洋产业发展的确定性和长期安全性以及新的经济增长机会。

（1）海洋渔业。采取持续措施以消除国内过高的渔业捕捞能力，确保捕捞努力量不超过其生态可持续发展水平。针对需要调整的渔业类型，通过多种经济激励措施来采取自助式的调整战略。针对不同的渔业类型，政府将组织实施不同的产业开发计划，并维持现有的渔业补贴政策。同时，认识到休闲垂钓与商业捕捞之间经常存在竞争，需要将休闲渔业纳入渔业资源分配决策。对于养殖业而言，养殖场地选择、废弃物管理、病虫害防治以及饲料来源是养殖业可持续发展所面临的关键挑战。政府将支持制定一个综合的养殖业发展政策框架，包括规制、指南与合作管理战略。此外，还需要对新的渔业管理计划采取新的战略环境影响评估，并调整水产品出口政策。

（2）近海油气与矿产开发。澳大利亚政府将持续完善近海油气开发战略，保持对已开发区域的有效利用。通过对前期地球科学调查与分析的投入，以及改进在法律许可范围内的公共数据获取途径来提高对国际投资的吸引力。

（3）海洋运输。持续推动航运、沿海道路与相关规制改革，确保获得有效的、具有竞争力的航运服务。持续保持澳大利亚在国际海事组织中的领导地位，推动确保航运安全与预防环境污染的强有力的国际规制框架的制定。在压舱水管理方面，支持建立单一的国家压舱水管理体制，加速发展压舱水管理决策支持系统及相关的检验与处理技术，最大限度地降低海洋外来物种的入侵风险。

（4）船舶制造。制订新的船舶奖励章程和船舶制造创新计划，为船舶制造及相关产业创造新的就业岗位。

（5）滨海旅游。持续推动环境友好的滨海旅游产业发展，帮助和鼓励旅游业进行维护与增强自然环境质量的研究。在预防性管理和优先保护世界遗产价值的背景下，确保旅游接待与管理规划的协调性以及旅游开发的环境可持续性。重点面向海外旅游市场，推动包括冒险旅游和游轮巡游在内的海上旅游发展。增加区域旅游发展基金，扩大区域旅游项目。

澳大利亚海洋产业发展目标是最大限度地实现海洋产业的可持续发展，而海洋产业的发展离不开其国际竞争力及其生态可持续发展能力。澳大利亚海洋产业与科学委员会确定了八个重点领域作为澳大利亚未来海洋产业发展的重点：一是养殖业；二是新兴产业，包括海洋生物技术、替代能源与海底矿产；三是现代渔业，包括近海、远洋与国际水域；四是近海油气业；五是船舶制造；六是海洋航运服务，包括新型高速货运系统的发展；七是高技术产业及服务业，包括海洋仪器装备、工程设计与环境管理；八是滨海与海洋休闲旅游业。同时，澳大利亚《海洋产业发展战略》还提出了实现海洋产业发展目标的基本建议，包括明确产业与相关各方在海洋产业政策制定与决策中的责任，协调各级政府主管部门，提高决策透明度，通过评估与风险分配，以咨询、公正和开放的态度制定相关海洋产业发展政策与实施过程。在海洋产业开发中遵循生态可持续发展原则，推动海洋资源与环境的可持续利用和海洋产业的可持续发展。实施国家海洋数据计划，提高海洋决策的准确性和科学性。

5. 加拿大

2002 年，加拿大海洋战略《我们的海洋，我们的未来》发布。为了贯彻实施国家海洋战略，加拿大政府于 2005 年颁布了国家《海洋行动计划》，提出了具体的国家海洋开发政策。加拿大的海洋开发活动多种多样，包括商业与休闲渔业、养殖业、高技术设备开发、船舶制造、油气勘探与开发、海底采矿、国防装备、游憩、游艇、海洋运输与港口、海洋航行与电信等。加拿大海洋政策的主要目的在于与私有机构和大众合作，共同推动传统的与新兴的海洋产业发展，确保对海洋资源的保护与可持续利用。其主要政策内容如下：

（1）了解并保护海洋。首先要改善对河口、海岸带与海洋生态系统的科学认知。在信息收集、监测与发布方面加强合作，包括对传统生态知识的整合；更好地理解生态系统动力学，包括气候变化对海洋生物资源的影响以及业务海洋学新的发展动态；推动国家海洋通报系统的发展；加强海洋自然与社会科学研究之间的联系，特别是通过海洋管理研究网络，促进海洋科学研究之间的协调以支持海洋管理。其次是制定海洋污染预防政策与规划。要改善现有的海洋环境保护立法和指南，对海洋污染预防标准的充分性进行持续的回顾与评估；支持国家海洋环境保护行动计划的实施，特别是在已确定的污染和生态环境改变、破坏等重点地区；制订更为积极的鱼类生态环境保护实施计划；针对重点领域，如压舱水和外来物种引进等，制订国家海洋环境保护计划行动框架；在沿海社区实施绿色基础设施计划，以改善污水处理水平。最后是保护海洋环境。制定国家海洋保护区网络发展战略；支持并推动水下文化遗产保护；在《海洋法》指导下，建立并实施海洋环境保护政策及实施机制；支持新的海洋风险物种保护立法、规制、政策与规划。

（2）支持海洋经济可持续发展。首先是各相关部门要采取措施，改善并支持对现有海洋产业的管理。加拿大海洋与渔业部应采取积极行动，并和其他联邦政府部门合作，推动包括近海油气、矿产开发、船舶制造等在内的海洋产业可持续发展，并确保海洋运输的有效性和安全性。其次是推动新兴海洋产业、未来海洋产业以及临海开发活动的发展。支持与创新产业部门的合作伙伴计划；支持新型渔业与养殖业开发、环境设备制造以及新兴近海开发服务与供给的能力建设；支持沿海社区经济的多样化，确保其融入更广泛的海洋经济体系；推动国际海洋技术的转移、市场进入与商业化开发；清除海洋产业开发的贸易壁垒。最后是相互合作与协调，支持并促进海洋部门的产业化发展。审核现有的规章制度，确保环境得到有效的保护与规制相互协调；审核产业促进计划，把握海洋发展机遇；对新兴海洋产业进行经济可行性分析；制定海洋产业技术发展路线图，确定重点开发技术；与相关产业部门、各级地方政府合作，确保加拿大的近海油气开发；与相关产业合作，制定并实施海洋可持续开发行为规范。

（3）确保国际领导力。首先是维护国家主权与安全。推动国际合作，预防非法活动并承担国家与国际海洋义务；维护国家海洋主权与安全；建立国家与国际海洋安全网络体系。其次是推动国际海洋管理。在国际论坛，包括世界可持续发展高峰论坛上推动综合管理与预防性管理等主要海洋管理原则的采纳；与周边国家一起建立跨边界的海岸带与海洋生态系统管理安排。最后是分享管理经验，推动相关国际法的实施与执法能力建设。支持并推动联合国咨询过程，建立有效的海洋管理体制；为了海洋资

源与空间的可持续发展，支持发展中国家相关能力建设；在地区与全球层
次上，推动在全球管理系统框架内相互协调的海洋管理方法。

（4）海洋管制。首先是要建立海洋合作与协调机制并成立相关机构；
加强国家与国际层次的制度安排；探索加强与土著居民在海洋管理中的合
作关系安排；成立海洋部长对策委员会及渔业与养殖部长委员会下属的海
洋工作组；在国家和国际层面上，建立健全《海洋法》实施责任制度。
其次是要推动加拿大所有沿海与海域制定综合管理规划。实施《加拿大
河口、海岸带与海洋环境综合管理政策与运行框架》；支持"大海洋管理
区"规划，支持海岸带与流域规划动议。最后是海洋管护与公众意识宣
传。支持国家与地区海洋管护动议，包括国家框架的制定；提高有关海洋
与海洋问题的公众意识；鼓励公众参与，推动公共海洋教育计划。

在国家海洋政策基础上出台的加拿大《海洋行动计划》突出了国家
海洋战略发展的四大重点领域，即国际海洋领导力、海洋主权与安全，推
动海洋可持续发展的海洋综合管理体制，海洋生态系统健康以及海洋科学
与技术发展。其中，国家海洋主权与安全是国家海洋政策与管理的根基，
海洋安全措施属于更广泛的国家安全政策的一部分，是改善海洋管理的基
本内容之一。《海洋法》的实施，使加拿大成为世界上第一个采用海洋综
合管理立法的国家，加拿大《海洋法》成为全球海洋立法的标杆。健康
与高产的海洋生态系统是所有海洋资源开发与管理的基础，但现实是海洋
环境质量及其健康正处在衰退中。要解决海洋生态系统健康问题，管理机
构与科技人员应更多地从生态学角度出发，加强对海洋生态系统的研究与
监测，运用现代科技和管理手段，提高对海洋的认识，实施海洋利用综合
规划，以及建立海洋保护区，以有效地保护海洋资源，防止过度捕捞与海
洋环境衰退。海洋科技发展则主要通过海洋产业技术发展路线图，确定加
拿大海洋技术发展前景，充分利用国家海洋技术革新潜力，支持建立海洋
技术展示平台，以推动加拿大海洋科技的创新与突破。

6. 英国

英国是传统的海洋强国。20 世纪 70 年代，随着北海石油的开发，英
国改组了原有的海洋技术咨询委员会，建立了船舶与海洋技术装备局，在
财政、税收、行政指导等方面推行重点扶持政策，以培育新兴海洋产业。
2002 年，英国政府发布的海洋环境报告《警惕我们的海洋》中明确提出

了"清洁、健康、安全、高产和具有生物多样性的海洋"的远景目标，同时出台了海洋环境保护与可持续发展战略，承诺以基于生态系统的方法来协调保护与开发需求，满足社会经济可持续发展需要。2007年，英国《海洋变化》白皮书发布，明确了英国有关海洋立法管理与海洋开发计划的设想。

英国海洋政策的目标主要包括以下几方面内容：一是保护并增强海域总体环境质量及其自然过程和生物多样性；二是对海洋资源进行可持续利用，保护海洋生态系统，实现环境、社会和经济效益的优化；三是提倡和鼓励具有经济与环境可持续性的自然资源利用方式以确保长期的经济效益与持续就业；四是提高对海洋环境、自然过程、海洋文化遗产以及人类活动影响的认知；五是提高公众意识，理解并尊重海洋环境价值，鼓励公众主动参与新的海洋政策制定。可持续发展是英国海洋政策的核心，其主要原则是在环境承载力范围内，依靠科技进步和科学的管理，实现海洋经济的可持续发展。新出台的英国海洋政策主要包括以下内容：

（1）建立新的海洋管理机构。新海洋管理机构作为一个综合管理机构，将以英国海洋政策宣言为指导，处理包括海洋规划、许可证与实施等在内的各项事务，实施海洋综合管理。由于在英国现有的管理体制中，陆地土地规划主要由地方政府负责，而海域则主要归属中央政府管理，这造成海岸带地区开发活动和资产管理制度的复杂性。因此，需要海陆统筹来改进海岸带地区的管理安排，这就产生了对海岸带进行综合管理的需求。

（2）制定海洋规划。引进一种新的海洋规划体系，提供一种协调海洋空间利用及其交互作用的新型战略方法。未来海洋规划的对象包括人类海洋开发活动及其相关基础设施，包括渔业领域的养殖、人工渔礁；港口与运输；海洋旅游领域的潜水、休闲垂钓、游船等；海洋新兴产业领域的海水淡化、可更新能源、海底采矿、油气勘探与存储等；海洋工程领域的疏浚、钻探、洪水与海岸带侵蚀管理、海上建筑；环境管理领域的碳捕获与存储、点源与非点源污染物排放、海上倾废、污水及废物处理；海岸带管理领域的海岸带土地利用、海洋历史文化遗产保护等。

（3）实施海洋开发许可证制度。计划建立一套更有效和透明的许可证体系，减少商业风险和成本，简化过程，提供更合理的综合方法。计划中的许可证制度不仅应用于捕捞与养殖领域，也包括海上油气开发与海洋可更新能源开发领域。新的海洋法案争取通过简化可更新能源生产设施制造与建设的认证过程，推动英国海洋可更新能源的开发。

（4）推动海洋保护区建设。2008年，建立包括海域在内的65个海洋特别保育区和78个海洋特别保护区；到2012年，将英国近海的海洋保护区数量增加到30个，以加强对欧洲保护区网络计划的贡献。同时提议建立一种新型的，目的在于保全或恢复海洋生态系统功能及特定历史文化遗产的海洋保护区——海洋保全区。

（5）加强海洋渔业管理。通过采取更有效的行动来保全海洋生态系统，实现渔业经济效益及其可持续发展。改进近海渔业管理，采用更积极的休闲渔业管理方法，加强渔业执法力量。

7. 韩国

为了应对21世纪国内外海洋和水产环境的变化，特别是随着海洋经济领域的拓展和竞争的深化以及经济全球化时代的到来，海洋资源利用需求增加，海洋环境与开发矛盾凸显。为此，韩国制定了《21世纪海洋政策》，并于2000年5月作为国家计划正式发布，为韩国的海洋开发提供了基本方向。同年7月，为了贯彻实施韩国《21世纪海洋政策》，韩国政府又出台了《海洋资源中长期实施计划》，提出了以海洋尖端技术为基础，实现海洋资源可持续开发的具体实施计划，具体实施内容包括海洋资源开发基础建设、海外海底矿产资源开发、专属经济区内矿产资源开发、海洋生物资源开发、海洋能源开发、海洋空间利用、极地科学技术和高附加值船舶与海洋装备开发八大领域。

韩国《21世纪海洋政策》提出了创造有生命力的海洋国土、以海洋科技为基础的海洋产业以及海洋资源可持续开发三大基本目标。为了保证上述三大目标的实现，韩国海洋水产部随后提出了七大推进战略，具体内容包括：

（1）创造有活力的、高生产力的和适宜生存的海洋国土。通过海岸带综合管理计划，推进综合、系统的海岸带国土整合。将岛屿按不同类型进行个性化开发，建立基础信息平台。建立海洋管辖权协商战略及基本制度，确立有效的专属经济区管理体制，通过科学系统的海洋调查，实现与200海里时代相适应的海洋主权管理。推进和扩大远洋渔场并开拓海外养殖业，建立全球海运物流网，推动南极及太平洋海洋基地等全球海洋基地建设。

（2）形成清洁与安全的海洋环境。扩大海洋污染源治理基础设施建设，明确管理海域并实施海洋环境改善方案，建立海洋废弃物收集与处理系统，按照环境容量规划废弃物排放海域。制定海洋环境标准及建立综合监测体系，建立科学的海洋环境影响评价体制，强化对有害化学物质的控制及系统管理。通过地区合作，努力实现海洋水质的立体管理，保护海洋生物多样性，恢复海洋生态系统。建立可持续的滩涂保护和利用体制，开发赤潮预警及防治系统。系统分析及应对气候变化对海洋的影响，通过黄海大海洋生态系统研究计划，推进海洋生态系统保护。建立并实施国家海洋事故应急计划，开发油类污染的防除能力及相关技术。建立海洋安全事故有效管理体制，加强港口管制及强化船舶安全，建立海上交通安全综合网，提高船舶人员的安全管理能力，改进海洋污染影响评价及补偿制度。建立气象资料收集及预报体制，完善海洋事故综合预防管理体制。

（3）振兴高附加值的海洋科技产业。支持海洋和水产中小型风险企业的技术开发。通过扶持风险企业创业孵化中心，培育海洋和水产风险企业。开发海洋生物活性物质、海洋生物新品种，促进深层海水养殖业发展。实现尖端深海调查装备及海洋休闲装备国产化，开发未来型高附加值船舶，推进尖端海洋科技产业化。开发利用互联网的海运物流虚拟市场，建立和运营海运港湾综合物流信息网。通过建立海洋和水产综合信息系统，推进海洋和水产信息产业的高附加值化。推进海洋科学研究基础扩建及强化支援体制，建立并实施韩国海洋研究基金计划。建立海洋观测与预报系统以及海洋科学信息网络，在国土前沿推进海洋观测基地建设等，提高创造高附加值产业的科技力量。

（4）创建世界领先的海洋服务业。引入港口管理专业机构，改组港口管理体制，改善劳务供给，实现港口终端运营自动化，推动东北亚海运中心建设，努力提高韩国港口运输业的国际竞争力。建设大型集装箱枢纽港，培育高附加值的港湾物流产业，发展综合物流园。推动具有区域特色的港口建设，开发环境友好型的尖端港湾建设技术，推进东北亚物流中心基地建设。扩建产地、消费流通设施及直接交易基础设施，实现水产品流通信息设施及物流标准化。加强水产品收购及价格稳定职能，成立国际水产品交易中心。确立水产品安全保障管理体制，培育水产品加工产业并开发高质量的水产食品等，推进水产品流通加工业的高附加值产业化发展。确定并培育不同区域的观光城市，建立国立海洋博物馆及地区性海洋科学馆，振兴海洋休闲、体育产业，培育航海观光及海上宾馆发展，形成国际领先的海洋亲水文化空间。

（5）建立渔业可持续发展基础。建立自律性的渔业管理体制，确保有效的资源管理制度。打击非法渔业，全面改造沿岸与近海渔业结构，开发海洋牧场，扩展陆地与海上综合养殖生产基地建设，建立水产资源培育中心。系统推进渔场净化事业，建立科学管理渔场所需的渔业综合信息系统，搞好资源管理与养殖渔业。集中开发各地渔村，推进多功能综合渔港码头开发，推进休闲渔业发展。建立和扩大水产发展基金，推动渔民合作。引入应对海洋灾害与事故的水产保险制度，扩大渔业基础建设，发展充满活力的渔业社区。

（6）海洋矿物、能源、空间资源的商业化开发。通过对太平洋海底和专属经济区海洋矿物资源的开发以及海水淡化技术的应用，推动海洋矿产资源的商业化开发。开发无公害的潮汐、潮流及波浪等清洁能源，开发天然气水合物等新一代能源，推进国内外大陆架油气开发，促进海洋能源实用化。开发超大型的漂浮式海上建筑技术以及水中与海底空间利用技术，推进多元化的海洋空间技术开发。

（7）开展全方位的海洋外交，加强南北韩合作。设立海洋内阁会议，扩大国际海洋合作。积极加入国际组织与相关公约，并加强活动，建立世界贸易组织贸易自由化的反应体系。创设东北亚海洋合作机构，主动展开亚太经合组织海洋环境培训与教育等全球海洋外交。有步骤地扩大南北韩海运港口交流，搞活南北韩水产交流与合作，奠定南北韩海洋科学共同研究基础。制订海洋和水产领域统一应对计划，推进南北韩海洋合作。

8. 俄罗斯

俄罗斯是世界主要的海洋捕捞、海洋运输与海洋军事大国，在国际海洋关系中具有重要地位。俄罗斯海洋政策的目的在于保护国家利益，增强其世界海洋大国的地位，其主要政策目标集中在海上航运、海洋资源的开发与保护、海洋科学研究与海军四大领域。

（1）海上航运领域。支持俄罗斯船队与沿海港口基础设施建设，确保经济独立性与国家安全，减少航运成本，增加国际贸易与国内运输总量。在国有运输公司控制下，为在俄联邦注册的船队可持续发展创造条件，增加俄联邦船公司对外贸易总量和货物运输份额。更新船队结构，降低船龄，监控俄罗斯运输公司的运作，并按照国际标准建造新船。将建造新的船队作为国家优先发展项目，为新船队建设创造条件。更新基本运输船队，包括集装箱和特种货物运输船队，全面保证国家需要，并在必要条件下为海军服务。保持在核动力破冰船建造与开发领域的世界领先地位。根据远洋运输、货运枢纽与货运量现状来开发沿海与港口基础设施，增加俄罗斯港口的市场份额，加强国有运输公司与海港的出口服务，通过运输和物流技术的现代化，开发多种模式的货物运输服务。改进航运安全，保护劳动力资源与环境免受海洋活动的不良影响。

（2）海洋资源开发与保护领域。对海洋生物资源进行专门的研究与监测，优化专属经济区的捕捞结构，增强国家对渔获量的监控，有效地利用捕捞船队，包括建立在现代通信、侦察和信息处理技术基础上的监控体系。在对可捕捞海域生物资源的时空分布进行有效预测的基础上，优化对捕捞船队的管理。维持并增加在其他国家专属经济区内的传统生物资源捕捞量，扩展研究范围，重返世界开放海域渔场，利用资源节约型的现场综合加工技术，以及开发新的技术过程和加工设备，实现无废生产。加快海水养殖业发展，限制俄罗斯水域生物资源利用方式。优先在俄罗斯船坞以及允许俄船队在其水域捕鱼的国家船坞建造渔船，并优先购买为俄罗斯渔船发放捕捞许可证的国家货物与服务以解决其债务问题。建立新船制造与二手船销售国家许可证制度，以维持船舶数量与可捕捞总量之间的最适比例，系统、有效地更新捕捞船队。

推动俄罗斯参与与国际协调过程、国际捕捞规制制定以及海洋环境保护需求相关的国际渔业组织活动，保护俄罗斯在鱼群开发及世界大洋保护中的利益。与沿海其他国家合作，采用更严格的执法措施来保护里海与亚速海脆弱的海洋鱼类及其他生物资源种群。在海洋矿产与能源开发方面，通过对地理环境的监测以及对海床物理环境的探测、制图及采样调查，对俄罗斯大陆架进行系统的地质研究并确定资源储量。加强对世界范围内的矿产与能源的开发，在考虑国防需要的前提下，对海洋化石燃料与矿产资源开发进行监测与调控。对大陆架油气资源进行深入勘探，并将已探明的大陆架矿产资源作为战略储备保持。在国际海底管理局框架内，争取对公海海底资源的开发利用权益，为开发世界深海资源创造条件。开发潮汐发电、沿海风电与波浪、温差、热能、海流以及生物质发电技术，研发深海矿产资源开发新技术，并持续推动特种船舶制造业发展。

（3）海洋科学研究领域。重点推动对大陆架、专属经济区、领海及内海的研究，对生物资源及海洋生态系统动力学的研究，对水温气象学、航行学、水文学、海上搜救与信息技术等支撑俄罗斯船队活动问题的研究，海岸带水域及深海大洋水文气象学的研究，海洋对全球生态系统的影响研究，发生在世界大洋及相关区域自然环境与全球过程的研究，对陆架、海隆、海沟、海山、海裂隙与海床形成的研究，与船舶建造、海洋仪器生产和基础设施开发相关的问题研究，海洋资源开发的经济、政治和法律问题研究，以及减少海域生态系统压力的原理与方法研究。

（4）海军活动实施领域。保证国家边界法律法规及边境管理体制的顺利实施，保护内海、领海、专属经济区和大陆架及其自然资源，协调联邦管理行动，监测外国船只在俄罗斯领海内的活动。通过提升边界管理自信心，与邻国交流非法移民信息，抑制非法武器、爆炸物及毒品交易，并达成双边或多边管理协议。

二 国内海洋经济发展对策

开发利用海洋，实施海洋开发战略是中华民族由陆地文明走向海洋文明，实现振兴的必经之路。适应世界海洋开发潮流，中共中央审时度势，在党的十六大报告中适时提出了实施海洋开发的战略思路，确立了建设海洋强国的战略目标，并以此奠定了我国开发海洋资源、发展蓝色经济的基调。

（一）国家海洋开发政策

1. 海洋产业发展

早在 1996 年发布的《中国海洋 21 世纪议程》白皮书中就指出，21世纪中国海洋开发是以发展海洋经济为中心，实施海陆一体化开发和科教兴海战略，改善和优化海洋产业结构，科学合理地进行产业布局，发展高新技术产业和清洁生产，实现海洋产业的可持续发展。为了进一步促进国家海洋经济发展，推动沿海地区海洋产业布局的优化调整，国务院于2003年印发了《全国海洋经济发展规划纲要》，明确指出了调整海洋产业结构、优化海洋产业布局、扩大海洋经济规模、提升海洋经济效益、提高海洋科技含量、实现海洋经济持续快速发展的目标。

2008年，《国家海洋事业发展规划纲要》明确提出我国海洋资源可持续利用的原则是依法强化海域使用、海岛保护、矿产资源、港口及海上交通、海洋渔业等管理，加大海洋开发利用的执法监察力度，规范海洋开发秩序，使海洋开发利用的规模、强度与海洋资源、环境承载能力相适应，促进海洋的可持续开发利用。明确海洋经济发展要统筹协调，要加强对海洋经济发展的调控、指导和服务，提高海洋经济增长质量，壮大海洋经济规模，优化海洋产业布局，加快海洋经济增长方式转变，发展海洋循环经济，提高海洋经济对国民经济的贡献率。其基本政策内容包括：

（1）海洋经济宏观调控。加强国家对海洋开发利用的宏观调控，将围填海总量控制作为重要手段，纳入国家年度指令性计划管理，严格控制各类园区围填海规模。按照环渤海、长江三角洲、珠江三角洲、海峡西岸和环北部湾区域经济发展战略，统筹协调陆海区域功能定位，进一步构建各具特色的海洋经济区，推动区域海洋产业集群的形成，促进海洋经济与区域经济的协调发展。

（2）海洋经济规划指导。国家总体规划、专项规划、区域规划以及涉海行业规划要加强对相关海洋产业发展的指导。对《全国海洋经济发展规划纲要》开展中期评估，并适时进行滚动式修订，加强对沿海省级海洋经济发展规划实施的指导。在全国主体功能区规划的指导下，根据海洋资源环境承载能力、已有开发密度和发展潜力，在海洋功能区划基础上，对我国管辖海域进行分析评价，明确各类海洋主体功能区的数量、位置、范围，以及每个主体功能区的定位、发展方向、开发时序、管制原则和政策措施等。适时启动重点区域海洋开发规划，指导沿海地区开发活动，实施动态管理。

（3）海洋循环经济培育引导。制定促进海洋循环经济发展的相关政策和措施，建立海洋循环经济评价指标体系。以海洋资源的节约与循环利用为目标，应用和推广循环经济技术，大力发展海洋资源的综合利用产业，形成资源高效循环利用的产业链，发挥产业集聚优势，提高资源利用率。加强海洋生物资源开发，充分利用生物技术，发掘和筛选一批具有重要应用价值的海洋生物资源，开发海水养殖新技术，选育一批海水养殖新品种，建立种苗繁育基地，加速产业化，推动海水养殖业发展。加快海洋生物活性物质分离、提取、纯化技术研究，支持海洋生物医药、海洋生物材料、海洋生物酶等的研究开发和产业化。加快建设海洋能源、海水淡化与综合利用等工程，建立海洋循环经济示范企业和产业园区。在滨海湿地、三角洲和海岛等特殊海洋生态区，发展高效生态经济。

2. 海洋科技开发

2008 年 9 月，在《国家海洋事业发展规划纲要》基础上制定的《全国科技兴海规划纲要》提出了中国海洋科技未来发展的五大重点任务：

（1）加速海洋科技成果转化，促进海洋高新技术产业发展。围绕海洋产业竞争能力和发展潜力，优先推动海洋关键技术成果的深度开发、集成创新和转化应用，包括海洋生物技术、海水综合利用和海水农业技术等。重点推进海洋可再生能源利用技术、深（远）海技术应用转化、海洋监测技术产业化和海洋环境保护技术推广等高新技术转化和产业化。鼓励发展海洋装备技术，包括海洋油气勘探开发装备制造技术、船舶制造新技术开发和转化、海洋装备环境模拟和检验技术开发服务，促进产业升级，培育新兴产业，促进海洋经济从资源依赖型向技术带动型转变。

（2）加快海洋公益技术应用，推进海洋经济发展方式转变。围绕海洋生态环境保护与开发协调发展，重点实施节能减排关键技术转化应用，包括海洋渔业节能减排关键技术、海洋工程和船舶节能减排技术及沿海城市公共性节能排放技术的集成与应用；海洋生态环境保护与修复技术转化，包括生态资源评估技术开发与应用、海洋生态系统保护和修复技术开发与应用；生态化海洋工程技术的集成应用，包括海岸带人工生态景观建设工程技术推广应用、海岛生态工程建设技术开发与应用；基于生态系统的海洋管理等技术集成开发与应用推广，形成海洋管理与生态环境保护技术应用体系，不断提高海洋保护和管理水平。

（3）加快海洋信息产品开发，提高海洋经济保障服务能力。围绕海洋开发的生态环境和生命财产安全，集成海洋监测、信息、预报等技术，形成业务化示范系统。重点开发海洋工程环境服务产品、海洋交通和渔业的环境服务产品、集成开发海洋灾害监测预警产品、优化开发管理决策支持服务产品，开发特定目的的海洋信息服务产品，为海洋工程、海洋交通运输、海洋渔业、海洋旅游、海上搜救、海洋管理等提供各种信息服务系统和产品，推动海洋信息产业发展。

（4）构建科技兴海平台，强化科技兴海能力建设。充分利用国家、部门、地方的涉海科技基础条件平台，结合企业的科技开发基地和试验场，根据科技兴海区域发展目标和科技能力，建设一批成果转化与推广平台、信息服务平台、环境安全保障平台、标准化平台和示范区（基地、园区），形成技术集成度高、带动作用强、国家和地方结合、企业逐步为主体的科技兴海平台和示范区网络。

（5）实施重大示范工程，带动科技兴海全面发展。按照科技兴海的总体目标和海洋产业的发展需求，通过多种投资方式和强化投入，实施海洋生物资源综合利用产业链开发、海水综合利用产业链开发、海水养殖产业体系化、海洋装备制造业技术产业化、海洋监测技术应用、循环经济发展模式、海洋可再生能源利用技术以及海洋典型生态系统修复等科技专项示范工程，带动沿海地区科技兴海工作全面发展，促进海洋经济向又好又快发展方式转变。

（二）地方海洋开发政策

1. 辽宁省

辽宁省提出了由辽东半岛、辽河三角洲和辽西三大海洋经济区组成的全省海洋经济区域布局，按照滨海、近海和远洋梯次开发的原则，进一步优化海洋产业结构。其中，海洋产业开发以长兴岛船舶修造基地建设为突破口，做强做大海洋传统产业，加快培育海洋新兴产业，综合开发沿海滩涂和无居民海岛，不断增强海洋产业的综合优势。以沿海城市为依托，实施海洋经济陆海互动发展，与沿海地区的工业化、城市化以及区域特色经济发展结合起来，加快形成分工明确、结构合理、功能互补的海洋产业新格局。重点打造一批符合资源特点、体现资源优势，具有区域特色，陆海互动发展的海洋产业集群。

（1）海洋渔业与水产加工业。积极推进渔业结构的战略性调整，促进传统渔业向现代渔业转变，实现数量型渔业向质量效益型渔业的转变。加快水产品精深加工能力建设，提高产品档次和附加值。建设水产养殖基地,加快名特优精品养殖。压缩近海捕捞强度,调整远洋渔业在捕捞生产中的比重,大力发展休闲渔业、服务渔业等新型渔业。

(2)滨海旅游业。依托滨海路建设,推进滨海旅游业快速发展,打造具有地域特色的滨海旅游带。要坚持适度超前发展,产品开发和市场开拓并重的方针,提升在海洋产业中的地位,把旅游业培育成为最具活力的产业。以沙滩、海岛等自然景观为基础,突出滨海旅游特色,把滨海地区建设成集休闲度假、会展商务、文体旅游、生态旅游、游船旅游、探险旅游等多功能于一体的滨海旅游区域。

(3)交通运输业。重点建设大连东北亚国际航运中心,通过资源整合、分工协作形成竞争优势,建成结构合理、功能完备、快捷高效的现代化港口体系,把大连港建设成北方枢纽港、集装箱干线港。加快大型化、专业化码头建设,通过港口布局调整,形成以大连港和营口港为主要枢纽港,锦州港和丹东港为地区性主要港口,其他中小港为补充的辽宁沿海港口集群。

(4)船舶修造业。以大连新船重工、大连造船重工、渤海船舶重工、大连中远船务为主体,形成能够承接世界高水平船舶制造和维修的完整体系。

(5)海洋油气业。按照"深化盆地、开发海洋、突破外围、准备新区"的总体方针,继续加大海洋油气勘探开发力度,在开发近海海域海洋油气的同时,向远海挺进,实行保护近海、开发远海的战略。

(6)海洋高新技术产业。实施科技兴海战略,大力发展海洋生物医药、功能食品、海水利用、海洋生物、海洋能源和新材料等高新技术产业,提高海洋开发整体水平和效益。

2. 天津市

天津市将全市沿海地区划分为7个海洋产业区,包括海洋渔业区、海水资源综合利用区、海滨休闲旅游区、海港物流区、滨海中心商务商业区、滨海化工区和临港产业区。按照科学布局、集聚发展的原则,提出了不同的海洋产业发展对策。

(1)港口等基础设施。努力建设成设施先进、功能完善、运行高效、文明环保的现代化国际深水大港,成为面向东北亚、辐射中西亚的集装箱枢纽港,中国北方最大的散货主干港,形成现代化信息管理系统和符合国际惯例的国际贸易与航运服务体系。

（2）海洋交通运输和物流业。发挥区位、产业优势，依托深水航道和码头，大力发展海洋交通运输和国际物流业，吸引更多的国际著名企业落户，形成航线众多、航班密集、市场活跃、信息畅通、服务优良的中国北方国际航运中心和国际物流中心。

（3）海洋工业。以乙烯炼化一体化建设、渤海化工园建设及天津碱厂搬迁改造、新港船厂异地新建等重大项目为突破口，调整产业布局，延伸产业链，提高产业集中度。以海水淡化与综合利用、海洋工程、海洋生物技术与制药等高新技术产业为重点，搞好科技攻关，推进产业化进程，加快海洋高新技术产业发展，共同打造技术先进、联系紧密、结构合理的海洋工业体系。

（4）滨海旅游业。以京津大城市为依托，与海河旅游开发相呼应，整合自然生态、历史文化和海洋等旅游资源，形成沿京津发展轴和海岸带相互衔接交汇，集绿色走廊、人文景观、生态组团、海洋文化、亲海娱乐于一体的区域性滨海旅游中心，努力成为国际旅游的目的地。

（5）海洋渔业。加大渔业结构调整力度和产业化发展步伐，提高整体素质和综合生产能力，初步形成健康高效的养殖业、先进发达的捕捞业、精深的加工业、繁荣的水产品商贸业、新兴的休闲渔业相结合的现代渔业体系。

3. 河北省

河北省将沿海划分为以滨海旅游和加工业为主导的秦皇岛经济区、以临港重化工为主导的唐山经济区和以滨海化工业为主导的沧州经济区三大沿海经济区，并提出了曹妃甸钢铁基地、唐山临港重化工基地、沧州化工基地和秦皇岛综合性临港工业基地建设等重点工程项目，力争在大型港口建设和重要临港工业基地建设等方面取得突破，带动沿海地区乃至全省经济的发展。

海洋产业发展以港口及临港产业大基地、大项目建设为重点，大力发展重化工业、电力工业、机电设备制造业；以重大工程建设为龙头，通过科技进步，调整、改造、提升传统海洋产业，加快发展旅游服务业，壮大海洋油气业、海洋服务业和海水直接利用业等新兴产业，加快进行海洋药物、海洋能的开发试验，逐步形成具有河北特色的海洋产业体系。

（1）港口及海洋运输业。在巩固全国煤炭运输主通道的基础上，加快原油、铁矿石、集装箱等大型专业化泊位的开发建设，提高港口设施的现代化水平。

（2）海盐与盐化工业。加快盐田内部改造，鼓励盐业生产与海水淡化相结合，发展深加工产品，提高精制盐和低钠盐比例，积极利用苦卤提钾提溴，提高资源利用率和行业综合效益。

（3）能源工业。充分利用河北三大煤炭输出港和海水冷却的有利条件，大力发展火力发电，加快沧东电厂、大唐王滩电厂、秦皇岛电厂三期工程和沿海电网建设，积极推进沿海风力发电工程建设，使河北沿海成为重要的能源基地。

（4）修造船业。依托山海关造船厂，积极创造条件谋划建设 30 万吨船坞，构建大中型船舶修理制造生产基地。

（5）海洋渔业。按照"限近促远，以养补捕"的战略思路，以优质高效为目标，加快发展现代渔业，调整优化海洋渔业结构。

（6）水产品加工。发挥海洋渔业资源优势，研究开发鱼油、鱼子酱等保健食品和出口创汇食品，搞好海产品的精深加工。

（7）滨海旅游业。突出海洋生态和海洋文化特色，海陆结合，大力发展秦皇岛、唐山滨海旅游度假项目，不断提高档次，进行结构升级。

（8）新兴海洋产业。实施资源整合，开展海洋生物、海水利用、抗盐耐海水植物栽培等新兴海洋产业技术研究。在滨海地区的火电、化工等行业，进一步推广海水冷却、淡化技术，并逐步扩展到生产过程的洗涤、化盐、印染等领域，积极探索海水农业灌溉。在沿海大中城市、港口、临港工业区建设大型海水淡化工厂，鼓励海水淡化与卤水制盐相结合，形成复合型产业链，提高海水利用综合效益。

4. 江苏省

江苏省海洋经济发展总体思路是充分发挥长三角北翼和新亚欧大陆桥东桥头堡优势，江海联动，陆海并举。实施"以港兴区"战略，突出港口开发，加快临海工业发展。为此，江苏省海洋经济发展将按照"一带三圈八区"的空间布局，巩固提高传统的海洋渔业和农林牧业，加快发展海洋食品加工、海洋医药，突破现代石油化工，稳步发展能源工业、修造船业和造纸工业，优化调整海洋盐业发展结构和盐化工，大力发展海洋运输、贸易、仓储、信息咨询和滨海旅游等第三产业。

（1）海洋渔业和滩涂农林牧业。充分利用吕泗渔场的资源和空间优势，加大资源保护力度，大力调整海洋渔业结构，稳定海洋捕捞业，大力发展海水养殖业。海洋捕捞要进一步落实"转产转业"政策，妥善分流安置好转产渔民。改进海洋捕捞作业方式，积极发展远洋渔业，同时加大对近岸海域海洋渔业资源的增殖放流力度。海水养殖业通过进一步巩固提高潮上带养殖、大力发展潮间带养殖、重点突破浅海养殖，扩大养殖规模。加快沿海农业现代化示范区建设，建立比较完善的林业生态体系，加强沿海防护林带建设，因地制宜发展滩涂种草养畜。

（2）海洋食品加工与海洋医药。海产品加工业要向保鲜、保活、精深加工方向发展，努力提高鲜活水产品在捕养产品中的比重，全面提高产品档次和竞争力。充分利用沿海地区农产品和海洋资源丰富的优势，推行质量认证、绿色认证和标准化生产，加大新品开发力度，大力发展方便食品、休闲食品、海洋功能食品、绿色食品和保健食品。进一步开拓老年病药物等新领域，加快现有医药产品结构的调整，广泛应用高新技术，开发抗衰、降脂、防癌、抗心血管疾病、抗病毒性疾病的新药，逐步形成海洋医药生产基地。

（3）现代石油化工。在开发港口的基础上，积极利用当地海洋油气资源和进口石油、液化天然气原料，在港口附近大力发展石油化工，通过产业链延伸和新产品开发，迅速形成规模。重点发展石油化工下游延伸产品，以乙烯、丙酮及乙烯衍生制品为龙头，着重开发聚乙烯、聚氯乙烯等产品。

（4）修造船业和机械制造。修造船业要加快南通港沿江船舶基地建设，增加30万吨级造船、修船大坞，扩大造、修大型远洋船舶能力，而沿海则发展中小吨位的渔船修造。研究开发船用海水制冰、工厂化养殖自动控制监测等新型智能化仪器设备，逐步形成规模。

（5）海盐及盐化工业和海水利用。进一步优化结构，提高水平，保持盐业生产的持续、健康、稳定发展。通过合资、合作、招商等多种方式扩大盐化工生产，创造条件在沿海地区兴办几个具备当代先进技术水准的大型盐化工企业，重点加快盐卤化工的发展，提高产量。海水利用重点发展工业冷却水、冲厕等生活用水、海水制盐和提取化学物质、海水淡化以及海水灌溉。

（6）海洋服务业。加大滨海旅游资源开发和旅游设施建设力度，强化特色，提升品位。加快调整旅游产品结构，大力发展度假休闲、体育健身、生态旅游和产业旅游，实现由传统的观光旅游为主的单一结构向多元化结构转变，并挖掘海洋文化内涵，提高旅游的文化品位。海洋运输业要充分发挥连云港新亚欧大陆桥头堡的优势，积极争取为中亚、陇海沿线及西北地区对日本、韩国、欧洲内陆地区和美国贸易服务，将近海运输与远洋运输结合起来。海产品贸易要在主要渔区和主要集散地培育和建设一批跨区域、现代化的海产品专业市场。信息咨询业要大力发展信息咨询、科技情报、技术服务、科技推广与交流等中介服务组织，为企业和渔农民提供多方面的咨询服务。

5. 上海市

上海市以国际航运中心、国际船舶研发制造基地和中国海洋工程技术装备研发制造基地为海洋经济发展战略定位，提出了上海市海洋经济发展的重点任务。

优先发展海洋高科技产业。海洋工程要增强海洋工程装备制造能力，发挥现有造船企业的能力，吸引各类投资主体，重点开发海洋钻井平台、工程船舶、海上浮式生产储油轮、水上承载装置、全集成生产钻井储存平台等，形成海洋石油采、储、运成套装备的制造能力，提高海洋石油工程设备国产化水平。依托高校和科研机构，研制大深度潜水器、深海潜网设备等海洋潜水和海底工程设备。优化海洋工程装备产业布局，形成北部以长兴岛为依托、南部以临港新城为依托的海洋工程装备产业集聚区。实施海洋工程，重点建设钻井平台、采油设备等海洋石油工程项目，深海拖曳式观察系统等海底施工项目，形成承接国际大中型海洋工程建设项目的能力。

增强海洋生物医药产业研发能力，建立海洋药物重点实验室和海洋生物资源中心、样品库，开展大规模的生物活性筛选以寻找和发现新药或新药先导化合物，解决海洋生物药源以及生物资源的可再生性利用问题，加强医用海洋动植物的培育。重点研究开发一批具有自主知识产权的海洋药物，综合开发利用海藻保健品和活性物质。

培育扶持新兴海洋产业，着力发展崇明三岛生态旅游度假区、浦东华夏文化旅游区、南汇滨海度假旅游区、杭州湾北岸旅游区等滨海旅游区，打造各具特色的旅游功能区。建设"三岛"和"三区"海洋风力发电基地，并积极推进东海大桥海上风力发电场的建设。开展海洋风力发电的技术研发，研究制定海上风力发电场建设施工技术规范，并加强对潮汐能等海洋新型能源的研究。

推进电子、计算机网络、导航定位和制图、遥感遥测等技术在海洋经济发展中的研发应用和推广。加快海洋资源与环境、海洋经济和统计、海洋文献档案、海洋科技等相关信息资源的开发利用；建立完善海洋信息服务体系，培育和发展海洋信息服务市场，加快推进面向防灾减灾、环境保护、国防建设和科技教育等领域的公益性信息服务，推动面向海洋开发、海洋工程的商业信息服务，不断丰富信息服务手段和服务内容，提升信息服务水平和质量，促进海洋信息服务业的发展壮大。

调整提高传统海洋产业，科学建设港口基础设施，调整新老港区功能和布局，统筹规划港口集疏运体系，衔接和协调多种运输方式，形成顺畅通达的港口集疏运网络。发展海洋交通运输服务业，不断完善上海电子口岸信息服务功能，优化上海国际航运中心软环境。完善临港新城海关、海事、检验检疫、仲裁、公证等口岸服务功能，建成海洋山港海运业务招投标平台、航运业资信评估平台。

提高船舶自主设计创新能力，对豪华游轮建造进行跟踪和预研，重点突破大型海洋石油工程装备和液化天然气船等高技术、高附加值船舶的关键技术。建设长兴岛船舶和港机制造业基地、外高桥造船基地二期及临港基地等重点修造船基地。积极引进海洋装备重大项目，扩大现有重点生产企业规模，加快推进现代船舶、港机制造产业的配套产业园区建设。积极吸引国际知名品牌游艇制造企业，发展中高档游艇制造业。大力发展游艇产业，拓展和延伸游艇产业链，构建集生产、服务、经营于一体的游艇产业集群。

海洋渔业要有重点地发展多品种水产养殖业，在保护海域环境的同时，提高养殖技术。发展海洋水产品精深加工，提高海洋产业的附加值。调整郊区渔业结构，积极实施"走出去"战略，发展远洋渔业，建设远洋渔业基地，培育远洋渔业新的经济增长点。积极发展渔港经济，进一步提高渔港综合服务功能。继续控制近海捕捞强度，提高渔船安全性能和水平，发展海洋水产品精深加工，提高海洋渔业的附加值。

加强海洋生态环境建设，实施以海定陆污染控制原则，开展海域环境现状和污染物入海总量调查，强化海岸带和近岸海域建设项目环境影响评价制度，严格控制新增污染负荷，制订污染物入海总量控制计划。推进海洋环境监测体系建设，构筑由海洋、环保、海事、渔政、水务、海军等部门和单位组成的海洋环境监测监视网，实现统一监测与行业监测相结合，并加强与长三角地区在海洋生态环境建设和污染治理方面的合作。

加大海洋自然保护区管护设施的建设力度，加强对保护区海洋环境和生态系统的保护和有效监控。加强海洋生物资源养护，严格保护水产种质资源主要生长繁育区域。加大资源增殖放流的力度，不断扩大增殖品种、数量和范围。在长江口、杭州湾北岸建设海洋生态功能修复示范区、海洋生态特别保护区，保护海洋生物多样性。

统筹兼顾湿地保护、土地资源、水源地建设等对滩涂的综合需要，加快促淤，对滩涂进行有效保护和适度开发。开展滩涂生态状况调查，建设生态功能修复工程，加强对滩涂分级保护。保护长江口、杭州湾北岸滨海湿地和岛屿湿地等重要滩涂的生态环境，积极改善已退化的湿地生态系统。

6. 浙江省

为加快海洋经济发展，推动海洋经济强省建设的实施，浙江省委、省政府于 2003 年召开了第三次海洋经济工作会议，出台了《关于建设海洋经济强省的若干意见》，正式确立了"海洋经济强省"发展战略。2004年，又制定了《浙江海洋经济强省建设规划纲要》，提出了未来浙江省海洋产业发展的方向。

（1）港口海运业。加快形成以宁波—舟山深水港为枢纽，以温州、嘉兴和台州港为骨干，各类中小港口相配套的沿海港口体系和现代物流系统，为充分利用国际、国内两个市场和两种资源，加快全省和长江三角洲地区经济发展服务。进一步完善铁路、公路、内河航道、航空等连接港口和腹地的集疏运系统，加快改造、更新港口和船舶技术装备，提高港口海运业综合服务和整体管理水平。

（2）临港工业。重点抓好石化、能源、钢铁和船舶修造业的发展规划，推动石油化工基地、能源工业基地、钢铁工业基地和船舶工业基地建设，为浙江先进制造业基地建设和环杭州湾地区、温—台沿海产业带发展奠定基础。

（3）海洋渔业。重点实施百万亩标准养殖塘建设工程，培育建设优势养殖品种产业带。推广先进养殖技术与设施，加强选择育种、遗传育种研究，建设一批海上高新养殖示范区，促进传统养殖业升级。主攻水产品精深加工，建设若干海水产品精深加工、出口基地，以加工业拉动和提升养殖业，增强国内外市场竞争力。配合国家大洋性远洋渔业项目建设，大力拓展远洋渔业。继续采取扶持政策，建设一批高标准、配套设施完善的中心渔港和渔港经济特色区块。积极培育休闲渔业，拓宽捕捞渔民转产转业渠道。

（4）滨海旅游业。着力抓好旅游资源的整合、旅游功能的拓展和旅游网络的完善，逐步形成"一核、一带、多板块"的海洋旅游新格局。建设以舟山本岛为依托，以普陀山、朱家尖、沈家门"金三角"为核心，以"海山佛国、海岛风光、海港渔都"为特色的舟山海洋旅游基地。重视杭州湾大通道、甬台温第二公路通道沿线的滨海旅游资源开发和环境保护。

（5）海洋新兴产业。加强海洋生物医药、海洋功能食品、海洋化工和工程材料、海洋环保技术及设备等新兴领域的深度研发和成果转换，努力开发一批具有自主知识产权的核心产品，集中培育一批具有高成长性的海洋产业。大力开展海水淡化技术和设备的开发研制，推进海水淡化产业化步伐，缓解沿海和海岛水资源短缺矛盾。调整海盐及盐化工业结构，巩固提高海洋化学资源综合开发利用水平。积极参与东海油气资源的勘探开发，及开发风能、太阳能、潮汐能、生物能等可再生能源。

7. 福建省

福建省以全国重要的临港制造业基地、全国高水平的海水养殖加工基地、全国独具特色的滨海旅游基地、全国有重大影响的海洋科技创新与教育基地和海峡西岸海洋经济合作的示范基地五大基地作为基本定位，以海洋经济强省建设为目标，立足闽东、闽江口、湄洲湾—泉州湾、厦门—漳州四大海洋经济集聚区建设，重点发展下列海洋产业领域：

（1）港口物流业。适应外向型经济大进大出和煤炭、石油、矿石等重要物资进出的需要，按照规模化、大型化、集装箱化和信息化的要求，推进重要港湾的实质性整合，加快建设海峡西岸港口群，拓展港口经济腹地，培育和发展现代港口物流园区，积极参与全国大型港口运输、中转的布局分工，构建海峡西岸航运新格局。

（2）临港工业。充分利用优越的港口条件，积极把握我国冶金、能源等大型重化工业项目布局向沿海地区调整转移的机遇，依托各类工业园区、经济技术开发区和台商投资区等，大力发展石化、冶金、能源、汽车、浆纸及木材加工等临港工业；突出港口、临港工业园区和城市相互融合发展，打造若干具有较强竞争力的临港工业基地，为海峡西岸先进制造业基地建设奠定基础。

（3）海洋渔业。以渔业增效、渔民增收和渔业可持续发展为目标，加快渔业增长方式转变，深化渔业结构调整，扎实推进现代渔业建设，做大做强海水养殖业、海水产品加工业、远洋渔业和休闲渔业，提高水产品质量安全，扩大水产品出口，加强水产资源和渔业生态环境保护，促进渔区社会和谐发展。

（4）滨海旅游业。突出海洋生态和海洋文化特色，以厦门、福州和泉州为中心，实施旅游精品战略，提升滨海休闲度假、滨海文化体验、滨海生态观光三大主导旅游功能，建成我国重要的滨海旅游目的地和具有鲜明地方特色的蓝色滨海旅游带。

（5）船舶修造业。着力调整优化产业结构，壮大龙头企业，提高修造船技术水平，建设发展高附加值、高技术含量的出口船舶、游艇和各种大中型船舶修造，带动形成船用机械、机电设备等配套产业链，打造现代船舶修造业，使船工工业成为我省有特色、有实力的重要海洋产业。

（6）海洋新兴产业。积极利用高新技术改造传统海洋产业，重点发展海洋生物制药、海洋风力发电、海水综合利用等新兴产业，扶持骨干企业和拳头产品的发展，积极培育壮大新的产业优势。

8. 广东省

广东省以海洋强省建设为目标，依托珠三角、粤东和粤西三大海洋经济区建设，提出了以下海洋产业发展思路：

（1）主导产业。全面推进渔业结构的战略性调整，构建养殖、捕捞、加工和休闲渔业等结构合理的产业体系。大力推动养殖业健康发展，加大力度培育区域性主导产品，建设一批无公害养殖基地和水产品出口原料基地，形成优势水产品产业带；科学发展海洋捕捞业，加快调整捕捞业生产结构，鼓励渔民转产转业，减轻近海渔业资源压力；推动水产加工业高效发展，重点发展水产品精深加工业，提高加工增值水平，挖掘海洋渔业资源精深加工潜力，大力发展合成产品、海洋医药、功能保健产品和美容产品等，不断提高产品质量和品位；稳步推进休闲渔业发展，规划建设一批有特色、有规模的休闲渔业基地，并结合人工渔礁建设，积极发展海上游钓业。

海洋电力要优化发展火电，大力发展核电，适当发展天然气电，积极发展风电，努力实现全省能源、经济、环境协调发展；海洋油气业要积极发展油气开发产业，提高油气资源储备和加工能力，逐步形成油气资源综合利用产业群；海洋船舶制造业要提高船舶工业的产业地位，重点建设珠三角造船基地，以具备国际竞争力的产品为龙头，形成总装、配套、加工与合作的产业链，培育造船、修船、海上平台、钢结构和船舶配套等产业群，重点发展超大型油船、液化天然气船、液化石油气船和大型滚装船等高技术、高附加值的船舶产品和海洋钻井平台、移动式多功能修井平台、大型工程船和浮式生产储油船等海洋工程装备；海洋交通运输业要加强以沿海主枢纽港为重点的集装箱运输系统和能源运输系统建设，提高专业化运输水平，重点发展广州、深圳、珠海、汕头和湛江5个市的主枢纽港以及惠州、茂名等市的重要港口，加快发展沿海中小港口；滨海旅游业要发挥优势，整合资源，提高旅游业整体质量和效益，突出海洋生态和海洋文化特色，重点发展滨海度假旅游产品，建设具有国际水平以及广东特色的滨海度假旅游示范基地。

（2）新兴产业。抓好新兴产业的研发和技术储备工作，开发一批具有自主知识产权的核心产品，扶持做强骨干企业，为产业发展营造良好环境，为全省海洋经济发展增强后劲。海水综合利用业要制定鼓励和扶持海水综合利用业发展的政策，初步建立海水综合利用的政策法规体系、技术服务体系和监督管理体系，营造产业发展和基础研究的良好环境；建设较大规模的海水淡化和海水直接利用产业化示范工程，在深圳、湛江等地创建国家级海水综合利用产业化基地。海洋生物制药业要重点发展海洋生物活性物质筛选技术，重视海洋微生物资源的研究开发，加强医用海洋动植物的养殖和栽培；利用海洋生物资源，重点开发具有自主知识产权的抗肿瘤药物、抗心脑血管疾病药物以及抗菌和抗病毒药物，努力开发技术含量高、市场容量大、经济效益好的海洋中成药，积极开发农用海洋生物制品、工业海洋生物制品和海洋保健品。海洋化工业要加强海洋化工系列产品的开发和精深加工技术的研究，推进产品的综合利用和技术革新，拓宽应用领域；加强盐场保护区建设，扶持海洋化工业发展；加快苦卤化工技术改造，发展提取钾、溴、镁、锂及其深加工的高附加值海水化学资源利用技术，扩大化工生产，提高海水化学资源开发和利用水平。

（3）战略产业。积极培育海洋环保、海洋新能源等战略产业，加大政策扶持力度和资金投入，支持海洋环保、海洋新能源等领域的创新开发和重大产业化项目，创造良好的产业发展环境，成为海洋经济发展的新亮点。

9. 海南省

海南省按照海陆统筹的原则，将全省划分为以海口、洋浦—东方、三亚和琼海为中心的四个海洋经济区，着重培育和打造一批具有资源优势和区域特色的、海陆联动的产业集群。

（1）海洋油气业。利用国家勘探开发南海油气资源的机遇，积极发展油气勘探开发支持产业，提高油气资源储备和加工利用能力，逐步形成油气资源综合利用产业群。

（2）海洋水产业。以调整结构、扩大规模为主线，实施渔业产业化、发展特色精品、科教兴渔和可持续发展四大战略，实现海洋捕捞由近海向远海转移、水产养殖由内陆港湾向近海转移、水产品加工由初级加工向精深加工方向转移，使海洋水产业由"数量型"转变为"质量效益型"，保证海洋水产业可持续发展，逐步实现渔业现代化。

（3）海洋旅游业。以度假休闲旅游为主导，优化旅游资源配置，建设滨海和海岛旅游区，实施名牌产品和特色产品战略，提高旅游业整体质量和效益。整合旅游资源，完善度假休闲需要的基础设施，发展度假休闲产品，实现由观光型向度假、观光复合型和度假休闲型发展。适应滨海度假休闲、高尔夫度假休闲、温泉度假休闲、保健康复度假休闲旅游的需要，开发各种相关旅游产品。完善推动专项旅游需要的协调机构，建设高档酒店和功能齐全的通信设施，开辟专项旅游航线，培养专项旅游人才，发展会展、游轮、水上运动、海洋科普和探险考察等专项旅游，带动旅游业全面发展。

（4）海洋交通运输业。建设布局合理的港口体系，合理利用港口岸线，逐步把海口港建设成主枢纽港，把洋浦港、八所港、三亚港、清澜港建设成地区重要港口，积极扶持龙湾港的开发建设，同时发展地方中小港，形成布局均衡的港口体。发展海洋运输业，调整船舶结构，改善船舶技术状况，建造一批新型船舶，提高运输能力。在海口、三亚发展国内和国际游轮旅客运输，其中国际航线重点发展豪华游轮运输。发展海口和洋浦港支线集装箱运输，争取逐步使海口港成为集装箱干线港，洋浦港成为支线港。

（5）其他海洋产业。坚持以盐为主、多种经营的方针，以及以销定产、产销平衡原则，稳定原盐生产，发展盐田养殖、盐产品加工业，保持海盐业稳步协调发展；滨海砂矿业要加强资源勘探，发展采矿和选矿，深化加工业，提高市场竞争力和经济效益；海洋医药业要利用热带海洋药用生物资源丰富的优势，通过外引内联，利用大都市的资本、技术和人才优势，培育海洋医药企业，发展海洋医药产业。此外，大力发展螺旋藻、隐杆藻等盐藻种植业，并积极发展螺旋藻深加工、盐藻胡萝卜素提取等盐藻产业。重视引进成熟的海水直接利用技术和经验，建设海水水厂，发展城市和重化工业冷却、净化、冲洗用水事业。引进新型低成本海水淡化技术装备，在本岛和西沙群岛等缺水海岛发展海水淡化产业。风力发电业采取外引内联等多种方式，积极扩大风力发电规模，形成大规模的风力发电区。

三　临海经济区发展政策

（一）概念提出

一般而言，蓝色经济指包括海洋经济、临海经济和涉海经济在内的多种经济类群。其中，海洋经济是从海洋资源与空间利用的角度出发，是指开发、利用和保护海洋的各类产业活动的总和，而临海经济和涉海经济则是分别从区域经济和产业经济的角度出发来界定和划分的相关产业活动总称，即临海经济为临海地区的经济总称，而涉海经济则是与海洋开发、利用和保护活动相关的各类产业活动的总和。因此，海洋经济、临海经济和涉海经济是既相互关联又相互包容的三类蓝色经济集合。基于上述蓝色经济类群划分，蓝色经济区可分为海洋经济区、临海经济区及涉海经济区等不同经济区类型，其中海洋经济区主要以海洋资源的开发、利用与保护为主，产业组成相对单一，结构相对简单，主要以海洋渔业区、海洋油气开发区、海上运输贸易区、海洋能源开发区、海上旅游区等单一产业开发区的形式出现；临海经济区主要以沿海行政区划为载体，区域范围相对较大，产业组成与结构相对复杂，是以海洋资源开发为特色，海洋产业为先导，临海产业为主体，以海带陆、以陆促海、海陆统筹发展的经济功能区；而涉海经济区则主要以沿海地区的经济园区或产业园区为载体，区域范围相对较小，主要以涉海产业或海洋产业为特色，以现代装备制造业、石油化工、现代物流产业以及高技术产业发展为主体，产业集聚发展的经济区。从上述分类体系来看，临海经济区为宏观经济功能区概念，而海洋经济区和涉海经济区则为中、微观经济区概念，且海洋经济区和涉海经济区多位于沿海行政区划范围内，因此这两类经济区在某种意义上又可纳入临海经济区范畴，共同构成临海经济区的概念外延。

临海经济区属于资源、产业与经济区"三位一体"的综合集成概念，其发展建立在海洋资源的可持续利用、传统海洋产业及临海产业的稳步发展、新兴战略优势产业的培育与壮大基础上，同时也离不开临海城市群、沿海经济开发区及产业集聚区的强力支撑。此外，社会文化氛围、基础设施及政策法规等保障平台建设对于临海经济区发展也具有重要作用。而蓝色经济区作为一种特定的临海经济区概念，可以界定为以海洋资源开发为基础、海洋产业为先导、海洋经济为特色的临海经济区。和传统的临海经济区相比，除了依托港口和临海空间优势，大力发展外向型临海产业外，蓝色经济区更注重海洋资源的开发和海洋优势产业的培育，也更重视海洋环境的保护和海陆统筹的海洋管理理念，是代表未来沿海经济发展趋势的一类新型临海经济功能区。

自改革开放以来，我国沿海地区已先后崛起了"三大五小"八个临海经济区。其中，珠三角、长三角和京津冀三大经济区尽管海洋经济比重不大，但港口拉动和外向型经济带动作用明显，可称为广义的临海经济区；广西北部湾经济区、福建海峡西岸经济区、江苏沿海经济区、天津滨海新区和辽宁沿海经济带五小经济区则具有鲜明的海洋特征，都是以临海产业为主体，以海洋产业为特色的沿海开放型经济区，可称为狭义的临海经济区。目前，"三大"临海经济区开发已初具规模，成为拉动我国经济高速发展的三大增长极，而"五小"临海经济区也都通过中央批准，成为国家级的临海经济开发区，其区域经济发展及产业结构提升步伐明显加快，是未来保障我国东南沿海地区经济稳步增长与协调发展，开拓蓝色文明的重要支撑，有很多经验和教训值得吸收借鉴。

（二）政策借鉴

1. 广西北部湾经济区

广西北部湾经济区位于我国西南沿海，地处华南经济圈、西南经济圈和东盟经济圈的结合部，由南宁、北海、钦州和防城港四市组成，是我国西部大开发地区唯一的沿海地区，也是我国与东盟国家的主要海上通道，区位优势明显，战略地位突出。

（1）功能定位。北部湾经济区发展将立足北部湾、服务"三南"、沟通东中西、面向东南亚，充分发挥连接多区域的重要通道、交流桥梁和合作平台作用，以开放合作促开发建设，努力建成中国—东盟开放合作的物流基地、商贸基地、加工制造基地和信息交流中心，成为带动、支撑西部大开发的战略高地和开放度高、辐射力强、经济繁荣、社会和谐、生态良好的重要国际区域经济合作区。

（2）战略重点。一是优化国土开发，形成开放合作的空间优势。优化空间布局，密切区域合作，强化城市间功能分工，保护生态环境，打造整体协调、生态友好的可持续发展空间结构。

二是完善产业布局，形成开放合作的产业优势。充分利用两个市场、两种资源，优化投资环境，以市场为导向，发挥比较优势，大力发展高起点、高水平的沿海工业、高技术产业和现代服务业，承接产业转移，形成特色鲜明、竞争力强的产业结构。

三是提升国际大通道能力，构建开放合作的支撑体系。加快建设现代化沿海港口群，打造泛北部湾海上通道和港口物流中心，构筑出海、出边、出省的高等级公路网、大运力铁路网和大密度航空网，形成高效、便捷、安全、畅通的现代综合交通网络。

四是深化国际国内合作，拓展开放合作的新空间。积极参与中国—东盟自由贸易区建设，打造开放合作的新平台，进一步提升中国—东盟博览会的影响力和凝聚力；大力推进泛北部湾经济合作，继续参与大湄公河次区域合作，推动南宁—新加坡通道经济带建设，形成中国—东盟"一轴两翼"区域经济合作新格局；深化国内区域合作，加强与珠江三角洲地区的联系互动，发挥沟通东中西的作用。

五是加强社会建设，营造开放合作的和谐环境。大力发展教育卫生、劳动就业、文化体育、广播电视、社会保障等各项社会事业，加强基本公共服务体系建设，维护社会稳定，促进社会和谐。

六是着力推进改革，创新开放合作的体制机制。加快建立行政区和经济区在促进经济发展方面有机结合的体制机制，加大企业改革力度，建立生态补偿机制，深化土地管理、投融资、劳动就业等方面的体制改革，加快建立统一、开放、竞争、有序的现代市场体系。

（3）空间布局。依据区域总体功能定位和资源环境承载能力、开发密度和发展潜力，将北部湾经济区划分为城市、农村和生态三类地区。根据上述三类地区的空间组成和海岸线分区，规划建设五大功能组团：

一是南宁组团。主要包括南宁市区及周边重点开发区，发挥首府中心城市作用，重点发展高技术产业、加工制造业、商贸业和金融、会展、物流等现代服务业，建设保税物流中心，成为面向中国与东盟合作的区域性国际城市、综合交通枢纽和信息交流中心。

二是钦州—防城港组团。主要包括钦州、防城港市区和临海工业区及沿海相关地区，发挥深水大港优势，建设保税港区，发展临海重化工业和港口物流，成为利用两个市场、两种资源的加工制造基地和物流基地。

三是北海组团。主要包括北海市区、合浦县城区及周边重点开发区，发挥亚热带滨海旅游资源优势，开发滨海旅游和跨国旅游业，重点发展电子信息、生物制药、海洋开发等高技术产业和出口加工业，拓展出口加工区保税物流功能，保护良好生态环境，成为人居环境优美舒适的海滨城市。

四是铁山港（龙潭）组团。主要包括北海市铁山港区、玉林市龙潭镇，充分发挥深水岸线和紧靠广东的区位优势，重点建设铁山港大能力泊位和深水航道，承接产业转移，发展临港型产业，建设海峡两岸（玉林）农业合作试验区。

五是东兴（凭祥）组团。主要包括防城港东兴市、崇左凭祥市城区和边境经济合作区及周边重点开发区，发挥通向东盟陆海大通道的门户作用，发展边境出口加工、商贸物流和边境旅游，拓展凭祥经济技术合作区功能，建立凭祥边境综合保税区。

（4）重点产业发展。发挥区位优势，加强引导扶持，承接产业转移，加快发展现代产业体系，推动产业优化升级，大力推进信息化和工业化融合，加快发展现代农业，提高服务业现代化水平，加速科技成果转化，不断提高自主创新能力、节能环保水平和市场竞争力。

石油化工：利用较好的港口条件和南海丰富的油气资源，建设钦州大型炼油基地，发展原油加工等石化产业。力争"十二五"建设石化产业链后续工程，形成沿海石化产业集群。依托南宁化学工业基础，建设南宁精细化工基地。

造纸业：利用适宜种植速生林的优势，建设钦州、铁山港大型林浆纸基地，生产高中档造纸系列产品，发展林浆纸一体化产业，形成沿海林浆纸一体化产业群。积极发展木材综合加工。

冶金业：按照国家钢铁产业政策要求，充分发挥沿海优势，实施产品结构调整，积极推进钢铁企业联合重组，加快淘汰落后钢铁产能，提高产品附加值。发挥广西铝资源丰富的优势，发展技术含量高、市场竞争力强的铝加工项目，建设南宁铝深加工产业，开发满足交通运输、航空、包装等领域发展需要的精深铝板带箔材等产品。

高技术产业：重点培育发展电子信息、生物工程、新材料、现代中药、节能环保等高技术产业，积极发展软件开发、新型电子元器件、生物基材料和稀土等高性能材料、生物质能源、节能环保材料及产品。提升南宁、北海高新技术产业园区的创新能力和孵化能力，建设南宁生物质产业基地。

海洋产业：发挥海洋资源优势，促进海洋科技成果产业化，大力培育发展海产品深加工、海洋生物制药、海洋化工等海洋产业，加强海洋油气等矿产资源勘察与开发。积极推广生态养殖，严格控制近海捕捞强度。合理开发北部湾渔业资源，完善渔政渔港设施建设，积极稳妥发展远洋渔业。

港口物流业：依托区位优势和深水良港优势，大力发展海洋运输，加快构建沿海和城市保税物流体系。充分利用中国—东盟博览会形成的平台，大力发展国际经济贸易和服务贸易，建设南宁区域性国际现代物流基地。依托边境贸易、边境出口加工、跨国旅游，建设边境商贸物流基地和边境综合保税区。培育现代物流企业集团，加强与国内外物流企业合作，大力发展第三方物流，加快电子口岸建设，形成面向东盟、连接西南、通达珠三角的高效、便捷、低成本物流服务体系。

滨海旅游业：立足旅游需求，发挥特色优势，依托中国优秀旅游城市，把北部湾经济区培育成为区域性国际旅游目的地和旅游促进中心。完善旅游产品体系，积极发展生态旅游、康体旅游、温泉度假、游轮游艇、海岛旅游、自驾车旅游等休闲度假旅游产品。依托国家4A级以上旅游景点，打造旅游精品，构筑泛北部湾旅游圈。

（5）国家政策。一是规划审批。国家在有关规划、重大项目布局及项目审批、核准、备案等方面，给予北部湾经济区必要的支持，鼓励东部地区带动和帮助北部湾经济区发展。

二是保税港区。支持北部湾经济区在符合条件的地区设立保税港区、综合保税区和保税物流中心，拓展出口加工区保税物流功能。

三是财政金融。支持在北部湾地区设立地方性银行，探索设立产业投资基金和创业投资企业，扩大企业债券发行规模，支持符合条件的企业发行企业债券。

四是国际合作。支持北部湾经济区发挥开放合作示范作用，推动泛北部湾经济合作成为中国—东盟合作框架下新的次区域合作，加强交通运输、海洋产业、农林渔业、能源开发、跨国旅游、生态环保等重点合作领域规划编制，加快实施合作项目。

2. 福建海峡西岸经济区

海峡西岸经济区东望台湾，北连长江三角洲，西接珠江三角洲，是我国沿海经济带的重要组成部分，在全国区域经济发展布局中具有重要地位。

（1）战略定位。一是两岸人民交流合作先行先试区域。实施先行先试政策，加强海峡西岸经济区与台湾地区经济的全面对接，推动两岸交流合作向更广范围、更大规模、更高层次迈进。

二是服务周边地区发展的对外开放综合通道。大力加强基础设施建设，构建以铁路、高速公路、海空港为主骨架、主枢纽的海峡西岸现代化综合交通网络，使之成为服务周边地区发展、拓展两岸交流合作的综合通道。

三是东部沿海地区先进制造业的重要基地。加强两岸产业合作，积极对接台湾制造业，大力发展电子信息、装备制造等产业，形成在全国具有竞争力的先进制造业基地和两岸产业合作基地。

四是我国重要的自然和文化旅游中心。拓展闽南文化、客家文化、妈祖文化等两岸共同文化内涵，突出"海峡旅游"主题，使之成为国际知名的旅游目的地和富有特色的自然文化旅游中心。

（2）平台建设。一是建设两岸经贸合作的紧密区域。以信息、石化、机械、船舶、冶金等产业为重点，提升台商投资区和国家级经济技术开发区的载体作用，促进两岸产业深度对接，形成以厦门湾、闽江口、湄洲湾等区域为主的产业对接集中区。

二是建设两岸文化交流的重要基地。加快推进闽南文化生态保护实验区建设，提升闽台缘博物馆的交流功能。深入开展两岸文化对口互动活动，深化两岸在科技、教育、卫生、体育等方面的合作。加强祖地文化、民间文化交流，进一步增强闽南文化、客家文化、妈祖文化连接两岸同胞感情的文化纽带作用。

三是建设两岸直接往来的综合枢纽。规划建设对台交通通道，推进对台直接航运。进一步扩大口岸开放，加强口岸基础设施和大通关机制建设，实现福建电子口岸互联互通和信息共享。健全两岸人流、物流往来的便捷有效的管理机制，促进海峡西岸经济区与台湾地区直接往来。

四是基础设施建设。大力推进交通基础设施建设，形成内地到福建的便捷交通走廊。整合港湾资源，形成以厦门港、福州港为主的布局合理的东南沿海地区港口发展格局。

五是沿海能源基础设施建设。结合沿海煤运港口的建设，合理布局沿海大型煤电，加快推进宁德、福清核电等项目建设，积极发展风力、潮汐等新能源。

六是科技创新平台建设。健全多元化科技投入体系，建立财政科技投入稳定增长机制。整合科技资源，推动跨部门、跨区域的科技合作，支持信息、医药、生物、新材料、新能源、海洋等领域应用基础研究，加强高技术和产业关键共性技术开发，造就一批竞争力强的优势企业和知名品牌。鼓励、支持台商投资高新技术园区，吸引台湾科研机构和科技人员共同创建创新平台。建设海峡西岸高新技术产业带，使之成为承接台湾高新技术产业与技术转移的载体，加强国家重点实验室、工程技术（研究）中心和公共服务平台建设。

（3）重点产业发展。一是大力发展现代农业。加快转变农业发展方式，促进农业结构优化升级，构建现代农业产业体系。加强对农业的支持和保护，稳定发展粮食生产，大力发展畜牧业、园艺业、林竹产业、水产业等优势产业，积极培育水产品、蔬菜、水果、食用菌、茶叶、花卉等特色农产品。大力发展品牌农业，支持培育一批农产品加工示范园区、示范企业和示范项目，扶持壮大农业产业化龙头企业。加强闽台农业合作，推进农产品出口加工基地建设，扩大特色优势农产品出口。

二是做大做强先进制造业。着力发展先进制造业，重点发展电子信息、装备制造、石油化工等产业。加快发展集成电路设计和软件、光电、消费电子、生物医药、精密仪器、环保、新材料等高新技术产业，着力应用高新技术和先进适用技术改造提升建材、冶金、纺织、食品等传统优势产业。实施品牌带动战略，扶持重点骨干企业发展，培育一批拥有自主知识产权、主业突出、竞争力强的大企业、大集团。加快培育特色优势产业，着力培育产业集群，形成具有较强竞争力的现代产业体系。

三是加快发展现代服务业。依托保税港区、保税物流园区，建设连接稳定的各级海峡两岸的现代物流中心。依托福州、厦门软件园，发展软件服务外包、动漫游戏产业，培育承接服务外包业务的专业企业，吸引台湾企业乃至世界跨国公司服务外包转移。积极发展信息服务业，大力吸引台湾企业到海峡西岸经济区设立地区总部、配套基地、采购中心、物流中心、营运中心和研发中心，并积极发展面向台湾及海外的会展业。以滨海旅游、生态旅游、红色旅游和文化旅游为重点，进一步整合旅游资源，加强旅游景点及配套设施建设，办好各类旅游节庆活动，丰富旅游产品，开拓旅游市场，培育一批有特色、有影响、有效益的旅游精品。

四是推动现代海洋产业发展。坚持高起点规划、高标准建设，将沿海港口作为大型装备制造业项目布局的备选基地，合理布局发展临港工业。以厦门湾、湄洲湾等为依托，建设以石化、船舶修造等为重点的临港工业集中区，成为带动区域经济发展的新增长点。推广名优新品种和生态养殖模式，建设生态型海水养殖和海水产品加工基地。加快渔港建设，加强海上通航和救援合作，推动建立海上救援协作机制，完善台湾海峡防灾减灾体系。加强海洋科技中试基地及研发平台建设，加快培育海洋药品、保健食品、海水综合利用等新兴产业，形成若干以港湾为依托、具有较强竞争力的临港经济密集区。

（4）国家政策。一是资金投入和项目支持。中央财政转移支付、中央预算内专项资金和中央预算内投资以及其他中央专项资金，都要加大对海峡西岸经济区的扶持力度，特别要加大对原中央苏区县、革命老区、少数民族地区的扶持力度。适当降低中央投资项目地方投资比例，支持发展特色产业和重大项目建设，对海峡西岸经济区的基础设施建设给予专项补助。对具有全国或区际意义、有助于形成海峡西岸经济区整体竞争力的项目，在项目布点与审批、土地利用等方面给予重点支持。

二是赋予对台先行先试政策。以中央对台工作总体方针政策为指导，在两岸综合性经济合作框架下，按照建立两岸人民交流合作先行区的要求，允许在对台经贸、航运、旅游、邮政、文化、教育等方面的交流与合作中，采取更加灵活开放的政策，先行先试，取得经验。

三是支持扩大两岸经贸合作。按照同等优先、适当放宽的原则，鼓励承接台湾产业转移，允许国家禁止之外、不涉及国家安全的各类台商投资项目在海峡西岸经济区落地，加快台商投资项目审批。允许海峡西岸经济区在促进两岸贸易投资便利化、台湾服务业市场准入等方面先行试验，适当增加对台合作的用地指标。扩大"区港联动"政策覆盖范围，在现有海关特殊监管区域政策的基础上，进一步探索在福建沿海有条件的岛屿设立两岸合作的海关特殊监管区域，实施更加优惠的政策。探索进行两岸区域合作试点。积极推动建立两岸金融业监管合作机制，支持设立两岸合资的海峡投资基金，进一步扩大两岸货币双向兑换范围，逐步建立两岸货币清算机制。

四是支持两岸交流交往。把福建沿海机场、港口等作为两岸直接"三通"的首选地，适时增加福建沿海港口为对台海上货运直航口岸，支持福建试行便利两岸人员往来的管理办法。适时推进厦门、福州台商投资区扩区和新设立泉州台商投资区，支持继续办好涉台重大经贸文化活动。

3. 江苏沿海经济区

江苏沿海经济区位于我国中部沿海，是我国沿海、沿江、沿陇海线生产力布局主轴线的交汇区域。南部毗邻我国最大的经济中心上海，是长江三角洲的重要组成部分；北部拥有新亚欧大陆桥桥头堡之一的连云港，是陇海—兰新地区的重要出海门户；东与日本、韩国隔海相望。包括连云港、盐城和南通三个地市。

（1）战略定位。一是区域性国际航运中心。以连云港和南通港为主体，加快深水泊位建设，完善航空、公路、铁路、油气管网等衔接配套的集疏运体系，建立依托陇海—兰新沿线地区和苏北地区、面向亚洲和太平洋主要国家和地区的腹地型区域性国际航运枢纽。

二是新能源和临港产业基地。大力发展风电、核电、液化天然气发电和生物质能发电，有序布局火力发电。依托沿海港口，大力发展符合国家产业政策的石化、装备制造、物流等产业，形成临港产业基地。

三是农业和海洋特色产业基地。大力发展海水增养殖、海洋食品、海洋医药、海洋机械和海洋化工等特色产业，提高产业的规模化水平。

四是重要的旅游和生态功能区。建设若干个自然保护区，形成具有区际影响的湿地、鸟类迁徙和珍稀动物栖息等生态功能区。充分利用生态资源优势，积极发展海滨、湿地、海岛等特色旅游。

（2）开发思路。按照建设大港口、引进大项目、发展大产业、构建沿海经济带的总体要求，实施港口、产业、城镇三位一体联动开发，提高开发水平。积极创造条件，加快建设沿海深水大港。推进重大项目建设，大力发展临港产业。加强中心城市和县城镇功能建设，促进人口和产业集聚，使沿海地区成为全省重要的经济增长极。

（3）空间布局。以连云港、盐城和南通三市的市区为依托，促进要素集聚，加快城市化进程；以沿海地区主要交通运输通道为纽带，进一步强化腹地产业优势，注重发展特色产业；以临近深水海港的区域为节点，加快布局临港产业，建设临港工业集中区和物流园区，培育和壮大重点城镇，形成"三极一带多节点"的空间开发格局。

三极：重点加快连云港、盐城和南通三个中心城市建设，扩大城市规模，完善城市功能，增强辐射带动作用。以开发区为依托，以先进制造业和现代服务业为抓手，不断提升产业发展层次和水平。

一带：继续完善沿海重大基础设施，重点发展新能源、石化、车船、林纸、纺织、机械、特种装备等优势产业，积极建设高效外向农业和海洋特色产业基地，加快发展现代物流、商贸商务、产品市场等现代服务业，布局建设旅游和生态功能区，形成沿海产业、新型城镇和生态走廊。

多节点：以可建深水海港的区域为重要节点，依托临海重要城镇，集中布局建设临港产业。重点建设连云港主体港区、南通港洋口港区和盐城港大丰港区，适时推进南通港吕四港区、灌河口港口群、盐城港射阳港区和滨海港区等的建设，实现港口、产业互动发展的新格局。

（4）重点产业发展。新能源产业：重点发展风电、核电、液化天然气发电和生物质能发电等新能源产业。充分利用本区风力资源丰富的优势，在如东、启东、东台、大丰、连云区徐圩等地规划布局建设风力发电场。在完成田湾核电站Ⅰ期工程的基础上，尽早开工建设Ⅱ期工程，并积极推进建设江苏第二核电站的前期工作。支持连云港、盐城滨海规划建设液化天然气利用项目，加快建设如东秸秆直燃示范发电项目，并在沿海其他有条件的地区进行秸秆发电项目建设，形成一定规模的秸秆装机容量。

临港产业：以大型海港为依托，以专业化工产业集中区为载体，全力推进重大石化项目建设，重点在连云港和南通沿海各布局建设一套1000万吨炼油和100万吨乙烯项目，加快推进连云港原油储备基地和年产600万吨重油裂解项目的前期工作，在盐城大丰、滨海等地布局石化产业。注重发展高附加值的石化下游产品，与沿江化工产业集群形成上下游配套、优势互补的产业链。

车船产业：以盐城等地为基础，加快发展轿车、中高档客车和专用车等整车产品，积极发展汽车零部件产业，促进汽车零部件配套本地化，形成汽车零部件产业群。重点建设南通船舶制造集中区，加快连云港和盐城沿海船舶产业布局。重点发展大型散装货船、油轮、集装箱船、化学品船等技术含量高、附加值高的远洋船舶。加快内河船舶结构调整，实施船型标准化，发展江海联运船舶，积极发展船用配套产品。

林纸产业：依托沿海地区丰富的林业资源与可造林土地资源，抓住国家加快发展林纸一体化工程的机遇，重点推进林业产业化。加快建立高效、优质的原料林基地，力争形成300万亩规模的速生丰产造纸林。积极发展造纸工业，依托南通的骨干企业，重点发展高档纸品和特种纸品，在连云港等地发展进口纸浆造纸。利用射阳、大丰等地滩涂丰富的芦苇和林业资源，逐步形成林纸浆、苇浆纸一体化生产体系。

物流产业：发挥连云港和南通港口运输功能，加快建设以港口为中心的物流基地。以发展国际物流为目标，发展集装箱多式联运，围绕主要货种，建设货运交易中心。大力发展港口专业物流，为本地发展服务。完善区域集疏运体系，建立各类综合性、专业性物流信息平台，大力发展第三方、第四方物流，形成现代化物流体系。

海洋特色产业：大力发展海洋渔业，加快发展海洋食品加工、海洋医药和滨海旅游等新兴产业，全面提高海洋产业整体实力和竞争力。着力发展海水养殖业，不断提高海水养殖产量在海洋渔业总量中的份额。重点发展鱼、虾、蟹、贝、藻类及海珍品养殖，建设一批高效、外向的特色海产品生产基地。加快苗种基地建设，形成有特色的苗种产业。调整海洋捕捞业，提高渔船装备水平，发展远洋渔业。大力发展海洋水产品加工，研发一批加工新技术及装备，培育一批骨干企业和龙头企业，努力提高加工附加值。加大对海洋药物研究开发的投入力度，扩大生产规模。加快现有医药产品结构的调整，积极发展优势原料药，重点发展具有自主知识产权的创新药。

加快旅游资源整合和深度开发，完善旅游配套设施，形成独特的滨海旅游风光带，把旅游业发展成为沿海地区的亮点和新的经济增长点。连云港突出"山、海"风光特色和历史文化资源，强化亚欧大陆桥东桥头堡和海滨旅游城市的带动效应，大力发展文化观光和度假休闲旅游，成为我国东部休闲度假中心。盐城以国家级自然保护区为主体，依托东台湿地生态旅游等资源，综合开发沿海湿地、森林、盐文化和红色旅游，力争建成沿海国家生态旅游区和世界级的湿地生态旅游地。南通围绕江海自然景观特色，重点建设启东圆陀角自然风景区、吕四渔港风情区和如东南黄海旅游休闲区，打造独具江海情韵的"博物馆之城"品牌形象，逐步发展成为休闲度假胜地。

传统优势产业：注重发展纺织服装、机械等产业，增强区域产业发展的整体实力。利用国际纺织产业转移的契机，发展纺织服装业。突破印染后整理技术瓶颈，重点发展品牌服装、装饰用纺织品、产业用纺织品，提高产品档次。大力发展风电装备制造业，加快推进国产化步伐，同时结合本区秸秆资源的优势，发展秸秆发电设备，争取成为全国秸秆发电设备制造业基地。积极开发新型农业机械、海产品加工设备、园林机械、输变电设备、医疗器械、纺织机械等。强化产业配套和行业合作，加快产业链的形成和延伸，增强对区域经济发展的影响和带动作用。

4. 辽宁沿海经济带

辽宁省沿海经济带位于东北地区的前沿、环渤海地区的中心和东北亚经济圈的关键地带，由大连、丹东、锦州、营口、盘锦和葫芦岛6个沿海地市组成，是东北地区唯一的沿海区域和出海口，在辽宁和东北地区经济发展中占有重要地位。

（1）战略定位。立足辽宁，依托东北，服务全国，面向东北亚，把沿海经济带发展成为特色突出、竞争力强、国内一流的临港产业集聚带、东北亚国际航运中心和国际物流中心，建设成为改革创新的先行区、对外开放的先导区、投资兴业的首选区、和谐宜居的新城区，形成沿海与腹地互为支撑、协调发展的新格局。

（2）空间布局。一是大连长兴岛临港工业区。主要打造以造船产业为主导的产业集群，发展精密仪器仪表、重工起重、机床等装备制造业，能源及精细化工原材料产业，并加快交通、能源、水利等港口基础设施建设，发展大型专业化深水港口，逐步建成大连东北亚国际航运中心组合港区和世界最大的造船基地之一。

二是营口沿海产业基地。包括营口沿海产业基地和盘锦船舶工业区，其中营口重点打造以冶金产业为主导的产业集群，发展先进装备制造、精细化工和现代服务业，加快推进冶金重装备中试基地、高技术产业园区等项目建设，加快营口港建设，逐步建成大型临港生态产业区；盘锦重点发展5万吨级以下中小型船舶和游艇、快艇制造业及相关配套产业集群，并依托辽河油田，发展新型钻井机械等石油钻采设备和油田环保设备，逐步形成中小型船舶和配件特色产业基地。

三是辽西锦州湾沿海经济区。包括锦州西海工业区和葫芦岛北港工业区，其中锦州重点打造以电子工业为主导的产业集群，发展石油化工、制造业、能源等临港产业，并加快建设国家石油储备基地，打造带动力强、辐射面广的物流园区；葫芦岛北港工业区则重点打造以石化工业为主导的产业集群，发展船舶制造及配套、有色金属精深加工产业，逐步建成综合工业园区、船舶制造园区、物流园区。

四是丹东产业园区。主要打造以造纸产业为主导的产业集群，发展仪器仪表、物流、汽车、电子信息、纺织服装、农副产品深加工、旅游等临港产业，建设具有特色发展优势的综合工业园区。

五是大连花园口工业园区。重点打造以食品加工业为主导的产业集群，同时发展电动汽车零部件、新材料等产业，加快轮胎、农产品深加工、生物制药等重点项目建设，逐步建成产业加工园区。

国际航运中心建设。重点建设大连大窑湾保税港区，强化港区码头、物流、加工、展示四大功能。建设大窑湾超大型集装泊位和各港区大型专业化码头、深水航道、物流分拨中心和中转枢纽等现代化港口基础设施体系，以及口岸通关、航运代理、口岸信息、海运结算与保险、后勤补给、海事支持等航运中心综合服务体系。围绕大连东北亚国际航运中心建设，优化沿海港口资源配置，努力打造以大连港为中心，以营口、丹东、锦州、葫芦岛等港口为两翼，布局合理、结构优化、优势互补的港口集群。

（3）重点产业发展。以优势产业为基础，以大型骨干企业为龙头，以拉长产业链条为主线，加快产业集聚和技术集聚，培育发展一批积极参与国际竞争、对东北老工业基地振兴有较强带动作用的特色产业集群。

先进装备制造业：努力提高信息化水平、自主创新能力和产品的成套、配套能力。大连重点发展高技术水平、高附加值的基础机械、数控机床、重型装备、发动机、机车、石化通用装备等行业和优势产品，建成我国先进装备制造业的重要基地。加快造船扩能升级建设，提高船舶产品的技术含量和附加值，发展船舶配套园区，走总装集约化、配套规模化道路，大幅度提高本地的配套能力，支持游艇、渔轮等修造船业发展。

高加工度原材料工业：石化产业重点发展原油加工、乙烯、合成材料和有机材料，构筑一批精细化工产业群。冶金产业重点发展宽厚板、冷（热）轧薄板、不锈钢板带、船用板等，延伸钢铁深加工产业链，加快建设营口精品钢材区。

高技术产业：重点发展软件、芯片、机床数控系统、船用曲轴、燃料电池、半导体照明材料、现代通信系统及终端设备、汽车电子、多媒体动漫、太阳能电池材料、镁质材料等关键技术和产业集群。重点开发用于冶金、化工、电力生产过程的大型磨机、大型炉窑、多台锅炉负荷协调控制、发电机组等大型复杂自动化系统的优化集成和智能控制技术及产品，创造更多自主知识产权，培育更多的知名企业和品牌。

现代农业：用现代发展理念引领农业，积极发展循环农业、生态农业，加快发展有机农业。重点发展优质大米、优质水果、蔬菜和花卉，建设全国重要的优质特色农业生产、出口和加工基地。大力发展海、淡水渔业及海珍产品养殖加工和海洋生物制药，建设绿色生态养殖基地。建设一批禽、蛋、肉、奶加工基地和营口全国最大的绒山羊养殖基地。

现代服务业：重点发展现代物流、金融、中介等生产型服务业。构建大连大孤山半岛、大连长兴岛、丹东鸭绿江、锦州渤海、葫芦岛临港和营口口岸6个重点物流产业园区，培育一批大型商贸流通企业。建设外汇交易与结算中心、离岸金融中心和国际性期贸中心，发展适应现代临港工业区需要的多种金融工具，形成集多种金融服务功能于一体的区域金融体系。培育各类中介组织，发展各领域的中介服务。发展滨海旅游、生态旅游和红色旅游，打造一批精品旅游线路。

（4）临海产业园区建设。按照"布局集中、用地节约、产业集聚"的原则，重点发展经济技术开发区、高新技术产业开发区、特色工业园区三种类型的临海产业开发区。做强大连经济技术开发区、大连保税区、大连出口加工区、营口经济技术开发区等国家级开发区，加快大连金州、锦州、盘锦、丹东东港、葫芦岛杨杖子等省级经济技术开发区发展，构建现代化工、先进装备制造、造船、新材料、电子、软件信息服务、生物制药、农产品加工、物流、纺织服装等产业群；壮大大连、锦州、营口、葫芦岛等国家和省级高新技术产业开发区规模，积极发展丹东、盘锦高新园区，更好地发挥科技创新在沿海经济带建设中的先导作用；重点建设大连三十里堡、营口仙人岛能源化工区、锦州白马综合工业园、葫芦岛高岭—万家工业区、盘锦天河工业区、丹东临港工业园区等一批各具特色、功能凸显、后劲较强的特色工业园区。

5. 天津滨海新区

天津滨海新区位于环渤海地区的中心位置，内陆腹地广阔，区位优势明显，产业基础雄厚，增长潜力巨大，是"京津冀"经济区参与经济全球化和区域经济一体化的重要窗口。

（1）战略定位。依托京津冀、服务环渤海、辐射"三北"、面向东北亚,努力建设成为我国北方对外开放的门户、高水平的现代制造业和研发转化基地、北方国际航运中心和国际物流中心,逐步成为经济繁荣、社会和谐、环境优美的宜居生态型新城区。

(2) 空间布局。先进制造业产业区:包括经济技术开发区、海河下游石油钢管和优质钢材深加工区,其中开发区重点发展电子信息等高新技术产业和加工制造业,海河下游石油钢管和优质钢材深加工区重点发展石油套管、油管、冷轧薄板等。

滨海化工区:包括大港三角地石化工业区、油田化工产业区和临港工业区的一部分,重点建设百万吨级乙烯炼化一体化、渤海化工园、蓝星化工新材料基地等项目,发展石油化工、海洋化工、一碳化工、能量综合利用等循环经济产业链,相应发展下游产品,延伸产品链,建成国家级石化产业基地,带动周边区域化工产业发展。

滨海高新技术产业园区:通过机制创新,与科技部共建高新区,率先启动渤海石油生活基地部分。以科技研发转化为主体,聚集国内外资源和高端人才,发展电子信息、生物医药、纳米及新材料、民航科技等高新技术产业,努力成为自主创新和科技转化能力强、环境优美、机制灵活的国家级高新区。

滨海中心商务商业区:包括开发区商务区、响螺湾地区、于家堡地区、天碱和解放路地区等,全力搞好规划方案和开发建设,形成滨海新区综合服务中心和标志区。

海港物流区:包括天津港、保税区、保税物流园区和散货物流中心等,重点发展海洋运输、国际贸易、现代物流、保税仓储、分拨配送及与之配套的中介服务业,形成货物能源储运基地、商品进出口保税加工基地和综合性的国际物流基地。

临空产业区:包括天津滨海国际机场、民航大学、空港加工区、空港保税区、空港物流区等,建设中国北方航空货运基地和国家级民航科技产业化基地。重点发展飞机总装、航空运输、加工物流、民航科教、研发与产业化、商贸会展、航空设备维修和生态居住等,形成现代化生态型航空城。

海滨休闲旅游区:按照海洋功能区划,科学围海造陆,逐步扩大规模。通过多种方式,重点建设国际游乐港等项目,成为特色突出的海滨休闲旅游度假景区和黄金海岸。

（3）发展对策。一是建设现代制造业基地。继续推进工业东移，做强做大电子信息、石油和海洋化工、汽车和装备制造、石油钢管和优质钢材、生物技术和现代医药、新型能源和航空航天等优势产业，提高现代制造业综合竞争力。

——建设国家一流的电子信息产业基地。重点发展无线通信、显示器、集成电路、汽车电子、数字视听、光电子和软件等行业和产品，扶持零部件发展。增加高端产品比重，开发 3G 手机和设备，发展新型显示器，建设移动通信液晶显示器项目，拓展大规模集成电路和基础元器件。推进中心国际芯片、飞思卡尔集成电路等项目，成为我国重要的芯片生产基地。

——建设国家级石油化工基地和重要的海洋化工基地。依托大港、渤海两大油田，支持中石化、中石油、中海油、中化工集团项目建设，扩大规模，降低消耗，提高集中度，打造石油化工、海洋化工、一碳化工、能源综合利用等化工循环经济产业链，延伸塑料、化纤、橡胶和精细化工等产品链，加强与河北沧州等周边地区的协作，形成关联紧密、技术一流、带动性强的化工产业带。

——建设汽车和装备制造业基地。发展中高档轿车和豪华大客车，增加整车品种，扩大生产规模。建设滨海新区汽车产业科技园，培育具有国际竞争力的关键零部件产业，建设跨区域的零部件生产体系。重点发展光机电一体化设备、精密成型加工设备、柔性制造设备、数控机床、智能机械设备、石油钻具、工程机械等。加快天津新港船厂搬迁建设，提高造修船和海洋工程能力，建成现代化船舶和海洋工程装备制造业基地。研究开发海水淡化技术，尽快形成产业，建成我国最大的海水淡化设备制造基地。发展风力发电、污水处理、固体废弃物处理装置、电厂脱硫等环保设备制造业，壮大环保产业。

——建设石油钢管和优质钢材深加工基地。加快技术创新和结构调整，延长产业链，提高聚集效应，抢占行业制高点，巩固和发展石油钢管和优质钢材深加工在全国的领先优势。加快钢管公司扩能改造、开发高等级产品，建成以石油套管为主，油管、钻杆等高附加值产品为辅的国内最大精品钢管生产基地。发展冷轧薄板、镀锌板、彩涂板等优质钢材和高档金属制品。加强与唐山钢铁基地的协作，实现产业配套和优势互补。

——建设生物医药产业基地。推进基因芯片、生物药物等产业化进程，发展医药中间体、基因工程和生物工程制药、工业酶制剂、新型合成与半合成药物等生物制药领域，做强做大抗生素、维生素、激素、氨基酸等"三素一酸"产品。建设治疗心脑血管病、糖尿病及抗肿瘤等大病种药物生产基地。

——发展新型能源和航空航天业。围绕节能降耗，重点发展小型及动力型镍氢电池、免维护蓄电池、燃料电池和太阳能电池，推动电池产业化。加快新型材料基地建设，发展金属材料、新型复合材料、高性能涂料、高效催化剂等产品。依托京津两市乃至全国的科技优势，发展飞机零部件、雷达导航通信、航空航天等设备，形成新的优势产业。

二是建设研发转化基地。全面提升科技资源集聚、创新引领和辐射带动三大功能，提高整体技术水平和综合竞争力，建设高效率的创新体系和开放型、国际型、创新型研发转化基地。

——提高研发转化能力。提高优势产业核心技术创新能力，开发电子信息、生物制药等核心技术，壮大软件、集成电路、汽车电子等电子信息产业，做强做大生物和现代医药产业。突破整车设计、控制与安全等核心技术，形成汽车和重大装备的自主发展能力。开发绿色高能电池和基础新材料的规模化生产技术，推动新型能源、新型材料和航空航天产业快速发展。

——增强原始创新能力。加快产学研一体化和科技创新步伐，开发战略高技术产品，抢占高新技术制高点。争取软件、集成电路设计、光电子、生物芯片、工业与环境生物技术、干细胞与组织工程、现代中药、水资源综合利用、海水淡化、电动汽车、纳米技术与器件、民航装备等12个领域的原始创新能力达到世界先进或国内领先水平。

——发展研发机构。以提高自主创新能力为核心，加快建设以企业为主体、产学研相结合的区域科技创新体系，提升新区科技创新能级。整合研发机构，做强现有企业研发中心，支持新区规模以上企业建立独立研发中心。加大引进力度，鼓励和支持国内外科研机构和企业在新区建立新的科研机构，组建滨海工业技术研究院。

——建立科技服务和保障体系。完善以滨海新区生产力促进中心、泰达创业中心、华生生物园、新材料科技产业园、大港石化科技园等为主体的科技产业孵育体系，引导社会资金投资科技成果孵化。发展科技咨询机构，形成从研发、孵化到产业化一条龙科技成果转化体系。制定优惠政策，吸引风险投资、金融资本和社会资金投入科研开发。发挥贴息、担保资金的作用，加大财政对科技成果转化的投入，建立新区科技产业发展资金，扶持科技型初创企业和成果转化。

三是建设北方国际航运中心。充分发挥海港、空港和保税区的优势，提升国际航运和国际贸易功能，为环渤海和我国北方地区的对外开放提供高效便捷的服务。

——发展国际化深水大港。加快海港扩建，增加配套设施，拓展运输功能。开辟新的国际、国内班轮航线，以集装箱和大宗散货为重点，扩大远洋运输规模。开通天津至大连、天津至青岛、天津至韩国和日本的快速旅游客运专线，形成海上快速客运通道。

——打造中国北方航空基地。加快改造天津滨海国际机场，提高旅客运输能力，推进京津航空一体化。建设中国北方航空货运基地，承接北京货运航班，实现天津机场与天津港保税区、北京机场的货物直通。建设现代化生态型航空城，形成飞机总装、航空运输、加工物流、民航科教研发、商贸会展、航空设备维修和生态居住等功能。

——建成国际贸易与航运服务中心。建成国际贸易与航运服务中心，完善交易大厅功能，发展航运市场，按照国际标准，实行船务代理、商情信息、货物通关、银行结算等一体化服务。做强现有航运企业，吸引国际、国内大型航运公司进驻，成为企业聚集、市场活跃、配套服务齐全的国际运输集聚区。

——设立天津东疆保税港区。利用天津港东疆人工半岛，建设天津东疆保税港区，实行保税和出口加工区退税等政策，推进区港联动。重点发展国际中转、国际配送、国际采购、国际转口贸易和出口加工等业务，不断提高服务水平，扩展保税港区的功能，推进区域整合，逐步建成自由贸易区。

四是建设国际物流中心。依托区位、交通和产业优势，构建以港口为中心、海陆空相结合的现代物流体系。

——加快物流设施建设。重点建设天津港集装箱物流中心、天津港散货物流中心、保税区海空港物流基地、开发区工业物流基地、塘沽商业物流基地和海河下游贸易物流基地等六大基地。

——拓展物流市场。引进国际物流理念和管理经验，大力发展第三方、第四方物流，提高服务水平，扩大配送范围，形成区域物流市场。

——提高物流信息化和标准化水平。推行统一的物流软件，规范物流标准，加强硬件标准的兼容性。推广条形码、电子订货系统、电子数据交换等物流技术，建立与国际对接的物流网络和信息平台。制定物流法规，建立物流诚信机制，完善企业内部物流信息系统，实现洽谈、交易、支付和结算等物流业务网络化。

——做强物流企业。积极吸引国内外大型物流企业落户新区，引导物流企业向规范化、集团化和国际化发展，支持经营规范、成长潜力大的物流企业上市。

——搭建国际物流发展平台。每年定期召开天津国际物流大会，举办国际性物流交易会和世界高端物流论坛，吸引国内外物流资源向新区集聚。建立国际性的物流企业家联合会，引导、规范和服务物流企业发展。

五是建设区域金融聚集区。大力发展金融业，努力创建与北方经济中心和滨海新区开发开放相适应的现代金融服务体系和金融创新基地。

——拓展金融机构。鼓励国内外银行、保险、证券等金融总部和分支机构落户滨海新区，推进东北亚银行筹建。发展全国性银行、金融租赁公司和保险公司，争取设立国际金融仲裁机构。

——发展金融业务和市场。设立渤海产业投资基金和基金管理公司，面向区域融资，逐步形成全国性的基金发行、管理和交易中心。探讨发行滨海新区市政建设债券，扩大企业债券和集合信托业务，进行资产证券化试点，加快证券、期货、产权、货币等市场的发展。推进金融衍生品市场、资金拆借市场、区域票据市场和结算系统的建设，实现各种金融业务的联动。

——扩大金融开放。支持符合条件的外资银行经营本外币业务，鼓励国内金融机构在会计账务处理、信用卡结算、外汇交易等方面按照国际惯例运作。加快金融信息网络建设，逐步扩大服务范围，实现区域的金融网络互通。

六是建设商贸、休闲旅游等服务业体系。

——商贸会展。重点发展与优势产业相衔接的汽车、石油和成品油、陶瓷、木材、煤炭、钢管和钢材等大型交易市场，新建一批辐射面广、专业突出的贸易中心。加强与国际会展组织合作，积极承办国际性、区域性博览会、展销会、招商会和研讨会，提升新区会展和会议服务功能。

——休闲旅游。建设海滨休闲旅游区等集群景区，开发海防文化、滨海游乐、湿地生态、邮轮游艇、商务会展、工业旅游等滨海旅游精品系列，成为东北亚一流的海滨旅游休闲目的地。

——房地产。高标准建设一批节能节地生态型的住宅和商务设施，形成布局相对集中、服务设施完善、通勤距离合理的若干居住区。

——中介服务。积极吸引国内外知名中介机构在新区设立分支机构和地区总部，培养和引进高素质执业人才，推动会计、审计、律师、评估、公证、仲裁、工业设计、技术检测和认证等中介机构向规范化、规模化发展。

七是建设社会主义新农村。加快农业产业化、农村工业化和农村城市化，建设具有滨海新区特色的社会主义新农村。以沿海都市型农业为方向，积极发展现代农业和特色种植、养殖业。建设和完善科技示范园区和现代农业示范基地，发展工厂化海水养殖产业园区。

（4）国家政策。一是鼓励进行金融改革和创新。在金融企业、金融业务、金融市场和金融开放等方面的重大改革，原则上可安排在天津滨海新区先行先试。本着科学、审慎、风险可控的原则，可在产业投资基金、创业风险投资、金融业综合经营、多种所有制金融企业、外汇管理政策、离岸金融业务等方面进行改革试验。

二是支持进行土地管理改革。在有利于土地节约利用和提高土地利用效率的前提下，优化土地利用结构，创新土地管理方式，加大土地管理改革力度。开展农村集体建设用地流转及土地收益分配、增强政府对土地供应调控能力等方面的改革试验。

三是设立天津东疆保税港区。借鉴国际通行做法，在天津港东疆港区设立保税港区，重点发展国际中转、国际配送、国际采购、国际转口贸易和出口加工等业务，积极探索海关特殊监管区域管理制度的创新，以点带面，推进区域整合。

四是给予财政税收政策扶持。对天津滨海新区所辖规定范围内符合条件的高新技术企业，减按 15% 的税率征收企业所得税。比照东北等老工业基地的所得税优惠政策，对天津滨海新区的内资企业予以提高计税工资标准的优惠，对企业固定资产和无形资产予以加速折旧的优惠。中央财政在维持现行财政体制的基础上，在一定时期内对天津滨海新区的开发建设予以专项补助。

第二十章　山东半岛蓝色经济区
战略研究专题报告

专题报告之一：学习贯彻胡锦涛总书记在我省
考察工作时关于打造山东半岛蓝色
经济区讲话的情况报告

山东社会科学院

胡锦涛总书记考察山东工作时要求"要大力发展海洋经济，科学开发海洋资源，培育海洋优势产业，打造山东半岛蓝色经济区"，省委领导就落实总书记重要指示在九届七次全委会上作重要讲话。一个全面论述海洋经济的大战略和打造蓝色经济区的思路进入党、国家和省委领导的重大决策。这些信息让我院专家感到振奋。我院有海洋经济研究所，省海洋经济研究基地也设在我院，前期已在"海上山东"战略和海洋产业发展等方面积累了一定的研究成果。我们认为，实施科学的海洋经济战略和制定正确的政策措施，对于促进经济文化强省建设具有极为重要的现实紧迫性。

一　深刻认识、科学把握总书记讲话的意义和内涵

胡锦涛总书记关于海洋经济的大战略和打造蓝色经济区的思路和要求是在新的历史发展条件下对山东科学发展、和谐发展、率先发展的亲切关怀和殷切希望。其战略指导意义非常重大而深远：一是以科学发展视野为山东谋划了发展新思路。体现了山东经济平稳较快发展的现实需要，是应

对当前金融危机，破解发展难题，进行经济结构调整，赢得发展新优势，开创发展新局面的重大战略部署。二是从全局出发为我省在全国经济布局中的走向做出了新定位。山东半岛作为海陆一体化考察的地缘经济，已经成为山东与沿海国家和地区产业对接、经济互补的重要中心。总书记提出的打造海洋经济区重大战略是站在全国大局为山东发展谋划了新定位、新构想。三是从战略高度为山东跨越发展指明了新方向。总书记讲话立意高远，为山东的战略发展规划了未来，指明了方向。努力创造新的发展优势，争取国家政策的支持，成为山东发展的必由之路，必将对山东的未来发展产生重大而深远的影响。

胡锦涛总书记的讲话要求，全面系统，有高度，有深度，内涵丰富，思想深刻，应科学把握其精神实质及基本要求。

（一）全面发展海洋经济是我省发展的重大战略任务

总书记的讲话全面、系统、完整地提出了发展海洋经济的总要求。海洋经济具有三重性，是海洋资源、海洋产业、海洋区域构成的三位一体综合性经济。海洋是资源聚合体，遵循历史发展的阶段及其规律，海洋开发三位一体、海陆统筹、集成创新是海洋资源开发与经济发展的客观规律交叉集成综合作用的结果，体现了海洋经济的全面、协调与可持续发展。海洋经济就是统筹海洋经济、涉海经济、沿海经济与海外经济的发展，就是资源互补、产业互动、布局互联。胡总书记的讲话论述了全面、整体发展海洋经济的重大战略任务。

（二）打造蓝色经济区是我省发展的重大战略目标

海洋经济区或沿海经济区是发展海洋经济的重大生产力布局，已成为沿海战略规划的重点内容。山东是海陆复合的沿海省份，沿海聚集了全省的主要优势资源和先进生产力，是带动全省经济超常规、高速度、跨越式发展的"龙头"区域，是全省发展水平最高、潜力最大、活力最强的强势区域。近几年海洋对国民经济的支持作用日益增强，海洋产业的发展及其带动的沿海经济发展对全省的产业升级和区域协调以及可持续发展产生的极其深远的影响是有目共睹的。海陆一体的海洋经济是山东发展的最大优势，已经成为区域协调发展的重要支撑。从全球和全国的海洋定位来谋划山东发展，把海洋经济区的建设列入全省战略目标，有利于全省以及全国经济的科学和谐发展。

（三）实施海洋经济集成创新是我省跨越发展的必由之路

总书记提出的"科学开发"、"培育"、"打造"等殷切希望和要求是落实工作的切入点。随着高新技术产业化和经济全球化的进展，海洋经济在经历了直接开发海洋资源的发展阶段以后，跨入了激烈国际竞争背景下以高新技术为支撑的海陆一体的以经济发展、社会进步、生态环境不断改善为基本内容的系统整体协调发展的创新发展阶段。历史发展规律要求海洋经济走集成创新之路，这就要在资源开发和产业发展上，努力提高显示度和影响力，不断提高海洋经济综合竞争力和可持续发展能力，走出一条具有山东特色的创新发展道路。

对总书记的讲话要求要从理论和实践两个层面上来认识。就理论来看，这是中央领导关于发展海洋经济的最全面、最系统论述，是发展海洋经济战略指导的最高认识成果。就实践来看，这是山东发展海洋经济的重大战略指导方针和清晰思路。这一新的重要构想、全新战略和重大举措将海洋经济提到了前所未有的高度，为山东发展海洋经济指明了方向，标志着山东经济文化强省建设进入了一个新的历史阶段。当前金融危机的影响使我省发展的任务更为艰巨。发展海洋经济的新战略对山东转变发展方式、实现新跨越有重大指导意义，应当成为山东发展的大战略、大思路、大抓手。

二　抓住机遇，科学实施海洋经济重点战略的宏观指导

全面发展海洋经济上升到国家决策，机遇前所未有。大力发展海洋经济，加快推进蓝色经济区建设，是摆在全省干部群众面前的重大战略任务，是集中力量实施跨越发展的重大时机。建议紧紧抓住胡锦涛总书记对山东发展提出殷切希望这一重要机遇，加强学习认识，尽快在工作推动上见实效。

（一）加强学习研究，强化海洋经济集成创新意识

实施发展海洋经济的大战略和打造蓝色经济区，需要解放思想，更新

观念。开发海洋，发展沿海，联动全省，打造特色，具有必然性、可行性，要达成共识，要跳出山东看山东，跳出陆地看海洋，跳出海洋看世界。要有海洋意识和海洋定位。海洋意识要有新突破：突破海洋自然观，树立海洋经济观；突破陆海分治观，树立海陆一体观；突破海洋单项战略观，树立海洋集成战略观；不仅要有经济和文化强省观，还要有海洋强省观。进一步提高发展海洋经济重要性、紧迫性的认识，增强机遇意识和创新意识。

（二）　完善战略规划，提升打造水平

山东是沿海大省、陆海复合区域和重要对外开放区，要在经济全球化的大趋势下，在全国开放发展的大格局中，按照党和国家对山东的总体部署和要求来思考和谋划未来的发展。我省具有发展海洋经济的独特区位、科技、资源与产业优势，"海上山东"跨世纪工程和海洋经济战略的实施已具有实践基础，要发挥沿海众多港口的作用，形成三千里黄金海岸经济带，构筑新的经济板块，促进生态区、科教区、经济区、城市区、旅游休闲区发展，把海岸带经济培育成新一轮发展的亮点，打造坚强的东北亚经济圈层中心，使山东沿海成为环境优美、经济发达、社会和谐的具有崭新形象的临海经济带和沿海经济区。战略规划安排上重点从海洋资源、科技教育、新兴产业、生态环境、集成管理方面全面规划，突出亮点，互动融合，实现沿海"板块再造"和"集成创新"，扩大海洋经济运作空间，形成全省经济大联动局面。规划要特别注意经济区建设的一般要求和特殊要求，努力张扬山东半岛具有的资源优势与面向日韩的合作潜力等特色，打造独占优势和鲜明特色，提高规划的新颖性和影响力，将蓝色经济区建设成为蓝色产业优势突出、经济持续发展、文化更加繁荣、综合竞争力不断增强、人民群众安居乐业的国家战略重点区域。

战略规划还需要注意三个方面：一是要全面发展海洋经济，海洋经济是水体资源、产业活动与区域布局三位一体的综合性经济，要全面科学把握；二是要切实做好海陆统筹，在基础设施、资源利用、产业发展和城市发展方面搞好对接，特别注意优选产业，强化产业重组和园区连接；三是以提高集成绩效为目标，谋求生态、经济与社会效益的统一。经济区战略定位不应局限于区位，蓝色经济区是海洋经济、涉海经济、沿海经济与海

外经济的统一，要有生态建设、资源科学开发、产业选择与重点发展、城市发展、对外合作的拓展等多重定位。它既是科教区、产业区，又是资源开发区，还是海陆统筹区位区，是立体的、复合的经济区。经济区内要形成全国有名的产业基地，要有很强的显示度。区域范围要科学划定，产业培育与园区（临港区）建设应作为重点。总之，对蓝色经济区的战略定位、产业集聚、区位布局、战略重点要很好地研究。

（三）以创新精神实施科学务实的工作指导

我省应当抢抓机遇，实施正确、科学的战略指导，对新阶段的海洋经济发展做出部署，把蓝色经济区建设推向一个更高的层次和更新的阶段，使之真正成为发展沿海、联动全省的强力引擎。要扩展海洋经济战略领导小组的职能与工作范围，吸纳沿海市主要负责人参加，充分发挥领导、组织、协调功能，共商突破、创新发展策略。建议建立涉海部门联席会议，增强各部门的协调性，强化对海洋经济重大决策、重大工程项目的协调及政策措施的督促落实。积极探索由社会、企业特别是专家参与的科学决策、咨询、评价机制，改变传统的海陆分治、产业壁垒，确立系统整体的科学发展理念，调动涉海各部门和全省各行各业的积极性，形成海洋开发与产业发展的合力。通过对山东海洋自然资源、科技教育资源、交通运输条件和对外开放的综合开发与利用，把海洋经济当作重要的经济增长点来抓，以求经济发展有实质性突破，争取海洋经济对国民经济发展的贡献率逐年增大，争取国家的更大支持。要珍惜国际产业转移的历史性机遇，更有效地拓展环渤海、环黄海经济联系，融接长三角和京津冀，发挥通达海外的经济要冲作用，集聚经济势能，激活生产力，推动山东经济由单项突破向整体优化发展，保证省委、省政府一系列重大举措的实施，努力实现我省经济的创新发展和跨越提升。

三 我院贯彻落实省委全委会精神的基本情况

我院紧紧抓住胡锦涛总书记对山东发展提出殷切希望的重大机遇，加深学习和理解，并积极落实省委全委会的要求，对科研作出了调整和安排。

（一）拟定了一批课题，已落实到课题组

我院按照省委九届七次全委会的要求，围绕建设经济文化强省的重大迫切问题拟定了一批课题，特别是在发展海洋经济、打造山东半岛蓝色经济区方面落实了五个课题，即打造山东半岛蓝色经济区研究；发展海洋经济的思路措施研究；蓝色经济区的含义、必要性、可行性与对策研究；蓝色经济区的战略定位、空间布局研究；培育海洋产业优势、实现产业集聚研究。项目已分别落实到课题组。

（二）院领导与省情专家带头深入实际调查研究

在前段建立调研基地的基础上，确定科研人员进入基地从事深入实际的调查研究，争取出高质量的研究成果，更好地为省委、省政府决策和全省经济文化强省建设服务。

（三）协助综合部门进行战略规划及政策措施的咨询研究

配合全省海洋经济战略指导工作的开展，积极组织专家为政研室、发改委等综合部门的有关规划和方案研究提供咨询服务和承担相应任务，加快完成我院承担的国家"908"山东项目，同时积极为沿海各地发展海洋经济提供咨询服务。

专题报告之二：山东 13 类海洋产业的基础、优势、发展潜力分析及发展重点

《山东半岛蓝色经济区概念规划研究》课题组

一　在我省 GDP 和海洋产业中占比大的海洋产业

海洋渔业是山东第一大海洋产业，其份额占全省海洋产业的 40% 左右。

滨海旅游业是山东第二大海洋产业，其份额占全省海洋产业的近 30%，在全省旅游业中的比重超过 50%。

港口与海洋运输业是山东第三大海洋产业，其份额占全省海洋产业的10%左右。

海洋化工业在全省化工产业中的比重超过50%。

二　在全国海洋产业中具有优势（特色）的海洋产业

海洋生物医药业在全国具有技术竞争优势。青岛的海洋专业技术人员占全国的40%，高层次人才占50%以上，是著名的海洋科技城，为该产业的发展提供了技术支撑。

大港数量居全国第一。山东是唯一一个具有三个吞吐量超亿吨大港的省份。

海盐、卤水等化工资源居全国第一。合成纯碱、硝盐、固体氯化钙居世界第一。山东海化集团在全国化工企业500强中居第一位。

海洋盐业产量居亚洲第一，占全国的1/3以上。

海洋工程业业务量居全国第一。

海水淡化装置数量居全国第一。

海水养殖产量、海洋捕捞产量、远洋渔业产量均居全国第一。

三　发展潜力大的海洋产业

海洋生物医药业。主要得益于山东海洋科技力量领先。

海洋化工业。主要得益于山东海洋化工成本领先。

海洋船舶配套产业。主要得益于区位优势，承接日韩产业转移，潍柴动力高性能柴油发动机制造技术也是优势条件之一。

港口产业。需要在资源整合、港区联动、港城联动、港港联动方面实现突破。

滨海旅游业。需要有适合全球、全国游客需求的高端项目策划。

海水淡化装置制造业。沿海地区海水淡化和我国西北地区苦咸水淡化的市场需求越来越大。

海洋工程业。随着全国沿海经济竞相发展，其业务量越来越大。

海洋油气业。我省海上油气开发近几年增长较快。

四　发展重点

（一）经济总量大、发展潜力大且具有优势（特色）的海洋产业是当前发展重点的重点

1. 海洋化工业

在潍坊北部，从盐场到化工企业生产线的每吨原盐运输成本是 8 元，而唐山的化工企业，经过几次倒运，运输成本就上升到了 150 元。我省海洋化工业正是依靠成本领先，在 2002 年到 2006 年的 5 年间，以年增长率超过 90% 的高速度快速增长。当前应继续发挥这一优势，在提升两碱（氯碱、纯碱）竞争力的基础上，重点发展医药中间体、染料中间体，溴、镁、钾等系列产品。

2. 港口产业

当前主要是采用在内地建"旱码头"的方式，实现多区港城联动，扩大山东港口在周边省份及沿黄流域省份的辐射力度。

3. 滨海旅游业

我省滨海旅游业的优势目前并不突出，在这里将其列为当前发展的重中之重，是要把其打造成具有优势的产业。思路是建设能够辐射全国、全球的高端旅游项目，机遇是黄河三角洲生态经济区的建设。如果在黄河口建成以原生态为特色的生态经济区，建成全球温室气体排放最低的社区，并争取由联合国环境规划署命名；如果把鲁北化工生态园建成比丹麦卡伦堡生态工业园水平更高的生态工业园（现在已具备这样的条件），黄河三角洲就成为全球环保人士的朝圣地、全球民间环保论坛的举办地、全国节能减排教育基地、国外驻华人员的度假地，将成为山东滨海旅游业的特色项目。

（二）经济总量大，但发展潜力和优势只居其一的海洋产业也是当前的发展重点

1. 海洋渔业

我省海洋渔业近几年发展速度不快，由于其基数大，对全省海洋产业有重大影响，仍应将其作为发展重点。发展的方向是生态高效品牌渔业。

黄河三角洲水产养殖也是新的经济增长点之一。

2. 海洋盐业

当前主要是以盐为原料发展非盐产业,以溴为中间体,发展溴系列产品的深加工等精细化工项目。

(三)发展潜力大,也具有优势,但经济总量不大的海洋产业是中长期发展重点,当前应将其作为发展方向,重点培育

1. 海洋生物医药业

当前的重点是通过建立新体制、新机制,有效整合青岛海洋科技力量,切实把海洋科技优势转化为海洋产业优势。

2. 海洋船舶配套产业

重点是吸引日韩的产业向我省转移,还要以潍柴动力高性能柴油发动机为龙头,带动海洋船舶配套产业发展。

3. 海水淡化产业

顺应海水淡化的良好市场前景,发展海水淡化装备制造业。

4. 海洋工程业

在全国沿海经济大发展的背景下,争取更多的省外业务。

专题报告之三:山东海洋产业现状、问题与发展对策报告

一 海洋渔业

山东省三面环海,拥有辽阔的海洋水域和丰富的渔业资源,是我国海洋渔业最为丰富的沿海省份之一,海洋渔业历史悠久,对我国海洋经济的发展具有重要影响。

(一)山东省海洋渔业发展现状

山东半岛濒临黄海、渤海,海岸线绵延曲折长达3100多千米,沿海

岛屿星罗棋布，是各类海洋生物的栖息场所，海洋渔业资源十分丰富。海洋渔业作为山东海洋经济的第一支柱产业，在全省经济发展中占有重要的地位。2006 年山东省海洋渔业总产值为 1260.3 亿元，占全省主要海洋产业总产值的 41.97%，远远高于其他海洋产业所占的比重。

山东省海洋渔业产业竞争力在全国处于优势地位。山东海水养殖产品的产量、海洋捕捞产品的产量、远洋渔业的产值均居全国前列。山东的海水产品总量、水产品加工量、水产品出口量均居全国第 1 位。2006 年全省实现渔业总产值 1461.1 亿元，比上年增长 13.6%，三次产业比例为 36.8 : 40.8 : 22.4，第一产业比重比上年提高 0.6 个百分点，第二产业比重比上年提高 0.6 个百分点，第三产业比重下降 1.2 个百分点。按照构建以健康养殖业为重点，合理的捕捞业、先进的加工业、繁荣的流通业、新型的休闲渔业相协调的现代渔业产业体系的目标要求，扎实推进渔业结构的战略性调整，取得可喜进展。一是名优产品产量持续快速增长，深水大网箱、工厂化等先进集约的生产方式规模持续扩张，优势主导和特色产品的辐射带动能力进一步增强。二是渔业的功能得到拓宽。全省共拥有休闲渔业基地和场点 5000 处，有 12 处被评为省级休闲渔业示范点，吸纳社会就业人员 10 万多人，总收入 17.9 亿元。三是标准化和无公害水产品生产规模扩大。已有 106 个水产品获农业部无公害产地认证，162 个水产品获无公害称号，12 家养殖场被批准为"农业部水产健康养殖示范区"，无公害养殖面积达 13 万公顷。四是渔业中介合作组织健康发展。成立了山东省渔业协会等组织，全省登记备案的渔业中介合作组织达到 145 个，渔业的组织化程度显著增强。五是批发市场建设取得新突破。全省 128 个主要水产品批发市场年交易量达到 378 万吨，交易额 246 亿元，江北最大的批发市场——济南海鲜大市场、全国第一家电子拍卖交易市场——石岛北方渔市、保税仓库——蓬莱京鲁、烟台安德水产物流保税库相继建成并投入运营。六是品牌渔业建设成效显著。

渔业发展科技含量不断提高。坚持把科技进步作为调整渔业结构和转变渔业经济增长方式的中心环节，重点在良种、健康养殖等方面进行突破，基础研究取得新进展。"菲律宾蛤仔大规模人工育苗技术"等 18 个项目通过验收，"优质抗病速生鱼类良种选育"、"优质高产抗逆性经济藻类新品种选育"和"速生抗病耐高温刺参良种选育"三大良种工程项目取得较大进展。有 12 个项目获省部级奖励，推广转化科技成果 20 多项，审定了 15 处国家级和省级水产原良种场；组织了春、夏、秋三次渔业科技示范入户行动，确定了 10 个县，示范推广 10 个主导品种和 10 项主推技术，示范面积 3.5 万亩，辐射面积达 36 万亩，带动 2.7 万养殖户，实现产值 21 亿元。

外向型渔业渐见成效。2006 年全省共拥有远洋渔船 208 艘，功率 13.5 万千瓦，远洋渔业总产量 19.2 万吨，国外经营总收入 1.7 亿美元，经营利润 2880 万美元，经营情况明显好于 2005 年；水产品对外贸易继续保持快速增长的良好态势，贸易总量 223.7 万吨，总值 51.5 亿美元，分别增长 3.9% 和 10.8%，其中出口 106.4 万吨，创汇 32.4 亿美元，分别增长 6.6% 和 15.7%。对外经贸合作取得新进展。山东省水产企业考察团与菲律宾渔业局进行了工作洽谈，并签订"备忘录"，菲方允许山东省捕捞船进入其海域捕鱼，在菲设立养殖、加工独资公司，享受六年免税。

（二）山东省海洋渔业的发展潜力和趋势

1. 从山东省渔业生产的整体发展思路来看，更加注重可持续发展

按照农业部制定的捕捞业要坚持合理利用渔业资源的方针，山东省近年来继续实施捕捞产量"零增长"计划。减少近海捕捞强度，扩大外海捕捞，发展远洋渔业，为山东海洋渔业的可持续发展提供了更加广阔的空间。可以预见，山东远洋渔业的优势未来几年将更加凸显。

2. 从海水养殖的空间分布来看，开拓空间巨大

山东省海洋渔业空间分布中，传统海上和滩涂渔业无论是在全省还是在各个地市都占了很大的比重，然而陆基、深水网箱、普通网箱等现代化的海洋渔业手段还没有充分利用。对于很多地市来说，陆基、深水网箱、普通网箱的开发尚处于空白或者初步开发阶段，这就为这些养殖空间开发提供了巨大潜力和开发机遇。

3. 从山东省捕捞渔船存量来看，能为海洋渔业的进一步发展提供海上设备保证

2006 年全省共有远洋渔船 42079 艘，共计 799733 吨、1668948 千瓦。山东省拥有 441 千瓦以上的大功率渔船 87 艘，总吨位 59845 吨，总功率为 76778 千瓦，拥有 45—440 千瓦的渔船 8123 艘，共计 486072 吨、

1069766 千瓦。并且拖网、围网、刺网、张网、钓网的数量、吨数、功率都十分充足，不仅能够满足现今山东海洋渔业的发展需要，也为山东海洋渔业的进一步发展提供了很好的设备保证。

（三）山东海洋渔业资源利用中的问题

山东省海洋渔业资源丰富，发展水平在全国处于领先地位。但是，在发展过程中也存在许多突出问题，主要体现在生态环境、资源利用等诸多方面。

1. 缺乏统筹致使渔业生态环境恶化

由于沿海城市工业和生活污水的排放以及养殖的污染，导致海洋生态环境恶化和海底植被荒漠化；近海局部水域富营养化，赤潮等自然灾害频发，严重影响了海洋渔业的发展。传统海洋渔业中的养殖业掠夺性使用养殖水域，没有考虑长远的生态效益和环境效益，致使养殖量大大超过环境容纳量，种质退化，养殖病害不断。这些不利因素严重影响了海洋渔业资源的再生能力和海水养殖业的健康发展。

2. 过度捕捞致使渔业资源衰竭

长期以来，我国传统渔业的生产结构是以捕捞为主。由于捕捞力量发展速度太快，捕捞过度，长期以来，渔业资源普遍被过度使用。不合理的资源开发利用方式，造成了渔业资源的衰竭，经济效益的下降。200 海里专属经济区实施以后，多数在外海和远洋渔场作业的渔船将撤回近海作业，加剧了近海渔业资源不足与捕捞力量过剩之间的矛盾。虽然国家已经出台《中华人民共和国渔业法》等政策和法规，对近海捕捞进行限制，但是近期仍然无法阻止海洋资源衰竭的趋势，严重制约了海洋渔业经济的发展。山东海洋渔业资源的退化不仅表现在渔业资源种类的减少，还表现在一些渔业资源如鱼类的大小尺寸上。现在，渔获物低质化、小型化的问题十分突出。这种状况如不能得到有效抑制，将会导致渔业资源出现衰竭的局面。

3. 近海污染致使渔业损失严重

由于渤海湾属于半封闭式内湾，水体的交换能力较差，加上大量工业污水的排放及围填海工程的实施，渤海湾的污染日趋严重，导致赤潮频发。根据 1995—2001 年的统计，黄渤海海域共发现赤潮 58 起，其中渤海 46 起，黄海 12 起。灾害海域面积近 3 万平方千米，山东近海海域共发现赤潮 15 起。2006 年夏季渤海湾赤潮重点监控区发生了夜光藻赤潮,给我国的渔业带来巨大的经济损失,应当引起国家有关部门的高度重视。

(四) 结论和建议

海洋渔业是依托于海洋渔业资源的产业,要围绕其发展趋势实现其发展潜力,必须实现资源的有序、合理利用与海洋渔业的有机结合,走海洋渔业的可持续发展之路。就目前来看,关键是运用科技创新,运用海洋高新技术,改善渔业环境,调整和优化产业结构,从而实现渔业资源和渔业经济的长久、健康和稳定的发展。今后要做好以下工作:

1. 积极发展生态渔业

良好的自然环境是渔业可持续发展的基础。生态渔业是一种可持续发展的渔业生产方式,是根据生态系统内物质循环和能量转换规律建立起来的渔业生产结构,可以很好地统筹生态、资源和经济的发展。针对海洋渔业生态环境恶化的趋势,沿海首先应该加强工业和生活废水的处理,从源头控制污染排放,还海洋一个洁净的自然环境;采用生态防治等技术手段,有效控制富营养化以及赤潮灾害的发生,还海洋生物一个和谐的栖息之所。目前,山东省正在实施一项"渔业资源修复计划",正是为了发展生态渔业。该计划将资源增殖作为恢复海洋渔业资源的一种主要方式,在强化各项管理和保护措施的同时,采取人工放流、底播、移植、建立人工渔礁等方式,改善渔业资源种群结构。将废弃的渔船沉入海底,建立一个个人工渔礁,并在海岸以及海岛周围大量繁殖海带、裙带菜等藻类,培育一片片的海底森林,为海洋生物提供索饵、繁殖和生长发育的场所。

在海洋产品加工业中,采取增加加工比例、发展深精加工、提高产品价格的发展思路。通过应用现代工业技术,对渔获物进行各种形式的加工,开发各色各样的高附加值产品,特别是运用现代生物技术,开发海洋保健品、医药、生物材料以及化工产品,从而提高海洋渔获物的利用价值和经济价值。

通过与农业、工业、商业、运输、环境保护、科技、教育等部门的紧密配合,海洋渔业与其他行业的产业间实现再结合,使海洋产业结构得到优化。行业间的整合极大地拓展了渔业的空间范围和产业范围,促进新兴产业部门的产生,从而为渔业经济效益的提高寻找到新的发展空间。

2. 积极发展海洋高新技术

海洋高新技术是海洋渔业可持续发展的动力。海洋高新技术代表着未来海洋的经济增长潜力，而海洋高新技术产业是海洋经济的先导产业。近几年来，山东将生物技术、工程技术、监控仪表、信息技术等现代技术应用于渔业资源的保护、恢复、生产和利用中。运用海洋高新技术，特别是海洋生物技术，发展赤潮等生物防治技术，修复海洋生态环境，有效地恢复了海洋渔业资源；通过积极发展海洋动物、植物种质鉴定和种质保存技术，建立了相应的种质资源库；通过开展水产良种的培育，开发了健康养殖技术；通过开发和推广快速诊断水产养殖病害技术和产品，建立可靠的病害预警系统。

3. 加强渔业检测和渔业研究

为了准确地把握渔业资源和环境状况，需要提高检测手段和检测技术水平，进行长期而系统的渔业资源和环境检测、调查与评估，加强数据收集、分析、评估和信息传输体系建设，积极构建现代化的渔业信息网络系统。通过增加渔业研究，重点开展渔业资源和环境保护与管理、保护工程、信息管理等研究，制定最佳的渔业资源开发利用规划以保持生态平衡。此外，根据水域的性能和资源状况，进行合理的功能划分，把生态渔业调整到今后政府的海洋管理活动中去。

4. 加强渔业法制建设和渔业管理

渔业法以及配套法规、规章是渔业施行依法治渔、依法兴渔的重要保障。山东省通过加强环境与资源保护法律法规的制定和完善，使渔业生产和管理有法可依、有章可循。通过加强宣传力度，提高人们的海洋意识、环境意识和生态意识，实现海洋的综合管理。通过加大执法力度，严格执行国家法律法规，在污染治理、生态环境、资源保护、产品质量与安全等各个方面严格执法。鉴于海洋渔业资源的公有属性，通过优化产权关系，合理配置海洋资源，使市场机制在海洋渔业资源管理中发挥作用。

二　海洋油气业

（一）资源条件

渤海湾盆地是我国石油、天然气重要的勘探开发主阵地之一，石油工业"稳定东部，发展西部"中"东部"的内涵中渤海湾的勘探开发至少占一半以上的分量，而渤海湾盆地中海域的勘探开发又是重中之重。渤海海域中属山东海域领域甚广（约占 1/3 以上），仅胜利油区矿产登记的范围内就涉及 414 千米海岸线附近的 4870 平方千米的极浅海和浅海面积。此外，位于胶东半岛的渤海海域山东省亦有广阔的面积，但由于多种原因，海域内的勘探程度仍然较低，目前勘探开发较集中的区带在老黄河口之北埕北低潜山 600—700 平方千米的范围内，有 3/4 以上的区域勘探程度还很低，仍处在勘探的预探阶段，因此亟待进一步加强勘探，寻找更多的油气资源。为进一步找出地下油气资源潜力，选择勘探开发目标，规划未来，根据现有资料，对地下资源状况进行摸底排队，认为山东海域具有丰富的油气资源，在近 5000 平方千米的探区内跨遇 8 个生油凹陷，构造运动比较强烈、频繁，造成了生油凹陷与潜山披覆构造间出现的区域构造格局和生油凹陷面积大、烃源岩厚、埋藏深、有机质丰度高、生油母质类型好等特点。生油岩分布总面积达 1 万余平方千米，总生油量 1035 亿吨，排烃量为 22.7 亿吨，排气量 21740 亿立方米，其中可供给山东海域矿产登记范围的油资源量为 23.6 亿吨，气资源量为 18640 亿立方米。

探明浅海地区供油范围及油气运移主要方向。截至 2005 年底，该区探明的含油面积为 145.0 平方千米，探明石油地质储量 38609 万吨，控制含油面积 57.5 平方千米，储量 8948 万吨。探明加控制储量共计 47557 万吨，还不足总资源量的 1/3，尚有 77.3% 的资源有待勘探开发。针对这一问题，又将地下情况按区带，分层系、分级别地进行圈闭资源量计算，在山东海域矿产登记的 4870 平方千米范围内评价了 6 个地区的 96 个圈闭，并在上第三系、下第三系、中生界、上古生界、下古生界、太古界 6 个层系中除探明和控制外，又分别对预测和潜在两个级别进行计算，在展开面积 2955 平方千米内测算出预测石油地质储量 24460 万吨，潜在石油地质储量 21585 万吨。

（二）生产发展水平

1. 山东省海洋油气业布局

（1）山东省海洋油气业布局现状

从产业的空间布局宏观层面来看，属于海洋油气及相关部门的企业共有 327 家，总资产 897 亿元。大部分位于东营及其周边城市，其中东营石油海洋油气相关产业 123 家，总资产达 757.5 亿元，集中了近 40% 的企业和 84% 以上的资产，是海洋油气业经济活动空间分布与组合的重心；淄博 53 家，总资产 71.3 亿元；青岛 29 家，总资产 9.1 亿元；滨州 26 家，总资产 6.7 亿元。

产业整体分布呈以东营为中心，向周围辐射扩散的态势，以东营、淄博、青岛、滨州四个城市最为突出，集中了 70% 以上的企业和 94% 以上的资产，构成了一种点状分布的结构。其中，东营市主要以天然原油和天然气开采部门为主，并伴生一些相关的为油气开采提供服务的产业。淄博、滨州、青岛则主要以油气加工业为主，提供油气开采与加工服务的企业主要集中在青岛市。

从三次产业划分层面来看，第一产业中各海洋油气相关产业已经呈现出聚集的态势，但主要是同类行业的聚集。以东营市为例，天然原油和天然气开采部门不仅在地域上的聚集趋势十分明显，资本的聚拢也已经具备一定规模（占行业总资产的 77.8%），主要是由于海上钻井平台等大规模设备的投资占了相当大的比重。目前共有海上石油钻井平台 91 个，服务平台 3 个，在建 2 个。

第二产业分布没有形成占主导地位的聚集趋势，较多集中在淄博、东营、滨州三个城市，资本汇集度达到了 81.4%，东营和淄博最为集中，分别为 39% 和 38%。由于石油管道铺设覆盖范围较广，所以各地在原材料获取的便利程度上没有明显优势，但资本在第三级行业中的聚集非常明显。化学试剂和助剂制造业汇集了石油加工和辅助行业中 59.46% 的资金。其次为铁路、道路、隧道和桥梁工程建筑业，为 15.60%，专项化学用品制造业为 9.49%。

第三产业共 49 家企业，在空间上的分布主要呈现出以功能为主导的聚集，主要集中在东营和青岛两个城市，其中东营市 12 家，主要以管道安装敷设以及设备修理和维护为主；青岛市 11 家，主要以油气运输和仓储以及船舶管理为主。资本分布则更为分散，在地域及行业中均未形成聚集趋势和主导产业。按资本比重大小排序，前六位的行业分别是：与石油和天然气开采有关的服务活动业、工矿工程建筑业、架线和管道工程建筑业、货运港口、管道运输业、其他仓储。所占资本比重分别为：15.13%、

19.00%、12.71%、12.21%、12.81%、18.20%。

（2）山东省海洋油气业布局评价

从地理位置上看，山东省海洋油气产业的分布比较集中，以东营为主要城市，其他三个城市为微型城市分散其周围，企业个数和资源所在地空间距离的远近呈正相关关系。资本的分布则更为集中，并且绝大部分资金集中在第一产业。实际上，由于资源开采的特殊性，技术以及相关服务的投入更多地以大型机械和设备的形式表现出来，导致第一产业的资本占到了相当大的比重。

从三次产业的布局来看，第一产业布局较为集中，但这并非是由于产业间相互关联所形成的产业聚集，而与资源的可获取性有关，固定资产的集中也是出于这一原因。第二产业的布局较为分散，但仍以资源所在地为中心。第三产业成均匀分布的态势，并且没有出现产业主导的趋势。总的来看，山东省海洋油气业分布处于点状分布阶段。各城市海洋油气产业发展迅速，海洋生产要素和产业开始集聚形成空间实体。在这个过程中的发展又可以分为两个阶段：首先是数量扩张阶段。这同时也是产业规模不断扩大，形式、功能不断多样化的阶段。二是功能分化阶段，即产业体系逐渐形成阶段。目前山东海洋油气业正处于两者之间的过渡阶段。以东营市的发展过程为例，油气开采业占了城市系统中相当大的比重，处于绝对竞争优势的地位，由于海陆产业的内部关联和交互作用，油气开采业（包括海洋油气业）在发展过程中不断吸纳其他产业并逐步发展成为区域性的以产业为主导的中心城市。而另一些城市如淄博、滨州则成为产业经济中心城市的依托腹地（基于产业的角度），中心与腹地之间的联系不断增强，分工也逐渐明确。目前，东营市作为产业经济中心城市已经成为各个油气相关产业相互作用的节点，在集聚和扩散作用下不仅向陆域城市释放和吸收能量，同时也向海域传导。由于海洋科技进步快、海洋产业高级化并对周围地区具有较强的辐射、带动功能，东营市已经成为该区域海洋经济的增长极。在产业发展上，增长极是产业发展的组织中心；在空间上，增长极是支配经济活动空间分布与组合的重心。海洋经济增长极一经形成，就会成为区域海洋经济乃至整个区域经济增长的极核，在吸引周边地区资源促进自身发展的同时，通过支配效应、扩散效应带动周围地区经济增长。

2. 山东省海洋油气业行业经济结构

总的来看，山东省海洋油气业主要以天然原油和天然气开采部门为主，三次产业比重分别为71：15：14。但由于石油开采行业的特殊性，仅用产业划分的比例无法描述其整体特征。因此本文采用 Weaver - Thomas 模型对山东省海洋油气业布局进行评价。计算结果显示，山东海洋油气业主导产业不超过两个（$nq = 1.66$），主导作用明显的行业为天然原油和天然气开采业，其次是化学试剂和助剂制造业，基本上以第一、二产业为主，第三产业中没有明显的主导行业，这主要是由于与海洋油气相关的服务业规模较小，分布较为分散。

3. 山东省海洋油气业就业结构

山东省海洋油气业就业人口总数为116386人，其中女性18060人，男女比例为5.44：1，占山东省总就业人口的1.2%。

从就业人口的分布情况来看，山东省海洋油气业就业人口分布差异十分显著，仅东营和淄博两个城市就集中了行业总就业人口的87.6%，其中东营市从业人口最多，为79769人，占68.5%，淄博市22129人，占19%。就业人口分布情况与产值规模结构和资产结构十分接近，人均产值和人均资本占有量在相同行业中差别不大，各城市海洋油气业人员构成结构大致相同。

从产业划分的层面看，以天然原油和天然气开采部门为主的第一产业仍是吸纳就业的主要力量，就业人数为63358人，占54%；第二产业就业人数为40395人，占35%；第三产业就业人数为12633人，占11%。

与三次产业资本的构成结构相比，人员在第一产业的集中有所减弱（54：35：11），而在第二产业中的提高十分明显。从经济学角度考虑，由于人力要素对产业的收益率比资本要素更为敏感，因此转移也会更为迅速。目前，山东海洋油气企业的人力要素已经呈现出向第二产业积聚的态势，说明天然原油和天然气开采业经历了一段时间的发展后，科技和资产规模已经发展到了一个阶段，并开始将其积累的优势向第二产业（油气加工及化学试剂和助剂制造业）传导。人力要素的转移是产业结构调整的一个先兆，然后是资本要素的转移，但考虑到资源开采业必须在资源所在地这一特殊性，海洋油气内部产业结构调整不会出现资本大规模转移的现象，而应该是第二产业总体规模的提升形成产业结构的相对的转变。

4. 山东省海洋油气业资产结构

山东省海洋油气业资产总量达897亿元，其中东营市汇聚了绝大部分的资产，并且主要是集中在原油及天然气开采行业，产业整体分布呈以东营为重心向周围辐射扩散的态势，以东营、淄博、青岛、滨州四个城市最为突出，集中了94%以上的资产，构成了一种点状分布的结构。

但借助山东海洋油气业的资产结构尚不能完整地描述整个行业的内部结构。根据前文的分析，虽然以资产规模指标评价的海洋油气主导行业为原油及天然气开采部门，但考虑到就业和产值规模因素的影响，以油气加工和石油助剂、化学助剂生产为主的第二产业也应列为主导产业。从就业结构的变化来看，人力要素的转移也验证了这一趋势。

5. 山东省海洋油气业的相关产业带动

按照产业集群发展的一般原理，通过港湾自发形成的港口服务、海事保险、海洋信息咨询等企业聚集而生，成为内地重要的海洋石油服务产业群。特别是与海洋石油相关的海洋交通运输业，衍生出仓储物流、陆地运输、海事保险、加工、代理、海洋信息等服务产业。但由于前期山东石油产业的发展一直缺乏市场化的运作，因此，相关产业的带动发展还处于起步阶段，特别是在运输仓储和服务业上。此外，由于我国的石油出口很少，基本都用于满足内需，不仅如此，每年还要进口补充，限制了贸易规模，因此也影响了由贸易衍生的相关信息服务业和商业的发展。

6. 山东省海洋油气业投入产出

2005年，中海油国内外油气总产量达到3900万吨油当量，比2004年增长7%。其中原油3197万吨，天然气70.29亿方。2005年国内原油产量2789万吨，天然气57.5亿方，国内油气总产量比2004年增长11.4%。中海油2005年新投产油田7个。目前，中国海域在生产油田45个。其中旅大10—1A11井成为渤海油田第一口千吨井。渤海油田区继2004年油气产量首次突破1000万立方米油当量后，2005年产量达到1400万立方米。

2006年海上石油平台共生产原油503.814万吨，天然气32688.69万立方米，基本全部集中在埕岛附近。

7. 相关政策扶持

石油、天然气是重要的能源矿产和战略性资源，是一个国家经济和社会发展的重要因素之一，也是国家能源安全的核心问题。我国已将油气资源和粮食、水资源一同列为影响经济社会可持续发展的三大战略资源，并将保护资源列为基本国策。

（1）技术政策

我国鼓励石油企业加快科技创新，加大对石油科技的投入，提高采收率，并大力推广先进的油气勘探开发技术和节油技术，降低油耗。在2000年为推进经济结构的战略性调整，促进产业升级，提高竞争力，修订颁布了《当前国家重点鼓励发展的产业、产品和技术目录》，其中针对石油天然气行业重点鼓励发展石油、天然气勘探、开采及利用，原油及成品油管道输送及管网建设，天然气管道输送，石油、天然气储备技术及设施建设，油气伴生资源综合利用和油田提高采收率技术开发等方面的工程和技术。

（2）市场准入与开发政策

在油气资源的开发政策方面，企业申请开采油气资源，需提交国务院批准设立石油公司或者同意进行石油、天然气开采的批准文件以及采矿企业的法人资格，经由国务院授权的主管部门批准，然后颁发采矿许可证。在实际开发时要有国家批准的探明储量才能够编制所开发油田的总体方案，制定开发规划。在开采中，应最大限度地提高油气的采收率，延长油田的稳产期，尽可能提高油田的经济效益。油田开发后，储量复算及油气田的废弃要严格按照《已开发油气田储量管理规定》进行。

（3）环保政策

海洋产区的作业者在编制总体开发方案时必须编制海洋环境影响报告书，并报有关部门审批。应具备防治油污染事故的应急能力，并配有相应的油回收和消油设施，具有关污染损害民事责任保险或其他公顷财务保证。作业者还要防止漏油事故发生，发生溢油事故要及时处理、控制和消除油污染。要求含油污水处理达标后排放。化学消油剂一般控制使用，未经批准不得使用。确需使用化学消油剂时，必须严格按照规定进行，并做好防污记录，定期向有关部门汇报，要求作业者对受污染地方承担责任。另外，在石油勘探开发中要加强使用封闭放射源测井的放射卫生防护与管理，保障测井工人及大众的健康安全，并对放射卫生防护与管理有贡献者给予表彰或奖励。此外，爆破作业要避开鱼、虾等的产卵及繁殖期。废弃物的管理要符合相应规定。鼓励采用各种节油、代油措施，发展新能源，在节油的同时减轻对环境的污染，以实现节油和环保的双赢发展。

（4）税收政策

在资源税方面，我国税务部门对原油按每吨 8—30 元、天然气按每立方米 2—15 元的税率征收资源税，但对用于原油开采过程中加热和修井的原油实行免税政策。在油气开采设备进口关税方面，1996 年 4 月 1 日至2000 年 12 月 31 日期间，曾对进口用于直接开采作业的机器、设备及材料等免征进口关税和进口环节的增值税。而对国外合作者为开采海洋油气资源而暂时进口并保证规定期内复运出境的进口物质，在进口时暂予保税，复运出境时予以免税核销。此后，财政部等部门又发了补充通知，规定对进口设备和材料，凡是国内不能生产的可享受进口税收的优惠，对国内生产但性能欠佳的设备和材料可在一定范围内免征进口税收，对国内有能力生产的设备和材料一律不予享受免税待遇。在引进节油设备上也给予税收上的优惠。

（5）对外合作政策

目前我国实行的油气资源战略是"引进来"与"走出去"相结合，一方面鼓励外国石油公司参与国内油气资源的勘探与开发；另一方面鼓励我国石油企业参与国际油气资源的勘探与开发。在"引进来"方面，我国鼓励国内企业与国外企业合作勘探和开发国内的油气资源，但合作开采油气资源必须遵守中国法律。国内企业只有经国家批准才能申请对外合作勘察、开采油气资源，而地方政府无权审查和发证。在"走出去"方面，政府鼓励国内企业积极参与世界范围内油气资源的勘探和开采，在海外建立石油供应基地，并在政策上予以支持。外交政策也在一定程度上为油气资源服务。党的十六大报告指出，在全面建设小康社会的进程中，发展经济要坚持"引进来"和"走出去"相结合，积极参与国际经济技术合作和竞争，不断提高对外开放水平。党的十六届三中全会再一次提出国有特大型企业集团要"继续实施走出去战略"，增强参与国际合作和竞争的能力，增强开拓国际市场的能力。

8. 山东省海洋油气业名牌战略

由于山东省海洋油气的开采和开发基本都归中海油所有，中石化和中石油很少涉及，因此本文着重介绍中海油的发展战略。

（1）勘探开发战略目标

未来中国海域的勘探开发战略将是立足于近海大陆架的同时，积极拓展深水领域，为中国海域长远油气稳产做好资源保障。我国海域的勘探可以划分为三个方面：一是滚动勘探区的勘探。滚动勘探区是指现有已开发油气区块的周边区域。发现的难度相对小一些，最容易拿到储量，马上投入开发建设中去，但是发现大油田的可能性相对小。二是成熟区域的勘探。成熟区域是指已经过勘探评价研究，可以确定含油气系统及其资源潜力，有经济开发前景的油气聚集区块。这样的区块取得新发现的可能性很高。三是新区新领域的勘探。新区新领域是指勘探还没有取得认识的地区，这样的区块勘探风险相对高。渤海湾是我国未来近海油气勘探的主要领域，深水是海洋石油工业未来发展的一个重要方向，我们将通过自营与合作相结合、国内国外相结合的方式学习先进技术，并通过自主创新创建中海油自己的深水作业队伍。

（2）技术创新战略

为了更好地发现和开发我国的海洋油气，中海油将按照"自主创新、重点跨越、支撑发展、引领未来"的要求，立足现有的技术，在勘探、开发等方面进行技术创新，实现海洋勘探、开发技术的自主创新和重点跨越。在勘探方面要加强新领域、新层系地质研究和勘探新技术研究，掌握复杂油气藏、隐蔽油气藏和深水勘探技术。

目前已发现的部分稠油油田，具有一定的储量规模，但由于地下情况复杂、物性较差等因素影响造成很难甚至无法开发。针对这部分油气田，要进行基础理论研究，进行油气藏精细描述，加强注聚提高采收率技术研究。

海上油气田工程建设也需要技术创新。我们将大力发展可移动式平台和简易平台技术，将其应用到边际油气田的开发中去，起到降低投资、提高效益的作用。

深水油气将通过对外合作、引进吸收等手段，依托重点实验室培育自主勘探开发能力，启动深水装备研发建造，逐步具备深水油田勘探开发能力。

（3）科学管理战略

通过强化市场化经营，提高企业管理水平，提升经济运行质量。不断完善内部模拟市场与经营承包并轨运行的经营管理运行机制，认真执行全面预算管理制度，继续实行目标成本下切和三级单位与机关部门双向控制的内部承包模式，加大产量和成本在经营管理中的承包考核比重，形成全方位、大力度、上下联动、左右联责的成本管理体系。深入开展经济分析活动，坚持定期会议制度，对作业费、运费、电费等重点成本项目，加大跟踪力度，确保重点项目成本有效控制。按照油田要求，全面推行内控制度，编制公司《内部控制手册》，进一步理顺各职能部门之间的关系。

加强海上数字油田建设，ERP 成功上线运行，加快生产经营管理信息化进程，加强源头数据库建设，整合优化信息网络平台。按照"三零三化"目标要求，推广应用"四新"技术，深入开展设备保养及整修工作，举办职业技能鉴定、出海安全取证和特殊工种复审等培训，加强公司职工培训工作。

（三）潜力与趋势

1. 发展潜力

山东省海岸线长达 3121 千米，拥有与陆域面积相当的海洋国土资源，海洋矿产资源丰富，渤海沿岸石油预测地质储量 30 亿—35 亿吨，探明储量 2.29 亿吨，天然气探明地质储量为 110 亿立方米。渤海湾是山东地区最重要的油气勘探及生产区，今年以来，该海域的勘探投入和储量增长再创历史新高。由于强化油气勘探管理，重点地区取得新突破，可持续发展的资源基础更加雄厚。全年完成钻探井 14 口，试油 10 口 24 层，获工业油气流 8 口 11 层，在桩海地区第三系获得新进展，继古生界基本探明后，馆陶组、东营组和沙河街组展示了良好油气前景；在垦东北坡上第三系取得突破性进展，成功钻探垦东 342 等 3 口探井，进一步扩大了该地区的含油气规模。全年新增探明储量 2645 万吨，完成年计划的 132%，新增动用可采储量 277.8 万吨，投入产出比由 2001 年的 0.3 提高到 2005 年的 1.31，连续两年达到储采平衡，资源接替的战略基础越来越稳固，开始步入良性循环发展轨道。2007 年，得益于勘探研究的深入推进和在全海域推行的精细勘探，中海油在山东渤海海域又取得了油气发现，分别为渤中 28—1 东、渤中 26—3。此外，公司通过合作发现垦利 20—1。在钻探中，钻获新发现的预探井钻遇了累计 57 米和 64 米厚的油层。

2. 发展趋势

在技术方面，为了更好地发现和开发我国的海洋油气，山东省海洋油气开发将按照"自主创新、重点跨越、支撑发展、引领未来"的要求，立足现有的技术，在勘探、开发等方面进行技术创新，实现海洋勘探、开发技术的自主创新和重点跨越。

在勘探方面，加强新领域、新层系地质的勘探新技术研究，掌握复杂油气藏、隐蔽油气藏和深水勘探技术已成为目前发展的趋势。目前已发现的部分稠油油田，具有一定的储量规模，但由于受地下情况复杂、物性较差等因素影响造成很难甚至无法开发。针对这部分油气田，要进行基础理论研究，进行油气藏精细描述，加强注聚提高采收率技术研究。海上油气田工程建设也需要技术创新。大力发展可移动式平台和简易平台技术，将其应用到边际油气田的开发中去，起到降低投资、提高效益的作用。

此外，由于海洋油气开发具有资金密集、技术密集、高风险和高回报等诸多特点，石油开发多采用联合经营的策略，以达到分散风险的目的。未来10—20年内，我国的海洋油气开发必然要采取与国外公司联合开发的形式。一方面是因为国内技术还不成熟，另一方面是因为需要考虑诸多不确定因素，以降低风险。

在我国海洋油气开发技术尚不成熟的阶段，国内三大石油公司更应该扩大国际合作。利用国外先进的勘探和开发技术，借鉴国外先进的经验和理论，一方面可以有效分散风险，抵抗国际经济环境的不利影响；另一方面可以尽快使我国海洋油气开发水平和规模缩小与国际上的差距。

（四）存在的问题

在技术方面，由于地质条件非常复杂，勘探难度较大。分析近年来山东石油储量增长特征发现，新增石油储量品位明显变差，低渗透和稠油储量所占比例呈上升趋势，而且这些储量由于企业利益的驱使，大部分未投入开发，致使我国剩余可探明油气资源的品位逐步变差，低渗透和稠油比例约占50.9%，资源的经济性变差。同时地下构造很复杂，逆冲断层发育，目的层埋深大，油气聚集规律不清楚，从而造成勘探难度越来越大，勘探成本升高。这就要求研究工作更深入，对勘探技术的精度要求更高，需要加大原创性的科技创新力度。

此外，海洋油气开发具有资金密集、技术密集、高风险和高回报等诸多特点，而国内技术还不成熟，需要考虑诸多不确定因素，以降低风险。因此，海洋油气开发必然要采取与国外公司联合开发的形式，各国间存在利益的博弈，面临着进口通道和来源地之间的竞争。

在管理方面，管理责任不够明确。油气资产现行管理方法使管理职能变得模糊，各职能部门越过资产管理部门各施其责，直接代替或者取代了资产管理的职能，资产管理部门有责无权的状况在某种程度上还存在，其资产管理职能没有得到完整的发挥。

资产运营能力分析机制尚未建立，对油气资源使用分析不够，造成油气资产管理成本高。目前的资产运营分析仅仅处于表面，没有深入，特别是固定资产及油气资产的运营情况分析没有落到实处。对资产分布状况、运行能力、效益高低和存在的问题等没有进行科学评价和建立定期资产经营分析制度。

此外，管理人员的素质也有待进一步提高。石油企业资产管理有着特殊的专业性要求，一个好的资产管理人员必须经过长期的生产、经营管理及现场实践学习才能满足业务工作的需要。另外，管理人员的资产营运观念还不够先进。加之资产管理力度的弱化，致使油气资产无法得到合理配置和有效利用。导致这种现象的主要原因是资产考核机制不健全，固定资产提取的折旧和折耗没有纳入有限公司的考核范围，经营性资产不收取资产占用费；同时，也没有相应的奖惩机制促使各单位开展闲置资产的调剂和低效、无效资产的处置。

（五）结论与建议

总的来看，山东省海洋油气业中油气开采业占了生产系统中相当大的比重，处于具有绝对竞争优势的地位，由于海陆产业的内部关联和交互作用，油气开采业在发展过程中不断吸纳其他产业并逐步发展成为区域性的主导产业。人力要素已经呈现出向第二产业积聚的态势，说明天然原油和天然气开采业经历了一段时间的发展后，科技和资产规模已经发展到了一个阶段，并开始将其积累的优势向第二产业（油气加工及化学试剂和助剂制造业）传导。

山东海洋油气业今后的发展应注意以下几个方面：

首先，要提高天然气在海洋能源构成中的地位。世界发达国家天然气在能源构成中占 23%—24% 以上，在不少国家天然气已经成为最重要的能源。我国天然气在能源构成中仅占 2%—3%。大规模开发的前景看好，可以"以气补油"。

其次，要扩大国际交流与合作。为了保障我国经济发展，避免受制于人，必须降低原油进口集中度，扩大国际交流与合作，拓宽原油进口的渠道，增加原油进口来源的多元化程度。我们除了巩固传统的进口渠道以外，还应该积极开发新的合作伙伴，发展对外投资，在海外投资自己的资源基地。

再次，要细化油气资产基础管理，建立新的资产运营理念，提高资产运营效益，使价值管理与效益型实物管理密切结合，实现资产保值增值管理网络。分析存量资产配置结构中存在的问题，研究资产闲置流失的原因。加强油气资产的改良管理，实行油气资产的部分增值与部分报废。

最后，要加强资产管理人员的培训工作，建立资产运营能力分析机制，做好资产运营分析工作。聘请熟悉国内外油田资产管理的中介机构，结合油田实际建立一套科学合理的资产经营考核机制。进一步减少无效资产，降低低效资产，优化资产结构，精干资产存量，不断提高资产使用效益。利用先进管理技术，引进国内外科学的油气资产管理经验。以优化增量、盘活存量、提高质量、降低总量为原则，确保国有资产的保值与增值。通过加强油气资产管理水平、提高油气资产的利用率来增加企业经济效益，从而提高企业在国内市场以及国外市场上的竞争力。

三　海洋矿业

（一）资源条件

山东省现已发现各类矿产 144 种，已探明储量的矿产 75 种，其中能源矿产 7 种、金属矿产 24 种、非金属矿产 42 种、水汽矿产 2 种；已发现但尚未探明储量的矿产 69 种，其中 20 种已开采利用。探明储量的矿产地 1483 处，平均每万平方千米 94 处，为全国平均值的 4.2 倍。探明矿石总量约 900 亿吨。截至 1996 年底，全省探明矿产（不含地下水、矿泉水、地热）保有储量潜在总值 45136 亿元，为全国矿产资源潜在总值的

4.98%，居全国第7位，单位面积占有值居全国第3位，人均占有值居全国第11位。

山东省探明矿种比较齐全，探明矿产储量总量较大，储量丰富的一些重要矿产在全国占有重要位置。现已探明的保有储量列全国前10位的矿产有58种，列全国前5位的有36种，其中金矿、自然硫、石膏、玻璃用砂岩等8种矿产居全国第1位；石油、钴矿、菱镁矿、金刚石等7种矿产居全国第2位；晶质石墨、滑石、锂盐、碱用灰岩等8种矿产居全国第3位。国民经济赖以发展的15种支柱性重要矿产在我省都有探明储量，其中煤、石油、铁矿、铝土矿、金矿、钾盐、石灰岩、矿盐等矿产居全国前10位。全省已探明的各种矿产资源，为发展山东经济和矿业开发奠定了雄厚的物质基础。

山东海岸带的矿产资源，其矿种比较齐全，储量也较丰富。在沿海28个市、县中广泛分布，目前已发现各种矿产54种，稀有分散元素6种，放射性元素2种（铀、钍），化工非金属矿产3种，建材和其他非金属矿产资源23种，其中已经探明储量的矿产40种，即石油、天然气、煤炭、油页岩、铁、钛铁矿、金红石、金、银、铜、铅、锌、钼、锆、碲、硒、菱镁矿、萤石、石棉、大理石、玻璃砂、滑石、高岭土、滨海砂矿、水泥灰岩、膨润石、珍珠岩、黄铁矿、磷、蛇纹岩、地下卤水、水泥配料——黄土、凝灰岩、页岩、泥灰岩、石墨、沸石、重晶石、花岗岩、彩石，占全省已探明储量矿种的60%。探明产地146处，由于多种矿产常在一处伴生产出，因此实际上探明矿产地只有104处。

在已探明的40种矿产资源中，在全省范围内，从其储量、埋藏条件、采选技术条件和工艺、开发程度和社会经济效益来分析，沿海地区的现实优势矿产资源有石油、天然气、金、银、菱镁矿、大理石、萤石、滨海砂矿、滑石、地下卤水等10种，其中尤以石油、黄金、大理石、地下卤水为主要的现实优势资源，不仅量大质优，经济效益明显，而且资源保证程度高，发展前景良好。整个海岸带的矿产资源，除去上述的现实优势矿产资源外，还有8种潜在的优势矿产资源，分别是石墨、玻璃砂、花岗岩、沸石、膨润土、重晶石、钼、彩石。煤炭、油页岩资源在胶东地区建设中虽居重要地位，但煤田的储量、产量、质量都不能满足沿海地区工农业建设的需要。

　　山东的能源矿产有煤、石油、天然气、油页岩等。石油和天然气集中产于鲁西北地区和鲁西南地区的中新生代凹陷中，前者是胜利油田，后者是中原油田。（山东部分）产量在全国占有重要地位。山东的煤炭资源较丰富，种类齐全，质量也佳，集中分布在鲁西地区的京沪和胶济铁路沿线。山东煤炭总保有储量居全国第 10 位，其产量居全国第 5 位。

　　山东的金属矿产主要有贵金属如金矿、银矿，黑色金属如铁、钛铁矿、金红石。金矿是山东的优势矿产之一，探明储量占我国已探明储量的 1/3 以上，产量占全国的 1/4 以上，均居全国首位。目前我国已发现的特大型金矿中居前三位的都在山东。金矿类型以破碎带蚀变岩型，即"焦家式"金矿（占全省储量的 80%）为主，次为石英脉型，其次为矽卡岩型含金多金属矿床。主要分布在胶东半岛的掖县、招远、乳山、牟平、黄县、栖霞及鲁中地区的沂南等地，尤其是掖县、招远境内，金矿点星罗棋布，是省内最主要的金矿产地。全省已知铁矿点有 260 处，其中已探明矿产地 57 处，大中型矿床有 32 处。探明储量 14 多亿吨，其中富矿占 37%。探明储量居全国第 8 位。

　　山东非金属矿产种类多、分布广、开采点多，现已发现各类非金属矿产 68 种，已探明储量的达 45 种之多，产地 230 余处。目前非金属矿的地质工作程度较低，具有广阔的发展前景。石膏、自然硫矿是省内重要的优势资源，其储量居全国之冠。金刚石，省内资源丰富，探明储量居全国第 2 位。石墨、滑石、菱镁矿、膨润土，探明储量均居全国前列，主要分布在鲁东地区，不少矿床均已开采利用，矿产品销往国内外，获得了较好的经济效益。水泥灰岩及配料黏土、砂岩、页岩、砂等资源甚为丰富。水泥灰岩探明矿床 27 处，其中大中型矿床 15 处，资源条件好，为发展水泥工业提供了不少矿产地。花岗石、大理石等资源亦具有较好的前景，已有多种建筑饰材产品行销国内外，若加强评价工作，将能发挥出更大的经济效益。

（二）生产发展水平

1. 山东省海洋矿业布局

（1）山东省海洋矿业布局现状

从产业的空间布局宏观层面来看，属于海洋矿产及相关部门规模以上的企业共有 1163 家，总资产 63.44 亿元。大部分位于烟台及其周边城市，其中烟台海洋矿产相关产业 573 家，总资产达 37.65 亿元，集中了近 50% 的企业和近 60% 的资产，是海洋矿业经济活动空间分布与组合的重心；其他城市，东营 5 家，总资产 1.85 亿元；青岛 363 家，总资产 5.9 亿元；滨州 9 家，总资产 1.55 亿元；日照 35 家，总资产 1.79 亿元；威海 177 家，总资产 15.57 亿元。

可以看出，产业整体分布呈以威海为重心、向周围辐射扩散的态势，以烟台、青岛、威海三个城市最为突出，集中了 95% 以上的企业和 91% 以上的资产，构成了一种点状分布的结构。其中，东营市主要以矿产开采部门为主，并伴生一些相关的为矿产开采提供服务的产业。威海、青岛的产业结构大致相同，同样以矿产开采部门为主。

（2）山东省海洋矿产业布局评价

从地理位置上看，山东省海洋矿产业的分布比较集中，以烟台、威海和青岛为主要区域，其他三个城市为微型城市分散其周围，企业个数和资源所在地空间距离的远近呈正相关关系。资本的分布则更为集中，并且绝大部分资金集中在了第一产业。实际上，由于资源开采的特殊性，技术以及相关服务的投入更多地以大型机械和设备的形式表现出来，导致第一产业的资本占到了相当大的比重。

从三次产业的布局来看，第一产业布局比较分散，这是由于资源的分布分散所导致的，固定资产的集中也是出于这一原因。第二产业的规模相当小，在布局上较为分散，但仍以资源所在地为中心。第三产业以青岛和烟台为主，并且没有出现产业主导的趋势。总的来看，山东省海洋矿产业分布处于点状分布阶段。各城市海洋矿产业发展迅速，海洋生产要素和产业开始集聚形成空间实体。在这个过程中的发展又可以分为两个阶段：首先是数量扩张阶段。这同时也是产业规模不断扩大，形式、功能不断多样化的阶段。二是功能分化阶段，即产业体系逐渐形成阶段。目前山东沿海矿产业的运作模式仍以单一附加值的加工过程为主，在矿产资源的价值使用层次和深度上都处于较低水平，因此，矿产资源的可获取性仍是支撑山东海洋矿产业发展的主要动力，地区之间结构相同、相互独立的发展模式也印证了这一发展状况，同时，由于地区之间、产业之间缺少互动，因此，山东海洋矿产业的发展仍未实现优势的有效整合与产业集群式发展。产业的技术水平较低、经济发展层面的水平较低是造成这一现象的主要原因。

2. 山东省海洋矿产业行业经济结构

总的来看,山东省海洋矿产业主要以矿产资源开采部门为主,三次产业比重分别为88:5:6。但由于矿产开采行业的特殊性,仅用产业划分的比例无法描述其整体特征。因此本文采用 Weaver – Thomas 模型对山东省海洋矿产业布局进行评价。

通过计算结果可以看出,山东海洋矿产业主导产业不超过两个($nq = 1.66$),主导作用明显的行业为金矿采选业,其次是建筑装饰用石开采业,基本上以第一产业为主,第二、三产业中没有明显的主导行业。

3. 山东省海洋矿产业就业结构

山东省海洋矿产业就业人口总数为114302人,其中女性30653人,男女比例为2.73:1,占山东省总就业人口的1.06%。从就业人口的分布情况来看,山东省海洋矿产业就业人口分布主要集中在烟台地区,占行业总就业人口的近50%,其他城市海洋矿产就业人口大致相同,基本在11000人左右。其他城市按比重大小分别是青岛市12687人,占11.10%;滨州市12053人,占10.54%;威海市11951人,占10.46%;日照市10556人,占9.24%;东营市10133人,占8.87%。就业人口分布情况与产值规模结构和资产结构十分接近,人均产值和人均资本占有量在相同行业中差别不大,各城市海洋矿产业人员构成结构大致相同。

从产业划分的层面看,以金矿采选业和建筑装饰用石开采业为主的第一产业仍是吸纳就业的主要力量,就业人数为96498人,占84.42%,第二产业就业人数5281人,占4.62%,第三产业就业人数12523人,占10.96%。

与三次产业资本的构成结构相比,人员在第一产业的集中基本一致(84:5:11),而在第三产业中的提高十分明显。从经济学角度考虑,由于人力要素对产业的收益率比资本要素更为敏感,因此转移也会更为迅速。目前,山东海洋矿产企业的人力要素已经呈现出向第三产业积聚的态势,主要是集中在工矿工程建筑行业。

4. 山东省海洋矿产业资产结构

从资产的地域分布来看,山东省海洋矿产业资产总计62.53亿元,其中烟台市38.93亿元,占62.3%;威海市10.69亿元,占17.1%;青岛市 5.75 亿元，滨州市 3.53 亿元，东营市 1.84 亿元，日照市 1.79 亿元。可以看出山东海洋矿业的资产聚集比较明显，资产的布局结构与产业个数以及规模的布局结构十分相似，这也说明各地区产业的发展阶段大致相同。

从产业划分的角度看，山东海洋矿产业及相关产业中第一产业资产达 56.11 亿元，占 88.43%；第二产业资产 3.34 亿元，占 5.3%；第三产业资产 3.99 亿元，占 6.3%。

5. 山东省海洋矿产业投入产出

2006 年山东省海洋矿山企业年实际采矿能力 9755.78 万吨，工业总产值 995.14 亿元，综合利用产值 4.71 亿元，矿产品销售收入 910.35 亿元，利润总额 293.48 亿元。

从企业经济类型来看，内资企业占了绝大多数，其中大型矿山以国有企业、有限责任企业、股份有限公司和私营企业为主，而中小型矿山以私营企业为主。在产出能力方面，私营企业年产出量达 14648.23 万吨，居第 1 位，其次分别是国有企业（9792.48 万吨）、股份有限公司（7121.23 万吨）、有限责任公司（6837.14 万吨）。在产值方面，国有企业具有绝对的优势，年产值达 1163.57 亿元，第 2 位的股份有限公司仅为 199.17 亿元，而产量居于首位的私营企业产值仅 38.78 亿元。在利润总额方面，国有企业占内资企业利润总额的 84.35%，股份有限公司与有限责任公司分别占 6.67% 和 6.58%，私营企业不足 1%。

（三）潜力与趋势

山东是资源大省，也是矿业大省，目前，已开发利用矿产 85 种，各类采矿权人 9540 个，矿业产值 642.42 亿元。据统计，截至 1998 年，我省人均占有潜在总值为 5.19 万元，为全国人均值的 68%，世界人均值的 1/3，可见，属于人均占有矿产资源偏少的省份。随着我省社会经济的不断发展，矿产资源短缺与社会发展的矛盾日益突出，矿产资源储量不足、矿产资源枯竭的问题日趋严重。然而，在一些地方为追求短期、局部经济利益造成的不合理开发和资源浪费仍很严重，有的采矿权人由于缺乏合理的开发规划和科学的管理手段，生产技术及设备落后，粗放经营，资源回收率低，采富弃贫、采易弃难等情况还普遍存在，一些矿种的"三率"

水平远远低于国际先进水平，造成了矿产资源的严重浪费和破坏。因此，有效保护和合理开发利用矿产资源日显重要。

据预测，到 2010 年，山东省 45 种主要矿产中将有 33 种不能满足经济发展的需求，其中石油、黄金、铝矿、金刚石矿产将失去优势，铁、铜、铅、锌等大宗常用矿产对外依赖程度将进一步攀高，硫、磷、钾盐和地下水资源将严重短缺。矿产资源的过度开发和掠夺性开采，不仅造成资源浪费，而且会导致地面塌陷、沉降、地裂、泥石流等地质灾害，产生的废石、废水、废渣更是直接污染环境，致使土地和水资源遭到破坏，生态平衡失调。这些已成为制约全省经济发展的突出因素，将给我省可持续发展带来较大压力和不利影响。

（四）存在的问题

1. 矿产资源勘察工作滞后，难以适应经济发展需要

山东省矿产勘察程度较高，找矿难度日益增大，矿业权市场刚刚起步，地质勘查资金有效投入不足，致使勘察工作滞后，勘察效益下降；新发现矿产地明显减少，矿产资源消耗量远大于新增储量，供需矛盾日益突出，难以满足经济社会可持续发展的需要；面向经济建设和社会公众的以地学为主的综合调查成果偏少，以生态环境保护、城市化建设、重大工程设施、土地综合利用为服务对象的基础性、公益性地质调查评价工作相对薄弱；矿产资源勘察体制改革滞后，地勘队伍庞大但人才结构不够合理，技术装备落后，采用新理论、新方法、新技术不够，地质资料开发利用程度低，同时，有限的勘察资金不能充分投入到矿产勘察工作中，从而制约了勘察工作的进展。

2. 矿产开发程度高，后备资源不足

山东省矿产资源开发程度高，虽然保有资源储量潜在总值仅居全国第7 位，但矿业总产值却占全国的 14.69%，居全国第 2 位。一些重要矿产，如石油、煤炭的剩余可采储量分别居全国第 3 位和第 11 位，但年产量分别占全国总产量的 18.70% 和 9.68%，均居全国第 2 位；金矿保有储量居全国第 2 位，但黄金产量占全国总产量的 24%，居全国之首。此外，水泥用灰岩、石膏、石墨、滑石等重要建材非金属矿产，开采强度也相当大，有的矿产其产量已大大超过需求量。据 2000 年储量统计资料，多数

重要矿种的保有储量呈负增长，部分主要矿种如铁、铜、铝土矿等探明储量严重不足，原来的优势矿种也将面临资源的短缺和枯竭。石油年产量由原来的 3500 多万吨下降到 2600 多万吨；金矿储量由第 1 位降为第 2 位，年新增探明储量低于开采储量，有相当一部分矿山面临转产或关闭。预计到 2010 年，全省除煤、石膏、石灰岩、矿盐外，其余大宗矿产如石油、天然气、金、铁、钢、铅、锌、铝土矿、硫铁矿、磷矿、钾盐等均不能满足需求。

3. 矿产资源开发缺乏统一规划，布局不够合理，有些供需失衡

山东省优势矿种如石油、煤炭、黄金和部分建材非金属矿产开发量大，储量不足，特别是有些大型煤矿仍在超能力生产；铁、铜、铅、铝、硫、磷、钾等大宗矿产紧缺，市场供需矛盾越来越突出。石膏、石材、水泥原料等矿产，市场供大于求。矿产开发中，煤、金、石膏等矿产开发存在大矿小开、矿中矿等问题，资源优势正在消失。如招远玲珑金矿区、淄博金岭铁矿区、济宁煤田等大型矿区内都有几十个甚至上百个矿山在开采。有些地方盲目建冶炼厂、小选矿厂，以致采、选、冶失衡，造成矿业生产布局和结构不合理的局面。

4. 矿产资源开发利用方式粗放，利用率较低，资源的破坏、浪费仍较严重

全省 83% 的煤矿和 75% 的金矿均为小型矿山，建材矿绝大多数是小型矿山。有些小型矿山资金短缺，技术力量薄弱，技术投入少，造成了资源浪费。一些矿山企业为实现其经济指标以及受经济利益驱动，采主弃副、采富弃贫、采易弃难、乱采滥挖现象仍然存在。各类矿山企业，包括一些大型矿山，采选水平、综合回收率和综合利用率仍比较低。如铁矿，开采回采率仅为 60%—70%；虽然煤矿的采区回采率全省平均达 80%，但矿井回采率不到 60%，加上建设压矿等因素，已开采矿区的实际资源利用率不足 40%；石膏矿，尤其是多层矿、厚层矿，其实际开采回采率不到 20%。矿产开发中，资源总回收率仅为 30%—40%；共、伴生矿产中已综合利用者仅占可综合利用矿产的 1/3，综合回收率不到 20%；矿山"三率"普遍较低，破坏、浪费矿产资源的现象仍比较严重。矿产利用呈粗放型，初级矿产品多，深加工产品、高科技产品较少，制约了矿业经济的可持续发展，也影响了资源的经济效益。

5. 矿山生态环境问题日渐突出

矿产开发中，由于忽视矿山生态环境和地质地貌自然景观的保护，矿山生态环境的破坏和污染加剧。一些具有观赏和科研价值的孤山、山体，由于大量采挖山石，现已千疮百孔或已永久地消失，致使生态环境和地质地貌景观遭受破坏；采矿造成的土地、植被、山体破坏和水、土污染相当严重，地面塌陷、滑坡、泥（渣）石流、山体开裂等次生地质灾害时有发生；局部地段或地区因地下水开采不合理，引发了地下水超采漏斗、海（咸）水入侵、地面沉降、岩溶塌陷等环境问题。据测算，目前山东省矿山生态环境破坏面积仍以每年 30 平方千米的速度增长。

6. 矿产资源法律法规体系尚不完善

矿业法规、政策、规划、标准体系尚不完善，对矿产资源的破坏、浪费缺乏强有力的法律手段，在现有法律法规中，均无矿山生态环境保护方面的条款，难以对矿产开采造成的生态环境问题进行有效的监督管理；矿产监察、督察等监督管理机构不健全，难以及时查处破坏、浪费资源的违法行为；矿业权市场尚未健全完善，采矿权人有效保护和节约资源的自我约束意识尚未形成；矿产开发监督管理有待进一步深化和规范，许多监督管理的制度尚需进一步制定、健全。

（五）结论与建议

山东海洋矿产业今后工作的指导思想应是以促进经济发展为出发点，以维护和巩固矿业秩序为基础，以调整产业结构、优化矿产资源配置为主线，以保护与合理利用矿产资源为目的，推动矿业体制改革，转变资源开发管理方式，为山东经济可持续发展和社会全面进步作出新贡献。一是进一步深入宣传国土资源基本国策，使广大社会成员尤其是矿业开发领域内的每一名成员都能珍惜、节约利用矿产资源，使整个社会形成自觉保护和合理开发利用矿产资源的大环境；二是继续巩固矿业秩序治理整顿成果，维护已形成的良好的矿业秩序；三是把好采矿权授予关，严格审查矿山企业开发利用方案，对不符合国家矿业发展政策和不符合办矿条件的，坚决不予办理，同时，针对个别矿种产量严重过剩、利用率低、破坏和浪费比较严重的现状，制定相应的禁止、限制开采政策措施，促进资源的合理开发利用，有效保护矿产资源；四是通过征收矿产资源补偿费、矿业权使用费、采矿权价款，推动有偿开采制度的建立，维护矿产资源国家所有权益；五是强化矿山企业"三率"指标的考核，严厉查处破坏和浪费资源的违法行为，真正提高资源的利用率；六是积极推进矿业权市场的建立，发挥市场对资源配置的基础作用，引导矿山企业进行改制、改组、改造，走集约化经营的路子，实现资源效益的最大化。

1. 创新地质勘查工作，扩大后备资源储量

加强公益性地质调查工作，激活商业性勘察的投融资体制。运用矿产资源补偿费、矿业权使用费和采矿权价款，建立地质勘查基金，集中运用这些资金加强区域地质、区域矿产、环境地质等公益性地质调查工作。对找矿前景好、经济价值大的矿产应加大资金的有效投入，以查明远景，圈定靶区，为商业性矿产勘察提供可靠的基础地质资料。建立宏观调控与市场机制相结合的投融资体系，鼓励企业通过上市发行股票和债券等形式多方筹集资金，允许企业从税前收入中扣除所有地质勘查的投资，建立矿山企业勘察补偿机制，拓宽投融资渠道，推进地质资料的社会化服务，营造国际跨国公司和省外企业参与探矿的外部环境，为山东省矿业和国民经济可持续发展提供后备资源储量。

2. 制定激励政策，切实提高资源利用水平

在深入矿山企业调研的基础上，制定切实可行的、在经济上激励矿山企业提高资源利用率的政策，建立起企业自觉自愿、政府引导监管的提高资源利用水平的新机制。同时要加大科技投入，加强对贫矿、难采难选及伴共生矿综合利用的技术研究，提高综合利用率。加强建材矿产的深加工研究，提高产品档次和市场竞争力。大力发展煤化工，推进煤液化、气化技术的开发和应用，生产洁净能源；加强高硫煤脱硫技术的研究与推广，以充分利用这些资源。

3. 强化动态监管，运用经济机制遏制浪费资源的势头

健全县、乡资源管理机构，提高管理人员素质，加大对矿山企业监督检查力度，杜绝乱采滥挖等破坏、浪费资源的行为。强化矿产勘察、开发和储量的动态监管，完善动用储量申报和报销矿产储量审批制度，实行矿产资源补偿费征收与储量消耗挂钩，改变从价计征、征收管理不到位和计征依据监管弱的局面，从经济机制上遏制浪费资源的势头。对采矿破坏的地质环境，严格按照"谁破坏，谁治理"的原则进行修复，并出台矿山

地质环境治理保证金制度，完善环境规划体系。

4．进一步整顿矿产资源开采秩序

运用法律、经济、行政和技术手段，以治乱为基础，以治散为措施，以治本为目的，严厉打击各种违法采矿行为，提高矿山生产规模，实现资源节约集约利用。科学编制资源整合和矿业权设置方案，科学合理地确定拟设采矿权和矿区范围及需要关闭、整改、整合的矿山名单。资源整合的重点是：国有大矿周边的小矿和安全隐患较多的地区；矿山布局不合理、大矿小开、一矿多开的矿区；可以集中开采而分散开采的矿区；矿山布局过密、生产规模过小、个体矿山集聚区；生产规模与储量规模不适应的矿区；矿区范围平面或立体交叉重叠的地区；地质环境脆弱区。整合后的矿山要达到山东省规定的最低开采规模标准。对不符合资源整合条件的矿区，要按要求限期达到最低开采规模。对整合达不到要求或应整合而不参与整合的，要强制整合，或者鼓励优势企业采取收购、兼并、参股等方式进行整合。同时，提高办矿准入门槛，停止审批新办石膏矿、新办小铁矿和设计规模在年 30 万吨以下的煤矿。新出让的矿业权，凡有竞争性的，一律实行招标、拍卖、牌挂有偿出让，到期矿山全部实行有偿延续。对国家规划煤矿区，不再吸纳社会资金，控制探矿权一级市场，对煤炭资源探矿权、采矿权二级市场实行市场化运作。

5．加强资源形势分析，研究制定重要矿产的供应对策

开展重要矿产的总量评价，对省内石油、天然气、煤炭、铁矿、金矿、铝土矿、地热、石墨等矿产的赋存、分布和远景进行科学评估；通过对山东省"十五"以来国民经济发展速度、产业结构、工业内部结构的变动趋势和居民生活用矿水平的变化及全省矿产资源消费的增长趋势等统计数据的归纳分析，参照不同经济发展时期消费系数的变化特点，采用多种方法预测全省今后 10—15 年资源需求，制定省内、省外、国外矿产供应政策。

四　山东海洋盐业

（一）资源条件

山东海洋盐业资源主要包括盐区滩涂、海水、地下卤水（浓缩海

水)、盐矿等。

1. 滩涂

滩涂是盐业生产的主要场所。山东沿海滩涂面积为3223.57平方千米,占全国滩涂面积的15%。山东盐区根据滩涂组成的物质不同,大致可分为两大类型,即泥质滩涂和砂质滩涂。泥质滩涂(包括砂泥质滩涂)是山东沿海面积最大、分布最广的一种滩涂类型,泥质滩涂是建设盐场的主要地带。

2. 海水

海水是山东原盐生产的主要原料,海水是取之不尽、用之不竭的资源,但其浓度高低决定着产盐量的多少。

3. 地下卤水

山东沿海赋存有丰富的地下卤水资源。该资源广泛分布于渤海沿岸的无棣、沾化、河口、利津、垦利、广饶、寿光、寒亭、昌邑、莱州等10个县(市、区)的滨海地带,黄海沿岸的文登华山盐场、青岛东风盐场、日照王家滩盐场也有零星分布,其总面积约1800平方千米。地下卤水在山东沿海分布广泛,就全国而言,其分布又相对集中于山东沿海,因此使之成为我国沿海地区极少有的大型卤水盐矿区。

莱州虎头崖至广饶广利河间的滨海地带,是地下卤水储量最大、浓度最高的集中卤水区,习称高浓度卤水区。该区总面积超过1500平方千米,卤水浓度总趋势由西向东逐渐增高,低者5°Be'以下,一般在10°—15°Be';胶莱河下游与弥河下游等处,卤水浓度高达19°Be'。80米深度以内的总净储量约74亿立方米,估算含盐量8.13亿吨。其中包括氯化钠6.5亿吨,氯化钾1455万吨,氯化镁9795万吨,硫酸镁5479万吨。此外还含有溴、碘、锰、铁、锶、硼、铜、铀等多种元素。按62.5%的提取率计算,可提取原盐5.08亿吨。

黄海沿岸区的地下卤水分布零星,储量小,浓度低,开采利用价值远不如渤海沿岸区。胶州湾西岸地下卤水净储量4320万立方米,含盐浓度比海水高2倍左右,可开采氯化钠593.5万吨。

4. 盐矿

山东海盐矿,现已勘察的有东营盐矿。东营盐矿位于东营市,属于有海水补给的古代内陆湖相沉积岩矿床。地质储量5882亿吨。成盐区分布于盆地中心靠北缘部分，膏盐分布面积1349.2平方千米。

（二）产业发展水平

山东盐业凭借广阔的宜盐滩涂、较为丰富的地下卤水和矿盐资源、方便的交通运输条件，以及两碱生产用盐的不断增加，近几年来取得了很大的发展。盐、盐化工、海水养殖三大支柱产业按照"因地制宜、协调发展"的既定规划，经过几年的努力已经初具规模，经济效益稳步提高，发展前景十分广阔。山东省的原盐产量、生产能力均居全国各省（自治区、直辖市）之首，全省原盐生产能力已达2000万吨以上，大多数结晶盐池使用了塑膜苫盖，海盐产量受天气因素的影响减弱，原盐年产量占到了全国的1/3以上，是名副其实的盐业第一大省。2005年末，山东海盐业有发证制盐企业232家，其中国有企业9家，集体企业11家，股份制企业和个体私营企业212家。从生产规模看，生产能力100万吨以上1家，50万—100万吨9家，30万—50万吨11家，10万—30万吨35家，10万吨以下176家。

海盐和盐化工是山东的优势产业。多年来，全省盐行业经济整体水平稳步提高，综合实力不断增强。"十五"期间工业总产值由20.01亿元增加到56.249亿元，年平均递增23.0%；2006年全省盐业生产企业实现工业总产值53.39亿元。原盐生产2000年为1064万吨，2005年增加到1652万吨，年平均递增9.2%；2006年进一步增长为1978.2万吨，较上年增长19.75%。原盐销量2000年为842万吨，2005年增加到1385万吨，年平均递增10.5%；2006年原盐销量增加到1645万吨，较上年增长18.86%。盐化工产品总量2000年为11.98万吨，2005年增加到27.4万吨，年平均递增18.0%；2006年生产盐化工产品31.56万吨，较上年增长15.31%。溴素生产2000年为4.8万吨，2005年增加到8.86万吨，年平均递增13.0%；2006年溴素产量进一步提高到11.32万吨，同比增长27.77%。

2005年末，全省原盐生产面积达1600万公亩，生产能力达1900万吨，占全国总能力5500万吨的34%，食盐加工能力150万吨。2006年全省原盐生产能力达2000万吨，生产原盐1978万吨，占全国总产量的1/3以上。2005年盐化工产品达50余种，生产能力达40万吨，其中溴素生产能力达 12 万吨，占全国的 90% 左右。山东盐业系统还积极发展海水养殖产业，海产养殖面积达 100 万公亩，鱼、虾、蟹、参等高档海珍品的养殖初具规模。

2005 年全省食盐销售 77.27 万吨，比 2000 年的 57.9 万吨增长 33.5%，年平均递增 5.9%；2006 年食盐销售量达 83.6 万吨，比上年增长 8.2%。其中复合膜小包装食盐由 2000 年的 5.7 万吨增加到 34 万吨，增长 496.5%，年平均递增 42.9%。

全省盐业经营和管理体制在"十五"期间由产销分设的管理体制理顺为产销统一的管理体制。全省 17 个市、122 个县（市、区）设有盐业公司（盐务局），形成了上下垂直、分级管理的新体制。完善了食盐专营政策，提高食盐专营水平，人民健康水平不断提高。

产业和产品结构调整取得成效。（1）制盐企业组织结构调整取得一定进展。各产盐市制盐企业按照国家和政府的统一要求，立足企业生产经营的集约化、规模化，整合当地原盐生产企业，培植发展制盐龙头骨干企业，带动全行业发展。潍坊市将全市 600 余家制盐企业调整压缩为 137 家，逐步形成规模化生产经营的大型企业。探明地下盐矿资源，合理规划地下卤水的开采利用，依法保护、开发、利用盐业资源。（2）盐化工和海水养殖取得较快发展。"十五"期间，以盐或卤水为原料的化工产品生产得到了长足发展，盐化工产品产量稳步增加，影响和带动了行业及社会相关产业的发展。"十五"末，全省盐化工产量 27.4 万吨，其中溴素 8.86 万吨，比"九五"末分别增长 95%、90%。沿海市盐业公司积极探索退盐还养的新路子，采取措施，利用滩田发展海产品养殖，取得了明显的经济效益。（3）产品结构日趋合理，多元化经营取得成效。在产盐市盐业公司积极发展盐化工产品和海水养殖业的同时，销区各盐业经营企业立足自身优势，宜工则工，宜农则农，宜商则商，部分市、县分公司搞了名牌工业产品的总经销、总代理，连锁超市经营和部分工业品生产项目，既合理分流安置了部分富余人员，又增加了企业经济效益。部分县级盐业公司的非盐业务收入和效益已超过主业。

（三）潜力与趋势

从盐业产业政策层面上讲，当前对盐业发展影响最大的主要有三个方面：

一是盐业产业结构调整政策的影响。山东省原盐产能的 3/4 分布在潍坊的寒亭、昌邑和寿光，全省盐业产业结构调整的成败关键也在潍坊。经过省、市、县三级盐业部门的共同努力，2006 年潍坊市制盐企业已由原来的近千家整合为 151 家，其中产能 30 万吨以上的有 13 家，产量占到全市总产量的 47.9%。烟台、威海、青岛等市则通过租赁经营、退盐还养、土地开发等措施，海水制盐的小盐场基本退出了原盐市场。省委、省政府出台的《关于提高自主创新能力加快工业结构调整的意见》，要求企业把提高自主创新能力，建设创新型企业，作为经济发展战略调整和产业结构优化升级的核心和关键。对转变靠资源消耗实现经济增长的方式、加强品牌培育增强市场竞争力、淘汰落后生产能力等方面都提出了更高的要求，产能过剩行业的"压缩"任务十分艰巨。

二是加快建设食盐流通现代化政策的影响。《全国制盐工业结构调整指导意见》中提出要"建立依托优势制盐企业的食盐供应体系"，而推进食盐流通现代化正是对当前食盐流通落后体制、机制、管理、经营方式和业务流程的全面再造，是建立这一"体系"的必由之路，对于行业解放思想，转变观念，树立现代流通理念和发展新型营销方式，降低流通成本、提高流通效率十分有益，也为保证合格食盐普及供应，确保人民群众吃上优质放心食盐奠定了基础。推进食盐流通现代化建设的过程，也正是山东盐业加快体制机制创新、调整完善业务流程、切实提高经营管理水平的过程，是山东盐业发展壮大的一个重要机遇。

三是国家盐业体制改革政策的影响。作为现在为数不多的垄断行业，盐业体制的改革一直受到社会各界的关注，国家发改委也一直在研究探讨这个问题。随着各领域改革工作的不断推进，盐业体制的改革是迟早要做的事情。国家有关部门在这一问题上也持有不同的看法，仍处在调查研究阶段。国务院国资委研究中心就中国盐业发展战略研究来山东进行了专题调研。目前对大多数省市现行盐业经营管理体制的评价是"政企合一利大于弊，政企分开弊大于利"，垄断经营的弊端与保证全民补碘公共健康政策的大局相比，食盐专营的"代价"仍在可接受范围内，是值得的；对弊端可以通过改进和完善管理手段加以减少。从目前情况分析，食盐专营不会变，要变也只是如何专营的变化。

今后山东盐业要以科学发展观统领全局，进一步解放思想，更新观念，紧紧围绕中心任务，深化食盐专营，扎实推进食盐流通现代化，建立新型的食盐市场供应体系，切实保证合格碘盐安全有效供应；强化市场管理，提高执法能力和执法水平；加快改革改制步伐，推动投资主体多元化，扩大资产和效益总量；进一步实施产业和产品结构调整，多业并举，快速发展；大力实施品牌发展战略；整合优化资源配置，加强对全省盐资源的统一管理，合理开发利用盐业资源；以加快产业结构升级为主线，以项目带动、自主创新、企业改革改制为动力，以优化投资环境、消除瓶颈制约、改善薄弱环节为突破口，积极探索盐业经济发展新模式，提高盐业经济发展质量，转变经济增长方式，实现集约化、规模化经营；深入实施科技兴盐及人才强盐战略，确保山东盐业经济持续、快速、协调、健康发展。

为建设盐业强省，"十一五"末要努力实现以下发展目标：

全省原盐产量控制在 2000 万吨，比 2005 年增长 21%。盐化工产品产量达到 40 万—60 万吨，年增幅 25% 以上，海盐企业苦卤利用率达 50% 以上。其中溴素 12 万—15 万吨，溴的深加工率由目前的 30% 提高到 50%。全省盐行业实现工业总产值达到 100 亿—120 亿元，实现利税 20 亿元。全省食盐销售总量达到 80 万吨。其中，省内销售总量达到 55 万吨，小包装食盐销售量达到 40 万吨。全省制盐生产能力，2010 年控制在 2300 万吨，年增幅控制在 4% 左右。海盐产能由目前的 1850 万吨，发展到 2100 万吨。全省食盐生产能力达到每年 200 万吨，其中多品种食盐和生活日用盐等品种达 100 种以上，销量达 10 万吨。在"十一五"期间理顺下属企业资产关系，组建山东省盐业集团，实现规模化经营。建设物流配送中心，基本实现全省范围内的食盐流通现代化。全省盐行业各项经济指标完成居全国同行业先进水平。

（四）存在的问题

1. 对盐资源缺乏统一而有序的管理

山东是盐业大省，卤水资源得天独厚，为全省盐业发展提供了优越条件。《山东省盐业管理条例》对卤水资源的开采利用作了明确规定，由于盐行业主管部门缺乏必要的调控手段，落实法规中遇到很多困难，多数单位未经盐业主管部门批准，抢先购买开采产权，有的单位随意圈地建盐田，妨碍了全省盐业卤水资源的有序管理和合理使用，造成盐业生产无序和失控的被动局面。

2. 盐厂（场）分散和小规模经营，没有形成规模优势

我省海岸线长，海盐厂（场）星罗棋布。多数小盐厂（场）企业规模小，生产能力弱，劳动生产率低（全省人均600吨），缺少联合和规模优势，不能使资源优势变为效益优势，制约和影响着全省制盐行业的发展。

3. 对盐行业的宏观指导和对制盐企业的管理很难实现有效结合

在盐业经营管理体制上除少数计划管理的食盐定点生产企业外，绝大部分制盐企业的人财物管理权都在地方。管理难度大，原盐的无序生产、无序管理、无序竞争现象依然存在。

4. 思想守旧，创新意识、市场观念不强，是制约发展的思想障碍

长期食盐专营，使部分企业和职工产生过分依赖和等、靠思想，缺乏企业发展的危机感、紧迫感。面对市场经营管理当中的困难和问题，畏难发愁，不思进取，缺乏创新意识和开拓意识，已成为制约盐业发展的思想障碍。

5. 人员多，资产状况不良，是制约专营企业发展的又一因素

2005年末，总公司系统资产总额21.3亿元（含下属企业），扣除不良资产数额后，实际净资产1.7亿元。部分企业资不抵债，全省食盐专营范围内的企业职工总人数14000人，工资及其相关费用支出大，使不少企业入不敷出，连年亏损。

6. 食盐专营中流通环节多，经营费用高；食盐产品及多品种生活用盐品种少，科技含量低，也是影响效益提高的一个方面

7. 企业资产关系尚未彻底理顺，制约着企业发展

全省122个县、市（区）公司中，尚有68家下属企业的资产关系没有理顺，制约着全省规模发展。

（五）结论与建议

1. 努力提升食盐专营水平，确保人民群众身体健康

（1）全面推进食盐流通现代化，组建食盐物流配送中心

力争用三年到五年的时间，通过推进机制体制创新和经营管理创新，

构建全省食盐流通现代化网络体系，实现食盐分装集中化、流通配送化、销售网络化、经营连锁化、管理信息化；逐步形成全省统一，集分装加工、包装品牌、物流配送、资金结算、信息处理等为一体的食盐流通体系；加快盐业企业的联合和重组，降低流通成本，提高流通效率。

（2）建立全省食盐储备制度

食盐及加碘食盐是人民生活必需品，根据商务部、国家发改委等15部委、署、局关于全国生活必需品市场供应应急预案的通知，为了确保市场供应的稳定、安全、有效，应付突发事件，争取采用省级、市级财政支持和部门投资的方式，建立全省食盐储备制度。储备食盐全省定量储存，统一调配，定点存放，其数量不低于正常食盐销量3个月的水平，要定期更换，确保质量。实行专账、专户、专库储存。

（3）加大多品种食盐及衍生盐产品的科研开发及管理力度，有序管理，集中开发，统一价格，稳定市场

力争"十一五"期间多品种食盐及其他生活用盐达100种以上。同时制定多品种盐的开发、销售管理办法并组织实施。

（4）加强盐政管理和盐政执法力度，促进食盐市场进一步好转

逐步改变过去单纯"查、抓、罚"的执法方式，树立"服务、宣传、执法"三位一体的盐政执法新理念。适度增加投入，加强盐政执法队伍建设，加大盐政执法的宣传力度，与有关部门紧密配合，堵源截流，端窝打点，杜绝假冒伪劣食盐和私盐流入市场。在全省范围内建立起"多方参与、反应迅速、打击有力"的社会广泛支持的盐政执法主体管理体系，为食盐专营创造良好的氛围和环境。

2. 整合盐业资源，提高盐资源利用效率，将资源优势转化为效益优势

（1）抓住新一轮原盐产大于销的历史机遇，加快盐资源整合步伐

采用兼并、联合、重组、收购等多种形式，扩大现有企业原盐产能；各市、县（市、区）公司以合资、入股、联合、参股等方式，组建新的控股或参股原盐生产企业，增加原盐生产能力。

（2）积极参与东营地下盐矿的开发、利用

采用控股、参股、联合等方式积极投入开发，控制矿盐资源；探索矿盐资源的利用及矿卤滩晒的途径，以合资、入股、联合、参股等多元化投

资方式，积极吸引外部资本，组建新的制盐或盐化工企业，提高矿盐资源的利用效益。

（3）加快制盐企业结构调整

山东省盐业保持了较快的发展速度，盐、盐化工和海产养殖三大产业初具规模，经济运行质量和效益稳步提高，在全国盐行业占有举足轻重的地位。按照制盐工业结构调整指导意见的要求，对达不到规定产能、技术水平低、资源浪费严重的制盐业户、组织要坚决予以淘汰。对规模较大、经济实力强的大中型企业要实行分类指导，促进其增强竞争力和发展活力。要以转变发展方式、实现由大变强为目标，帮助企业研究、确定好发展定位，加强内部管理制度建设；积极争取地方政府的政策支持，为企业发展创造更加有利的外部环境和条件，努力扶持一批经济实力强、发展潜力大的大型企业和企业集团，提高山东盐业的国内和国际竞争力。

3. 大力发展非盐产业，拓宽经营范围和渠道，培育新的效益增长点

（1）树立盐业强省理念，加大盐化工产品的科研及开发力度

一是以溴为中间体，大力发展溴系列产品的深加工，加大科技含量，提高产品附加值；二是根据市场需求，掌控原盐资源，适度发展两碱工业；三是更新观念，抓住机遇，与有关部门合作或联合，条件具备时参与盐化工以外的项目投资，对一些精细化工项目在做好论证的基础上争取快上，使其尽早见效益；四是采取各种融、投资方式，集系统优势，建骨干项目，形成新的经济增长点，同时采用投资参股、职工入股等方式，设立投资主体多元化企业，提高系统经济效益。

（2）做好工业品总经销、总代理文章，适度发展房地产业

继续做好工业名牌产品总经销、总代理工作。

利用闲置及改造的土地资源，适度搞好房地产开发。在摸清所属企业闲置和改造土地资源的基础上，由总公司组织成立房地产开发投资公司。重点对各盐业转运处及日照敖头盐场等海边可开发利用的土地资源进行论证后组织开发。开发形式采取合作、合资等，与具有良好信誉及开发资质的开发商联合，投资主体可采取多元化方式。

（3）稳步发展和扩大水产品及海珍品的养殖规模

沿海地区要继续大力发展海参、扇贝、珍贵鱼和对虾及其他海珍品的养殖。在巩固现有养殖的基础上，重点发展市场需要且价值高的海产品，

提高海产品养殖的效益。利用现有盐田逐步实行退盐还养,发展集约化、规模化、工厂化海产品养殖基地。

(4)加强基础设施建设,做好系列产品的开发

市、县(市、区)公司要因地制宜,量力而行,争取新上一批投资少、见效快的项目。利用盐资源优势,开发以盐为主辅原料的系列产品;养殖业形成育苗、饲料生产、生产销售一体的新格局;开发一批科技含量高、经济效益好的项目,增强企业的经济实力。

(5)发展沿海盐田旅游

山东是旅游大省,盐田旅游是一个新兴区域,充分利用春、夏、秋季节,开发盐田旅游,利用独特的卤水浴、垂钓、参观晒盐、收盐、食盐加工、养殖项目及品尝海珍品等,吸引游客。同时,开发销售多品种盐旅游产品,增加企业收入,树立盐业形象,提高经济效益。

4. 构建以资产为纽带的山东盐业集团,加快联合步伐,实现资本规模扩张,壮大集团实力

构建山东盐业集团,是实现盐业强省的重要举措。集团组建要以资产为纽带,组织省、市、县级公司及定点生产企业和所属国有控股、参股企业加入集团,成为集团成员。集团以直属企业资产为核心,以理顺下属企业资产为依托,以建设食盐物流配送体系为纽带,组建产供销一体化的大型盐业集团。对下属企业资产质量好、有发展前景的,采用上收参股、兼并等方式成为集团成员;对资产质量差的进行破产或重组,注册新的有限责任公司,成为集团成员。依托专营体制和经营优势,逐步开拓其他行业和经营领域,壮大集团规模和实力。

5. 坚持以改革促发展,切实增强企业活力

继续推进全省盐业企业改革,使山东盐业成为以食盐专营为主,集原盐生产、食盐流通、海产品养殖加工及其他产品的生产及经销、服务于一体,科学管理的现代企业。

①争取省政府和省国资委的支持,制订改革方案,理顺下属市、县(市、区)盐业公司的资产和人事劳动管理体制,实现全省盐业产供销和人财物的一体化管理。

②实施对总公司直属的五个盐业运转处的内部改革改制,使其退出国有企业序列,组建符合市场要求的有限责任公司,走向市场,开展经营。

③以食盐专营政策为指导，对食盐定点企业实行改革，培植发展以海、矿盐为主的大型龙头骨干企业，走规模生产、集约经营、规模效益的新的企业发展之路。依靠大型企业的辐射带动，实现全省食盐的统一分装和集中配送，实施食盐生产、加工、分装、配送、供应的一体化管理。

④整合批发企业，减少流通环节。借鉴外省市先进经验，结合食盐物流配送中心的配送范围，对县级以上批发机构进行科学论证，合理界定县一级食盐供应机构的布点，减少流通环节，逐步实现食盐流通现代化。

⑤继续推进省、市、县（市、区）三级盐业公司"三项制度"改革为主要内容的企业改革工作。按照现代企业管理要求，全面搞活企业内部的经营和管理机制，优化内部经营和管理环境。安置富余人员，切实提高效益。

6. 解放思想，转变观念，实施"引进来，走出去"发展战略

（1）吸引外资，新建或技改一批项目。根据企业发展和项目建设需要，把吸引外资、合作合资作为一项重要工作，既要引进国外资金，也要引进企业以外的资金，通过引进外资建成一批效益好的项目。同时利用山东盐业产品的自身优势，扩大国际交流与合作，扩大同国内各行业的交流与合作，稳定现有出口与合作交流渠道，开展多角度、全方位的对外进出口业务。

（2）扩大对外合作交流的规模和层次，培育和开拓国内与国际两个市场，提高企业产品市场占有率。同时加强和扩大同省内外行业的交流与合作，学习和掌握先进的生产技术、管理方法，吸收先进的技术和管理方式，缩短与先进企业的差距。

7. 提高自主创新能力，实施"科技兴盐、人才强盐"战略

（1）建立系统内的科技产品研发中心

针对食盐及盐产品品种少的现状，"十一五"期间，拨出专项资金建立山东盐业研发中心，成立专门机构，组织科技人员进行化工产品、多品种盐等产品的科研开发，为建设山东盐业强省服务。

（2）建立现代企业制度下人才的培养、引进、交流和使用制度，把"科技兴盐、人才强盐"的战略落到实处

一是推进人才分类管理。建立健全适合不同层面人才特色的人才分类管理体制。结合全省盐业系统各企业、各单位的工作，科学合理设置职

位，明确职责，实施岗位与人员的分类管理，逐步变人员的身份管理为岗位管理。建立和完善企业经营管理人员选拔、考核、培养、引进、配置、激励、监督约束、任职资格认定的管理体系，为企业改革发展提供人才服务。

二是建立和完善开放的、竞争有序的、充满生机和活力的人才配置新机制，实现人才资源的高度共享。在人才市场化的配置中，要依靠市场规律和人才供需关系、契约关系的相互作用，实现人才的合理流动和优化组合，以适应山东盐业经济高速发展对人才的需求。

三是建立多元化人才教育培训体系。大力发展职业教育、专业培训和素质教育，加快培养具有创新意识和创新能力的复合型人才。要坚持把高层次人才、急需紧缺人才和年轻人才的培养，作为人才工作的战略重点。做到优秀及骨干人才重点培养，紧缺人才抓紧培养，后辈人才超前培养，形成多层次、多渠道、多形式的人才培养体制。

四是以科学人才观为指导，创新用人政策。首先进一步完善用人机制。坚持公开、平等、竞争、择优的原则，实行"因需设岗，竞争上岗，择优聘位，以岗定薪，动态管理"的用人政策，形成"选人有条件，上岗有职责，竞争按规则，考核有标准，奖惩有依据"的用人制度，建立"人员能进能出，职务能上能下，待遇能高能低"，有利于优秀人才脱颖而出的新型人才机制。其次要坚持人尽其才，才尽其用。以品德、能力、政绩提拔使用人才，优化内部分配制度，稳步提高人才薪酬，积极探索实行收入与劳动贡献相适应的薪酬分配制度，并逐步建立和完善盐业系统的人才储备库。

五　海洋船舶工业

（一）山东发展船舶产业条件的综合评价

1. 地理区域条件

从中国目前船舶产业的地理布局来看，主要分布为南北两大块，北方以大连及环渤海为中心，南方以上海、广东为中心。山东省处于中国南北造船中心之间的落差地带，无法享受传统船舶制造业区域辐射资源。但是，山东省地处东北亚经济圈之内，毗邻世界造船强国日本和韩国，是日韩船舶与海洋工程产业向海外转移的首选之地。沿海港口处于国际海运主航线上，优越的港口资源，为山东省船舶造修产业融于国际市场，快速实现国际化战略，提供了天然的地理条件。中国打造世界级造船强国的建设步伐正在加快，山东如果抓住这个机会，做好船舶修造产业这篇文章，山东省在制造业上将得到一个更大的发展。

2. 相关产业资源发展条件

山东省有相当规模、与船舶相关的产业部门近100家，与造船强市上海相比有明显的差距，与大连和广州相比差距不是很大。不过山东省船舶相关企业的实际水平和竞争能力与上海、大连、广州却有很大的差距，从2005年山东造船能力与上海、辽宁、广东、江苏的比较来看，山东整个地区的造船吨位和船舶产业总产值还有很大的差距。山东省2005年在各地方造船完工量总吨位排到第8位，其中海船完工量占第8位，出口船舶吨位排在第9位，在全国排到第10位（包括两家中央企业）。总的来看，山东省船舶企业总体表现为：（1）投入强度低，技术层次低，规模偏小，产品结构单一，缺乏大吨位船和主力船型，缺乏"双高"（高科技、高附加值）船和新型船；大部分企业只能建造千吨级的杂货船、钢质渔轮等。（2）配套落后，本地设备装船率低，融资、担保难，每年因为缺乏担保资金，机电产品进出口流失在1亿美元以上。在船舶配套产品制造业上，船舶的本土配套率仅仅为20%，山东省则更低。（3）船舶相关产业区域分布散，船舶制造与船用配套业分布较散，协调发展难度较大，船舶产业对区域经济拉动作用较小。

3. 山东地区船舶造修设备条件

随着山东省北海造船厂的西迁，中船重工对北海造船集团投入的加大，北海造船集团的造船设备得到极大的改善，一些超大型的船坞已经投入使用或正在建造之中。目前全国最大的造船坞已落户山东省，全国十大造船坞山东省有四座，其中青岛地区就有三座，并且山东省有两座排在前三位。北海重工集团搬迁建设工程完毕以后，可以实现每年建造500万吨的造船能力。这些条件为山东未来成为造船大省打下了坚实的基础，将大大提高山东地区的造船能力，也必将带动山东地方船舶产业的大发展。

4. 技术和人才资源条件

从山东省造船企业技术和人才的调研情况来看，山东省由于地处南北造船基地之间，地区内缺少有实力的相关企业，在山东省及周边地区缺乏该相关行业的人才培养基地（船舶行业的高等院校或科研院所），因此山东省几家主要的造船企业的科技专业人才层次主要集中在中偏下，技术力量普遍比较薄弱。严重缺乏船舶行业的科研人才和专业技术人才是制约山东省发展船舶制造业的瓶颈。

结论：山东省的船舶制造业除了存在我国造船业普遍存在的共同问题外，作为一个船舶建造能力欠发达的地区，它还在造船领域具有特有优势和劣势，现在主要从以下几个方面进行归纳。

在地理区位上：从国内范围来看，山东省处于南北主要造船地区的落差带，在地理区位上处于不利地位，但从全球范围来看，山东省处于东北亚经济圈，毗邻世界造船强国日本和韩国，是日韩船舶与海洋工程产业向海外转移的首选之地。山东省如果能充分利用这个机遇，将对山东省发展船舶工业非常有利。

在相关产业资源发展条件上：山东省在船舶终端产品制造能力上与辽宁和上海有非常明显的差距，这是山东省发展船舶制造不利的因素之一。但从辽宁和上海这两个地区目前的发展情况来看，这两个地区都在船舶终端产品制造规模上大投入，而忽略船舶配套业的发展，从船舶产业的发展趋势来看，船舶配套业是船舶行业的主要利润所在。山东省如果正确把握产品定位，采取不对称的发展思路，同样可以分享造船业这块蛋糕应有的份额。

在造修船设备条件上：随着山东省青岛北海造船集团西迁的成功，山东省在这方面的优势将逐渐得到体现。

在技术人才上：这是制约山东发展船舶制造业最主要的因素。但技术因人而生，而人才的活动性决定了人才资源的易转移性，山东省地方政府如果能与我国造船企业制定合理的人才战略，结合自身的情况，在正确处理和利用好前面的资源的基础上，山东省船舶制造业技术及专业人才匮乏的局面将会得到很快的解决。

总之，山东省船舶制造业的培育和发展既面临前所未有的机遇和条件，同时也面临诸多的挑战，只要山东省地方政府方法得当，能抓住机遇，山东省造船业将大有文章可做。

（二）培育和发展山东省船舶产业群的若干建议

1. 从山东省情出发，正确把握山东船舶产业的产品定位

船舶产业是一个技术密集型和资金密集型的产业，要建造一座现代化的大型船厂，动辄耗资几百个亿，还需要大量的专业技术人才。从投资风险承受力上讲，作为地方政府山东不可能在一个行业上投入如此多的人力和财力。从我国船舶行业结构来看，该行业主要属于中央国家企业。中国造船企业目前主要集中在中国船舶重工集团公司和中国船舶工业集团公司这两大公司，国家在船舶工业投入的许多大项目主要集中在这两个公司，因此山东省如果以建造地方大型造船厂向国家立项而获得资金的成功的可能性基本为零。从目前中国船舶工业的发展来看，在两大集团公司名下的大型船厂纷纷产生，如果山东省再盲目跟进，势必造成产业重复投资建设，不符合国家的宏观经济发展规划。因此山东省地方政府不宜在大型船舶终端产品上投资，只能根据山东省已有的几家大型造船集团的发展情况，配合支持其发展，从而带动其相关产业的发展。根据该行业的特点和发展趋势，结合山东省的经济能力、工业基础和地理条件，发展船舶配套产品制造业、游艇产业和修船业比较合适。

（1）船舶配套产品制造业

目前全球年均新造船订单量为 4000 万—5000 万载重吨，2003 年世界新船订单达到创纪录的 1.03 亿载重吨，船舶配套设备年销售大约是 230 亿美元，在这 230 亿美元当中，日本和韩国的船用配套设备厂商就占到 1/2，其他 1/2 的市场主要被欧美地区的厂商占据。在现代船舶建造中，船舶配套设备在船舶总价值中占有相当大的比重，根据欧洲船用设备协会对 21 种船型的统计分析，当今船舶设备的价值已经占到全船价值的 40%左右，随着现代船的建造结构越来越复杂，技术含量越来越高，分工越来越细，这个比重正呈现越来越大的趋势。中国船舶配套业经过多年的发展，全国船舶制造、配套企业已达到 2000 余家，基本能满足一些常规船型的装配要求，最高的能达到国产装配 41%，但在高技术、高附加值船舶的建造上，国产装配率却很低，最低的如 LPG 船仅为 5%。从总的情况来看，中国船舶配套设备国产化装备不到 30%，而日本船舶配套设备国

产化装备达到95%—98%，韩国能达到85%左右。

自20世纪80年代中期以来，我国造船业一直保持稳步增长的态势，并已经连续九年保持世界第三造船大国的地位，特别是最近几年，随着世界造船市场需求的扩大，我国造船业呈现出高速增长的态势，到2003年，我国的造船完工量为605万载重吨，同比增长45%（其中出口船411万载重吨，同比增长24%），占世界造船市场份额的11%，截至2003年底，承接新船订单1850万载重吨，同比增长182%，占世界造船市场份额的17%，手持船舶订单2659万载重吨，同比增长102%（其中出口船2128万载重吨，占总量的80%，同比增长105%），占世界造船市场份额的16%，中国逐渐成为世界造船的一支重要力量。在船舶主体建造高速发展的同时，船舶配套设备发展却显得十分滞后，在每年200多亿元人民币的船舶配套设备的采购中，超过70%的需要进口。中国的船舶工业正面临着"船壳工业"的危险。船舶配套设备业的发展严重落后，增大了中国船舶产业的风险，已成为中国迈向世界造船强国的主要障碍。从近几年我国两大主要船舶工业集团公司和沿海造船省市在该行业的发展来看，都在船舶主体建造上大投入，一个个超大规模的船厂纷纷出现。山东省作为一个造船能力比较弱小的地区，面对船舶行业的如此行情和发展趋势，没有必要盲目跟进大型船厂的建设。应避实就虚，以目前已经存在的造船企业发展为依托，投资技术相对单一、资金规模需求相对小一点的船舶配套业，培育和发展山东的船舶配套业。只要政策和方法得当，尚可以打造不见船厂的造船基地。

（2）游艇业

游艇是指一种用帆或动力驱动的小型船只，通常造型精巧、线条流畅，用以娱乐、巡游或比赛。游艇是欧美的产物，在很大程度上它代表一个国家和地区的经济富裕程度。目前，世界平均每171人拥有一条游艇，像挪威、新西兰等国家人均拥有游艇高达8∶1，荷兰为10∶1，美国为14∶1，丹麦为10∶1，而内陆国家瑞士其人均游艇也达到49∶1。美国是目前世界上游艇业最为发达的国家。

①经济效益前景。据上海船舶工业行业协会提供的统计数据表明，在当今世界船舶市场上，仅休闲豪华游艇一项，自20世纪80年代开始，每年的销售总额基本保持在1600亿元上下，而最近几年更是上升至2000亿

元左右；加上游艇配件和水上运动器材，年贸易额基本达到3000多亿元，甚至超过商船和远洋发达国家的销售总额。由此看来，游艇产业的经济效益非常可观。游艇制造业除了游艇本身的价值不菲，而由游艇制造形成的游艇产业链带来的综合经济效应更加巨大。它的生产将带动新型材料、涂料、电子仪器、仪表、动力、推进系统等几十个配套工业的发展。它的消费，也将带动游艇码头、游艇运输、游艇维修、燃料加注、水上娱乐、餐饮服务等一大批相关行业的迅速发展，这样不仅可以吸收大量的劳动力，还可以为国家带来更多的税收。全球游艇经济年收入500亿美元，而我国的游艇出口仅有1700多万美元，如果它的出口和我国的船舶工业一样，每年占有国际市场15%的份额，那么，它对国家的创汇将是一个新的增长源。世界游艇年消费额高达400亿美元，与万吨邮轮市场相当，加上游艇产业全世界3000多亿元的销售总额及其产生的1∶10—1∶14的经济极高带动比例系数，使游艇产业成为具有发展潜力的朝阳产业。总体来看，主要具有产业经济效应、商业经济效应、制度经济效应、消费经济效应和集群经济效应五大经济效应。

②中国游艇业发展现状。目前中国国内有260多家游艇制造企业，产值超过1000万的企业有30多家，2003年全行业完成产值15亿元。目前我国的游艇出口仅有1700多万美元，总的来说，我国的游艇业处于刚刚起步阶段。

③中国游艇业发展前景。2004年初，深圳市政府将游艇制造业列为该市优先发展的行业之一，而同时，国内游艇休闲等相关产业也正在蓬勃兴起。随着我国经济的发展，面对全球的经济危机，中国急需扩大内需，培育新经济增长点和新的消费市场。豪华私家游艇步入部分富裕人群的生活当中无疑是一个很好的办法。据预测，像深圳、东莞这样外商云集、成功人士较多的外向型城市，已经具备了较成熟的游艇消费市场。山东在此时立项游艇业，是一个难得的好时机。

山东省东南部沿海环境优美，气候宜人，滨海旅游景观丰富。毗邻东北亚经济带，具有国内国际消费市场。北京申奥的成功，就给青岛市带来了154个与奥运水上竞赛相关的建设项目，已有近百亿元的投资。仅2008年北京奥运会水上竞赛用工作艇就达335艘。舰船游乐公司、游艇制造生产基地、游艇俱乐部等也将相继成立，这对推进山东沿海水上旅游

业的发展是个千载难逢的好机会。随着滨海旅游业的快速发展，可以将人
们的旅游目的地从陆上转移到海上。山东省依托海上旅游业的发展，抓好
游艇产业发展所带来的机遇，定能大发水财。根据中国经济的发展情况，
经过 20 年至 25 年的努力，山东半岛将成为继长三角、珠三角之后的第三
大游艇黄金消费区，成为中国北方游艇制造业基地和海上旅游休闲中心，
山东半岛东南沿海一带将成为名副其实的"东方夏威夷"。

（3）修船业

东南亚地区已成为世界修船业的中心，传统的修船中心——欧洲由于
劳动力成本高及远离热门航线等原因已雄风不再。新加坡是目前世界上最
主要的修船国家，其年修船产值占全球的 94.8%，其中，ESPO 船（B17
浮式储油船）改装产值占全球 2/3，海上平台修理、改装占 60%。此外，
中东地区修船业在世界修船业中的地位越来越重要。中东修船业在地理位
置上有优势，如中东首屈一指的迪拜干船坞公司靠近盛产石油的阿拉伯
湾，来往油船多，修船职工素质高，可提供高质量服务。该公司力求成为
世界海事共同体多种维修中心，计划对迪拜海事城进行改造，占地 195 公
顷的人造半岛已完工 40%，完成后将具有世界最大的修船能力。日本和
韩国修船能力也很强，但目前它们将发展重心放在造船上，修船仅限于国
内船舶。

国际船队结构调整拉动修船需求，到 2004 年初，全球 300 总吨以上
商船约 4 万艘，平均船龄 19.1 年。集装箱船 10.5 年，油船 17.9 年，散
货船 15.3 年，杂货船 22.2 年；船龄 10 年以上的船舶占 60%，船龄 15 年
以上的占 50%，有大量船舶需要进行维修。从近年世界船队发展趋势看，
船舶艘数增长率比吨位增长率低得多，表明船舶正趋向大型化。从世界海
运量的持续增长和油船、散货船、集装箱船船队的迅速扩大来看，将对修
船市场的发展带来新的机遇。

安全环保标准提高导致修船量增加，国际海事组织和各国船级社对船
舶的安全和环保性能提出了越来越高的要求，特别是对船舶通信和防污染
设备、结构、保护生命和货物安全等制定了严格的强制性标准。IMO
（B16 国际海事组织）在新规则中明确规定了单壳油船的使用截止日期，
因此，近年很可能出现一次短暂的单壳油船修理高潮。此外，2005 年 4
月生效的《防止船舶污染海洋国际公约》及《船舶压载物控制和管理公

约》也将促使今后几年世界修船业务量大大增加，船东将不得不对现有营运船舶的结构和设施进行升级和改造。

改装 EPSO 船将成为热点，旺盛的国际能源需求使 EPSO 的市场需求大幅增长。ESPO 船 60% 以上是旧油船改装的。目前全球有千余艘 25 年以上船龄的老旧油船，很可能成为改装 ESPO 船的选择对象。2003 年初，正在改装的 ESPO 船舶有 72 艘，较前两年有明显增加。目前油田服务船舶平均船龄也已超过 20 年，预计今后 10 年内，全球还需要 100 艘左右 ESPO 船。油田服务船舶将成为继 LPG 船之后各国修船企业竞争的又一热点。

经过改革开放 20 多年的发展，特别是近 10 年我国修船设施的迅猛发展，中国的修船能力有了巨大的提高。目前，全国 5 万吨以上的修船坞已达到 200 多万载重吨，2004 年，在国内外强劲需求拉动下，我国大中型修船企业总产值首次突破 100 亿元，包括拆船在内，总产值达 149 亿元，同比增长 24%；实现利润 81 亿元，同比增长 108%。与造船工业 3%—5% 的微薄利润相比，修船平均利润率达到 15%。尽管如此，我国在世界修船市场上的份额仅占 2%—3% 左右。究其原因，主要是因为中国修船业基本上是以承修打砂、除锈、油漆与换板为主的低附加值的修理。而世界修船市场上的高附加值修理，如豪华游轮、LNG[①]/LPG[②]、船 VLCC/ULCC[③] 油轮、海上石油钻井平台、EPSO 改装船等船舶的修理与改装业务却很少承接，几乎被日本、韩国、新加坡、欧洲等国家包揽。中国修船业未能进入高端市场的原因，就修船企业而言，有的是设计能力跟不上，有的是修理工艺不成熟，有的是配套和专业维修能力不够完善，此外，还存在客户的信任度尚不高等因素。我国修船业总的现状是：发展很快，但修理工程内容简单，技术含量不高，与世界一流水平差距很大。

目前，世界修船市场相当活跃。面对难得机遇，中国修船业蓄势待发，中国修造船舶企业决心利用自己的航线优势、人工成本优势和技术优

---

① 大型液化天然气船。
② 19 液化石油气船。
③ B20大型（3万—15万吨）/超大型（15万吨以上）油船。

势，将中国修船产业做大做强。目前我国大中型骨干修船企业通过提高船坞修理机械化装备和人员技术水平，船坞修周期已从2003年的7—9天缩短到3—5天，已赶上国际先进水平。今后，将进一步缩短修船周期，提高配套服务水平，加大大型、高附加值船舶修理量，加大改装比重，争取国际市场更大份额。

山东青岛海西湾造修船基地项目获得国家发展改革委员会批准。按照国家规划，未来中国将形成环渤海、长三角和珠三角三个船舶制造基地，其中青岛海西湾造修船基地是环渤海地区的核心企业。青岛海西湾造修船基地项目总投资74亿元，将建设15万吨和30万吨修船坞，30万吨和50万吨造船坞，近期形成年造船能力200万载重吨，远期形成468万载重吨，修船能力212艘，海洋工程建造能力4座，项目建成后将成为国内最大的造修船基地之一。目前项目完成投资8亿元，修船工程已经完工并投入生产。围绕海西湾造修船基地，一批船舶配套企业正在聚集，预计"十一五"期间，青岛地区将形成年产值300多亿元的船舶产业集群。山东省除了以上发展船舶修造业的有利条件以外，还具备发展成一个优秀的、具有较强竞争力的修船产业所特有的以下条件：①优越的地理位置。山东东南部沿海贴近世界主要航线和世界大的港口（航运中心），对日韩而言，中国劳动力便宜，有价格优势，这有利于山东省修船业吸引修船源。②山东沿海港口有良好的水深条件，能满足需要修理船舶的吃水要求，这直接决定了一个修船企业承接修理船舶的大小。③必要的气候条件。山东东南沿海环境优美，气候宜人，夏无酷暑，冬无严寒，对船东和船员有吸引力，同时也不会因大风、雨天、低温等恶劣气候影响所修船的船期。从世界修船业的发展前景和山东省的省情看，山东省大力发展修船业，是非常有优势的。

山东省的船舶产业，只要政策得当，路子走对，经过10年至15年努力，基本可以建设成符合国际化形态的船舶配套业生产基地，形成若干个船舶配套产品现代化制造加工厂，拥有一批自己的独立核心技术和知识产权。山东省一些现代化的大中型造船总装厂、一批具有企业集聚效应和"专、特、精、新"特色船舶配套产品以及交易市场的综合性船舶工业体系，必将成为国内重要的大中型船舶修理中心和特种船舶——游艇制造基地，成为山东省海洋经济和先进制造业的重要组成部分。

2. 制定科学有效的指导思想和政策措施

船舶制造业是我省"十一五"规划重点发展的七大产业之一，是我省建设先进制造业基地的重要内容，为把我省船舶工业努力建设成为我国东部沿海重要的现代化船舶修造业基地，山东省培育和发展山东的船舶产业群，充分利用海洋空间资源，加快滨海制造业基地建设步伐，实现海陆并举的海洋开发战略，整体提高我省工业制造和海洋运输业水平，既是机遇，也是挑战。现就培育和发展山东船舶产业基地提出如下建议。

（1）首先要提高认识，正确认识船舶制造业对山东省经济发展的作用和地位

船舶工业是大型装备制造业，具有一次投入多年受益、技术先导性强、产业关联度大、资本与劳动密集结合等特点。同时，船舶工业也是航运业、渔业、海洋工程的基础，发展船舶工业对于加快建设先进制造业基地，促进我省产业结构战略性调整与经济发展，发展海洋经济，融入环渤海经济造船基地建设，推进我省国民经济发展具有十分重要的意义。我省多年来对船舶产业在我省经济发展中的地位的认识不够。因此，摆正思想，提高认识是培育和发展山东船舶产业基地成功的关键。

（2）因地制宜，确立科学的山东船舶工业的发展指导思想

依托区位与资源优势，以国内外市场和产业利润为导向，确立不对称的竞争发展方针。以提高船舶工业国际竞争力为核心，以科技进步与机制创新为动力，坚持服务国内、出口主导、修造并举、加强配套、培育特色，采取外引内联、高起点、大投入、快产出、多收益的策略，促进船舶工业企业上规模和产业集聚发展，推进船舶工业产品结构调整和产业升级，大力推进清洁生产，发展循环经济，实现船舶工业跨越式发展。

（3）加强组织领导和指导工作

各市、县（市、区）政府要进一步加强领导，统一部署，统筹规划，协调解决船舶工业发展中的重大问题。省发展改革委、经贸委等部门应进一步加强指导技术开发和检查、督促工作，落实推进船舶工业发展的有关政策举措。

（4）切实抓好产业布局规划

船舶工业发展的重点地区要按照全省工业产业布局规划，制定本地区船舶工业发展规划及相关政策。要按照高起点、大规模、功能配套完善的

要求，同时充分考虑海洋生态保护与海岸线合理利用，长远规划，分步实施，引导船舶企业的集聚发展，严格限制布局规划以外或不符合布局规划总体要求的项目布点。

（5）整合多方力量，分工闯关

以烟台、威海、青岛几家较大型造船公司为主体，采取扶持一批、转化一批、建设一批的方式培育形成结构优化、主业突出、机制创新、分工协作、集群发展的船舶产业生态链；鼓励企业进一步深化改革，通过联合、兼并、收购等多种形式做大做强船舶配套业、游艇产业、修船业等主打产业。

对于山东船舶配套业的发展建议是：

①在生产上采取不但要求量，更要求精的生产方针，在市场经营上力求不是世界最全的，但一定是世界最好的经营理念。

②重点选择若干家骨干企业，运用市场机制和手段进行培育，加快向具有现代造船模式的船舶总装厂发展，引导中小企业向生产分段、模块及配套产品的专业厂方向发展。加快建设高水平的船用设备研发技术平台，从而培育壮大一批具有国际竞争力的船用设备生产企业。

③鼓励建立配套企业与造船企业、航运企业之间的信息交流平台；各重点布局地区，要努力创造良好投资环境，加快内引外联的步伐，有选择性地吸引国内外航运业与船舶工业大企业（集团）等投资发展船舶工业。

④通过政策引导，吸纳民资，增加对船舶工业的投资。加快推进企业投资主体多元化。重视市场研究，培养行业营销人才，增强配套企业开拓市场的能力。

对于山东游艇业的发展建议是：

①结合山东滨海旅游资源情况，统一规划并落实沿海游艇码头及有关娱乐设施、服务设施建造用地，这方面政府有关部门应起到严格的监督作用，要做到专地专用，严防单位或个人趁机圈地，乱建乱占。

②完善港口和游艇码头的服务设施等软环境建设和相应的管理制度。

③在立项尤其是与国外游艇厂家合作时，应仔细考察，选对产品和合作伙伴，建议与欧美有实力的游艇厂家合作，目前港台的游艇产品主要是一些快要或已经淘汰的产品，在合作立项上，宁缺毋滥，切忌病急乱投医，急于上项目，盲目上项目，这一点目前国内有好多游艇厂家已跌进了

陷阱，得到了教训。

④尽快建立健全以与游艇相关的地方性法律法规为主要内容的一整套游艇产业制度体系。在游艇制造业领域，按国际要求，完善细化游艇质量检验标准。目前国内的检验规范太粗。在销售领域，建立全国和地方的游艇行业协会，形成一整套完善的销售网络和销售渠道。在消费领域，政府应派人员到游艇业比较发达的国家如美国及北欧一些国家考察学习，尽快解决诸如游艇驾照考核标准、驾证的发放单位、游艇停靠的使用权限、游艇的使用水域和时间及收费标准等问题。

⑤在条件许可的情况下，通过举办专业的、高标准的游艇展会，提高山东省地方游艇业在行业内的影响。但目前中国的游艇展会畸形发展，一个游艇展会更像是嘉年华会，作为一个以水上内容为主的会展，连水上展会都没有，这叫船东如何去了解游艇的性能。希望山东省以后在举办游艇展会之前，最好先到国外的大型展会去考察和借鉴。展会开了以后，不要让外行看了感觉热闹，内行看了感觉好笑。

对于山东修船业的发展建议是：

①充分重视现状的研究和长远发展的规划。中国加入 WTO 后，企业真正走向了世界市场，面对来自世界修船业强有力的竞争，我们必须认真研究和分析山东省修船企业与世界先进修船企业的差距，采用"对标"比较的方法，得出量化的结果并积极研究落后的原因，制定和实施应对的举措以及今后如何赶超的发展战略。

②加快山东省船舶企业的整合。过小的企业不利于资源的优化、技术的提升以及质量的稳定和高级人才的使用。建议行业协会作深层次的研究并提出可行的运作方案。

③完善山东修船专业化维修厂、站的组合体系。充分利用信息化网络手段，建立密切联系合作关系，解决修船企业的技术难点。建议山东省与修船学委会专业技术学组组织人员作专题研究。

④组织内行的领导群体和建立完善的科学管理体制。这关系到山东省修船业的正确发展决策的有效落实。

⑤培育一支高素质的员工队伍和充足的劳动力资源。有一支稳定且素质较高的工程技术人员、施工人员队伍（包括外包工程队），是保证修船质量、效率、安全等的关键。

⑥完善修船厂周边的配套条件，包括设计单位、专业维修、材料、备件、外协加工等方面的配套能力。因为完善的配套条件和较高的配套能力是修船企业优化延伸服务、缩短修船周期的重要因素。

⑦依托周边的社区环境。良好的社区生活设施和文化娱乐环境，不仅关系到企业职工队伍的稳定，对船东和船员的心理也有潜在的影响。

⑧树立积极向上的企业文化。逐步形成具有极强凝聚力的企业文化，将促进企业长久稳定发展。

⑨政府机构如海关、港监、边防、引水、代理、工商、税务等有关单位给予强有力的支持与服务，是修船企业发展的重要外部环境。

（6）推进技术进步

加快实现船舶企业信息化、造船模式现代化、企业管理集约化、生产模式柔性化。船舶企业引进国外先进设备，经批准可免征关税和进口环节增值税。企业实施技术改造项目，符合条件的，可享受国产设备投资抵免除企业所得税政策。企业根据国家税务总局《关于下放管理的固定资产加速折旧审批项目后续管理工作的通知》（国税发〔2003〕113号）的有关规定，在申报纳税时可自行选择采取加速折旧的办法，同时报主管税务机关备案。对符合条件的企业所发生的技术开发费比上年实际增长10%（含10%）以上的，经主管税务机关审核批准，允许再按技术开发费实际发生额的50%抵扣当年度的应纳税所得额。

（7）培育船舶与配套产品交易市场

依托现有船舶修造业的产业及市场基础，重点培育运作规范、现代高效、辐射全国乃至国际的船舶与船舶配套产品交易市场，形成促进船舶修造业发展的重要物流中心、产品信息中心，通过船舶及其配套产品交易市场的发展，带动一批相关产业的发展。在山东省船舶配套业、游艇业、修船业和港口运输业得到相应的发展的同时，发展船舶电子商务，实现传统产业与新技术产业相结合，为山东省传统产业的集约化、国际化插上腾飞的翅膀。发展船舶电子商务领域，可以选择有实力的单位承担联合开发任务，为开发工作提供有力保证。同时，我省可以借青岛港建设国际物流商务信息港的机会，实现资源共享，建立起以港口电子商务为中心的船舶电子商务港。

（8）加强行业的协调与指导，防止无序发展

各级行业主管部门要强化行业协调、指导、监督和管理，防止船舶工业低水平重复建设和无序发展。同时，要创造条件成立船舶行业协会，并积极发挥协会的作用。

（9）加强对船舶修造质量的监管，进一步规范市场秩序

各级船检部门要加大船舶检验与监督管理力度，杜绝无证、违规修造船舶及质量无保证的船舶进入市场。对技术落后、浪费资源、质量低劣、污染环境以及不符合安全生产条件的修造船舶企业，收回相关生产认可证书，并依法予以关闭。

（10）船舶产业属于资金密集型和技术密集型产业，要实现山东船舶产业的雄伟目标，必须解决资金问题和技术人才的发展瓶颈问题

①首先解决我省船舶产业的融资担保难题，力争获得国家的有关支持和相关有利政策，同时以政府出面牵线搭桥，实现船舶制造企业与国内外金融机构联姻，为船舶制造业的发展搭建良好的资金平台。

建立船舶出口担保及融资机制，加强对出口船舶的信贷支持。船舶修造业集中的地区，各级政府应出台相应政策，引导企业及社会其他力量参与，建立船舶专业融资担保机构，扩大船舶企业的融资渠道。鼓励企业利用出口信用保险来提高船舶的出口竞争力，鼓励银行拓展船舶企业的履约保函和融资保函业务。鼓励银行积极进行金融创新，向船舶企业提供多种形式的金融服务。引导银行按照国际通行做法和相应条件，向船厂提供卖方信贷或为船东提供买方信贷，并根据政策条件、船舶企业的信用状况、生产特点等合理确定贷款期限、金额和利率。积极支持船舶企业利用外汇贷款解决资金需求。鼓励政策性银行按规定对船舶企业予以信贷倾斜和政策优惠。对于进口设备、原材料较多的大型船舶企业或大型造船项目，可以安排一定的外债专项指标，增加其资金来源渠道。

②在技术和人才问题上，要重视人才培养与引进，尤其是在船舶专业人才的培养上，建议实行引进与自主培养的原则。充分发挥高等院校培养船舶相关专业人才的作用，为船舶设计、生产与科研提供各类专业人员，重视船舶工业职业技术工人培训。对于一般的技术工人，可以实行当地政府与企业通过办学联合培养；对于专业技术人才和高级管理人才，采取自主培养与引进相结合的方式。在引进人才上，政府应有特殊的政策，建议

我省将船舶与海洋工程方面的人才列入特殊需求人才，对于造船业所急需的人才，当地政府要广开绿灯，因为中国所有高校中，有船舶制造与设计专业的学校只有7所，而真正能培养船舶制造和设计人才的只有3所，每年为船舶制造和设计业输送的人才不到1000人。建议借鉴上海的做法，上海市人事局对于船舶方面的人才，采取了降低入市门槛等许多特殊政策。对于船舶与海洋工程高技术专业特殊人才，前期以引进为主，采取政府与企业、科研单位相结合的方式，利用我省东南部沿海优越的气候自然环境，提供优良的创业条件和环境，实行特殊的人才战略，对国内外该领域精英招贤纳才，最后实现自主培养。在技术上要加大科技投入，努力构建有效的技术创新机制，如鼓励高科技人才以其科技成果入股；有步骤地组织"产学研"攻关，提高船用设备技术创新能力。

（11）加大财政支持力度

政府财政部门要加大对船舶工业的支持，省里每年设立一定数额的专项资金，扶持船舶工业的共性技术研发、共享性信息化平台研究等。抓好船舶企业技术改造与技术创新，积极为企业争取国家国债固定资产投资项目、重点技术创新项目和国家高新技术船舶发展基金的支持。帮助船舶出口企业优先申请国家机电产品技术更新改造项目和国家专项资金的支持。

（12）提供土地使用优惠支持

对符合船舶工业产业布局规划的船舶企业发展用地，要优先保障。为吸引国内外企业集团来我省投资船舶工业，协议出让土地可以不低于评估地价70%的价格予以优惠，并提供相应的交通、水、电等基础配套设施。为支持骨干船厂"退二进三"搬迁，进行易地扩建的，政府依法收回原企业用地，并部分返还土地增值资金，同时合理安排迁建用地。

（13）改善服务环境

各有关部门要转变职能，相互配合，提高效率，支持船舶工业发展。在制定岸线资源开发规划时，要充分考虑船厂对海岸线条件的特殊要求。要积极向国家有关部门争取，做好布局规划内海域的对外开放。按国家有关规定，认真落实新造船舶、修理外轮的相关免税、退税工作，尽可能在船舶工业来料加工进出口的通关审核、核销等方面提供高效便捷的服务，支持有条件的企业建立保税仓库。进一步改善对船舶修造加工区域的外汇管理服务，方便船舶企业和外商客户的外汇资金、外汇费用结算。

六 海洋化工业

山东拥有中国沿海最丰富的盐业资源。盐是海洋化工业纯碱、氯碱等的基本原料。目前，山东已形成了纯碱工业、氯碱工业和以卤水为原料生产溴化物及海藻化工产品的海洋化工工业体系。

（一）生产发展水平

1. 产业发展

2006年，山东省海洋化工产业总产值1998400万元，产业增加值达到787400万元，占全省海洋产业总产值的比重达到6.66%，占全省化工产业的比重超过50%，对全省地方生产总值的贡献率为0.36%。近些年山东沿海地区的海洋化工发展较快，2006年的海洋化工总产值已是2002年山东省海洋化工产业总产值的13.6倍，年均增长率超过90%，已成为山东沿海地区国民经济的重要支柱产业之一。

2. 生产能力及布局

截至2006年底，山东沿海地区共有海盐、卤水开发利用企业4000多家，其中限额以上企业（工业统计口径中年销售收入500万元以上的企业）拥有总资产150多亿元。在山东沿海地区，生产规模较大的地区是潍坊和青岛，其次是滨州。2006年山东潍坊地区海洋化工产值872000万元，青岛的海洋化工产值677600万元，滨州海洋化工产值356400万元，分别占当年各地海洋产业总产值的38.8%、7.3%和29.2%。潍坊地区、青岛、滨州三地合计占山东海洋化工的比重近80%，是山东省海洋化工生产的主要地区。

海盐资源、卤水资源是潍坊北部沿海地区的重要资源，也是对全国基础化工原料行业发展具有重大影响的资源。在鲁北地区，尤其是在潍坊北部沿海地区，卤水资源经过近50年的开发，国有、集体、个体等多种经济成分共同参与，在企业数量和开发能力上已经形成了规模庞大的海洋化工产业集群。潍坊市有15个乡、镇北临渤海莱州湾，从事卤水开发及相关海洋化工产业的高达30余万人。潍坊全市沿海地区共有盐田面积45517公顷，其中原盐生产规模1680万吨，占全国的1/3，是国内最大的海盐生产基地；纯碱生产能力 400 万吨，占全国总产量的 1/4，是世界上最大的合成碱生产基地；溴素生产能力 9 万吨，占全国总产量的 80%，溴化物生产能力 25 万吨，是国内最大的溴化物生产基地，与美国盐湖城、以色列死海地区一起，是世界上三大溴素生产基地之一；氯化钙年产 50 万吨，泡花碱年产 15 万吨，均居亚洲第 1 位。山东省从事海洋化工的企业主要分布在潍坊北部莱州湾、青岛一带。

2006 年，潍坊全市海洋化工产业产值超过 872000 万元，实现增加值 425200 万元，占全市 GDP 的比重达到 10%。在潍北地区海盐、卤水开发利用企业中，有 20 余家企业原盐生产能力 250 万吨，溴素生产能力 2 万吨左右，基本实现溴、盐联产，资源利用较为充分；其余几百余家企业主要是小型原盐或者溴素生产企业，原盐规模 550 万吨、溴素规模 2 万多吨。

海藻类化工产品也属于海洋化工产品的一种。海藻加工产品主要是褐藻化工产品，主要有褐藻胶、碘和甘露醇等。山东省海藻类化工产品生产企业主要分布在沿海地区，其中日照山东洁晶集团的褐藻酸钠产品产量最高为每年 4819 吨，其次是荣成瑞成九洋藻业有限公司，产量为每年 3097 吨。

3. 发展政策

（1）纯碱工业

2006 年国家发展改革委员会办公厅发布了《关于加强纯碱工业建设管理促进行业健康发展的通知》的指导意见，该意见规定：对没有自备盐场、不能实现原盐自给的扩建新建纯碱项目停止核准和备案等；2008 年环境保护部颁布了《清洁生产标准——纯碱工业》，该标准按三个等级对纯碱行业的氨耗、盐耗、新鲜水耗和综合能耗以及废水排放量等进行了规定。意见和标准的实施将对我国纯碱工业的发展产生深远影响，一批不能实现原盐自给、工艺设备落后、能耗高的企业将面临被淘汰的局面。

（2）氯碱工业

国家发展改革委员会 2007 年 12 月 1 日起实施新的《氯碱（烧碱、聚氯乙烯）行业准入条件》，该条件不但要求新建氯碱企业应靠近资源、能源产地，生产工艺等进行技术改造外，还对新建、改建烧碱装置单位产品能耗标准作了规定。根据规定，今后推行循环经济理念、生产环节中实施热电联产和废水废渣综合利用的氯碱企业将获得更大的发展机会，而环境污染严重、能源消耗高的企业产能将受到限制。

（二）潜力与趋势

1. 发展潜力

山东区位条件优越，潍坊北部地区有着得天独厚的海盐资源和卤水资源，海洋化工资源丰富，发展海洋化工潜力巨大。

根据潍坊北部地区卤水开发形成的生产规模，按照市场正常价格计算，开采的原盐、溴素可实现年销售收入 40 亿元，考虑以原盐、溴素为原料的精深系列加工，形成的年销售收入可达到 200 亿元。如果拥有先进开采技术，能够开发碘、锂、铀等经济价值较高的元素，形成的经济效益将更加可观。

山东省是全国海藻化工原料海带的主要产区，产业发展规模较大，为海藻化工业的发展提供了有力的原料保障。进一步加强技术集成创新，突出循环经济发展，尽快做大做强海藻化工产业，是非常必要和可行的。

另外，山东公路、铁路贯穿全境，构建了连通长三角地区和京津冀地区的陆路交通网络；半岛地区海陆空交通基础设施建设走在了全国的前列，青岛、烟台、威海以及济南机场形成了山东半岛的空中交通门户，可以直接通达国内各主要城市及周边国家；山东现有 25 处沿海港口，港口吞吐量可达到 3.05 亿吨，居全国第 4 位，到 2010 年将初步建成东北亚国际航运中心。山东半岛三面临海，东望日韩，地理位置优越，处在环黄海经济圈的中心地带，发达的基础设施以及便利的交通条件为山东省提供了良好的交通运输条件，为海洋化工产品运输及出口提供极为便利的条件。

2. 发展趋势

海洋化工产品是工业、化工业的基本原料，其生产、消费受经济总体运行情况的影响很大，山东海洋化工今后重点发展趋势是：

（1）控制产能有序发展

在过去 5 年，我国 GDP 年均增长率达 9% 以上，从整体上看，我国仍处于工业化的中期发展阶段，宏观经济运行良好，经济的快速增长阶段远未结束，根据国内经济学家预测，我国经济今后能继续保持 20—30 年的快速增长，宏观经济的稳定增长决定了我省海洋化工业在长期内有较大的增长空间。

（2）整合资源，发展循环经济

20世纪90年代中期以前，原盐和纯碱的生产及产品分属两个不同的行业和主管部门，原盐属于轻工行业的产品，而纯碱则属于化工行业的产品。原盐是纯碱主要的生产原料，可是纯碱厂、盐场分属化工和轻工两部门管理，双方关系难以协调，造成工作效率低下，带来不必要损失。整合资源实现盐碱联合，才实现了各类生产力要素的优化组合和合理配置，推动资源的综合利用。

（3）充分利用资源，纵向延伸产业链

以原盐为原料生产纯碱，以纯碱为原料深加工生产小苏打、泡花碱、白炭黑等，以制碱废液为原料生产氯化钙、氯化钠等；以溴素为原料生产系列灭火剂、阻燃剂；以制盐苦卤为原料生产硫酸钾、氯化镁、氢氧化镁等，使资源得以综合利用。初步形成一个上下游产品接续成链、资源封闭循环综合利用生态工业体系，这样既实现由初级原料产品向高科技终端产品的延伸，又可以降低成本。

（三）存在的问题

1. 大量市场主体进入，没有实现规模经济效益

卤水资源是海洋化工的原料。近年来，随着经济的快速发展，原盐、溴素市场需求旺盛，多种经济成分的主体纷纷进入卤水开发领域，特别是很多个体私营业户投资建设了一批小规模的原盐、溴素生产企业，使全市卤水开发利用企业和生产规模迅速膨胀，由于大量开采，卤水水位下降，上水量减少，提取卤水的费用大大增加，使原盐、溴素生产成本不断上升。

2. 投资热导致产能过剩

近年来，由于国内氧化铝、建材、房地产等盐化工下游产业发展较快，对两碱的需求旺盛，中国盐化工业产能扩张迅速，各地先后上马了一批纯碱、烧碱项目。以烧碱行业为例，产能从2003年的1070万吨迅速膨胀为2006年的1810万吨，三年间增长了约80%。未来2—3年内，还有一大批规模的烧碱项目将陆续投产。前几年的投资热潮导致了国内两碱行业的产能过剩问题较为严重，相当一部分产品的销售需要依赖国际市场。

目前，美国、澳大利亚和东盟国家是纯碱、烧碱的主要消费市场，也是我国两碱的主要出口市场，国际经济的发展将直接影响着我省的海洋化工产品出口及海洋化工企业的发展。

3. 卤水开发利用情况不平衡，资源利用水平低

有的市场主体依据自身的经济实力，形成了较大的开采规模，能够实现卤水资源的充分利用。但很多分散的个体开发者规模较小，抵御市场风险的能力差，开发行为具有很大的短期性。大部分个人投资建设盐田和溴素项目一般是承包土地10—15年时间，他们为了自身利益最大化，尽可能地在承包期限内把易开采、质量好的卤水开采出来，只挑选容易开发的卤水进行低水平开发，造成卤水浪费和环境污染。加上自身规模很小，抵御风险能力差，只要有利可图就尽快出售产品，降低了卤水资源的整体开采效益。这部分企业对卤水利用最多，浪费最大，约占整个卤水开采的60%—70%，是卤水低效率开采的主体。

据不完全统计，全省小型盐场和溴素厂每年需要1.4亿立方米卤水，实际抽取4.2亿立方米，有2.8亿立方米的卤水白白浪费，日排量高达80万立方米。浪费的卤水可制原盐1400万吨，价值20多亿元，平均每天有500万元的原盐流入大海。

4. 对环境产生严重影响

在潍坊北部沿海区域，土壤含水层分布结构为：从地表起20米以上为淡水层，90米以上为各种卤度的卤水层，90米以下为微咸水，卤水开采集中在90米以上的区域。市场主体对卤水资源的大量开采，使卤水水位严重下降，土壤表层的地下淡水就不断向下渗透来补充卤水层，淡水水位随之下降。淡水水位不断下降，势必对表层的植被带来不利影响。

据统计，全省每天有80万立方米卤水和苦卤排入大海，不仅浪费了宝贵的资源，而且造成了海洋污染，对海洋生态环境造成了巨大破坏，渔业资源急剧衰退。

5. 卤水品质下降并有面临枯竭危险

随着对卤水资源的长期大量开采，卤水越采越深，卤水资源的品质与以前相比也有很大下降。对1980年至2006年的卤水浓度进行勘察结果比较，发现卤水浓度有了很大程度地降低。

目前，全省每年使用卤水大约在 6 亿—7 亿立方米。即使卤水资源在一定时期内能够进行补充，但由于补充量赶不上如此大的利用量，导致地下卤水水位快速下降，卤水储量呈现明显下降趋势。根据山东大学专家对某一区域卤水浓度变化的测算，如不控制卤水开采规模，10 年内部分区域地下卤水资源将有枯竭的危险。

（四）结论与建议

山东海洋化工产业充分发挥区域内地下卤水资源、海洋资源和浅海滩涂资源优势，把资源循环利用和环境保护纳入总体发展战略中，以资源合理开发、产品深度加工、能源综合利用为重点，致力于探索以资源链纵向闭合、横向耦合、区域整合为特征的循环经济模式，闯出了一条独具特色的可持续发展道路。但是，在新形势下，政策法规不健全、资源浪费严重、技改投入不足等对海洋化工的发展带来一定的影响。为此，建议各级海洋化工主管部门及相关单位能采取相应对策，大力推动山东海洋化工产业的健康持续发展。

1. 运用法律手段明晰产权，制定规则

根据《矿产资源法》的有关规定，卤水资源所有权属于国家，但《矿产资源法》并没有对所有权以外的产权进行细分，产权不明晰影响了卤水资源的市场交易和有效配置。最起码要争取省人大制定地方性法规，对卤水资源的占有、使用、节约和保护等权利和义务通过法律形式得以划分和界定，在法律框架内进行卤水使用权转让和交换，从而为合理使用卤水资源行为提供法律和制度基础。

2. 总量控制，推行卤水采矿许可证制度

卤水采矿许可证实际上是规定市场主体合法拥有卤水资源进入、提取、使用、转让的权利。在明确界定卤水产权后，政府要制定科学的开采规划，合理确定卤水开采规模，对卤水开采权进行划分，推行采矿许可证制度。加强宏观调控，统筹规划，对卤水资源进行综合监督管理，促进科学合理地开发利用资源，实现可持续发展。

3. 建立卤水产权交易市场，运用市场机制配置卤水资源

在明晰卤水产权和设立卤水采矿许可证以后，需要建立卤水产权交易市场进行采矿许可证交易。卤水产权交易市场的建立是政府用来管理卤水

资源开发、推进卤水交易的一种经济和法律手段。明晰卤水产权和建立产权交易市场以后，卤水资源可以通过采矿许可证进行交易，实现卤水资源的优化配置。

4. 建议积极探讨盐—碱联合的发展道路

目前，我国卤水化工的比例很低，而国外大量采用卤水作为烧碱原料，如美国已达到90%。通过卤水精制后直接作为生产原料，可省略用卤水做成固体盐，固体盐再溶解做精制盐的工序，减少能源消耗，并且生成的淡盐水又可返回注井开采，节约用水。因此，在潍坊地区应该采取盐—碱联合的发展道路，氯碱项目应密切与卤水的采集和运输工程结合，形成卤水采集、运输、精制、氯碱及下游氯、碱、氢深加工的精细化工产业链，不断延伸产业链条，形成上中下游一体化发展模式。

5. 建设国家海洋科学研究中心海藻化工产业化示范基地

在海藻化工方面，建议建设国家海洋科学研究中心海藻化工产业化示范基地，要充分发挥企业的龙头地位，瞄准国家目标和市场需求，立足资源和技术优势，积极争取承担各类国家项目、重点实验室建设等，切实实现产业发展的示范、带头作用；加强与各科研机构的合作，凝练技术方向，争取尽快突破关键工业技术，延伸海藻化工产业链，实现海藻化工高值化、综合性开发；加大海藻化工产品的应用技术研究，优化产品结构，开发高端产品，培养和塑造企业、产品品牌；探讨建立推动产学研合作的长效机制，加强人才培养，进一步推动企业自主创新能力的发展。

七　海洋生物医药业

从世界海洋生物医药产业发展来看，海洋生物医药产业主要涉及海洋活性物质提取、海洋环境修复、生物保护与防腐蚀、海洋生物新材料等方面内容。主要产业领域包括海洋医药、海洋功能食品、海洋生物制造、海洋生物环保及海洋生物产业服务等，这也是目前我国海洋生物产业发展的重点领域。

（一）生产发展水平

1. 产业基础与发展概况

山东省的海洋生物医药产业始于 20 世纪 70 年代，初期以水产品精深加工和海洋功能食品生产为主，后期向海洋新材料、海洋医药生产过渡。在青岛等地的产业发展初具规模，已成为山东海洋新兴产业发展的重点产业类群。据不完全统计，2006 年山东沿海 7 地市从事海洋药物、海洋功能食品以及海洋生化制品生产的企业发展到百余家，其中年营业收入过千万的有近 20 家，过亿元的有 3 家，总资本超过 200 亿元。全省已经取得和有可能取得一类新药证书的海洋类新药有 6 个，其他类别的药物有 20 多个，还有一批功能食品、化妆品、生物制品及其中间产物正在研发或进入生产阶段，山东已经成为我国新兴的海洋新药及海洋生化制品研发基地。

近年来，以青岛明月海藻、海尔药业、澳海生物和双鲸药业，烟台张裕集团、东诚生化、鸿洋神集团和清华紫光科技以及日照长富制药等为代表的一批知名生物医药企业集团纷纷向海洋生物药物领域挺进，参与海洋生物医药的开发与生产。这些大企业集团与其他众多中小海洋药物及功能食品企业一起，共同推动了山东省海洋生物医药产业化的发展。2006 年，全省沿海 7 地市实现海洋生物医药产业总产值的 27.6 亿元，占全国海洋生物医药产业总产值的比重达到 29.4%；实现产业增加值 11.2 亿元，占全国的 39.2%，仅次于浙江省，排名第 2 位。2007 年全省海洋生物医药产业增加值实现 18.5 亿元，占全国的比重高达 46.3%，排名全国首位。

2. 产品结构与产业布局

目前，山东省已初步形成了以海洋药物与功能食品为主体，以海洋新材料与活性物质提取为辅的海洋生物医药产业基础，具备了较完善的海洋生物医药产品体系。以藻酸双酯钠、甘糖酯、海力特、海通片等为主的海洋药物，以宝络安、阿泰宁、常立宁等为主的微生态新药，以欧参宝、藻芝素、海富硒、降糖乐、胃好等为主的海洋功能食品，以甲壳素为原料的医用新材料、添加剂及低毒农药等，以科谷酶为主的海洋生物活性物质提取，以及海洋活性微肥、海洋杀菌剂、海洋丽姿等一批海洋生物制品已构成山东省海洋生物医药产业的基础。

2006 年，全省海洋生物医药产业总产值近 30 亿元，实现增加值 11.2 亿元。主要生产企业分布在青岛、日照、威海及烟台四地市。其中青岛市的海洋生物医药产业在山东省内占有主导地位，产业总产值占全省的比重接近 60%，增加值比重也超过 50%；其次是日照，总产值和增加值比重都超过 20%。

（二）发展潜力与基础

在海洋生物医药产业领域，山东省具有国内其他沿海省市所不可比拟的优势、发展前景。优越的区位优势和丰富的海洋生物资源、雄厚的海洋生物科研力量、悠久的海洋生物产业开发历史和相当的海洋生物产业规模为山东省海洋生物产业发展奠定了良好的环境、科技和产业基础。

1. 科技力量

山东省海洋科学研究历史悠久，在海洋生物技术领域，特别是在海洋基因工程、海洋药物研发、海洋生物制品和海水优良种苗繁育与病虫害领域具有其他城市不可比拟的优势，已初步建成比较完备的海洋生物科技创新平台体系。现有 1 个国家海洋药物工程技术研究中心、10 个省部级海洋生物类重点实验室、3 个省部级海洋生物工程技术研究中心，并建立了 30 多个不同类型的海洋示范基地，其中国家高技术产业化示范基地 1 个、国家级科技兴海示范基地 1 个、国家重大项目实验基地 6 个，形成了层次不同、配套衔接、功能各异的海洋生物技术产业化开发体系，为海洋生物科技成果的迅速转化和规模示范创造了条件。在海洋药物及海洋天然产物开发领域，现有省部级重点实验室 4 个，专业研究机构 4 家，专业技术人员 100 余人，两院院士 1 人。已完成海洋"863"项目、国家攀登计划 B 项目等 20 余项。在研国家自然科学基金重点项目、国家"863"计划项目、国家重大科技专项等项目 30 余项，已成功研制开发了 7 种海洋药物和系列海洋生物工程制品。

2. 产业基础与创新平台

山东省现有海洋生物医药相关企业 200 多家，其中大型医药企业集团近 10 家，海洋药物与功能食品企业 50 余家，另有上百家海洋活性物质与生物新材料企业。目前，在青岛等地的海洋生物医药企业已形成一定的产业集聚，一大批相关生物医药企业开始向海洋领域拓展。一批龙头企业，如胶南明月海藻、海尔药业、澳海生物、双鲸药业、张裕集团以及长富制药等快速崛起，山东的海洋生物医药产业初具规模。

在基础设施建设方面，各种海洋科技服务平台雏形初现。由国家和山东省、青岛市政府合作投资 8 亿元，由中国海洋大学、中科院海洋研究所、国家海洋局第一海洋研究所、农业部黄海水产研究所 4 家国家级科研机构合作的国家海洋科学研究中心建设在青岛正式启动，由国家海洋局牵头组织的中国深潜器基地已选址青岛，并进入筹备建设阶段，这为我国深海海洋生物的探索与开发奠定了坚实的基础。在海洋药物与海洋活性物质领域，以国家海洋药物工程技术研究中心为核心，以中国海洋大学教育部海洋药物重点实验室、中科院实验海洋生物学开放研究实验室、国家海洋局一所海洋生物活性物质重点实验室和农业部黄海水产研究所海洋生物资源开发利用重点开放实验室为基础，以中科院海洋所中国海洋生物种质库、中国海洋大学海洋生物活性物质基因库、国家海洋科学研究中心数据共享平台为依托的青岛市海洋生物工程科技创新平台基本形成。

3. 政策措施基础

2003 年，山东省委、省政府出台了《关于进一步加快高新技术产业发展的决定》，将生物技术确定为三大重点发展高新技术领域之一，并对生物技术产业发展的重点内容作了规定，将海洋领域的开发列为重点发展方向之一。2006 年，在《山东省海洋经济"十一五"发展规划》中又提出要大力发展海洋高新技术产业，力争把青岛、烟台、威海建设成我国一流的海洋生物工程产业基地。而后在 2007 年出台的《山东省高技术产业发展"十一五"规划》中也明确提出要形成一批具有自主知识产权的海洋药物、生物材料等海洋生物制品，建设一批海洋高技术产业化示范工程，力争使海洋药物成为山东医药领域的新特色，并将青岛海洋生物国家产业基地列为全省十大高新技术产业基地之一进行重点扶持。此外，青岛、烟台以及威海等沿海城市及很多地方政府也都纷纷把海洋生物医药产业作为其海洋产业升级换代的重点产业发展方向，并相应出台了各种鼓励和优惠政策，将其纳入重点海洋新兴产业进行发展，为山东省海洋生物医药产业的深入发展奠定了政策基础。

（三）存在的问题

1. 产业层次低，产品结构单一

以海洋保健食品、海藻加工为主体的山东海洋生物医药产业格局在短期内还难以提升。大多数企业的海洋生物医药产品为海藻及水产品初加工产品，包括螺旋藻、藻酸以及鱼油等产品，主要用于功能食品的生产，而科技含量高的海洋药物产品很少，一些高端的海洋抗生素、抗肿瘤产品还没有出现。现已规模化生产的只有藻酸双酯钠（PSS）、甘糖酯、海力特及海通片等少数几种，其他的海洋医药产品多数仍处在研发或中试阶段，短期内还难以实现市场化生产，整个山东的海洋医药产业仍处在起步阶段，产业结构层次亟待提升。

2. 科技力量分散，人才结构不尽合理

中央驻鲁及山东省地方所属科研院所的海洋生物医药相关科技力量主要集中在青岛，而驻青的 20 多家中央及省市海洋科研机构又分属不同部门，各科研院所相互独立，各自为政，主要科研活动游离于企业及市场之外，与地方政府也缺乏密切联系，低端重复研究现象严重，造成了很大的资源及人才浪费。除青岛外，省内其他地市的海洋生物医药研究力量又严重不足，相关海洋生物医药企业所急需的专业技术人才严重缺乏，难以支撑相关产品及市场的开拓。此外，在这些有限的专业技术人才中，大多数又集中在教学及基础理论研究领域，科技成果转化及市场开拓所需的应用技术研究人才也相对不足，特别是在成果应用、科技服务和生产活动领域。

3. 企业规模普遍偏小，缺乏创新型管理人才

山东海洋生物医药产业主要以一批技术含量普遍不高的中小型水产品加工及海藻化工企业为主体，缺乏有研发和市场竞争实力的大型海洋生物企业集团，特别是国内外知名的海洋生物医药企业集团。目前，山东省内还没有一家国际知名的大型医药企业集团或国际合资医药企业集团参与海洋生物医药产品生产。明月海藻、张裕集团、海尔药业以及长富集团等少数企业虽在国内外有一定知名度，但其生产主体多数仍非海洋生物医药产品，而其他海洋生物医药企业则仍处在发展阶段。

现有的海洋生物医药企业中，除了极少数大型企业集团外，多数中小

型海洋生物医药企业普遍缺乏有经验的研发领导人才，特别是既懂管理又懂市场营销的研发型管理人才。同时，多数创业型海洋生物技术公司规模小，以研发人才为主组建，懂技术的市场营销人才不足，管理者缺乏先进的市场和管理经验，成为中小型海洋生物医药企业创业发展的根本制约因素。

4. 技术支撑基础薄弱，专业服务体系有待完善

山东省海洋生物医药产品研发和生产基础设施在国内不具优势，缺乏有效的海洋生物医药技术孵化平台，生物医药产业孵化器、加速器等专业化基础服务平台尚未建立。同时市场投融资平台也存在很大欠缺。在海洋生物医药产业领域，山东省内还没有一家成规模的私营风险投资基金，只有少量政府资助的科技研发和成果转化基金，对整个山东省海洋生物医药产业的发展起不到应有的推动作用。此外，海洋生物医药科技成果交易市场尚不完善，普遍存在着知识产权意识淡薄、市场交易不畅的问题。一些有相当市场潜力的海洋生物医药研究成果得不到有效利用和开发，一些已开发的海洋生物医药产品遭受大量侵权和不正当的市场竞争，严重影响了省内中小型海洋生物医药企业发展的积极性。

（四）对策与建议

1. 加强政府引导，推动产业集聚发展

由省政府出面成立山东海洋生物医药产业发展协调指导委员会，负责统筹协调制定全省海洋生物医药产业发展规划，明确发展目标和具体实施措施。鼓励全省各地的相关专业生物医药研究力量向海洋靠拢。在产业发展上采取重点引导的方式，以产业发展规划和相关优惠发展政策引导省内重点海洋生物医药产业及相关配套产业的集群发展，优先发展一批具有产业引导力的产业园区及大型企业集团，从而带动整个产业链的发展。进一步完善相关政策法规体系，营造发展海洋生物医药产业的良好政策法规环境，调整地方财政对海洋科技投入的方向，发展和完善科技型中小企业技术创新基金，为海洋生物医药创新型企业提供充足的资金支持。有选择地集中力量扶持海洋生物医药发展的重大领域和重大项目，并逐步增加投资强度和范围，重点支持龙头企业的科技创新活动和市场开拓行为。

2. 突出公共服务平台建设，完善技术服务网络

在相关产业税收政策上，采取多样化的税收优惠方式。改变现有的以

税收减免为主的方式，向税收补贴方式转变，推动中小型海洋生物医药企业的健康发展。改变现有的财政科技投入方式，支持公共性创新技术平台建设，加快海洋生物医药科技孵化器及加速器建设。在海洋生物医药重点领域搭建共性技术平台，同时建立各类公共性科技服务平台。健全生物医药产业工程技术研究与开发体系建设，以青岛国家海洋科学研究中心建设为契机，以青岛国家生物产业基地建设为龙头，鼓励企业研究开发中心参与到工程研究开发体系中，推动海洋生物产品的开发和产业化进程。建立全省海洋生物医药产业信息统计和发布制度，进一步完善生物医药企业的综合服务体系，完善信息网络系统和海洋生物数据共享平台，促进海洋生物医药技术信息的沟通与交流。

3. 优化投资环境，拓宽投融资渠道

加强海洋生物医药的研究和开发投入，制订风险投资计划。评价现有的风险投资体系，制定适合山东省海洋生物医药产业的先期投入机制，设立由政府资助的私有或政府投资基金，由政府出资选择一家至两家面向国内海洋生物及医药产业的风险投资基金进行投入，拓展产业开发投资平台。建立山东海洋生物医药产业咨询专家智囊团，以利于风险投资基金的项目评价和风险评估。建立海洋生物医药产业创业投资机制，制定全省海洋生物医药产业基金发展规划，对早期投入的风险基金和私募基金实施税收和信贷优惠激励措施，通过政策优惠、优质服务和良好的投资环境等措施，吸引国内外金融机构来山东创办分支机构。逐步培育省内海洋生物医药企业在国内外资本市场上的外部融资环境，为海洋生物医药企业进入资本市场提供中介服务，积极培育省内具有发展潜质的优秀海洋生物医药企业上市，实现其在海内外资本市场上的融资。

4. 完善科研设施建设，加快科技成果转化

加快海洋生物医药领域重点实验室建设，广开科技创新成果源。重点建设海洋药物、海洋活性物质提取、海洋新材料研究开发等重点实验室，发挥其在关键技术上的突破带动作用。鼓励创建企业化运作的技术创新服务中心、风险担保中心、工业设计中心和技术经纪人事务所，为全省的海洋生物医药相关企业，特别是中小型创新企业提供科技信息、科技咨询、成果评估、技术经纪、法律咨询等服务。加速青岛国家生物产业基地建设，支持驻鲁及省市属大专院校和科研机构的研究基础设施建设，积极推

动科研单位与企业及企业集团的合作，引导企业出资建设设施一流的企业研发机构及科技成果产业化转化设施，提高以企业为主体的科技创新能力。

设立山东海洋生物医药科研成果转化奖励基金，鼓励广大科研人员结合海洋生物医药产业发展和企业生产有针对性地开展相关研究。对与企业合作进行研发并最终实现成功产业转化的科研人员进行重点奖励，并对制定内部优惠政策鼓励应用研究的科研单位进行重点扶持，以提高海洋生物医药相关科研成果的转化率。同时，进一步建立完善海洋生物医药产业知识产权保护机制，使生物及医药企业成为保护知识产权的主体。采取各种鼓励措施，引导地方相关主管部门在各地的海洋生物产业园区内建立知识产权管理机构和服务机构，为海洋生物医药产业的知识产权保护提供必要的引导和服务。

八　海洋工程业

随着海洋油气开采、海洋运输港口的发展以及各类海湾、海洋平台的使用，山东海洋工程业的发展也随之呈现欣欣向荣的形势。海洋工程是开发和利用海洋的综合技术科学，属于海洋新兴产业之一，包括有关的建筑工程及相应的技术措施，是指以开发、利用、保护、恢复海洋资源为目的，工程主体位于海岸线向海一侧的新建、改建、扩建工程。具体包括：围填海、海上堤坝工程，人工岛、海上和海底物资储藏设施、跨海桥梁、海底隧道工程，海底管道、海底电（光）缆工程，海洋矿产资源勘探开发及其附属工程，海上潮汐电站、波浪电站、温差电站等海洋能源开发利用工程，大型海水养殖场、人工渔礁工程，盐田、海水淡化等海水综合利用工程，海上娱乐及运动、景观开发工程，以及国家海洋主管部门会同国务院环境保护主管部门规定的其他海洋工程。从地理的角度来说，又可分为海岸工程、近岸工程和深海工程三大类。一般来说，位于波浪破碎带一线的工程，为海岸工程。主要包括海岸防护工程、围海工程、海港工程、河口治理工程、海上疏浚工程、沿海渔业设施工程、环境保护设施工程等。位于大陆架范围内的工程，为近海工程，又称离岸工程，20世纪中叶以来发展很快。主要是在大陆架较浅水域的海上平台、人工岛等建设工程，以及在大陆架较深水域的建设工程，如浮船式平台、半潜式平台、石油和天然气勘探开采平台、浮式贮油库、浮式炼油厂、浮式飞机场等。位于大陆架以外的工程，为深海工程。包括无人深潜的潜水器和遥控的海底采矿设施等建设工程。但是在通常情况下，这三者之间又有所重叠。从结构角度来说，海洋工程又可分为固定式建筑物和系留式设施两大类。固定式建筑物是用桩或者是靠自身重量固定在海底，或是直接坐落在海底；系留式设施是用锚和索链将浮式结构系留在海面上，它们有的露出水面，有的半露在水中，有的置于海底，还有一种水面移动式结构装置或是大型平台，可以随着作业的需要在海面上自由移动。

（一）山东海洋工程业的发展布局

山东海洋工程建设主要集中在沿海的七个地市，而各地的海洋工程建设项目又各有侧重，如表20—1所示。从表20—1中可以看出，沿海地市的海洋工程业建设主要集中在海岸工程，其中尤以河口水利治理工程居多，海港及渔业设施建设居后。这一方面是受人类在开发和利用海洋的过程中以水利治理为起步的历史影响所致。另一方面则由于近岸工程以及深海工程，特别是深海无人潜水、海底采矿等深海工程，不仅需要高科技为基础，更需要雄厚的资金和大量的人力物力来支撑。尽管如此，随着近海和海岸资源环境的逐步恶化、海洋近岸资源的过度开发以及围海造田工程的开展，海岸经济和河口经济面临着发展的瓶颈。要想立足海洋，开发海洋，就必须向深海发展。而开发深海资源，发展远岸经济，离不开深海海洋工程的发展。随着我省科技实力、经济实力的日渐增强，海洋工程业的发展也正日益走出海岸，走向深海，从而带动山东海洋经济进入新的发展阶段。

表20—1　　　　山东沿海七地市海洋工程建设布局情况

海洋工程项目 沿海地市分布情况		日照	青岛	威海	烟台	潍坊	东营	滨州
海岸工程	河口水利治理工程	A	B	B	B	A	A	A
	海洋港口建设工程	A	A	B	A	C	B	B
	沿海渔业设施工程	B	A	B	A	C	C	B

海洋工程项目　沿海地市分布情况		日照	青岛	威海	烟台	潍坊	东营	滨州
近岸工程	石油天然气开采平台	C	B	C	C	C	A	C
	浮式飞机场平台	D	D	D	D	D	D	D
	其他浮船式、半潜平台	C	C	C	C	C	C	C
深海工程	无人深潜潜水工程	D	D	D	D	D	D	D
	海底采矿设施工程	D	D	D	D	D	D	D

注："A"表示此项海洋工程建设在该地区占主要地位，"B"表示此项海洋工程建设在该地区占次要地位，"C"表示此项海洋工程建设在该地区处于起步地位，"D"表示此项海洋工程建设在该地区仍未开展。

目前在山东沿海 7 个地市的海洋工程业的发展中，青岛、东营、威海等地市已经摆脱了仅仅将海洋工程设施建设作为河口、海洋水利治理手段的状况，立足当地特色，根据发展海洋经济、开发海洋资源的需要，重点加强海洋港口工程建设、海洋油气开发平台建设和深海资源勘探以及海洋生物技术研究开发等。其中青岛市在"十一五"期间将重点建设 4 个船舶工业基地、1 个海洋工程基地、1 个船舶配套产业链，同时建设船舶研发和船舶人才两个平台，推动船舶产业集群向大规模、高层次的方向迈进。青岛海西湾修造船基地已投入运营，整个基地近期将形成年造船能力200 万载重吨，远期形成年造船能力 468 万载重吨。中国石油集团海洋工程有限公司青岛海工建造基地、中国海洋石油公司海洋工程制造基地及中国船舶重工集团海洋工程制造基地三大海洋工程项目都已在青岛落户。青岛港是世界亿吨大港之一，与 150 多个国家和地区的 450 多个港口保持贸易往来。2006 年，青岛港全年吞吐量实现 2.2415 亿吨，同比增长 20%；集装箱完成 770.2 万标准箱，同比增长 22.1%。青岛港集团外贸吞吐量继续保持全国沿海港口第二位，进口铁矿石、原油继续保持世界港口第一位。

作为中国第二大油田胜利油田所在地的山东东营市，已经探明的原油储量为 46 亿吨，天然气储量达到 8000 亿立方。东营市以油气开发为重点，在开采陆地油气的同时，积极开展海上石油平台建设，截至 2006 年，已建成固定式、移动式海上石油开采平台 190 多个。东营市以油气开发为基础，在 2005 年全国城市 GDP 排名中名列第 25 位，在山东省位居第三，人均 GDP 则为全省第一。对国家财政的贡献是 200 多亿元，为山东省贡献 40 多亿元的财政收入。地处胶东半岛的威海市，则充分利用渔业资源丰富的优势，近年来渔业发展迅速。在原有基础上，积极开展渔业设施工程建设，成为全国重要的海珍品和海水鱼养殖基地。近年来，威海市又将深水网箱养殖作为养殖业发展的重点，集中精力进行鼓励、扶持，在引进国外先进技术设施的同时，加大自身技术开发投入，使深水网箱养殖的发展保持了快速增长的良好势头。2002 年，深水网箱还只有 76 个，到 2003 年发展到 128 个，2006 年已经发展到 287 个，预计年可生产优质鱼类 2000 吨左右，实现收入超亿元，纯收入在 4000 万元以上，促进了渔民就业和收入的增长。深水网箱养殖已经成为全市养殖业一个崭新的亮点。除此之外，日照、烟台等地市也纷纷因地制宜，在海洋工程建设中逐渐走出一条以资源为基础、以港口为依托、以科技为动力、适合当地海洋经济发展的道路。

（二）山东海洋工程业的发展水平

新中国成立后，特别是 20 世纪 80 年代实行对外开放以来，中国在开发利用海洋资源、发展海洋经济方面取得了长足的发展，海洋经济已经成为国民经济新的增长点。全国海洋经济产值 1980 年为 80 亿元，1990 年为 438 亿元，2006 年为 20958 亿元，增长迅速。海洋水产品和原盐产量已居世界第 1 位，海港货物吞吐量及造船总吨位居世界第 2 位，海洋运输已承担起中国对外贸易 70% 的货运量。山东是全国重要的沿海开放省份，有着丰富的海洋自然资源、广阔的海洋空间和巨大的发展潜力，近几年山东省海洋经济总量不断扩大，竞争力明显增强，到 2005 年，全省海洋产业总产值达到 2490.3 亿元，海洋产业增加值达到 1145 亿元，海洋经济的发展有力地促进了沿海经济带的快速崛起，已成为新的增长点。

海洋工程业是随着海洋资源的开发经历着从无到有、从近岸河口到远岸深海、从简单的水利治理到大型深海作业平台，一步一步发展起来的。山东省在建设"海上山东"、发展海洋经济过程中，开发建设了种类繁多的"海洋工程结构物"，它们主要是用于资源勘探、采油作业、海上施工、海上运输、海上潜水作业、生活服务、海上抢险救助、海洋调查等。如即墨华威风力 1300 千瓦的发电厂、青岛北海船舶重工有限责任公司的 50 万吨造船干船坞、中石化胜利油田移动式海洋采油平台等海岸资源开发工程、海上浮动结构以及用于海洋油气资源的勘探、开发与综合利用的形式各异的海洋油气工程装置。

目前，山东的海洋工程正处于市场需求持续兴旺的阶段，我省海洋工程业迅猛发展。2007 年全省签订海洋工程及配套订单 200 亿元，位居全国第一；完成总产值 33.38 亿元，同比增长 102%；中海油青岛项目、中石油青岛基地、青岛武船重工项目、蓬莱巨涛项目顺利实施，规划总投资 120 亿元，投资规模总量位居全国第一。到"十一五"末全省将形成 60 万标准吨生产能力，成为我国重要的海洋工程制造业基地之一。

海洋的开发离不开海洋工程技术，"海上山东"的建设更离不开海洋工程业的发展。当前山东省海洋工程业已逐渐形成三大发展区，即以青岛港为龙头，日照港、烟台港等相互照应、相互促进的海洋港口运输业带动经济发展，建设港口经济区；以东营胜利油田为基础，建设海上油田，完善海上油气开采平台技术，合理有序地开发莱州湾及黄渤海的油气资源，形成海洋油气开发区；充分发挥威海荣成、石岛等地的传统渔业优势，积极开展现代化渔业设施工程建设，推进工厂化养殖技术和深海网箱养殖技术等海洋生物技术、海洋生物资源持续利用技术的研发，进而推动海洋经济发展的渔业可持续发展区。

（三）山东海洋工程业发展的潜力与趋势

海洋经济的飞速发展，带动了海洋工程业的快速发展，海洋工程业的发展又加快了海洋资源的开发，促进海洋经济的进一步发展。目前，我省海洋经济增长主要集中在海洋运输业、海洋砂矿和油气业、海水养殖业三大产业。海洋工程业既是保障各海洋产业高速发展的基础和前提，又是各海洋产业蓬勃发展的结果，而与这三大产业相互需求、相互促进、共同发展，也是山东海洋工程业的发展潜力与趋势。

1. 海洋运输业的发展使得高技术船舶和海洋工程装备的需求大幅增加

今后 10 年间，相对常规船舶（油轮、散货船、杂货船）年需求量将递减 11%，高新技术船舶（集装箱船、LNG 船、LPG 船等）需求的比例将由前 5 年的 13.03%，升为后 5 年的 24.47%；其中，集装箱船需求增幅最快，年平均需求量由前 5 年的 320 万载重吨剧增至后 5 年的 600 万载重吨。为适应这种需求的变化，当前国际船舶与海洋工程技术发展呈现五大趋势：第一，大型化。如集装箱船的平均吨位从以往的数百箱发展到目前的近万箱，巴拿马型散货船从最初的 6 万载重吨发展到 8 万载重吨，30 万吨级 VLCC 大量使用等。第二，高速化。最近 15 年内，1 万总吨以上船舶的航速平均提高 1 节左右，高速客船、货船、车客渡船和集装船等开发更新，如航速 50 节滚装高速五体型船、航速 38 节 1400 箱快速集装箱船、航速 40 节 1000 吨高速穿浪型货船等。第三，技术性能不断升级。一方面经济性明显提高，主要体现在船舶的燃料消耗量和船员数量同步减少；另一方面安全性、环保性有极大提高，避免一再出现的海损灾难，减少船舶对海水和大气的污染。第四，设计方法不断进步。直接设计计算法、船舶水动力性能预报与优化技术、新型高效低激振螺旋桨设计技术等广为应用，信息网络化将是 21 世纪船舶设计的一个主要技术措施。第五，制造技术不断创新发展。主要造船工序自动化的现代造船模式取代传统造船模式，而造船技术装备也在不断发展，如机器人和激光技术的普通应用等。

　　山东省造船业是重点发展的七大产业链之一，"十一五"期间将形成造船能力 600 万载重吨，造船产业销售收入达到 600 亿元。山东得天独厚的自然条件和地缘优势，吸引着大批日韩船企前来考察投资，目前已有韩国现代、韩国大宇、韩国三进、韩国伽耶重工、韩国成东造船、日本松本等一大批船企落户山东。今后 5 年内，山东将全力打造以青岛港为龙头，以日照港、烟台港为两翼，以山东半岛港口群为基础的东北亚国际航运中心。山东造船业和港口的蓬勃发展，离不开海洋工程平台及海洋工程设备，海洋港口设施的建设既是海洋运输业和造船业的基础，又是海洋工程的一大组成部分，因此，随着未来海洋运输业的继续发展，势必要求海洋工程业朝着适应海洋运输业大型化、高速化、技术先进化的趋势发展，这也是海洋工程业发展的一个潜力所在。

　　2. 海洋砂矿和油气资源的勘探与开采，每一步都必须以海洋工程装备为基础

　　从最初的利用地球物理勘探船进行物探，寻找储油构造，为钻探提供依据，到利用勘探资料，对可能有油气的地质进行钻井、取芯，以决定是

否钻评价井及其数量和井位，一直到最后计算油藏储量，制订开发方案，并采用固定式平台或浮式生产系统进行生产、储存、运输的全面开采，每个过程，都需要有海洋工程装备的保证。海洋油气工程装置是海洋工程业种类繁多的"海洋工程结构物"的其中一个组成部分。"海洋工程结构物"主要是用于资源勘探、采油作业、海上施工、海上运输、海上潜水作业、生活服务、海上抢险救助、海洋调查等。海洋油气工程装置是"海洋工程结构物"中最重要的一部分之一，目前世界上对海洋油气工程装置的投资占整个海洋工程装备投资的 70% 以上。海洋油气工程装备产业是直接关系到海洋油气资源开发、影响国家能源稳定和经济安全的战略产业。海洋油气工程装备已是造船业利润的新增长点，并成为主要海洋国家相互争夺的目标。我国能源消费增长，国家能源战略调整、保护和开发海洋油气资源力度加大，为海洋油气工程装备产业发展带来了广阔的发展空间。为了适应这一形势的需要及参与国际竞争，我国在《全国海洋经济发展规划纲要》中提出了关于海洋工程装备开发的战略目标。

山东省在日前公布的海洋经济"十一五"发展规划中，指出今后要加强对海洋油气资源和海洋盐卤资源的勘探、开发与利用，大力发展产品深加工，实行规模化、集约化生产；胜利油田要提高采收率，加大浅海埕岛油田开发力度，稳定石油产量；加大新油气田的开发力度，鼓励企业走出去进行战略投资，建立海外能源补充基地。山东省今后将争取把淄博、青岛和渤海湾建成国家的石油化工基地，到 2010 年，炼油、乙烯、合成树脂生产能力分别达到 5000 万吨、200 万吨、350 万吨，并力争把山东省建成全国重要的海洋石油化工生产基地。山东省海岸线长达 3121 千米，拥有与陆域面积相当的海洋国土资源，海洋矿产资源丰富，地下卤水资源丰富，总净储量约 74 亿立方米，含盐量高达 6.46 亿吨。渤海沿岸石油预测地质储量 30 亿—35 亿吨，探明储量 2.29 亿吨，天然气探明地质储量为 110 亿立方米。因此，山东海洋油气装置设备的建造与设置，具有十分广阔的前景，是海洋工程业今后发展的重点方向之一。

3. 深海网箱养殖技术的开发，使得海水养殖向深海、远海拓展，远洋渔业作业也对渔船制造及渔业装备提出新的要求，海洋渔业的可持续发展，离不开海洋工程业的支持

海洋渔业的可持续发展，一方面要求加强海洋资源调查、勘探和评价

技术研究，查清资源家底；另一方面要研究近海养殖技术，解决现有养殖区的病害、环境问题，以及进一步扩大适宜养殖区的面积；同时还要研究外海渔业捕捞技术，解决外海渔业资源利用的问题。

由于近海海洋环境污染与生态环境的破坏，山东渔业进入了发展的瓶颈阶段，其增长点主要集中在海水养殖及远洋渔业两个方面。海水养殖和远洋渔业的发展，急切需要具有高新技术和环保性能的渔业设施的研发与建设，这也是海洋工程业发展的一大趋势。

4. 今后海洋工程业的发展很大程度上将依赖工程技术的提高

辽阔的海洋和丰富的海洋资源，为海洋工程业的长足发展提供了广阔的空间，同时也为工程技术发挥作用提供了一个大舞台。实践证明，海洋产业的形成与发展，离不开海洋资源的充分开发和可持续利用，这些，都需要海洋工程技术的创新或高技术的突破。根据山东省海洋科技发展和海洋资源开发的需要，海洋工程技术要重点加强海洋环境预报技术、海洋信息技术、海洋环境保护与生态环境修复技术、海洋生物技术、海洋生物资源持续利用技术、海洋资源的综合利用技术和深海资源勘探与开发技术等方面的研究。同时要积极参与国际海洋大科学的研究。山东省正在坚定不移地实施"科教兴国"战略，相信随着海洋工程技术特别是高新技术的发展，山东省的工程技术人员必将带动全省海洋工程业迈向新的台阶，也将为人类科学开发和利用海洋资源作出积极的贡献。

（四）结语

海洋工程业是海洋资源开发的基础和保障，合理稳定的海洋工程布局，是海洋资源可持续开发的前提。目前，山东省加强海域使用管理，海域权属管理制度已经从最初的渔业养殖用海为主，全面延伸到所有用海行业，基本上将本省毗邻海域纳入了有效管理。重大用海工程项目建设都遵循"三步走"的管理原则：用海项目建设前，对海域使用进行充分论证，强化海域使用论证评审管理，同时建立工程项目预审查制度，将海域使用监督管理关口前移；在建设中，加强管理，特别强化围海项目用海管理；除此之外，还广泛开展现场检查，强化对用海项目的动态管理。省级海域使用管理以港口码头、堤坝围堰、围海造陆等改变海洋自然属性的重大围填海项目为重点，上下联动，服务先行，管理跟进，工业和工程用海基本纳入规范管理。仅 2006 年一年，经山东海洋与渔业厅审查，省政府已审批填海类项目用海达 21 宗，填海面积 260 余公顷，审批大型人工渔礁、海底投石项目用海 3 宗，用海面积 120 公顷。全省海洋使用确权发证达 6200 本，确权面积 24 万公顷。重大工程项目用海确权发证率大幅度提高，"三无"现象得到有效遏制，越权审批、先干后批、边干边批等违法违规行为明显减少，海洋开发秩序显著改善，为海洋工程业的健康发展提供了良好的保障。

总之，海洋经济的发展是山东省经济可持续发展的重要组成部分。海洋工程作为开发利用海洋资源的基础，是发展海洋经济的先行产业。21 世纪是海洋的世纪，也必定是海洋工程技术大发展和大施展的世纪。

九 海洋电力业

（一）山东省风能资源条件

山东地处我国东部中纬度地区，气候条件复杂，变化多端，一年四季多受冷锋、气旋、台风影响，大风天气频繁发生，风能资源十分丰富。鲁西地区为大面积平坦的黄泛平原，有利于风的运行，风力资源丰富；鲁中山区由于山地对过境气流的阻挡和摩擦，风力资源相对贫乏；胶东丘陵由于三面环海，半岛沿海地带成为全省风力资源最丰富的地区，向丘陵内部深入则风力逐渐减弱。山东风能资源除受地形影响较大外，日变化、季变化、年变化都十分明显，波动性很大，具有频率不稳定的特点。一般来说，春季山东省风的出现频率最大，占全年风能总量的 40%—45%；夏季雨季出现频率最小，雨季合计占全年风能总量的 35%—44%；冬季胶东半岛占全年风能总量的 32%—40%，其他地区仅次于春季，占 25%—30%。

根据年平均风能功率密度作为风能区划指标，可以将山东省风能资源进行区划，划分为四个风能区，即（1）风能资源丰富区：10 米高度风功率密度 ≥200 瓦/平方米的区域，分别为泰山、成山头、长岛三个地区，这些地区是理想的安装风力发电机群的地带。（2）风能资源较丰富区：10 米高度风功率密度 150—200 瓦/平方米的区域，包括胶东半岛东部沿海靠近沿岸带部分及部分岬角、岬岛、岛屿。（3）风能资源可利用区：

10 米高度风功率密度 50—150 瓦/平方米的区域，包括沿海各县（除去日照、招远）海岸带以外的部分，胶莱平原大部分及鲁北平原的沿海地区，如胶州湾沿岸的青岛、半岛东北部沿海地区的威海及鲁北平原的沿海地区东营、利津等。此区域因近海，风速稍大，形成该区较为丰富的风能资源。（4）风能资源贫乏区：10 米高度风功率密度≤50 瓦/平方米的区域，此区占我省大部分内陆区域，包括鲁西北平原区、鲁中南低山丘陵区和胶东丘陵大部地区。由于风屏障作用，风速最小，鲁西北平原区远离海洋，因而风速也较小，造成该区风功率密度小。

（二）山东省海洋电力资源开发利用现状

1. 海洋风能

山东省海洋风能利用产业发展非常迅速。山东半岛是我国三大风区之一，沿海地区每年平均大风日达 160—230 天，烟台长岛和青岛千里岩地区风能密度分别为 279 瓦/平方米和 260 瓦/平方米。早在 20 世纪 80 年代，科技部就立项支持在青岛的大管岛和小管岛进行风力发电试验。长岛风电项目于 1999 年开始实现商业化运行，现已安装风力发电机组 62 台，装机容量 4.87 万千瓦，年发电量 1 亿度，销售收入 8400 万元。青岛华威风力发电公司已投资 1.4 亿元在即墨温泉的凤山和骆驼岭上建成了 14 台风力发电机组，两年时间已为青岛电网输送 6000 多万度电。按照目前的发电能力，每年可节约 10685 吨标准煤，减少二氧化碳排放 20938 吨。目前，中德合作风力发电项目计划投资 5000 万欧元，在青岛沿海建立 5 套 5 兆瓦海上风力发电机组，有可能成为我国第一个大型海上风力发电系统。山东鲁北企业集团规划在 2000 平方千米的浅海和滩涂区域，建设 200 万千瓦风发电工程，首批设备已开始安装。这些先锋性项目预示着我省的风能产业呈蓄势待发之势。

（1）长岛海洋风电场

长岛地处渤海海峡，不仅具有丰富的海岛旅游资源，还具有天然的充分的风力资源，年平均风速为每秒 6.86 米，有效风速 8279 小时，是我国三大著名风场之一，是发展节能、高效的风力发电的最佳地域。近年来，长岛县把发展风电产业作为提升海岛工业规模和档次的优势项目，先后引进鲁能、华能中电、联凯等有实力的大企业，合作开发风力发电项目，总

投资 5 亿多元、总装机容量 6.2 万千瓦的三处风电场投入商业运营，2007
年上半年完成发电量 6300 万千瓦时，实现利税 2400 万元。与同等发电量
的火电厂相比，节约标准煤 2.8 万吨、冷却水 20 万吨，减少二氧化碳、
二氧化硫排放量 6.5 万吨，减少烟尘、灰渣排放量 1.2 万吨。长岛在发展
陆上风电场建设的同时，把风力资源更为丰富的海上风场建设提上议事日
程。据专家预测，长岛海域可建风电场总装机容量 300 万千瓦，目前，正
在规划在长岛的西南海域开发建设总装机容量 100 万千瓦的海上风场。
"十一五"期间一期开发 30 万千瓦。这个风场建成以后，将成为我国北
方第一个海上风电场。

（2）荣成海洋风电场

荣成市位于山东半岛最东端，三面环海，拥有千里海岸线，风能资源
丰富，蕴含量超过 100 万千瓦，是我国最大的风能资源区之一。早在
1982 年就筹建了瓦房庄风力电场，1986 年建成我国第一座引进机组示范
性风电场——马兰风力发电场，此后，荣成的风力发电开发力度不断加
大。近年来，鲁能、华能、国华先后在此投资风电项目。2005 年 12 月，
鲁能风力发电一期 10 台 1500 瓦机组并网发电，投资达 7 亿元。国华、华
能也先后投资 15 亿元、12 亿元在荣成建设风力发电项目。鲁能风力发电
二期工程总投资 4.8 亿元，计划安装 33 台 1500 瓦机组，总装机容量 4.95
万千瓦，将于今年年底前投产。到"十一五"末，荣成市的风电总装机
规模将达到 40 万千瓦，风电机组达到 135 台。

（3）即墨海洋风力发电长廊

即墨鳌山湾一带受崂山余脉和海岛影响，形成了长达 60 多千米的狭
长"疾风带"。近年来，即墨市高度重视风电产业的发展，通过出台优惠
政策、加大招商引资等一系列措施，使风力发电从无到有、从小到大，初
具规模。2002 年，即墨市温泉镇引进了青岛市第一个大型风力发电项
目——华威风电项目，该项目总投资 1698.6 万美元，由青岛东亿实业总
公司和德国恩德公司合资建设，于 2002 年 12 月开工建设，2003 年 6 月建
成投产。华威风电场位于温泉镇大桥、凤山、东夼山一带，总装机容量
16350 千瓦，分别安装单机容量为 250 千瓦的风电机组 3 台、1300 千瓦的
风电机组 12 台。该风电场建成后，每年可以为国家节约标准煤 10685 吨
（折合原煤 15000 吨），相应减排二氧化硫 360 吨、氮氧化物 166 吨、一氧

化碳 5 吨、二氧化碳 2 万多吨以及煤渣 5500 吨。华威风力发电项目在成功运营二期风场的基础上，目前正在着手建设三期风场。三期风场的设计装机容量为 1.4 万千瓦，建成后，华威风力发电项目的总装机容量将达到 3 万千瓦，年发电 6000 多万度。华威风电项目的成功建设和运营，为即墨市其他风电项目的开发积累了经验，树立了榜样。目前，即墨市又有王村和金口两座大型风电场开始筹建。到 2008 年，即墨市东部将形成长达 60 多千米、涉及 90 多平方千米的山东省最大的融风能开发、观光旅游、科研教育和环保示范于一体的沿海"风电长廊"，风电总装机容量达 33 万千瓦，这对于沿海地区的风力发电研究与产业化发展将起到积极的示范带动作用，并将显著改善青岛市的电源结构。

2. 潮汐能

山东威海乳山市海岸线较长，潮汐能较丰富，为了充分利用潮能，为人类造福，乳山市先后建起了金港潮汐发电站和白沙口潮汐发电站，为开发我国的海洋潮汐能源积累了宝贵经验，为发展乳山的工农业生产起到了很大作用。20 世纪 70 年代，我国掀起了建设潮汐发电站的高潮，白沙口潮汐电站就是在这一大背景下动工兴建的。1970 年 10 月，白沙口潮汐发电站建设方案获批准，确定由国家投资、水利部门建设。尽管白沙口潮汐发电站的主体设备仍是 20 世纪七八十年代的产品，但除水轮机的个别导叶因海蚀更换过外，仍在正常运行，显示了我国在潮汐发电设备研制方面的实力。而资料显示，到目前为止，我国正在运行发电的潮汐电站共有 8 座，白沙口潮汐电站是我国北方唯一一座，而且装机容量列全国第二位，另外 7 座分别在浙江、江苏、广西和福建等南方地区。但是金港潮汐发电站自运行发电以来，由于缺乏修建技术经验，原安装的三台木制水轮机效率低，机组和传动设计不够合理，水下部件遭受海水腐蚀损坏，海生物附着使流道阻塞，加之发电机质量差，工程管理不善，多次出现故障，不能正常运行，至 1973 年金港潮汐发电站报废。

3. 波浪能

目前，山东省海洋波浪能利用开发情况走在全国的前列，已建有青岛即墨 30 千瓦岸边摆式波力发电站和鳌山卫镇大管岛 100 千瓦摆式波力发电站。鳌山卫镇大管岛 100 千瓦摆式波力发电站项目由国家海洋局天津海洋技术研究所与即墨市共同承担。该项目是当时国内外最大的波力发电项目，经过国家科委、计委、国家海洋局的领导和专家对大管岛的地址、地貌、波力资源、水文、气象等进行了两个多月的实地勘察测量，综合分析了大管岛的波能资源、实地条件后，根据大管岛的实际情况和当地政府的重视情况，确定在鳌山卫镇大管岛建设 100 千瓦摆式波力发电站工程。摆式波力发电站是利用波浪摆动一个摆板，通过油压传动系统带动发电机发电，与 5 千瓦的风力发电机进行波峰互补，为岛上渔民提供电力。其额定功率为 100 千瓦，发电输出 400 伏电压，通过输变电路并入 10 千伏的电压电网供使用。项目总投资 225 万元，其中国家拨款 165 万元，地方匹配筹款 60 万元，于 1997 年 9 月开始实施，1999 年 9 月投入试运行并签订验收，为岛上 30 余户 120 多人供应电力，充分利用了海洋资源，解决了居民常年无电的难题，年发电 80 余万度，与同等火力发电相比，减少煤炭消耗 350 吨。

4. 其他海洋能源

除了以上几种海洋能发电之外，由于海水热容量远大于空气，使得海水与大气之间存在着明显的季节温差，也就是众所周知的海水"冬暖夏凉"，这就是发展海水源热泵技术、利用开发海洋温差能的前提条件。山东省青岛发电厂于 2004 年 11 月建成了全国第一个海水源热泵系统，在全国开创了大规模海水源热泵技术应用的先例，标志着一个新的循环经济产业在我省诞生。这套系统仅用一个几十平方米的车间，就承担了全厂1000 多人的食堂、办公楼、厨房及职工澡堂的冬天供热和夏天供冷任务。测算结果表明：使用海水源热泵系统冬天供热每平方米费用约 15 元，夏天制冷 5 元左右；而用燃煤取暖则每平方米约 25 元，燃油则需 45 元，电锅炉则需 80 元，其节约程度可见一斑。青岛奥帆赛基地的大规模应用，更进一步证明了发展海水源热泵产业、开发利用海洋温差能的生命力。

（三）山东省海洋电力业开发方针与对策

1. 继续加大海洋风能的开发，拓展海上风力发电空间，加快海洋风力发电业发展步伐

开发利用风能是我国能源可持续发展战略之一，是保护环境、执行21 世纪议程必不可少的内容，是减少污染和促进可持续发展的必要环节。改变目前的能源生产与消费方式，实现能源向经济效益型的转变，建立对环境危害尽量小甚至无害的能源系统，是我国可持续发展战略的重要组成部分。因此，风能的开发是可再生能源开发利用的重要组成部分，是未来能源的基础之一，也是可持续发展的能源道路。山东省海洋风能的开发目前正进行得如火如荼。长岛海洋风场、荣成海洋风场和即墨海洋风力长廊的建设，标志着山东省海洋风电已进入规模化发展的道路，成为海洋电力业的支柱产业。

由于山东省海洋风力发电场的建设多为近岸陆上或岛上风电机组建设，随着风力发电业的快速发展，陆上风机总数逐渐趋于饱和，拓展海上风力发展空间、建设海上风力发电场将成为未来山东省海洋风电业发展的重点。2007 年国家启动的"科技支撑计划"已经将能源作为重点领域，并提出要在"十一五"期间组织实施"大功率风电组研制与示范"项目，组建近海试验风电场，形成海上风电技术。地处渤海辽东湾的中国首座离岸型海上风力发电站，于 2007 年 11 月 28 日正式投入运营，更是标志着中国发展海上风电有了实质性突破。

但是，目前山东省尚缺乏海上风电建设经验，并且我国海上风能资源测量与评估以及海上风电机组国产化刚刚起步，海上风电建设技术规范体系也亟须建立。海上风电场的发电成本与其经济规模有关，包括海上风电机的单机容量和每个风电场机组的台数，机组的大规模生产可降低成本。因此，山东省海上风电场的建设，必须通过结合国家科技攻关项目，对海上风电有关技术进行专题研究，逐步建立海上风电的技术标准体系，形成拥有自主知识产权的海上风电机组设计和制造技术，为海上风电的规模化发展创造条件。海上丰富的风能资源和当今技术的可行性，预示着海上风电业将成为一个迅速发展的市场，随着海上风电场技术的发展成熟以及规模化的形成，海上风电在经济上可行，势必成为重要的可持续能源。

2. 稳步推进潮汐发电业的发展，形成山东海洋电力业的第二龙头

由海水涨落潮产生的潮汐能是沿海地区和岛屿取之不尽、用之不竭的可再生资源，与河川流水发电能源相比，它有循环往复、年内年际变化不大、无丰枯水区别、无须移民等优点。通常情况下，只有出现大潮，能量集中时，并且在地理条件适于建造潮汐电站的地方，从潮汐中提取能量才有可能。这样的场所并不是到处都有。山东省早在 1970 年起，就在乳山

先后建起了金港潮汐发电站和白沙口潮汐发电站，为发展乳山的工农业生产起了很大作用。白沙口潮汐发电站当时是我国最大的潮汐发电站，现居国内第 2 位。金港潮汐发电站由于缺乏修建技术经验，加之发电机质量差，工程管理不善，多次出现故障，不能正常运行，至 1973 年报废。尽管如此，两座潮汐发电站的建立仍为开发我国的海洋潮汐能源积累了宝贵经验，更为我国后来的潮汐发电业积累了大量数据。

除白沙口潮汐电站外，到目前为止，我国正在运行发电的潮汐电站还有 7 座，如江厦电站、海山潮汐电站、福建平潭县潮汐电站等，潮汐发电量仅次于法国、加拿大，居世界第 3 位。山东省既具有两座潮汐电站的建设经验，同时又有良好的潮汐站址，随着技术的不断进步，沿海将不断地有更多、更大的潮汐电站建成，而山东省的潮汐发电业也将走向逐渐稳步发展的道路，成为山东海洋电力业的第二龙头。

3. 利用海岸优势，实现波浪能利用、海浪发电的突破

海水的波浪运动可产生十分巨大的能量。我国陆地海岸线长，大小岛屿多，波浪能资源丰富。我国波力发电技术研究始于 20 世纪 70 年代，80 年代以来获得较快发展。小型岸式波力发电技术已进入世界先进行列，航标灯所用的微型波浪发电装置已趋商品化，在沿海海域航标和大型灯船上推广应用。总体上看，我国波浪能转换研究进步是明显的，在世界上也有一定影响，但是海浪发电技术还需要进一步的攻关和发展。

波浪能转换成电能的中间环节多，效率低，电力输出波动大，如何把分散的、低密度的、不稳定的波浪吸收起来，集中、经济、高效地转化为有用的电能，以及如何使其装置能够承受灾害性海洋气候的破坏，实现安全运行，是当今波浪能开发的难题和方向。目前，山东省对波浪能的利用走在全国前列，已建有青岛即墨 30 千瓦岸边摆式波力发电站和鳌山卫镇大管岛 100 千瓦摆式波力发电站。随着波浪能发电站的建立，山东省势必能够利用海岸优势，实现波浪能利用、海浪发电的突破。

除了海洋风能、潮汐能、波浪能外，海流、海水温差和海水盐差等都蕴含着巨大的能量。随着技术的不断发展，这些能量都将逐步被开发利用，形成完整的海洋电力业。山东海洋电力业必定会持久地成为山东省经济发展所需的重要的清洁能源来源。

十　海水利用业

（一）生产发展水平

我国海水资源开发利用技术研究起步于 20 世纪 60 年代。40 多年来取得了长足的发展，逐步形成了一门综合性的技术学科和水处理技术产业。蒸馏法、电渗析法、反渗透法、太阳能法等淡化技术在不同程度上得到较广泛的开发和应用，取得了良好的社会效益、环境效益和经济效益。特别是经过国家"六五"、"七五"、"八五"、"九五"和"十五"科技攻关计划的支持，完成大量科研项目，取得了一大批重要科研成果。在海水淡化、海水冷却和海水冲厕等关键技术和配套设备（产品）等方面取得了重大突破和进展，初步构建起具有中国特色的海水利用技术体系，部分领域已跻身国际先进水平。形成了以国家海洋局海水淡化与综合利用研究所、国家液体分离膜工程技术研究中心和相关的高等院校、设计单位为龙头的科研机构，为海水淡化技术的开发培养造就了一批专门技术人才，形成了较为完备的专家群体，技术和装置都有了较大提高，基本具备了产业化发展条件，进入工程示范阶段。2006 年，科技部以增强自主创新能力为核心，组织实施了"十一五"国家"科技支撑计划"重大项目"海水淡化与综合利用成套技术研究和示范"项目，以推动中国海水利用技术向大型化、规模化和成套化方向发展，构建以企业为主体、产学研相结合的海水利用技术创新体系。重点突破万吨/日低温多效蒸馏、反渗透、水电联产、热膜耦合等海水利用成套技术，探索海水淡化、核能淡化等新课题。下一阶段，为了解决国内海水利用工程大型化问题，还将专门启动日产 10 万吨级海水淡化成套技术与工程示范重点专项。海水淡化作为水资源开源增量技术，技术经济日趋合理，其产业化发展可有效解决沿海城市（海岛）生活饮用水和工业用高纯水等水资源短缺问题。

在海水淡化技术方面，我国已全面掌握国际上已经商业化的蒸馏法和反渗透（膜）法海水淡化主流技术。在蒸馏法海水淡化方面，海水淡化装置的设备造价比国外可降低 50%，吨水成本已接近国际先进水平。2004 年 6 月，在青岛建成了目前国内最大的具有完全自主知识产权、独立设计和加工制造的 3000 吨/日低温多效海水淡化技术示范工程，产出高标准的锅炉用水和优质的瓶装饮用纯净水。各项指标均通过生活饮用水、瓶装饮用纯净水、饮用天然矿泉水等国家标准，含盐量、菌落总数等 14 项检测项目全部合格。平均造水成本为 4.7 元/吨。

在反渗透海水淡化方面，已具备自主设计和装置制造的能力，积累了一整套设计、生产和管理经验。建起了多个日产 500—5000 吨级的反渗透海水淡化工程。2003 年，在山东荣成石岛建成 5000 吨/日反渗透海水淡化工程。同年，大连石油化工公司建成投产了 5500 吨/日反渗透海水淡化装置。2006 年 4 月，全国最大的海水淡化装置——华能玉环电厂日产淡水 3.5 万吨的海水淡化装置投入试运行。日产 5000 吨反渗透海水淡化装置单机的设计和建造，表明中国反渗透海水淡化的工程技术水平已达到了国际先进水平。2007 年 10 月，又在山东青岛黄岛发电厂建成了海水淡化万吨/日级的示范工程。这是我国首台单体容量最大、技术含量最高、单机占地面积最小的海水淡化设备——1 万吨/日反渗透海水淡化装置。这一工程的顺利投入运行，使我国海水淡化技术和装备水平进一步跨入世界先进行列。这一技术的突破，为今后建设日产 10 万吨以上特大规模的反渗透海水淡化工程奠定了技术基础，使中国具备了竞争国际海水淡化市场的能力。

目前，我国沿海已经建成或正在建设的海水淡化厂已有十几家，装置总容量为 10 多万立方米/日。"十一五"在建、待建海水淡化规模达 150 万立方米/日。实践证明：海水淡化既可提供经济、安全、稳定的水源，又有利于保护环境、节约土地，是实现资源和环境双赢和可持续发展的取水之路。

据统计，截至 2006 年 6 月底，我国已建成投产的海水淡化装置总数为 41 套，合计产水能力 12.0394 万立方米/日。在已建成的 41 套海水淡化装置中，山东占 14 套，合计产水能力 1.661 万立方米/日；浙江省占 12 套，合计产水能力 4.561 万立方米/日；辽宁省占 8 套，合计产水能力 1.0944 万立方米/日；河北省占 2 套，合计产水能力 3.0 万立方米/日；天津市占 3 套，合计产水能力 1.7 万立方米/日；其他省市占 2 套，合计产水能力 0.023 万立方米/日。以上数据表明，山东的海水淡化产业发展走在了全国前列。山东海水淡化装置数量居全国首位，产水能力居全国第 3 位。

　　山东省具备发展海水利用的良好条件。我省东部半岛地区位于黄海、渤海之间，海岸线全长 3121 千米，占全国海岸线的 1/6，具有发展海水利用得天独厚的自然条件。近年来，山东沿海各地市在海水利用方面取得长足进展，海水利用能力逐步扩大，技术水平不断提高，以反渗透和低温多效蒸馏为主的淡化技术日渐成熟，海水利用产业初具规模。山东是全国海水淡化应用最广泛的省份，海水淡化量占全国的一半以上。截至 2006 年底前，山东共建成海水淡化工程 17 处，日淡化海水 3.5 万立方米，占全国总量的 25%，设备装置总量和技术水平居全国前列。其中，山东省长岛县日产千吨级海水淡化装置，是我国首座用于居民供水的反渗透海水淡化装置，使我国海水淡化事业开始走向产业化和民用化；而荣成市石岛万吨级海水淡化项目的投产，表明我国反渗透海水淡化的工程技术水平已达到了国际先进。清华大学与山东省已达成协议，采用清华具有自主知识产权的低温核供热反应水平堆，与高温多效蒸馏淡化工艺相结合生产淡水的技术，共同启动核能海水淡化高新技术产业化项目工程。由清华核研究院设计的低温核供热反应堆，是世界上首座投入运行的"一体化全功率自然循环"低温核供热反应堆，依托该核供热反应堆进行的海水淡化实验工作已取得了良好的效果。目前，青岛三个日产水 7000 立方米以上的海水淡化项目正在加紧建设，与西班牙合作建设的 10 万吨/日海水淡化厂，作为国内最大的海水淡化项目已经奠基，计划 2010 年建成。烟台核能海水淡化示范工程和山东鲁北反渗透海水淡化产业化示范建设工程项目议书均已获批准，进入可行性研究阶段，工程建成后，可分别日产淡化海水 14.5 万立方米和 2 万立方米，将大大缓解烟台、滨州水资源紧张状况。

　　山东海水利用产业规划布局是：把青岛建成集科研、应用、产业化示范于一体的海水利用中心发展区，为沿海其他地区提供海水利用咨询、设备设计加工等服务。建设 3 个产业带。在烟台、威海建设海水淡化产业带，在潍坊、滨州、东营建设海水化学资源综合利用产业带，形成环山东半岛沿海工厂化海水养殖产业带。实施 4 个示范工程。大规模海水淡化工程：烟台牟平区养马岛 16 万立方米/日低温核能海水淡化工程、青岛黄岛电厂 8 万立方米/日海水淡化工程、青岛百发 10 万立方米/日反渗透海水淡化工程；沿海高耗水企业海水直接利用示范工程：到"十一五"期末，年新增直接利用海水量 100 亿立方米以上；大生活用海水住宅小区示范工程；建设 2—3 处使用大生活用海水的住宅小区；海水利用示范城市创建工程：支持青岛市创建国家级海水利用示范城市，组织开展省级海水利用示范城市创建活动。

另据山东省节水型社会建设规划，今后，山东将投资 36.12 亿元，兴建 21 处海水淡化工程，日淡化能力达到 41 万立方米，年供水量达 13969 万立方米以上。

海水直接利用是用海水直接替代淡水，解决沿海地区淡水资源紧缺的重要措施。海水直接利用技术，是以海水直接代替淡水作为工业用水和生活用水等相关技术的总称，包括海水冷却、海水脱硫、海水回注采油、海水冲厕和海水冲灰、洗涤、消防、制冰、印染等。世界上许多拥有海水资源的国家，都大量采用海水替代淡水直接作为工业冷却水，其用量占工业总用水量的 40%—50%。我国海水冷却已有 60 余年的历史，青岛、大连、天津、上海、宁波、厦门、深圳等沿海城市的近百家单位均有利用海水作为工业冷却用水的实践。但目前海水年取用量只有 140 亿立方米左右，尚有较大的开发潜力。海水直流冷却技术存在着取水量大、工程一次性投资大、排污量大和对海洋污染明显等问题。随着国际、国内有关海洋环境保护（无公害）法规的相继出台，对海水直流冷却技术提出了更高的环保要求，原有技术尚需进一步改进和完善，并逐渐向无公害方向发展。海水直流冷却技术已得到比较广泛的推广应用。海水循环冷却技术，作为海水直接利用领域的一项新技术，具有海水取水量小、工程投资和运行费用低及排污量小等优点，可广泛用于沿海城市和苦咸水地区的电力、钢铁、化工、能源（石油及煤炭）、建材、有色金属和食品等行业，应用前景十分广阔。在国外，经过近 30 年的发展，海水循环冷却技术正朝着应用领域广泛化、规模大型化和环保友好化的方向发展。我国海水循环冷却技术尚处于研究和示范工程阶段。由国家海洋局天津海水淡化与综合利用研究所承担的"八五"国家、"九五"国家和天津市重点科技攻关项目《海水循环冷却技术》，已研制出适用于不同海水浓缩倍数条件下使用的高效缓蚀剂和阻垢分散剂以及海水专用冷却塔，完成了 100 立方米/小时海水循环冷却工业实验，有效地控制了海水循环系统有关海水腐蚀、结垢、生物附着和海水冷却塔的盐沉积、盐雾飞溅等问题，首次实现了以海水代替淡水作为工业循环冷却水、在海水冷却水系统使用普通碳钢和比海水直流冷却排污量降低 95% 以上利于环保等三项创新。有关技术填补国内空白，达到国际先进水平，在碳钢腐蚀控制方面居国际领先水平。"十五"期间，通过实施国家重大科技攻关项目，正在建立每小时千吨级和万吨级海水循环冷却产业化示范工程。山东海水直接利用主要应用在电力、化工等领域，年利用海水 59 亿立方米。

此外，海水作为大生活用水，我国香港地区有成熟的海水利用经验。香港于 20 世纪 50 年代末开始采用海水冲厕，发展到现在，冲厕海水的用量已达每天 35 万立方米，占冲厕用水的 2/3 以上。采用海水作为大生活用水（主要是利用海水冲厕），可节约城市生活用水 30%，是缓解沿海城市淡水紧缺局面的有效措施，全国沿海地区有 2 亿居民，若全部采用海水作为大生活用水，则每年可节约淡水 50 亿吨。因此，大生活用海水技术具有重要的社会效益和经济效益，推广前景极其广阔。"九五"期间，我国对大生活用海水（海水冲厕）的后处理技术进行了研究，有关示范工程已经列入"十五"国家重大科技攻关技术，正在青岛组织实施。工程全部投资约 700 万元人民币，工程全部完工后，每年可节约自来水 27.6 万吨。据测算，相对于自来水 1.6—1.8 元/吨的成本而言，海水冲厕成本仅为 0.33 元/吨，因此，居民可节约大量的水费支出。据不完全统计，自 20 世纪 90 年代以来，青岛市投资 2 亿多元用于海水利用，海水利用量也从 1990 年的每日 60 多万立方米，跃升到当前的每日 267 多万立方米。目前，青岛市市区工业年利用海水量是自来水的 13 倍。

海水化学资源综合利用，是形成产业链、实现资源综合利用和社会可持续发展的体现。海水化学资源综合利用技术，是从海水中提取各种化学元素（化学品）及其深加工技术。主要包括海水制盐、苦卤化工，提取钾、镁、溴、硝、锂、铀及其深加工等，现在已逐步向海洋精细化工方向发展。海水化学资源综合利用方面，我国经过"七五"、"八五"、"九五"科技攻关，天然沸石法海水和卤水直接提取钾盐、制盐卤水提取系列镁肥、高效低毒农药二溴磷研制、含溴精细化工产品及无机功能材料硼酸镁晶须研制等技术已取得突破性进展。"十五"期间又开展了海水直接提取钾盐产业化技术、气态膜法海水卤水提取溴素及有关深加工技术的研究与开发。利用海水淡化、海水冷却排放的浓缩海水，开展海水化学资源综合利用，形成海水淡化、海水冷却和海水化学资源综合利用产业链，既是实现资源综合利用和社会可持续发展的需要，也是今后的发展方向。我国计划用 5 年的时间，全面完成百吨级海水提钾中试全流程；开展零排放盐田卤水综合利用新工艺研究和海水提取微量元素的基础性研究；加大海水化学资源的深加工技术研究力度，并实现产业化。在海水化学资源综合利用方面，山东创出了"一水多用"的生产模式，走在了全国前列。

（二）潜力与趋势

水是人类社会赖以生存的基础性自然资源和实现可持续发展的战略性经济资源。我国是世界上水资源严重紧缺的 21 个国家之一，水资源短缺已成为制约我国沿海地区经济和社会发展的主要因素。我国人均水资源量为 2200 立方米，只有世界平均水平的 1/4，被联合国列为世界上最缺水的 13 个国家之一。山东省是我国淡水资源极为匮乏的省份之一，且沿海地区尤为突出。我省人均水资源量仅有 328 立方米，不到全国的 1/6，属资源型缺水，且为极度缺水。根据有关部门和专家的预测，随着经济和社会的发展，山东沿海地区的缺水问题将成为影响和制约山东沿海地区经济可持续发展的重大问题。按照我省"十一五"规划确定的经济发展速度预测，2010 年，全省需要水资源 311 亿立方米，但可供水资源只有 278 亿立方米，即使加上南水北调 13 亿立方米，缺口仍达 20 亿立方米。随着工业化、城市化进程的加快，水资源短缺已成为制约我省经济社会可持续发展的瓶颈。

近年来，为了解决淡水资源的短缺问题，政府不得不依靠大量开采地下水和实施远距离的人工调水工程来满足缺水城市和地区居民的生活用水需求。山东为了解决沿海地区的缺水问题，投巨资建设了引黄济青工程，使山东沿海地区的淡水紧缺的局面在一定程度上得以缓解。然而，大量开采地下水会导致地面下沉，而远距离调水也会引起严重的环境问题，并且远距离取水工程耗费了大量的人力和财力，它只是改变了陆地淡水资源的地理分布，并不能实现水资源总量上的增加。开辟一个新的淡水来源是彻底解决我国沿海地区淡水资源短缺的唯一出路。因此，海水利用——向大海要淡水和发展海水直接利用将是解决沿海城市和地区淡水缺乏的战略选择和根本措施之一。

总之，海水利用是解决中国沿海城市和海岛水资源短缺问题的重要途径。随着我国缺水形势的日益严峻，沿海经济社会协调可持续发展对海水利用的需求越来越迫切。海水利用孕育出的巨大市场和无限商机，吸引了来自全球的投资者。海水利用产业市场潜力巨大。海水利用产业市场主要包括工程设计、设备制造、工程安装、淡化水产品和海洋化工产品提供、技术服务等。

水是生命之源、工业血液。随着水资源的日益短缺，水已成为一个国家乃至地区安全的重要因素，水危机已被列为未来10年人类面临的最严重的挑战之一。水危机带来对科技和市场的需求。有人测算，全球每年为人们生活和企业生产供水需4000亿美元，相当于石油业的40%，超过全球药业的1/3。而我国缺水城市400多个，占总数的60%以上，严重缺水的城市110个，年缺水60亿吨。预计到2010年，全国城镇与工业用水在2000年的基础上需增长517亿吨。随着技术进步、创新和水价的进一步提高，使得海水利用已成为一个可以预期的大市场，具有巨大的国内外市场需求。

从国际市场方面来看，20世纪70年代以来，大多数沿海国家由于水资源问题日益突出，都直接卷入了海水淡化的发展潮流。无论是中东的产油国还是西方的发达国家，都建设有相当规模的海水淡化厂或海水淡化示范装置。北欧、南美和东亚地区每年海水淡化设备进口和工程安装市场有近100亿美元，且仍在高幅增长之中，南亚、中亚和非洲也有众多的海水淡化潜在用户。海水淡化的国际市场规模巨大。目前国外淡化海水日产量为4600万立方米左右，现仍以每年10%—30%的增幅在增长，有专家预测，未来的20年，海水淡化的市场预期将超过700亿美元，市场潜力十分巨大。

从国内市场方面来看，针对我国的国情，海水淡化可定位于市政用水的补充，以缓解供水紧张状况，同时也可用于废水资源化，达到废水回用的目的。我国是一个海洋大国，海水资源极其丰富，西部地区则有相对丰富的苦咸水资源，这为我国发展海水利用产业提供了前提和基础。另外，我国淡水资源的紧缺已众所周知，每年全国缺水数百亿立方米，因缺水影响的国民总收入达数千亿元。我国有岛屿5400多个，大都缺乏淡水资源，许多岛屿成为旅游胜地，解决居民与游人的饮水问题非常紧迫；还有许多地区的苦咸水需要经过处理才能饮用，可见工程设计、设备制造、淡水提供、技术服务等海水淡化产业具有广阔的国内市场空间。我国近年来对海水淡化的需求已呈明显的增长势头。我国第一套自行设计、单机处理量达5000吨/日的万吨级反渗透海水淡化示范工程已在荣成开工。仅舟山和长岛近年内就将逐步建成容量近2000立方米/日的数个海水淡化站，滨海电厂和缺水城镇也在考虑海水淡化。据统计，我国沿海地区已建单机在200兆瓦以上的火电厂总装机容量为18420兆瓦，优质淡水的需求量超过18万吨/日以上。另外，目前在建单机容量在125兆伏以上的火电厂总装机容量6650兆瓦，规划中单机容量在300兆瓦以上的火电厂总装机容量22600兆瓦，优质淡水需求量将进一步增加。若80%的火电力厂利用海水淡化解决用水，按目前用水量标准，到2010年沿海火力发电厂的淡化海水的需求量将超过40万吨/日。青岛华欧海水淡化公司3000吨/日低温多效海水淡化示范工程的成功运行，已吸引了多家电厂前来咨询洽谈。除海水淡化外，沿海地区以及华北和西北地区的苦咸水淡化也有很大的需求。海水淡化整套设备产业化的成功实施，可以形成新的经济增长点，并将有力带动机械加工、有色金属材料、特种高分子材料、非金属材料、海洋防腐蚀材料与技术、计算机与控制技术等相关产业的发展，而且同样的国产化设备因制造成本较低在国际上比发达国家亦具有极强的竞争力。

海水淡化成本随着海水淡化技术的不断进步，近年来，能耗显著降低，吨水投资和成本大幅度下降，在一定条件下，海水淡化水的成本已经具备了市场竞争力。目前海水淡化成本一般4—5元，苦咸水淡化的成本则降至2—4元/立方米，如果热电水联产，海水淡化成本可降到4元以下，如果再发展海水综合利用，把浓缩海水用来提取化学元素，其淡化成本还要降低。海水淡化的成本已为岛屿用淡水和沿海发电厂用淡水和纯水所接受。国际海水淡化水的价格已从20世纪六七十年代的2美元以上降到目前不足0.7美元的水平，接近或低于国际上一些城市的自来水价格。随着技术进步导致的成本进一步降低，海水淡化的经济合理性将更加明显。另外，消费水价的不断提高，为海水淡化提供了发展的空间。国外的消费水价多在0.3—1.9美元之间，一些国家的海水淡化吨水成本已与自来水相当或低于自来水价。在我国，由于受计划经济的影响，长期以来一直没有良性的水价形成机制，自来水的价格与价值严重背离，政府负担着巨额补贴，自来水的价格普遍偏低，目前自来水的价格一般为1.5—2元/

立方米。2000 年 10 月中央领导在南水北调座谈会上强调："要建立合理的水价形成机制，逐步较大幅度提高水价，充分发挥价格杠杆的作用。"随着淡水资源的日趋缺乏，各个城市节水措施已经出台，实行自来水限量使用，超标加价，以节水为核心的水价形成机制正在逐步形成。由此可以预见，在不久的将来，一方面海水淡化成本不断降低；另一方面消费水价不断提高，两者将越来越接近，海水淡化的成本问题将得以解决。成本问题的解决将会对海水淡化的广泛应用及产业化进程产生极大的促进作用。"十一五"期间，我国海水利用产业发展的目标是，到 2010 年末，我国海水淡化能力达到 80 万—100 万立方米/日，海水直接利用能力达到 550 亿立方米/年。

综上所述，海水利用在我国将拥有广阔的发展空间和应用前景。特别是针对海水利用设备制造市场而言，目前我国已基本具备了海水利用设备的加工制造能力，质量保证体系也可以满足要求，其设备制造成本比国外至少低 30% 左右，在国际市场上具有很强的价格竞争能力。海水利用产业市场规模大、收入相对稳定和具有高成长性的特点，使得它拥有高于其他公顷行业的平均利润率。该行业正处于成长阶段初期，同行业竞争较少而需求巨大，有利于有实力的先行涉足者形成寡头垄断，获取超额利润。

实践证明，海水利用既可提供经济、安全、不受季节气候影响、用之不竭的稳定水源，增加淡水总量，又有利于保护环境、节约土地，是实现资源和环境双赢、发展循环经济、实现可持续发展的取水之路。这将有望改变我国沿海城市和地区的水资源结构，并从根本上解决淡水资源紧缺问题，对我国经济和社会发展产生巨大影响。其优点是：

第一，海水利用不仅可以解决沿海地区水资源短缺问题，而且可以增加我国淡水资源的总量。我国陆地上的淡水资源总量是相对稳定的，而经济社会发展对淡水资源的需求却是刚性增长的。开采地下水、调水固然都是解决水资源短缺的重要途径，但它们只能解决我国淡水资源时空分布不均的问题，并不能增加淡水资源的总量。而以海水替代淡水，取之不尽，用之不竭。通过海水淡化、海水做工业冷却水和冲厕所用水等措施，不仅可以有效解决我国沿海地区淡水资源供求紧张的矛盾，而且可以节省下更多的淡水供给内陆地区，这实际上等于增加了我国淡水资源的总量。

第二，海水利用有利于解决地下水超采造成的生态环境问题。我国部分城市已经出现地面沉降、地裂缝、岩溶地面塌陷、海水入侵等环境地质问题。地面沉降、地裂缝在我国中东部平原地区出现较多，波及全国 16 个省（自治区、直辖市）。我国北方地区出现了区域地下水位下降，部分地区形成地下水位降落漏斗，其范围呈扩大趋势。据统计，全国地下水降落漏斗 180 多个，总面积约 19 万平方千米，个别漏斗中心水位深度已超过 100 米，全国严重超采区总量占超采区面积的 42.3%。仅长江三角洲地区由于过度开采地下水引起地面沉降，所造成的损失已达近 3500 亿元。山东、辽东半岛海水入侵较为严重，山东莱州湾地区海水入侵面积已超过 1000 平方千米，潜在危及区面积超过 2400 平方千米，造成 40 多万人饮水困难，4 万多平方千米耕地丧失灌溉能力。发展海水利用可以不开采或少开采地下水，从而有利于解决这些生态环境问题。

第三，海水利用技术为污水处理开辟了新途径。海水利用技术不仅可以用于海水淡化，还可以用于工业废水、中水的深度处理和地下水污染的处理。鲁南化工使用海水淡化技术不仅治理了工业废水而且回收了氯化铵产品，达到了循环经济的要求；而用海水淡化技术处理受污染的浅层地下水的费用只相当于开采深层地下水的 1/6，这对于解决超过 1/3 的农民喝不到干净饮用水的问题无疑具有重要意义。

第四，海水利用可以成为我国的一个优势产业和一个新的经济增长点。海水利用产业主要由淡化水厂、淡化和海水循环冷却设备制造、浓盐水综合利用、技术服务、高性能机械设备（高压泵、能量回收装置、阀门与仪表等）研发与制造、腐蚀和防护材料与工程、高分子材料工程等组成。我国已有多项海水利用技术达到国际先进水平，具备发展海水利用产业的基础条件，而且与发达国家相比在价格上有竞争优势。世界范围的水资源短缺决定了海水利用产业具有市场潜力巨大和高成长性的特点，面临着良好的发展机遇，海水利用产业有望成为我国的一个优势产业和一个新的经济增长点。

综上所述，大力开发利用海水资源，实现水资源的优化配置、合理使用、有效保护与安全供给，对于促进我国经济社会的可持续发展，提高人民生活水平和保障国家安全具有十分重要的意义。

现行国家宏观政策十分支持海水利用产业的发展。《中国海洋 21 世纪议程》已将海水直接利用和海水淡化作为重要产业对待，《全国海洋经济发展规划纲要》明确指出，要把海水利用作为战略性的接续产业加以培植。此外，我国经济的快速发展、综合国力的不断增强，以及各级政府和社会各界的高度重视，都为海水利用产业发展提供了良好的外部环境、坚实的物质基础和广阔的发展空间。可以说，山东发展海水利用事业正处于一个良好的机遇期。我省已制定的海水利用产业的发展目标是：到 2010 年，全省海水淡化能力达到 20 万—25 万立方米/日，直接利用海水 130 亿立方米/年，初步建立海水利用技术支撑体系、政策法规体系、技术标准体系和服务管理体系。到 2020 年，全省海水淡化能力达到 45 万—50 万立方米/日，直接利用海水 245 亿立方米/年，建立完善的海水利用技术支撑体系、政策法规体系、技术标准体系和服务管理体系。

综上所述，海水利用可以在一定程度上缓解我国的缺水压力，保障国民经济的可持续发展。可以说，海水利用顺应我国经济发展战略的要求，作为保障我国水资源安全和社会经济可持续发展的重要措施，具有突出的公益性特征，是充满生机、颇具魅力的朝阳产业，发展潜力十分巨大。

（三）存在的问题

我省海水淡化事业的发展虽然取得了很大成绩，但与国外相比，尚有相当大的差距，存在着规模小、产业化水平低、市场竞争力不强等问题。

当前制约和影响我省海水产业发展的主要难点和问题表现在以下几个方面：

1. 认识不足，缺乏长远观念，对开发利用海水资源重视不够

我省海水资源开发利用步伐缓慢的基本原因在于观念保守，长期以来，在解决水资源紧缺这一问题时囿于传统的观念，怀疑海水淡化的可靠性，担心其成本过于昂贵，因而只重视地表水、地下水的开发和客水的引进，而忽视开发新水源——海水的利用。对海水淡化是优化沿海地区水资源结构、解决淡水资源短缺的根本途径认识不足，缺乏长远观念。在解决沿海城市缺水时，多耗费巨资搞大型引水工程，而忽视海水淡化这一从根本上解决问题的办法。事实上，目前国际海水淡化的产水成本大多在 0.67—2.5 美元/立方米之间，与一些主要国家的消费水价 0.3—1.9 美元/立方米相比，相差并不大。一些缺水国家和地区的海水淡化成本与消费水价已经相当，海水淡化水已直接进入城市或海岛供水管网系统作为消

费水的补充。至于一些工业用的高纯水，其成本甚至还要高出海水淡化方案的制水成本。国外海水淡化不仅用于工业，而且已经供养1亿多人口的吃水。我国受计划经济的长期影响，水的价格与价值严重背离。近几年水价虽有调整，但普遍不超过2.5元/立方米。因此海水淡化的用途还多限于工业用的高纯水、偏僻海岛及船艇用水。其实，我国目前沿海地区的一些远距离引水工程，其费用除了工程直接费用外，还有被引水地区的间接经济损失，若把所有因素全部计入水的成本，其成本并不见得比淡化水低。以引黄济青为例，工程总投资10亿元，增加供水能力30万立方米/日，吨水的工程投资为3333元。现黄河水仅水源价格就在1.00元左右，再加上进入水厂、工艺处理等环节，成本在1.60—1.80元之间，同时，引黄济青工程永久性占地6.3万亩，如果将这部分土地折旧计算在内的话，其成本与海水淡化的成本已基本不相上下。据专家预测，南水北调工程，仅耗电每立方米即达8千瓦时，水价应在5元/立方米以上。而就目前国内海水淡化的技术水平来讲，投资一座万吨级海水淡化厂，其吨水投资不超过5000元，其产水成本低于5元/吨。目前国内海水淡化之所以应用不广，其原因与其说是成本问题，不如说是政策导向和认识问题。

而纵观国内外海水淡化的发展，随着淡水危机的不断加剧，许多国家加大了对海水淡化技术和设备的投入，海水淡化技术得以不断提高和完善，海水淡化成本不再高不可及，因此可以认为海水淡化用于解决沿海城市和地区的淡水紧缺的时代即将到来。事实上，我国近年来对海水淡化的需求已呈明显的增长势头，仅舟山和长岛近年内就将逐步建成容量近2000立方米/日的数个海水淡化站，滨海电厂和缺水城镇也在考虑海水淡化。据统计，我国沿海地区已建单机在200兆瓦以上的火电厂总装机容量为18420兆瓦，优质淡水的需求量超过18万吨/日。另外，目前在建单机容量在125兆伏以上的火电厂总装机容量6650兆瓦，规划中单机容量在300兆瓦以上的火电厂总装机容量22600兆瓦，优质淡水需求量将进一步增加。若80%的火电力厂利用海水淡化解决用水，按目前用水量标准，到2010年沿海火力发电厂的淡化海水的需求量将超过40万吨/日。青岛华欧海水淡化公司3000吨/日低温多效海水淡化示范工程的成功运行，已吸引了多家电厂前来咨询洽谈。除海水淡化外，沿海地区以及华北和西北地区的苦咸水淡化也有很大的需求。由于苦咸水淡化成本低，在现有规模基础上有不断扩展的趋势，沧州化工集团近年内拟建 1.8 万吨/日的高盐度苦咸水淡化厂，就是一个例证。我们应该充分认识到海水和苦咸水淡化对于解决淡水资源的匮乏将发挥越来越重要的作用，制定相应的政策，鼓励有条件的城市和地区发展海水和苦咸水淡化和直接利用海水，从根本上缓解淡水的供应压力。

2. 缺乏引导海水利用产业发展的激励政策和法规

由于认识不足，目前政府对海水利用不仅没有优惠政策扶持，相反，有些政策还制约了海水资源的开发利用。例如国家虽然已做出鼓励发展海水淡化的原则性规定，但缺乏具体的配套扶持政策。特别是政府对自来水实行财政补贴，并以公益性投入的方式兴建水利工程。我国城市普遍实行的是福利性水价（0.5—1.8 元/立方米），为了解决城市的淡水供应国家投资兴建了一些大的引水工程，但工程投资并未纳入吨水成本核算，目前国外的吨水价格大体相当于 10 度电的价格，而我国大多为 1:1 到 1:3。而处于起步阶段的海水淡化，一开始就要完全按市场化方式运作，水价的不合理，使海水淡化成本（3.5—9.8 元/立方米左右）难与陆水竞争，这种不平等竞争在很大程度上影响了这一产业的发展。针对存在的问题，采取得力措施积极加以解决，才能使这一新兴产业迅速发展起来。同时，由于我国海水利用标准建设、政策法规相对滞后甚至存在空白，缺乏完善的海水利用技术标准和质量监督标准体系，影响了海水利用产业化行业管理、市场规范和健康发展。

3. 海水资源开发利用的成本仍然偏高，技术水平低，某些关键技术问题尚待解决

影响海水资源开发利用的主要原因是成本偏高。就海水淡化而言，不仅初期投资建设费用高，折旧、维修、运行费用也远远高于一般可接受的水平，再加上能耗高，因而大大限制了该项事业的发展。一般说来，目前海水淡化的吨水成本仍普遍高于普通自来水。国内现有条件下，不同工艺、不同规模的海水淡化成本为 3.5—9.8 元/立方米，因此目前海水淡化多用于解决工业用高纯水以及偏僻海岛、舰艇和苦咸水地区的小规模的淡水供应，不适于解决城市大规模供水。

从技术上来讲，当前我省淡化技术水平尚不高，淡化装置的造水能力也较小，与世界先进水平尚有很大距离。这表现在除有几种小型的船用蒸

馏淡化装置和医用蒸馏装置投入实际应用外，大、中型蒸馏淡化装置的研究和开发尚处于起步阶段。虽然已在使用"九五"攻关成果的基础上引进部分设备和材料，建成 2 台 3000 吨/日的低温多效海水淡化示范工程，但若全部采用自有技术进行大型海水淡化设备的设计及加工，尚缺乏工程经验，有较大工程风险，因而离产业化仍有距离；常规电渗析技术在我国虽然较为成熟，应用也较广泛，但由于我国自己研制生产的离子交换膜品种少，限制了其应用领域的扩大和经济效益的提高；反渗透技术起步晚，虽然已建成日产 500 立方米、1000 立方米、10000 立方米的淡化设备，但因国产元件达不到要求，关键的膜组件尚需从国外引进，作为关键设备的高压泵和能量回收透平也依赖于进口，国产化率有待进一步提高。此外，由于尚未建立起完整的海水利用技术创新体系，各种配套技术的研究、基础理论研究较薄弱，各种技术的应用领域和范围尚不广泛，缺乏经济可行、规模化的海水利用成套技术，单项关键技术有突破但系统集成有待加强。

4. 海水资源开发利用缺乏统一的组织领导和管理体制

目前，我省从事海水资源开发利用的单位分属在各个行业和高等院校，缺乏相对集中和联合。全省没有统管海水资源开发利用技术的职能机构，缺乏统一的发展规划、扶持政策和有力的协调机制，导致投入不足，规模示范不够，科研力量分散，技术攻关能力弱，低水平重复引进、研制多，设备利用率不高。不同行业间缺乏合作，研究机构与产业界的结合不够紧密，没有建立起完善的技术中间试验与转化平台，优势不能互补，科研周期长，科研、生产、应用脱节，主体技术和配套技术脱节，企业尚未成为海水利用领域的技术创新主体。

（四）结论与建议

加快海水利用产业的发展，不仅能在一定程度上缓解山东沿海地区的缺水压力，还将为山东经济发展提供重要的资源，为山东沿海地区经济的可持续发展提供保障。2001 年 9 月山东开始将海水利用纳入沿海城市的总体规划和城市供水专业规划。近年来，我省已组织实施了一批海水利用工程，青岛市被确定为国家级海水淡化与综合利用示范城市和产业化基地。资料显示，山东省海水淡化装置日产淡水占全国总量的 50% 多，设备装置总量和技术水平也居全国前列。我省的海水直接利用也有了一定的规模。但由于目前我省的海水利用产业正处于起步阶段，其发展过程中还面临着不少制约因素，如对海水利用的认识不足，缺乏对海水利用产业的统筹规划和宏观指导，缺乏鼓励海水利用的政策和法规，资金投入不足等等，如何解决这些问题，是加快海水利用产业发展的前提条件，也是摆在我们面前的一项重要课题。

为贯彻落实科学发展观，加强海水利用工作，扩大海水利用规模，促进水资源可持续利用，保障我省经济社会又好又快发展，我省发展海水利用产业的指导思想是：以科学发展观为指导，确立海水利用在我省沿海地区经济社会发展中的战略地位，明确保障沿海地区经济发展和人民生活用水需求的工作目标，重点发展海水淡化和海水直接利用，以市场为导向，以企业为主体，坚持统筹规划，强化宏观调控，加强政策引导，依靠科技支撑，实施示范带动，优化用水结构，实现有效替代，促进全省水资源平衡和经济又好又快发展。为了顺利实现我省海水利用的发展目标，根据《国家海水利用专项规划》，结合我省实际，提出以下对策和建议：

1. 大力实施海水开源战略，提升海水在沿海水资源供给中的地位和作用

淡水资源的短缺已经成为制约我国沿海城市和地区实现经济可持续性发展的瓶颈，向大海要淡水是解决我国沿海地区淡水资源短缺的必然要求，海水淡化将是解决沿海城市和地区淡水缺乏的战略选择和根本措施。海水利用也是解决我省沿海地区水资源短缺的现实选择。我省沿海青岛、东营、烟台、潍坊、威海、日照、滨州 7 市在全省经济社会发展中占有重要地位，2007 年实现的 GDP 占全省一半以上，但拥有的水资源总量却只有全省的 1/3，水资源供需矛盾十分突出。虽可通过大力节水、提高水资源利用效率、跨区域调水等措施缓解水资源短缺矛盾，但难以从根本上解决淡水资源短缺问题。因此，走利用海水替代淡水的路子是解决沿海地区水资源短缺的现实选择。为此，要大力实施海水开源战略，提升海水在沿海水资源供给中的地位和作用。把海水利用摆上政府工作的重要议事日程。沿海各市要从战略的高度，充分认识海水利用的重要意义，确立海水是水资源的战略观念，把海水利用作为建设节约型社会、促进经济发展、全面建设小康社会的重要内容，统筹规划，科学决策，切实加强组织领

导。加大海水利用的宣传力度。通过组织开展学术交流、技术推介等活动普及海水利用知识，进一步提高全社会，尤其是可利用海水的企业和单位对海水利用的重要意义以及海水利用的技术与发展、经济效益和社会效益等方面的认识。

海水淡化产业随着水资源紧缺矛盾的加深，已经形成产业化的趋势。目前世界上已商业化的海水淡化技术主要有蒸发工艺和反渗透工艺。由于膜以及相应配套技术的发展，吨淡水成本已经大大降低，用反渗透法进行淡化海水，解决城镇居民生活用水及工业用水已经获得越来越广泛的应用。目前，世界海水淡化总产量达 4600 多万立方米/日，解决了 1 亿多人的用水问题。我国已建成运行的海水淡化水总产量约为 3.1 万立方米/日（苦咸水淡化水产量为 2.8 万立方米/日），在建、待建和已开展前期工作的工程规模为 160 万立方米/日。沿海各地相继建成了多个日产 500—5000 吨级的海水淡化工程，已具备实施万吨/日级海水淡化工程的能力。实践证明，海水淡化既可提供经济、安全、不受季节气候影响、用之不竭的稳定水源，增加淡水总量，又有利于保护环境、节约土地，是实现资源和环境双赢，发展循环经济，实现可持续发展的取水之路。这将有望改变我国沿海城市和地区的水资源结构，并从根本上解决淡水资源紧缺问题，对我国经济和社会发展产生巨大影响。此外，海水淡化产业有望成为我国的一个优势产业和一个新的经济增长点。

综上所述，海水淡化产业的发展将促进相关企业、研发机构对海水淡化及其相关技术的开发利用，形成一批具有自主知识产权的海水淡化设施生产能力，保证自主掌握水资源命脉，同时促使国内企业在这个新兴产业的国际竞争中占得先机，带动机械加工、有色金属材料、特种高分子材料、非金属材料、腐蚀与防护技术、计算机与控制技术等相关产业的发展，形成新的经济增长点。同时，海水淡化和海水化学资源利用产业相链接，体现了大力发展循环经济、建设节约型社会的根本要求，对于转变沿海电力、化工、石化等行业的粗放型经济增长方式，改变我国沿海地区的水资源结构，促进经济社会的全面协调可持续发展意义重大，经济、社会、环境效益显著。

我国政府已经充分认识到了政策支持对海水淡化产业化的重要性和必要性，已将海水淡化列入《中国海洋 21 世纪议程》中，作为实现水资源持续利用的推广示范工程技术。海水淡化产业化所必需的外围环境正在日益改善，海水淡化的产业化基础已基本具备，在日渐成熟的国内外环境中，我国的海水淡化产业即将进入一个高速发展期。今后要充分发挥市场配置资源的基础性作用，综合运用经济、法律和行政手段，培育有利于海水利用的市场环境和政策环境，优化海水利用的市场竞争环境，促进海水利用由潜在的市场需求转变为现实的有效需求。

山东作为北方严重缺水的沿海省份之一，多年来，为解决水资源短缺的局面，依托自然条件和海洋科技优势，在海水利用研究和产业发展方面取得了卓有成效的进展，形成了国内其他城市不可比拟的优势。随着海水开源战略的实施，海水在沿海水资源供给中的地位和作用必将得到进一步提升。

2. 建立起有利于海水利用的政策支撑体系（包括管理机制、财政政策、金融政策、产业政策等）

（1）强化组织领导，搞好统筹规划

海水利用是一个系统工程，涉及多个政府部门、科研机构、行业和企业，必须加强领导、统筹协调、科学规划。发展改革委和经贸委，要会同财政、税务、科技、建设、水利、海洋、环保、质检、物价等部门及行业协会，建立海水利用综合协调机制，加强对海水利用工作的组织协调，制定切实可行的政策措施，有效促进海水利用产业的发展。应成立统一的协调机构，由省政府领导任组长，各相关部门组成海水综合利用领导小组，统一协调、组织和指导全省海水利用产业发展，同时明确海水利用的管理部门和职能，在建立健全法规支持体系的同时，建立起有效的行政管理程序和体系，确保海水利用工作有组织、有步骤推进，确保既定目标的实现。各部门要密切配合，加强组织协调和监督指导。把海水利用纳入我省国民经济规划和全省海洋经济发展规划以及全省水资源综合规划，给予应有的重视，并进行统筹考虑、合理布局、有效调度。在遵循我国中长期水资源节约和替代规划的基础上，科学统筹，编制《山东省海水利用产业发展规划》，明确我省海水利用产业发展的总体目标和阶段目标以及每个阶段的开发利用重点和保障措施，确定优先发展的重点地区、重点工程，制定政策措施，并将其纳入全省的经济和社会发展规划，以确保既定目标的实现。此外，还要注意把开展海水利用和保护海洋生态环境统一起来，依法开展环境影响评价，防止由于海水利用造成海洋环境污染和生态破坏，实现海水利用产业和海洋生态环境保护协调、持续发展。充分利用山东沿海城市海水资源、海洋科研、海水利用产业的基础优势，以海水淡化应用和设备产业化为主线，通过政策引导、完善市场体系、多方合作、加大投入等措施，全方位推进我省海水利用产业的发展，把海水利用产业培育成我省新的经济增长点，保障我省的用水安全。

（2）赋予必要的政策优惠，促进海水淡化产业的形成

在海水淡化产业发展的起步阶段，由政府适当投入并进行政策引导、市场培育，逐步实现产业化是十分必要的。为此一方面要制定和出台关于海水资源开发利用的宏观指导政策和必要的地方性法规，推广海水淡化项目。综合运用经济手段、法律手段和必要的行政手段，加强对海水淡化产业的扶持。如根据水资源承载能力，调整沿海各市产业结构和布局，逐步建立与区域水资源和水环境承载能力相适应的经济结构体系，实行"量水而行，以水定发展"。鼓励新建发电厂、热电厂、化工厂等高耗水企业趋海布局建设，便于海水的大规模应用。严格限制在沿海地区新建以淡水为水源的高用水项目，鼓励火电、石化、化工、钢铁等高用水行业使用海水。年用淡水量超过200万立方米的工业项目，必须配套建设海水淡化工程。另一方面要加强市场准入管理，强化源头控制，在项目规划、设计、审批、水资源论证等环节，推动具备条件的项目利用海水。淘汰耗水高、污染重、附加值低的落后技术、产品、设备和工艺。稳步推进海水置换，实现有效替代，逐步提高海水在沿海各市水资源结构中的比重。对以供应居民生活用水为主要目的的海水淡化水厂和以海水作为锅炉软化水、冷却用水的工业企业，在电价、税收等方面给予优惠，对其供水管网建设给予一定的资金支持。此外，还要实行海水利用考核奖励制度。沿海各市要对重点企业、单位和县（市、区）海水利用工作进行定期考核。对发展海水利用作出突出贡献的单位、企业和重大海水利用科研成果，各级政府要给予表彰奖励。

通过立法明确海水淡化设施为水资源设施，与市政供水设施享受同等优惠政策，如海水淡化厂作为市政设施享受土地、投资等方面优惠政策。将海水淡化作为公用事业，比照传统水资源建设项目，实行投资财政补贴。鼓励海水淡化关键技术的研究开发和引进、消化、吸收，组织科研单

位、大专院校和生产企业共同攻关，并给予经费保障；对海水利用和设备制造企业，可参照国家高新技术开发区内的高新技术企业给予优惠税收政策，在一定时期实行减免税，努力提高国产化、成套化、系列化水平；对于海水利用设备的生产企业、科研单位和海水用户，可给予企业关键技术设备进口税收政策，减免其进口环节增值税。给予海水淡化厂在电价上享受优惠价格。实行水电联产，以现有电力企业为依托或通过建自备电厂等措施解决海水淡化的能源，按上网电价核算成本；对用网上电价进行海水淡化的企业，给予能源补贴。

改革现有水价形成机制，建立动态的水价调整机制。积极探索新的供水价格形成机制。省和沿海各市要在确保社会稳定的前提下，按照水源、用水性质等，合理制定分类水价，稳妥提高供水基础价格。实行鼓励海水淡化的价格政策。适当提高钢铁、电力等高耗水行业的淡水价格，增强海水利用企业的市场竞争能力。通过合理调整水价及其结构，促进海水淡化水的生产和使用。允许海水淡化水以合理的利润进入城市供水管网。对使用海水的生产企业，可由公共财政返还一定的所得税。对海水淡化生产企业购置设备和技术改造给予贴息贷款，并适当降低营业税；培育淡化水市场，企业生产的淡化水应比照自来水给予同等补贴，除企业自行销售以外的部分，经检测合格，可以直接进入城市自来水管网。

通过这些优惠政策，一方面可以逐步做到投资的多元化，实现海水淡化生产与设备制造的商业化经营；另一方面可以促进发展具有自主知识产权的专利技术，并以此为依托，使海水淡化产业发展壮大，使海水淡化设备制造产业不仅满足国内需要，而且走出国门，打入国际市场。对发展海水利用企业从资本金投入、税收、价格等方面给予支持和优惠。鼓励企业介入海水淡化的技术引进和消化，推进我省海水淡化事业的产业化进程。

（3）整合产业和科技资源，建设海水淡化技术支撑体系，提高自我创新能力

整合产业与科技资源，发挥我省优势条件，争取在我省建立国家级海水利用研究与试验基地，承担国家级海水利用研究课题，提升我省在海水利用研究领域的地位。可以青岛国家海洋科研中心（或某海洋科研机构）为依托，通过参股、控股等形式，运用市场机制优化配置，由科研院校、重点企业联合建立开放式的青岛海水利用工程研究中心，并在条件成熟时

向国家申报国家级工程研究中心，构建包括实验平台和相关设施在内的海水利用科研体系，打造海水利用领域技术创新与工程试验的综合平台，承担国家、地方和企业的重大科技和工程项目。加快研发推广海水利用先进技术、工艺、装备，开发产业化关键技术，拓展海水利用规模，形成一系列具有自主知识产权的海水利用技术集成，建立我省海水利用技术支撑体系。加快海水利用技术研发和推广。培育海水利用技术服务机构，强化能力建设。充分发挥高校、海水利用科研单位和企业技术中心的研发优势，加快研发具有自主知识产权的海水利用关键技术和核心技术。坚持自主创新与合作创新相结合，注重引进、消化和吸收国外先进的技术和工程经验，结合我省实际进行再创新。加快海水利用产业化发展，要以企业为主体，鼓励企业建立企业研发中心，直接为企业产业化服务，通过产学研相结合，加快海水利用关键技术与设备国产化进程，努力掌握核心技术，提高装备标准化、系列化和成套化水平。以产业化促进技术水平和制造能力的提高，大幅降低海水利用成本，提高竞争力。

要进一步加强海水利用人才队伍建设，依托驻鲁高等院校、研究院所及海水利用相关企业引进、培养和储备海水利用技术人才，并鼓励相近专业技术人员转入海水利用研究领域，建立有效的人才激励机制，以各种方式引进、培养和储备海水利用技术人才，为海水利用科研、标准体系建设、管理、工程建设、技术服务等提供人才保障和智力支持。建立海水利用信息交流平台，组织开展海水利用学术交流和技术产品推介等活动。加强海水利用技术交流、信息沟通、政策咨询，降低海水利用技术研发和推广成本，提高利用效率。加强与国内外海水利用科研机构的合作，创造良好环境，鼓励吸引这些科研机构在我省设立分支机构和研发中心。加强海水利用技术和项目管理经验的培训；广泛开展海水利用技术的交流和推广应用；积极开展相关技术、管理及信息的咨询服务工作，为海水利用产业的发展提供基础保障。

（4）积极创建青岛海水利用产业化示范基地

青岛是我国的海洋科学城，科技力量雄厚，海洋自然环境优越，作为我国海水淡化示范基地具有得天独厚的优势条件。2005年出台的《全国海水利用专项规划》将青岛列为国家海水利用产业化北方基地，并到2010年建成大生活用海水技术示范城市。要充分把握这一机遇，着力发挥青岛基础条件和产业优势，全力加快海水综合利用步伐，全面创建我国北方海水利用产业化示范基地，通过示范引导，带动全省海水利用工作全面开展。在城市供水方面，着力培育一批海水淡化示范项目；在火电、化工等高耗水行业，突出抓好一批海水利用重点工程。以滨海大道为轴线，从胶南市琅琊台到即墨田横岛合理布局海水资源利用产业，分层次建立海水利用示范工程和示范区，努力形成工业海水、生活海水和淡化海水三大产业集群，通过海水直接利用、海水淡化和海水化学资源综合利用规模示范，形成相互衔接的海水利用产业链和海水资源开发利用综合示范区。在海水淡化利用方面，认真落实《青岛市海水淡化产业发展规划》，集中抓好黄岛发电厂海水淡化等示范工程的建设，争取 2010 年达到 20 万立方米/日的海水淡化规模。建成 2—3 家海水淡化成套设备生产骨干企业，蒸馏法单台规模达到 1 万吨/日，反渗透法单台规模达到 5000 吨/日。通过骨干企业带动，吸引机械制造、高分子材料、防腐材料企业向青岛积聚，形成产业集群。

要积极推进沿海工业的海水淡化，支持用途广泛、竞争力强的海水反渗透淡化技术在电厂和其他工业中的推广应用；支持黄岛发电厂低温多效淡化装置示范工程建设；支持海水淡化与热电结合促进沿海居民饮用水的海水淡化的应用；发展海水淡化产业链，支持海水淡化与综合利用结合，利用大型海水淡化厂排出的大量浓缩海水，积极发展海水化学物质提取产业；加大海水淡化技术装备（高性能膜组件、低温多效的铝合金管等）的国产化，实施一批海水淡化关键材料与设备产业化项目，提高成套装备的国产化率，降低投资和制水成本，推动海水淡化规模应用。

在沿海几个条件较好的用水量大的企业（如黄岛电厂）、居民区，建立国家级、市级海水资源开发利用综合示范区。通过先进实用技术的优化组合，实施以海水淡化为主，包括卤水制盐以及提取其他有用成分的化学工业相结合的产业链，使装置的规模逐步扩大，从而降低成本，提高综合效益。通过示范工程，提高企业创新能力，形成一系列具有自主知识产权的蒸馏法和反渗透法海水淡化主流技术，为系列产品占领国内市场起到示范作用，并参与国际竞争，来推动海水利用产业的发展。

（5）加大对海水淡化产业的投入力度

以政府资金为引导、企业投入为主体，逐步建立多元化、多渠道、多层次的海水开发利用投入保障体系。以政府财政资金投资为引导（或以一定的水量和水价为条件），吸引社会各类资金，建立海水淡化产业发展基金，引导企业对海水淡化产业的投资。积极争取国债资金或国家其他专项资金支持海水淡化企业。

鼓励和引导国内外资本以独资、合资、联营等方式，参与海水淡化项目建设和海水淡化装置生产，引导市场资金进入海水淡化产业领域，推动海水淡化产业发展。增加对现有海水利用企业的技改贷款，积极争取各商业银行的信贷投入和国家的政策性贷款的支持，加大技改力度，集中扶持海水利用产业主要领域和重大项目。鼓励企业自有资金、社会资金和境外资金投资建设海水利用项目。积极争取国家资金支持，将国家重点支持的海水利用项目和我省海水利用示范项目列入省节能节水专项资金的重点支持范围。允许私营经济和国外企业投资建设海水利用项目，享受同等优惠政策。

政府要加大对海水利用的投入力度，特别是对一些重大技术产业化示范项目，要给予资金支持；并安排专项资金加大海水淡化的研发投入，搭建技术平台，推进万吨、10 万吨级的集成技术及核心部件的攻关，实现装备国产化。对以供应居民生活用水为主要目的的海水淡化厂及其管网建设设施，应比照城市自来水厂等基础设施项目给予一定的投资财政补贴支持；在投资导向上，对采用海水淡化及电水联产项目，应优先立项，给予支持。设立专项基金，加大海水资源开发利用科技和相关工程的投入力度，构筑我国自主知识产权保护壁垒，强化海水利用的管理和公共服务，建立相关的技术规范和标准体系以及质量监督与管理体系和评估体系，全面开展海水利用的海洋环境影响评价，保证海水利用技术持续创新和产业发展的需要，引导培育产业健康有序规范发展。

（6）建立海水利用标准体系

首先，加快制定和实施海水利用标准。制定一批海水淡化、直接利用以及海水化学资源综合利用方面的技术标准、管理标准和产品标准。制定发电、钢铁、化工、石化等重点行业海水利用技术规范。加强海水利用产品装备的质量监督检验，促进海水利用产业规范化发展。

其次，制定海水利用环保标准。依据环境保护和海洋环境保护的法律法规，研究防止海水利用造成海洋污染的措施。通过建立海水利用环保评价标准体系，研究制定海水利用系列环保标准，为所有海水利用建设项目依法开展环境影响评价奠定基础。所有海水利用建设项目都要依法开展环境影响评价，采取有效的防治措施，实现达标排放，确保海水利用产业与海洋环境保护和谐发展。

十一　海洋交通业

（一）海洋交通运输业发展现状

1. 海洋运输及港口布局现状

山东是全国的沿海大省和港航大省，北濒渤海，东临黄海，大陆海岸线 3100 多千米，占全国的 1/6，岛屿岸线 687 千米，拥有丰富的港口资源和良好的建港条件，具有发展水运的优越的区位优势、资源优势、集疏运优势和腹地经济优势。

"十五"以来，全省港航事业取得了长足进步，整体面貌发生了深刻变化，水上运输综合能力显著提高。2005 年至 2007 年全省沿海港口建设累计完成投资 200 亿元，开工建设港口项目 104 个，目前已完成 35 个。全省有万吨级以上泊位 146 个，总吞吐能力达到 3.28 亿吨，初步形成了以青岛港、日照港和烟台港为主枢纽港，龙口港、威海港为地区性重要港口，潍坊、蓬莱、莱州等中小港口为补充的现代化港口群。与世界上 130 多个国家和地区的 450 个港口建立了贸易往来。沿海港口吞吐量每年以 4000 多万吨的速度递增，年均增幅 28%，2002 年完成吞吐量 2 亿吨，2004 年完成吞吐量 3 亿吨，截至 2007 年 12 月，山东省沿海港口吞吐量达到 5.6 亿吨，其中集装箱吞吐量达 1130 万标准箱，再创新的发展标杆。青岛港吞吐量完成 2.6 亿吨，日照港吞吐量完成 1.3 亿吨，烟台港吞吐量突破 1 亿吨，山东省已经成为全国唯一一个拥有三个亿吨海港的省份。

2. 港航相关行业带动和政策扶植

港航对经济的适应度明显增强，贡献率进一步提高，95% 以上的外贸货物通过海上运输完成，对全省 GDP 的贡献值在 690 亿元以上，为社会提供近 120 万个就业岗位，为全省国民经济的发展，特别是外向型经济的发展做出了突出贡献，成为经济发展的有力引擎，提升了全省经济发展的上升空间。

全省港航事业的发展，引起了各级领导的关心、关注，列入了各级政府优先发展和考虑的重点和视野。省委、省政府通过行政的、法定的程序，正式把加快沿海港口发展确立为全省经济社会发展的重大战略。2005年8月、2006年8月，省政府分别召开了全省沿海港口工作会和全省沿海建设与发展现场会，对全省港口的建设和发展作出了重要部署并出台了《关于加快沿海港口发展的意见》。

省政府确定了"十一五"和今后一个时期全省港航的五大建设任务，包括建设青岛东北亚国际航运中心，初步建成以青岛港为龙头，以日照港、烟台港为两翼，以半岛港口群为基础的东北亚国际航运中心；建设三个亿吨大港，在"十五"末的基础上，力争再建设三个亿吨大港，使沿海港口吞吐量到2010年突破6亿吨；建设沿海四大运输系统，形成沿海各港口分工明确、错位发展、互为补充的集装箱运输系统、铁矿石中转系统、进口原油中转系统、煤炭装船运输系统。力争到"十一五"末，沿海港口吞吐能力达到6.2亿吨，集装箱吞吐量1350万标准箱，港口适应度1.05∶1。内河通航里程1150千米，三级以上航道350千米，吞吐能力达到4500万吨。全省完成旅客运输量2000万人次、8.4亿人千米，自有船舶货物运输量7000万吨、4300亿吨千米。运输船舶净载重吨达到900万吨位，其中沿海、远洋运输船舶达到400万吨位，内河船舶达到500万吨位。

（二）潜力与趋势

1. 自然资源丰富，社会经济优势显著

山东省是我国沿海大省之一，海洋运输业历史悠久，地位突出，形成了众多的港口。山东省建港自然资源条件丰富，深水岸段多，各主要港口均有充裕的扩展能力。社会经济条件是港口赖以生存和发展的基本软环境。经济发达，腹地广大，货源充足，是港口发展的资本物质基础。山东省经济实力较雄厚，工农业发展水平均居全国前列，尤其是沿海地区更是全省工业集聚带。山东社会发展水平高，社会体系完善，人口素质较高。

2. 港口条件好，地位突出

山东港口规模大，设施完善，是我国中西部地区重要的海上门户。截至2007年底，山东省沿海港口吞吐量达到5.6亿吨，其中集装箱吞吐量达 1130 万标准箱。青岛港吞吐量完成 2.6 亿吨，日照港吞吐量完成 1.3 亿吨，烟台港吞吐量突破 1 亿吨，山东省成为全国唯一一个拥有三个亿吨海港的省份。2005 年至 2007 年全省沿海港口建设累计完成投资 200 亿元，开工建设港口项目 104 个，目前已完成 35 个。全省有万吨级以上泊位 146 个，总吞吐能力达到 3.28 亿吨，初步形成了以青岛港、日照港和烟台港为主枢纽港，龙口港、威海港为地区性重要港口，潍坊、蓬莱、莱州等中小港口为补充的现代化港口群。

3. 集疏运条件好

集疏运条件是港口货物集散流畅的基本保证，良好的集疏运条件，提供了港口吞吐所需的货流量，可以扩大港口的辐射范围即港口腹地。腹地广阔、货源充足、货流迅速通过，可以有效地吸引航线的设置和加大航班密度，有力地促进港口的发展。山东省陆上交通较为发达，重要港口有铁路和高速公路相通，高等级公路在全省有较高密度的分布，形成了全省密集的高等级公路运输网。通过铁路和四通八达的公路，构成了港口优良的集疏运体系。

4. 港口设置较为合理

山东港口分布较为合理，沿海地市几乎都设有中大型港口，如青岛、日照、烟台、威海，而东营、潍坊因受自然条件限制也相应以龙口港为中转的海上门户，这些港口都在经济建设中发挥着重要的作用。

5. 具有陆桥桥头堡的地位

欧亚第二大陆桥是指由我国东部沿海港口经陇海线过新疆阿拉山口出关的铁路通道。兖石线紧邻陇海线东段而并行至西段相汇合，因此兖石线东端自然也是陆桥桥头堡的一分子。欧亚大陆桥通过的货物主要是集装箱货物，青岛港是陇海线、兖石线东端区域最大的集装箱吞吐港，其集装箱吞吐量远远超出各港，而且集装箱吞吐大港的地位也是其他港口所无法代替的。因此青岛港有充分的条件成为陆桥的桥头堡之一。

（三）港口及交通运输业存在的主要问题

1. 港口建设存在盲目性

一个港口的形成和发展取决于多种因素，需要一个较长的历史发展时期。港口是社会经济需求与地理区位结合的产物。山东省沿海港口建设在港口空间配置与港口自身结构、规模建设方面存在着盲目性和地区本位主义的倾向。具体表现在某些沿海市、县脱离实际，不顾本地是否具备港口发展建设条件，不顾规划，盲目建设。反映在个别港口上问题也甚为突出，如违背当地的客观需求和发展条件，利用各种手段盲目追求港口的大而全，与其他继续发展的港口争项目、争投资。这种做法只顾地方利益，不顾全局利益，最终不仅损害了全省利益，拖了经济发展的后腿，而且亦将损害自己，给未来发展背上沉重的包袱。

2. 缺乏系统规划和协调

全省港口的空间配置和发展建设是一个有机的整体，是完整的系统工程。港口是全省外向型经济发展的基础产业，更是"海上山东"建设的核心产业。港口建设对全省而言，无论是国家还是地方投资，都只能是一种机会投资。也就是说，在某一特定时期，投资是一个定向的和有限的数额，此处得到了建设项目，其他地方可能就没有同类建设项目的机会。为使港口在全省经济发展中起到应有的作用，使港口群体发挥出最大效能，必须把全省港口建设作为一个整体系统来考虑，进行系统的统一规划和一体化的目标建设，强化系统管理和运作。缺乏规划的盲目发展，不仅会造成自身的损失，更重要的是浪费了有限的财力，贻误时机，影响全局的发展和全省经济的可持续发展。

3. 港口物流信息化程度有待提高

信息技术的广泛应用是现代港口物流的重要特征，没有稳定高效的计算机物流系统，就没有港口物流系统的高效运作。信息技术是构成现代物流体系的重要组成部分，也是现代物流赖以生存的根本技术保障，现代物流管理和配送技术中大量使用着先进的信息技术和商品物流技术。港口物流信息网络又称信息平台，是整个区域的物流中枢神经系统。现阶段信息化程度不高是制约我省海洋交通运输业发展的因素之一，完善的口岸物流信息网络和各种物流新技术手段是第三代港口物流的题中应有之义，也是增强港口辐射能力和带动能力的技术基础。

4. 港口联动效应不强，缺乏完整的产业链

港口综合物流的发展不只是枢纽港与物流需求地的点线联系，而是应在陆路上形成以港口为端点，以内陆的物流中心为集散地，以不同运输方式的多式联运为运输通道的内陆运输网络体系。比如烟台港发展落后于青

岛港，就有铁路运距长、腹地内缺少物流中心等原因。内陆运输网络体系不完善，缺乏完整的港口物流运输产业链。加快实施"区港联动"，对于完善港口产业链，促进港口腹地经济发展都具有重要意义。港航企业上下游关联性不强，港口功能的局限使港口仍停留在简单的运输和装卸接口，而对于现代物流、临港工业和港口服务相关产业的重视不够。

（四）结论与建议

1. 全省范围内统一规划，突出重点港口

坚持全省港口开发建设的统一性，坚持全省港口群体是一个有机整体的系统性，可以避免港口建设的盲目性，减少损失和浪费；可以消除港口群体内港口间的内耗，使全省港口构成一个统一功能、效能最大的港口产业体系。坚持全省统一的原则，首先是思想和战略目标的统一，各港口建设必须服从于群体系统的目标统筹规划，树立个体服从于整体的行动准则；其次是统一规划、统一管理，使港口产业在全省经济发展中得到最科学、最合理的配置和建设，保证人、财、物使用的最大效率。反之，各自为政，无序、盲目地发展，不仅没有山东省港口产业群体的高效能，而且也会降低各港口自身效能，最终导致制约全省经济的发展。要发挥全省港口群体的效能，必须明确各港口在系统中的地位与作用，给每个港口准确定位，确定系统的建设重点和目标层次。要想更好地发挥山东港口的作用，必须使山东港口在全国港口中具有更加突出、重要的地位。重视发展主要港口，完善中小港口，使各港口间形成协作互补的关系，促进山东海洋经济的健康有序发展。

2. 加快港口信息化发展，提高港口服务质量

现代运输技术和经营方式的发展要求有关各种运输信息能在环节之间准确、快速地传递。作为运输系统的重要节点——港口，其信息化和网络化已成为全球港口建设的趋势。由于海上运输本身所具有的强烈的国际性，港口信息化、网络化无疑是提高服务质量和效率的重要手段。港口信息可使港口的计算机系统直接与用户、货主以及其他相关部门和机构的计算机系统进行通信联系，从而做到数据共享，方便了货主，也大大提高了港口的运行效率。另外，随着国际互联网的发展，世界各大港口纷纷在互联网上设立主页，致力于全球范围内的营销活动，也更好地促进了各大港口之间的交流与合作。现在我国的港口正向以技术、信息和综合物流服务为特征的第三代港口转变，以更好地发挥信息化的先导作用，加快建设区域性国际航运信息中心，满足现代物流业和航运业的发展需要。

港口服务是影响航运产业链和航运公司成本结构的一个非常重要的因素。交货人、承运人和收货人无一例外会选择更好的服务。各港口要继续加强市场调查，了解船公司和客户的需求，积极实施有效措施，并在需求广泛的情况下，使有条件的个性化服务项目逐渐提高行业的服务水平。在取得原有成绩的基础上，制定积极有效的政策措施，鼓励企业管理创新和技术创新，引导企业加大技改力度，从而进一步提高港口营运和作业效率，在港口用地紧张的状况下，通过对装卸、运营效率的提升缓解青岛港口超负荷运转的压力，提高货物的周转速度，减少货物压港情况。实施"大通关"战略，全面提高港口效率。"大通关"即在货物的进出口通关过程中，通过运用现代管理、信息化和高科技手段，对单证流、货物流、资金流和信息流进行整合，使之合理、规范、畅通，以最短的时间、最低的成本为企业提供最好的服务，体现政府行政监管的能力和效率，提高港口城市的综合竞争力。实施"大通关"，将进一步提升口岸的服务水平，为其他地区货物进出提供更为高效、便捷的口岸通关服务。

3. 实施"区港联动"，带动腹地经济发展

密切港城联动关系，加快实施"区港联动"，促进港口腹地经济发展，为港口相关产业的发展提供良好的政策和环境。港口与所在区域经济的发展是一种互动关系。一方面，港口发展离不开所处区域，只有区域经济发展了，港口才会得到真正的发展；另一方面，区域经济应充分利用港口的优势促进其经济的增长。港口与区域经济的关系是通过港城的互动关系体现的，港城互动，港口城市成为区域经济中心；另外，港口通过港口城市的中心带动作用推动区域经济的发展。

区港联动可将保税区在税收、海关监管等方面的优势与港口的航运、装卸等业务相结合，实现区港一体化运作。保税区的设置为港口直接产业的发展提供了专门的区域和政策经营等方面的优惠，为港口直接产业的发展提供了良好的环境，也为港口关联产业的发展提供了良好的产业链上游环境。实现区港联动，全面落实货物进区退税、港口与保税区直提直放、国际货物进出自由等特殊政策，将有利于拓展国际中转、国际配送、国际

采购和国际转口贸易功能，完善港口城市的功能。吸引国际航运集团、第三方物流企业、跨国采购中心投资，推动国际港航产业与国际物流产业的联动发展，促进港口城市辐射和带动作用的提高。

4. 发展港航相关产业，完善港口产业链

进一步建立和完善港航相关产业和支持性产业，加快港口外部配套环境的完善，重视港口产业链以及区域的整体发展，提高综合服务功能。随着港口功能的拓展，港口逐渐成为及运输、仓储、物流和临港产业有机结合的综合服务的整体。港口已成为一个国际性增长活动和经济活动的节点，当前我们应密切港城联动关系，加快实施"区港联动"，促进港口腹地经济发展。目前，世界大多数现代港口都在向第三代或向超出第三代发展。其中在第三代港口中处于领先地位的国际大港，已体现出超越第三代港口功能的趋势。现代港口既应具备以装卸储运、中转换货、运输组织、现代物流、临港工业为主的港口直接产业的发展，也应重视商贸信息、综合服务等关联产业的发展，使港口外部配套更加完善，加大港口这个增长极对区域经济增长的推动力，吸引更多的港口直接产业和关联产业在周围区域发展，从而进一步提升海洋交通运输业的竞争力，引导港口——区域发展进入一个良性循环。

应充分重视港口产业链的作用，协调好港口的发展与港口直接产业和关联产业的发展中遇到的使用土地、资源等问题，并且在制定政策、出台规划时注意到它们产业链上下游之间的关系，在扶持上游发展的同时不忘鼓励下游产业的发展，这样才能扩大港口经济的辐射范围，提升城市和区域经济实力，缓解就业压力。同时政府应加大对新兴服务业、技术密集型和知识密集型产业的扶持，重视培养第三产业的成长，争取打造一批有影响力、有发展潜力、实力雄厚的从事第三产业生产的企业，为山东海洋经济进一步发展打下雄厚的基础。

十二 滨海旅游业

山东半岛地处中国东部沿海，三面环海，海岸线长达 3121 千米，拥有中国沿海类型最多样化的海滨及沙滩景观，旅游资源丰富，山海风光秀丽，构成了独特的滨海旅游风景线，具有多种高品位的自然和文化旅游资源。

（一）发展水平

1. 旅游发展

2006年，山东省旅游总收入达到1295.66亿元，对地方生产总值的贡献率约为3.4%。其中滨海旅游业总收入达到719.38亿元，占全省旅游产业的比重超过50%，占全省海洋产业生产总值的比重达到30%左右，已成为山东沿海地区国民经济的重要支柱产业之一。当年，沿海七地市共接待海外游客176.6万人次，占全省的比重超过70%，是2000年的3.6倍，年均增长率达到23.6%。在国内旅游发展方面，沿海七地市2006年接待国内游客8192.7万人次，约占全省的50%左右，是2000年的2.3倍，年均增长14.5%。其中除了东营和滨州两个地市外，其他地市的国内游客总量均突破了1000万人次，而青岛市更是达到了创纪录的2801万人次，占全省沿海地区国内游客的比重达到1/3，成为名副其实的山东旅游发展龙头城市；烟台市也在2002年突破1千万人次大关后，2006年，烟台市的国内旅游规模达到1691.7万人次，位列青岛之后，稳居全省第2位。

2. 接待能力

截至2006年，山东沿海七地市共有星级宾馆361个，客房4.2万间，总床位数量8.5万张，年接待能力约3千万人次；沿海七地市星级宾馆整体出租率超过60%，其中滨州市达到90%，日照、青岛和东营的出租率也都超过60%，实际接待游客数量近2000万人次，占沿海七地市接待国内外游客总量的1/4左右。目前，山东沿海地区共有旅行社853家，其中国际旅行社45家，国内旅行社808家，已初步形成了覆盖全省沿海各地的旅行接待网络。从地区分布来看，旅行社主要集中在青岛、烟台和威海三地，三地的旅行社数量之和占山东沿海地区总量的73.4%，其中国际旅行社更是占到82.2%，是山东滨海旅游的主要接待结构。

3. 旅游收入

2006年，全省沿海七地市旅游外汇收入达到8.4亿美元，同比增长29.6%；国内旅游收入达到652.9亿元，同比增长24.9%，均实现了很高增长，超过同期沿海地区国民收入及海洋产业的整体增长速度。其中，青岛市的国际旅游外汇收入达到 5.4 亿美元，占全省滨海旅游的比重超过 60%，分别是排名二、三位的烟台和威海的 3.3 和 6.1 倍；国内旅游收入也达到 281.8 亿元，占全省滨海旅游收入的比重也达到 43.2%，在省内占有绝对优势，已成为拉动山东滨海旅游发展的龙头。

从山东滨海旅游产业产值及增加值地区分布来看，青岛市、烟台市和威海市分列前三位。其中青岛市近三年来的滨海旅游产业总产值和增加值都超出排名二、三位的烟台和威海一倍多，占有绝对优势地位。2006 年，青岛市的滨海旅游总产值达到 325.2 亿元，占全省滨海旅游总产值的比重达到 46%；而滨海旅游增加值也达到 165.9 亿元，占全省滨海旅游增加值的比重也达到 40%。其次是烟台和威海，分别达到 20% 和 17%，而包括潍坊、日照、东营和滨州在内的其余四地市加在一起不到 1/4，有待进一步发展。

4. 发展政策

加速发展滨海旅游业是山东省委、省政府提出的大力发展海洋经济，建设海洋强省战略重点内容之一。以打造"黄金海岸"和"旅游度假胜地"两大品牌为重点，进一步完善沿海旅游基础设施，积极发展海岛观光、原生态湿地旅游，开发游轮、游艇等高端旅游产品，集中建设一批海洋旅游精品工程，大力发展海上旅游线路，推动半岛"无障碍旅游区"建设，是山东省海洋经济"十一五"规划中滨海旅游产业发展的基本政策导向。

近年来，以《山东省旅游发展总体规划》为指导，省政府及各级地方主管部分出台了一系列的专项规划和地方规划。《山东海滨度假旅游规划》、《黄河三角洲高效生态经济区旅游专项规划》相继出台，形成了以总体规划为核心，市、县规划为基础，专项规划相配套的山东滨海旅游发展规划体系，为山东滨海旅游发展奠定了政策基础。

（二）潜力与趋势

1. 发展潜力

山东半岛海岸线漫长，海湾、岬角遍布，海岸地貌类型多样，气候条件宜人，具有丰富的自然及人文景观，主要滨海旅游景点 34 处，位居全国前列。主要景观类型包括海岸地质景观、岛礁景观、海滨浴场、海域风光、海洋生物及人文历史景观等多种类型，具有开发多种滨海及海上旅游度假的雄厚的资源基础。随着奥运会帆船比赛以及亚洲沙滩运动会等一系列海上运动比赛在山东沿海各地的举办，必将极大地推动山东半岛海上运动、游艇以及海上休闲度假等海上旅游活动的开展。

2. 发展趋势

随着国内旅游业的发展，旅游层次的提升，传统的大众旅游的概念逐渐弱化，特色旅游逐渐兴起，不同游客对于不同的旅游产品都有着千差万别的需要，每个旅游者都要求独特的感受和经历。从世界沿海各地旅游业发展的经验来看，滨海休闲度假及海上旅游是滨海旅游业发展的主要趋势。

海上旅游产品开发是滨海旅游产业层次提升的重要一环，也是真正意义上的高端海洋旅游产品，对山东滨海旅游产业的深入发展具有重要的现实意义。借助奥运会帆船比赛、亚洲沙滩运动会以及全国水运会在青岛、烟台和日照举办的良机，积极推动海上运动项目的开展，重点开发帆船、帆板、潜水等水上运动休闲产品，以及游轮、游艇等高端海上休闲度假产品。以青岛、烟台、威海、日照等地的旅游专用码头建设为起点，全面促进山东海上旅游的发展，实现山东滨海旅游向海洋旅游的转型。

而由大众型滨海观光旅游向高端滨海休闲度假游的转型代表着滨海旅游发展趋势，符合当今世界旅游发展的趋势，也顺应了山东省各级政府发展滨海旅游的政策方向。以现有的国家及省级旅游度假区为基础，以国家《旅游度假区等级评定标准》为规范，全面推动国家级旅游度假区创建工作，打造中国著名、世界知名的海滨旅游度假胜地。重点针对国内高端游客以及东北亚游客，以青岛仰口、烟台海阳、威海天鹅湖和日照太阳城旅游度假区开发等优先示范项目为带动，有效地推动山东滨海休闲度假产业的腾飞。

（三）存在的问题

1. 季节性明显，影响了旅游产业的开发投入

山东滨海旅游的季节性明显，除了传统的"五一"、"十一"和"春节"三大节日外，山东滨海旅游主要集中在7—9月，而在冬季，除了商务、会议和探亲出游外，观光度假游基本处于停滞状态。以消夏、度假和

节庆活动为主的观光旅游活动在山东滨海旅游中占有绝对主导地位，短短几个月的旅游旺季，大量的国内观光游客云集，形成了有数量没质量的低档次大众旅游局面，地方社会效益和环境效益难以保障。而到了旅游淡季，游客寥寥，有质量没数量，经济效益难以保证。此外滨海旅游的季节性也是制约滨海旅游深入发展的关键因素，受天气因素的影响，漫长的冬季游客寥寥的现象使多数滨海旅游设施难以发挥整体效益，投资大、收益期长的问题困扰着滨海旅游经营。

2. 产品层次低，缺乏替代性产品

从现有的山东滨海旅游产品结构来看，传统的海滨观光旅游仍占有主导地位，海滨风貌、历史建筑及人文景观欣赏构成海滨旅游产品的主体，产品单一的局面一直未得到有效改善。传统的滨海旅游产品发展缓慢，海岛及海上旅游产品开发滞后，滨海旅游产品种类相对单一，季节性的海滨观光产品比重还过大，已不能满足现有目标消费者的需要。一些新兴的海滨旅游产品，如渔村风情体验、海上休闲、海滨度假、海岛旅游等替代性产品尽管有很大的吸引力，但由于开发初期未形成一定规模，总体并不规范，各种类似产品的档次和水平差别较大，产品远未实现成熟的市场销售。而一些国际上流行的替代性滨海旅游产品，如游船巡航、帆船/游艇度假休闲、运动/休闲渔业、潜水、滑水等海上运动产品的层次亟待提升。

3. 区域发展不协调，过度利用问题严重

山东滨海旅游区域发展不平衡现象突出。全省滨海旅游游客中，超过90%的国际游客和近70%的国内游客集中在青岛、烟台和威海三市，在旅游高峰季节给当地的环境及游历体验造成很大的压力。除了地区差异外，重点地区内部的滨海旅游发展也存在很大差距。一些重点滨海景区，如青岛的崂山风景区、前海海滨景区，烟台的海滨及蓬莱阁景区以及威海的刘公岛景区，旅游旺季客流过于集中的局面短期内难以改观。而一些新开发的滨海旅游景区，要么没有特色，形不成吸引力；要么就是缺乏市场宣传，市场适应性低，多数景点的游客数量不足，在滨海旅游高峰季节没有实现对重点旅游景区的分流作用，不能有效地缓解重点旅游地区的客流压力。

4. 产业布局不合理，岸线利用冲突

滨海旅游产品雷同、区域布局过于集中的问题显著，内部相互竞争加剧。青岛、烟台、威海以及日照等地的滨海旅游开发在沿海一线遍地开花，东营、滨州等地的滨海旅游发展落后地区也开始奋起直追，出现了沿海各地县县抓旅游、镇镇上旅游项目的全民旅游发展势头。但各地旅游产品雷同、层次单一的发展模式形成高强度的无序竞争，多数低层次旅游开发前景不容乐观，最终削弱了山东滨海旅游的整体优势。

岸线开发缺乏统一规划，不同行业发展抢占优质岸线问题也比较突出。临海工业、船舶修造、滨海养殖、盐业以及房地产开发等滨海产业开发项目都需要占有相当数量的岸线资源，在很多地区造成对优质滨海旅游岸线的破坏，大量的沿海防护林带、沙丘沙坝、河口湿地及原生岩礁岸线已经消失。

5. 客源市场单一，国际旅游发展滞后

山东滨海旅游市场对象结构单一、旅游消费层次低、游客滞留时间短的问题已有多年的历史，尽管山东沿海各地都采取了多种措施予以解决，但收效并不明显。对于商务、会议旅游和国内短程观光旅游的依赖造成山东滨海旅游的季节性和集中性瓶颈难以克服。国内游客有近半数来自省内，游客主要类型以短期观光为主。而相对于国内旅游的快速发展，国际游客市场规模有待大幅提升，以青岛为代表的主要沿海旅游目的地与国际旅游出行目的地的标准相比还有很大差距。在现有国际旅行者中，日韩游客比重过大，且又以商务游客为主。除了一些特定的旅游产品，如高尔夫球外，山东沿海地区传统的滨海观光产品以及新兴的滨海休闲度假产品对国际游客特别是欧美等经济发达地区的游客吸引力不大。

（四）对策与建议

1. 贯穿滨海大道，推动半岛滨海旅游一体化建设

本着山东滨海旅游一体化的发展方针，整体规划、统一布局规划山东滨海旅游交通基础设施建设，结合滨海各地的旅游资源特色，以青岛市滨海大道建设为起点，结合威海、烟台等地的滨海大道建设，借鉴国际滨海旅游景区道路建设的经验，推动山东滨海旅游大通道建设。同时在规划建设滨海大通道的过程中完善和补充山东滨海防风林带体系，构建山东沿海绿色长廊，形成山东滨海大道、环海步道和海滨防风林带三个层次的山东滨海旅游黄金通道。

由山东省旅游主管部门牵头，协调各地的旅游主管部门，共同制定山

东滨海旅游发展战略和实施规划，在宏观上优化配置山东滨海旅游资源，整合山东沿海各地的资源和力量，实现山东半岛黄金岸线的整体开发，形成各具特色、优势互补、相互协调的山东半岛滨海旅游大格局。以青岛、烟台、威海三地签署的《青岛、烟台、威海联合宣传促销框架协议》为起点，利用三地滨海旅游资源优势，三地将联合包装黄金海岸旅游线产品，联合设计制作宣传品，旅游网站联合推介，联合参加国内外旅游交易会等，打造中国首个"黄金海岸旅游"品牌。同时结合日照和东营的滨海旅游发展，形成一个完整的山东半岛滨海旅游产品体系和营销结构，按照不同的地域特色和功能分工，发挥各地不同的优势，充分利用有限的旅游资源和发展资金，实现山东滨海旅游的整体突破，共同打造山东滨海黄金旅游岸线。

2. 规划建设岸线保护体系，提升滨海旅游资源保护层次

由海洋主管部门牵头，对山东半岛沿海的海洋生态系统、地质地貌景观和历史文化资源进行普查，并选择有代表性的或有保护价值的典型岸线、海域、资源或景观类型设立海洋公园、海洋地质公园、海洋自然保护区以及渔村民俗文化保护区等多种不同类型的海洋保护区代表体系。在此基础上，选择少数典型的保护区申请国家级海洋保护区，争取国家的政策和资金支持，从省、市、县三级对各种海洋资源的开发实施保护。

结合山东滨海旅游资源特点，构建独具特色的山东滨海旅游资源保护体系。以山东沿海海洋保护区代表体系建设为起点，提升山东滨海旅游资源的开发与保护力度。结合滨海休闲旅游度假区建设，积极创建兼顾海洋保护与滨海旅游资源开发的国家海滨公园或省立海滨公园体系；结合休闲渔业开发，在海珍品繁殖和栖息地设立海洋生物资源保护区，并在海洋生物资源丰富的岛屿和近海海域设立海洋禁捕区，通过投放人工渔礁、人工放流等增殖保护措施来恢复保护区内的海洋生态系统功能，开展海岛生态游、休闲垂钓以及潜水等海上旅游活动，在切实保护滨海旅游资源的基础上实现滨海旅游的健康持续发展。

3. 加快海上旅游产品开发，优化滨海旅游产业结构

在稳定传统滨海观光旅游的基础上，大力开发海上休闲旅游、滨海度假旅游、生态渔业观光、渔村文化旅游、海洋科普旅游等新型滨海旅游系列产品，全面拓展滨海旅游产品范畴和产品结构，突出健康、环保的绿色

生态旅游，引导游客向有益于海洋环境保护的旅游产品过渡。利用青岛等半岛沿海重点旅游城市远郊和偏远乡村的海洋环境优势，开发生态观光及渔村度假产品，疏导国内滨海客流，缓解旅游旺季青岛、烟台等重点旅游城市的旅游客流压力，在逐步提升山东滨海旅游产业结构的同时，推动山东沿海偏远渔村地区的经济发展。

由省交通厅和省旅游局牵头，联合规划推动青岛、烟台、威海以及日照的海上旅游码头建设，在山东沿海改造和辟建多个游船停泊码头，并开发数条以山东半岛为起点，连接辽东半岛、江浙沿海及朝鲜半岛的长短结合的海上观光游览路线，开发多种山东海上游船旅游新产品，包括乘船游览海上风光、海上运动休闲、登岸游览、海鲜品尝、渔村风情体验、海产品采购以及游船度假等一系列海上活动，从根本上改变山东滨海旅游产品单调的不利局面。

4. 积极开拓国际市场，带动滨海休闲度假产业发展

加强对国际滨海旅游市场的产品信息搜集和游客需求调查，根据山东滨海旅游自身的特色和优势进行国际旅游市场定位，明确潜在的国际游客目标群体，根据其需求特点有选择地开发适合其需要的滨海旅游产品。此外，海洋科技交流、节庆、国际体育赛事以及国际会议等对欧美游客也具有相当的吸引力，各级政府应在政策及资金上鼓励并支持此类旅游产品的开发。

重点针对东亚地区以及国内高端度假游客的需求特点，开发适合游客需要的高档次的滨海休闲度假产品。全省统一规划，高水平策划建设几个有代表性的、具有示范带动作用的国家或省级旅游度假区，以国际旅游度假市场为导向，加大政府支持和招商引资力度，结合渔村民俗保护与开发和高尔夫球场建设，以高档渔区民俗度假村为先导，开拓以日韩为主的国际休闲度假市场，并借此带动国内高端休闲旅游度假的发展。

十三　其他海洋产业

（一）海洋教育

1. 海洋教育是山东海洋经济发展的重要保障

海洋事业的发展离不开海洋人才的培育。为发展海洋经济，争取海洋

经济的制高点，各国特别是沿海国家高度重视海洋高等教育发展，如美国、澳大利亚、韩国、德国、日本等国大力发展海洋高等教育，培养海洋类人才，推进海洋科技创新，争占海洋这一新的制高点。随着我国沿海地区成为改革开放和经济发展前沿地带，海洋经济成为这些地区新的经济增长点。山东省在提出"海上山东"发展战略的同时，就开始大力实施科教兴海，使海洋经济步入稳定发展轨道，进入前所未有的高速增长期。

要发展海洋经济，海洋人才是关键。山东省通过加强海洋学科专业建设，积极采取有效措施，大力发展海洋高等教育，提升海洋高等教育办学水平和研究能力，加快海洋人才培养改革和创新。为此，山东省力争办好综合性海洋高等院校，积极探索新的办学体制，建立适应科学发展的教学内容和课程体系，大力发展研究生教育，使山东省的海洋高等教育一直处于我国的领先地位，为山东的海洋经济发展作出重大的贡献。

2. 山东省海洋教育现状

近年来，随着山东省海洋产业的快速发展，海洋教育得到迅速发展。高等院校方面有我国最专业的海洋重点院校——中国海洋大学；同时还有中国水产科学院黄海水产研究所、国家海洋局第一研究所、山东社会科学院海洋经济研究所以及山东海洋工程研究院等科研机构。其中黄海水产研究所和国家海洋局第一研究所均设有硕士和博士点。中国海洋大学是一所以海洋和水产学科为特色，历史悠久的著名大学。是一所学科齐全、学术实力雄厚、办学特色鲜明，在海内外具有重要影响力的教育部直属老牌重点综合性大学，是国家"985工程"和"211工程"重点建设高校之一。学校现辖崂山、鱼山和浮山三个校区，设有22个学部及院（系），71个本科专业。有8个博士后流动站，6个博士学位授权一级学科、44个博士学位授权学科（专业），17个硕士学位授权一级学科、131个硕士学位授权学科（专业），6大类硕士专业学位授权点，即工商管理硕士（MBA）、公共管理硕士（MPA）、会计硕士、法律硕士、工程硕士（13个专业授权领域）和农业推广硕士（2个专业授权领域）。还具有高校教师（15个专业领域）、中职教师（5个专业领域）在职攻读硕士学位资格。学校有2个一级学科国家重点学科，10个二级学科国家重点学科（含1个培育学科），7个教育部重点实验室，3个教育部工程研究中心，17个山东省重点学科，2个山东省工程研究中心，9个山东省高校重点实验室，3个青岛市重点实验室。国家海洋药物工程技术研究中心和联合国教科文组织中国海洋生物工程中心设在该校。还拥有 2 个国家基础科学研究和教学人才培养基地，1 个国家生命科学与技术人才培养基地，1 个"985 工程"哲学社会科学创新基地，1 个教育部人文社会科学重点研究基地，1 个国家文化产业研究中心和 3 个山东省人文社会科学研究基地。学校拥有国家投资亿元，供教学、科研使用的 3500 吨级海上流动实验室——"东方红 2 号"海洋综合调查船。全国的海洋、水产学科博士主要出自该校。

3. 山东海洋高等教育对策

发展海洋经济，推进山东半岛蓝色经济区建设，是加快山东省由海洋大省向海洋强省转变的一大战略举措。而经济要发展，首先要发展教育，特别是海洋高等教育，应该将其放到优先发展的战略位置上来。结合山东省目前海洋高等教育的情况，今后的发展应该适应海洋经济发展需要，抓住机遇，深化改革，培养适应 21 世纪海洋科学发展需要的高素质人才。

（1）科学制定海洋高等教育发展战略和规划

山东海洋高等教育要主动适应半岛蓝色经济区规划和建设海洋经济强省的需要，坚持以服务求发展、以贡献求支持，从山东省高校的办学实际出发，找准为建设海洋经济强省服务的定位，认真制定好海洋高等教育和人才队伍建设规划，明确目标任务和工作重点，在人才培养、科学研究及技术应用开发和社会服务等方面主动融入，主动呼应，主动对接海洋经济发展。结合办学实际，确定一批有基础、有优势、有特色、有发展前景，能直接支持海洋经济发展的重点工程项目，制订具体工作方案，通过重点突破，带动整体，在为建设海洋经济强省服务中发挥示范、辐射和带动作用。加强调研，充分了解和掌握海洋经济发展对各类人才培养提出的新要求，以海洋产业发展需求和人才市场需求为出发点，进一步明确海洋类专业建设的定位，研究制定好专业建设发展规划，明确目标任务，有计划、有步骤、有重点地开展海洋类专业结构的调整改造和建设发展工作，努力形成与建设海洋经济强省相适应的人才培养结构，加快为海洋经济培养各类高级专门人才和技能人才。

（2）加强海洋学科专业调整，扩大海洋高等教育办学规模

为适应建设海洋经济强省的需要，山东省海洋高等教育必须围绕提升海洋产业层次、优化产业结构的战略要求，在对山东省的博、硕点建设，

本、专科学科专业进行调整与设置时，既要充分体现新型的海洋教育观，又要坚持宽口径、多学科交叉、渗透和综合的特点。要加强山东省海洋类学科专业特别是紧缺的海洋学科专业如海洋物理、海洋地质等学科专业设置与建设。海洋类专业课程体系要借鉴高等教育面向 21 世纪教学内容和课程改革成果进行调整和改革。在加强海洋类学科专业建设的同时，要扩大海洋类学科专业特别是紧缺类海洋学科专业的办学规模，以培养更多的、适应山东省经济发展需要的人才。

（3）加快海洋人才培养模式改革，不断提高办学水平与质量

21 世纪海洋经济科学发展趋势和山东省海洋经济的发展需要，要求海洋教育应以学生为主体，注重学生个性发展和创新能力，提高学生的整体素质。要注重培养学生的国际理解、国际竞争与国际合作的意识，在继承中国优秀文化的同时，注重多元文化的吸收，使我们的学生具有宽阔的眼界，善于国际合作与国际竞争。面对新形势、新任务，山东海洋高等教育要加大人才培养改革力度，只有改革旧的人才培养模式，建立开放式的、多样化的、突出个性的人才培养模式，才能真正将知识传授型教学转变为获取知识能力的教学，全面提高学生综合分析、科学研究、开拓创新、国际交往等能力，才能培养出适应山东省建设海洋经济强省所需要的高层次人才。

（4）加强产学研合作，建立海洋人才培养基地

山东海洋高等院校和科研院所要积极发展与海洋企业合作办学，建立健全校企合作委员会，充分发挥海洋企业的行业优势和科研院所及学校在技术、人才、信息、科研等方面的资源优势，在专业人才培养方案制订、培训实习基地建设、科技项目开发等方面建立长期稳定的合作关系，实现互惠互利、合作共赢。实行"订单式"人才培养，高校与相关海洋企业联合建立海洋产业相关专业人才培养基地，培养适应海洋产业发展需要的各类高级专门人才。

（5）完善政策措施，加强海洋人才队伍建设

海洋高等教育发展，关键是要有一支结构合理、富于创新性和凝聚力的海洋人才队伍。山东海洋高等教育要加强高层次科技研发人才、工程技术人才、企业管理人才等海洋类紧缺急需人才的引进工作。要加快海洋学科带头人的培养，有效发挥领军人物的作用，同时，选派研究人员和优秀

中青年教师到国内外著名大学和科研院所进行高级访问或进修学习，不断提高海洋产业人才队伍建设水平。

（二）海洋科研

山东省自新中国成立以来一直是海洋大省和全国海洋科技资源配置的重点区域。山东省的海洋科研队伍，经过几代海洋工作者的奋斗，经历了从无到有，从小到大，海洋科技创新能力也在不断得到增强。目前，山东海洋科研力量已经具备了从基础、应用基础研究到高技术的研究与开发，从近海到外海、远洋的拓展，从各分支学科到综合性海洋普查的能力。

1. 山东省海洋科研现状及特点

山东省既是海洋资源、海洋经济大省，更是海洋科技大省。发展海洋经济，海洋科技是关键。山东省的海洋科学技术实力雄厚，据统计，全省有省级海洋科研教育机构 30 余个，海洋科技人员近万人，占全国的40%，高级专业人员占全国的半数以上，在基础理论与应用研究方面都拥有一大批国内外领先的科技成果。青岛市是我国著名的海洋科技城和重要的海洋教育基地，这里聚集了中科院海洋所、国家海洋局第一海洋研究所、中国水产科学院黄海水产研究所、海洋地质研究所等一批国家重要研究机构，还拥有海洋综合性大学——中国海洋大学，汇集了许多蜚声国内外的著名海洋科学家。综合而言，将山东省海洋科研的现状和特点概括如下：

承担国家重大科技计划项目数量持续增长，拥有自主知识产权的海洋科技成果日益增多。仅 2003—2005 年两年间，山东省全省共承担市级以上海洋科学研究和技术开发项目 1000 项，总经费 56249.84 万元，共有186 项成果获得市级以上奖励，其中国家级奖励 5 项，省部级奖励 129项，申请专利 696 件，获得授权专利 249 件。这些国家级和省部级重大科技计划项目和科技成果构成了山东海洋科学研究的主体，实现了为经济建设服务的支撑作用和储备能力。山东省目前海洋科研取得的成果，首先得力于山东多年来集聚形成的雄厚的海洋技术、人才优势和较为完备的海洋科研开发体系，同时也表明山东海洋科技力量代表了国家队水平，奠定了我国海洋科学研究跟踪和赶超国际先进水平，瞄准国家需求，占领海洋高技术制高点的坚实基础。

海洋科技产业化发展步伐加快，海洋科研对经济增长的贡献率不断提高。2007 年，全省海洋生产总值资产 4618 亿元，占全省 GDP 的 17.8%，占全国海洋生产总值的 18.5%。海水增养殖、海洋水产品深加工、海洋精细化工、海洋药物和生化制品、海洋石油、滨海旅游和海水综合利用等海洋新兴产业增势强劲。全省紧紧围绕海洋经济发展中的关键共性技术，针对海洋科技产业化发展方向，坚持自主创新，加强海洋技术创新体系建设和自主知识产权技术研发力度，加快海洋高新技术园区和人才队伍建设，切实增强海洋企业的市场竞争能力，运用高新技术改造传统海洋产业，为全省海洋产业结构调整提供了技术支撑。随着山东省海洋科技产业化的不断进展，海洋支柱产业的规模和效益不断扩大，海洋经济增长对科技进步的需求明显增强。

海洋科技基础条件和高层次高素质人才队伍建设不断完善，产学研有机结合的动能效应日益凸显。全省现拥有 55 家中央驻鲁和省市属海洋科研、教学单位，海洋科技人员 1 万多名，其中两院院士 18 名，高级专业人员 2000 多名，约占全国的 60% 以上；博士点 55 个，硕士点 150 个，博士后流动（工作）站 10 个；省部级重点实验室 24 个；海洋科学观测台（站）9 处，其中国家部委级 6 处；各类海洋科学考察船 20 多艘，其中千吨级以上远洋科学考察船 6 艘；涉海大型科学数据库 11 个，种质资源库 5 个，样品标本馆（库、室）6 个；拥有一大批先进的海洋科研设施和仪器设备。省部共建的青岛国家海洋科学研究中心（海洋科学与技术国家实验室）的建成，标志着山东省、青岛市与国家有关部、院、局进一步整合优势海洋科技资源，推动海洋科技创新和产业化迈出了实质性的一步。

2. 山东省海洋科研重点发展领域

尽管山东省海洋科研力量已经处于全国前列，但面对着尚未全面开放的海洋蓝色国土以及世界范围内科技和产业发展的大趋势，山东省的海洋科研必须做好迎接新世纪海洋大开发和新技术革命的双重挑战，把握目前国内外海洋科技走向和新动态，不断提高和创新，才能使山东省的海洋科技事业有更进一步的发展，为我国在海洋领域的发展贡献力量。为此，今后山东省海洋科研发展领域主要有以下几个方面：

（1）海水淡化、海洋化工等海水利用领域

我国淡水资源虽然居世界第6位，但人均占有量只有世界人均占有量的1/4。目前我国部分地区淡水缺乏危机已始露端倪，北方沿海城市和地区尤为突出。面对如此严峻的局面，开发利用广阔无垠的海水资源，利用丰富的海水资源来解决淡水资源紧张的局面以及实现海洋化工业的突破，是今后山东省海洋科研的一个重点领域。

（2）海洋牧场的研究开发与海洋生物技术的应用领域

人口、资源和环境是威胁人类当今和未来发展的最主要问题，提供足够食品来面对日益增长的人口压力是一个全球性的问题。面对耕地面积的日益缩减，以海洋动植物的人工养殖为主要活动的海洋牧场将是具有极大潜力的一个有效手段。而以海洋生物技术为基础的遗传学、海洋医药研究等高新技术领域也逐渐异军突起，海洋生物技术的应用领域研究将对人类健康和社会进步作出更大的贡献。

（3）海洋能源开发领域

能源问题是困扰当今世界发展的又一重大问题，从目前所探明的油气储量看，人类再过几十年，陆地上的油气资源将近于枯竭。我国近海油气资源约为全国油气资源量的1/3，而目前海洋石油的产量只占全国石油产量的3%左右。山东省海洋能源的开发也尚处于起步阶段，海上石油的开采和海洋电力的开发正逐步展开。如何提高山东省海洋油气的勘探开发水平，以及如何更好地利用海洋风能、潮汐能、波浪能等海洋能源，成为山东省今后海洋科研亟待突破的领域。

（4）海洋环境保护及海洋灾害的控制领域

随着山东省各海洋产业的开发，初期海洋粗放型开发带来的还有环境污染，特别是近海水域污染和赤潮频发问题成为海洋开发中的重点问题。近年来强台风、风暴潮、海啸等海洋灾害也随着全球气候的变化和海洋环境的恶化频频发生，给人民的生命财产和生产带来了巨大的损失。因此，今后山东省海洋科研应注重海洋环境保护和海洋灾害预警、控制领域。

（5）海洋资源与环境修复

一是资源增殖，即通过人工手段向公共自然水域放流、底播、移植水生动植物亲体、苗种、卵子等的行为，目前已成为修复近海渔业资源的有效手段，近两年规模不断扩大。2007年青岛市增殖水产苗种3亿单位，

2008 年增加到 4 亿单位，品种包括中国对虾、日本对虾、海蜇、三疣梭子蟹、牙鲆、魁蚶等，社会效益和生态效益明显。二是人工渔礁建设，人工渔礁指为改善海洋生态环境，为鱼类等海洋生物提供繁殖、生长发育、索饵等的生息场所，以达到保护、增殖和提高渔获量目的而在水域中设置的构造物。2007 年青岛市海洋与渔业局委托国家海洋局一所编制完成了《青岛市人工渔礁和海洋牧场规划（2007—2015）》，提出了近期及远期发展目标，规划了重点渔礁区和海洋牧场区。同时加快了人工渔礁建设步伐，目前正在建设崂山港东——雕龙嘴海域、大公岛海域、即墨大管岛海域、薛家岛石岭子礁海域和胶南斋堂岛海域五处人工渔礁区，共投放礁体 10 万多立方米，投放海珍品苗种 800 多万粒，并开展了海藻移植工作。

（三）海洋环保

　　山东是我国重要的沿海地区，具有丰富的海洋资源、广阔的海洋空间和巨大的海洋开发潜力，对山东国民经济，尤其是沿海经济增长的拉动作用显著。但海洋环境问题日渐突出，近海渔业资源衰退，海岸带环境质量下降，近海海域污染时有发生，已对海洋经济的发展产生了不良影响。

　　1. 山东海洋环境概况

　　近年来，山东近海海洋环境总体状况尚好，海洋环境进一步恶化趋势得到一定程度的遏制，但形势不容乐观。2007 年，山东省首次启动海水入侵、盐渍化试点监测。监测结果显示，莱州湾滨海地区海水入侵面积大，盐渍化程度高。海水入侵面积超过 2000 平方千米，其中严重入侵面积为 1000 平方千米，氯度最高值为 92397 克/升，矿化度最高值为 121.4 克/升（无入侵情况下上述两项指标分别应小于 250 克/升和小于 1.0 克/升），莱州湾南侧海水入侵最远距离达 45 千米。

　　2008 年，山东省近岸海域环境质量总体状况尚好，主要以清洁、较清洁海域为主，未达到清洁海域水质的面积较 2007 年有所减少，严重污染和中度污染面积也比 2007 年有所减少。初步分析，92% 的海域清洁、较清洁，比 2007 年增加 2%；6% 的海域受到轻度、中度污染，比 2007 年减少 2%；2% 的海域受到严重污染，与 2007 年基本持平。

　　2. 山东海洋环境问题分析

　　近岸海域污染形势依然严重。山东入海排污口及邻近海域的环境质量形势仍然堪忧，海上船舶溢油污染事故时有发生，近岸海域环境质量状况依然严峻，黄河口和莱州湾等生态系统处于亚健康状态。主要表现在近岸海域水体富营养化、营养盐失衡、河口产卵场严重退化和环境改变，主要影响因素是陆源污染物排海、不合理养殖以及生物资源过度开发。据分析，造成海水入侵的主要因素为近年来多发的海洋风暴潮使沿海保护林受到破坏，严重危害了当地生产、生活及生态环境。

（1）近海生态环境质量下降，渔业资源严重衰退

由于过度捕捞和渔业生态环境的破坏，山东近海渔业资源自20世纪80年代起开始衰退，渤海海域渔业资源衰退尤其严重，尤其是在黄河口近海和莱州湾海域。黄河口产卵场严重退化，鱼卵、仔鱼种类少、密度低，平均每百立方米海水中仅有数个鱼卵和子鱼，生物量严重不足，黄河口近海经济生物产卵场已基本丧失。同时，由于养殖污染的显著增加，近海养殖环境日益恶化。随着山东近海海水养殖规模的扩大，尤其是近年来高密度集约化、工厂化养殖以及近海网箱养殖的快速发展，沿海大面积的滩涂和近海水域被用于海水养殖，很多地方养殖强度已经超过了沿海环境的承受能力。大量的有机饵料被投放到养殖水体中，其中大部分的氮和磷成分不能被养殖生物利用，最终被排放到海水中。大量的饵料残余、养殖生物排放的代谢产物和粪便等引起养殖水域海水中氮、磷以及化学需氧量等含量增高，使周边水域出现富营养化现象；同时形成底质有机物沉积，造成局部缺氧或引发赤潮，严重影响养殖海域环境质量和海洋生物多样性。另外，海水养殖中抗生素的大量使用也对海洋生物群落尤其是对海洋微生物群落产生了影响。

（2）海洋开发秩序混乱，对海洋生态环境造成负面影响

作为"海上山东"建设的重要组成部分，海洋油气开发、海上运输及港口建设、海水养殖业和滨海旅游开发等海洋产业类型作为山东海洋经济发展的重点产业近年来得到了快速发展，取得了显著的经济和社会效益，但同时却忽略了产业发展本身对海洋环境的影响。海上油气勘探和生产活动对海底生态环境和海水质量的影响逐渐显现。除了钻探排污外，溢油事件也时有发生，对海洋环境具有长期的影响；随着港口运输业和港口建设的迅速发展，海上排污已成为港口周边海域海水污染的主要来源，各类运输与渔业船舶直接排污，包括生活污水、压舱水及生活垃圾等对海洋

的污染也有增加的趋势。据不完全统计，仅山东沿海地区的5万艘机动渔船，每年排放的130万吨机舱污水中，就含油2300吨。沿海大规模的海水养殖开发缺乏一定的规划和调控，无序无度的发展已对养殖海域和海岸带环境造成相当的破坏；滨海旅游的间接影响也开始显现，尤其是滨海旅游基础设施建设缺乏规划，对海岸带环境造成不可恢复的影响。而随着海上娱乐活动的大规模开展，如海上巡航、海上垂钓、帆船帆板、摩托艇及潜水活动等，对海洋环境的影响，尤其是对近海海洋生态环境的影响将是非常明显的，这已在其他国家得到了验证。另外，沿海围海造田和岸滩砂石开采等缺乏科学规划和管理，破坏了海水动力与岸滩的平衡，引起岸滩侵蚀；沿海地区长期超采地下水，造成海水入侵和沿岸土地不同程度盐碱化。

3. 山东海洋环境综合管理

2007年山东省已分别建立36个海水入侵和土壤盐渍化监测站位，将加大对海水入侵的监测力度，采取多种措施遏制海水入侵。2008年，山东省进一步加大了陆源入海排污口及邻近海域监测和典型海洋生态脆弱区监测力度，拓展了海洋垃圾、海水入侵、土壤盐渍化监测领域。2008年山东省共布设各类监测站点1120个，取得各类数据98489组。

（四）海洋管理服务

1. 山东省海洋管理服务的内容和特点

所谓海洋权益，简单来说就是一个国家海洋权利和海洋利益的总称。目前，山东海洋权益管理主要集中在黄海划界以及中日韩三国渔业协定的执行方面。但是，在维护海洋权益的管理工作中尚缺乏完备的法律制度，因而在海洋权益管理工作中存在着很多问题。突出表现在部门设置上缺乏统一管理，各部门各自为政，重复工作较多，浪费严重；海洋权益保护宣传不到位，海洋法律意识淡薄，一些单位和个人受经济利益驱使，为非法从事活动的外方提供帮助，损害了国家利益。

随着海洋战略地位的提升和《联合国海洋法公约》的生效，围绕着国际海洋权益的斗争也由过去以军事目的为主转为经济利益为主。由于山东半岛特殊的地理位置，特别是黄海中日、中韩、中朝划界问题等历史问题，再加上中日石油开发问题以及中日、中韩渔业协定问题等海洋权益纠纷日益增多，这些问题和纠纷的解决成为山东海洋管理的重要任务。

山东半岛地处黄海和渤海之间，毗邻我国最大的内海——渤海和半封闭的海区——黄海，自然资源条件比较优越，海域生物种类繁多，生物多样性高；沿海优良深水港址众多；海域油气资源储量丰富，具有较好的开发利用价值。黄海是我国海洋水产品重要产区、油气资源重要储备区和海洋运输的重要中转区。海洋经济成为黄海地区经济的重要组成部分，其主体和基础是海洋资源的开发利用，因此，随着海洋经济的不断发展和海洋资源开发利用的不断深化，海洋资源的综合管理水平已成为海洋经济发展的决定因素之一。

由于海洋资源开发活动分散在各个行业之中，对海洋资源的管理工作主要集中在对海洋功能区划的合理划分和参照《海域使用管理法》规范海洋开发行为两个方面。海洋经济是山东国民经济可持续发展的重要组成部分，根据海洋自身的属性和资源分布状况，对海洋资源进行合理调配，改善海洋产业结构，积极推行海洋资源的合理开发和可持续利用，是山东海洋资源管理的主要任务。

近年来，渤海环境污染问题和黄海海洋环境压力日益增大，已成为制约山东海洋经济发展的一大因素，主要表现为：近海海域污染严重，生态环境急剧恶化，导致近海渔业不断衰退；赤潮频发，溢油、违章排污、海洋工程的违章建设等事件频繁发生，给海洋环境和人民生活带来了巨大危害。海洋资源开发和环境利用长期处于无序、无度状态，海洋环境管理亟待加强。

海洋环境是一个非常复杂的体系，是人类消费和生产中不可缺少的物质和能量源泉，加强海洋环境管理、维护生态环境是海洋管理的重要责任。山东海洋环境管理主要包括污染防治和生态保护两个方面，面临的主要任务为：尽快改变和恢复渤海和黄海的海洋环境状况，加强国家和各级地方政府污染防治规划，积极开展海洋环境保护和污染治理工作；建立各海洋部门之间的协调机制，加强海洋环境的综合管理。

2. 山东省海洋管理服务现状

2007 年山东省努力推进海洋管理科学化、法制化、规范化，为海洋经济又好又快发展提供了有力保障。突出有三个特点：

（1）积极开展海洋管理重大问题调研，推动海洋工作纳入省委、省政府重大决策

山东省积极开展调查研究，通过管理环节掌握的信息，分析海洋经济发展的宏观形势，提出政策建议，供省领导参考。2007 年上半年省委、省政府召开了历史上规模最大、规格最高的全省海洋经济工作会议。时任省委书记李建国、省长韩寓群，国家海洋局局长孙志辉等领导同志亲临会议并提出了重要的指导性意见。山东省委、省政府出台了《关于大力发展海洋经济建设海洋强省的决定》，提出了加强海域使用管理、促进海洋经济发展的一系列政策措施。省海洋与渔业厅经过广泛深入调查研究，向省委、省政府领导呈报了关于加强建设用海管理，推进科学适度用海，服务全省经济发展大局的建议。李建国等 7 位领导作出重要批示或提出重要意见。在省委九届二次全会上，李建国提出实施"一体两翼和海洋经济发展战略"，将海洋经济提升到全省发展战略，在山东省海洋经济发展和海洋管理史上具有里程碑意义。各市、县党委、政府将海洋工作提上了重要日程，对海洋经济进行全面规划部署，全省形成了开发与保护海洋、厅建设海洋经济强省的浓厚氛围。2007 年山东省海洋经济继续保持了快速发展的势头，全省海洋生产总值达 4618 亿元，占全省 GDP 的 17.8%。其中，主要海洋产业增加值 1657 亿元，比上年增长 25%，海洋经济对国民经济的贡献率进一步提高。

（2）规范围填海和养殖用海活动，海域使用管理实现新突破

一是根据国家对海域实行分类定等管理的新形势，加强配套制度建设。省海洋与渔业厅会同财政厅出台了《关于加强海域使用金征收管理的通知》、《山东省海域使用金减免管理暂行办法》、《山东省海洋工程项目评审咨询工作守则》、《省级审批海域使用项目现场勘察管理规定》、《填海项目竣工海域使用验收管理规定》等一系列配套制度。加大海域使用金征收管理力度，实现应收尽收。二是全面完成养殖用海普查登记工作，促进和谐海洋建设。省养殖用海普查登记工作办公室安排专人不间断地在基层巡查督导，每 10 天调度通报一次工作进展情况，并通过召开全省养殖用海政策研讨会、调度会、经验交流会等形式推动工作开展。山东省还建立了养殖用海普查登记目标量化考核机制，将每项工作量化为分值，并规定目标量化考核与示范县晋升、资金分配、奖励挂钩，有力地调

动了基层工作积极性。2007 年 11 月底，山东省沿海 7 市 37 个县（市、区）全部完成养殖用海普查登记工作，全省养殖用海确权率达 95.7%，登记率达 100%。通过普查登记，不仅摸清了全省 32.4 万公顷养殖用海的底数，全面落实了海域使用物权制度，而且解决了大量历史积累的用海纠纷，纠正了无证用海、发放土地证用海、以承包代替权属管理等违法或不规范行为，新确权养殖用海面积 4.2 万公顷，研究梳理了 20 多项养殖用海政策性问题。三是不断完善海域管理工作机制，促进科学适度用海。不断优化填海造地平面设计，严把用海闸门。积极研究推行科学用海方式，严格控制顺岸式填海，提倡采用防波堤兼码头、栈桥式码头、离岸透水构筑物、人工岛等建设用海平面设计新模式。四是大力加强海域管理基础性工作，为长远发展创造了更加有利的条件。2007 年，山东省成立了山东省海洋咨询中心和山东海洋与渔业司法鉴定中心，为海域管理工作加强了技术和司法支撑。积极推进海域使用权流转，海域使用权地位显著提升。近年来，仅荣成、莱州、长岛 3 个县市就办理海域使用权抵押贷款 13 亿元，有力地促进了海水养殖业的发展，也提高了全社会对海域使用物权的认识和海域使用权证书的地位。

（3）全省海洋环保工作再上新台阶

全省海洋与渔业环保工作基本实现了"三个强化，三个提升"、"三个推进，三大突破"。一是强化海洋与渔业环境监测体系、预报体系建设，环境监测预报能力有了新的提升。到 2007 年，全省已建立省、市、县海洋环境监测中心（站）18 处，9 处海洋环境监测机构通过了国家海洋计量认证。省中心和潍坊、威海市中心（站）被评为国家示范中心（站）。全省用于海洋环境监测、应急管理、保护区建设、生态治理和资源修复的资金达 2.16 亿元。二是强化海洋应急管理，海洋防灾减灾能力有了新的提升。《山东省赤潮应急预案》、《山东省防风暴潮、海啸、海冰灾害应急预案》、《山东省海上溢油事故应急预案》已经省政府批准印发。《山东省海洋灾害应急体系建设规划》、《山东省油指纹库溢油鉴定及应急处置体系建设规划》已编制完成并报省政府，全省海洋应急管理工作基本形成框架。三是强化海洋监测工作，公益服务水平有了较大提升。2007 年加强对沿海 94 个陆源入海排污口，莱州湾、胶州湾和黄河口生态监控区，海洋自然保护区，海水浴场，奥运帆船赛区，海洋垃圾，土壤盐渍化等方面的监测。2007 年，在全面做好海洋环境质量现状和趋势监测、海洋功能区监测、奥运帆船赛区海洋环境质量监测、建设项目海洋环境影响跟踪监测、海洋污染事故应急监测和赤潮监测的基础上，进一步加大了陆源入海排污口及邻近海域监测和典型海洋生态脆弱区监测力度，新增了海洋垃圾、海水入侵和土壤盐渍化监测与调查。全省共布设监测站位 1084个，其中近岸海域监测站位 1037 个。根据省政府的工作部署，切实推进水产养殖业污染源普查工作的有效开展。四是推进海洋生态保护，海洋保护区管理工作有了新突破。全省已建立 17 处海洋保护区，21 处海洋渔业种质资源保护区。海洋保护区总面积约 20 万公顷，约占山东省近岸海域面积的 21% 。五是推进依法行政，海洋污染生态补偿实现新突破。依法对 6 起船舶碰撞溢油事件提起诉讼，索赔金额近 8000 万元。六是推进法规制度建设，规划工作实现新突破。不断完善与海洋环境保护条例相配套的法规制度，依法组织编制完成了《山东省海洋环境保护规划》，目前已上报省政府，即将印发。编制完成了《山东省海洋与渔业保护区规划》，同时与有关单位编制《山东省渤海保护总体规划》海洋与渔业部分。有关制度和规划的制定出台，必将对指导全省海洋与渔业环保管理发挥关键作用。

3. 解决山东海洋管理服务中的矛盾和问题，开创山东海洋管理服务工作新局面

当前山东省海域管理工作中存在的问题，集中表现在海域开发与保护的矛盾比较突出。一是自然岸线逐年减少。填海项目、填海面积逐年递增，岸线资源利用比较粗放，填海方式以对海洋环境影响较大的顺岸式填海为主，全省商港 25 处，渔港 245 处，数量多，规模小，造成自然岸线锐减。据调查，到 2005 年我省自然岸线占全部岸线的 62%，但相当部分不宜搞建设项目，真正可用的建设用海岸线已经很少。二是违法用海现象依然存在。尽管海域使用无序、无度、无偿的局面得到根本改变，但越权审批、未批先建、不按规定的用途和范围用海、盗采海砂、无证用海等现象依然存在。项目依法审批时间和用海开工建设要求提前之间仍存在一定矛盾，协调有一定难度。三是配套制度建设须进一步加强。四是海域管理能力还比较薄弱。

山东省海洋管理服务工作要注意处理好以下问题：

（1）要树立海洋管理服务新理念。在管理思想认识上以区域海洋事务管理为出发点和归宿，通过国家的海洋法规、战略方针、政策、规划或通过东海区的发展战略、规划、区划、政策，对海洋资源开发、海洋环境治理、海域使用和海洋权益维护提出对策和安排，以期形成区域海洋管理的统一目标和要求。创新管理服务理念，包括以下几个方面：一是牢固树立科学发展的理念。海洋综合管理必须坚持用科学发展观来统领，正确处理好眼前与长远、局部与全局、开发与保护、利用与储备的关系，依法管海、科学用海，推进海洋国土资源的有序开发。二是牢固树立人与自然和谐共处的管理理念。海洋综合管理必须正确处理好生态效益与经济效益、社会效益的关系，建设资源节约型、环境友好型海洋经济。三是牢固树立又好又快、和谐海洋的管理理念。支持和保障能源交通类基础产业、高新技术产业、公益事业项目用海，禁止高消耗、高污染、高排放的粗放型产业用海，优化海洋产业结构，真正体现有保有压。同时，也要在海洋功能区划、海洋环境保护规划、海域使用规划的指导下，既要保障符合国家产业政策的工业和工程用海，又要给渔民养殖生产用海、公益事业用海留出足够的发展空间；既要坚持海域有偿使用制度，维护国家海域所有权收益，又要尽可能地扶助渔民等弱势群体，减轻他们的经济负担，维护渔业增产、渔民增收和渔区稳定的大局，共同构建和谐海洋、和谐渔区。

（2）要处理好山东海洋管理机构和国家、地方省市海洋行政部门的关系。国家在设立海洋行政机构以及鼓励、支持地方政府参与海洋管理的同时，在区域海洋管理机构的职能设定上要从整个区域的海洋综合管理角度给予授权，形成纵横结合的管理体制，使区域海洋综合管理呈现纵向、横向管理互相结合又互相制约的工作格局。同时还要处理好区域海洋管理机构和地方省市海洋行政主管部门的关系。这就需要我们进一步强化管理意识，提高贯彻落实科学发展观的能力和水平，提高依法管海、依法兴海的能力和水平。一是强化依法行政意识。当前在海洋管理过程中，仍有个别地区置法律法规于不顾，越权审批、分散报批、坐收坐支、截留挪用等违法行为仍存在，对此类违法现象的相关责任人必须依法追究其行政责任。二是强化服务和大局意识。海洋综合管理必须自觉地置身于宏观经济发展的大局中来开展工作，继续保持和发扬良好的工作作风，寓管理于服务，以服务促管理，用促进海洋经济建设的实际行动来赢得沿海各级党委、政府、用海行业和渔民群众的拥护、支持。三是增强文明执法意识。要加大普法教育和法制宣传力度，提升化解社会矛盾的能力。推动执法文明窗口建设，规范行政执法行为，规范行政处罚裁量权制度，强化执法监督。四是增强廉政意识。对海洋管理干部队伍的廉政警示教育要经常化、长效化，进一步贯彻执行党风廉政建设责任制，加强资金项目、海域审批、使用金减免、环保监管、执法管理等重点环节的管理，坚决防止贪污腐败事件的发生，树立全省海洋管理干部队伍的良好形象。

（3）要完善山东海洋立法，规范管理服务标准。目前我国海洋立法正逐步趋于完善，区域性的法律和法规也在逐渐健全。建立和完善海洋法规体系，要加强三个方面的法规建设。一是海洋权益法规。即维护我国国家海洋权益建立合理的全球海洋资源开发秩序的法规。根据东海海洋开发中遇到的国际纠纷问题，亟须在已有的领海及毗连区法，和专属经济区与大陆架法基础上制定一系列配套法规。二是建立海洋资源开发利用法规。即保障海洋资源可持续开发利用方面的法规。三是建立海洋环境保护法规。即保护海洋生态环境方面的法规。山东省海洋综合管理的标准化进程体现在以下几个方面：一是围绕《海域法》、《海环法》、《海域条例》和《海环条例》，进一步制定完善海洋功能区划实施办法、海域使用规划编制报批管理办法、海域使用权招标拍卖管理办法等。围绕海洋环境的修复保护、污染控制，应尽快制定和完善重点生态防控区监视监测管理办法、海洋资源和生态修复管理办法、海洋生态补偿管理办法等。二是按照《行政许可法》的要求，规范受理登记、现场踏勘、海籍调查、审核报批、档案管理等项工作，严格进行海洋行政审批。三是海域使用管理示范工作。山东省是国家海域使用管理示范县最多的省份，要严格按照示范县建设标准，对所有的国家级和省级示范县进行逐一检查，达不到建设标准的，提出警告并限期整改，甚至取消示范县资格。四是规范海洋自然保护区规划建设标准，引入规范化建设和规范化考核机制。五是逐步探索重点海域污染控制标准化。要深化重点海湾、养殖区、入海河口、生态敏感区环境容量的研究，逐步建立总量控制制度和达标排放制度。六是规范海洋环境监测、海洋环境影响评价、海域使用论证、海域测量标准。

专题报告之四:我国临海经济区发展经验及
对山东半岛蓝色经济区建设的启示

《山东半岛蓝色经济区概念规划研究》课题组

进入 21 世纪,我国沿海地区先后出现了五个进入国家战略的临海经济区,即广西北部湾经济区、福建海峡西岸经济区、江苏沿海经济区、辽宁沿海经济带和天津滨海新区。从国内外发展经验看,蓝色经济区是对临海经济区的提升,代表着未来发展趋势,是注重海洋资源与空间开发,具有鲜明海洋特色的沿海经济功能区。蓝色经济区范畴涵盖临海经济区和海洋经济区。其中,临海经济区是宏观经济功能区概念,陆地经济属性较强;海洋经济区属于中、微观经济功能区概念,海洋经济属性较多;蓝色经济区则兼具海、陆经济特色,属于海陆统筹的集成型经济区概念。

目前,除山东半岛外,包括"珠三角"、"长三角"和"京津冀"在内的国家级临海经济区已形成了对我国沿海省市的全覆盖,这给山东半岛的未来发展提出了严峻的挑战。积极借鉴其他临海经济区发展的经验,对山东半岛蓝色经济区的借鉴意义重大。

一　政策上的先行先试是临海经济区
争取国家支持的主要目标

广西北部湾经济区提出要在国家政策支持下,推动泛北部湾经济合作成为中国—东盟合作框架下的次区域合作区,要求设立保税港区、地方性银行、产业投资基金。福建海峡西岸经济区要求允许在对台经贸合作中采取更加灵活开放的政策;对基础设施建设给予专项补助;通过转移支付和中央专项资金等形式加大对原中央苏区、革命老区、少数民族地区的扶持力度。天津滨海新区提出对高新技术产业项目实行税收优惠;在产业投资基金、创业投资基金、金融业综合经营等方面进行试点;对滨海新区的开发建设项目给予专项补助。大连市则提出要成为中日韩自由贸易区先行区。

山东半岛蓝色经济区也应积极争取政策上的先行先试，争取方向可考虑以下三方面：

第一，争取成为中日韩自由贸易先行区。2003 年以来，中日韩一直就"中日韩自由贸易区"进行研究。建设国家层面的自由贸易区是一个复杂的过程，何时建成无法预料。在这个自由贸易区没有达成协议之前，山东应先与日韩相邻地区开展次区域合作。次区域合作主体是地方政府，地方政府较少考虑政治因素，这种合作较易向前推进。山东省与韩国京畿道是友好省道、与日本山口县是友好省县。京畿道、山口县都是山东半岛蓝色经济区的相邻地区。在山东省政府与京畿道、山口县已有合作机制的情况下，山东半岛蓝色经济区和京畿道、山口县先开展次区域合作，在合作基础上再争取成为中日韩自由贸易先行区是一个务实的选择。

第二，山东半岛蓝色经济区是广大中西部地区的出海口，应主动延伸港口的服务范围，在广大中西部地区建设一大批"无水港"、"旱码头"，形成"大通关"联合格局。对中西部地区的带动作用增强了，争取国家政策支持也就顺理成章。

第三，黄河三角洲拥有大量不适于耕种的盐碱地，又拥有比丹麦卡伦堡生态工业园水平更高的鲁北化工生态工业园，应把这两种优势结合起来，申报国家级新型工业化试验区，这种发展循环经济的示范项目有利于得到国家的支持。

二　把先进制造业作为产业优化提升的重点

长三角是公认的先进制造业基地。天津滨海新区、福建海峡西岸经济区和辽宁沿海经济带也明确提出要发展先进制造业。江苏沿海经济区和广西北部湾经济区虽没有说出"先进制造业"这几个字，但其列举的重点发展产业也包括先进制造业。

一个经济区要发挥较大的辐射带动作用，要求其经济技术水平与区外形成较大的位势差，这使得所有临海经济区都提出要发展先进制造业。山东半岛蓝色经济区不能因为在先进制造业上与其他经济区定位相同而动摇，要抓住先进制造业不放，把胶东半岛打造成先进制造业聚集区。

三　港口的龙头带动和辐射作用不可替代

广西北部湾经济区强调其是面向东南亚、沟通东中西、连接多区域的重要通道，提出要打造泛北部湾海上通道和港口物流中心，服务"三南"，带动支持西部大开发。福建海峡西岸经济区强调其东望台湾，是对外开放的综合通道，提出要服务于周边地区发展。江苏沿海经济区强调连云港是新亚欧大陆桥桥头堡之一，是陇海—兰新沿线地区的重要出海门户，提出要建立依托陇海—兰新沿线地区和苏北地区、面向亚洲和太平洋主要国家和地区的腹地型区域性国际航运枢纽。辽宁沿海经济带强调其是欧亚地区通往太平洋的重要大陆桥之一，是东北地区唯一的沿海区域和出海口，提出要服务于东北地区的全面振兴。天津滨海新区则强调其是我国北方对外开放的门户，提出要服务环渤海、辐射"三北"。

山东半岛蓝色经济区的区位优势不比这些经济区差，在某些方面比它们还要强，该区拥有欧亚大陆桥桥头堡群，是全国唯一拥有三个超亿吨大港的地区，韩国平泽至威海的海底隧道项目一旦实施，再加上日韩之间也要建海底隧道，该区的区位优势会更加突出。该区一定要做好服务于中部崛起、服务于西部大开发的文章。

四　临海产业是临海经济区经济发展的主体

海洋产业是各临海经济区的特色产业，这是毫无疑问的。但受资源和技术条件的限制，海洋产业的规模和经济贡献一时还赶不上陆地经济，仅仅依靠海洋产业，难以实现临海经济区整体性突破发展，各经济区在以海带陆、以陆促海、海陆统筹的指导思想下，普遍把临海产业作为经济区的主体产业。广西北部湾经济区的重点产业包括石油化工、造纸业、冶金业、高新技术产业、港口物流产业、滨海旅游业，后两项是海洋产业，但其主体部分还是前面的临海产业。福建海峡西岸经济区的产业重点是现代农业、先进制造业、现代服务业和海洋产业，海洋产业仅是重点发展的四大产业之一。江苏沿海经济区、辽宁沿海经济带也是以临海产业为主，海洋产业只是作为补充或特色。

山东半岛蓝色经济区的海洋产业优势明显，海洋产业当然是发展重点，该区的海洋渔业居全国第一，经济总量很大，应作为主导产业重点发展；该区发展盐化工具有明显的成本优势，应大力发展盐化工业；该区发展海洋生物医药产业具有技术优势，应积极培育海洋生物医药产业。但从全区而言，其产业主体还应当是以先进装备制造业、高技术产业和现代服务业等高端产业为主的临海产业。

五　珠三角、滨海新区等非常重视制度创新

珠三角是公认的制度创新先进地区，在政府规制方面进行了先行探索。天津滨海新区把金融创新放在很重要的位置上，也很重视制度创新。辽宁沿海经济区则将优惠政策拓展到经济区以外的园区。江苏沿海与苏南在企业合作方面也有一些特殊的制度安排。

经济技术水平反映了生产力发展水平，制度创新反映了生产关系的变革，两者都很重要。对一个经济区而言，不仅要求其经济技术水平与区外形成较大的位势差，还要求其在制度创新方面成为区外学习借鉴的榜样。山东半岛蓝色经济区也要重视制度创新，努力成为各类制度创新示范区。

专题报告之五：创新思路，创新战略，
创新举措，高效打造山东半岛蓝色经济区

《山东半岛蓝色经济区概念规划研究》课题组

一　山东半岛蓝色经济区战略是多年来山东
区域经济发展战略的整合与升华

从资源禀赋看，山东以海洋经济为特色的"蓝色资源"特征明显；从港口情况看，高密度大港口群是山东经济"涉海"的凭借；从产业状况看，山东以海洋产业为特色的"蓝色产业"优势突出；从对外经济看，山东与隔海相望的日韩合作潜力巨大；从区位条件看，山东以中西部最便

捷的出海口为依托,在全国发挥龙头带动作用。山东经济的基础和进一步发展的抓手都与"蓝色经济"有关,抓住了蓝色经济就抓住了山东经济发展的根本。

该战略的提出是山东在环黄渤海区域发展中找准自身战略定位并尽快突破,凸显科学跨越发展特色的重大举措,要在建设思路与产业布局上有重大创新,在战略工程和项目上有重大构思,在蓝色经济区的显著标志上有重大突破,显示其在完善全国沿海经济布局中的重要性,使之成为指导山东经济文化强省建设的行动纲领和各市改革与发展的重要依据。

二 确定"一极、两区、四中心"的发展目标,实行"两个极化节点、两个海陆统筹示范区、三个特色优势产业带、五个重点物流园区"的空间布局

"一极"是中国首个以蓝色文明统摄的崭新区域经济增长极。"两区"是中国海陆统筹发展示范区和中日韩自由贸易先行区。"四中心"是中国海洋高端制造业中心、中国海洋高科技研发中心、东北亚国际航运中心、中国蓝色文明旅游中心。

培育中国海洋科技城、济南区域金融中心两个极化节点;通过发挥辐射带动作用,形成胶济铁路沿线海陆统筹示范区和鲁南经济带海陆统筹示范区两个海陆统筹示范区;打造沿海高效生态产业带、沿海高端产业带和鲁南临港产业带三个特色优势产业带;重点建设港口群物流区、鲁中物流区、鲁南物流区、鲁西南物流区、鲁北物流区五个重点物流园区。

三 系列重大创新发展思路

山东半岛蓝色经济区战略总体上是创新提升战略,实施这一战略的着力点应放在如何使优势更优、特色更特上,进一步做大优势,做强特色。

发挥拥有欧亚大陆桥桥头堡群这个最大的区位优势,加强与中西部省市政府、开发区、大企业的合作,构建"大通关"联合格局。叫响"服务于中部崛起"、"服务于西部大开发"、"做中西部最便捷的出海口"口号,通过港企合作、港城合作、港区合作、区区合作等多种合作方式,在

中西部地区建造更多的"无水港"、"旱码头"，构建"无水港网络"。在青岛港、日照港辟出部分泊位挂"河南港"、"山西港"、"安徽港"、"陕西港"、"甘肃港"、"新疆港"的牌子，以此增强中西部地区的"涉海"意识，进而增加其"涉海"业务。

发挥拥有黄河流域唯一一个保税港区这个最大的政策优势，吸引一大批中西部大企业来此投资进出口贸易企业、物流企业。青岛保税港区、日照保税物流园区能够为企业的出口业务及时退税、进口业务延迟缴纳关税，节省大量的运营成本。中西部大企业享受这些优惠政策，要到区内投资进出口贸易企业、物流企业，或者由区内企业代理。代理费用较高，大企业一般选择自己投资企业。借青岛保税港区、日照保税物流园区即将封关运营的有利时机，搞好业务推介工作，将能够吸引一大批中西部大企业来此投资进出口贸易和物流企业发挥中国海洋科学城这个最大的科技优势，打造世界海洋科技高地。目前的海洋科技机构互不联系且基础研究项目多于应用研究项目，导致海洋科技优势没有转化为海洋高科技产业优势。建议省政府设立海洋高科技产业基金，通过海洋高科技项目招标的方式，整合海洋科技力量，促使其把科研重点转到高科技产业项目上来，力争海洋生物医药业、海洋软件业、海洋科学仪器产业取得突破性发展。

发挥地处中日韩合作前沿这一最大的对外开放优势，率先开展中日韩地方政府的次区域合作。受不利政治因素影响，中日韩自由贸易区谈判短期难以取得实质性进展。地方政府的合作较少受政治因素的影响，山东应率先开展与日韩邻近地区的次区域合作。充分发挥山东与韩国京畿道是友好省道、与日本山口县是友好省县、中日韩"泛黄海经济技术交流会议"中方秘书处也设在山东的优势，率先开展山东与京畿道、山口县的次区域合作，以形成更大的对外开放平台。

发挥重要投资区位的优势，创新招商手段，吸引一大批跨国公司来此投资。山东半岛蓝色经济区的多重定位，决定了在理论上其是跨国公司投资的重要区位，在实践上要通过价值链招商、供应链招商等手段在吸引外资项目上取得突破。建议省政府组织一批国际招商专家与山东的大企业一起，逐个分析包括全球500强在内的跨国公司的全球战略，根据它们的全球市场布局战略、东亚布局战略、中国布局战略的需要，邀请它们来此投资。

发挥黄河三角洲原生态优势和生态工业基础好的优势，打造国际知名生态旅游项目和生态工业园。在黄河口建设全球温室气体排放最低的社区，并争取获得联合国环境规划署的命名，使其成为全球环保人士的朝圣地、全球民间环保论坛的举办地、全球游客生态体验地、国外驻华人员和跨国公司驻华办事处人员的度假地。目前，鲁北化工生态工业园的物质综合利用水平、排放水平都已经优于著名的丹麦卡伦堡生态工业园，在此基础上，建设世界最高水平的生态工业园，使其成为全球、全国循环经济示范基地、节能减排教育基地，这将极大地促进滨海旅游业的发展。

发挥海尔拥有整合全球人才资源经验的优势，推广海尔做法，引进一大批境外高端人才。去年以来，海尔实行了"1+1+N"的用人制度，第一个"1"是海尔关键技术岗位上的原有负责人，第二个"1"是海尔从全球范围内聘请的顶尖级人才，这样可以保证海尔的每一项创新活动都有全球顶尖级人才参与，这一措施大大提升了海尔的国际竞争力。这一做法适合山东半岛蓝色经济区的所有大企业，推广这一做法，将为打造山东半岛蓝色经济区提供高端人才支撑。

邀请日韩的金融机构参与，组建股份制黄海银行。该行是为建设山东半岛蓝色经济区提供金融服务的机构。在此基础上，力争形成东北亚国际金融中心。

对政府职能进行流程再造，提高政府管理效能。目前政府的决策效率、决策执行效率都不适应信息化社会快速反应的要求。改革的方法是对政府职能进行流程再造。建议山东半岛蓝色经济区工作推进协调小组按重大项目的推进要求，把省、市、县政府和有关部门按流程组织起来，以减少管理层次并打破部门之间的墙，提高工作效率。

突出蓝色文明和海洋文化特色，建设创意文化产业高地、高端文化产业聚集区。重点抓好北京电影学院青岛创意媒体学院、青岛北大创意科技园区、潍坊文化创意园区、威海大型音乐情景剧《地球大乐园》、中国首部鸟类纪实故事片《天赐》等一大批文化产业大项目的招商引资和施工建设。

四 系列重大工程和建设项目

建设山东半岛蓝色经济区,最终要落实到一系列重大工程和建设项目上,建议对以下重大工程和建设项目进行研究和论证。

(1) 国家海洋科技产业化示范基地工程。

(2) 山东近海农牧化建设工程。

(3) 莱州湾淡水湖工程。

(4) 建设海岛城市工程。

(5) 海岛资源综合开发试验工程。

(6) 海洋食品及保健品系列研究开发工程。

(7) 青岛保税港区封关运营带动内陆发展工程。

(8) 打造海洋产业集聚与产业链工程。

(9) 青岛红岛新城与潍坊滨海新城建设。

(10) 沿海港口资源整合工程。

(11) 打造蓝色文明示范工程。

(12) 山东半岛宜居城市群规划建设。

(13) 胶州湾与渤海湾游艇与游轮基地建设。

(14) 国家级海洋药物基地建设。

(15) 莱州湾地下卤水综合利用工程。

(16) 胶东沿海城际高铁建设。

(17) 海洋新能源开发建设。

(18) 沿海开发区、园区提升工程。

(19) 烟台至大连跨海通道工程。

(20) 中韩海底隧道工程。

(21) 海洋造船基地建设。

(22) 高端海洋文化产业集聚区工程。

(23) 国家级海洋公园与海洋自然保护区管理和建设。

(24) 黄河入海流路整治工程。

(25) 沿海岸高速公路铁路联网对接工程。

(26) 沿海核电站建设。

（27）胶东半岛海水淡化工程。

（28）打造著名国际海洋旅游中心。

（29）海洋人才培养工程。

（30）港口及枢纽城市物流园区建设。

（31）胶莱人工海河开发工程。

（32）沿海重点开发区域城乡统筹试点工程。

专题报告之六：加快山东半岛蓝色经济区建设重大问题的思考

——山东社会科学院向省委领导汇报材料（1）

我院传达了胡锦涛总书记考察我省对发展海洋经济和打造山东半岛蓝色经济区的讲话精神，专家深受鼓舞，倍感振奋。胡锦涛总书记的讲话高屋建瓴，具有深刻的思想性和现实针对性，体现了领导人的远见卓识和亲切关怀，也体现了省委领导谋大局、抓大事、促发展的谋略，是全省人民的孜孜追求和热切期盼。在省委大力实施海洋经济重点带动战略的基础上，将大力发展海洋经济的决策与战略指导上升到国家领导人的决策，标志着我省经济文化强省建设进入了一个新的历史阶段。这是具有里程碑意义的大事，对于培育山东发展新优势和强力引擎，开创发展新局面具有重大战略指导意义。

发展海洋经济和打造蓝色经济区是我省的一个大战略、大决策、大抓手，已引起了全省上下的特别关注，成为当前摆在全省面前的重大机遇与战略任务。现将我们在学习讨论中进行的思考向省委领导作简要汇报。

一 打造山东半岛蓝色经济区的战略依据与意义

山东在全国的发展中占有重要位置，中央领导对山东发展寄予厚望，山东的领导和全体人民责任重大。在经济全球化和区域化并存发展的条件下，在世界金融危机深刻地影响着各地发展的严峻形势下，我省的发展面临着三大问题：

一是要提出一个科学的发展思路，引领山东发展。在新的形势下，如何把握沿海经济发展的大趋势，利用资源禀赋发展优势经济，如何以科学的目标定位来引领推动山东发展，是山东在发展新阶段必须作出的选择。

二是寻找一个战略定位，构筑一个发展支点。山东是沿海省份，沿海是我省的战略优势和战略利益的立足点。海洋经济优势在全国具有重要地位，特色鲜明：一是兼具海陆、连接南北的区位优势，二是海洋科技力量雄厚的科技优势，三是资源富集的优势，四是产业基础扎实的优势；还具有开放对日韩合作的优势，"海上山东"建设已经具有实践基础。发挥资源禀赋、区位独特与文化制度的优势，拓展发展空间，增创新优势，打造发展特色和优势区域，是我省的重大战略任务，也是战略突破的重点指向。

三是寻找符合国家利益的发展点，改变山东是国家战略盲区的状况。从全局和长远性视角来观察，山东必须寻求新的发展方式和发展空间。山东一直是国家战略的盲区，这种状态必须改变。依据经济全球化和区域经济一体化以及区域发展布局的调整可能，填补国家战略空白应提上议事日程。

胡锦涛总书记和省委全面发展海洋经济的战略指导和打造半岛经济区的战略部署，是针对上述现实需求，依据科学发展观的要求，依据国际国内沿海开放开发的大势，依据山东作为沿海大省的优势省情以及国家战略布局可能的调整等情势，在"十二五"规划制定前期适时提出来的，非常重要，非常及时，科学解答了上述三大问题，其战略意义重大。

一是以科学发展视野为山东谋划了发展新思路。总书记视察我省提出的要求，目光深邃，是从本质上对发展这一主题和未来大局的正确把握和逻辑选择，体现了山东经济又好又快发展的现实需要，是在当前应对金融危机条件下，破解发展难题，进行经济结构调整，赢得发展新优势，开创发展新局面的重大战略部署。

二是从全局出发为我省在全国经济布局中的走向提出了新定位。山东半岛作为海陆一体化考察的地缘经济，已经成为山东与沿海国家和地区产业对接、经济互补的重要中心。总书记提出的打造海洋经济区的重大战略目标是站在全国大局为山东发展谋划了新定位构想。

三是从战略高度为山东跨越发展指明了新方向。总书记的要求，从沿海发展中寻求符合国家利益的发展点，必将促进山东经济又好又快发展。总书记讲话立意高远，为山东的战略发展规划了未来，指明了方向。努力创造新的发展优势，争取国家政策的支持，成为山东发展的必由之路，必将对山东的未来发展产生重大而深远的影响。

二 山东半岛蓝色经济区的战略定位

对山东半岛蓝色经济区的内涵、功能定位的认识有一个过程。过去我们提"海上山东"，这也是一个海洋经济区的构想。也提沿海经济带，如我们提出构筑海洋生态带、海洋产业带、沿海城市带和旅游休闲带。搞规划先期研究时，正式提构建特色海洋经济区，包括后来提的黄海西岸海洋产业经济区。海洋经济区被称为蓝色经济区以后，认识水平要有提高，海洋与渔业厅在研究用海规划时提出，蓝色经济区是黄河流域出海大通道经济引擎，环渤海经济圈南部隆起带，贯通东北老工业基地与长三角经济区的枢纽，中日韩自由贸易先行区。后来又提出以海洋经济为特色、以优势海洋产业为主导、以海洋生态文明为基础的海洋经济区。

从上述认识过程，我们看出，对蓝色经济区要有更科学的定位认识，一定要把握住：（1）要更高占位，更宽视野，突破传统狭隘思维定式；（2）要使定位模式与发展路径符合科学发展观与国家利益的要求；（3）定位概括要符合经济区的一般要求，还要有自身的鲜明特色。按照这些原则要求，考虑其内涵，第一，一定要有丰富内容。也就是说，它不是单一的功能区，而是多功能综合经济区。第二，要做足蓝色标志，避免出现经济区的同构性，不能与别的经济区高度相似。第三，要研究山东半岛这一地域特色。山东半岛位于环黄海西岸，与日韩隔海相望，东北亚经济圈是继北美、欧盟之后的世界第三大经济体，在东北亚经济圈中山东处于中国与日韩进行合作的门户地位。随着中韩经济合作关系越来越密切，中日关系趋暖，山东的海洋战略地位越来越重要，欧亚的通道作用日益明显。在全国大格局中，山东的周边环境、圈层、腹地以及连接区域，山东沿海的资源、人口、城市集聚特别是港口、产业、科研教育分布状况等都切实把握。要做到更好地发挥区内自然、经济、社会等方面的综合优势，合理组织产业之间与城市之间的经济联系，建立合理的分工协作体系。

总之，要创建以蓝色经济为标志，以海洋科技教育人才为支撑，以海洋资源科学开发为基础，以海洋优势产业为纽带，融合京津冀与长三角，连接黄河中下游广阔腹地，面向东北亚，拓展与日韩的交流、合作与发展，海洋经济、涉海经济、沿海经济、海外经济统筹联结，海洋资源互补、产业互动、布局互联的率先科学发展的特色经济区。

这一经济区中，沿海和海洋是特色，中日韩经济合作与贸易显示度要高，重要产业（港口物流、航运、造船、海洋化工石油、科教服务、旅游和高新技术产业）要处于领先地位，人才支撑应是高地，经济发展要有带动力、影响力。要体现蓝色文明，由鱼盐舟楫的古代文明、耕海种湖的经济文明转向全面协调整体科学发展的现代蓝色文明。

经济区的实质是新的经济特区、经济试验区或先行区，应是全面的经济、科技、文化建设区，努力使之成为海陆统筹、发展活力更大、综合实力更强、软实力更优的发展高地。

三　山东半岛蓝色经济区的范围界定

目前有几种划界的思路。划界要科学合理。目前的几种办法各有利弊，大有大的弊端，小有小的弊端。划分有多个初步的方案，第一个方案，从大范围来看就是沿海七市，等"黄三角"进入国家战略以后，把东营和滨州划出来，基本上就是五个市。如果重合的话，就是七市；从小范围来看，就是从潍坊到日照，或者约 50 千米的沿海县区，如果行政区和经济区重合，就是沿海县都可以划进去。第二个方案，从胶莱河往南一直划到日照，即从胶莱河到青岛胶州以后，往南再划分界线。第三个方案是整个山东半岛。总之，经济区的空间布局和战略定位应当有一个科学的界定。

经济学认为，海洋与陆地产业相互作用所形成的产业聚集在空间上具体表现为结构紧密的综合性经济实体——城市，它是海陆过渡型区域的经济中心。这一经济中心在集聚和扩散作用下，不仅向陆域释放和吸收能量，同时也向海域传导。沿海中心城市由于具备海洋科技进步快、海洋产业高级化并对周围地区具有较强的辐射、带动作用等特征，而成为一定区域海洋经济的增长极，或称之为海洋经济中心。沿海中心城市是组织和协调区域海洋经济发展的核心，它将海洋经济区内各部门、各海洋经济子区、各级城市的海洋经济活动凝聚成一个整体。沿海中心城市的规模和经济实力决定了综合海洋经济区的规模、级别和海洋经济发展水平，因此要以沿海城市为核心区。

由于一般经济区都以城市为核心，并具有开放性特征，还与国家战略规划的有关思路原则、限定条件有关，我们认为，山东半岛蓝色经济区可以提以沿海城市为核心区，其他为外围区，核心区往海一侧有约 14 万平方千米的海域，往内一侧有山东 10 个市的广阔腹地，形成一个海陆统筹的有中心有外围的广大区域。或者将沿海七市称作居主体地位，模糊一下外延，以便将来与全国沟通，也有利于调动各市的积极性，实现产业对接、发展沿海、联动全省的目标愿望。

四　山东半岛蓝色经济区的产业重点与布局

（一）产业选择

我们过去在研究中提出，沿海旅游、海洋电力、海水利用、海洋造船、海洋增养殖等大部分新兴产业已度过形成期开始进入成长期，显示出巨大的增长潜力。海洋化工、海洋石油、海洋药物、采矿、信息服务等已经起步，正孕育着激变，发展前景看好。海洋新兴产业在海洋经济系统中的比重迅速增加，推动产业结构升级的作用日益扩大。以海洋资源开发生产所产生的经济价值在继续增长，以服务业为基础的海洋经济发展更为迅速。随着产业的发展，产生了遍及经济活动各方面的海洋产业相关经济活动，包括海洋调查、勘探等基础活动，海洋教育、科研、开发等科教活动，海洋环境监测、治理等环保活动，海洋市场、融资、救助、信息服务等公共服务活动等，海洋经济成为综合性的复杂经济体系。

为了适应这种变化，在产业政策上，我们应努力优选战略产业，积极培植新的长远增长点，从而带动海洋经济的长足发展。据对海洋各产业技术进步、产业关联、产业贡献等方面的分析，滨海旅游、海水利用、海洋油气、海洋能源、海洋化工、海洋船舶、海洋科研教育和综合服务、海洋生物工程应作为战略产业加以对待。要努力促进产业升级，使产业结构在动态发展中优化，在前进中升级、提高。

要从产业关联度角度进行海洋主导产业选择，应该选择那些产业链长、带动效应（产业影响力系数和感应度系数）大的海洋产业作为主导产业。经济区海洋主导产业应根据该地区海洋资源的综合优势度、海洋经济综合发展水平、海洋产业结构层次以及已有的海洋主导产业的类型等综合加以确定。目前，我国沿海地区海洋产业发展的基本构想是：重点发展海洋交通运输业、海洋渔业、海洋油气业、滨海旅游业，缓解交通紧张状况，带动和促进沿海地区经济全面发展。积极发展海水直接利用、海洋药物、海洋保健品、海盐及盐化工业、海洋服务业等，使海洋产业群不断扩大。研究开发海洋高新技术，采取有效措施促进海洋高新技术产业化，逐步发展海洋能发电、海水淡化、海水化学元素提取、深海采矿以及新兴的海洋空间利用事业，不断形成海洋经济发展的新生长点。逐步将海洋第一、二、三产业的比例调整为2:3:5，争取尽快建立低消耗、高产出的海洋产业结构。加快现代港口及海上运输系统建设。扩大港口的大宗产品吞吐能力及后方集疏运通路，加快装卸系统建设。

现在看，为了避免产业低度化发展，山东半岛蓝色经济区一定要选择具有独占优势或竞争力的优势产业。从影响力系数来看，港口、仓储与物流、船舶制造与修理业影响力系数大于1，对其他产业的影响程度较大且影响力高于全部产业的平均影响力。优势产业中尤以高端、新效、高质产业为重点，抓好产业升级转型，努力建设现代海洋和涉海产业体系。

我们研究认为，山东半岛蓝色经济区优势产业主要是：

港口航运业对经济的贡献率很高，95%以上的外贸货物通过海上运输完成，对全省GDP的贡献值在690亿元以上，为社会提供近120万个就业岗位，为全省国民经济的发展，特别是经济贸易的繁荣做出了突出贡献。依托港口自发形成的港口服务、海事保险、海洋信息咨询等企业聚集而生，衍生出仓储物流、陆地运输、海事保险、加工、代理、海洋信息等服务产业。与此同时，海运业的发展还有力地带动和支持我省造船、港口、钢铁、机电等相关产业的发展，成为经济发展的有力引擎。港口在经济发展中的带动作用最大，要重点搞好港口体系建设。海洋科技力量强是山东的优势，要加快建设海洋科技创新体系。同时要积极发展海洋调查、海洋勘探、海洋教育、海洋环境监测、海洋环保等海洋服务业。通过全面协调发展海洋第一、二、三产业，促进产业升级。

船舶工业是大型装备制造业，具有一次投入多年受益、技术先导性强、产业关联度大、资本与劳动密集结合等特点。同时，船舶工业也是航运业、渔业、海洋工程的基础，发展船舶工业以及机械制造业，对于加快建设先进制造业基地，推进产业结构战略性调整与经济发展，具有十分重要的意义。

海洋化工、海洋油气开采和加工业开发潜力很大，可以发展为成龙配套的工业体系，建设大型海洋化工和油气综合开发产业化基地。油气综合开发具有产业链长的特点，上下游产业的联动发育，不仅可以使资源得到充分的利用，而且能够带动配套项目和相关产业的发展，从而推进区域经济的快速发展，有可能在较短时间内迅速提升区域经济实力。

海洋旅游业是联动性较大、带动作用较强的产业。海洋旅游业是一个多元性的行业群体结构，它与经济、社会各部门之间有着难以割离的联系，特别是与海洋相关产业或部门之间存在着不可分割的依存关系。这种关联在互动中又转化成为彼此有益的联动关系。海洋旅游"六大要素"（行、食、住、游、娱、购）综合配套的过程，也就是带动海洋相关产业或部门（造船、运输、养殖、捕捞、工程、贸易等）发展的过程。据有关部门预测，旅游消费支出每增加一个单位，工业产值可扩大3.2倍，国民收入可扩大2.03倍，投资可扩大0.57倍。这种预测，在一定程度上也显示出海洋旅游业在海洋产业中的显著先导作用。海洋旅游业可为社会提供较多的就业机会，海洋旅游业作为一个劳动密集型行业，可以容纳较多的劳动力。如果再进一步考虑到其他非直接海洋旅游企业或者与海洋旅游业有关的其他海洋行业，那么发展海洋旅游业所提供的就业机会就更多了，这无疑会促进整个海洋产业的发展。海洋旅游业也是高新技术水平较高的产业。许多大型海洋游乐设施，同时采用现代声、光、电技术，现代影视技术，自动控制和计算机仿真技术，以提高游乐项目的动感和逼真性，从而推动了高新技术产业的发展。山东半岛已经批准为中国沿海最大风景区，可以加快滨海旅游业发展。

海洋生物产业（渔业、养殖业、水产品加工业以及生物制药等）仍然是优势产业，潜力巨大，应重点指导，加快产业化、规模化发展。

海洋经济涉及多领域、多产业，是一个复杂的综合经济体。海洋经济不仅增长快、效益好、市场占有率高,而且具有产业关联性大、能带动相关产业发展等特点。利用海洋产业具有的渗透力强、辐射面宽等特点,增强对内陆的辐射力,密切与内地的经济技术协作,优化资源配置,带动内地经济发展,从而加快海陆一体化、城乡一体化的建设步伐,使我省沿海地区成为全省对外开放的窗口和外引内联、持续高速发展经济的纽带。

(二) 优选工程

由于大工程具有极强的感召效应和"上马"效应,所以应集中力量,突出重点,采取措施切实抓好。沿海海洋经济发展的经验,很能说明这一点。大项目具有极强的规模支撑效应、结构层次提升效应和产业联动效应。大项目上一个就可能支撑起一个行业,在地域上形成一座产业城,可以有效地推动经济发展。因此,要充分论证优选大项目。港口与临海工业、海上大通道、滨海旅游业建设工程可作为建设的重点。集中力量搞好这些关系全局的发展重点,将有利于加快资源优势向经济优势转变的步伐,带动人流、物流、资金流、信息流的广泛交换,促使海洋产业结构优化和龙头企业形成规模,形成特色,形成经济重要支柱。今后要在大项目安排上继续向蓝色经济区倾斜。

(三) 产业布局

采用点轴与组团复合型布局,形成点线面结合、合纵连横、立体发展格局。点即城市或港口或临港开发区,这是中心;由于沿海海岸带呈线状高度集中,所以用线连接;面即全经济区或辐射联动的外围区域。由于资源分布、配置的多层次、复合性特点,所以要立体发展。科技、产业、资源要立体互动,总之,要形成科技带动、港口拉动、产业推动、园区促动、区域联动。

按照省情以及布局所要求的经济、社会、环境目标,建议山东半岛蓝色经济区形成以下产业布局:一城(科技城)、二带(黄海产业带、环渤海资源综合利用带)、三中心(研发教育中心、海洋高端产业中心、航运中心)、四港群(青岛、烟威、日照、东营滨州四大港群)、五基地(海洋生物产业基地、海化石油产业基地、船舶等机械制造业基地、高新技术产业基地、滨海旅游及服务业基地)。产业布局一定要强化产业的联合,努力展延产业链条。

半岛蓝色经济区以青岛海洋科技城为首，是一种科技力量带动下的经济区。那里有国家实验室，有24家科研机构，海洋科技力量雄厚，海洋科技成果优先转化，海洋产业发展优先布局。由于沿海地区首先是一个生态带，那么最终形成一个海洋生态环境保护区，形成一个生态带；产业技术转化形成一个产业带，这个区域里有港口，有产业园区，这就是优势产业带；还可以形成一个城市带，港口带动城市的发展；还可以依据产业集聚建设海洋新城，这样一来，海洋化工、机械加工业、港口产业、海洋能源、海洋物流、航运和造船、旅游等，与内陆一些相关产业都可以实现对接。

五　山东半岛蓝色经济区的战略指导与工作推动

全面发展海洋经济上升到国家和省委的决策，机遇前所未有。要抓住难得的机遇，加深学习和理解，并积极落实省委全委会的要求，在工作指导和推动上见实效。

（一）学好胡总书记讲话是基础

要进一步学习讨论，加深理解。对胡锦涛总书记的讲话要求，要在理论与实践意义上求得科学认识。就理论来看，这是中央领导关于发展海洋经济的最全面、最系统论述，是发展海洋经济战略指导的最高认识成果。它系统回答了什么是科学的海洋经济，怎样发展海洋经济的重大问题。就实践来看，这是山东发展海洋经济的重大战略指导方针和清晰思路。山东区域发展的这一新的重要构想、全新战略和重大举措，将海洋经济提到了前所未有的高度，为各地发展海洋经济指明了方向，标志着山东省经济文化强省建设进入了一个新的历史阶段。当前金融危机的影响使我省发展的任务更为艰巨。发展海洋经济的新战略、新部署为山东发展实施突破，转变发展方式，实现新跨越有重大指导意义，应当成为山东发展的大战略、大思路、大抓手。海洋意识、机遇意识、创新意识，应当重点培育。

（二）战略指导要有科学性、协调性

1. 战略指导要把握胡锦涛总书记讲话要求的基本精神，按总书记的要求进行

胡锦涛总书记的讲话全面系统，有高度，有深度，内涵丰富，思想深刻，一定要好好学习，科学把握其精神实质。（1）全面发展海洋经济是我省发展的重大战略任务。总书记的讲话，全面、系统、整体地提出了发展海洋经济的总要求。海洋经济具有三重性，是海洋资源、海洋产业、海洋区域构成的三位一体综合性经济。海洋是资源聚合体，遵循历史发展的阶段及其规律，海洋开发三位一体、海陆统筹、集成创新是海洋资源开发与经济发展的客观规律交叉集成综合作用的结果，体现了海洋经济的全面、协调与可持续发展。海洋经济就是统筹海洋经济、涉海经济、沿海经济与海外经济的发展，就是资源互补、产业互动、布局互联。（2）打造蓝色经济区是我省发展的重大战略目标。海洋经济区或沿海经济区是发展海洋经济的重大生产力布局，已成为沿海战略规划的重点内容。从全球和全国的海洋定位来谋划山东发展，把海洋经济区的建设列入全省战略目标，其实质是利用沿海优势，整合海洋资源，发展海洋产业，联动全省经济，把山东半岛建成经济发达、社会繁荣、生活富裕、环境优美的蓝色产业聚集带，有利于全省以及全国经济的科学和谐发展。这一战略目标是宏伟而科学的目标。（3）实施海洋经济集成创新是我省跨越发展的必由之路。总书记对科学开发海洋资源，培育海洋优势产业，打造山东半岛蓝色经济区的殷切希望，不仅全面，而且明确具体，"科学开发"、"培育"、"打造"等要求，非常重要，揭示了落实工作的切入点。随着高新技术产业化和经济全球化的进展，海洋经济在经历了以直接开发海洋资源为主的产业发展阶段以后，跨入了激烈国际竞争背景下以高新技术为支撑的，海陆一体的，以经济发展、社会进步、生态环境不断改善为基本内容的系统整体协调发展的创新发展阶段。遵循历史发展的阶段及其规律，必须走海洋经济集成创新、提高集成绩效之路。要在资源开发和产业发展上，努力提高显示度和影响力，力争不断提高海洋经济综合竞争力和可持续发展能力，走出一条能反映海洋经济发展的最经济、最持续与最大社会福利的集成最优目标的具有山东特色的创新发展道路。

2. 要有一个基本的指导意见和经济区发展概念规划

资源、产业、区位要统筹思考。特别注意协同思考和同步规划。港口、产业、城市规划同步，资源产业、科研教育人才、基础设施同步，园区、基地与开发区统筹，经济、旅游与文化同步，蓝色经济区与高端产业集聚区同步。遵循经济圈层规律，统筹海洋开发与保护，统筹海域与陆域的发展，统筹人与海洋的和谐发展，统筹海洋与社会的和谐发展，统筹国内开发与国际合作等，积极开辟海洋经济发展的新途径，带动内陆，联动全省，努力实现山东经济的又好又快的创新发展。

3. 全面深入地研究与日韩、山东周边经济区的竞争与合作问题

4. 抓好典型，总结经验推动工作，威海、东营、青岛科技城、青岛港、潍坊海化城经验都有示范性

如在鲁北沿海滩涂建设风电基地，推广海化集团、鲁北化工等企业的经验，发展海洋产业的循环经济等。

5. 研究体制机制的完善问题

强化有关部门的合力作用，吸收地市负责人参加重要会议。建议创造条件，将济南打造成沿海城市，在滨州开辟陆地通关通道。

以上只是一些不成熟的思考和建议，不当之处请省领导批评指正。

(2009 年 6 月 4 日)

专题报告之七：打造山东半岛蓝色经济区的科技基础与存在的问题

——山东社会科学院向省委领导汇报材料(2)

我省海洋科技力量得天独厚，青岛是国际著名的"海洋科技城"，为我省打造蓝色经济区提供了重要基础。充分认识我省海洋科技的地位，充分分析其存在的问题，才能更好地为蓝色经济区的发展提供有力的科技支撑。

一　充分认识我省海洋科技的地位

（一）我省是我国海洋基础与应用研究及高技术研发的主要基地

据不完全统计，截至 2008 年 12 月，山东省海洋领域在研项目共计 1746 项，2008 年拨入经费超过 8 亿。项目和经费主要分布于"科技支撑计划"、"863"计划、"973"计划、国家自然科学基金、"908"专项、海洋国土资源勘察、公益性行业专项等。

1. "科技支撑计划"

2006 年以来，共承担 5 项，总经费 2.2 亿元。

2. "973"计划

1999 年以来，海洋领域共批复 15 项，经费约 4.5 亿元，其中 11 个项目中的首席科学家或主持单位在山东。

3. "863"计划

"十一五"期间承担项目 148 项，项目总经费 3.80755 亿元。

4. 国家自然科学基金

2008 年承担海洋项目 92 项，经费达到 4497 万元。

5. "908"专项（指"我国近海海洋综合调查与评价"专项）

2003 年以来共承担 40 项，总经费 2.23922 亿元。

6. 农业部专项

2008 年承担 100 项，总经费 1.02155 亿元。

7. 国家发改委计划

海洋科学综合考察船，总投资 5 亿元。

8. 我国海洋科技唯一的国家实验室落户青岛

（二）我省是我国高级海洋科技人才的摇篮和集聚高地

全省现拥有 55 家中央驻鲁和省、市属海洋科研、教学单位。拥有海洋科技人员 1 万多名，其中两院院士 18 名，高级专业人员 2000 多人，约占全国的 60% 以上。拥有博士点 55 个，硕士点 150 个，博士后流动站 10 个。

二 充分正视我省海洋科技的问题

(一) 缺乏有效的产业开发政策与管理机制

我省海洋科技力量虽然很多,但由于隶属于不同部门,科研机构管理上条块分割,各研究机构横向并立,缺乏纵向接力传递关系,资源不能共享,海洋科技平台建设滞后。

(二) 科技成果可供产业转化面窄,转化率低

目前,与海洋科技有关的研究成果集中在少数学科。那些最富有产业前景的海洋成果,主要集中在海水养殖、海洋药物及保健品、海产品加工、海洋捕捞业四个领域,而其他领域相对薄弱。获奖成果也主要集中在海洋生物和海洋环境监测领域,并且也存在"点高面低"不均衡发展的问题。

(三) 科技投入力度不够

资金短缺一直是困扰和制约海洋科技发展和海洋科技产业化发展的主要问题。海洋科技资金来源过于单一,主要依靠国家财政和地方政府拨款以及少数大企业的项目支持。风险投资机制不完善,风险资金的进入和退出渠道还不畅通,技术交易市场不健全,阻碍了外资以及民间资本进入海洋科技产业领域。

三 对策与建议

(一) 发挥政府在海洋科技与海洋高新技术产业发展中的引导作用

一是建立财政对海洋科技投入稳定增长机制。

二是创新融资、担保、贴息等投融资机制和征信机制,适应海洋高新技术企业成长过程的不同要求,形成政府创新引导资金、创业风险投资、商业信贷、产业投资、民间资本、外资引进等多元化投资渠道。

三是积极组织有条件、有能力的企业、研发机构承担国家"863"计划项目、高技术产业化等各类专项计划。

四是针对好项目找不到婆家、好企业找不到亲家的现状，每年举办3—5次大型海洋科技成果和产品对接会活动。

（二）建立面向海洋高新技术产业发展的科技创新机制

一是坚持"一次创业"与"二次创业"并举，研究建立符合创新园区发展的政策、体制和机制，构建创新创业政策体系，建设现代科技园区形态示范区。

二是引进培育一批成长性强和运转效率高的企业研发机构，在科研设施改善、项目研究开发、对外合作交流等方面给予重点支持，鼓励以企业为主体的产学研合作，探索产业技术联盟、委托研发、组建联合实验室、成立合资公司等多种合作模式。

三是推动产业创新集群发展，结合特色产业园区建设，鼓励产业集群中具有较强创新能力的企业和研发机构，合理配置研发资源，研究开发行业关键性技术与共性技术，促进产业集群技术共享、扩散和更高水平创新，推动产业集群与技术创新互动发展，构建起产业特色突出、运转机制灵活、创新功能完善、创新环境条件良好的技术创新体系。

（2009 年 6 月 4 日）

专题报告之八：关于促进山东海洋产业优化升级的建议

——山东社会科学院向省委领导汇报材料（3）

20 世纪 80 年代以来，世界沿海国家开始推动海洋高新技术的产业化进程，海洋新兴产业迅速兴起，并爆发性地扩张。美、日等国海洋产业总产值占该国 GDP 的比重达 10% 以上，其中日本已达约 15%。据专家估计，2010 年沿海发达国家的海洋产业总产值占这些国家 GDP 的比重将达 20% 以上。与海洋产业发达的国家相比，我国的海洋产业起步晚、水平低、规模小、素质差，市场化水平低，竞争能力弱，成熟度不高，在产业升级序列上仍处于低级阶段。我国海洋产业技术构成总体水平要落后 10 年左右，产业发展仍然停留在粗放式经营和掠夺资源状态，深加工、精加工产品少，附加值低，影响了经济效益的提高。近年来，我省海洋经济发展迅速，海洋产业竞争力也在不断增强，但仍存在着海洋经济结构层次较低，海洋主导产业不明确的问题。产业结构不合理，海洋经济尚处于粗放型、资源消耗型阶段。海洋第一产业渔业在海洋产业中仍占较大比重。海洋科技成果转化率低，高新技术产业、新兴产业所占比重较小，第二、三产业发展缓慢，产业升级模式仍有待优化调整，突出的海洋优势没有很好地转化为经济优势。因此，在建设山东半岛蓝色经济区的过程中，要注意促进山东海洋产业的优化升级。建议今后应做好以下三个方面的工作：

一 转变经济增长方式，重点发展海洋传统优势产业

一要重点发展现代渔业。海洋渔业是目前我省海洋经济中最大优势产业，要转变渔业发展方式，发展生态高效品牌渔业，建设山东半岛现代渔业经济区。要加快实施渔业资源修复行动计划，努力恢复近海渔业资源，重建沿海"黄金渔场"。加快国家级、省级良种场和区域引种中心建设，严格水产苗种和质量管理，培植全国重要的水产苗种基地。坚持优势主导品种和特色品种相结合，推动优势水产品区域化、规模化、标准化养殖，建设一批健康养殖示范基地。加大政策和政府的扶持力度，积极发展远洋渔业，集中培育一批经济实力强、装备水平高、带动能力大的远洋渔业龙头企业。大力发展海产品精深加工，提高水产品附加值，努力打造全国一流的水产品加工出口基地。

二要重点发展海洋交通运输业。我省海洋交通运输业落后于上海的主要原因是布局分散，形不成合力，竞争力不够强。要整合现有物流资源，集中培育青岛、烟台、日照三大临港物流中心，培植一批大型物流企业集团，建立和完善现代海洋运输体系，努力建成国际性集装箱转运基地、国内重要的矿石进口转运基地、原油装卸与储备基地以及煤炭出口基地，建设东北亚地区重要的国际航运中心之一。

三要重点发展海洋化工产业。海洋盐业是我省传统优势海洋产业，全

省盐业增加值居全国首位。山东海化集团从盐场到生产线每吨运输成本不过8元，而唐山的企业经过几次倒运，成本就增加到150元，因而在成本方面我省具有较强的竞争力。以莱州湾为中心，依托山东海化等骨干企业，加快技术改造和产品升级，提高产品附加值，在提升氯碱、纯碱产品竞争力的基础上，重点发展生产医药中间体、染料中间体、感光材料、溴、镁、钾及其系列产品，力争把我省建设成为全国重要的海洋化工生产基地。此外还要加强对海洋油气资源的勘探、开发与利用，大力发展产品深加工，实行规模化、集约化生产，提高产品的市场竞争力。依托淄博、青岛等市的骨干石化企业，积极开发油气资源深度加工产品，形成从炼油到合成材料、有机原料、精细化学品的产业链条和优势产品系列。

四要重点发展滨海旅游业。我省滨海旅游业是海洋产业中发展最快的产业之一。要充分发掘我省丰富的海洋景观资源和人文资源，以打造"中国黄金海岸"和"中国旅游度假胜地"为目标，进一步完善滨海城市旅游规划，加大沿海旅游资源的整合力度，强化滨海大旅游观念，在资源开发、设施配套、市场开拓等方面打破地区壁垒，加强联合与协作，实现半岛城市群"无障碍旅游"，走大联合、大开发、大市场的路子，逐步形成具有竞争力的国际、国内著名旅游胜地。要突出滨海风光、历史文化和海洋特色，开发符合现代旅游需求的生态旅游、休闲度假、商务会展和文化、探险、游船、渔村、渔业等特色旅游。策划组织好青岛啤酒节、烟台葡萄酒文化节、荣成渔民节、日照太阳节等有影响的节事活动。进一步加强旅游综合配套设施建设，提高综合接待能力。加大宣传促销力度，重点抓好日本、韩国、东南亚等周边市场以及俄罗斯、欧美市场的开发，加强省内和京津冀、长三角、珠三角、东北和周边市场的开拓力度，形成全方位的客源市场开发新格局。

二　加快海洋科技成果转化，突出发展海洋高新技术产业

要推进科技兴海战略，整合海洋科研力量，培养海洋科技人才，推进海洋科技创新体系建设，大力发展海洋高新技术产业、海洋新兴产业。加快高新技术向传统产业的渗透，引导与扶持海洋与渔业企业开发新产品、新技术和标准化，推动海洋科技产业化进程。

山东省在海洋资源、海洋科研和海洋教育方面具有突出的优势，但在海洋科技成果的转化和产业化方面仍然存在很多不足之处，特别是海洋高技术产业的发展仍处在起步阶段，影响了山东省海洋高技术产业基地的建设。各级政府部门应当以海洋产业结构调整为目标，以发展海洋高新技术为起点，以提升海洋高新技术产业规模和市场竞争力为指导，遵循高科技产业发展规律，统筹规划，合理布局，加强山东省海洋高技术企业的科技创新和产业化转化能力。以市场为导向，制定相关扶持政策，大力发展海洋高技术产业集群，以高校、科研机构和大企业为依托，强化海洋科技企业孵化器和公共专业服务设施建设，增强企业自主研发和市场生存能力，推动山东省海洋高技术产业的快速发展，建设国际一流的国家海洋高技术产业基地，突出发展海洋高新技术产业。

一要大力发展海洋装备。海洋装备制造业主要包括船舶、集装箱、海洋工程装备（海洋石油平台设备、港口装卸设备、海洋工程施工设备）制造业等。我省海洋工程装备制造业在全国处于领先地位，现有中海油集团、蓬莱巨涛重工、烟台莱佛士、青岛北海船舶重工、龙口三联等海洋工程装备建设项目，总投资120亿元，投资规模列国内第一。要在加快现有项目的基础上，依托半岛制造业基地，积极承接日韩等国装备制造业转移。坚持自主开发、技术引进和科技创新相结合，努力提高装备制造业的自主创新能力，大力发展现代化总装设计与生产。加强船舶产业规划布局，加快推进一批重大修造船项目建设，重点建设青岛、烟台、威海三大修造船基地。重点发展大型集装箱船、散货船、石油和天然气船三大主力船型，支持发展游艇、远洋捕捞船等优势产品，引进国际造船以及相关零部件企业，努力扩大集装箱的生产。

二要大力发展海洋精密仪器产业。海洋精密仪器产业主要包括海洋测绘、海洋物理、海洋物探、海洋工程等仪器设备制造业。目前国内海洋仪器市场的98%被进口仪器占领。我国的海洋精密仪器产业技术水平落后于发达国家10年左右，只相当于印度的水平。海洋科学基本上是实验科学，离开对海洋的监测，没有充足的现场监测数据，难以产生原始创新，就不可能有一流的海洋科学成就。我国目前只有两家海洋仪器仪表研究制造机构，一是国家海洋技术中心（天津），一是山东省科学院的海洋仪器仪表研究所（青岛），两家企业年产值约4亿元。国产仪器仪表主要集中在海洋观测预报、水文气象、地质勘探（声呐）、物理化学特殊性分析（室内仪器）等方面。海洋精密仪器研制已列入国家"863"科技攻关重点领域。我省应当依托在全国领先的海洋科技优势，加大投入，实行引进与自主创新相结合，重点发展水文气象、地质勘探、军用设备、噪声收集设备，将山东海洋精密仪器产业打造成山东新的优势产业。

三要大力发展海洋生物医药产业。要发挥我省特别是青岛海洋科技力量雄厚的优势，积极发展海洋生物活性物质筛选技术，重视海洋微生物资源的研究开发，力争在发现海洋天然产物、生物活性物质、特殊功效基因组等方面实现新的突破，研究开发一批具有自主知识产权的海洋创新药物和基因产品；加强医用海洋动植物的养殖和栽培，重点努力开发一批技术含量高、市场容量大、经济效益好的海洋中成药，为预防、控制和治疗疑难疾病提供新型药物支持。积极开发农用海洋生物制品、工业海洋生物制品和海洋保健品，满足人们生活质量不断提高的要求。到 2010 年，形成初具规模的海洋医药与生化制品业，力争把青岛、烟台、威海建成我国一流的海洋生物工程产业基地。

四要大力发展电力等海洋能源产业。加快核电建设步伐，海阳核电站基础工作好，投资主体落实，已开工建设，计划 2014 年投入商业运营；同时启动乳山核电站、荣成高温气冷堆项目和沿海第三核电站前期工作。利用海水资源，积极发展海水冷却电厂；综合利用海洋能资源，积极开发利用风能、太阳能、潮汐能、生物能等可再生资源，有效利用海洋清洁能源。

五要大力发展海水利用业。把发展海水利用作为战略性的接续产业加以培植。继续积极发展海水直接利用和海水淡化技术，重点是降低成本，扩大海水利用的产业规模，逐步使海水成为工业和生活设施用水的重要水源。加快核能海水淡化等海水淡化项目的实施进度，早日开工建设青岛、烟台低温核能海水淡化项目；围绕沿海、海岛城乡居民和产业用水，加强海水淡化技术产业化攻关，研究开发小型海水淡化技术和设备，规划建设一批中小型海水淡化项目；制定海水利用鼓励政策和措施，扩大直接利用海水的领域和行业，力争沿海地区的高用水企业工业冷却水基本上由海水代替；努力扩大青岛大生活用海水规模，使之成为国家级大生活用海水技术示范城市，千方百计解决水资源"瓶颈"制约问题，使海水淡化水成为海岛居民的重要水源。

三　调整现有海洋产业结构,实现传统优势产业和新兴产业的结合

要充分发挥山东海洋资源的比较优势,加快提高我省海洋产业的国际竞争力,要不断优化海洋产业结构,逐步淘汰低层次的产业结构和技术水平。应充分发挥山东省在海洋资源与科技资源方面的两大优势,按照有限目标、重点突破的原则,主要扶持发展潜力大、前景好的行业、企业、产品,尽快形成规模优势和竞争优势,促进山东海洋产业结构的优化和升级。

首先是应大力发展海洋第三产业。今后,山东滨海旅游要实现由单纯海滨观光旅游向滨海休闲度假旅游和海上观光旅游的转化、由夏季观光向四季休闲度假的转化、由国内旅游地向国际旅游地的转化,进一步提高滨海旅游产品层次,拓展产品内涵,将目前单一的海滨游览观光产品调整为涵盖海滨游览观光、休闲度假、海上运动、商务会展、科普教育、农业观光和都市旅游的多元化产品结构,特别是结合海洋保护区建设和海洋渔业结构调整,发展休闲渔业和海洋生态观光产业,拓展滨海旅游产业链,实现滨海观光、休闲度假和商务旅游的三分天下格局。建立包括海水浴场、冲浪、滑水、海上观光、游艇、水下公园、海洋公园、钓鱼和海洋博物馆等具有海洋特色的多功能的旅游区,滨海旅游的范围从海滨扩大到海上和海岛,构建海洋旅游网络。进一步完善港口功能,加快海洋运输业发展,海洋交通运输业的发展不仅对海洋产业结构和交通运输结构优化产生重要影响,而且还将带动和促进造船、钢铁、机械、电子等相关工业的发展。

其次是积极调整并发展海洋第二产业,特别是加快海洋化工、海盐业、海洋油气业发展。海盐业要坚持以“以盐为主,盐化并举,多种经营”的方针,积极发展综合利用和多种经营。

最后是稳定提高海洋第一产业。坚持科学布局、重点突破、协调并进、稳步发展的原则,树立品牌渔业、高效渔业和生态渔业三个发展理念,搞好渔业结构的战略性调整,建设山东半岛现代渔业经济区。增养殖方面,要培植特色优势品种,重点发展海参、鲍鱼、扇贝、海带、优质

鱼、贝类等的增养殖。加强水产养殖的规范管理，加快水产良种产业化，大力发展标准化、无公害、健康生态养殖；远洋渔业方面，要加快壮大远洋渔业企业，建立和完善远洋渔业基地，调整作业和品种结构，拓展新的发展空间。加快休闲渔业的发展，培植景观渔业、都市渔业等新的经济增长点。认真组织实施渔业资源修复行动计划，探索建立多元化的投融资机制，加强对项目的监督管理，逐步建立和完善渔业生态环境损坏补偿机制。

还应加快海洋产业集群建设。把海洋产业发展与区域经济，通过分工专业化与交易的便利性，有效地结合起来，从而形成一种有效的生产组织方式，建立海洋产业集群，推动地方海洋经济增长。在集群化发展的进程中应尽量避免低水平重复建设，努力在大中小企业间以及企业与政府之间形成有序的分工、协作、配套系统，不断提高生产效率和核心竞争力。山东省应充分发挥海洋优势，做强临港产业集群。以建设北方国际航运中心和区域性贸易中心为目标，以口岸经济为支撑，努力扩大港口的辐射能力，积极调整港区布局；在做强港口的同时，要充分带动现代物流业、航运业、现货交易、集装箱制造业、仓储、加工等临港产业五大相关产业的发展，构建港口多元化发展的产业体系。山东省船舶工业集群效应已初步显现，应采取拓宽融资渠道、税费优惠、政策倾斜等措施，加快培育船舶产业集群，不断增强中小型船舶、海洋工程装备、船用动力装备、船用原材料等四类产品的竞争力。

（2009 年 6 月 4 日）

参考文献

1. 郑贵斌：《海洋经济集成战略》，人民出版社 2008 年版。

2. 蒋铁民：《海洋经济探索与实践》，海洋出版社 2008 年版。

3. 乔尔·布利克（Joel Bleek）、戴维·厄恩斯特（David Ernst）：《协作型竞争：全球市场的战略联营与收购》，中国大百科全书出版社 1998 年版。

4. 世界银行：《2009 年世界发展报告：重塑世界经济地理》，清华大学出版社 2009 年版。

5. 朱文辉：《走向竞合——珠三角与长三角经济发展比较》，清华大学出版社 2003 年版。

6. 刘志彪、郑江淮等：《长三角经济增长的新引擎》，中国人民大学出版社 2007 年版。

7. 周立群：《创新、整合与协调：京津冀区域经济发展前沿报告》，经济科学出版社 2007 年版。

8. 颜世元、蒿峰：《省会城市群经济圈研究》，经济日报出版社 2007 年版。

9. 徐志良：《"新东部"构想：统筹中国区域发展的高端视野》，《海洋开发与管理》，2008 年第 12 期。

10. 叶向东：《海陆统筹发展战略研究》，《海洋开发与管理》，2008 年第 8 期。

11. 郑贵斌：《海洋经济发展集成创新初探》，《海洋开发与管理》，2004 年第 3 期。

12. 王芳：《对海陆统筹发展的认识和思考》，《国土资源》，2006 年第 3 期。

13. 叶向东:《海陆统筹的产业协调整合与优化升级问题研究》。

14. 卢宁:《山东省海陆一体化发展战略研究》,中国海洋大学博士论文。

15. 郑贵斌:《海洋经济战略研究专辑》,《海洋经济》,2009 年第 1—2 期。

16. 韩立民:《关于海陆一体化的理论思考》,《太平洋学报》,2007年第 8 期。

17. 叶向东:《海陆统筹发展战略研究》,《海洋开发与管理》,2008年第 8 期。

18. 山东省人民政府:《关于加快胶东半岛制造业基地建设的意见》,2007 年。

19. 扈华林:《国际竞争力新论》,中国经济出版社 2006 年版。

20. 周一星、杨焕彩主编:《山东半岛城市群发展战略研究》,中国建筑出版社 2004 年版。

21. 颜世元主编:《2007 年山东省情研究报告》,山东人民出版社 2008 年版。

22. 刘斌:《产业集聚竞争优势的经济分析》,中国发展出版社 2004 年版。

23. 刘志彪等编著:《现代产业经济分析》,南京大学出版社 2001 年版。

24. 赵宏等:《环渤海经济圈产业发展研究》,中国经济出版社 2008 年版。

25. 张卫国主编:《山东经济蓝皮书》,山东人民出版社 2009 年版。

26. 山东省海洋与渔业厅:《打造山东半岛蓝色经济区初步构想》,2009 年 5 月。

27. 山东省人民政府:《山东省海洋经济"十一五"发展规划》,2006 年 6 月 30 日。

28. 山东省对外贸易经济合作厅:《山东省对外经济贸易年鉴》,2002—2009 年。

29. 山东省统计局:《山东省统计年鉴》,中国统计出版社 1989—2009 年版。

30. 陈柳钦：《中韩日 FTA 建立的可能性与路径选择》，《当代韩国》，2008 年春季号。

31. 曲凤杰：《我国的亚洲区域合作战略》，《国际贸易》，2009 年第 8 期。

32. 颜世元、阎兆万、李莎：《山东半岛发展报告》，经济科学出版社 2008 年版。

33. 王爱华：《山东与日本投资贸易合作的热点难点问题研究》，经济科学出版社 2008 年版。

34. 山东省外经贸厅、山东大学联合课题组：《泛黄海中日韩次区域合作山东先导区研究》，《外经贸研究》，2009 年第 5 期。

35. 李向平：《东北亚区域合作报告（2009）》，社会科学文献出版社 2009 年版。

36. 田良、高贤忠、马学信：《山东以调整优化打造现代渔业》，《中国海洋报》，2004 年 7 月 2 日。

37. 周红军：《中国海洋电力业的发展研究》，《海洋开发与管理》，2007 年第 2 期，第 13—15 页。

38. 国家发展和改革委员会、国土资源部、国家海洋局：《全国海洋经济发展规划纲要》，2003 年。

39. 孙家臣：《烟台港临港工业发展规划研究》，大连海事大学交通运输规划与管理专业硕士论文，2005 年。

40. 纪少波：《烟台港经营发展战略规划研究》，大连海事大学交通运输规划与管理专业硕士论文，2005 年。

41. 唐功文：《烟台港发展战略研究》，大连海事大学交通运输规划与管理专业硕士论文，2002 年。

42. 王天：《威海港发展研究》，上海海事大学国际贸易学专业硕士论文，2002 年。

43. 林波：《威海港发展规划问题研究》，大连海事大学交通运输规划与管理专业硕士论文，2000 年。

44. 方瑞祥、史继才：《山东半岛港口资源整合策略》，《青岛远洋船员学院学报》，2006 年第 3 期，第 73—75 页。

45. 柳枝：《青岛市港群布局研究》，中国海洋大学港口、海岸及近海工程专业硕士论文，2005 年。

46. 王松涛、王丽君：《青岛临港产业集群发展现状评述》，《中国港口》，2008 年第 5 期，第 18—20 页。

47. 韩兆燕：《青岛港与腹地经济发展互动研究》，大连海事大学交通运输规划与管理专业硕士论文，2006 年。

48. 孟会涛：《浅析我国现代港口的作用及其发展趋势》，《中国水运（理论版）》，2008 年第 7 期，第 48—49 页。

49. 岳涛：《浅谈威海港港口物流发展的现状及建议》，《商品储运与养护》，2008 年第 8 期，第 20—21 页。

50. 李宗伟、吕玉晓：《港口在城市发展中的作用——以山东省日照市为例》，《城市问题》，2001 年第 4 期，第 35—38 页。

51. 姜东明、朱娟：《港口经济推动沿海地区经济发展的作用机理分析》，《科技创新导报》，2008 年第 4 期，第 90—91 页。

52. 安东：《现代港口和现代物流》，《中国标准化》，2005 年第 8 期，第 11—13 页。

53. 山东省委：《山东省文化产业发展专项规划》（2008—2020），2007 年 12 月。

54. 厉无畏等主编：《创意产业——城市发展的新引擎》，上海社会科学院出版社 2005 年版。

55. 华谦生著：《会展策划与营销》，广东经济出版社 2004 年版。

56. 吴信训等主编：《中国传媒经济研究：1949—2004》，复旦大学出版社 2004 年版。

57. 陈志平、刘松萍、余国扬编著：《会展经济学》，经济科学出版社 2005 年版。

58. 王志东主编：《山东文化蓝皮书》（2009 年），山东人民出版社 2009 年版。

59. 张晓明等主编：《2007 年：中国文化产业发展报告》，社会科学文献出版社 2007 年版。

60. 张晓明等主编：《2008 年：中国文化产业发展报告》，社会科学文献出版社 2008 年版。

61. 崔保国：《中国传媒产业发展报告》，社会科学文献出版社 2006

年版。

62. 山东省委：《山东省实施国家"十一五"时期文化发展规划纲要的意见》，2007 年 3 月。

63. 山东省商务厅：《2009 山东对外经济贸易年鉴》，2009 年。

64. 厉无畏、王振：《中国开发区的理论与实践》，上海财经大学出版社 2004 年版。

65. 张召堂：《中国开发区可持续发展战略》，中央党校出版社 2003 年版。

66. 山东省充分发挥园区经济优势课题组：《山东省充分发挥园区经济优势课题研究报告》，2008 年。

67. 山东省商务厅：《山东省开发区管理体制和运行机制现状调研报告》，2008 年。

68. 山东省科技厅：《加强高新区自主创新调研报告》，2008 年。

69. 山东省国土资源厅：《山东省园区土地集约利用和规划调整调研报告》，2008 年。

70. 山东省商务厅：《山东省出口加工区赴上海、江苏调研报告》，2008 年。

71. 山东省商务厅：《关于山东省开发区东西联动合作发展的思考》，2008 年。

72. 山东省商务厅：《山东省开发区与跨国公司战略性合作的情况及对策建议》，2008 年。

73. 戚本超、景体华：《中国区域经济发展报告（2007—2008）》，社会科学文献出版社 2008 年版。

74. 杨建文、陆军荣：《中国保税港区：创新与发展》，上海社会科学院出版社 2008 年版。

75. 阎兆万、刘庆林等：《多港区联动》，山东人民出版社 2008 年版。

76. 邓红兵：《区域经济学》，科学出版社 2008 年版。

77. 吴传清：《区域经济学原理》，武汉大学出版社 2008 年版。

78. 高洪波、秦庆武：《历史跨越的审视——山东农村改革发展 30 年实践与探索》，山东人民出版社 2008 年版。

79. 秦庆武、许锦英等：《科学发展观新农村建设》，山东人民出版社

2008 年版。

80. 姜作培：《城乡统筹发展的科学内涵与实践要求》，《经济问题》，2004 年第 6 期。

81. 梅迪、宫丽：《统筹城乡发展缩小城乡差距》，《辽宁师范大学学报》（社会科学版），2006 年第 5 期。

82. 张淑琴：《统筹山东城乡发展的思路与对策》，《山东行政学院学报》，2005 年第 4 期。

83. 张璐、王胜：《城乡统筹发展的困境与路径选择》，《商业时代》，2009 年第 3 期。

84. 张军：《义乌城乡统筹发展的经验》，《浙江日报》，2006 年 9 月 4 日。

85. 李林杰、石建涛：《日韩城乡统筹发展的经验借鉴》，《日本问题研究》，2008 年第 4 期。

86. 马传栋著：《可持续发展经济学》，山东人民出版社 2002 年版。

87. 张华主编：《山东经济特色与竞争优势研究》，山东人民出版社 2007 年版。

88. 俞立中、郁鸿胜主编：《长三角新一轮改革发展的战略思考》，上海人民出版社 2008 年版。

89. Australian Marine Industries and Science Council, 1997. Marine Industry Development Strategy. Canberra, Australia.

90. Commission of the European Communities, 2008. A European Strategy for Marine and Maritime Research：A coherent European Research Area framework in support of a sustainable use of oceans and seas. Brussels, Belgium.

91. Commission of the European Communities, 2007. An Integrated Maritime Policy for the European Union. Brussels, Belgium.

92. Commission of the European Communities, 2007. Action Plan for An Integrated Maritime Policy for the European Union. Commission Staff Working Document. Brussels, Belgium.

93. Commission of the European Communities, 2007. Maritime Clusters. Commission Staff Working Document. Brussels, Belgium.

94. Commission of the European Communities, 2006. Green Paper "Towards a future Maritime Policy for the Union: A European vision for the oceans and seas". Brussels, Belgium.

95. Defra, 2007. A Sea Change: A Marine Bill White Paper. Department for Environment Food and Rural Affairs. London.

96. International Oceanographic Commission, 2007. National Ocean Policy. The Basic Texts from: Australia, Brazil, Canada, China, Colombia, Japan, Norway, Portugal, Russian Federation, United States of America. UNESCO, IOC Technical Series 75. Paris, France.

97. Joint Ocean Commission Initiative, 2008. Changing Oceans, Changing World: Ocean Policy Priorities for a New Administration and Congress: Recommendations from the Joint Ocean Commission Initiative. Meridian Institute, Washington, DC.

98. National Ocean Policy of The Russian Federation, 2001. Marine Policy Document of The Russian Federation for the period up to 2020. 27 July, 2001.

99. VPugh D and L Skinner, 2002. A new analysis of marine – related activities in the UK economy with supporting science and technology. IACMST Information Document 10.

100. Russ, G R and D C Zeller, 2003. From Mare Liberum to Mare Reservarum. Marine Policy, 27: 75 – 78.

101. The Fisheries and Oceans Canada, 2005. Canada's Oceans Action Plan for Present and Future Generations. Ottawa, Canada.

102. The Marine Science and Technology Plan Working Group, 1999. Australia's Marine Science and Technology Plan. Canberra, Australia.

103. US Ocean Action Plan: The Bush Administration's Response to the US Commission on Ocean Policy. 2004.

104. US Commission on Ocean Policy, 2004. An Ocean Blueprint for the 21st Century. National Ocean Policy of The United States of American.

105. 海洋政策研究財団:《海洋政策と海洋の持続可能な開発に関する調査研究: 各国の海洋政策の調査研究報告書》, 2006 年, The Nippon

Foundation。

106. 国家海洋局:《国家海洋事业发展规划纲要》,2008 年。

107. 国家海洋局:《中国海洋发展报告》,海洋出版社 2007 年版。

108. 国家海洋局:《全国海洋功能区划》,2002 年。

109. 国家海洋局:《中国海洋 21 世纪议程》,1996 年。

110. 国家海洋局、科技部:《全国科技兴海规划纲要》,2008 年。

111. 国务院:《推进滨海新区开发开放有关问题的意见》,2006 年。

112. 国务院新闻办公室:《中国海洋事业的发展白皮书》,1998 年。

113. 辽宁省海洋与渔业厅:《辽宁省海洋经济发展"十一五"规划》,2006 年。

114. 辽宁省人民政府:《辽宁沿海经济带发展规划》,2007 年。

115. 天津市海洋局: 《天津市海洋经济发展"十一五"规划》,2006 年。

116. 河北省海洋局: 《河北省海洋经济发展规划（2003—2010)》,2003 年。

117. 江苏省海洋与渔业局:《江苏省"十一五"海洋经济发展专项规划》,2007 年。

118. 江苏省人民政府:《江苏省沿海开发总体规划》,2007 年。

119. 上海市海洋局: 《上海海洋经济发展"十一五"规划》,2006 年。

120. 浙江省人民政府: 《关于建设海洋经济强省的若干意见》,2003 年。

121. 浙江省海洋与渔业局: 《浙江海洋经济强省建设规划纲要》,2005 年。

122. 福建省海洋与渔业局:《福建省建设海洋经济强省暨"十一五"海洋经济发展专项规划》,闽政〔2006〕26 号,2006 年。

123. 福建省人民政府: 《福建省建设海峡西岸经济区纲要》,闽政〔2007〕4 号,2007 年。

124. 广东省人民政府: 《关于加快发展海洋经济的决定》,粤发〔2004〕3 号,2004 年。

125. 广东省海洋与渔业局: 《广东省海洋经济发展"十一五"规

划》，2006 年。

126. 广西壮族自治区人民政府：《广西北部湾经济区发展规划》，2008 年。

127. 海南省海洋与渔业厅：《海南省海洋经济发展规划》，2005 年。

后　记

　　本书是按照胡锦涛总书记视察我省做出的"要大力发展海洋经济，科学开发海洋资源，培育海洋优势产业，打造山东半岛蓝色经济区"的战略部署和山东省委、省政府《打造山东半岛蓝色经济区指导意见》中提出的"加强调研，搞好规划"的要求，在我院前期组织课题组精心编制的《山东半岛蓝色经济区概念规划研究》的基础上，进行更加深入系统的研究，而形成的具有重大思路与观点的研究著作。

　　本书由张华担任主编，郑贵斌、王志东任副主编，科研组织处负责协调实施。

　　本书的各章执笔人分别为：序言，张华；第一章，郑贵斌；第二、三、四章，张卫国、石晓艳；第五章，孙吉亭；第六、七章，李广杰、颜培霞；第八章，郝艳萍；第九章，范振洪；第十章，孟庆武；第十一章，王圣；第十二章，刘晓宁；第十三章，任继明；第十四章，王志东、孙晶、徐建勇；第十五章，秦庆武、徐光平；第十六章，秦庆武、王向阳；第十七、十八章，袁红英、周德禄、李宗宝；第十九章，刘康；第二十章：专题报告之一，郑贵斌；专题报告之二，任继明等；专题报告之三，郑贵斌、郝艳萍、周德禄、孙吉亭、刘康、赵玉杰、谭晓岚、王圣、孟庆武、邵文慧、杨瑾、朱毓政；专题报告之四，刘康、任继明；专题报告之五，任继明等；专题报告之六，郑贵斌；专题报告之七，孙吉亭；专题报告之八，郝艳萍。

　　全书初稿完成后，由郑贵斌、王志东进行了初审、复审、修改、增删和定稿，最后，由张华总定稿。任继明、石晓艳、高晓梅参加了初审过程中的大量编辑工作，孙晶参加了概念规划研究阶段的组织协调工作。山东人民出版社的责任编辑同志为本书的编辑出版付出了辛勤的劳动。

中共山东省委姜异康书记高度重视山东半岛蓝色经济区的规划建设，专门听取了我院关于山东半岛蓝色经济区规划建设理论研究工作的汇报，并与我院专家、学者座谈，姜异康书记对我院课题组的两期呈阅件（三份材料）作出重要批示，并转发有关领导、部门与沿海城市参阅，充分体现了党和政府对社会科学工作的重视，我们课题组全体成员为此深受感动，备受鼓舞。我们将努力以省委、省政府的指导意见为依据，继续进行深度探索与重大领域的研究，在本书研究的基础上再拿出一批有价值、有观点的高质量成果，为山东半岛蓝色经济区的打造尽一份力量。由于课题新、时间短、任务重，本书的研究必定有许多不足之处，敬请读者提出批评和指正。

编　者
2009 年 9 月 26 日